SŁOWNIK

niemiecko-polski

polsko-niemiecki

Roman Sadziński
Aleksandra Czechowska-Błachiewicz
Jan Markowicz

SŁOWNIK

niemiecko-polski
polsko-niemiecki

Harald G

Kolorowa wkładka
Niemieckie hasła: **Ewa Bugajska**
Zdjęcia: **iStockphoto**
Ilustracje: **Corel Corporation**

Wydanie I w tej edycji

Firma Księgarska Olesiejuk spółka z ograniczoną
odpowiedzialnością S.K.A.
05-850 Ożarów Mazowiecki
ul. Poznańska 91
wydawnictwo@olesiejuk.pl

dystrybucja: www.olesiejuk.pl
sklep internetowy: www.amazonka.pl

ISBN 978-83-7770-163-8

SPIS TREŚCI
INHALTSVERZEICHNIS

PRZEDMOWA
VORWORT

Słownik składa się z części niemiecko-polskiej i polsko-niemieckiej. Zawiera około 33 000 haseł z licznymi zwrotami frazeologicznymi i typowymi strukturami składniowymi.

W opracowaniu słownika wykorzystano standardowe pozycje leksykograficzne dotyczące obydwu języków.

Das vorliegende Wörterbuch besteht aus einem deutsch-polnischen und einem polnisch-deutschen Teil und enthält insgesamt ungefähr 33 000 Stichwörter.

Bei der Bearbeitung des Lexikons wurden die diesbezüglichen lexikographischen Standardwerke ausgenutzt.

WSKAZÓWKI DLA UŻYTKOWNIKA
HINWEISE FÜR DEN BENUTZER

Wyrazy hasłowe napisane są tłustym drukiem. Opatrzono je skrótami określającymi części mowy (*zob.* wykaz skrótów). Przy rzeczownikowych hasłach niemieckich podano rodzaj gramatyczny oraz końcówki dopełniacza liczby pojedynczej i mianownika liczby mnogiej. Pozioma kreska bez końcówki oznacza, że dana forma niczym nie różni się od formy hasłowej. Brak takiej kreski oznacza, że dana forma nie występuje. Np. zapis hasła **Butter** *f*, **-** oznacza, że jest to rzeczownik rodzaju żeńskiego, którego dopełniacz

Die Stichwörter sind fett gedruckt. Sie sind mit entsprechenden Abkürzungen versehen, die die jeweilige Wortart spezifizieren (siehe das Verzeichnis der Abkürzungen). Bei Substantiven im deutsch-polnischen Teil werden das grammatische Genus sowie die Endungen des Genitivs Singular und des Nominativs Plural aufgeführt. Ein Strich ohne Endung besagt, dass die jeweilige Form mit der des Stichwortes zusammenfällt. Das Fehlen des Striches weist darauf hin, dass die jeweilige Form nicht vorhanden ist. So

liczby pojedynczej jest równy mianownikowi i nie posiada liczby mnogiej.

Hasła z fakultatywnym (r), np. **Verwandte(r)** *m* mają różne formy w zależności od rodzajnika: der Verwandte, ein Verwandter.

Przy czasownikach rozróżniono podgrupę czasowników przechodnich (*vt*) – z dopełnieniem w bierniku – i nieprzechodnich (*vi*) oraz zwrotnych (*vr*). Ponadto podano, czy dany czasownik tworzy czas przeszły Perfekt z czasownikiem posiłkowym *haben* (*h*) czy *sein* (*s*). Trzy formy podstawowe (3. osoba liczby pojedynczej, czas przeszły prosty Präteritum oraz imiesłów przeszły Partizip II – tworzący wraz z czasownikiem posiłkowym czas przeszły Perfekt i Plusquamperfekt) podano tylko w wypadku tzw. czasowników mocnych i nieregularnych.

besagt die nachstehende Notation **Butter** *f*, **-**, dass wir es mit einem femininen Substantiv ohne Plural zu tun haben, dessen Genitiv Singular mit dem Lemma zusammenfällt.

Stichwörter mit fakultativem (r), z.B. **Verwandte(r)**, haben unterschiedliche Formen je nach dem Artikel: der Verwandte, ein Verwandter.

Bei Verben wurde zwischen transitiven (*vt*) – mit Akkusativobjekten – und intransitiven (*vi*) Subklassen sowie Reflexiva (*vr*) unterschieden. Darüber hinaus wurde durch (*h*) bzw. (*s*) markiert, ob das jeweilige Verb das Perfekt mit *haben* oder mit *sein* bildet. Die sog. Grundformen (3. Person Singular, das Präteritum und das Partizip II) wurden nur im Falle der sog. starken bzw. unregelmäßigen Verben angegeben.

Przy przymiotnikach podano formy stopnia wyższego i najwyższego tylko wtedy, gdy obok regularnych formantów pojawia się jeszcze tzw. umlaut (przegłos).

Nasz słownik został opracowany według powszechnie stosowanej już nowej pisowni.

Bei Adjektiven wurden die Formen des Komparativs und des Superlativs nur dann aufgeführt, wenn sie ggf. über die regelmäßigen Formindikatoren hinaus den Umlaut aufweisen.

Unser Wörterbuch richtet sich nach der gemeinhin praktizierten neuen Rechtschreibung aus.

SKRÓTY
ABKÜRZUNGEN

a.	albo	oder
adj	przymiotnik	Adjektiv
adv	przysłówek	Adverb
anat.	anatomia	Anatomie
arch.	architektura	Architektur
astr.	astronomia	Astronomie
auto	samochód	Auto
bank.	bankowość	Bankwesen
biol.	biologia	Biologie
bot.	botanika	Botanik
chem.	chemia	Chemie
comp	stopień wyższy	Komparativ
conj	spójnik	Konjunktion
dawn.	dawniej	früher
dial.	dialekt	Dialekt
dosł.	dosłownie	wörtlich
druk.	drukarstwo	Drucktechnik
ekon.	ekonomia	Ökonomie
elektr.	elektryczność	Elektrizität
etw.	coś	etwas
f	(rodzaj) żeński	Femininum
filat.	filatelistyka	Philatelie

film	film	Film
filoz.	filozofia	Philosophie
fin.	finansowość	Finanzen
fiz.	fizyka	Physik
fot.	fotografia	Fotografie
fut	czas przyszły	Futur
geogr.	geografia	Geographie
geol.	geologia	Geologie
geom.	geometria	Geometrie
górn.	górnictwo	Bergbau
gram.	gramatyka	Grammatik
(*h*)	(słowo posiłkowe)	*haben*
handl.	handlowy	Handel
hist.	historia	Geschichte
imperf	forma niedokonana czasownika	imperfektive Verbvariante
inf	bezokolicznik	Infinitiv
inform.	informatyka	Informatik
int	wykrzyknik	Interjektion
jęz.	językoznawstwo	Sprachwissenschaft
jmd	ktoś	jemand
jmdm	komuś	jemandem
jmdn	kogoś	jemanden
jmds	czyjś, czyjeś	jemandes
karc.	gra w karty	Kartenspiel
kin.	kinematografia	Kinomatographie
kolej.	kolejnictwo	Eisenbahn
komp.	komputery	Komputer
kraw.	krawiectwo	Schneiderei
kulin.	sztuka kulinarna	Kochkunst
lit.	wyrażenie literackie	Literatursprache
lotn.	lotnictwo	Flugverkehr
łow.	łowiectwo	Jagdwesen

m	(rodzaj) męski	Maskulinum
mal.	malarstwo	Malerei
mat.	matematyka	Mathematik
med.	medycyna	Medizin
miner.	mineralogia	Mineralogie
mitol.	mitologia	Mythologie
mors.	żegluga morska	Seefahrt
mot.	motoryzacja	Motortechnik
muz.	muzyka	Musik
n	(rodzaj) nijaki	Neutrum
neg.	forma przecząca	Negation
nieodm.	wyraz nieodmienny	unflektierbar
nieosob.	nieosobowo	unpersönlich
num	liczebnik	Numerale
part	partykuła	Partikel
pej.	pejoratywny	pejorativ
perf	forma dokonana	perfektive Verbvariante
pieszcz.	pieszczotliwie	Koseform
pl	liczba mnoga	Plural
pogard.	pogardliwie	verächtlich
polit.	polityka	Politik
por.	porównaj	vergleiche
pot.	wyraz potoczny	umgangssprachlich
praep	przyimek	Präposition
prawn.	termin prawniczy	juristisch
pron	zaimek	Pronomen
przen.	przenośnie	übertragen
przysł.	przysłowie	Sprichwort
reg.	regionalnie	regional
rel.	religia	Religion
rol.	rolnictwo	Landwirtschaft

rów.	również	auch
(s)	(słowo posiłkowe)	*sein*
sing	liczba pojedyncza	Singular
skr.	skrót	Abkürzung
spl	rzeczownik tylko w liczbie mnogiej	Pluraletantum
sport	sport	Sport
sup	stopień najwyższy	Superlativ
szkol.	termin szkolny	Schulwesen
t.	także	auch
teatr	teatr	Theater
techn.	technika	Technik
vi	czasownik nieprzechodni	intransitives Verb
vr	czasownik zwrotny	Reflexivverb
vt	czasownik przechodni	transitives Verb
wet.	weterynaria	Veterinärmedizin
wojsk.	wojskowy	militärisch
wulg.	wulgarnie	vulgär
wyj.	wyjątek	Ausnahme
zdrob.	zdrobnienie	Diminutivum
zob.	zobacz	siehe
zool.	zoologia	Zoologie
zw.	zwykle	gewöhnlich
zwł.	zwłaszcza	insbesondere
żart.	żartobliwie	scherzhaft
żegl.	żeglarstwo	Segelsport

ZNAKI UMOWNE
VERWENDETE ZEICHEN

~	Tylda zastępuje całe hasło lub jego część oddzieloną kreską pionową.	Die Tilde ersetzt das ganze Stichwort oder dessen Teil bis zum Einschnitt (|).
|	Kreska pionowa oddziela część hasła, zastępowaną w wyrażeniach tyldą, od jego reszty.	Der senkrechte Strich trennt den unaustauschbaren Teil des Stichwortes von den variablen Elementen.
( )	W nawiasach okrągłych umieszczono objaśnienia bądź elementy fakultatywne.	In runden Klammern sind zusätzliche Angaben bzw. fakultative Elemente enthalten
<>	Nawiasy trójkątne zawierają wymienne człony zwrotów.	In spitzen Klammern stehen austauschbare Glieder der Wendungen.

/	Kreska ukośna wskazuje na zamienność wariantów.	Der Schrägstrich weist auf die Austauschbarkeit der Varianten hin.
,	Przecinek oddziela odpowiedniki bliskie pod względem znaczeniowym.	Das Komma trennt sinnverwandte Entsprechungen.
;	Średnik oddziela odpowiedniki hasła o różnym znaczeniu.	Das Semikolon trennt Entsprechungen von größerem Bedeutungsunterschied.
...[1]	Cyfry arabskie (w górnej frakcji hasła) wyróżniają homonimy.	Die beim Stichwort stehenden, hochgestellten kleinen arabischen Ziffern weisen auf Homonyme hin.

SŁOWNIK
NIEMIECKO-POLSKI
DEUTSCH-POLNISCHES
WÖRTERBUCH

ZASADY WYMOWY NIEMIECKIEJ
DEUTSCHE AUSSPRACHE

Zapis graficzny haseł niemieckich nie jest – podobnie zresztą jak i w języku polskim – dokładnym odzwierciedleniem ich wymowy. Poniższe uwagi mogą być pomocne w ustalaniu relacji między literami i głoskami.

W części niemiecko-polskiej korzystanie ze słownika ułatwiają kropki bądź kreski umieszczone pod samogłoską (względnie dyftongiem) wytłuszczonego hasła.

Samogłoski, pod którymi znajdują się wspomniane kropki lub kreski, są akcentowane. Ponadto kropki oznaczają krótkość samogłoski, a kreski – długość. Dodać należy, że samogłoski krótkie w języku niemieckim są (z wyjątkiem niektórych wyrazów obcych) z reguły otwarte, samogłoski długie natomiast – z reguły zamknięte.

W języku niemieckim występują samogłoski (i odpowiadające im litery) nieznane w języku polskim. Są to tzw. umlauty:

ä wymawiamy jak polskie (otwarte) **e**;
ö wymawiamy jak **e** przy zaokrąglonych ustach;
ü wymawiamy jak **i** przy zaokrąglonych ustach.

W języku niemieckim występują ponadto dyftongi (dwugłoski):

au wymawiamy tak jak w polskim wyrazie **auto**;
ei wymawiamy jak **aj**;
eu (äu) wymawiamy jak **oj**.

Dodajmy, że połączenie literowe **ie** wymawiamy jak długie zamknięte **i**.
Na długość samogłoski wskazują ponadto:
- tzw. nieme **h** (*np.* **Zahn** [ca: n]);
- podwójna pisownia samogłosek (*np.* **Saal** [za:l]).

Wymowa spółgłosek niemieckich nie różni się zasadniczo od wymowy polskich odpowiedników. Należy jednak mieć na uwadze, że:

ch wymawia się twardo (jak w polskim wyrazie **chów**) po samogłoskach **a, o, u, au;** natomiast po samogłoskach **ä, äu, e, ei, eu, i, ie, ö, ü** występuje wymowa miękka (jak w polskim wyrazie **marchia**). Na początku wyrazu (*np.* **China**) wymawiamy **ch** miękko bądź jak **k**

ck wymawiamy jak **k** (uwaga: przy przenoszeniu wyrazów **ck** przenosi się wg nowej pisowni do następnej sylaby)

h wymawia się tylko na początku wyrazu; w środku wyrazu **h** nie wymawiamy – sygnalizuje ono wtedy jedynie długość poprzedzającej je samogłoski. Uwagi te dotyczą wyrazów prostych; w wyrazach złożonych lub w derywatach wymawiane **h** z oczywistych względów nie musi stać na początku wyrazu (*np.* **Haus** i **Elternhaus** oraz **halten** i **behalten**). Wyjątkiem jest **Ahorn** (klon), gdzie nienagłosowe **h** wymawia się.

ph	wymawia się jak **f**
qu	wymawia się jak **kf (kw)**
s	wymawia się jak polskie **s** tylko na końcu wyrazu i po spółgłoskach (*np.* **Haus**, **Psychologie**); w pozycji między samogłoskami, w śródgłosie po **l**, **r** oraz **m**, **n**, a także na początku wyrazu wymawiamy jak głoskę **z**
ß	zastępuje **ss** po długich samogłoskach i jest wymawiane jak polskie **s**
sch	wymawiamy jak **sz**
sp	wymawiamy na początku wyrazu jak **szp**, a w innych pozycjach jak **sp**; zasady te obowiązują również wtedy, gdy wyrazy proste są częścią złożeń lub derywatów
st	wymawiamy jak **szt** bądź jak **st** – analogicznie do wymowy **sp**
tsch	wymawiamy jak **cz**
v	wymawiamy jak **f**, a w wyrazach obcych jak **w**
z	wymawiamy jak polskie **c**

Dodać należy, że spółgłoski pisane podwójnie (**ss, tt, pp** i in.) wymawia się jak pojedyncze, a poprzedzające je samogłoski są zawsze krótkie.

ALFABET NIEMIECKI
DEUTSCHES ALPHABET

a [a:]	o [o:]
ä [a-umlaut]	ö [o-umlaut]
b [be:]	p [pe:]
c [ce:]	q [ku:]
d [de:]	r [er]
e [e:]	s [es]
f [ef]	ß [escet]
g [ge:]	t [te:]
h [ha:]	u [u:]
i [i:]	ü [u-umlaut]
j [jot]	v [fau]
k [ka:]	w [we:]
l [el]	x [iks]
m [em]	y [ypsilon]
n [en]	z [cet]

Uwaga: w porządku alfabetycznym haseł umlauty (ä, ö, ü) traktowane są na równi ze swoimi odpowiednikami a, o, u. Litera ß jest odpowiednikiem ss po długich samogłoskach.

A

Aal *m* **-(e)s, -e** węgorz *m*; **geräucherter ~** węgorz wędzony

ạb *praep* (począwszy) od; **~ Dresden** od Drezna; **ab heute** od dzisiaj; **ab 30. September** od 30 września; *adv* **auf und ab (gehen)** (chodzić) tam i z powrotem; **ab und zu** od czasu do czasu

ạbarbeiten *vt* (*h*) odrabiać, *techn.* obrabiać; **diese Abwesenheit arbeite ich ab <nach>** tę nieobecność odrobię; **die scharfen Kanten ~** obrobić <ściąć> ostre kanty

Ạbart *f*, **-, -en** odmiana *f*, gatunek *m*

Ạbbau *m*, **-(e)s, -e** obniżka *f* (**der Löhne** zarobków); redukcja (**der Arbeitsstellen** miejsc pracy); eksploatacja *f* (**der Kohlenflöze** pokładów węgla); rozbiórka *f* (**der Baracke** baraku)

ạbberufen (beruft ab, berief ab, abberufen) *vt* (*h*) odwoływać; **der Direktor wurde ~** dyrektor został odwołany

Ạbbild *n*, **-(e)s, -er** rycina *f*; *fot.* odbitka

Ạbblendlicht *n*, **-(e)s, -er** światło odblaskowe

ạbbrechen (bricht ab, brach ab, abgebrochen) *vt* (*h*) odłamać (**einen Zweig vom Baum** gałązkę od drzewa); *przen.* zerwać (**Kontakte** kontakty)

Ạbbruch *m*, **-s, Abbrüche** zburzenie *n* (**des alten Hauses** starego domu); zerwanie *n* (**der diplomatischen Beziehungen** stosunków dyplomatycznych)

Abc *n*, **-, -** *pot.* abecadło *n*, alfabet *m*

ạbdichten *vt* (*h*) uszczelniać; **das Fenster ~** uszczelniać okno

Abdruck[1] *m*, **-(e)s, -e** kopia *f*, przedruk *m*; **der ~ eines Artikels** przedruk artykułu

Abdruck[2] *m*, **-s, Abdrücke** odcisk *m*; **der ~ des Fingers** odcisk palca

Abend *m*, **-(e)s, -e** wieczór *m*; **guten ~!** dobry wieczór!; **den ganzen ~ (über)** przez cały wieczór; **der Heilige ~** Wigilia; **am ~** wieczorem

Abendbrot *n*, **-(e)s, -e** kolacja *f*

Abendkleid *n*, **-(e)s, -er** suknia wieczorowa

abends *adv* wieczorem; **ich bin ~ zu Hause** wieczorem jestem w domu

Abenteuer *n*, **-s, -** przygoda *f*; **ein ~ erleben** przeżyć przygodę

aber *conj* ale, lecz; **das Zimmer ist klein, ~ (dafür) gemütlich** pokój jest mały, ale (za to) przytulny; *part* ależ; **~ das weiß ich doch!** ależ ja to przecież wiem!

Aberglaube *m*, **-ens, -n** przesąd *m*, zabobon *m*; **im tiefen ~n stecken** być bardzo zabobonnym

abfahren (fährt ab, fuhr ab, abgefahren) *vi* (*s*) odjechać; **der Zug nach Leipzig fährt um 9 Uhr ab** pociąg do Lipska odjeżdża o godz. 9; **vom Weg ~** zboczyć z drogi; *vt* (*h*) objechać; **die ganze Stadt ~** objechać całe miasto

Abfahrt *f*, **-, -en**, odjazd *m*; **die ~ des Zuges** odjazd pociągu

Abfall *m*, **-s, Abfälle** stok *m*, spadek terenu; **der ~ des Berges** stok góry; **Abfälle** *pl* odpadki, resztki *pl*

abfallen (fällt ab, fiel ab, abgefallen) *vt* (*s*) odpadać; opadać; **die Blätter fallen ab** liście opadają

abfertigen *vt* (*h*) odprawiać, załatwiać; **die Touristen am Grenzübergang ~** odprawiać turystów na przejściu granicznym; **einen Zug ~** odprawić pociąg

abfinden (findet ab, fand ab, abgefunden) *vt* (*h*) zaspokoić, dać odprawę materialną jako zadośćuczynienie; **sich ~** *vr* (*h*) pogodzić się; **sich mit jmdm ~** dojść z kimś do porozumienia; **sich mit einer Sache ~** pogodzić się z czymś

Abflug *m*, **-s**, **Abflüge** odlot *m*; **~ der Vögel <des Flugzeugs>** odlot ptaków <samolotu>

Abfluss *m*, **Abflusses, Abflüsse** odpływ *m*; ściek *m*; **Abflussrohr** *n* rura ściekowa; **Abflusskanal** *m* kanał ściekowy

abführen *vt* (*h*) odprowadzać, odstawić; odwozić; **ins Gefängnis ~** odstawić do więzienia; **das Wasser ~** odprowadzić wodę; **jmdn von etw. ~ <abbringen>** odwieść kogoś od czegoś

Abführmittel *n*, **-s, -** środek przeczyszczający

Abgas *n*, **-es, -e** gaz spalinowy, spaliny *pl;* **Abgasrohr** *n* rura wydechowa

abgeben (gibt ab, gab ab, abgegeben) *vt* (*h*) oddawać; **sein Gepäck zur Aufbewahrung ~** oddać swój bagaż do przechowalni; **sich ~** *vr* (*h*) zajmować się, trudnić się (**mit etw.** czymś); *pot.* zadawać się (**mit jmdm** z kimś)

abgemacht *adj* załatwiony, ustalony; **das ist schon ~** to już jest załatwione; **~!** zgoda!

Abgeordnete(r) *m*, **-n, -n** poseł *m*

abgewöhnen *vt* (*h*) odzwyczajać (**jmdm etw.** kogoś od czegoś); **sich ~** *vr* (*h*) odzwyczajać się (**etw.** od czegoś)

abgießen (gießt ab, goss ab, abgegossen) *vt* (*h*) odlewać, odcedzać; **Wasser ~** odlać wodę; **eine Büste in Gips ~** odlać popiersie w gipsie

abhalten (hält ab, hielt ab, abgehalten) *vt* (*h*) zatrzymywać; odciągać;

celebrować; **jmdn von einem falschen Schritt ~** powstrzymać kogoś od nierozważnego kroku; **jmdn von der Arbeit ~** odciągać kogoś od pracy; **den Gottesdienst ~** odprawiać nabożeństwo

Abhandlung *f*, **-e, -en** rozprawa *f*, traktat *m*; **eine wissenschaftliche ~** rozprawa naukowa

abhängen (hängt ab, hing ab, abgehangen) *vi* (*h*) zależeć; **von jmdm <von einer Sache> ~** zależeć od kogoś <czegoś>; zwisać, opadać; *vt* (*h*) **(hängt ab, hängte ab, abgehängt)** zdjąć (**das Bild von der Wand** obraz ze ściany); odczepić (**einen Wagen** wóz)

abhängig *adj* zależny; **von jmdm <etw.> ~ sein** być zależnym od kogoś <czegoś>

abhärten *vt* (*h*) hartować; **den Stahl <den Körper> ~** hartować stal <ciało>; **sich ~** *vr* (*h*) hartować się

abheben (hebt ab, hob ab, abgehoben) *vt* (*h*) zdejmować; podnosić; *bank.* podejmować (z konta); **den Deckel vom Topf ~** zdjąć pokrywkę z garnka; **Geld vom Konto ~** podjąć pieniądze z konta

abholen *vt* (*h*) odebrać, przyprowadzić (**jmdn <etw.>** kogoś <coś>); **hol mich vom Bahnhof ab** wyjdź po mnie na dworzec

Abitur *n*, **-s, (-e)** matura *f*; **das ~ bestehen** zdać maturę; **durchs ~ fallen** nie zdać matury

Abklatsch *m*, **-es, -e** *pot.* kopia *f*, podróbka *f*; **das ist nur ein misslungener ~ des Bildes** to tylko nieudana kopia tego obrazu

abklopfen *vt* (*h*) odtłuc; otrzepnąć; opukać (**dem Kranken die Brust** choremu klatkę piersiową); **den Schnee vom Mantel ~** otrzepać płaszcz ze śniegu

Abkommen *n*, **-s, -** układ

m, umowa *f*; **ein ~ schließen** zawrzeć układ <umowę>

abkühlen *vt* (*h*) studzić, chłodzić; **Milch <Tee> ~** ostudzić mleko <herbatę>

ablassen (lässt ab, ließ ab, abgelassen) *vt* (*h*), spuszczać (**das Öl** olej); opuszczać (*o cenie*); **vom Preis ~** opuścić z ceny; **jmdm die Sünden ~** odpuścić komuś grzechy; *vi* (*h*) zaprzestawać; **von etwas ~** odstąpić od czegoś, zaniechać czegoś

ablaufen (läuft ab, lief ab, abgelaufen) *vi* (*s*) upływać; **die Frist ist abgelaufen** termin upłynął; *vt* (*h*) zużywać przez chodzenie (**die Absätze** obcasy); *pot.* **sie hat sich die Beine abgelaufen** uchodziła sobie nogi

ablegen *vt* (*h*) odkładać (**den Hörer** słuchawkę); zdejmować (**den Mantel** płaszcz); składać (**den Eid** przysięgę)

abmagern *vi* (*s*) chudnąć

Abmagerungskur *f*, **-, -en** kuracja odchudzająca

abmelden *vt* (*h*) wymeldowywać; *pot.* **bei jmdm abgemeldet sein** stracić czyjeś względy

Abnahme *f*, **-, -n** zdejmowanie *n* (**des Gemäldes** obrazu); *med.* amputacja *f* (**des Beines** nogi); utrata *f* (**des Gewichts** wagi)

abnehmen (nimmt ab, nahm ab, abgenommen) *vt* (*h*) zdejmować (**den Deckel** pokrywkę); *vi* (*h*) ubywać, zmniejszać się; **die Hitze nimmt ab** upał zmniejsza się

Abneigung *f*, **-, -en** niechęć *f*, odraza *f*; **~ gegen jmdn <gegen etw.> haben <empfinden>** mieć <odczuwać> wstręt <niechęć> do kogoś <czegoś>

abnorm *adj* odbiegający od normy, nieprawidłowy; **ein ~er Preis** niebywała cena

abnutzen *vt* (*h*) zużywać; **Kleider <Schuhe> ~** znosić ubranie <obu-

wie>; **sich ~** *vr* (*h*) zużywać się

Abonnemẹnt *n*, **-s**, **-s** abonament *m*; prenumerata *f*; **ein ~ für die Oper kaufen <erneuern>** kupić karnet <wznowić ważność karnetu> do opery; **Zeitungen <Zeitschriften> im ~ beziehen** prenumerować gazety <czasopisma>

ạbraten (rät ab, riet ab, abgeraten) *vt* (*h*) odradzać (**jmdm von etw.** komuś coś)

ạbrechnen *vt* (*h*) odliczać, potrącać; **die Mehrwertsteuer ~** odliczyć podatek VAT; **die Kasse ~** rozliczyć kasę; **mit jmdm ~** rozliczyć się z kimś, *przen.* policzyć się z kimś

Ạbreise *f*, **-**, **-n** odjazd *m*, wyjazd *m*; **seine ~ um zwei Stunden verschieben** przesunąć swój wyjazd o dwie godziny

a̲breisen *vi* (*s*) odjeżdżać, wyjeżdżać

ạbreißen (reißt ab, riss ab, abgerissen) *vt* (*h*) zrywać, burzyć; **Tapeten von der Wand ~** zrywać <zdzierać> tapety ze ściany; **ein Gebäude ~** zburzyć budynek

Ạbriss *m*, **Abrisses, Abrisse** zarys *m*, szkic *m*

Ạbrüstung *f*, **-** rozbrojenie *n*

Ạbsage *f*, **-**, **-n** odmowa *f*; **eine ~ erhalten** otrzymać odpowiedź odmowną; **jmdm eine ~ geben** odmówić komuś

Ạbsatz *m*, **-es**, **Absätze** obcas *m*; pauza *f*, odstęp *m*; *handl.* zbyt *m*; **hohe <flache> Absätze** wysokie <płaskie> obcasy; *handl.* **der ~ der Waren** zbyt na towary

ạbschaffen (schafft ab, schaffte ab, abgeschafft) *vt* (*h*) znosić; likwidować; **die Todesstrafe** znieść karę śmierci

Ạbscheu *m*, **-s** odraza *f*, wstręt *m*; **vor jmdm ~ fühlen <haben>** odczuwać do kogoś wstręt

abscheulich *adj, adv* wstrętn-y/ie, obrzydliw-y/ie

Ạbschied *m*, **-(e)s, -e** pożegnanie *n*, rozstanie *n*; **von jmdm ~ nehmen** (po)żegnać się z kimś

ạbschlagen (schlägt ab, schlug ab, abgeschlagen) *vt* (*h*) odbijać (**den Putz** tynk); ścinać, odcinać, odrąbywać (**Äste vom Baum** gałęzie od pnia); *przen.* odrzucać (**eine Bitte** prośbę)

ạbschleppen *vt* (*h*) holować (**ein Auto** samochód); **sich ~** *vi* (*h*) męczyć się niesieniem (czegoś); **ich habe mich mit den Koffern abgeschleppt** zmęczyłem się niesieniem walizek

ạbschneiden (schneidet ab, schnitt ab, abgeschnitten) *vt* (*h*) odkrajać; odcinać, obcinać; **sich die Haare ~ (lassen)** (kazać) obciąć sobie włosy

Ạbschnitt *m*, **-(e)s, -e** odcinek *m*; rozdział *m*; **ein ~ der Geschichte** okres w dziejach

ạbschrecken *vt* (*h*) odstraszać (*np. o cenach*); schłodzić (*wodą*) (**die Nudeln** makaron); zahartować (**eine Legierung** stop metali)

ạbschreiben (schreibt ab, schrieb ab, abgeschrieben) *vt* (*h*) odpisywać; przepisywać; *szkol.* ściągać; *bank.* potrącać (**eine Summe vom Konto** pewną sumę z konta)

Ạbschrift *f*, **-, -en** odpis *m*, kopia *f*

ạbschwächen *vt* (*h*) osłabiać; **sich ~** *vr* (*h*) zmniejszać się

ạbsehen (sieht ab, sah ab, abgesehen) *vt* (*h*) dojrzeć, przewidzieć (**die Folgen** następstwa); *vi* (*h*) abstrahować (**von etw.** od czegoś)

ạbsenden (sendet ab, sandte ab, abgesandt) *vt* (*h*) wysyłać (**einen Brief <ein Telegramm>** list <telegram>)

Ạbsender *m*, **-s, -** nadawca *m*

absetzen *vt* (*h*) zdejmować, zrzucać; zdetronizować; **sich ~** *vr* (*h*) osadzać się; *sport.* zwiększyć przewagę
Absicht *f*, **-**, **-en** zamiar *m*; **mit ~** umyślnie, celowo
absichtlich *adj*, *adv* umyśln-y/ie, celow-y/o
absolut *adj, adv* absolutn-y/ie, bezwzględn-y/ie
absolvieren *vt* (*h*) ukończyć; **das Gymnasium <das Studium> ~** ukończyć gimnazjum <studia>
absondern *vt* (*h*) oddzielać, odizolować
Absonderung *f*, **-**, **-en** oddzielenie *n*, odizolowanie *n*
absprechen (spricht ab, sprach ab, abgesprochen) *vt* (*h*) odmawiać; omawiać; **man kann ihr Talent nicht ~** nie można odmówić jej talentu; **alle Einzelheiten des Unternehmens ~** omówić wszystkie szczegóły przedsięwzięcia
Abstand *m*, **-(e)s**, **Abstände** odstęp *m*; **im ~ von 20 Metern ~** w odstępie 20 metrów; *lit.* **von etw. ~ nehmen** dystansować się wobec czegoś
abstatten *vt* (*h*): **einen Besuch ~** składać wizytę
abstauben *vt* (*h*) odkurzać; **Bilder <Möbel> ~** odkurzać obrazy <meble>
abstecken *vt* (*h*) wytyczać; odpinać; **den Zeltplatz ~** wyznaczyć teren pola namiotowego; *przen.* **das Programm einer Tätigkeit ~** nakreślić program działalności; **die Brosche von der Bluse ~** odpiąć broszkę od bluzki
absteigen (steigt ab, stieg ab, abgestiegen) *vi* (*s*) schodzić, zsiadać (**vom Rad <Pferd>** z roweru <z konia>)
abstempeln *vt* (*h*) stemplować; **Briefe ~** ostemplować listy
Abstieg *m*, **-(e)s**, **-e**; zejście *n* (*na dół*); upadek

m; **ein wirtschaftlicher ~** upadek gospodarczy
abstimmen *vt* (*h*) dostosować (**auf etw.** do czegoś); (prze)głosować; **etw. ~ (lassen)** poddać coś pod głosowanie
Abstimmung *f*, **-**, **-en**, głosowanie *n*; **geheime <öffentliche> ~** głosowanie tajne <jawne>; **sich der ~ enthalten** wstrzymać się od głosu
abstoßen (stößt ab, stieß ab, abgestoßen) *vt* (*h*), *vi* (*s*) **vom Ufer ~** odbijać od brzegu
abstoßend *adj adv* odpychając-y/o, odrażając-y/o; **er hat ein ~es Gesicht** ma odrażającą twarz
Absturz *m*, **-es**, **Abstürze** upadek *m*, runięcie *n* (**des Flugzeug(e)s** samolotu)
abstürzen *vt* (*h*) strącać, zrzucać; **jmdn vom Felsen ~** zrzucić kogoś ze skały; *vi* (*s*) spadać, runąć; **das Flugzeug ist abgestürzt** samolot spadł
Abszess *m*, **Abszesses**, **Abszesse** *med.* ropień *m*, wrzód (ropny)
Abteil *n*, **-(e)s**, **-e** przedział (*w pociągu*)
Abteilung *f*, **-**, **-en** dział *m*, oddział *m*; departament *m*; **~ für Kinderbekleidung** dział odzieży dziecięcej
abtragen (trägt ab, trug ab, abgetragen) *vt* (*h*) burzyć; zużywać; **eine Mauer ~** zburzyć mur; **Kleider <Schuhe> ~** zużyć ubranie <buty>
Abtreibung *f*, **-**, **-en** usunięcie ciąży, aborcja *f*
abtrennen *vt* (*h*) oddzielać (**die Küche vom Zimmer** kuchnię od pokoju); **sich ~** *vr* (*h*) odłączać się
abwaschen (wäscht ab, wusch ab, abgewaschen) *vt* (*h*) obmyć (**die Wunde vom Sand** ranę z piasku); **das Geschirr ~** zmywać naczynia
abwechseln *vt* (*h*) zmieniać
abwechselnd *adv* na przemian

Abwechslung *f*, **-**, **-en** zmiana *f*, odmiana *f*, urozmaicenie *n*; **zur ~** dla urozmaicenia

Abwertung *f*, **-**, **-en** obniżenie wartości (*rów. pieniądza*); dewaluacja *f*

abwesend *adj* nieobecny; **er war in der Schule ~** nie było go w szkole; **geistig ~** nieobecny duchem, roztargniony

abweichen (weicht ab, wich ab, abgewichen) *vi* (*s*) zbaczać, odbiegać; **vom vorgesehenen Kurs ~** zboczyć z obranego kursu; **vom Thema <von der Norm> ~** odbiegać od tematu <od normy>

abweichend *adj* odbiegający od normy, nieprawidłowy; *adv* nieprawidłowo

abwischen *vt* (*h*) obcierać, ścierać, ocierać (**die Tränen** łzy)

abzahlen *vt* (*h*) spłacać (**eine Schuld in Raten** dług ratami)

abzählen *vt* (*h*) odliczyć; policzyć; **zu zweien ~!** do dwóch odlicz!; **(sich) etw. an den Fingern ~** policzyć (sobie) coś na palcach

Abzahlung *f*, **-**, **-en** spłata *f*

Abzeichen *n*, **-s**, **-** znaczek *m* (*odznaka*)

abziehen (zieht ab, zog ab, abgezogen) *vt* (*h*) ściągnąć, zdjąć; **die Handschuhe <die Bettwäsche> ~** zdjąć rękawiczki <pościel>; potrącić; **etw. vom Gehalt ~** potrącić coś z pensji

Abzug *m*, **-(e)s**, **Abzüge** kopia *f*; ujście *n*; potrącenie *n*; **der ~ des Rauches** ujście dymu; **nach ~ der Unkosten** po potrąceniu kosztów własnych; *wojsk.* wycofanie, wymarsz *m*

Achillesferse *f*, **-**, **-n** pięta achillesowa

Achse *f*, **-**, **-en** oś *f*

Achsel *f*, **-**, **-n** ramię *n*; łopatka *f*; **mit den ~n zucken** wzruszać ramionami

Achselhöhle *f*, **-**, **-n** pacha *f*; **die ~ enthaaren** depilować pachę; **in der ~ Fieber messen** mierzyć temperaturę pod pachą

acht *num* osiem; **es ist ~ Uhr** jest godzina ósma; **in ~ Tagen** za osiem dni; **er ist ~ (Jahre alt)** on ma osiem lat

achten *vt* (*h*) szanować, poważać; **das Gesetz <jmdn, die Gefühle> ~** szanować prawo <kogoś, uczucia>; *vi* (*h*) uważać; **auf etw. ~** zważać <uważać> na coś

achthundert *num* osiemset

Achtung *f*, **-**, respekt, szacunek *m*; **vor jmdm <etw.> ~ haben** czuć respekt przed kimś <czymś>; **~! Hochspannung!** Uwaga! Wysokie napięcie!

achtzehn *num* osiemnaście

achtzig *num* osiemdziesiąt

Ackerboden *m*, **-s**, **-böden** ziemia rolna, gleba *f*

Adaptation *f*, **-**, **-en** przystosowanie *n*, adaptacja *f*

addieren *vt* (*h*) *mat.* dodawać, sumować

Ader *f*, **-**, **-n** *anat.* żyła *f*; *przen.* żyłka *f*; **er hat eine musikalische ~** on ma żyłkę do muzyki

Adler *m*, **-s**, **-** orzeł *m*

Administration *f*, **-**, **(-en)** administracja *f*, zarządzanie *n*; *zob.* **Verwaltung**

adoptieren *vt* (*h*) adoptować (**ein Kind** dziecko)

Adoptivkind *n*, **-es**, **-er** dziecko adoptowane

Adresse *f*, **-**, **-en** adres *m*; **an die falsche ~ kommen <geraten>** źle trafić (*zostać odprawionym*)

Aerobic *n*, **-s** aerobik *m*

Affäre *f*, **-**, **-en** afera *f*, zajście *n*, skandal *m*; **eine unangenehme <peinliche, skandalöse> ~** nieprzyjemna <przykra, skandaliczna> afera

Affe *m*, **-n**, **-n** małpa *f*;

jmdn zum ~n halten mieć kogoś za głupca
afghanisch *adj* afgański; *adv* po afgańsku
afrikanisch *adj* afrykański; *adv* po afrykańsku
Agent *m*, **-en**, **-en** agent *m*, pośrednik *m*
Agentur *f*, **-**, **-en** agencja *f*, **Werbeagentur** *f* agencja reklamowa
aggressiv *adj, adv* agresywn-y/ie, zaczepn-y/ie; **~ reagieren** reagować agresywnie
Agonie *f*, **-**, **-n** agonia *f*; **in ~ liegen** leżeć w agonii
ägyptisch *adj* egipski; *adv* po egipsku
ahnen *vt* (*h*) przeczuwać; przewidywać; **wer konnte das ~!** któż to mógł przewidzieć!
ähneln *vt* (*h*) być podobnym; **er ähnelt seinem Vater** jest podobny do ojca; **die Schwestern ~ sich <einander>** siostry są do siebie podobne
ähnlich *adj* podobny; **jmdm zum Verwechseln ~ sehen <sein>** być łudząco do kogoś podobnym; **das sieht ihm ganz ~** to jest do niego podobne
Ähnlichkeit *f*, **-**, **-en** podobieństwo *n*; **mit jmdm ~ haben** być podobnym do kogoś
Aids *n* (*najczęściej bez rodzajnika*) AIDS *m*
Akademie *f*, **-**, **-n** akademia *f*; **~ der Wissenschaften** Akademia Nauk; **~ der bildenden Künste** Akademia Sztuk Pięknych
akklimatisieren *vi* (*h*) aklimatyzować; **sich ~** *vr* (*h*) aklimatyzować się; **du musst dich zuerst an die See ~** musisz najpierw zaaklimatyzować się nad morzem
Akkord *m*, **-(e)s**, **-e** *muz. ekon.* akord *m; prawn.* umowa *f*, układ *m*, ugoda *f*; **in <auf> ~ arbeiten** pracować na akord; **einen ~ mit seinen Gläubigern abschließen** zawrzeć ze swoimi wie-

rzycielami umowę <ugodę>

Akkordarbeit *f*, **-**, **(-en)** praca na akord

Akkordeon *n*, **-s**, **-s** akordeon *m*

Akkumulator *m*, **-s**, **-en** akumulator *m*; *zob.* **Batterie**

Akkusativ *m*, **-s**, **-e** *gram.* biernik *m*

Akt *m*, **-(e)s**, **-e** akt *m*, czyn *m*; **ein ~ der Verzweiflung** akt rozpaczy; *teatr* akt *m*

Akte *f*, **-**, **-n** akt *m* (*dokument urzędowy*)

Aktie *f*, **-**, **-n** *handl.* akcja *f* (*np. spółki akcyjnej*); **die ~n steigen <fallen>** akcje idą w górę <spadają>; **wie stehen die ~n?** jak stoją akcje?

Aktiengesellschaft *f*, **-**, **-en** spółka akcyjna *f*

Aktion *f*, **-**, **-en** działanie *n*, akcja *f*; **in ~ sein <treten>** być w <włączyć się do> akcji

Aktionär *m*, **-s**, **-e** akcjonariusz *m*

aktiv *adj*, *adv* czynn-y/ie, aktywn-y/ie; **ein ~er Mensch** aktywny człowiek

Aktiv *n*, **-s**, **-e** aktyw *m*; *gram.* strona czynna

aktuell *adj, adv* aktualn-y/ie

Akupunktur *f*, **-**, **(-en)** akupunktura *f*

Akzent *m*, **-(e)s**, **-e** nacisk *m*; *gram.* akcent *m*; **Sie sprechen fast ohne ~** pan/pani mówi prawie bez (obcego) akcentu; **auf etw. einen besonderen ~ legen** kłaść na coś szczególny nacisk

Alarm *m*, **-(e)s**, **-e** alarm *m*; **~ schlagen** bić na alarm; **blinder ~** fałszywy alarm

Alarmanlage *f*, urządzenie alarmowe

albanisch *adj* albański; *adv* po albańsku

albern *adj, adv* niedorzeczn-y/ie, głup-i/io; **sei nicht so ~** nie bądź głupi; **sich ~ benehmen** zachowywać się głupio; **~e Witze** głupie kawały <dowcipy>

Album *n*, **-s**, **Alben** album *m*, pamiętnik *m*
Alibi *n*, **-s**, **-s** *prawn.* alibi *n*; **ein <kein> ~ haben** mieć <nie mieć> alibi
Alimente *pl*, alimenty *pl*; **~ zahlen** płacić alimenty
Alkohol *m*, **-s**, **-e** alkohol *m*; **~ trinken** pić alkohol; **~ nicht vertragen** nie tolerować alkoholu
alkoholfrei *adj* bezalkoholowy; **~es Bier** piwo bezalkoholowe
Alkoholiker *m*, **-s**, **-** alkoholik *m*; **anonyme ~** anonimowi alkoholicy
all *pron* wszystek, wszelki, cały; **trotz ~em** mimo wszystko; **vor ~em** przede wszystkim; **~e zwei Jahre <acht Tage>** co dwa lata <osiem dni>; **für <auf> ~e Fälle** na wszelki wypadek; **mit ~er Kraft** z całą siłą; **unter ~en Umständen** w każdym wypadku; *pot.* **~e sein <werden>** skończyć się, wyczerpać się; **das Geld ist ~e** pieniądze się skończyły
Allee *f*, **-**, **-n** aleja *f*
allein *adj* sam (jeden); **er wohnt <reist> ~** on mieszka <podróżuje> sam; **lass mich ~!** zostaw mnie samego!; *adv* jedynie; **die Entscheidung liegt ~ bei ihm** decyzja należy tylko do niego
Allergie *f*, **-**, **-n** *med.* alergia *f*, uczulenie *n*
Allerheiligen *n*, **-** *rel.* Wszystkich Świętych
alles *zob.* **all**
allgemein *adj, adv* ogóln-y/ie, powszechn-y/ie; **das ~e Wohl** dobro powszechne; **~ anerkannt** powszechnie uznany; **im Allgemeinen** ogólnie biorąc
Allheilmittel *n*, **-s**, **-** złoty środek *m*, panaceum *n*
Alliierte(r) *m*, **-n**, **-n** *wojsk.* sojusznik *m*, sprzymierzeniec *m*, aliant *m*
alljährlich *adj, adv* coroczn-y/ie
allmählich *adj, adv* stopniow-y/o; **eine ~e Bes-**

serung stopniowa poprawa (zdrowia)

allseitig *adj* wszechstronny; **~e Bildung** wszechstronne wykształcenie

alltäglich *adj, adv* codzienn-y/ie; **~e Kleidung** ubranie na co dzień; **~e Pflichten** codzienne obowiązki

allzu *adv* zbyt, zanadto; **sie wiegt ~ viel** ona waży zbyt dużo; *zob.* **zu**

Alphabet *n*, **-(e)s, -e** alfabet *m*; **nach dem ~ ordnen** uporządkować według alfabetu

als *conj* gdy, kiedy; jako; niż, od; jak gdyby; **~ wir in Paris waren, regnete es** kiedy byliśmy w Paryżu, padał deszcz; **schon ~ Kind...** już jako dziecko...; **ich bin älter ~ du** jestem starszy <starsza> od ciebie; **es sieht so aus, ~ ob es regnen sollte** wygląda tak, jakby miało padać; **sowohl... ~ auch...** nie tylko..., ale również...

also *adv* zatem, więc; **ich denke, ~ bin ich** myślę, więc jestem

alt (älter, am ältesten) *adj, adv* star-y/o; **wie ~ bist du?** ile masz lat?

Altar *m*, **-s, Altäre** ołtarz *m*; *lit.* **jmdn zum ~ führen** zaprowadzić kogoś do ołtarza

altbacken *adj, adv* czerstwy; **~es Brot** czerstwy chleb

Alter *n*, **-s, -** wiek *m*; **ein Mann im mittleren ~** mężczyzna w średnim wieku

Alternative *f*, **-, -n** alternatywa *f*; **vor die ~ gestellt sein** stanąć przed alternatywą

Altersversorgung *f*, **-** ubezpieczenie na starość

altertümlich *adj, adv* starożytny; staroświeck-i/o

Altpapier *n*, **-s** makulatura *f*

Altstadt *f*, **-, Altstädte** Stare Miasto, *pot.* Starówka *f*

Amateur *m*, **-s, -e** amator *m* (*t. sportu*), miłośnik *m*

Ambulanzwagen *m*, **-s, -**

karetka pogotowia ratunkowego

Ameise *f*, **-**, **-n** mrówka *f*

Amen *n*, **-s**, amen *n*

Amerikaner *m*, **-s**, **-** Amerykanin *m*

Amerikanerin *f*, **-**, **-en** Amerykanka *f*

amerikanisch *adj* amerykański; *adv* po amerykańsku

Amnestie *f*, **-**, **-n** amnestia *f*, ułaskawienie *n*; **eine ~ fordern** domagać się amnestii; **unter die ~ fallen** podlegać amnestii

Amphetamin *n*, **-s**, **(-e)** amfetamina *f*

Amt *n*, **-(e)s**, **Ämter** urząd *m*, posada *f*, stanowisko *n*; **ein öffentliches ~** urząd publiczny; **das ~ bekleiden** pełnić <piastować> urząd

Amulett *n*, **-s**, **-e** amulet *m*, talizman *m*

amüsieren *vt* (*h*) bawić (**jmdn** kogoś); **sich ~** *vr* (*h*) bawić się

an *praep* na, do, około; **an die hundert** około stu; **an der Wand** na ścianie; **an Ort und Stelle** na miejscu; **am Abend** wieczorem; **an der Universität** na uniwersytecie; **ein Brief an mich** list do mnie; **sie standen Kopf an Kopf** stali głowa przy głowie; *przen.* **die Bemerkung war fehl am Platz(e)** uwaga była nie na miejscu

analysieren *vt* (*h*) analizować; **die Lage ~** analizować położenie

Anämie *f*, **-**, **-n** *med.* anemia *f*

Anatomie *f*, **-**, **-n** anatomia *f*

Anbau *m*, **-(e)s** uprawa *f* (*np. zboża*); dobudówka *f*

anbauen *vt* (*h*) uprawiać; dobudować; **Getreide <Tabak> ~** uprawiać zboże <tytoń>

anbeten *vt* (*h*) uwielbiać, czcić (**jmdn <etw.>** kogoś <coś>)

anbieten (bietet an, bot an, angeboten) *vt* (*h*) stawiać do dyspozycji; ofiarować; poczęstować; **jmdm (eine) Hilfe ~** ofiarować komuś pomoc; **seinen Gästen Kaffee und Kuchen ~** poczęstować gości kawą i ciastem; **sich ~** *vr* (*h*) zaofiarować się

anbinden (bindet an, band an, angebunden) *vt* (*h*) przywiązać, uwiązać (**etw. an etw.** coś do czegoś); **kurz angebunden** oschły, małomówny

anbrechen (bricht an, brach an, angebrochen) *vt* (*h*) napocząć; **eine Flasche Wein <einen Vorrat>** napocząć butelkę wina <zapasy>; *vi* (*s*) nadchodzić, zbliżać się; **der Tag bricht an** świta, dnieje

anbrennen (brennt an, brannte an, angebrannt) *vt* (*h*) zapalić; *vi* (*s*) przypalić się; **eine Zigarette <eine Kerze> ~** zapalić papierosa <świecę>

andauern *vi* (*h*) trwać

andauernd *adj, adv* ciągły/le, sta-ły/le

Andenken *n*, **-s**, **-** pamięć *f*; pamiątka *f*; upominek *m*; **bei jmdm in gutem ~ stehen** pozostawać w czyjejś życzliwej pamięci; **jmdm etw. zum ~ schenken** podarować komuś coś na pamiątkę; **seligen ~s** świętej pamięci

ander- *adj* inny; drugi, jeden z dwóch; **ein ~es Mal** innym razem; **das ~e Auge** drugie oko; **unter ~em** między innymi; **~s sein** być innym

ändern *vt* (*h*) zmienić; przerobić; **die Hose ~** przerobić spodnie; **das ändert die Sache** to zmienia postać rzeczy; **sich ~** *vr* (*h*) zmienić się

anders *adv* inaczej; **jemand ~** ktoś inny; **wer ~?** kto inny?

anderswo *adv* gdzie indziej

anderthalb *num* półtora; **~ Stunden** półtorej godziny

Änderung *f*, **-**, **-en** zmiana *f*; przeróbka *f*

anerkennen (erkennt an, erkannte an, anerkannt) *vt* (*h*) uznać; **jmds Ver-**

dienste ~ uznać czyjeś zasługi

Ạnerkennung *f*, **-** uznanie *n*, szacunek *m*; **er findet allgemeine ~** on spotyka się z powszechnym uznaniem

Ạnfall *m*, **-s, Anfälle** *med.* atak *m*; **der ~ einer Krankheit** atak choroby

ạnfällig *adj* podatny (**für etw.** na coś)

Ạnfang *m*, **-s, Anfänge** początek *m*; **am ~** na początku

ạnfangen (fängt an, fing an, angefangen) *vt* (*h*) zaczynać (**mit etw.** od czegoś); **es fängt an zu regnen** zaczyna padać

ạnfassen *vt* (*h*) chwytać; **jmdn am Kragen <an der Hand> ~** chwycić kogoś za kołnierz <za rękę>

Ạnfänger *m*, **-s, -** początkujący *m*; **Kurse für ~** kursy dla początkujących

ạnfeinden *vt* (*h*) traktować wrogo, zwalczać; prześladować (**jmdn** kogoś)

ạnfertigen *vt* (*h*) sporządzić (**eine Bücherliste** listę książek); **beim Schneider einen Mantel ~ lassen** dać do uszycia płaszcz

ạnfeuchten *vt* (*h*) zwilżyć

Ạnfrage *f*, **-, -n** zapytanie *n*

ạnführen *vt* (*h*) przytoczyć, cytować (**Beispiele** przykłady); *wojsk.* dowodzić (**eine Abteilung** oddziałem)

Ạnführungszeichen *n*, **-s, -** cudzysłów *m*

Ạngabe *f*, **-, -n** podanie *n* (**von näheren Einzelheiten** bliższych szczegółów); informacja; **~n** *pl* dane *pl*; **nähere ~n** bliższe dane

ạngeben (gibt an, gab an, angegeben) *vt* (*h*) podawać; **den Namen <die Gründe> ~** podać nazwisko <przyczyny>; *vi* (*h*) przechwalać się; **mit dem Auto ~** chwalić się <*pot.* szpanować> samochodem

ạngeblich *adj* rzekomy,

domniemany; *adv* rzekomo, podobno

angeboren *adj* wrodzony; **eine ~e Krankheit** wrodzona choroba

Angebot *n*, **-(e)s**, **-e** oferta *f*, propozycja *f*; *handl.* podaż *f*; **Nachfrage und ~** popyt i podaż

angehören *vt* (*h*) przynależeć (**jmdm** do kogoś); **er gehört einer rechten Partei an** on należy do jednej z partii prawicowych

Angeklagte(r) *m*, **-n**, **-n** oskarżony *m*

Angel *f*, **-**, **-n** wędka *f*; zawias *m*; **Angelschnur** *f* żyłka do wędki

angeln *vt* (*h*) łowić na wędkę; **wir gehen ~** idziemy na ryby

angemessen *adj, adv* stosown-y/ie, odpowiedn-i/io; **ein ~es Honorar** odpowiednie honorarium

angenehm *adj, adv* przyjemn-y/ie, **~e Reise!** przyjemnej podróży!

angeschwollen *adj* spuchnięty, nabrzmiały

Angesicht *n*, **-(e)s**, **-er** *lit.* twarz *f*, oblicze *n*

angesichts *praep* wobec; w obliczu; **~ der Tatsache, dass...** wobec faktu, że...; **~ des Todes** w obliczu śmierci

Angestellte(r) *m*, **-n**, **-n** pracownik, urzędnik *m*; *por.* **Beamte**

Angina *f*, **-**, *med.* angina *f*; **er erkrankte an ~** zachorował na anginę

Angler *m*, **-s**, **-** wędkarz *m*

angreifen (greift an, griff an, angegriffen) *vt* (*h*) (za)atakować, napadać (**jmdn** na kogoś); *pot.* chwytać (**etw.** coś)

Angriff *m*, **-(e)s**, **-e** atak *m*, natarcie *n*; **die beste Verteidigung ist der ~** najlepszą obroną jest atak

Angst *f*, **-**, **Ängste** strach *m*, obawa *f*; **~ haben <bekommen>** bać się, przestraszyć się; **~ um jmdn haben** martwić się o kogoś

ängstigen *vt* (*h*) trwożyć, niepokoić (**jmdn** kogоś); **sich ~** *vr* (*h*) niepokoić się (**um jmdn** o kogoś)

ą̈ngstlich *adj, adv* bojaźliw-y/ie, trwożliw-y/ie; **~e Menschen** bojaźliwi <nieśmiali> ludzie

ąnhaben (hat an, hatte an, angehabt) *vt* (*h*) *pot.* mieć na sobie (*o ubraniu*)

ąnhalten (hält an, hielt an, angehaltan) *vt* (*h*) zatrzymać (**den Zug** pociąg); wstrzymać (**den Atem** oddech); nakłaniać (**jmdn zu etwas** kogoś do czegoś); (*o pojeździe*) zatrzymać; *vi* trwać (**der Streik hält an** strajk trwa)

Ąnhalter *m*, **-s**, **-** autostopowicz *m*; **per ~ reisen** podróżować autostopem

Ąnhang *m*, **-(e)s, Anhänge** dodatek *m*, załącznik *m* (**zum Vertrag** do umowy)

ąnhängen *vt* (*h*) zawiesić (**den Mantel** płaszcz); doczepić (**den Schlafwagen** wagon sypialny)

Ąnhänger *m*, **-s**, **-** zwolennik *m*; przyczepa *f*; wisiorek *m*

ąnhäufen *vt* (*h*) (na)gromadzić; **Vorräte ~** gromadzić zapasy; **sich ~** *vr* (*h*) (*o czymś*) gromadzić się

Ąnhäufung *f*, **-**, **-en** nagromadzenie *n*; **die ~ von Schätzen** nagromadzenie skarbów

ąnheben (hebt an, hob an, angehoben) *vt* (*h*) podnosić, unosić; **die Löhne um 10% ~** podwyższyć pensję o 10%

ąnheften *vt* (*h*) przypiąć (**einen Zettel an etw.** kartkę <etykietkę> do czegoś)

ąnhören *vt* (*h*) wysłuchiwać; **Zeugen <Beschwerden> ~** wysłuchać świadków <skarg>; **sich gut ~** *vr* (*h*) być przyjemnym w słuchaniu; **das Lied hört sich gut an** tej piosenki dobrze się słucha

Ąnkauf *m*, **-(e)s, Ankäufe** zakup *m*, kupno *n*; skup *m*; **der ~ von Altpapier** skup makulatury

Ạnker *m*, **-s**, **-** *żegl.* kotwica *f*; **den ~ auswerfen <hieven, lichten>** zarzucić <podnieść, wciągnąć> kotwicę

Ạnklage *f*, **-**, **-n** oskarżenie *n* (**gegen jmdn** przeciwko komuś); **unter ~ stehen** być w stanie oskarżenia

ạnklagen *vt* (*h*) *prawn.* oskarżyć; **jmdn des Verrats <des Mordes> ~** oskarżyć kogoś o zdradę <morderstwo>

ạnkleben *vt* (*h*) nalepić, nakleić (**an etwas** na coś)

ạnknüpfen *vt* (*h*) przywiązać, nawiązać (**an etw.** do czegoś); *przen.* nawiązać (**neue Beziehungen** nowe kontakty)

ạnkommen (kommt an, kam an, angekommen); *vi* (*s*) przybyć (**mit dem Zug** pociągiem); zależeć; **es kommt auf die Situation an** to zależy od sytuacji; **es kommt darauf an** to zależy (*to się okaże*)

Ạnkunft *f*, **-**, **Ankünfte** przyjazd *m*, przybycie *n*, nadejście *n*; **die planmäßige ~ des Zuges** planowy przyjazd pociągu

ankündigen, *lit.* **ạnkünden** *vt* (*h*) ogłaszać, zapowiadać; **seinen Besuch ~** zapowiedzieć swoją wizytę; **sich ~** *vr* (*h*) zapowiadać się

ạnlächeln, anlachen *vt* (*h*) uśmiechać się, śmiać się (**jmdn** do kogoś)

Ạnlage *f*, **-**, **-n** utworzenie *n;* założenie *n* (**eines Gartens** ogrodu); urządzenie *n*; zakład przemysłowy (**Wärmekraftanlage** elektrociepłownia *f*); skłonność *f*; predyspozycja; uzdolnienie (**zu etw.** do czegoś); umieszczenie *n*, inwestycja *f*, lokata *f*; **eine günstige ~ des Geldes** korzystna lokata pieniędzy

Ạnlass *m*, **Anlasses, Anlässe** powód *m*, przyczyna *f*; okazja *f*; **ein ~ zur Kritik** powód krytyki; **auf ~** z inicjatywy; **aus ~** z okazji

Ạnlasser *m*, **-s**, **-** *mot.* rozrusznik *m*

ạnlässlich *preap* z okazji; **~ deines Namenstags** z okazji twoich imienin

Ạnlauf *m*, **-(e)s, Anläufe** rozbieg *m*; rozruch *m*; **einen ~ nehmen** wziąć rozbieg

ạnlaufen (läuft an, lief an, angelaufen) *vt* (*h*) *żegl.* zawinąć (**den Hafen** do portu); *vi* (*s*); wpaść biegnąc (**gegen etw.** na coś); wziąć rozbieg

ạnlegen *vt* (*h*) przykładać, przystawiać (**eine Leiter** drabinę); zakładać (**einen Garten <eine Kartei>** ogród <kartotekę>); *vi* (*h*) *żegl.* przybić do brzegu; **das Schiff legt an** statek przybija do brzegu

Ạnlegeplatz *m*, **-es, -plätze** *żegl.* przystań *f*

ạnlehnen *vt* (*h*) oprzeć; przymknąć (**die Tür** drzwi); **sich ~** *vr* (*h*) oprzeć się (**an etw.** o coś)

Ạnleihe *f*, **-, -n** pożyczka *f*; **eine kurzfristige <langfristige> ~** pożyczka krótkoterminowa <długoterminowa>

ạnliefern *vt* (*h*) dostarczać (**Waren** towary)

ạnmelden *vt* (*h*) zameldować; zapisywać (**den Kandidaten** kandydata); **sich ~** *vr* (*h*) zgłosić się, (za)meldować się; **sich bei der Polizei ~** zgłosić się na policję

Ạnmeldung *f*, **-, -en** meldunek *m*, zgłoszenie *n*

Ạnmerkung *f*, **-, -en** uwaga *f*; przypis *m*; adnotacja *f*

Ạnmut *f*, **-** wdzięk *m*, gracja *f*; **~ besitzen** mieć urok (osobisty); **sich mit ~ bewegen** poruszać się z wdziękiem <z gracją>

ạnmutig *adj, adv* wdzięczn-y/ie, powabn-y/ie; **eine ~e Frau** powabna kobieta

ạnnähen *vt* (*h*) przyszyć; **einen Knopf an das Hemd ~** przyszyć guzik do koszuli

ạnnähern *vt* (*h*) przybliżać (**jmdm etw.** coś komuś); **sich ~** *vr* (*h*) zbliżać się; **wir nähern uns dem Ziel** zbliżamy się do celu

Ạnnäherung *f*, **-, -en** zbliżenie *n*

Ạnnahme *f*, **-, -n** przyjęcie *n* (**eines Geschenks** prezentu); odbiór (**einer Postsendung** przesyłki pocztowej); przypuszczenie *n*, założenie *n*

ạnnehmen (nimmt an, nahm an, angenommen) *vt* (*h*) przyjmować (**ein Geschenk <eine Haltung>** prezent <postawę>); akceptować (**den Antrag** wniosek); **angenommen, dass...** zakładając, że...

Ạnnex *m*, **-es, -e** załącznik *m*, dodatek *m*, aneks *m*; *zob.* **Anhang**

annullieren *vt* (*h*) unieważniać, anulować (**einen Vertrag** umowę)

Ạnordnung *f*, **-, -en** uporządkowanie (**des Katalogs** katalogu); rozporządzenie *n*, postanowienie *n*; **eine ~ erlassen** wydać zarządzenie

ạnpassen *vt* (*h*) przymierzać, dopasowywać (**jmdm etw.** komuś coś); dostosowywać (**etw. dem Plan** coś do planu); **sich ~** *vr* (*h*) dostosować się

ạnpreisen (preist an, pries an, angepriesen) *vt* (*h*) zachwalać (**ein Lokal <einen Wein>** lokal <wino>)

Ạnprobe *f*, **-, -n** przymiarka *f*; przymierzalnia *f*

ạnprobieren *vt* (*h*) przymierzać (**eine Bluse** bluzkę)

ạnpumpen *vt* (*h*) *pot.* pożyczać (*pieniądze*); **jmdn um 20 Mark ~** pożyczyć od kogoś 20 marek

ạnrechnen *vt* (*h*) policzyć, wyliczyć, zaliczyć; **jmdm die Mehrwertsteuer ~** wliczyć komuś podatek VAT; **jmdm etw. als Verdienst ~** poczytywać komuś coś za zasługę

Ạnrecht *n*, **-(e)s, -e** prawo *n* (**auf etw.** do czegoś); *teatr* karnet *m*

ạnregen *vt* (*h*) skłonić,

zachęcić (**jmdn zu etw.** kogoś do czegoś)

anregend *adj, adv* inspirując-y/o; **eine ~e Diskussion** inspirująca dyskusja

Anreise *f*, **-, -n** przyjazd *m*, przybycie *n*

Anruf *m* **-(e)s, -e** rozmowa telefoniczna, połączenie telefoniczne; **heute kam ein Anruf aus Japan an mich** dziś miałem telefon z Japonii

Anrufbeantworter *m*, **-s, -: automatischer ~** automatyczna sekretarka

anrufen (ruft an, rief an, angerufen) *vt* (*h*) wołać; wzywać (**als Zeugen** na świadka); telefonować (**jmdn** do kogoś)

ansagen *vt* (*h*) zapowiadać (**das Programm <den Besuch>** program <wizytę>)

Ansager *m*, **-s, -** (*w radiu, w telewizji*) spiker *m*, prezenter *m*

ansammeln *vt* (*h*) (na)gromadzić, (na)zbierać; **Reichtümer <Vorräte> ~** gromadzić bogactwa <zapasy>; **sich ~** *vr* (*h*) gromadzić się, zbierać się

Ansatzstück *n*, **-(e)s, -e** *techn.* nasadka *f*

anschauen *vt* (*h*) patrzeć (**jmdn <etw.>** na kogoś <na coś>); **sich ~** *vr* (*h*) oglądać, przyglądać się (**jmdn <etw.>** komuś <czemuś>)

Anschauung *f*, **-, -en** pogląd *m*, opinia *f*; wyobrażenie *n*; **moderne ~** nowoczesny pogląd

Anschlag *m*, **-(e)s, Anschläge** obwieszczenie *n* (*plakat*); uderzenie *n*, zamach *m*; **einen ~ verüben** dokonać zamachu (**auf jmdn** na kogoś)

anschlagen (schlägt an, schlug an, angeschlagen) *vt* (*h*) wywiesić (**eine Bekanntmachung** ogłoszenie)

Anschlagzettel *m*, **-s, -** plakat *m*, ogłoszenie *n*

anschließen (schließt an, schloss an, angeschlossen) *vt* (*h*) podłączać, przyłączać (**das Haus an die Wasserleitung**

dom do wodociągu); **sich ~** *vr* (*h*) przyłączyć się (**jmdm <einer Sache>** do kogoś <do czegoś>)

Ạnschlussgleis *n*, **-es, -e** bocznica kolejowa

ạnschmiegen, sich *vr* (*h*) przylegać; przytulać się; **sich an etw. ~** przylegać do czegoś; **sich an jmdn ~** przytulać się do kogoś

ạnschnallen *vt* (*h*) zapinać (*na sprzączkę*); **sich ~** *vr* (*h*) zapiąć pasy (*w samochodzie*)

Ạnschrift *f*, **-, -en** adres *m*

ạnschwellen *vi* (*s*) **(schwillt an, schwoll an, angeschwollen)** *vi* (*s*) puchnąć; (*o rzece*) wzbierać; **der Fluss schwillt an** rzeka wzbiera

ạnsehen (sieht an, sah an, angesehen) *vt* (*h*) patrzeć (**jmdn <etw.>** na kogoś <na coś>); **jmdn <etw.> als <für> etw. ~** uważać kogoś <coś> za...; **sich etw. <jmdn> ~** obejrzeć sobie coś <kogoś>

Ạnsehen *n*, **-s**, poważanie *n*, uznanie *n*; **hohes ~ genießen** cieszyć się wielkim poważaniem; **sich ~ verschaffen** zdobyć sobie uznanie

ạnsetzen *vt* (*h*) przykładać, przystawiać (**an etwas** do czegoś); postawić hipotezę, założyć; *vi* (*h*) zabierać się (**zu einer Sache** do czegoś); **zur Landung ~** podchodzić do lądowania

Ạnsichtskarte *f*, **-, -en** widokówka *f*

ạnsiedeln *vt* (*h*) osiedlić (**jmdn** kogoś); **sich ~** *vr* (*h*) osiedlić się; **sich auf dem Lande ~** osiedlić się na wsi

ạnspannen *vt* (*h*) napinać, naciągać (**einen Bogen <die Muskeln>** łuk <mięśnie>); wytężać (**alle Kräfte** wszystkie siły)

Ạnspielung *f*, **-, -en** aluzja *f*; **~en auf etw. machen** robić <czynić> aluzje do czegoś

Ạnsporn *m*, **-(e)s,** bodziec *m*, zachęta *f*; **einen ~ zum Handeln erhal-**

ten <geben> otrzymać <dać> bodziec do działania

Ansprache *f*, **-, -n** przemówienie; **eine ~ halten (an)** przemawiać (do)

ansprechen (spricht an, sprach an, angesprochen) *vt* (*h*) zagadnąć (**jmdn auf etw.** kogoś o coś);

Anspruch *m*, **-(e)s, Ansprüche** wymaganie *n*, roszczenie *n*; **~ auf etw. erheben** rościć sobie prawo do czegoś; **jmdn <etw.> in ~ nehmen** wykorzystywać kogoś <coś>

anspruchslos *adj, adv* bezpretensjonaln-y/ie; (*rów. o rzeczach*) skromn-y/ie

anspruchsvoll *adj, adv* wymagając-y/o, pretensjonaln-y/ie; (*o rzeczach*) spełniający wysokie wymagania

anstatt *praep* zamiast; **~ zu lernen, sach sie den ganzen, Tag fern** zamiast się uczyć, oglądała cały dzień telewizję; *zob.* **statt**

anständig *adj, adv* przyzwoi-ty/cie, porządn-y/ie; **ein ~er Mensch** porządny człowiek; **benimm dich ~!** zachowuj się (przyzwoicie)!

anstecken *vt* (*h*) przypinać (**an etwas** do czegoś); wsadzać, wkładać (*na coś*); podpalić (**ein Haus** dom); **sich ~** *vr* (*h*) zarazić się (**mit einer Krankheit** chorobą)

ansteckend *adj, adv* zaraźliw-y/ie

anstehen (steht an, stand an, angestanden) *vi* (*h*) stać w kolejce; **nach Eintrittskarten ~** stać po bilety

anstellen *vt* (*h*) przystawiać; zatrudniać; włączać, nastawiać; **jmdn fest <zur Probe> ~** zatrudniać kogoś na stałe <na próbę>

anstößig *adj, adv* gorsząc-y/o, nieprzyzwoi-ty/cie; **~e Worte <Witze>** nieprzyzwoite słowa <dowcipy>

anstrengen *vt* (*h*) wysilać; wytężać (**alle Kräfte <den Geist>** siły <umysł>); **sich ~** *vr* (*h*) wysilać się

Anstrengung *f*, **-**, **-en** wysiłek *m*, trud *m*; **sich von den ~en erholen** odpocząć po trudach

Anteil *m*, **-s**, **-e** udział *m* (**an etw.** w czymś); zainteresowanie *n*

Anteilnahme *f*, **-**, **-n** współczucie *n*; **seine ~ aussprechen** wyrazić swoje przejęcie <współczucie>

Antenne *f*, **-**, **-n** antena *f*

Antibabypille *f*, **-**, **n** pigułka antykoncepcyjna

Antibiotikum *n*, **-s**, **Antibiotika** antybiotyk *m*

antik *adj* antyczny, starożytny

Antike *f*, **-**, **en** starożytność *f*, antyk *m* (*t. przedmiot zabytkowy*)

Antipathie *f*, **-**, **-n** antypatia *f*; **eine ~ gegen jmdn <etw.> empfinden** czuć do kogoś <czegoś> antypatię

Antiquariat *n*, **-(e)s**, **-e** antykwariat *m*

Antiquitätengeschäft *n*, **-es**, **-e** sklep ze starociami

Antrag *m*, **-(e)s**, **Anträge** wniosek *m*, podanie *n*; oświadczyny *pl*; **auf ~** na wniosek

antreffen (trifft an, traf an, angetroffen) *vt* (*h*) zastać; **jmdn zu Hause ~** zastać kogoś w domu

antreten (tritt an, trat an, angetreten) *vt* (*h*) obejmować (**ein Amt <eine Stelle>** urząd <posadę>); rozpoczynać (**eine Reise** podróż); *vi* (*s*) stawić się, ustawić się, stanąć w szeregu; **der Größe nach ~** ustawić się według wzrostu

Antwort *f*, **-**, **-en** odpowiedź *f*; **eine richtige <falsche> ~** dobra <zła> odpowiedź

antworten *vi*, *vi* (*h*) odpowiadać (**auf etw.** na coś)

anvertrauen *vt* (*h*) powierzać (**jmdm etw.** komuś coś); **sich ~** *vr* (*h*) zwierzać się

Anwalt *m*, **-(e)s**, **Anwälte**

adwokat *m*; **als ~ einer guten Sache auftreten** wystąpić jako obrońca w słusznej sprawie; *zob.* **Rechtsanwalt**

Anwaltskammer *f*, **-, -n** izba adwokacka

anweisen (weist an, wies an, angewiesen) *vt* (*h*) polecić, nakazać; **auf jmdn <etw.> angewiesen sein** być zdanym na kogoś <na coś>; *bank.* przekazać pieniądze; **jmdn ~ etw. zu tun** polecić komuś coś zrobić; **jmdm Geld aufs Konto ~** przekazać komuś pieniądze na konto

Anweisung *f*, **-, -en** instrukcja *f*; wskazanie *n*; wskazówka *f*; polecenie *n*; **die ~ zum Gebrauch** instrukcja obsługi; **auf ~ des Direktors** na polecenie dyrektora

anwenden (wendet an, wandte an, angewandt) *vt* (*h*) (za)stosować (**eine Methode <Gewalt>** metodę <przemoc>)

Anwendung *f*, **-e, -en** zastosowanie *n*; **die ~ einer Technik** zastosowanie pewnej techniki

anwesend *adj* obecny; **~ sein** być obecnym

Anwesende(r) *m*, **-n, -n** obecny *m*; **alle Anwesenden schwiegen** wszyscy obecni milczeli

Anwesenheit *f*, **-, -en** obecność *f*; **in ~ des Direktors** w obecności dyrektora

anwidern *vt* (*h*) budzić w kimś wstręt; **sein Anblick widert mich an** jego widok napawa mnie wstrętem

Anzahlung *f*, **-, -en** zaliczka *f*, zadatek *m*; **etw. gegen eine ~ kaufen** kupić coś płacąc zaliczkę <zadatek>

Anzeichen *n*, **-s, -** oznaka *f*, symptom *m*; **die ~ einer Krankheit** symptomy choroby

Anzeige *f*, **-, -n** doniesienie *n*, denuncjacja *f*; ogłoszenie *n*; **eine ~ gegen jmdn machen** złożyć donos na kogoś; **eine ~ aufgeben** dać ogłoszenie

anzeigen *vt* (*h*) zadenuncjować (**jmdn** kogoś); sygnalizować, ogłaszać

anziehen (zieht an, zog an, angezogen) *vt* (*h*) przyciągać (**das Publikum** publiczność); zakładać, wkładać (**den Mantel <die Handschuhe>** płaszcz <rękawiczki>); ubierać (**jmdn** kogoś); **sich ~** *vr* (*h*) przyciągać się; ubierać się; **sich warm <leicht> ~** ubrać się ciepło <lekko>

anziehend *adj, adv* pociągający-y/o, atrakcyjny/ie

Anzug *m*, **-(e)s, Anzüge** garnitur *m*; **der ~ sitzt gut** ten garnitur dobrze leży; **einen ~ nach Maß anfertigen lassen** dać do uszycia garnitur na miarę

anzünden *vt* (*h*) zapalić (**eine Zigarette <Licht>** papierosa <światło>)

Apartment *n*, **-s, -s** komfortowe mieszkanie; *zob.* **Appartement**

Apfel *m*, **-s, Äpfel** jabłko *n*; **Äpfel pflücken <schälen>** zrywać <obierać> jabłka

Apfelbaum *m*, **-(e)s, -bäume** jabłoń *f*

Apfelsine *f*, **-, -n** pomarańcza *f*

Apotheke *f*, **-, -n** apteka *f*

Apotheker *m*, **-s, -** aptekarz *m*

Apparat *m*, **-(e)s, -e** aparat *m*, przyrząd *m*; numer wewnętrzny (telefonu); **am ~** przy telefonie

Appartement *n*, **-s, -s** apartament w hotelu; *zob.* **Apartment**

appellieren *vt* (*h*) apelować; *prawn.* **gegen ein Urteil ~** odwołać się od wyroku (*sądu*)

Appetit *m*, **-(e)s, -e** apetyt *m*, łaknienie *n*; **einen guten ~ haben** mieć dobry apetyt; **~ auf etw. haben <bekommen>** mieć <poczuć> apetyt na coś; **guten ~!** smacznego!

Aprikose *f*, **-, -n** morela *f*

April *m*, **-s**, (*pl rzadko*) kwiecień *m*; **jmdn in**

den ~ schicken zrobić komuś primaaprilisowy kawał
Aquarell *n*, **-s**, **-e** akwarela *f*
Aquarium *n*, **-s**, **Aquarien** akwarium *n*
Äquator *m*, **-s**, równik *m*
Ära *f*, **-**, **Ären** era *f*, epoka *f*
arabisch *adj* arabski; **~e Ziffern** cyfry arabskie; *adv* po arabsku
Arbeit *f*, **-**, **-en** praca *f*; **sich an die ~ machen** wziąć się do roboty; **eine ~ suchen <~ finden>** szukać pracy <znaleźć pracę>
arbeiten *vi* (*h*) pracować; **an einer Sache ~** pracować nad czymś
Arbeiter *m*, **-s**, **-** robotnik *m*; pracownik *m*
Arbeitgeber *m*, **-s**, **-** pracodawca *m*
Arbeitnehmer *m*, **-s**, **-** pracobiorca *m*
Arbeitsamt *n*, **-es**, **-ämter** urząd zatrudnienia
Arbeitskraft *f*, **-**, **-kräfte** siła robocza
arbeitslos *adj* bezrobotny
Arbeitslosigkeit *f*, **-** bezrobocie *n*
Arbeitsstelle *f*, **-**, **-n** miejsce pracy
Arbeitstag *m*, **-(e)s**, **-e** dzień roboczy; dniówka *f*
Arbeitszimmer *n*, **-s**, **-** gabinet, pracownia *f*
Archäologie *f*, **-** archeologia *f*
Architektur *f*, **-**, **-en** architektura *f*; **~ studieren** studiować architekturę
Ärger *m*, **-s** gniew *m*, złość *f*; niepomyślność *f*; **etw. aus ~ tun <machen>** robić coś ze złości; **in ~ geraten** wpaść w gniew <złość>
ärgern *vt* (*h*) złościć, irytować (**jmdn** kogoś); **sich ~** *vr* (*h*) złościć się (**über jmdn <etw.>** na kogoś <na coś>)
Ärgernis *n*, **-ses**, **-se** przykrość *f*; zgorszenie *n*; **~ erregen** wywołać zgorszenie
arm (ärmer, am ärmsten) *adj*, *adv* biedn-y/ie, ubo-

g-i/o; **eine ~e Familie** uboga rodzina

Arm *m*, **-(e)s**, **-e** ręka *f*, ramię *n*; **jmdn in den ~en halten** trzymać kogoś w ramionach; **jmdn unter <auf> den ~ nehmen** wziąć kogoś pod <na> rękę (*przen.* naigrawać się)

Armband *n*, **-es**, **-bänder** bransoletka *f*

Armbanduhr *f*, **-**, **-en** zegarek na rękę

Armee *f*, **-**, **-n** armia *f*; **in der ~ dienen** służyć w wojsku

Ärmel *m*, **-s**, **-** rękaw *m*

armenisch *adj* ormiański; *adv* po ormiańsku

armselig *adj, adv* nędzn-y/ie, mizern-y/ie; **~es Essen** marne <nędzne> jedzenie

Armut *f*, **-** ubóstwo *n*, bieda *f*; **in ~ leben** żyć w ubóstwie <nędzy>

Aroma *n*, **-s**, **Aromen** aromat *m*, zapach *m*

arrogant *adj, adv* aroganck-i/o

Art *f*, **-**, **-en** sposób *m*; rodzaj *m*; usposobienie; *bot.* gatunek; **sie hat eine fröhliche ~** ona ma pogodne usposobienie; **auf diese ~** (**und Weise**) w ten sposób

Arterie *f*, **-**, **-n** *med.* arteria *f*, tętnica *f*

Arthritis *f*, **-** *med.* artretyzm *m*, gościec *m*

artig *adj, adv* grzeczn-y/ie; **~e Kinder** grzeczne dzieci

Artikel *m*, **-s**, **-** *gram.* rodzajnik *m*; *prawn.* artykuł *m*, ustęp *m*; *handl.* artykuł, towar

Arznei *f*, **-**, **-en** lekarstwo *n*; **eine ~ verschreiben <einnehmen>** przepisać <zażywać> lekarstwo

Arzt *m*, **-es**, **Ärzte** lekarz *m*; **zum ~ gehen** iść do lekarza

Arztpraxis *f*, **-**, **-praxen** praktyka lekarska; gabinet lekarski

As *n*, **-ses**, **-se** as *m* (*w kartach*)

Asche *f*, **-**, **-n** popiół *m*; **eine Stadt in Schutt und ~ legen** obrócić miasto w perzynę

Aschenbecher *m*, **-s**, **-** popielniczka *f*
Aschermittwoch *m*, **-s**, **-e** środa popielcowa, popielec *m*
Asiat *m*, **-en**, **-en** Azjata *m*
asiatisch *adj* azjatycki; *adv* po azjatycku
Aspekt *m*, **-(e)s**, **-e** aspekt *m*, punkt widzenia; **etw. unter einem bestimmten ~ bewerten** ocenić coś pod pewnym kątem
Asphalt *m*, **-(e)s**, **-e** asfalt *m*
Aspirin *n*, **-s** aspiryna *f*
assimilieren *vt* (*h*) *biol.* asymilować; **sich ~** *vr* (*h*) dostosować się
Ast *m*, **-es**, **Äste** konar *m*
ästhetisch *adj*, *adv* estetyczn-y/ie, gustown-y/ie
Asthma *n*, **-s** astma *f*; **an ~ leiden** cierpieć <chorować> na astmę
Astronaut *m*, **-en**, **-en** astronauta *m*
Asyl *n*, **-s**, **-e** azyl *m*; schronienie *n*; **um ~ bitten** poprosić o azyl
Atelier n, **-s**, **-s** pracownia artysty, atelier *n*
Atem *m*, **-s** oddech *m*; **kurzer <schneller> ~** krótki <szybki> oddech; **den ~ holen** nabrać tchu, zaczerpnąć powietrza
atemlos *adj* bez tchu, zdyszany, zziajany; **~es Tempo** szybkie tempo
Atemnot *f*, **-** duszność *f*, bezdech *m*
atlantisch *adj* atlantycki; **der Atlantische Ozean** Ocean Atlantycki
Atlas *m*, **-ses**, **Atlanten** atlas *m*
atmen *vi* (*h*) oddychać; **tief ~** oddychać głęboko; **frei ~** swobodnie oddychać; *przen.* być wolnym, nieskrępowanym; *vt* (*h*) **frische Luft ~** oddychać świeżym powietrzem
Atmosphäre *f*, **-**, **-n** atmosfera (ziemska); nastrój *m*
Atom *n*, **-s**, **-e** atom *m*
Atombombe *f*, **-**, **-n** bomba atomowa
Atomkraftwerk *n*, **-(e)s**, **-e** elektrownia atomowa

Atomwaffen *pl* broń atomowa

Attentat *n*, **-(e)s**, **-e** zamach (na życie); **ein ~ auf jmdn verüben** dokonać zamachu na kogoś

attraktiv *adj, adv* atrakcyjn-y/ie; **eine ~e Frau** atrakcyjna kobieta

auch *conj* także, również; **sowohl... als ~** zarówno..., jak i; **nicht nur... sondern ~** nie tylko..., ale także; **wer <was> ~ immer** ktokolwiek <cokolwiek>; **wo ~ immer** gdziekolwiek

auf *praep* na; **~ dem Lande** na wsi; **von einem Tag ~ den anderen** z dnia na dzień; **~ einmal** na raz; **~ einen Augenblick** na chwilę; **von klein ~** od dzieciństwa; *adv* otwarty; **das Fenster ist ~** okno jest otwarte; *pot.* **er ist schon ~** (on) już wstał; **~, an die Arbeit!** nuże, do roboty!; **~ und ab** tam i z powrotem

aufarbeiten *vt* (*h*) rozpracować; nadrobić (**die Rückstände** zaległości)

aufatmen *vi* (*h*) odetchnąć; **der Patient atmete tief auf** pacjent odetchnął głęboko

Aufbau *m*, **-(e)s** budowanie *n*, konstrukcja *f*, struktura *f*

aufbewahren *vt* (*h*) przechowywać; **Gepäck ~** przechować bagaż; **etw. zum Andenken ~** zachować coś na pamiątkę

aufblitzen *vi* (*s*) zabłysnąć (*o świetle*)

aufblühen *vi* (*s*) rozkwitać, zakwitać; **die Rose ist aufgeblüht** róża rozkwitła

aufbrechen (bricht auf, brach auf, aufgebrochen) *vt* (*h*) wyłamywać; (**ein Schloss** zamek); otwierać, odpieczętowywać (**einen Brief** list); *vi* (*s*) wyruszać w drogę; **wir sind um acht Uhr aufgebrochen** wyruszyliśmy o godz. 8^{00}

aufbrühen *vt* (*h*) zaparzyć (**Tee <Kaffe>** herbatę <kawę>)

aufdecken *vt* (*h*) odkrywać (**den Topf** garnek); nakrywać (**den Tisch** stół); *przen.* wyjawiać (**ein Geheimnis** tajemnicę); *vr* (*h*) **sich ~** odkrywać się

aufdrehen *vt* (*h*) odkręcać (**eine Schraube** śrubę); nakręcać; **die Uhr ~** nakręcić zegarek

aufdringlich *adj, adv* natrętn-y/ie

Aufdruck *m*, **-(e)s, -e** nadruk *m*; **~ auf Plastebeuteln** nadruk na reklamówkach

Aufenthalt *m*, **-(e)s, -e** pobyt *m*; postój *m*; **sein ~ in Paris** jego pobyt w Paryżu; **ohne ~** bez zatrzymywania się

Aufenthaltsort *m*, **-(e)s, -e** miejsce pobytu

Aufenthaltsvisum *n*, **-s** wiza pobytowa

Auferstehung *f*, **-, -en** *rel.* zmartwychwstanie *n*, rezurekcja *f*; **die ~ Christi** zmartwychwstanie Chrystusa

auffassen *vt* (*h*) pojąć, (z)rozumieć; **etw. anders ~** rozumieć coś inaczej

Auffassung *f*, **-, -en** rozumienie *n*; pogląd *m*; **nach meiner ~** moim zdaniem

auffallen (fällt auf, fiel auf, aufgefallen) *vi* (*s*) rzucać się w oczy (**jmdm** komuś)

auffällig *adj* rzucający się w oczy

auffrischen *vt* (*h*) odświeżać; *przen.* **die Erinnerungen ~** odświeżyć wspomnienia

aufführen *vt* (*h*) *teatr* wystawiać (**ein Theaterstück** sztukę); **sich ~** *vr* (*h*) zachowywać się

Aufführung *f*, **-, -en** przedstawienie *n*; zachowanie *n*

Aufgabe *f*, **-, -n** zadanie *n*; zaniechanie *n*; **die ~ erfüllen** wypełnić zadanie

aufgeben (gibt auf, gab auf, aufgegeben) *vt* (*h*) nadać (**einen Brief** list); (*w szkole*) zadać (**einen Aufsatz** wypracowanie); rezygnować (**etw.** z czegoś)

aufgehen (geht auf, ging auf, aufgegangen) *vi* (*s*) wschodzić (*o słońcu*); otwierać się; rosnąć (*o cieście*); **jmdm ~** stać się zrozumiałym dla kogoś; **die Tür ging auf** drzwi otworzyły się

aufgießen (gießt auf, goss auf, aufgegossen) *vt* (*h*) nalewać; **das kochende Wasser ~** zalać wrzątkiem

aufhalten (hält auf, hielt auf, aufgehalten) *vt* (*h*) zatrzymać; **ich will dich nicht länger ~** nie chcę cię dłużej zatrzymywać; **sich ~** *vi* (*h*) przebywać (**bei jmdm** u kogoś); zatrzymać się; **sich in Berlin ~** zatrzymać się w Berlinie

aufhängen *vt* (*h*) zawieszać (**an der Wand** na ścianie); *prawn.* powiesić (**jmdn** kogoś)

aufheben (hebt auf, hob auf, aufgehoben) *vt* (*h*) podnosić (**die Hand<den Koffer>** rękę <walizkę>); zbierać, przechowywać; *prawn.* unieważnić (**ein Gesetz** ustawę); *przen.* **gut aufgehoben sein** być w dobrych rękach

aufheitern *vt* (*h*) rozweselić (**jmdn** kogoś); **sich ~** *vr* (*h*) rozweselić się; rozpogodzić się **es heitert sich auf** rozpogadza się

aufhetzen *vt* (*h*) podburzać, podżegać; **die Bevölkerung gegen etwas ~** podburzać ludność przeciwko czemuś

aufholen *vt* (*h*) nadrabiać; doganiać; wyrównać (**die Versäumnisse** zaniedbania)

aufhören *vi* (*h*) ustać, przestać, kończyć się; **es hat aufgehört zu regnen** przestało padać

aufklären *vt* (*h*) wyjaśniać, rozwikłać (**ein Geheimnis** tajemnicę); uświadamiać (**die Kinder** dzieci); **sich ~** *vr* (*h*) rozjaśnić się; wypogodzić się

aufkleben *vt* (*h*) naklejać, nalepiać

aufknöpfen *vt* (*h*) rozpinać (*o guzikach*) (**den Mantel** płaszcz)

aufknüpfen *vt* (*h*) rozwiązywać (**den Knoten** węzeł)

Auflage *f*, **-**, **-n** *druk.* nakład *m*, wydanie *n*; **die erste ~** pierwsze wydanie

Auflauf *m*, **-(e)s**, **Aufläufe** zbiegowisko *n*; **ein ~ von Menschen** zbiegowisko, gromada ludzi; *kulin.* suflet *m*

auflockern *vt* (*h*) rozluźnić, (**die Stimmung** atmosferę); poluzować (**eine Schraube** śrubę)

auflösen *vt* (*h*) rozpuścić (*w wodzie*) (**eine Tablette** tabletkę); rozwiązać; rozpuścić (*o włosach*); *przen.* **einen Verein ~** rozwiązać związek; **sich ~** *vr* (*h*) rozpuścić się (*w wodzie*)

Auflösung *f*, **-**, **-en** likwidacja *f*; rozwiązanie *n* (**des Parlaments** parlamentu)

aufmachen *vt* (*h*) otwierać (**die Tür <das Buch>** drzwi <książkę>); rozpinać (**den Mantel** płaszcz)

aufmerksam *adj, adv* uważn-y/ie; uprzejm-y/ie; **das ist sehr ~ von dir** to bardzo uprzejmie z twojej strony; **jmdn auf jmdn <etw.> ~ machen** zwracać komuś na kogoś <na coś> uwagę; **jmdm ~ zuhören** słuchać kogoś uważnie

Aufmerksamkeit *f*, **-**, **-en** uwaga *f* (*skupienie*); grzeczność, uprzejmość; **~ auf etw. richten** zwrócić na coś uwagę;

aufmuntern *vt* (*h*) zachęcać, dodawać otuchy

Aufnahme *f*, **-**, **-n** podjęcie (**von Verhandlungen** rokowań); przyjęcie *n* (**der Kandidaten in die Schule** kandydatów do szkoły); fotografia *f*; nagranie *n* (**Tonband~** nagranie na taśmie magnetofonowej)

Aufnahmestudio *n*, **-s**, **-s** studio nagrań

aufnehmen (nimmt auf, nahm auf, aufgenommen) *vt* (*h*) podnosić (**vom Erdboden** z ziemi); podejmować (**die Arbeit** pracę)

aufpassen *vi* (*h*) uważać (**auf jmdn <etw.>** na kogoś <na coś>)

aufräumen *vt* (*h*) sprzątać (**das Zimmer** pokój); *przen.* **mit etw. ~** skończyć z czymś

aufregen *vt* (*h*) (z)denerwować (**jmdn** kogoś); **sich ~** *vr* (*h*) denerwować się (**über etw.** czymś)

Aufregung *f*, **-**, **-en** zdenerwowanie *n*, irytacja *f*

aufreiben (reibt auf, rieb auf, aufgerieben) *vt* (*h*) skaleczyć przez otarcie naskórka; **sich die Haut ~** otrzeć sobie skórę; niszczyć (**den Feind** wroga)

aufrichten *vt* (*h*) podnosić, wznosić; **sich ~** *vr* (*h*) podnosić się

Aufruf *m*, **-(e)s**, **-e** wezwanie *n*, apel *m*, odezwa *f*; wywołanie *n*; **der ~ des Namens** wywołanie po nazwisku

aufrufen (ruft auf, rief auf, aufgerufen) *vt* (*h*) wzywać, wywoływać (**den Schüler** ucznia)

aufrüsten *vt* (*h*) (u)zbroić (**die Streitkräfte** siły zbrojne), zbroić się

Aufsatz *m*, **-(e)s**, **Aufsätze** wypracowanie *n*; artykuł (naukowy); *techn.* nasadka *f*; **einen ~ schreiben** pisać wypracowanie <artykuł>

aufschieben (schiebt auf, schob auf, aufgeschoben) *vt* (*h*) odsuwać (**den Riegel** zasuwę); odwlekać; **aufgeschoben ist nicht aufgehoben** co się odwlecze, to nie uciecze

Aufschlag *m*, **-(e)s**, **Aufschläge** *kraw.* wyłóg *m*; *handl.* narzut *m*; *sport* serwis *m*; **ein harter ~ des Balls** mocne uderzenie piłki

aufschlagen (schlägt auf, schlug auf, aufgeschlagen) *vt* (*h*) rozbić (**ein Ei** jajko); **ein Zelt ~** rozbić namiot; (s)kaleczyć; **sich den Kopf ~** rozbić sobie głowę

aufschneiden (schneidet auf, schnitt auf, aufge-

schnitten) *vt* (*h*) rozcinać (**die Verpackung** opakowanie); nakroić (**Brot** chleba); *vi* (*h*) przesadzać (*blagować*)

Aufschub *m*, **-(e)s, Aufschübe** zwłoka *f*; **ohne ~** bezzwłocznie

Aufschwung *m*, **-(e)s, Aufschwünge** *ekon., handl.* rozkwit *m*, szybki rozwój; **den wirtschaftlichen ~ erleben** przeżywać rozwój gospodarczy

Aufsehen *n*, **-s** sensacja *f*; **~ erregen** wywołać sensację

Aufseher *m*, **-s, -** strażnik *m*, dozorca *m*

aufsetzen *vt* (*h*) wkładać, zakładać (**den Hut <die Brille>** kapelusz <okulary>)

Aufsicht *f*, **-, -en** nadzór *m*, kontrola *f*; **die ~ über jmdn <etw.>** nadzór nad kimś <czymś>

Aufsichtsrat *m*, **-(e)s, -räte** rada nadzorcza

aufspannen *vt* (*h*) otwierać (**den Regenschirm** parasol); **sich ~** *vr* (*h*) rozpościerać się

Aufstand *m*, **-(e)s, Aufstände** powstanie *n*, bunt *m*; **ein bewaffneter ~** powstanie zbrojne; **den ~ niederschlagen** stłumić powstanie

aufstehen (steht auf, stand auf, aufgestanden) *vi* (*s*) wstawać, podnieść się (**vom Tisch** od stołu); **früh ~** wcześnie wstać (*z łóżka*)

aufstellen *vt* (*h*) postawić, ustawić; **Stühle ~** ustawić krzesła; *sport* **einen Rekord ~** ustanowić rekord

aufstoßen (stößt auf, stieß auf, aufgestoßen) *vt* (*h*) otwierać pchnięciem (**die Tür** drzwi); **sich den Kopf ~** rozbić sobie głowę; *vi* (*s/h*) odbijać się; **was stößt dir auf?** czym ci się odbija?

Auftakt *m*, **-(e)s, -e** *muz.* przedtakt *m*; *przen.* wstęp *m*, początek *m*; **zum ~** na początek

auftauen *vt* (*h*) rozmrażać (**den Kühlschrank**

lodówkę); *vi* (*s*) topić się, topnieć; **der Schnee taut auf** śnieg topnieje

aufteilen *vt* (*h*) dzielić, rozdzielać; **den Gewinn untereinander ~** rozdzielić wygraną między siebie

auftischen *vt* (*h*) podawać do stołu

Auftrag *m*, **-(e)s, Aufträge** zadanie *n*, polecenie *n*; *handl.* zamówienie **ein schwieriger ~** trudne zadanie; **etw. in ~ geben** zlecić coś

auftreiben (treibt auf, trieb auf, aufgetrieben) *vt* (*h*) unosić (do góry); nadymać; wbijać; *pot.* zdobywać; **der Wind treibt die Blätter auf** wiatr unosi liście; **wir müssen Geld ~** musimy zdobyć pieniądze

auftreten (tritt auf, trat auf, aufgetreten) *vi* (*s*) występować (*publicznie*); występować na scenie; **gegen etw. ~** wystąpić przeciw czemuś

aufwachen *vi* (*s*) budzić się; **mitten in der Nacht ~** obudzić się w środku nocy

aufwachsen (wächst auf, wuchs auf, aufgewachsen) *vi* (*s*) wzrastać, wychowywać się (**auf dem Lande** na wsi)

Aufwand *m*, **-(e)s, Aufwände** nakład *m*, wysiłek *m*; **mit großem ~ an Energie** dużym nakładem pracy <energii>

aufwärmen *vt* (*h*) odgrzewać

aufwecken *vt* (*h*) (z)budzić (**jmdn** kogoś)

aufwerten *vt* (*h*) rewaloryzować (**die Renten** emerytury)

aufziehen (zieht auf, zog auf, aufgezogen) *vt* (*h*) podciągać, podnosić (**eine Fahne** flagę); nakręcać (*zegarek*); wychowywać

Aufzug *m*, **-(e)s, Aufzüge** uroczysty pochód, procesja *f*; podnoszenie *n*; winda *f*; **mit dem ~ fahren** jechać windą; *teatr* odsłona *f*

Auge *n*, **-s, -n** oko *n*; **mit bloßem ~ sehen können** widzieć coś gołym okiem; **unter vier ~n** w cztery oczy

Augenarzt *m*, **-(e)s, -ärzte** okulista *m*

Augenblick *m*, **-s, -e** moment *m*, chwila *f*; **einen ~!** chwileczkę!; **im richtigen ~** w odpowiednim momencie; **von diesem ~ an** od tej chwili

augenblicklich *adv, adj* chwilow-o/y; *adv* natychmiast

Augenbraue *f*, **-, -n** brew *f*

Augenlid *n*, **-(e)s, -er** powieka *f*

augenscheinlich *adj* widoczny, oczywisty, jawny; *adv* jawnie

Augenzeuge *m*, **-n, -n** naoczny świadek

August *m*, **-(e)s, (-e)** sierpień *m*

Auktion *f*, **-, -en** aukcja *f*, licytacja *f*, przetarg *m*

aus *praep* z; **~ Polen** z Polski; **~ der Jugendzeit** z czasów młodości; **~ diesem Grunde** z tego powodu; **~ Gold** ze złota; *pot.* **~ sein** skończyć się; **alles ist ~** wszystko się skończyło; *pot.* **von mir ~** niech i tak będzie!

ausarbeiten *vt* (*h*) opracować (**einen Plan** plan)

ausbessern *vt* (*h*) naprawiać (**das Dach** dach)

ausbilden *vt* (*h*) (wy)kształcić; rozwijać; **jmdn zum Techniker ~** wykształcić kogoś na technika

Ausbildung *f*, **-, -en** wykształcenie *n*

Ausblick *m*, **-(e)s, -e** widok *m*, perspektywa *f*; **ein Zimmer mit ~ auf die See** pokój z widokiem na morze

ausbrechen (bricht aus, brach aus, ausgebrochen) *vt* (*h*) wyłamywać; **sich einen Zahn ~** wyłamać sobie ząb; *vi* (*s*) uciec; wybuchać (*o wojnie*); **der Häftling ist ausgebrochen** więzień uciekł; **in Tränen ~** wybuchnąć płaczem

ausbreiten, sich *vr* (*h*) rozpościerać się; rozprzestrzeniać się; **das Feuer breitete sich aus** ogień rozprzestrzenił się

Ausbruch *m*, **-(e)s, Ausbrüche** wybuch *m*; ucieczka *f*; **der ~ des Krieges** wybuch wojny

Ausdauer *f*, **-** wytrwałość *f*, cierpliwość *f*, wytrzymałość *f*

ausdauern *vi* (*h*) wytrwać; **im Kampf ~** wytrwać w walce

ausdauernd *adj* wytrzymały; *adj, adv* wytrwa-ły/le

ausdehnen *vt* (*h*) rozciągać; wydłużać; rozszerzać; **eine Reise ~** przedłużyć podróż; **sich ~** *vr* (*h*) przedłużać się; **die Besprechung dehnte sich aus** narada przedłużała się

ausdenken (denkt aus, dachte aus, ausgedacht) *vt* (*h*) wymyślić (**einen Plan** plan)

ausdrehen *vt* (*h*) wykręcić (**eine Glühbirne** żarówkę); *pot.* wyłączyć pokrętłem (**das Radio** radio)

Ausdruck *m*, **-(e)s, Ausdrücke** wyrażenie *n*, wyraz *m*; **etw. zum ~ bringen** wyrazić coś; *techn.* wydruk *m*; (**Computerausdruck** *m* wydruk komputerowy)

ausdrücken *vt* (*h*) wyciskać (**den Saft** sok); wyrażać (**seine Gedanken** swoje myśli); **sich ~** *vr* (*h*) wyrażać się; **sich deutlich ~** wyrażać się jasno

auseinander *adv* oddzielnie; **weit ~** daleko od siebie

auseinander gehen (geht auseinander, ging auseinander, auseinander gegangen) *vi* (*s*) rozstać się; rozpaść się; **die Ehe ging auseinander** małżeństwo rozpadło się

Auseinandersetzung *f*, **-, -en** polemika *f*; kontrowersja *f*; **eine scharfe ~** ostra dyskusja

auserlesen *adj* wykwintny, wyborowy; **~e Speisen** wyszukane potrawy

ausfahren (fährt aus, fuhr aus, ausgefahren) *vi* (*s*) wyjeżdżać; **mit dem Auto ~** wyjechać samochodem; *vt* (*h*) rozwozić (**Waren** towary)

ausfallen (fällt aus, fiel aus, ausgefallen) *vi* (*s*) wypadać (*o włosach, zębach*); nie odbyć się; **die Vorlesung ist ausgefallen** wykład nie odbył się; **gut ~** dobrze wypaść

Ausflug *m*, **-(e)s, Ausflüge** wycieczka *f*

Ausfuhr *f*, **-, -en** wywóz *m*, eksport *m*; **die ~ von Kohlen** eksport węgla

ausführen *vt* (*h*) wyprowadzać (**den Hund** psa); wywozić (**Getreide** zboże); zrealizować, wykonać (**einen Befehl** rozkaz)

ausfüllen *vt* (*h*) wypełniać (**ein Formular** formularz)

Ausgabe *f*, **-, -n** wyda(wa)nie *n* (**eines Buches** książki, **des Gepäcks** bagażu)

Ausgang *m*, **-(e)s, Ausgänge** wyjście *n*; zakończenie *n*; **am ~** przy wyjściu; **am ~ des Lebens** pod koniec życia

Augsgangspunkt *m*, **-es, -e** punkt wyjścia

ausgeben (gibt aus, gab aus, ausgegeben) *vt* (*h*) wydawać (**Geld** pieniądze); **sich ~** *vr* (*h*) podawać się (**für jmdn** za kogoś)

ausgerechnet *adv* akurat, właśnie; **~ am Sonntag** właśnie w niedzielę

ausgezeichnet *adj, adv* wspania-ły/le, znakomi-ty/cie, świetn-y/ie

ausgießen (gießt aus, goss aus, ausgegossen) *vt* (*h*) wylewać (**Wasser** wodę)

Ausgleich *m*, **-(e)s, -e** wyrównanie *n*; kompromis *m*; ugoda *f*; **~ der Löhne** wyrównanie płac

aushalten (hält aus, hielt aus, ausgehalten) *vt* (*h*) wytrzymywać, znosić (**Hunger** głód, **Schmerz** ból)

aushändigen *vt* (*h*) wręczać, doręczać (**jmdm etw.** coś komuś)

auskehren *vt* (*h*) wymiatać (**den Schmutz** śmieci)

auskennen, sich (kennt sich aus, kannte sich aus, hat sich ausgekannt) *vr* (*h*) orientować się (**in etw.** w czymś); **er kennt sich in der Politik gut aus** on dobrze zna się na polityce

auskommen (kommt aus, kam aus, ausgekommen) *vi* (*s*) wyżyć (*z czegoś*); zadowalać się (*czymś*); rozumieć się (*z kimś*); **mit dem Gehalt ~** wyżyć z pensji; **wir kommen miteinander gut aus** dobrze się rozumiemy

Auskunft *f*, **-**, **Auskünfte** informacja *f*, wiadomość *f*; **eine ~ erteilen** udzielić informacji

Auskunftsbüro *n*, **-s**, **-s** biuro informacji

Ausland *n*, **-(e)s** zagranica *f*; **ins ~ fahren** jechać za granicę

Ausländer *m*, **-s**, **-** cudzoziemiec *m*

ausländisch *adj* zagraniczny

auslassen (lässt aus, ließ aus, ausgelassen) *vt* (*h*) wypuszczać (**den Hund** psa); opuszczać (**Buchstaben** litery); **sich ~** *vr* (*h*) rozwodzić się (**über etw.** nad czymś)

Auslauf *m*, **-(e)s**, **Ausläufe** ujście *n*, odpływ *m*; **~ des Abwassers** odpływ ścieków

ausleeren *vt* (*h*) opróżniać

auslegen *vt* (*h*) wykładać (**Waren im Schaufenster** towar w oknie wystawowym); interpretować; **das Gesetz ~** dać wykładnię ustawy

Ausleihe *f*, **-**, **-n** wypożyczalnia *f*

auslöschen *vt* (*h*) gasić; **Feuer <Licht> ~** zgasić ogień <światło>

ausmachen *vt* (*h*) *pot.* wyłączyć (**Radio** radio); *pot.* uzgodnić (**einen Termin** termin); wynosić; **die Gesamtsumme macht 30 Zloty aus** ogólna suma wynosi 30 zł

Ausmaß *n*, **-es**, **-e** wymiar *m*, rozmiar; **im geringen ~** w niewielkim stopniu; **in großem ~** na wielką skalę

Ausnahme *f*, **-**, **-n** wyjątek *m*; **ohne ~** bez wyjątku; **mit ~ von...** z wyjątkiem...
Ausnahmezustand *m*, **-(e)s, -zustände** stan wyjątkowy
ausnutzen *vt* (*h*) wykorzystać; **eine Gelegenheit <jmdn> ~** wykorzystać okazję <kogoś>
auspacken *vt* (*h*) rozpakowywać, wypakować (**die Kleidung aus dem Koffer** ubranie z walizki); *pot.* zdradzić tajemnicę
auspressen *vt* (*h*) wyciskać (**eine Apfelsine** pomarańczę)
Auspuffrohr *n*, **-(e)s, -e** *mot.* rura wydechowa
ausrechnen *vt* (*h*) wyliczać, obliczać
Ausrede *f*, **-**, **-n** wymówka *f*, wykręt *m*
ausreichen *vi* (*h*) starczyć; **das Geld reicht völlig aus** te pieniądze w zupełności wystarczą
Ausreise *f*, **-**, **-n** wyjazd *m* (za granicę); **jmdm die ~ verweigern** odmówić komuś wyjazdu (za granicę)
ausrichten *vt* (*h*) przekazać; wyprawić, urządzić; **jmdm eine Nachricht ~** przekazać komuś informację; **eine Hochzeit ~** wyprawić wesele
Ausruf *m*, **-(e)s, -e** okrzyk *m*; **ein ~ des Entsetzens** okrzyk trwogi
Ausrufezeichen *n*, **-s**, **-** wykrzyknik *m*
ausruhen *vi* (*h*) wypoczywać, odpoczywać; **ich muss (mich) jetzt ~** muszę teraz odpocząć
ausrüsten *vt* (*h*) zaopatrywać, wyposażyć; **jmdn mit Proviant ~** zaopatrzyć kogoś w prowiant; **sich ~** *vr* (*h*) zaopatrzyć się (**für die Reise** na podróż)
Ausrüstung *f*, **-**, **-en** wyposażenie *n*; oprzyrządowanie *n*
aussagen *vt* (*h*) oświadczać; zeznawać (**vor Gericht** przed sądem); **etwas von jmdm ~** wypo-

wiadać się na czyjś temat

ausschalten *vt* (*h*) wyłączyć (**den Computer** komputer); wyeliminować (**jmdn** kogoś)

Ausschalter *m*, **-s**, **-** wyłącznik *m*

ausschauen *vi* (*h*) wypatrywać, wyglądać (**nach jmdm <etw.>** kogoś <czegoś>)

Ausschlag *m*, **-(e)s, Ausschläge** rozstrzygnięcie *n*; **über etw. ~ geben** mieć decydujące znaczenie; *med.* wysypka *f*; **~ bekommen** dostać wysypki

ausschlaggebend *adj, adv* decydując-y/o (**für etw.** dla czegoś)

ausschließen (schließt aus, schloss aus, ausgeschlossen) *vt* (*h*) wykluczać, wyłączać (**jmdn aus der Partei** kogoś z partii); **sich ~** *vr* (*h*) wykluczyć się (**gegenseitig** wzajemnie)

auschließlich *adj, adv* wyłączn-y/ie; **das ~e Recht** wyłączne prawo; *praep* oprócz, z wyjątkiem

ausschöpfen *vt* (*h*) wyczerpywać; **alle Möglichkeiten ~** wyczerpać wszystkie możliwości

ausschütten *vt* (*h*) wysypywać; wylewać; **den Aschenbecher ~** opróżnić popielniczkę; *przen.* **das Kind mit dem Bad ~** wylać dziecko z kąpielą

Ausschweifung *f*, **-**, **-en** rozwiązłość *f*, rozpusta *f*; przesada w słowach *f*

aussehen (sieht aus, sah aus, ausgesehen) *vi* (*h*) wyglądać; **gut ~** dobrze wyglądać; **es sieht nach Gewitter aus** zanosi się na burzę

Außenhandel *m*, **-s** handel zagraniczny

Außenminister *m*, **-s**, **-** minister spraw zagranicznych

Außenministerium *n*, **-s**, **-ministerien** ministerstwo spraw zagranicznych

außer *praep* poza, z wyjątkiem; **~ der Reihe** poza kolejką; **~ uns** oprócz nas; **~ Atem** zadyszany; **~ Betrieb sein** być nieczynnym; **~ dass...** poza tym, że...

außerdem *adv* oprócz tego

Äußere *n*, **-n** wygląd zewnętrzny; **auf sein ~s achten** dbać o swój wygląd zewnętrzny

außergewöhnlich *adj* niezwykły; **eine ~e Frau** niezwykła kobieta; *adv* nadzwyczajnie

außerhalb *praep* poza; *adv* na zewnątrz; **~ der Stadt** poza miastem; **der Geruch kommt von ~** zapach dochodzi z zewnątrz; **~ essen** jadać poza domem; **~ wohnen** mieszkać poza domem

äußerlich *adj, adv* zewnętrzn-y/ie, powierzchown-y/ie

außerirdisch *adj* pozaziemski

außerordentlich *adj, adv* nadzwyczajn-y/ie, niezwyk-ły/le; **das ist ~ wichtig** to jest niezwykle ważne

Aussicht *f*, **-**, **-en** widok *m* (**auf etw.** na coś); perspektywa *f*; *przen.* widoki *pl*, nadzieja *f*; **eine schöne ~** piękny widok; **jmdm etw. in ~ stellen** robić komuś nadzieję na coś

aussichtslos *adj, adv* beznadziejn-y/ie, bez widoków; **eine ~e Situation** beznadziejna sytuacja

aussöhnen *vt* (*h*) godzić; **sich ~** *vr* (*h*) pogodzić się (**mit jmdm** z kimś)

ausspionieren *vt* (*h*) (wy)śledzić (**jmdn** kogoś); **jmds Versteck ~** odkryć czyjąś kryjówkę

Aussprache *f*, **-** rozmowa *f*; *jęz.* wymowa *f*, artykulacja; **jmdn um eine ~ bitten** poprosić kogoś o rozmowę

aussprechen (spricht aus, sprach aus, ausgesprochen) *vt* (*h*) wymawiać, artykułować (**Laute** głoski); wyrażać (**Dank** wdzięczność); wypowiadać; **sich lobend über jmdn ~** wypowiadać się o kimś w sposób pochlebny

ausspucken *vt* (*h*) wypluwać, spluwać; **er spuckte vor ihm <sich> aus** splunął przed nim <siebie>

Ausstattung *f*, **-**, **-en** wyposażenie *n* (**der Büroräume** pomieszczeń biurowych); oprawa *f* (**der Feierlichkeit** uroczystości)

ausstehen (steht aus, stand aus, ausgestanden) *vt* (*h*) brakować; wytrzymywać, znosić (**den Schmerz ~** ból); **ich kann ihn nicht ~** nie mogę go znieść; **die Entscheidung steht noch aus** nie ma jeszcze decyzji

ausstehend *adj* zaległy (*np. nie zapłacony*)

aussteigen (steigt aus, stieg aus, ausgestiegen) *vi* (*s*) wysiadać; **an der Haltestelle ~** wysiąść na przystanku; *przen.* **aus einem Geschäft ~** zrezygnować z prowadzenia interesu

ausstellen *vt* (*h*) wystawiać (**Bilder** obrazy); **eine Rechnung ~** wystawić rachunek

Ausstellung *f*, **-**, **-en** wystawa *f*

Ausstellungsstück *n*, **-(e)s**, **-e** eksponat *m*

Ausstrahlung *f*, **-**, **-en** (*o radiu, telewizji*) nadawanie *n*, emisja *f* (**eines Programms** programu); oddziaływanie *n*

ausstrecken *vt* (*h*) wyciągać, rozciągać; **sich ~** *vr* (*h*) wyciągnąć się

Austausch *m*, **-(e)s** wymiana *f*, zamiana *f*; **der ~ von Studenten** wymiana studentów; **etw. im ~ gegen etw. erhalten** otrzymać coś w zamian za coś

austauschen *vt* (*h*) zamieniać, wymieniać; **etwas für <gegen> etwas ~** zamienić coś na coś

Auster *f*, **-**, **-n** ostryga *f*

ausüben *vt* (*h*) wykonywać (**einen Beruf** zawód); sprawować (**die Macht** władzę); wywierać (**einen Einfluss** wpływ)

Ausverkauf *m*, **-(e)s** wyprzedaż *f*; **~ wegen Geschäftsaufgabe** wyprzedaż z powodu likwidacji sklepu

Auswahl *f*, **-**, **-en** wybór *m*; **eine ~ treffen** dokonać wyboru

Auswanderer *m*, **-s**, **-** uchodźca *m*, emigrant *m*

auswandern *vi* (*s*) wybywać, emigrować

auswählen *vt* (*h*) wybierać (**Geschenke** prezenty)

auswechseln *vt* (*h*) wymieniać (**Batterien** baterie)

Ausweg *m*, **-(e)s**, **-e** *przen.* wyjście *n* (*z sytuacji*), rozwiązanie *n*; **nach einem ~ suchen** szukać wyjścia z sytuacji

ausweichen (weicht aus, wich aus, ausgewichen) *vi* (*s*) wymijać, ustępować; **zur Seite ~** zejść na bok; **einer Gefahr ~** uniknąć niebezpieczeństwa; **jmdm ~** unikać kogoś

Ausweis *m*, **-(e)s**, **-e** dowód tożsamości *m*, dowód osobisty

ausweisen (weist aus, wies aus, ausgewiesen) *vt* (*h*) wydalać (**jmdn aus dem Land** kogoś z kraju); wylegitymować (**jmdn** kogoś); **sich ~** *vr* (*h*) wylegitymować się

auswendig *adv* na pamięć; **ein Gedicht ~ lernen** uczyć się wiersza na pamięć

auszahlen *vt* (*h*) wypłacać (**Gehälter** pensje); **sich ~** *vr* (*h*) opłacać się

auszeichnen *vt* (*h*) oznaczyć, oznakować (*handl.* **die Waren** towary); odznaczyć; **jmdn mit einem Orden ~** odznaczyć kogoś orderem; **sich ~** *vr* (*h*) odznaczać się, wyróżniać się

ausziehen (zieht aus, zog aus, ausgezogen) *vt* (*h*) wyciągać; rozkładać (**den Tisch** stół); zdejmować (**die Bluse** bluzkę); *vi* (*s*) wyprowadzić się; **sich ~** *vr* (*h*) rozbierać się

Auszug *m*, **-(e)s**, **Auszüge**

wyciąg *m*, ekstrakt *m* (**aus Kräutern** z ziół); wyciąg *m*, wypis *m*; wyprowadzka *f* (**aus einer Wohnung** z mieszkania)

authentisch *adj, adv* prawdziw-y/ie, autentyczn-y/ie; **ein ~es Kunstwerk** autentyczne dzieło sztuki

Auto *n*, **-s**, **-s** samochód *m*; **sie fährt gut ~** ona dobrze jeździ <prowadzi>

Autobahn *f*, **-**, **-en** autostrada *f*

Autocamping *n*, **-s** kemping samochodowy

Autogramm *n*, **-s**, **-e** autograf *m*

Autohilfe *f*, **-**, **-n** pomoc drogowa

Autor *m*, **-s**, **-en** autor *m*, twórca dzieła

Autorennen *n*, **-s**, **-** wyścigi samochodowe

Autoverleih *m*, **-s** wypożyczalnia samochodów

Autowerkstatt *f*, **-**, **-stätten** warsztat samochodowy

Avis *m/n*, **-es**, **-e** *handl.* awizo *n*

B

Baby *n*, **-s**, **-s** niemowlę *n*

Babysitter *m*, **-s**, **-** opiekunka do dziecka

Bach *m*, **-(e)s**, **Bäche** potok *m*, strumień *m*

Backe *f*, **-**, **-n** policzek *m*

backen (bäckt/backt, backte, gebacken) *vt* (*h*) piec (**Kuchen** ciasto)

Bäckerei *f*, **-**, **-en** piekarnia *f*

Backfisch *m*, **-es**, **-e** ryba smażona; (*o dziewczynie*) podlotek *m*

Backwaren *pl* pieczywo *n*, wyroby piekarnicze

Bad *n*, **-(e)s**, **Bäder** kąpiel *f*; kąpielisko *n*; **ein ~ nehmen** wziąć kąpiel

Badeanzug *m*, **-(e)s**, **-anzüge** kostium kąpielowy

Badekappe *f*, **-**, **-n** czepek kąpielowy

Bademantel *m*, **-s**, **-mäntel** płaszcz kąpielowy

Badewanne *f*, **-**, **-n** wanna *f*

Badezimmer *n*, **-s**, **-** łazienka *f*

baden *vt* (*h*) kąpać; *vi* (*h*) kąpać się; **kalt ~** brać zimną kąpiel

Baguette *f*, **-**, **-n** bagietka *f*

Bahn *f*, **-**, **-en** droga *f*, jezdnia *f*; przejście *n*; orbita *f* (**des Satelliten** satelity); kolej *f*, pociąg *m*; **mit der ~ fahren** jechać pociągiem; **jmdn von der ~ abholen** pójść po kogoś na dworzec; *zob.* **Fahrbahn**

Bahnbrecher *m*, **-s**, **-** nowator *m*, pionier *m*

Bahnhof *m*, **-s**, **-höfe** dworzec (kolejowy) *m*, stacja *f*

Bahnsteig *m*, **-(e)s**, **-e** peron *m*

Bakterie *f*, **-**, **-n** bakteria *f*

bald *adv* wkrótce, niebawem, prędko; **möglichst ~** możliwie prędko; **~ dies, ~ das** raz to, raz tamto

Balken *m*, **-s**, **-** belka *f*

Balkon *m*, **-s**, **-e** balkon *m*

Ball[1] *m*, **-e(s)**, **Bälle** bal *m* (*przyjęcie*); **einen ~ geben** urządzać bal

Ball[2] *m*, **-(e)s**, **Bälle** piłka *f*; kula bilardowa, bila *f*; **~ spielen** grać w piłkę

Ballett *n*, **-(e)s**, **-e** balet *m*; **ein ~ aufführen** wystawić balet

Ballon *m*, **-s**, **-s** balon *m*; **im ~ fliegen** lecieć balonem

baltisch *adj* bałtycki; **Baltisches Meer** Morze Bałtyckie

banal *adj, adv* banaln-y/ie

Banane *f*, **-**, **-n** banan *m*

Band[1] *m*, **-(e)s**, **Bände** tom *m*

Band[2] *n*, **-(e)s**, **Bänder** wstążka *f*, wstęga *f*, taśma *f* (**Tonband** *n* taśma magnetofonowa); **etw. auf ~ <Tonband> aufnehmen** nagrywać coś na taśmę; **am laufenden ~** (*w fabryce*) przy taśmie; *pot.* jednym ciągiem

Bandage *f*, **-**, **-n** bandaż

m; **eine ~ machen** założyć bandaż

Bande *f*, **-**, **-n** banda *f*, szajka *f*; *sport* banda *f*, ogrodzenie toru wyścigowego; **eine ~ von Einbrechern** banda włamywaczy

Bandit *m*, **-en**, **-en** bandyta *m*

Bank[1] *f*, **-**, **Bänke** ławka *f*; **etw. auf die lange ~ schieben** zwlekać z czymś

Bank[2] *f*, **-**, **-en** bank *m*; **ein Konto bei der ~ eröffnen** otworzyć konto w banku

Bankautomat *m*, **-en**, **-en** bankomat *m*

Bankett *n*, **-(e)s**, **-e** bankiet *m*; **ein ~ geben** wydać bankiet

Banknote *f*, **-**, **-n** banknot *m*

Bankrott *m*, **-(e)s**, **-e** bankructwo *n*, upadłość *f*; **den ~ erklären** ogłosić upadłość

Bann *m*, **-(e)s**, **-e** klątwa kościelna, ekskomunika *f*; urok *m*, czar; wpływ *m*; **den ~ über jmdn aussprechen** rzucić na kogoś klątwę; **in jmds ~ geraten** ulec czyjemuś urokowi; **jmdn in seinen ~ schlagen <ziehen>** zauroczyć kogoś

Banner *n*, **-s**, **-** sztandar *m*, bandera *f*

bar *adj*, *adv* za gotówkę; **~es Geld** gotówka *f*; **in ~ bezahlen** zapłacić gotówką; (*archaizm*) goły; **mit ~em Haupte** z gołą głową

Bar *f*, **-**, **-s** bar *m*

Bär *m*, **-en**, **-en** niedźwiedź *m*

Baracke *f*, **-**, **-n** barak *m*

barbarisch *adj*, *adv* barbarzyńsk-i/o

Bardame *f*, **-**, **-n** barmanka *f*

Barett *n*, **-(e)s**, **-e** beret *m*

barfuß *adv* boso; **~ laufen** biegać boso

Bargeld *n*, **-es** gotówka *f*

Barmann *m*, **-s**, **-männer** barman *m*

Barock *n* / *m*, **-s** barok *m*

Barometer *n*, **-s**, **-** barometr; **das ~ fällt <steigt>** barometr opada <rośnie>

Barriere *f*, **-**, **-n** bariera *f*
barsch *adj, adv* opryskliw-y/ie, szorstk-i/o; **eine ~e Stimme** szorstki głos
Bart *m*, **-(e)s**, **Bärte** broda *f* (*zarost*)
Basar *m*, **-s**, **-e** bazar *m*
Basis *f*, **-**, **Basen** *przen., arch., woj., filozo.* baza *f*, podstawa *f*; **an der ~** u podstawy
Basketball *m*, **-(e)s**, **-bälle** (*gra i piłka*) koszykówka *f*
Bassin *n*, **-s**, **-s** basen *m*
basteln *vi* (*h*) majsterkować
Batterie *f*, **-**, **-n** *wojsk.* bateria *f*; *mot.* akumulator *m*; **eine ~ aufladen** naładować baterię
Bau[1] *m*, **-(e)s**, **Bauten** budowla *f*, budynek *m*
Bau[2] *m*, **-(e)s**, **-e** budowa *f*, budowanie *n*; nora *f* (*zwierzęcia*); **das Haus im ~** dom w budowie
Bauch *m*, **-(e)s**, **Bäuche** brzuch *m*; **den ~ einziehen <vorstrecken>** wciągnąć <wypiąć> brzuch
Bauchspeicheldrüse *f*, **-**, **-n** *anat.* trzustka *f*
bauen *vt* (*h*) budować, stawiać (**Häuser <Brücken>** domy <mosty>)
Bauer *m*, **-n**, **-n** chłop *m*, rolnik *m*; *karc.* walet *m*
Bäuerin *f*, **-**, **-nen** chłopka *f*, gospodyni *f* (wiejska)
Bauerngut *n*, **-(e)s**, **-güter** gospodarstwo rolne
Bauernhof *m*, **-(e)s**, **-höfe** zagroda chłopska <wiejska>
Baum *m*, **-(e)s**, **Bäume** drzewo *n*
Baumwolle *f*, **-** bawełna *f*
Bauwesen *n*, **-s** budownictwo *n*
beabsichtigen *vt* (*h*) zamierzać, mieć zamiar; **was ~ Sie (zu tun)?** co pan/pani zamierza (robić)?
beachten *vt* (*h*) zwracać uwagę (**etwas** na coś); przestrzegać (**Spielregeln** reguł gry)
beachtenswert *adj* godny uwagi
Beamte(r) *m*, **-n**, **-n** urzędnik *m*

beạnspruchen *vt* (*h*) domagać się, rościć sobie prawo do czegoś; **seinen Anteil ~** domagać się swego udziału

beạnstanden *vt* (*h*) kwestionować, wnosić reklamację

beạntworten *vt* (*h*) odpowiadać (**etw.** na coś); **eine Frage ~** odpowiedzieć na pytanie

beạrbeiten *vt* (*h*) opracować (**ein Projekt** projekt)

beaufsichtigen *vt* (*h*) pilnować, dozorować; **jmds Arbeit ~** dozorować czyjąś pracę

bebauen *vt* (*h*) zabudowywać (**ein Gelände** teren); uprawiać (**den Acker** rolę)

Beben *n*, **-s**, **-** wstrząs *m*, drgania *pl* (**Erd~** trzęsienie ziemi)

Bẹcher *m*, **-s**, **-** kubek *m*; puchar *m*; kielich *m*

Bẹcken *n*, **-s**, **-** zlew *m*; *geol.* niecka *f*, zbiornik *m*; *anat.* miednica *f*

Bedạcht *m*, **-(e)s** rozwaga *f*, namysł *m*; **ohne <mit> ~** bez namysłu <z rozwagą>

Bedạrf *m*, **-(e)s** potrzeba *f*, zapotrzebowanie *n*; **der ~ an etw.** zapotrzebowanie na coś

Bedạrfsartikel *m*, **-s**, **-** artykuł pierwszej potrzeby

Bedarfshaltestelle *f*, **-**, **-n** przystanek na żądanie

bedauerlich, bedauernswert *adj* godny pożałowania

bedauern *vt* (*h*) żałować (**jmdn <etw.>** kogoś <czegoś>); ubolewać nad czymś, współczuć (**jmdn** komuś); **ich bedaure, aber...** żałuję, ale...; **ich bedaure dich sehr** bardzo mi ciebie żal

Bedauern *n*, **-s** ubolewanie *n*, żal *m*

bedẹcken *vt* (*h*) nakrywać, przykrywać (**den Tisch** stół); zakrywać; **die Wolken ~ den Himmel** chmury zasłaniają niebo

bedẹnklich *adj, adv* niepewn-y/ie, wątpliw-y/ie;

~e Geschäfte wątpliwe interesy

bedeuten *vt* (*h*) znaczyć, mieć znaczenie; **was soll das ~?** co to ma znaczyć?

bedeutend *adj* doniosły, znaczny; znakomity, wybitny (*o dziele, o twórcy*); **ein ~es Ereignis** doniosłe wydarzenie

Bedeutung *f*, **-**, **-en** znaczenie *n*; **von großer ~** o duży znaczeniu

bedienen *vt* (*h*) obsługiwać (**jmdn <etw.>** kogoś <coś>); **eine Maschine ~** obsługiwać maszynę; **sich ~** *vr* (*h*) częstować się (**mit etw.** czymś)

Bedienung *f*, **-**, **-en** obsługa *f*; **die ~ von Maschinen** obsługa maszyn

Bedingung *f*, **-**, **-en** warunek *m*; **unter folgender <keiner> ~** pod następującym <żadnym> warunkiem

bedrohlich *adj*, *adv* groźn-y/ie; **eine ~e Situation** groźna sytuacja

Bedrohung *f*, **-**, **-en** zagrożenie *n*; **eine ~ für die Welt** zagrożenie dla świata

bedrücken *vt* (*h*) uciskać, gnębić, prześladować

Bedürfnis *n*, **-ses**, **-se** potrzeba *f*; **ein dringendes ~** pilna potrzeba

Beefsteak *n*, **-s**, **-s** befsztyk *m*; **(ein) deutsches ~** mielony kotlet wołowy

beeilen, sich *vr* (*h*) śpieszyć się; **wir müssen uns ~** musimy się pośpieszyć

beeinflussen *vt* (*h*) wpływać, mieć wpływ (**jmdn** na kogoś); **von jmdm beeinflusst werden** być pod czyimś wpływem

beenden *vt* (*h*) ukończyć, skończyć

beerdigen *vt* (*h*) pochować, pogrzebać (**jmdn** kogoś)

Beerdigung *f*, **-**, **-en** pogrzeb *m*

Beet *n*, **-(e)s**, **-e** grządka *f*; **ein ~ umgraben** przekopać grządkę

befassen, sich *vr* (*h*) zajmować się, trudnić się; (**mit etw.** czymś)

Befehl *m*, **-s**, **-e** rozkaz *m*; **einen ~ geben** wydać rozkaz

befehlen (befiehlt, befahl, befohlen) *vt* (*h*) rozkazać; polecić; wezwać (**zu sich** do siebie); **er wurde zum Rapport befohlen** został wezwany do raportu

befestigen *vt* (*h*) umacniać, przytwierdzać; *wojsk.* ufortyfikować

befeuchten *vt* (*h*) zwilżyć, nawilżyć

Befeuchter *m*, **-s**, **-** nawilżacz *m*

befinden, sich (befindet, befand, befunden) *vr* (*h*) znajdować się; (*o chorym*) czuć się; **wie ~ Sie sich?** jak się pan(i) czuje?

beflecken *vt* (*h*) poplamić, zaplamić (**die Bluse** bluzkę); *przen.* **jmds Ehre <Ruf> ~** splamić czyjś honor <czyjeś dobre imię>

befördern *vt* (*h*) przewozić; wysyłać; transportować (**Waren** towary); awansować (**jmdn zum Kapitän** kogoś na kapitana)

befreien *vt* (*h*) uwolnić, oswobodzić, wybawić; **jmdn von Schwierigkeiten ~** wybawić kogoś z kłopotów; **sich ~** *vr* (*h*) uwolnić się

befreunden, sich *vr* (*h*) zaprzyjaźnić się (**mit jmdm** z kimś)

befriedigen *vt* (*h*) zaspokajać, zadowalać; **er ist sehr schwer zu ~** jego trudno zadowolić

befriedigend *adj, adv* zadowalając-y/o; **eine ~e Arbeit <Lösung>** zadowalająca praca <zadowalające rozwiązanie>

befürchten *vt* (*h*) obawiać się, lękać się (**etw.** czegoś)

begabt *adj* zdolny; **eine ~e Schülerin** zdolna uczennica

begegnen *vi* (*s*) spotkać (**jmdm** kogoś)

Begegnung *f*, **-**, **-en** spotkanie *n*; **es war eine unerwartete ~** to było nieoczekiwane spotkanie

begehen (begeht, beging, begangen) *vt* (*h*) świętować, uroczyście obchodzić; popełnić; **einen Jahrestag ~** obchodzić rocznicę; **einen Fehler ~** popełnić błąd

begehren *vt* (*h*) pożądać, pragnąć (**jmdn <etw.>** kogoś <czegoś>)

begeistern *vt* (*h*) oczarować, zachwycać (**jmdn** kogoś); **sich ~** *vr* (*h*) zachwycać się (**für etw.** czymś)

Begeisterung *f*, **-** zachwyt *m*, entuzjazm *m*; **mit ~** z zachwytem

Begierde *f*, **-**, **-n** żądza *f*; pożądanie *n*; **die ~ nach Macht** żądza władzy

begießen (begießt, begoss, begossen) *vt* (*h*) polewać, oblewać; **jmdn mit kaltem Wasser ~** oblać kogoś zimną wodą

Beginn *m*, **-(e)s** początek *m;* **zu ~** na początek; **von ~ an** od początku

beginnen (beginnt, begann, begonnen) *vt* (*h*) zaczynać, rozpoczynać (**ein Gespräch** rozmowę)

begleichen (begleicht, beglich, beglichen) *vt* (*h*) wyrównywać, regulować **eine Rechnung ~** uregulować rachunek

begleiten *vt* (*h*) towarzyszyć (**jmdn** komuś), odprowadzać; *muz.* akompaniować; **jmdn zum Bahnhof ~** odprowadzić kogoś na dworzec

beglückwünschen *vt* (*h*) gratulować; **jmdn zu seinem Erfolg ~** pogratulować komuś sukcesu

Begnadigung *f*, **-**, **-en** ułaskawienie; **die ~ beantragen** wnieść o ułaskawienie

begraben (begräbt, begrub, begraben) *vt* (*h*) pochować, pogrzebać; *przen.* **die Hoffnung ~** pogrzebać nadzieję

begrenzen *vt* (*h*) ograniczać

Begrenzung *f*, **-**, **-en** ograniczenie (**der Geschwindigkeit** szybkości)

Begriff *m*, -(e)s, -e pojęcie *n*; wyobrażenie *n*; er hat keinen ~ davon on nie ma o tym pojęcia

begründen *vt* (*h*) utrwalić (den Ruhm sławę); uzasadniać (seine Meinung swoje zdanie); stworzyć (seinen Stil swój styl)

begründet *adj* uzasadniony; ~e Zweifel uzasadnione wątpliwości

begrüßen *vt* (*h*) pozdrawiać, witać; jmdn herzlich ~ powitać kogoś serdecznie

behaglich *adj, adv* przytuln-y/ie, mił-y/o; ein ~es Zimmer przytulny pokój

behandeln *vt* (*h*) obchodzić się; traktować (jmdn <etw.> kogoś <coś>); jmdn freundlich ~ potraktować kogoś serdecznie; *med.* leczyć; einen Kranken ~ leczyć chorego

Behandlung *f*, -, -en traktowanie *n*; ärztliche ~ leczenie *n*

beharren *vi* (*h*) obstawać, trwać (auf <bei> etw. przy czymś); auf seinem Standpunkt <bei seiner Meinung> ~ obstawać przy swoim stanowisku <przy swoim zdaniu>

beharrlich *adj, adv* wytrwa-ły/le, uporczyw-y/ie

behaupten *vt* (*h*) twierdzić; utrzymać; seinen Platz ~ utrzymać swoje miejsce; sich ~ *vr* (*h*) utrzymać się, pozostać

Behälter *m*, -s, - pojemnik *m*, zbiornik *m*

behelligen *vt* (*h*) przeszkadzać (jmdn komuś), fatygować (jmdn kogoś)

beherbergen *vt* (*h*) przyjąć pod swój dach, przenocować (jmdn kogoś)

beherrschen *vt* (*h*) zawładnąć, opanować; eine Situation ~ panować nad sytuacją; eine Sprache ~ opanować język

behindern *vt* (*h*) przeszkadzać (jmdn bei etw. komuś w czymś); utrudniać

Behinderte(r) *m*, **-n**, **-n** osoba niepełnosprawna
Behörde *f*, **-**, **-n** urząd *m*; władza *f* **staatliche ~n** władze państwowe
behüten *vt* (*h*) strzec, chronić (**vor einer Sache** przed czymś); **jmdn vor Schäden ~** uchronić kogoś od strat; **Gott behüte!** niech Pan Bóg strzeże!
bei *praep* u; pod; przy; na; w; **~ mir** u mnie; **~ Berlin** pod Berlinem; **etw. ~ der Hand haben** mieć coś pod ręką; **~m Eingang** przy wejściu; **~ schlechtem Wetter** przy złej pogodzie; **~m ersten Blick** na pierwszy rzut oka; **~ einer Firma arbeiten** pracować w firmie
Beichte *f*, **-**, **-n** spowiedź *f*
beichten *vt* (*h*) spowiadać się; wyznać (**seine Sünden** grzechy)
beide *num* obaj, obie, oboje; **alle ~** oboje, obaj, obie; **~s ist richtig** dobrze jest i tak, i tak
beidhändig *adj*, *adv* oburęczn-y/ie
Beifall *m*, **-s** uznanie *n*, oklaski *pl*; **~ ernten** zbierać oklaski; **jmdm ~ klatschen** bić komuś brawa
beifügen *vt* (*h*) załączać
Beihilfe *f*, **-**, **-n** zapomoga *f*; **eine einmalige ~** zapomoga jednorazowa
Beilage *f*, **-**, **-n** załącznik *m*; dodatek *m*; **als ~** w załączeniu
Beileid *n*, **-(e)s** współczucie *n*, kondolencje *pl*; **~ aussprechen** składać kondolencje
Bein *n*, **-(e)s**, **-e** noga *f*; **jmdm auf die ~e helfen** postawić kogoś na nogi; **immer wieder auf die ~e fallen** spadać zawsze na cztery łapy
beinahe *adv* prawie, niemal; **ich hätte es ~ vergessen** omal bym zapomniał(a)
beiseite *adv* na boku, na bok; **~ stehen** stać na boku; **~ legen** odkładać na bok
Beispiel *n*, **-s**, **-e** przy-

kład *m*; **zum ~** na przykład (**z. B.** np.)

Beitrag *m*, **-(e)s, Beiträge** składka *f*; przyczynek *m*

beitragen (trägt bei, trug bei, beigetragen) *vt* (*h*) przyczyniać się (**zu etw.** do czegoś)

Beiwagen *m*, **-s, -** kosz motocykla; **ein Motorrad mit ~** motocykl z koszem

bekannt *adj* znany, znajomy; **mit jmdm ~ machen** zapoznać (kogoś) z kimś; **mit jmdm ~ werden** poznać kogoś; **ein ~er Sänger** znany śpiewak

bekannt geben (gibt bekannt, gab bekannt, bekannt gegeben) *vt* (*h*) ogłaszać, podawać do wiadomości

Bekanntmachung *f*, **-, -en** ogłoszenie *n*, obwieszczenie *n*; **feierliche ~** uroczysta proklamacja

Bekanntschaft *f*, **-, -en** znajomość *f*; **eine ~ mit jmdm anknüpfen** zawrzeć z kimś znajomość

bekennen (bekennt, bekannte, bekannt) *vt* (*h*) wyznać (**die Wahrheit** prawdę); **sich ~** *vr* (*h*) przyznawać się; (**zu seinen Taten** do swoich czynów)

Bekenntnis *n*, **-ses, -se** wyznanie *n*, zeznanie *n*; **ein ~ ablegen** złożyć zeznanie

beklagen *vt* (*h*) opłakiwać, ubolewać; **sich ~** *vr* (*h*) skarżyć się (**bei jmdm über jmdn <etw.>** przed kimś na kogoś <na coś>)

beklatschen *vt* (*h*) oklaskiwać (**jmdn <etw.>** kogoś <coś>); *pot.* obgadywać

bekommen (bekommt, bekam, bekommen) *vt* (*h*) otrzymywać; **Angst ~** przestraszyć się; **Hunger ~** poczuć głód; *vi* (*s*) służyć; **jmdm gut ~** wychodzić komuś na zdrowie

bekömmlich *adj* zdrowy (*o potrawach*); **ein ~er Salat** zdrowa <dobrze przyswajalna> sałatka

bekreuzen *vt* (*h*) pobłogosławić; (**jmdn** kogoś); **sich ~** <(*częściej*) **sich bekreuzigen**> *vr* (*h*) przeżegnać się

belasten *vt* (*h*) obciążać; **jmdn mit Verantwortung ~** obciążać kogoś odpowiedzialnością

Beleg *m*, **-(e)s, -e** przykład (*językowy*); zaświadczenie *n*; pokwitowanie *n*; **ein ~ für die Einzahlung** dowód wpłaty

Belegschaft *f*, **-, -en** załoga *f* (fabryki), personel *m*

beleibt *adj* tęgi, korpulentny

beleidigen *vt* (*h*) obrażać; **er beleidigte mich mit seiner Äußerung** (on) obraził mnie swoją wypowiedzią

Beleidigung *f*, **-, -en** obraza *f*, obelga *f*; **jmdm eine ~ zufügen** obrazić <znieważyć> kogoś

Beleuchtung *f*, **-, -en** oświetlenie *n*

beliebig *adj, adv* dowoln-y/ie; jakikolwiek; **eine ~e Zahl** dowolna liczba; **zu ~er Zeit** w dowolnym czasie

beliebt *adj* popularny; lubiany; **sich bei jmdm ~ machen** zyskać sobie czyjąś przychylność

bellen *vi* (*h*) szczekać (*o psie*)

belohnen *vt* (*h*) (wy)nagradzać; **jmdn für seine Tätigkeit ~** nagrodzić kogoś za jego działalność

belorussisch *adj* białoruski; *adv* po białorusku

bemerken *vt* (*h*) spostrzegać, zauważać; nadmieniać; **jmdn auf der Straße ~** zauważyć kogoś na ulicy

Bemerkung *f*, **-, -en** uwaga *f*, spostrzeżenie *f*; **eine ~ machen** zrobić uwagę

Bemühung *f*, **-, -en** staranie *n*, trud *m*, zabiegi *pl*; **vergebliche ~en** nadaremne starania

benachrichtigen *vt* (*h*) zawiadamiać (**jmdn** kogoś)

benehmen (benimmt, be-

nahm, benommen) *vt* (*h*) odbierać (**die Hoffnung** nadzieję); **sich ~** zachowywać się; **wie benimmst du dich?** jak ty się zachowujesz?

Benehmen *n*, **-s** zachowanie *n*; **gutes <schlechtes> ~** dobre <złe> zachowanie

beneiden *vt* (*h*) zazdrościć (**jmdn um etw.** komuś czegoś)

benennen (benennt, benannte, benannt) *vt* (*h*) nazwać, nadać imię; **eine Straße ~** nazwać ulicę

benoten *vt* (*h*) oceniać, postawić ocenę; **die Leistung der Schüler ~** ocenić pracę uczniów

benutzen *vt* (*h*) używać; **den Computer ~** używać komputera

Benutzung *f*, **-** użytkowanie (*czegoś*), korzystanie (*z czegoś*)

Benzin *n*, **-s** benzyna *f*; **bleifreies ~** benzyna bezołowiowa

beobachten *vt* (*h*) obserwować; **jmdn bei der Arbeit ~** obserwować kogoś przy pracy

Beobachter *m*, **-s**, **-** obserwator *m*

bequem *adj, adv* wygodn-y/ie; **machen Sie es sich ~** proszę się rozgościć <nie krępować>

Bequemlichtkeit *f*, **-**, **-en** wygoda *f* (*najczęściej pl*); **ein Zimmer mit allen ~en** pokój ze wszystkimi wygodami

beraten (berät, beriet, beraten) *vt* (*h*) udzielać rady, radzić (**jmdn** komuś); obradować; **du hast mich leider schlecht ~** niestety, źle mi poradziłeś; **sich ~** *vr* (*h*) naradzać się (**mit jmdm über etw.** z kimś nad czymś)

Beratung *f*, **-**, **-en** porada *f*; narada *f*

Beratungsstelle *f*, **-**, **-n** poradnia *f*; **eine ~ für Jugendliche** poradnia dla młodzieży

berauschen *vt* (*h*) odurzać, upijać (**mit Alkohol** alkoholem); **der Wein**

berauscht wino odurza; **sich ~** *vr* (*h*) upijać się

berẹchnen *vt* (*h*) obliczać, wyliczać; **Kosten ~** obliczyć koszty

berẹchtigen *vt* (*h*) uprawniać, upoważniać (**zu einer Sache** do czegoś); **der Gutschein berechtigt zum Eintritt** ten bon uprawnia do wstępu

berẹchtigt *adj* uzasadniony, uprawniony, upoważniony; **~e Gründe** uzasadnione przyczyny

bereden *vt* (*h*) omawiać (**den Plan** plan); **sich ~** *vr* (*h*) naradzać się (**mit jmdm über etw.** z kimś w sprawie czegoś)

Bereich *m*, **-es**, **-e** zakres *m*; zasięg *m*; **im ~ der Stadt** w obrębie miasta; **im ~ der Möglichkeiten liegen** być możliwym

bereichern *vt* (*h*) wzbogacić; **sein Wissen ~** wzbogacić swoją wiedzę; **sich ~** *vr* (*h*) wzbogacić się; **sich an einem Geschäft ~** wzbogacić się na transakcji

Bereifung *f*, **-**, **-en** ogumienie *n*; opony *pl*

bereisen *vt* (*h*) objechać; **die ganze Welt ~** objechać cały świat

bereit *adj* gotowy; **sich ~ erklären** wyrażać gotowość

bereiten *vt* (*h*) przygotowywać; sprawiać; **das Essen <das Bad> ~** przygotować jedzenie <kąpiel>; **jmdm Freude ~** sprawić komuś radość

Bereitschaft *f*, **-** gotowość *f*

bereitwillig *adj* gotowy do pomocy; *adj, adv* ochocz-y/o; chętn-y/ie

Bẹrg *m*, **-(e)s**, **-e** góra *f*; **einen ~ besteigen <erklettern>** wchodzić <wspinać się> na górę; **über den ~ sein** najgorsze mieć za sobą

Bẹrgbau *m*, **-(e)s** górnictwo *n*

Bẹrgfest *n*, **-es, -e** półmetek *m*

bẹrgig *adj* górzysty

Bẹrgmann *m*, **-s**, **Bẹrgleute** górnik *m*

Bergsteigen *n*, **-s** alpinistyka *f*
Bergsteiger *m*, **-s, -** alpinista *m*
Bericht *m*, **-(e)s, -e** sprawozdanie *n*, relacja *f*; **einen ~ erstatten** zdać sprawozdanie
Berichterstatter *m*, **-s, -** sprawozdawca *m*, reporter *m*
Bernstein *m*, **-(e)s, -e** bursztyn *m*
Beruf *m*, **-(e)s, -e** zawód; **einen ~ ausüben** wykonywać zawód; **Lehrer von ~ sein** być z zawodu nauczycielem
berücksichtigen *vt* (*h*) uwzględniać, brać pod uwagę
berufen (beruft, berief, berufen) *vt* (*h*) powoływać; **jmdn zum Richter ~** powołać kogoś na sędziego; **sich ~** *vr* (*h*) powoływać się (**auf jmdn <etw.>** na kogoś <na coś>)
beruflich *adj, adv* zawodow-y/o; **~e Tätigkeit** działalność zawodowa; **das macht er ~** on to wykonuje zawodowo
Berufsschule *f*, **-, n** szkoła zawodowa
Berufung *f*, **-, -en** nominacja *f*; powołanie się (**auf etwas** na coś); *prawn.* odwołanie *n*, apelacja *f*; **~ einlegen** złożyć odwołanie
beruhen *vi* (*h*) polegać (**auf etw.** na czymś); **etw. auf sich ~ lassen** zaprzestać czegoś
beruhigen *vt* (*h*) uspokoić
berühmt *adj* sławny, słynny
berühren *vt* (*h*) dotykać; poruszać; **etw. mit den Fingern ~** dotykać czegoś palcami; **das hat mich sehr berührt** to bardzo mnie poruszyło
Berührung *f*, **-, -en** dotknięcie *n*; styczność *f*; **mit jmdm <mit etw.> in ~ kommen** zetknąć się z kimś <z czymś>
Besatzung *f*, **-, -en** załoga *f*; okupacja *f*
beschädigen *vt* (*h*) uszkodzić

beschädigt *adj* uszkodzony

beschäftigen *vt* (*h*) zatrudniać (**jmdn** kogoś); **sich ~** *vr* (*h*) zajmować się, trudnić się (**mit etw.** czymś)

Bescheid *m*, **-(e)s**, **-e** informacja (urzędowa); **~ wissen** być poinformowanym; **jmdm ~ sagen** powiadomić kogoś

bescheiden *adj, adv* skromn-y/ie; **ein ~es Zimmer** skromny pokój

bescheinigen *vt* (*h*) poświadczać, potwierdzać; **den Empfang des Pakets ~** potwierdzić odbiór paczki

Bescheinigung *f*, **-**, **-en** zaświadczenie *n*; **eine ~ ausstellen** wystawić zaświadczenie

beschimpfen *vt* (*h*) zwymyślać (**jmdn** kogoś); **sich gegenseitig ~** zwymyślać się nawzajem

Beschlag *m*, **-(e)s**, **Beschläge** okucie *n*; **Beschläge am Koffer** okucia na walizce; (*bez pl*) zajęcie *n*, konfiskata *f*; **etw. in ~ nehmen** zająć <skonfiskować> coś

Beschlagnahme *f*, **-**, **-n** *prawn.* konfiskata *f*; **die ~ des Vermögens** konfiskata majątku

beschleunigen *vt* (*h*) przyśpieszyć

Beschleunigung *f*, **-**, **-en** przyśpieszenie *n*; **die ~ der Entwicklung** przyśpieszenie rozwoju

beschließen (beschließt, beschloss, beschlossen) *vt* (*h*) postanawiać; uchwalać; **ein neues Gesetz ~** uchwalić nową ustawę

Beschluss *m*, **Beschlusses, Beschlüsse** postanowienie *n*, decyzja *f*; **der ~ des Gerichts** postanowienie sądu

beschmutzen *vt* (*h*) zabrudzić, zanieczyścić (**das Hemd** koszulę); *przen.* znieważyć, zhańbić; **jmds Andenken ~** zhańbić czyjąś pamięć

beschränken *vt* (*h*) ograniczać (**seine Ausgaben** wydatki); **sich ~** *vr* (*h*) ograniczać się (**auf etw.** do czegoś)

beschränkt *adj* ograniczony; **unsere Möglichkeiten sind ~** nasze możliwości są ograniczone

Beschränkung *f*, **-**, **-en** ograniczenie *n*; **die ~ der Geschwindigkeit** ograniczenie szybkości

beschreiben (beschreibt, beschrieb, beschrieben) *vt* (*h*) opisywać (**ein Bild <die Situation>** obraz(ek) <sytuację>)

Beschreibung *f*, **-**, **-en** opis *m*; **das spottet jeder ~** tego się nie da opisać

Beschuldigung *f*, **-**, **-en** obwinianie *n*, przypisywanie winy; **eine ~ gegen jmdn erheben** obwiniać kogoś

beschützen *vt* (*h*) ochraniać, osłaniać (**jmdn vor etw. <vor jmdn>** kogoś przed czymś <przed kimś>)

Beschwerde *f*, **-**, **-n** skarga *f*, zażalenie *n*; **eine ~ gegen jmdn <etw.> führen** wnieść skargę przeciwko komuś <czemuś>; *med.* dolegliwość *f*

beseitigen *vt* (*h*) usuwać (**Spuren** ślady)

Besen *m*, **-s**, **-** miotła *f*, miotełka *przysł.* **neue ~ kehren gut** nowa miotła dobrze wymiata

Besetzung *f*, **-**, **-en** zajęcie czegość (*siłą*); *teatr* obsada *f*; **die ~ der Hauptrollen** obsada głównych ról

besichtigen *vt* (*h*) zwiedzać

Besichtigung *f*, **-**, **-en** zwiedzanie *n* (**der Stadt** miasta)

Besitz *m*, **-(e)s** własność *f*; posiadanie *n*; **etw. geht in jmds ~ über** coś przechodzi na czyjąś własność; **im ~ von etw. sein** posiadać coś

besitzen (besitzt, besaß, besessen) *vt* (*h*) posiadać, mieć

besonder- *adj* oddzielny, osobny; osobliwy, szczególny; **~e Umstände** szczególne okoliczności

besonders *adv* szczególnie; **~ gut** szczególnie dobry

besọnnen *adj, adv* rozważn-y/ie, rozsądn-y/ie

besọrgen *vt* (*h*) załatwiać (**Fahrkarten** bilety); zajmować się, opiekować się; **jmdm den Haushalt ~** prowadzić komuś gospodarstwo domowe

bespręchen (bespricht, besprach, besprochen) *vt* (*h*) omawiać; **eine Sache <ein Thema> ~** omówić sprawę <temat>

Bespręchung *f*, **-**, **-en** omawianie *n*; narada *f*; **er ist in der ~** (on) jest na naradzie

bespṛitzen *vt* (*h*) opryskiwać (**jmdn <etw.> mit Wasser** kogoś <coś> wodą)

bęsser *adj, adv* lepszy, lepiej; **er weiß es ~** on wie lepiej

Bęsserung *f*, **-** poprawa *f*, polepszenie *n*; **eine ~ der Verhältnise** polepszenie stosunków; **gute ~!** życzę powrotu do zdrowia!

Bestạnd *m*, **-(e)s, Bestände** trwałość *f*; zapas *m*; stan *m*; byt *m*, istnienie *n*; **der ~ an Waren** ilość <zapas> towarów; **der ~ der Kasse** stan kasy

Bestạndteil -(e)s, -e część składowa; **etw. in seine ~e zerlegen** rozłożyć coś na części składowe

bestätigen *vt* (*h*) potwierdzać; **sich ~** *vr* (*h*) potwierdzać się; **meine Bedenken haben sich bestätigt** moje wątpliwości potwierdziły się

Bestätigung *f*, **-**, **-en** potwierdzenie *n*

bestęchen (besticht, bestach, bestochen) *vt* (*h*) przekupić (**jmdn** kogoś)

Bestęchungsgeld *n*, **-(e)s, -er** łapówka *f*

Bestęck *n*, **-(e)s, -e** sztućce *pl*; *pot. rów.* zastawa stołowa

bestehen (besteht, bestand, bestanden) *vt* (*h*) istnieć, być; obstawać (**auf etw.** przy czymś); (*o egzaminie*) zdać

Bestehen *n*, **-s** istnienie *n*; obstawanie *n*; **unse-**

re **Firma feiert ihr fünfjähriges ~** nasza firma obchodzi pięciolecie swego istnienia; *por.* **bestehen**

besteigen (besteigt, bestieg, bestiegen) *vt* (*h*) wchodzić, wstępować; **das Schiff ~** wsiąść na statek; **den Thron ~** wstępować na tron

bestellen *vt* (*h*) zamawiać (**Waren** towar); uprawiać (**das Feld** pole); przekazywać (**jmdm etwas** komuś coś); doręczać (**Briefe** listy); **jmdm Grüße ~** przekazać komuś pozdrowienia

bestenfalls *adv* w najlepszym razie

bestimmen *vt* (*h*) ustalać, określać; **einen Termin ~** ustalić termin; przeznaczać (**etwas für jmdn** coś dla kogoś); *vi* (*h*) rozporządzać, dysponować; **er bestimmt über mein Geld** on rozporządza <dysponuje> moimi pieniędzmi

bestimmt *adj, adv* konkretn-y/ie; pewn-y/ie, dokładn-y/ie; **ich weiß es ~** wiem to na pewno

Bestimmung *f*, **-**, **-en** określenie *n*; przeznaczenie *n*; postanowienie *n*; **die ~ des Ortes** określenie miejsca

Bestimmungsort *m*, **-(e)s**, **-e** miejsce przeznaczenia

bestrafen *vt* (*h*) (u)karać

bestreben, sich *vr* (*h*) starać się, usiłować, dążyć

Besuch *m*, **-(e)s**, **-e** odwiedziny *pl*, wizyta *f*; **bei jmdm zu ~ sein** być czyimś gościem; **einen ~ abstatten** złożyć wizytę; **~ haben** mieć gości

besuchen *vt* (*h*) odwiedzać (**jmdn** kogoś); uczęszczać; **die Schule ~** chodzić do szkoły

betätigen *vt* (*h*) uruchamiać (**einen Hebel** dźwignię); **sich ~** *vr* (*h*) działać, udzielać się

betäuben *vt* (*h*) ogłuszać, zagłuszać; odurzać; *med.* znieczulać

Betäubung *f*, **-**, **-en** ogłuszenie *n*; odurzenie *n*; *med.* znieczulenie; **eine örtliche ~** znieczulenie miejscowe

beteiligen, sich ~ *vr* (*h*) uczestniczyć (**an einer Sitzung** w posiedzeniu)

Beteiligung *f*, **-**, **-en** uczestnictwo *n*; udział *m*; **die ~ an der Veranstaltung** udział w przygotowaniach

beten *vi* (*h*) modlić się; **zu Gott ~** modlić się do Boga

betonen *vi* (*h*) (za)akcentować, kłaść nacisk

Betracht *m* (*tylko w zwrotach*): **in ~ ziehen** brać pod uwagę; **das kommt nicht in ~** to nie wchodzi w rachubę; **etw. außer ~ lassen** nie zwracać na coś uwagi

betrachten *vt* (*h*) obserwować (**jmdn <etw.>** kogoś <coś>); rozważać; **sich ~** *vr* (*h*) uważać się (**als Kenner** za znawcę)

Betrag *m*, **-(e)s**, **Beträge** kwota *f*, suma *f*, należność *f*; **den ~ erhalten** otrzymać należność

beträchtlich *adj*, *adv* znaczn-y/ie; **eine ~e Summe** znaczna suma; **das Produkt hat sich ~ verschlechtert** ten produkt znacznie się pogorszył

betreffen (betrifft, betraf, betroffen) *vt* (*h*) dotyczyć (**jmdn <etw.>** kogoś <czegoś>); odnosić się (**jmdn <etw.>** do kogoś <do czegoś>)

betreuen *vt* (*h*) opiekować się (**jmdn <etw.>** kimś <czymś>); pielęgnować (**die Kranken** chorych)

Betreuer *m*, **-s**, **-** opiekun *m*

Betreuung *f*, **-** opieka *f*; **die medizinische ~** opieka medyczna

Betrieb *m*, **-(e)s**, **-e** przedsiębiorstwo *n*, zakład produkcyjny; ruch *m*; **in <außer> ~ sein** być w ruchu <być nieczynnym>; **eine Fabrik in ~ setzen** uruchomić fabrykę

Betriebskapital *n*, **-s, -e** kapitał zakładowy
betrinken (betrinkt, betrank, betrunken), sich ~ *vr* (*h*) upić/upijać się
Betrug *m*, **-(e)s, (Betrüge)** oszustwo; **einen ~ begehen** popełnić oszustwo
betrügen (betrügt, betrog, betrogen) *vt* (*h*) oszukiwać
betrunken *adj* pijany
Bett *n*, **-(e)s, -en** łóżko *n*; **zu <ins> ~ gehen** iść do łóżka; **ins ~ bringen** ułożyć do snu; **das ~ machen** zasłać łóżko
Bettdecke *f*, **-, -en** kołdra *f*; koc *m*
Bettlaken *n*, **-s, -** prześcieradło *n*
Bettler *m*, **-s, -** żebrak *m*
Bettwäsche *f*, **-** bielizna pościelowa
beugen *vt* (*h*) zginać, (**das Knie** kolano); **sich ~** *vr* (*h*) schylać się; wychylać się (**aus dem Fenster** z okna)
Beule *f*, **-, -n** *med.* siniak *m*, guz *m*
beunruhigen *vt* (*h*) niepokoić (**durch etwas** czymś); **sich ~** *vr* (*h*) niepokoić się (**wegen etw.** z powodu czegoś)
Beute *f*, **-, -n** łup *m*, zdobycz *m*; **die ~ teilen** dzielić łup
Beutel *m*, **-s, -** worek *m*; torba plastikowa, *pot.* reklamówka; *pot.* portmonetka *f*
Bevölkerung *f*, **-, -en** ludność *f*
bevollmächtigen *vt* (*h*) upoważniać (**jmdn** kogoś); udzielać pełnomocnictwa (**jmdn** komuś)
Bevollmächtigung *f*, **-, -en** pełnomocnictwo *n*
bevor *conj* zanim
bevorstehen (steht bevor, stand bevor, bevorgestanden) *vi* (*h*) czekać (*o rzeczach*); **das steht mir noch bevor** to mnie jeszcze czeka; **der Krieg steht bevor** zanosi się na wojnę
bewachen *vt* (*h*) strzec, pilnować, trzymać pod strażą (**jmdn <etw.>** kogoś <coś>)
bewacht *adj* strzeżony;

ein ~er Parkplatz parking strzeżony
bewaffnen *vt* (*h*) uzbroić; **sich ~** *vr* (*h*) uzbroić się; **sie bewaffnete sich mit einer Pistole** uzbroiła się w pistolet
bewaffnet *adj* uzbrojony, zbrojny
bewahren *vt* (*h*) zachowywać (**etw.** coś); **Ruhe ~** zachowywać spokój
bewährt *adj* wypróbowany, doświadczony; **~e Methoden** wypróbowane metody
bewandert *adj* obeznany (**in einer Sache** w czymś)
bewältigen *vt* (*h*) opanowywać; pokonać (**Schwierigkeiten** trudności)
bewegen[1] *vt* (*h*) (po)ruszać; **sich ~** *vr* (*h*) poruszać się; **sie konnte sich nur langsam ~** mogła się tylko wolno poruszać
bewegen[2] **(bewegt, bewog, bewogen)** *vt* (*h*) nakłaniać (**jmdn zu etw.** kogoś do czegoś)
Beweggrund *m*, **-(e)s, -gründe** powód *m*, motyw *m*, pobudka *f*; **aus niedrigen Beweggründen handeln** czynić coś z niskich pobudek
beweglich *adj, adv* ruchom-y/o; *przen.* żyw-y/o; **ein ~er Geist** żywy <bystry> umysł
Bewegung *f*, **-, -en** ruch *m*; wzruszenie *n*; **etw. in ~ setzen** wprawić coś w ruch, uruchomić
Beweis *m*, **-(e)s, -e** dowód *m*, argument; **der ~ seiner Schuld** dowód jego winy; **~e für etw. haben** mieć na coś dowody; **etw. unter ~ stellen** dowodzić czegoś
beweisen (beweist, bewies, bewiesen) *vt* (*h*) udowodnić, dowieść; **seine Unschuld ~** udowodnić swoją niewinność
bewerben, sich (bewirbt, bewarb, beworben) *vr* (*h*) ubiegać się (**um etwas** o coś)
bewerten *vt* (*h*) oceniać, (o)szacować
bewilligen *vt* (*h*) przyznać, (urzędowo) zaakceptować; **einen Antrag**

~ rozpatrzyć pozytywnie wniosek <podanie>

bewirten *vt* (*h*) gościć (**jmdn** kogoś); częstować (**jmdn mit etw.** kogoś czymś)

Bewohner *m*, **-s**, **-** mieszkaniec *m*; **die ~ des Hauses** mieszkańcy domu

bewölkt *adj* zachmurzony

Bewölkung *f*, **-**, **-en** zachmurzenie *n*

bewundern *vt* (*h*) podziwiać (**jmdn <etw.>** kogoś <coś>)

bewusst *adj* świadomy; **sich einer Sache ~ sein** być świadomym czegoś; **soviel mir ~ <bekannt> ist** o ile mi wiadomo

bewusstlos *adj, adv* nieprzytomn-y/ie; (*rzadko*) nieświadom-y/ie

Bewusstsein *n*, **-s** świadomość *f*; przytomność *f*; **etw. mit vollem ~ tun** robić coś z pełną świadomością; **wieder zu(m) ~ kommen** odzyskać przytomność

bezahlen *vt* (*h*) płacić (**etw.** za coś); **die Unterkunft ~** płacić za pobyt <nocleg>

Bezahlung *f*, **-** zapłata *f*; **gegen ~** za opłatą

bezeichnen *vt* (*h*) oznaczać; **was bezeichnet das?** co to oznacza?

Bezeichnung *f*, **-**, **-en** oznaczenie *n*, oznakowanie *n*; nazwa *f*; cecha *f*

beziehen (bezieht, bezog, bezogen) *vt* (*h*) powlekać; pokrywać; **die Betten ~** powlec pościel; **eine Wohnung ~** wprowadzić się do mieszkania; *handl.* sprowadzać (**Waren** towary); pobierać (**Rente** rentę); **sich ~** *vr* (*h*) powoływać się (**auf jmdn <auf etw.>** na kogoś <na coś>)

Beziehung *f*, **-**, **-en** stosunek *m*; wzgląd *m*; **gute ~en mit den Nachbarländern** dobre stosunki z krajami sąsiednimi; **politische ~en** stosunki polityczne; **in jeder ~** pod każdym względem

Bezirk *m*, **-(e)s**, **-e** okręg

m, rejon *m*; obszar *m* (**Wahl~ <Verwaltungs~>** okręg wyborczy <administracyjny>)

Bezug *m*, **-(e)s**, **Bezüge** pokrycie *n* (**auf den Stühlen** na krzesłach); sprowadzanie *n* (**von Waren** towarów); wgląd *m*, związek *m*; **auf etw. ~ nehmen** nawiązywać do czegoś; **in Bezug auf jmdn <etw.>** odnośnie do kogoś <czegoś>; **die Bezüge** pobory *pl*

bezüglich *adj, praep* odnośn-y/ie; **~ Ihrer Stellungnahme** w odniesieniu do pan-a/i stanowiska <opinii>

bezweifeln *vt* (*h*) wątpić (**etw.** w coś)

bezwingen (bezwingt, bezwang, bezwungen) *vt* (*h*) pokonać (**den Gegner** przeciwnika); **sich ~** *vr* (*h*) zapanować nad sobą

Bibel *f*, **-**, **-n** Biblia *f*

Bibliothek *f*, **-**, **-en** biblioteka *f*; księgozbiór *m*

biegen (biegt, bog, gebogen) *vt* (*h*) wyginać, zginać (**einen Draht** drut); *vi* (*s*) skręcać; **um die Ecke ~** skręcić za rogiem

Biene *f*, **-**, **-n** pszczoła *f*

Bienenstock *m*, **-(e)s**, **-stöcke** ul *m*

Bier *n*, **-(e)s**, **-e** piwo *n*; **helles <dunkles> ~** piwo jasne <ciemne>

Bierstube *f*, **-**, **-n** piwiarnia *f*

bieten (bietet, bot, geboten) *vt* (*h*) stwarzać (**gute Bedingungen** dobre warunki), dawać (**Schutz** ochronę); przedstawiać sobą, (**ein schreckliches Bild** straszny obraz)

Bigamist *m*, **-en**, **-en** bigamista *m*

Bikini *m*, **-s**, **-s** bikini *n*

Bilanz *f*, **-**, **-en** *ekon.* bilans *m*; **eine ~ aufstellen** sporządzić bilans

Bild *n*, **-(e)s**, **-er** obraz *m*; wizerunek *m*; zdjęcie *n*; *przen.* wyobrażenie; **im ~e sein** być zorientowanym; **sich ein ~ von jmdm <etw.> machen** wyrabiać sobie pogląd o kimś <czymś>

Bildberichterstatter *m*, **-s**, **-** fotoreporter *m*

bilden *vt* (*h*) tworzyć; kształtować (**den Charakter** charakter); stanowić (**eine Ausnahme** wyjątek)

Bilderbuch *n*, **-(e)s**, **-bücher** książka z obrazkami

Bildergalerie *f*, **-**, **-n** galeria obrazów; *zob.* **Gemäldegalerie**

Bilderrätsel *n*, **-s**, **-** rebus *m*

Bildhauer *m*, **-s**, **-** rzeźbiarz *m*

Bildröhre *f*, **-**, **-n** kineskop *m*

Bildschirm *m*, **-s**, **-e** ekran telewizora

Bildung *f*, **-**, **-en** tworzenie *n*; wykształcenie *n*; **eine umfassende ~** wszechstronne wykształcenie

Billard *n*, **-s**, **-e** bilard *m*

Billardkugel *f*, **-**, **-n** bila *f*

Billardstock *m*, **-(e)s**, **-stöcke** kij bilardowy

Billardtisch *m*, **-(e)s**, **-e** stół bilardowy

billig *adj*, *adv* tan-i/o; słuszn-y/ie

Bindehaut *f*, **-**, **-häute** *anat.* spojówka *f*

binden (bindet, band, gebunden) *vt* (*h*) wiązać, przywiązywać; oprawiać (**Bücher** książki); **sich ~** *vr* (*h*) przywiązać się (**an jmdn** do kogoś)

Binder *m* **-s** **-** *pot.* krawat *m*

binnen *praep* w ciągu; **~ einem Jahr** w ciągu roku

Biographie *f*, **-**, **-n** biografia *f*

Birke *f*, **-**, **-n** brzoza *f*

Birne *f*, **-**, **-n** gruszka *f*; grusza *f*; *pot.* żarówka *f*

bis *praep* aż, do; **~ morgen** do jutra; **wir fahren nur ~ Berlin** jedziemy tylko do Berlina; **ich arbeitete ~ in die Nacht hinein** pracowałem aż do późnej nocy; **ich bin nass ~ auf die Haut** jestem przemoknięty do suchej nitki; *conj* **ich warte, ~ du zurückkommst** poczekam, aż wrócisz

Bischof *m*, **-s**, **Bischöfe** biskup *m*
bisher *adv* dotychczas, dotąd
Biss *m*, **Bisses**, **Bisse** ugryzienie *n*, ukąszenie *n*
Bissen *m*, **-s**, **-** kęs *m*; **ein ~ Brot** kęs chleba
bitte proszę (*forma grzecznościowa*); **nehmen Sie, ~, Platz** proszę usiąść; **wie bitte?** co proszę?; **ja, ~?** tak, słucham? (*w rozmowie telefonicznej*)
Bitte *f*, **-**, **-n** prośba *f*; **eine ~ an jmdn richten, <sich mit einer ~ an jmdn wenden>** zwrócić się do kogoś z prośbą
bitten (bittet, bat, gebeten) *vt* (*h*) prosić; **um Hilfe ~** prosić o pomoc; **jmdn um Geld ~** prosić kogoś o pieniądze
bitter *adj, adv* gorzk-i/o, przykr-y/o; **eine ~e Kälte** uciążliwe zimno; **~e Tränen** gorzkie łzy
Bitterkeit *f*, **-**, **-en** gorycz *f* (*rów. przen.*); przykrość *f*
Blase *f*, **-**, **-n** pęcherz *m*
blasen (bläst, blies, geblasen) *vt* (*h*) dmuchać; chuchać (**auf etw.** na coś); grać na instrumencie dętym; **die Trompete ~** grać na trąbce
blass *adj, adv* blad-y/o; *przen.* słab-y/o; **ein blasses Gesicht** blada twarz; **~ werden** zblednąć
Blatt *n*, **-(e)s**, **Blätter** liść *m*; kartka *f*; gazeta *f*; *przen.* **kein ~ vor den Mund nehmen** mówić otwarcie <bez ogródek>; **ein ~ Papier** kartka papieru
blau *adj* niebieski; *przen.* **ein ~es Auge haben** mieć podbite oko; *pot.* **er ist ~** (on) jest pijany
Blaubeere *f*, **-**, **-n** czarna jagoda; *zob.* **Heidelbeere**
Blaue *n*, **-n** błękit
Blaupapier *n*, **-s**, **(-e)** kalka *f*
Blech *n*, **-(e)s**, **-e** blacha *f*; *pot.* bzdury *pl*; *przen.* **~ reden** pleść głupstwa
blechen *vt* (*h*) *pot.* bulić, płacić (**für diesen Schaden** za tę szkodę)
Blei *n*, **-(e)s** ołów *m*; **mein Kopf ist schwer wie ~** głowa mi ciąży

bleiben (bleibt, blieb, geblieben) *vi* (*s*) (po)zostać; **zum Mittagessen ~** zostać na obiedzie; **beim Thema ~** trzymać się tematu; **~ Sie stehen!** proszę się zatrzymać!

Bleiglas *n*, **-es, (-gläser)** szkło ołowiowe, kryształ

Bleistift *m*, **-(e)s, -e** ołówek *m*; **ein harter (weicher) ~** ołówek twardy <miękki>; **den ~ (an) spitzen** (za)temperować ołówek

Blende *f*, **-, -n** *fot.* przesłona *f*

blenden *vt* (*h*) oślepiać; pozbawiać wzroku (**jmdn** kogoś); **das Licht blendete mich** światło oślepiło mnie

Blick *m*, **-(e)s, -e** spojrzenie *n*; widok *m*; **auf den ersten ~** na pierwszy rzut oka

blind *adj* niewidomy, ślepy; **~ sein** być niewidomym; **~er Passagier** pasażer na gapę (*ukryty zwł. na statku*)

Blinddarm *m*, **-(e)s, - därme** *anat.* ślepa kiszka

Blindgänger *m*, **-s** niewypał *m*; *pot.* nieudacznik *m*

blinken *vi* (*h*) migać (*o sygnalizacji świetlnej*)

Blinker *m*, **-s, -** *mot.* kierunkowskaz *m*, migacz *m*

blinzeln *vi* (*h*) mrugać; **verschmitzt ~** mrugać filuternie <porozumiewawczo>

Blitz *m*, **-es, -e** błyskawica *f*, piorun *m*; **schnell wie ein ~** szybki jak błyskawica; **er stand wie vom ~ getroffen** stał jak rażony piorunem

Blitzableiter *m*, **-s, -** piorunochron *m*

blitzschnell *adj, adv* błyskawiczn-y/ie

Block *m*, **-(e)s, Blöcke** blok *m*, kloc *m* (**Marmorblock** *m* blok marmuru; **Wohnblock** *m* blok mieszkalny)

Blockade *f*, **-, -n** blokada *f*; **eine ~ über das Land verhängen** nałożyć blokadę na kraj; **die ~ aufheben** znieść blokadę

blockieren *vt* (*h*) blokować; **Autos blockierten die Ausfahrt** auta zablokowały wyjazd

Blödsinn *m*, **-(e)s** głupstwo *n*, głupota *f*, nonsens *m*, bzdury *pl*; **~ reden** gadać bzdury; **so ein ~!** nonsens!

blond *adj* blond (*o kolorze włosów*)

Blondine *f*, **-**, **-n** blondynka *f*

bloß *adj* nagi, odkryty; **mit ~em Kopf** z odkrytą głową; *part* tylko; **mach ~ keinen Unsinn!** tylko nie rób głupstw!

bloßstellen *vt* (*h*) kompromitować (**jmdn** kogoś); **sich ~** *vr* (*h*) kompromitować się

bluffen *vt* (*h*) blefować, zmylić (**jmdn** kogoś); **sich nicht ~ lassen** nie dać się zmylić

blühen *vi* (*h*) kwitnąć

Blume *f*, **-**, **-n** kwiat *m*; *przen.* **etw. durch die ~ sagen** mówić ogródkami

Blumenbeet *n*, **-(e)s**, **-e** rabata *f*

Blumengeschäft *n*, **-(e)s**, **-e** kwiaciarnia *f*

Blumenkohl *m*, **-s**, **(-e)** kalafior *m*

Blumenstrauß *m*, **-es**, **-sträuße** bukiet *m*

Blumentopf *m*, **-(e)s**, **-töpfe** doniczka *f*

Bluse *f*, **-**, **-n** bluzka *f*

Blut *n*, **-(e)s** krew *f*

blutarm[1] *adj* anemiczny

blutarm[2] *adj* bardzo biedny

Blutdruck *m*, **-(e)s** ciśnienie krwi; **erhöhter <hoher, niedriger> ~** podwyższone <wysokie, niskie> ciśnienie krwi

Blüte *f*, **-**, **-n** kwiat *m*; *przen.* rozkwit *m*; **wirtschaftliche ~** rozkwit gospodarczy

bluten *vi* (*h*) krwawić; **die Wunde blutet** rana krwawi

Bluterguss *m*, **-ergusses**, **-ergüsse** *med.* wylew krwi, krwotok *m*

Blutgruppe *f*, **-**, **-n** grupa krwi

Blutsenkung *f*, **-** opad krwi

Blutspender *m*, **-s**, **-** krwiodawca *m*

Blutung *f*, **-**, **-en** krwawienie *n*; **innere <äußere> ~** krwawienie wewnętrzne <zewnętrzne>; **eine ~ zum Stehen bringen** zatrzymać krwawienie

Blutübertragung *f*, **-**, **-en** *med.* przetaczanie krwi, transfuzja *f*

Bock *m*, **-(e)s**, **Böcke** kozioł *m*; **stur wie ein ~** uparty jak kozioł

Bockwurst *f*, **-**, **-würste** parówka *f*, serdelek *m*

Boden *m*, **-s**, **Böden** ziemia *f*; podłoga *f*; grunt *m*

Bodenfrost *m*, **-(e)s**, **-fröste** przymrozek przygruntowy

Bodensatz *m*, **-es**, **-sätze** osad *m*; fusy *pl*

Bogen *m*, **-s**, **Bögen** łuk *m*; *druk.* arkusz *m*; **ein ~ Papier** arkusz papieru; *przen.* **einen ~ um jmdn machen** unikać kogoś

Bohne *f*, **-**, **-n** fasola *f*; **grüne ~n** zielona fasola

bohren *vt* (*h*) (wy)wiercić (**ein Loch** otwór)

Bohrer *m*, **-s**, **-** świder *m*, wiertło *n*

Bohrmaschine *f*, **-**, **-n** wiertarka *f*

Boje *f*, **-**, **-n** boja *f*

Bombe *f*, **-**, **-n** bomba *f*

Bombenanschlag *m*, **-(e)s**, **-anschläge** zamach bombowy

Bombenflugzeug *n*, **-(e)s**, **-e**, **Bomber** *m*, **-s**, **-** bombowiec *m*

Bonbon *m*, *n*, **-s**, **-s** cukierek *m*

Boot *n*, **-(e)s**, **-e** łódź *f*, łódka *f*; **mit einem ~ fahren** płynąć łodzią

Bord *m*, **-(e)s**, **-e** *żegl.* pokład *m*; burta *f*; **an ~** na pokładzie

bordeauxrot *adj* kolor bordo, w kolorze bordo, bordowy

borgen *vt* (*h*) pożyczać; **von jmdm etw. ~** pożyczać coś od kogoś; **jmdm etw. ~** pożyczać coś komuś

Börse *f*, **-**, **-n** giełda *f*; **an der ~ spekulieren** spekulować na giełdzie

Börsenmakler *m*, **-s**, **-** makler giełdowy

bösartig *adj, adv* złośliw-y/ie (*głównie o nowotworach*)
böse *adj* zły; **auf jmdn ~ sein** gniewać się na kogoś
boshaft *adj, adv* złośliw-y/ie; *por.* **bösartig**
botanisch *adj* botaniczny; **~er Garten** ogród botaniczny
Bote *m*, **-n**, **-n** posłaniec *m*, goniec *m*; **einen ~n schicken** wysłać posłańca
Botschaft *f*, **-**, **-en** wiadomość *f*; ambasada *f*; **eine gute ~** dobra wieść
Botschafter *m*, **-s**, **-** ambasador *m*
Bouillon *f*, **-**, **-s** bulion *m*
Boulevard *m*, **-s**, **-s** bulwar *m*
Boutique *f*, **-**, **-n** butik *m*
boxen *vi* (*h*) boksować; **sich ~** *vr* (*h*) *pot.* bić się
Boxer *m*, **-s**, **-** bokser *m* (*zawodnik; rasa psa*)
Brand *m*, **-(e)s**, **Brände** pożar *m*; **in ~ geraten** zapalić się; **in ~ setzen <stecken>** podpalić
Brandwunde *f*, **-**, **-n** rana oparzeniowa
Branntwein *m*, **-(e)s**, **-e** winiak *m*, koniak *m*
brasilianisch *adj* brazylijski; *adv* po brazylijsku
braten (brät, briet, gebraten) *vt* (*h*) piec, smażyć; **in Öl ~** piec <smażyć> na oleju
Braten *m*, **-s**, **-** pieczeń *f*
Brathähnchen *n*, **-s**, **-** kurczak pieczony
Bratrost *m*, **-(e)s**, **-e** ruszt *m*
Brauch *m* **-(e)s**, **Bräuche** zwyczaj *m*, obyczaj *m*; **nach altem ~** według starego zwyczaju
brauchbar *adj, adv* przydatn-y/ie, użyteczn-y/ie
brauchen *vt*, (*h*) potrzebować; zużywać; **das Gerät braucht wenig Strom** ten sprzęt jest energooszczędny
braun *adj* brązowy; brunatny
Braunkohle *f*, **-**, **-n** węgiel brunatny
Braut *f*, **-**, **Bräute** panna młoda

Bräutigam *m*, **-s**, **-e** pan młody
Brechbohne *f*, **-**, **-n** fasola szparagowa
brechen (bricht, brach, gebrochen) *vt* (*h*) łamać; **sich der Arm ~** złamać sobie rękę; *przen.* **jmdm das Herz ~** złamać komuś serce; **das Schweigen ~** przerwać milczenie; *vi* (*s*) łamać się, pękać, zerwać się; **die Achse ist gebrochen** złamała się oś; *vr* (*s*) załamywać się; **die Strahlen ~ sich im Wasser** promienie załamują się w wodzie
breit *adj, adv* szerok-i/o
Breite *f*, **-**, **-n** szerokość *f*; **in die ~ gehen** rozszerzać się
Breitenkreis *m*, **-es**, **-e** *geogr.* równoleżnik *m*
Bremse *f*, **-**, **-n** hamulec *m*
bremsen *vt* (*h*) hamować
brennbar *adj* palny; **Benzin ist leicht ~** benzyna jest łatwo palna
brennen (brennt, brannte, gebrannt) *vt* (*h*) palić się; *technol.* wypalać; *pot.* pędzić (**Schnaps** bimber); **Ziegel ~** wypalać cegłę; **es brennt** pali się; **mir ~ die Augen** pieką mnie oczy
Brenner *m*, **-s**, **-** palnik *m*
Brennstoff *m*, **-(e)s**, **-e** paliwo *n*
Brennstoffverbrauch *m*, **-(e)s** zużycie paliwa
Brett *n*, **-(e)s**, **-er** deska *f*
Bridge *n*, **-** brydż *m*
Brief *m*, **-es**, **-e** list *m*; **einen ~ an jmdn schreiben** pisać do kogoś list
Briefkasten *m*, **-s**, **-kästen** skrzynka pocztowa
Briefmarke *f*, **-**, **-n** znaczek pocztowy
Briefmarkensammler *m*, **-s**, **-** filatelista *m*
Brieftasche *f*, **-**, **-n** portfel *m*
Briefträger *m*, **-s**, **-** listonosz *m*
Brille *f*, **-**, **-n** okulary *pl*
bringen (bringt, brachte, gebracht) *vt* (*h*) przynieść (**eine Nachricht** wiadomość); zaprowadzić, zawieźć (**jmdn zum Bahnhof** kogoś na dwo-

rzec); sprowadzać (**einen Arzt** lekarza); **in Einklang ~** uzgodnić, pogodzić; **in Verlegenheit ~** wprawić w zakłopotanie; **jmdn um etwas ~** pozbawić kogoś czegoś

britisch *adj* brytyjski

Brocken *m*, **-s**, **-** kęs *m*; kawałek *m*

Brombeere *f*, **-**, **-n** jeżyna *f*

Bronze *f*, **-** brąz *m* (*metal*)

Brosche *f*, **-**, **-n** broszka *f*

Broschüre *f*, **-**, **-n** broszura *f*

Brot *n*, **-es**, **-e** chleb *m*; *przen.* **das ist ein hartes ~** to ciężki kawałek chleba

Brötchen *n*, **-s**, **-** bułka *f*

Brotscheibe *f* **-**, **-n** kromka chleba

Bruch *m*, **-(e)s**, **Brüche** złamanie *n*; rozłam *m*; **in die Brüche gehen** rozpaść się

Bruchteil *m*, **-es**, **-e** cząstka *f*, ułamek *m*; **der ~ einer Sekunde** ułamek sekundy

Bruchzahl *f*, **-**, **-en** *mat.* ułamek *m*

Brücke *f*, **-**, **-n** most *m*; *dent.* mostek *m*

Bruder *m*, **-s**, **Brüder** brat *m*

Brühe *f*, **-**, **-n** rosół *m*, bulion *m*

brüllen *vi* (*h*) ryczeć; **der Tiger brüllt** tygrys ryczy

brummen *vi* (*h*) mruczeć

brünett *adj* ciemnowłosy

Brunnen *m*, **-s**, **-** studnia *f*

Brust *f*, **-**, **Brüste** pierś *f*

Brustbein *n*, **-(e)s**, **-e** *anat.* mostek *m*

brutal *adj*, *adv* brutaln-y/ie

Bruttogewicht *n*, **-(e)s**, **(-e)** waga brutto

Buch *n*, **-es**, **Bücher** książka *f*

Buchhaltung *f*, **-**, **-en** księgowość *f*; rachuba *f*

Buchhandlung *f*, **-**, **-en** księgarnia *f*

Büchse *f*, **-**, **-n** puszka *f*

Büchsenöffner *m*, **-s**, **-** otwieracz do konserw

Buchstabe *m*, **-ns**, **-n** litera *f*

buchstabieren *vt* (*h*) literować; **können Sie Ihren Namen ~?** proszę

przeliterować swoje nazwisko
Bucht *f*, **-**, **-en** zatoka *f*
bücken, sich *vr* (*h*) schylać się
Bude *f*, **-**, **-n** buda *f*; *pot.* kram *m*
Budget *n*, **-s**, **-s** budżet *m*
Büffler *m*, **-s**, **-** *pot.* kujon *m*
Bügel *m*, **-s**, **-** wieszak *m* (*ramiączko*); pałąk *m*; rączka torebki
Bügeleisen *n*, **-s**, **-** żelazko *n*
Bügelfalte *f*, **-**, **-n** kant *m* (*spodni*)
bügeln *vt* (*h*) prasować; *zob.* **plätten**
Bühne *f*, **-**, **-n** scena *f* (*w teatrze*)
bulgarisch *adj* bułgarski; *adv* po bułgarsku
bummeln *vi* (*h*) chodzić bez celu; (*w pracy*) obijać się
Bund[1] *n*, **-es**, **-e** pęczek *m*, wiązka *f*
Bund[2] *m*, **-es**, **Bünde** związek *m*; sojusz *m*, przymierze *n*; **einen ~ schließen** zawrzeć sojusz
bündig *adj*, *adv* zwięzły, zwięźle; **kurz und ~** krótko i węzłowato
Bündnis *n*, **Bündnisses**, **Bündnisse** sojusz *m*, przymierze *n*
Buntstift *m*, **-es**, **-e** kredka *f*
bürgen *vi* (*h*) (po)ręczyć (**für jmdn** za kogoś); gwarantować (**für etw.** coś)
Bürger *m*, **-s**, **-** obywatel *m*; mieszczanin *m*
bürgerlich *adj* mieszczański; *prawn.* cywilny, obywatelski
Bürgermeister *m*, **-s**, **-** burmistrz *m*
Büro *n*, **-s**, **-s** biuro *n*
Büroklammer *f*, **-**, **-n** spinacz biurowy
Bürste *f*, **-**, **-n** szczotka *f*
Bursche *m*, **-n**, **-n** chłopak *m*, wyrostek *m*
Bus *m*, **Busses**, **Busse** autobus *m*
Busbahnhof *m*, **-es**, **-höfe** dworzec autobusowy
Bushaltestelle *f*, **-**, **-n** przystanek autobusowy
Büste *f*, **-**, **-n** biust *m*; (*rzeźba*) popiersie *n*

Bụstenhalter *m*, **-s, -** biustonosz *m*, stanik *m*
Bụtter *f*, **-** masło *n*

C

Café *n*, **-s, -s** kawiarnia *f*
Cạmping *n*, **-s** kemping *m*
Cạmpingplatz *m*, **-es, -plätze** plac kempingowy
Cạmpingwagen *m*, **-s, -** przyczepa kempingowa
CD *f*, **-, -s** płyta kompaktowa (*skrót od*: **CD-Platte**)
CD-Player *m*, **-s, -** odtwarzacz płyt kompaktowych
Champạgner *m*, **-s, -** szampan *m*
Champignọn *m*, **-s, -s** pieczarka *f*
Chạnce *f*, **-, -n** szansa *f*
Charạkter *m*, **-s, -e** charakter *m*
charakterịstisch *adj, adv* charakterystyczn-y/ie; **das ist für sie ~** to jest dla niej charakterystyczne
Charạkterzug *m*, **-s, -züge** cecha charakteru
Chẹf *m*, **-s, -s** szef *m*
Chemie *f*, **-** chemia *f*
chilenisch *adj* chilijski; *adv* po chilijsku
Chinese *m*, **-n, -n** Chińczyk *m*
Chinesin *f*, **-, -nen** Chinka *f*
Chip *m*, **-s, -s** chips *m*
Cholera *f*, **-** *med.* cholera *f*
Chor *m*, **-s, Chöre** chór *m*; **im ~ singen** śpiewać w chórze <chórem>
Chrịst[1] *m*, **-en, -en** chrześcijanin *m*
Chrịst[2] *m*, **-s** Chrystus *m*
chrịstlich *adj* chrześcijański; *adv* po chrześcijańsku; **der ~e Glaube** wiara chrześcijańska
chronisch *adj, adv* chroniczn-y/ie, przewlek-ły/le; **er hat einen ~en Schnupfen** (on) ma chroniczny katar
Cọcktail *m*, **-s, -s** koktajl *m* (*napój*)

Cognac *m*, **Kognak** *m*, **-s, -s** koniak *m*

Comic *m*, **-s, -s** komiks *m*

Computer *m*, **Komputer** *m*, **-s, -** komputer *m*

Couch *f*, **-, -s/-en** tapczan *m*

Cousin *m*, **-s, -s** kuzyn *m*

Cousine *f*, **-, -n** kuzynka *f*

Creme *f*, **-, -s** krem *m*

D

da *adv* tam; tu; oto; wtedy; **hier und da** tu i tam; **von da an** odtąd; **wer (ist) da?** kto tam?; **sieh da!** popatrz!

Dach *n*, **-(e)s, Dächer** dach *m*; *przen.* **etw. unter ~ und Fach bringen** zakończyć <załatwić> coś

Dachboden *m*, **-s, -böden** strych *m*

Dachkammer *f*, **-, -n** facjata *f*, mansarda *f*

Dachziegel *m*, **-s, -** dachówka *f*

dafür *adv* za tym; za to; na to; **alles spricht ~** wszystko przemawia za tym; **ich bin ~** jestem za; **ich kann nichts ~** nic na to nie poradzę, nie jestem temu winien/winna

dagegen *adv* przeciwko temu; natomiast; **~ ist nichts zu machen** na to nie ma rady

daher *adv* dlatego (też), toteż; stamtąd; **er war krank, ~ konnte er nicht schreiben** on był chory, dlatego też nie mógł pisać; **ich komme gerade ~** właśnie stamtąd przychodzę

damalig *adj* ówczesny

damals *adv* wtedy; **er war ~ noch jung** (on) był wtedy jeszcze młody

Dame *f*, **-, -n** kobieta *f*, pani *f*; **~ spielen** grać w warcaby

damit[1] *adv* z tym; przez to; **weg ~!** precz z tym!; **was willst du ~ sa-**

gen? co chcesz przez to powiedzieć?
damit² *conj* żeby (*w zdaniach celowych*)
Damm *m*, **-(e)s, Dämme** tama *f*, wał (przeciwpowodziowy); nasyp *m*; **einen ~ bauen** budować nasyp
Dampf *m*, **-(e)s, (Dämpfe)** para wodna *f*; *pot.* **jmdm ~ machen** pogonić kogoś
Dampfer *m*, **-s, -** parowiec *m*
danach *adv* potem, następnie
dänisch *adj* duński; *adv* po duńsku
dank *praep* dzięki; **~ eurer <euren> Eltern** dzięki waszym rodzicom
Dank *m*, **-(e)s** podziękowanie *n*, podziękowania *pl*; **vielen Dank!** bardzo dziękuję!
dankbar *adj* wdzięczny; **eine ~e Rolle** wdzięczna rola
danken *vi* (*h*) dziękować (**jmdm für etw.** komuś za coś)
dann *adv* potem, później; wówczas; **wenn nicht heute, ~ morgen** jeśli nie dzisiaj, to jutro; **bis ~!** na razie!; **~ und wann** niekiedy
darauf *adv* na tym, na to; **er versteht sich ~** on zna się na tym
daraufhin *adv* na to; potem
Darm *m*, **-(e)s, Därme** jelito *n*; flak *m*
darstellen *vt* (*h*) przedstawiać (*t. teatr*); **Argumente ~** przedstawiać argumenty
darum *adv* dlatego; o to; **~ geht es nicht** nie o to chodzi
darunter *adv* pod tym; wśród nich; **was verstehst du ~?** co przez to rozumiesz?; **ich leide ~, dass...** gnębi mnie to, że
Dasein *n*, **-s, -** istnienie *n*, egzystencja *f*; **der tägliche Kampf ums ~** codzienna walka o byt
dass *conj* że, żeby; **... außer ~** ... z wyjątkiem tego, że...; **ohne ~ die Eltern es wussten** bez

wiedzy rodziców; **~ du bloß dein Wort hältst!** obyś tylko dotrzymał słowa!

Datei *f*, **-, -en** kartoteka *f*

Daten *pl* dane *pl*; parametry *pl*; **die technischen ~** parametry techniczne; *zob.* **Datum**

Dattel *f*, **-, -n** daktyl *m*

Datum *n*, **-s Daten** data *f*; fakt *m*; dane *pl*; **heutiges ~** dzisiejsza data

Dauer *f*, **-** czas trwania, okres *m*; **auf die ~** na dłuższą metę; **von kurzer ~ sein** mieć krótki żywot

dauernd *adj, adv* ciąg-ły/le, ustawiczn-y/ie, sta-ły/le

Dauerwelle *f*, **-, -en** trwała (ondulacja)

Daumen *m*, **-s, -** kciuk *m*; **jmdm <für jmdn> den <die> ~ drücken** trzymać za kogoś kciuki

davonkommen (kommt davon, kam davon, davongekommen) *vi* (*s*) wyjść (*z jakiejś opresji*); *pot.* **mit einem blauen Auge ~** wyjść z czegoś bez większego szwanku

dazu *adv* do tego; oprócz tego; na to; **was sagst du ~?** co na to powiesz?; **~ noch...** w dodatku...

dazwischentreten (tritt dazwischen, trat dazwischen, dazwischengetreten) *vi* (*s*) interweniować; **ich musste ~, als...** musiałem interweniować, gdy...

Decke *f*, **-, -n** sufit *m*; koc *m*; kołdra *f*; **an der ~** na suficie; **unter der ~** pod kołdrą

Deckel *m*, **-s, -** pokrywka *f*; wieko *n*; *pot.* **jmdm eins auf den ~ geben** dać komuś w łeb

decken *vt* (*h*) pokrywać; przykrywać; nakrywać; **den Tisch ~** nakrywać do stołu; **die Kosten ~** pokrywać koszty; **sich ~** *vr* (*h*) pokrywać się; **unsere Aussagen ~ sich leider nicht** nasze wypowiedzi niestety się nie pokrywają

Deckmantel *m*, **-s, -mäntel** pretekst *m*

Dęckname *m*, **-ns**, **-n** pseudonim *m*
defękt *adj* uszkodzony
Defizit *n*, **-s**, **-e** niedobór *m*, deficyt *m*
dein *pron* twój; **dein Hund** twój pies
Dekade *f*, **-**, **-n** dekada *f*
dekodieren *vt* (*h*) rozszyfrowywać
dekorieren *vt* (*h*) dekorować, przybierać
Dekret *n*, **-(e)s**, **-e** dekret *m*, uchwała *f*; **ein ~ erlassen** wydać dekret
delegieren *vt* (*h*) wydelegować
Delikatęsse *f*, **-**, **-n** przysmak *m*
Demokratie *f*, **-**, **-n** demokracja *f*
demokratisch *adj*, *adv* demokratyczn-y/ie
demolieren *vt* (*h*) demolować (**etw.** coś)
Demonstration *f*, **-e**, **-en** demonstracja *f*
demonstrieren *vt* (*h*) demonstrować, manifestować
demütigen *vt* (*h*) upokarzać, poniżać (**jmdn** kogoś); **sich ~ vor jmdm** upokorzyć się *vr* (*h*) (przed kimś)
dęnken (denkt, dachte, gedacht) *vi* (*h*) (po)myśleć (**an jmdn <an etw.>** o kimś <o czymś>)
Dęnkmal *n*, **-s**, **-mäler** (*lit.* **-male)** pomnik *m*
Dęnkschrift *f*, **-**, **-en** memoriał *m*
dęnn *conj* ponieważ, bo, *dawn.* niż; *part.* -że, -ż **wo bleibst du ~?** gdzie się podziewasz?; **er ist arroganter ~ je** (on) jest bardziej arogancki niż kiedykolwiek; **... es sei ~, dass du bleibst...** chyba że zostaniesz
dęnnoch *adv* jednakże, mimo wszystko
Deo(dorąnt) *n*, **-s**, **-s** dezodorant *m*
deponieren *vt* (*h*) (z)deponować (**etw.** coś); **Wertsachen im Safe ~** zdeponować kosztowności w sejfie
dęrb *adj*, *adv* wulgarn-y/ie, rubaszn-y/ie; **~e Witze** dosadne kawały
Dermatologe *m*, **-n**, **-n** dermatolog *m*

deshalb *adv* dlatego
Dessert *n*, **-s, -s** deser *m*
desto *adv* tym; **je mehr ~ besser** im więcej, tym lepiej
Detail *n*, **-s, -s** szczegół *m*, detal *m*
Detektiv *m*, **-s, -e** detektyw *m*
deutlich *adj, adv* wyraźn-y/ie, jasn-y/o
deutsch *adj* niemiecki; *adv* po niemiecku; **die ~e Sprache** język niemiecki; **wir haben ~ gesprochen** rozmawialiśmy po niemiecku
Deutsche(r) *m*, **-n, -n** Niemiec *m*
Deutsche *f*, **-, -n (eine ~)** Niemka *f*
Devisen *pl* dewizy *pl*
Devisenkonto *n*, **-s, -s** konto dewizowe
Devisenkurs *m*, **-es, -e** kurs dewiz <walutowy>
Dezember *m*, **-(s), -** grudzień *m*
dezimal *adj* dziesiętny
Dezimalbruch *m*, **-(e)s, Dezimalbrüche** ułamek dziesiętny
Dia *n*, **-s, -s** przeźrocze *n*
Diamant *m*, **-en, -en** diament *m*
Diapositiv *n*, **-s, -e** przeźrocze *n*, diapozytyw *m*
Diät *f*, **-, (-en)** dieta *f*
dicht *adj, adv* gęst-y/o; szczeln-y/ie; **~ neben uns** tuż przy nas
Dichter *m*, **-s, -** poeta *m*
Dichtung *f*, **-, -en** poezja *f*; uszczelnianie *n*; uszczelka *f*
dick *adj, adv* grub-y/o; (*o cieczy*) gęsty
Dieb *m*, **-(e)s, -e** złodziej *m*
Diebstahl *m*, **-s, Diebstähle** kradzież *f*, złodziejstwo *n*
dienen *vi* (*h*) służyć; **zu einer Sache ~** służyć do czegoś; **womit kann ich ~?** czym mogę służyć?
Dienst *m*, **-es, -e** dyżur *m*; służba *f*; przysługa *f*; **jmdm einen (schlechten) ~ erweisen** wyświadczyć komuś (złą) przysługę
Dienstag *m*, **-(e)s, -e** wtorek *m*

diensthabend *adj* urzędujący, dyżurny
Dienstleistung *f*, **-**, **-en** usługa *f*; *handl., gosp.* **~en** usługi *pl*
dienstlich *adj, adv* służbow-y/o; **in ~en Angelegenheiten** w sprawach służbowych
Dienstreise *f*, **-**, **-n** podróż służbowa
Dienststelle *f*, **-**, **-n** urząd *m*, biuro *n*
dies *pron* to; **~und jenes** to i owo; *zob. rów.* **dieser**
diese *zob.* **dieser**
dieser *m* **(diese, dieses)**, *pl* **diese** *pron* ten (ta, to), *pl* te
differenzieren *vt* (*h*) rozróżniać, różnicować, rozgraniczać; **zwischen Gut und Böse ~** rozróżniać dobro i zło
Diktaphon *n*, **-s**, **-e** dyktafon *m*
diktieren *vt* (*h*) dyktować
Dill *m*, **-(e)s**, **-e** koper *m*
Ding *n*, **-(e)s**, **-e** rzecz *f*, przedmiot *m*; sprawa *f*; **vor allen ~en** przede wszystkim; **guter ~e sein** być dobrej myśli
Diplomat *m*, **-en**, **-en** dyplomata *m*
diplomatisch *adj, adv* dyplomatyczn-y/ie
dir *pron* tobie, ci; sobie; **was wünschst du ~?** czego sobie życzysz?
direkt *adj, adv* bezpośredn-i/o; **ein ~er Zug** bezpośredni pociąg
Direktion *f*, **-**, **-en** dyrekcja *f*
Direktor *m*, **-s**, **-en** dyrektor *m*
Dirigent *m*, **-en**, **-en** dyrygent *m*
Dirne *f*, **-**, **-n** prostytutka *f*; *zob.* **Prostituierte** *f*
Diskette *f*, **-**, **-n** dyskietka *f* (*do komputera*)
Diskothek *f*, **-**, **-en** dyskoteka *f*
diskret *adj, adv* dyskret-n-y/ie
Diskussion *f*, **-**, **-en** dyskusja *f*
diskutieren *vi* (*h*) dyskutować (**über etw.** o czymś)
Distanz *f*, **-**, **-en** dystans *m*; odstęp *m*; **mit jmdm**

auf ~ bleiben być z kimś na dystans
Disziplin *f*, **-**, **-en** dyscyplina *f*, karność *f*; gałąź *f* (*nauki, sportu*)
Dividende *f*, **-**, **-n** dywidenda *f*
dividieren *vt* (*h*) *mat.* dzielić; **20 durch 5 ~** dzielić 20 przez 5
doch *part* ależ, przecież; **ja, ~!** ależ tak!; **du weißt ~, dass er lügt** wiesz przecież, że on kłamie
Doktor *m*, **-s**, **-en** doktor *m* (*tytuł naukowy*); *pot.* lekarz
Doktorgrad *m*, **(-e)s**, **-e** tytuł doktora
Dokument *n*, **-(e)s**, **-e** dokument *m*
Dokumentarfilm *m*, **-s**, **-e** film dokumentalny
Dollar *m*, **-(s)**, **(-s)** dolar *m*
dolmetschen *vt* (*h*) tłumaczyć (*ustnie*)
Dolmetscher *m*, **-s**, **-** tłumacz *m* (*tłumaczący ustnie*)
Dom *m*, **-(e)s**, **-e** katedra *f*
dominierend *adj* dominujący
Donner *m*, **-s**, **-** grzmot *m*, piorun *m*
donnern *vi* (*h*) grzmieć; **es donnert** grzmi
Donnerstag *m*, **-s**, **-e** czwartek *m*
Doping *n*, **-s**, **-s** *sport* niedozwolone środki dopingujące
Dopingkontrolle *f*, **-**, **-n** kontrola antydopingowa
doppeldeutig *adj, adv* dwuznaczn-y/ie
Doppelgänger *m*, **-s**, **-** sobowtór *m*
Doppelpunkt *m*, **-es**, **-e** dwukropek *m*
doppelt *adj, adv* podwójn-y/ie
Dorf *n*, **-(e)s**, **Dörfer** wieś *f*; **auf dem ~ wohnen** mieszkać na wsi; **vom ~ stammen** pochodzić ze wsi; **in diesem ~** w tej wsi
Dorn *m*, **-(e)s**, **-en** cierń *m*; **jmdm ein ~ im Auge sein** być komuś solą w oku
Dorsch *m*, **-(e)s**, **-e** dorsz *m*
dort *adv* tam; **von ~** stamtąd

dorther *adv* stamtąd
dorthin *adv* tam, w tamtą stronę
Dosis *f*, **-**, **Dosen** dawka *f*; doza *f*
Drache *m*, **-n**, **-n** smok *m*
Drachen *m*, **-s**, **-** latawiec *m*
Draht *m*, **-(e)s**, **Drähte** drut *m*; *przen.* **heißer ~** gorąca linia telefoniczna (*między rządami państw*)
Drama *n*, **-s**, **Dramen** dramat *m*
drängen *vt* (*h*) spychać; nalegać; *vi* (*h*) naglić; **die Zeit drängt** czas nagli; **sich ~** *vr* (*h*) tłoczyć się, pchać się
draußen *adv* na zewnątrz, na dworze; **die Kinder spielen ~** dzieci bawią się na dworze
Drehbuch *n*, **-(e)s**, **Drehbücher** *film* scenariusz *m*
drehen *vt* (*h*) (prze)kręcić; **einen Film ~** kręcić film; **sich ~** *vr* (*h*) kręcić się
drei *num* trzy
Dreieck *n*, **-s**, **-e** trójkąt *m*
dreihundert *num* trzysta
dreist *adj, adv* zuchwa-ły/le, bezczeln-y/ie
dreißig *num* trzydzieści
dreiviertel *num* trzy czwarte
dreizehn *num* trzynaście
dringen (dringt, drang, gedrungen) *vi* (*s*) przenikać; **durch etwas ~** przenikać przez coś; *vi* (*h*) nalegać (**auf etwas** na coś)
dringend *adj, adv* piln-y/ie, paląc-y/o, nagląc-y/o; **eine ~e Angelegenheit** pilna sprawa
Drogerie *f*, **-**, **-n** drogeria *f*
drohen *vi* (*h*) grozić, zagrażać (**jmdm** komuś)
Druck[1] *m*, **-(e)s**, **Drücke** ciśnienie *n*; presja *f*, nacisk *m*; **~ auf jmdn ausüben** wywierać na kogoś presję
Druck[2] *m*, **-(e)s**, **-e** druk *m*; **etw. in ~ geben** oddać coś do druku
drucken *vt* (*h*) drukować
drücken *vt* (*h*) uściskać; wciskać; **die Hand ~**

uściskać rękę; *vi* (*h*) uciskać; **die Schuhe ~** buty uciskają
Druckfehler *m*, **-s, -** błąd w druku
Druckknopf *m*, **-es, -knöpfe** przycisk *m*
Drucksache *f*, **-, -n** druki *pl*, (wy)druk *m*
Drüse *f*, **-, -n** gruczoł *m*
Dschungel *m*, *n*, **-s, -** dżungla *f*
du *pron* ty; **du zueinander sagen** mówić sobie na ty
duften *vi* (*h*) pachnieć; **es duftet nach Flieder** pachnie bzem
dumm (dümmer, am dümmsten) *adj, adv* głup-i/o; **ein ~er Mensch** głupi człowiek
Dummheit *f*, **-, -en** głupota *f*; głupstwo *n*; **mach keine ~en!** nie rób głupstw!
Dummkopf *m*, **-(e)s, -köpfe** głupiec *m*; półgłówek *m*
dumpf *adj* przytłumiony, głuchy (*o dźwiękach*); tępy; ponury; **~er Schmerz** tępy ból; **eine ~e Atmosphäre** ponura atmosfera
Düngemittel *n*, **-s, -** nawóz *m*, nawozy sztuczne
dunkel *adj, adv* ciemn-y/o; **es wird ~** robi się ciemno
dunkelhaarig *adj* ciemnowłosy
Dunkelheit *f*, **-, -en** ciemność *f*, zmrok *m*
dünn *adj, adv* cienk-i/o
dünsten *vt* (*h*) *kulin.* dusić; **Fleisch ~** dusić mięso
durch *praep* przez; **~ den Wald** przez las; **~ die ganze Nacht, die ganze Nacht ~** przez całą noc
durchaus *adv* całkowicie; zupełnie; **er hat ~ recht** (on) ma całkowitą rację
Durchbruch *m*, **-(e)s, -brüche** przełom *m*; przerwanie *n*; **der ~ des Damms** przerwanie tamy
durchdringen (dringt

durch, drang durch, durchgedrungen) *vi* (*s*) przenikać; przebijać się

dụrchdringend *adj, adv* przejmując-y/o; **~e Kälte** przejmujące zimno

durcheinạnder *adv* chaotycznie, bezładnie; **~ sein** mieć mętlik w głowie

Dụrchfahrt *f*, **-, -en** przejazd *m*; **~ verboten!** przejazd zabroniony

Dụrchfall *m*, **-s, Durchfälle** *med.* biegunka *f*, rozwolnienie *n*

dụrchfallen (fällt durch, fiel durch, durchgefallen) *vi* (*s*) przelatywać (przez coś); *pot.* oblać (**in der Prüfung** egzamin)

dụrchführen *vt* (*h*) przeprowadzać, realizować; **einen Plan ~** realizować plan

Dụrchgang *m*, **-(e)s, Durchgänge** przejście *n*; **~ verboten!** przejście zabronione!

dụrchgehen (geht durch, ging durch, durchgegangen) *vi* (*s*) przechodzić, iść <jechać> bezpośrednio; **der Zug geht bis Gdańsk durch** pociąg jedzie bezpośrednio do Gdańska (bez przesiadki)

durchkreuzen *vt* (*h*) pokrzyżować (**die Plạ̈ne** plany); przemierzyć; **er hat viele Länder durchkreuzt** (on) przemierzył wiele krajów

dụrchlesen (liest durch, las durch, durchgelesen) *vt* (*h*) przeczytać

Dụrchmesser *m*, **-s, -** średnica *f*

durchnạ̈ssen *vt* (*h*) przemoczyć; **der Regen hat mich durchnässt** deszcz mnie przemoczył

dụrchnehmen (nimmt durch, nahm durch, durchgenommen) *vt* (*h*) przerabiać (**eine Lektion <den neuen Stoff>** lekcję <nowy materiał>)

Dụrchreise *f*, **-, -n** przejazd *m*; **auf der ~ sein** być przejazdem

dụrchschauen *vi* (*h*) rozumieć (coś); wyglądać (przez coś); **endlich hat er durchgeschaut** nareszcie zrozumiał

dụrchschneiden (schneidet durch, schnitt durch, durchgeschnitten) *vt* (*h*) przekrajać; przecinać; **sie schnitt das Brot in der Mitte durch** przekroiła chleb na pół

dụrchschnittlich *adj, adv* przeciętn-y/ie; **das ~e Einkommen** średni dochód

Dụrchschnittswert *m*, **-(e)s, -e** średnia wartość

dụrchsehen (sieht durch, sah durch, durchgesehen) *vi* (*h*) przeglądać (**Papiere <Dokumente>** papiery <dokumenty>); patrzeć (**durch etw.** przez coś)

dụrchsichtig *adj* przezroczysty

dụrchstreichen (streicht durch, strich durch, durchgestrichen) *vt* (*h*) przekreślać (**ein Wort** wyraz)

durchsụchen *vt* (*h*) przeszukiwać (**die Wohnung** mieszkanie)

Dụrchwahl *f*, **-, -en** połączenie automatyczne (*o telefonie*)

dụ̈rfen (darf, durfte, gedurft) *vi* (*h*) móc, mieć pozwolenie; **darf ich bitten?** mogę prosić?; **man darf nicht** nie wolno

dụ̈rr *adj, adv* such-y/o, jałow-y/o; wyschnięty; **~er Boden** jałowa ziemia

Dụ̈rre *f*, **-** susza *f*, posucha *f*

Dụrst *m*, **-(e)s** pragnienie *n*; **~ haben <stillen>** mieć <ugasić> pragnienie

dụrstig *adj* spragniony

Dụsche *f*, **-, -n** prysznic *m*, natrysk *m*; **eine kalte <warme> ~ nehmen** wziąć zimny <ciepły> prysznic

Düsenflugzeug *n*, **-(e)s, -e** samolot odrzutowy, odrzutowiec *m*

dụ̈ster *adj, adv* ciemn-y/o, mroczn-y/o, ponur-y/o; **ein ~er Gang** ciemny korytarz

Dụtzend *n*, **-s, -e** tuzin *m*

E

Ebbe *f*, **-**, **-n** odpływ *m* (morza)

eben[1] *adj, adv* gładk-i/o, równ-y/o; **ein ~er Weg** równa droga

eben[2] *adv* właśnie, dopiero co; **er ist ~ weggegangen** właśnie <dopiero co> wyszedł; *part* **ja ~!** no właśnie!

Ebene *f*, **-**, **-n** równina *f*; płaszczyzna *f*; *przen.* **auf höchster ~** na najwyższym szczeblu

ebenfalls *adv* również, także

Echo *n*, **-s**, **-s** echo *n*; oddźwięk *m*

echt *adj, adv* prawdziw-y/ie, autentyczn-y/ie

Eckball *m*, **-(e)s**, **-bälle** *sport* rzut rożny

Ecke *f*, **-**, **-n** kąt *m*; róg *m*; **an der ~** na rogu

edel *adj, adv* szlachetn-y/ie; **ein edler Mensch** szlachetny człowiek

Edelstein *m*, **-(e)s**, **-e** kamień szlachetny

Efeu *m*, **-s** *bot.* bluszcz *m*

effektiv *adj, adv* efektywn-y/ie

effektvoll *adj, adv* efektown-y/ie

egoistisch *adj* egoistyczny, samolubny

ehe *conj* zanim; *zob.* **bevor**

Ehe *f*, **-**, **-n** małżeństwo *n*; **eine ~ schließen** zawrzeć małżeństwo

Ehefrau *f*, **-**, **-en** żona *f*

Ehegatte *m*, **-n**, **-n** *lit.* małżonek *m*

ehelich *adj* małżeński; ślubny; **~e Kinder** ślubne dzieci

ehemalig *adj* dawny, były

Ehemann *m*, **-(e)s**, **Ehemänner** mąż *m*

Ehepaar *n*, **-(e)s**, **-e** para małżeńska, małżeństwo *n*

eher *adv* wcześniej; raczej

Ehering *m*, **-(e)s**, **-e** obrączka ślubna

Ehre *f*, **-**, **-n** honor *m*, cześć *f*; **jmdm zu ~n** na cześć kogoś, ku czci; **ich habe die ~, Sie einzu-**

laden mam zaszczyt zaprosić pana <panią, państwa>

Ehrenkompanie *f*, **-**, **-n** kompania honorowa

Ehrenwort *n*, **-(e)s**, **-e** słowo honoru

Ehrgeiz *m*, **-es** ambicja *f*

ehrgeizig *adj, adv* ambitn-y/ie

ehrlich *adj* uczciwy, rzetelny; **~ gesagt** szczerze mówiąc

Ehrlichkeit *f*, **-** uczciwość *f*

Ei *n*, **-(e)s**, **-er** jajko *n*; **ein weiches <hartes> ~** jajko na miękko <na twardo>

Eiche *f*, **-**, **-n** dąb *m*

Eichel *f*, **-**, **-n** *bot.* żołądź *f*

Eichhörnchen *n*, **-s**, **-** wiewiórka *f*

Eid *m*, **-(e)s**, **-e** przysięga *f*; **unter ~ aussagen** zeznawać pod przysięgą

Eidechse *f*, **-**, **-n** jaszczurka *f*

Eierkuchen *m*, **-s**, **-** naleśnik *m*; omlet *m*

Eifersucht *f*, **-** zazdrość *f*; **jmds ~ erregen** wzbudzać czyjąś zazdrość

eifersüchtig *adj* zazdrosny (**auf jmdn** o kogoś)

Eigelb *n*, **-(e)s**, **-e** żółtko *n*

eigen *adj* własny, swój

eigenartig *adj, adv* osobliw-y/ie, swoi-sty/ście, specyficzn-y/ie; **eine ~e Erscheinung** osobliwe zjawisko

Eigenliebe *f*, **-**, **-n** miłość własna, egoizm *m*

Eigenschaft *f*, **-**, **-en** cecha *f*, właściwość *f*

Eigensinn *m*, **-(e)s** upór *m*

eigentlich *adj, adv* właściw-y/ie

Eigentum *n*, **-s** własność *f*; **privates ~** własność prywatna

Eigentümer *m*, **-s**, **-** właściciel *m*

eignen, sich *vr* (*h*) nadawać się; **sich zu etw. ~** nadawać się do czegoś

Eilbrief *m*, **-(e)s**, **-e** list ekspresowy

Eile *f*, **-** pośpiech *m*; **ich habe ~** spieszy mi się

eilen *vi* (*s*) spieszyć, spieszyć się; **jmdm zu Hilfe ~** pospieszyć komuś z pomocą

eilig *adj, adv* piln-y/ie,

pospieszn-y/ie; **~e Schritte** pospieszne kroki; **es ~ haben** spieszyć się

Eimer *m*, **-s, -** wiadro *n*

ein, eine (*rodzajnik nieokreślony*); **ein Schüler** jakiś <pewien> uczeń; **eine Frau** jakaś pani; *num* jeden; raz; **ein jeder** każdy

einander *adv* wzajemnie, nawzajem; **wir haben ~ geholfen** pomogliśmy sobie wzajemnie

Einbahnstraße *f*, **-, -n** ulica jednokierunkowa

einberufen (beruft ein, berief ein, einberufen) *vt* (*h*) zwołać (**eine Sitzung** posiedzenie)

einbiegen (biegt ein, bog ein, eingebogen) *vt* (*h*) zginać; *vi* (*s*) skręcać; **in eine Straße ~** skręcać w ulicę

einbilden, sich *vr* (*h*) wmawiać <wyobrażać> sobie

Einbildungskraft *f*, **-** wyobraźnia *f*

einbrechen (bricht ein, brach ein, eingebrochen) *vi* (*s*) włamać się; załamać się (*o moście*); **in das Haus einbrechen** włamać się do domu; **die Brücke ist eingebrochen** most się zawalił

Einbruch *m*, **-(e)s, Einbrüche** włamanie *n*; **einen ~ verüben** dokonać włamania

Eindringling *m*, **-s, -e** intruz *m*, natręt *m*

Eindruck *m*, **-s, Eindrücke** wrażenie *n*; odcisk, ślad *m*; **einen guten ~ auf jmdn machen** robić na kimś dobre wrażenie

eineinhalb *num* półtora, *zob.* **anderthalb**

einerseits *adv* z jednej strony

einfach *adj, adv* zwyczajn-y/ie, prosty, po prostu; **ein ~er Mensch** zwyczajny człowiek

einfädeln *vt* (*h*) nawlekać; **die Nadel ~** nawlekać igłę; *przen.* ukartować, uknuć (**eine Intrige** intrygę); **sich ~** *vr* (*h*) włączać się do ruchu

einfahren (fährt ein, fuhr ein, eingefahren) *vi* (*s*)

wjeżdżać; **der Zug fährt ein** pociąg wjeżdża; *vt* (*h*) zwozić; **Getreide ~** zwozić zboże

Einfamilienhaus *n*, **-es, -häuser** dom jednorodzinny

Einfluss *m*, **Einflusses, Einflüsse** wpływ *m* (*t. przen.*); **einen ~ auf etw. haben** mieć na coś wpływ

einfrieren (friert ein, fror ein, eingefroren) *vi* (*s*) zamarzać; *vt* (*h*) zamrażać; **Fleisch ~** zamrozić mięso

Einfuhr *f*, **-, -en** wwóz *m*, przywóz *m*, import *m*

einführen *vt* (*h*) wprowadzać; importować

Eingabe *f*, **-, -n** podanie *n*, petycja *f*; **eine ~ an jmdn richten** skierować do kogoś petycję

Eingang *m*, **-s, Eingänge** wejście *m*; **~ verboten!** wstęp wzbroniony

Eingangstür *f*, **-, -en** drzwi wejściowe

eingeben (gibt ein, gab ein, eingegeben) *vt* (*h*) wprowadzać; **Daten in den Computer ~** wprowadzać dane do komputera

eingebildet *adj* zarozumiały

Eingeborene(r) *m*, **-n, -n** krajowiec *m*, tubylec *m*, autochton *m*

eingehen (geht ein, ging ein, eingegangen) *vi* (*s*) wpłynąć (*np. o podaniu*); zamierać; bankrutować; wnikać; **der Brief ist eingegangen** nadszedł list; **in den Sinn ~** wnikać w sens; **die Firma geht ein** firma upada; **auf etw. ~** godzić się na coś; wnikać w sens czegoś; *vt* (s) przystawać, zgadzać się; **ein Risiko ~** podjąć ryzyko

eingießen (gießt ein, goss ein, eingegossen) *vt* (*h*) wlewać, nalewać; **Wein in die Gläser ~** nalać wina do kieliszków

einheimisch *adj* miejscowy, rodzimy; **~e Waren** krajowe towary

Einheimische(r) *m*, **-n, -n** krajowiec *m*, tubylec *m*

Einheit *f*, **-, -en** jedność *f*; jednostka *f*

einheitlich *adj, adv* jednolit-y/cie
einholen *vt (h)* dogonić; zasięgnąć; **jmds Rat ~** zasięgnąć czyjejś rady
einig *adj* zgodny; **über etw. ~ werden** zgodzić się co do czegoś
einige *pron pl* kilka; kilku; **~ Wochen** kilka tygodni; **~ von uns** niektórzy z nas
einigen, sich *vr (h)* godzić się, uzgadniać; **sich über den Preis ~** uzgadniać cenę
einigermaßen *adv* w pewnej mierze, poniekąd; **wir sind ~ einverstanden** poniekąd się zgadzamy
Einigung *f*, **-, -en** uzgadnianie *n*; (z)jednoczenie *n*; **die politische ~** polityczne jednoczenie się
einjagen *vt (h) przen.* napędzać; **jmdm Angst ~** napędzić komuś strachu
Einkauf *m*, **-(e)s, Einkäufe** zakup *m*, kupno *n*; **Einkäufe machen** robić zakupy
einkaufen *vt (h)* kupować, robić zakupy; **~ gehen** iść na zakupy
Einkaufsnetz *n*, **-es, -e** siatka na zakupy
Einklang *m*, **-(e)s, Einklänge** zgoda *f*, harmonia *f*; **etw. in ~ bringen** uzgodnić, zharmonizować coś
Einkommen *n*, **-s, -** dochód *m*; **ein gutes ~** dobry dochód
einladen (lädt ein, lud ein, eingeladen) *vt (h)* zapraszać; ładować
Einladung *f*, **-, -en** zaproszenie *n*; załadowanie *n*
Einlage *f*, **-, -n** wkładka *f*; *bank.* wkład *m*
einlassen (lässt ein, ließ ein, eingelassen) *vt (h)* wpuszczać; **sich ~** *vr (h)* wdawać się **(auf etw.** w coś); **sich mit jmdm ~** zadawać się z kimś
einlaufen (läuft ein, lief ein, eingelaufen) *vi (s)* wpływać; nadchodzić; zbiegać się; **die Bluse ist eingelaufen** bluzka zbiegła się

Einleitung *f*, **-**, **-en** wprowadzenie *n*; wstęp *m*

einlösen *vt* (*h*) wykupić; dotrzymać; **ein Pfand ~** wykupić fant; **ein Versprechen ~** dotrzymać obietnicy

Einmaleins *n*, **-** *pot.* tabliczka mnożenia

einmischen *vt* (*h*) domieszać; **sich ~** *vr* (*h*) wtrącać się (**in etw.** do czegoś)

Einnahmequelle *f*, **-**, **-n** źródło dochodów

einnehmen (nimmt ein, nahm ein, eingenommen) *vt* (*h*) utargować, ściągać, pobierać; *med.* zażywać; **Steuern ~** pobierać podatki; **Tabletten ~** zażywać tabletki; **einen Platz ~** zająć miejsce; **einen Standpunkt ~** zająć stanowisko (w jakiejś sprawie)

einpacken *vt* (*h*) (za)pakować

einrahmen *vt* (*h*) oprawiać w ramy

einreisen *vi* (*s*) wjeżdżać; **nach Deutschland illegal ~** wjechać do Niemiec nielegalnie

Einreisevisum *n*, **-s**, **-visen** wiza wjazdowa

einrenken *vt* (*h*) *med.* nastawić; **den Arm ~** nastawić rękę

einrichten *vt* (*h*) urządzać; **die Wohnung ~** urządzać mieszkanie; **sich ~** *vr* (*h*) urządzać się (*np. w mieszkaniu*)

Einrichtung *f*, **-**, **-en** urządzenie *n* (*zwł. stałe*)

einrühren *vt* (*h*) wymieszać, rozrobić; **Sahne in die Suppe ~** zaprawić zupę śmietaną

Eins *f*, **-**, **-en** jedynka *f*

eins *num* (*bez rzeczownika*) jeden, jedno; **~ plus ~** jeden dodać jeden; **wir sind uns ~** jesteśmy tego samego zdania

einsam *adj, adv* samotn-y/ie; odludn-y/ie; **ich fühle mich ~** czuję się samotny

Einsamkeit *f*, **-** samotność *f*

Einsatz *m*, **-es**, **Einsätze** wstawka *f*; zaangażowanie *n*; użycie *n*; stawka *f* (*w grze*); **ein ~ aus Seide** wstawka z jedwabiu

einschalten *vt* (*h*) włączać (**das Licht** światło); **sich ~** *vr* (*h*) włączyć się; **sich in die Diskussion ~** włączyć się do dyskusji

einschätzen *vt* (*h*) ocenić, oszacować; **den Wert des Hauses ~** ocenić wartość domu

einschiffen *vt* (*h*) załadować na statek; **Waren ~** ładować towary; **sich ~** *vr* (*h*) zaokrętować się

einschlafen (schläft ein, schlief ein, eingeschlafen) *vi* (*s*) zasnąć; zdrętwieć; **das Bein ist (mir) eingeschlafen** noga mi zdrętwiała

einschlagen (schlägt ein, schlug ein, eingeschlagen) *vt* (*h*) wbijać; obierać (**einen Weg** drogę); **das Fenster ~** wybić okno; **ein Buch in Papier ~** obłożyć książkę w papier; *vi* (*h*) uderzyć (*o piorunie*)

einschlägig *adj* odnośny; **die ~en Vorschriften** odnośne przepisy

einschließen (schließt ein, schloss ein, eingeschlossen) *vt* (*h*) zamykać; otaczać; obejmować; **die Bedienung ist im Preis eingeschlossen** cena obejmuje także obsługę

einschließlich *adv* (w)łącznie; **~ aller Unkosten** łącznie ze wszystkimi kosztami własnymi

einschlummern *vi* (*s*) zdrzemnąć się

einschränken *vt* (*h*) ograniczać; **die Ausgaben ~** ograniczać wydatki

Einschreibebrief *m*, **-(e)s, -e** list polecony

einschreiben (schreibt ein, schrieb ein, eingeschrieben) *vt* (*h*) wpisywać; zapisywać (**jmdn** kogoś); **seinen Namen in eine Liste ~** wpisać swoje nazwisko na listę; **einen Brief ~ lassen** nadać list polecony

einsehen (sieht ein, sah ein, eingesehen) *vt* (*h*)

zaglądać, przeglądać; pojmować; **seinen Irrtum ~** uznać swoją pomyłkę

einseitig *adj, adv* jednostronn-y/ie

einsetzen *vt* (*h*) wstawiać, wprawiać (**Scheiben <Zähne>** szyby <zęby>); stosować; **neue Mittel ~** zastosować nowe środki; **sich ~** *vr* (*h*) wstawiać się (**für jmdn <etw.>** za kimś <za czymś>)

einsperren *vt* (*h*) zamykać; **jmdn im <ins> Gefängnis ~** zamknąć kogoś w więzieniu

Einspritzung *f*, **-**, **-en** wstrzyknięcie *n*, zastrzyk *m*

einst *adv* niegdyś, kiedyś (*w przeszłości bądź w przyszłości*); **du wirst es noch ~ bereuen** będziesz jeszcze kiedyś tego żałował

einstecken *vt* (*h*) wtykać; **Geld in die Brieftasche ~** włożyć pieniądze do portfela

einsteigen (steigt ein, stieg ein, eingestiegen) *vi* (*s*) wsiadać; wchodzić; **in den Zug ~** wsiąść do pociągu

einstellen *vt* (*h*) zatrudniać; nastawiać; wstrzymywać; **neue Lehrer ~** zatrudnić nowych nauczycieli; **sich ~** *vr* (*h*) pojawiać się; nastawiać się (**auf etw.** na coś)

einstimmig *adj, adv* jednogłośn-y/ie

Einteilung *f*, **-**, **-en** podział *m*

Eintracht *f*, **-** zgoda *f*; **in ~ miteinander leben** żyć ze sobą w zgodzie

eintragen (trägt ein, trug ein, eingetragen) *vt* (*h*) wpisywać, nanosić; **in eine Liste ~** wpisać na listę; *ekon.* przynosić (**Gewinn** zysk)

eintreten (tritt ein, trat ein, eingetreten) *vi* (*s*) wchodzić; wstępować; zaistnieć; ujmować się (**für jmdn** za kimś); **ins Zimmer ~** wejść do pokoju

Eintritt *m*, **-(e)s**, **-e** wejście *n*, wstęp *m*; **~ frei** wstęp wolny; *przen.* **bei ~ des Winters** z nadejściem zimy

einverstanden *adv* zgoda!; **ich bin ~** zgadzam się

einwandfrei *adj, adv* nienagann-y/ie; bez zarzutu

Einwegflasche *f*, **-**, **-n** butelka jednorazowa

einweichen *vt* (*h*) namoczyć; **Wäsche <Erbsen> ~** namoczyć pranie <groch>

einweihen *vt* (*h*) poświęcić (**eine neue Kirche** nowy kościół); wtajemniczyć (**jmdn in etw.** kogoś w coś)

Einweisung *f*, **-**, **-en** wprowadzenie *n*; wtajemniczenie *n*

einwickeln *vt* (*h*) zawijać (**in etw.** w coś)

einwilligen *vi* (*h*) zgadzać się (**in etw.** na coś); **in einen Vorschlag ~** zgodzić się na propozycję

Einwilligung *f*, **-**, **-en** zezwolenie *n*, zgoda *f*; **~ zur Scheidung** zgoda na rozwód

einwirken *vi* (*h*) wpłynąć (**auf jmdn <etw.>** na kogoś <na coś>)

Einwohner *m*, **-s**, **-** mieszkaniec *m*

einzahlen *vt* (*h*) wpłacać; **Geld auf das Konto ~** wpłacać pieniądze na konto

Einzahlung *f*, **-**, **-en** wpłata *f*

Einzelheit *f*, **-**, **-en** szczegół *m*; **etw. in ~en erzählen** opowiedzieć coś szczegółowo

einzeln *adj, adv* pojedyn-cz-y/o, osobn-y/o; **~ einpacken** pakować osobno; **jeder Einzelne** każdy z osobna

Einzelstück *n*, **-(e)s**, **-** pojedynczy egzemplarz

Einzelverkauf *m*, **-s** sprzedaż detaliczna

Einzelzimmer *n*, **-s**, **-** pokój jednoosobowy

einziehen (zieht ein, zog ein, eingezogen) *vt* (*h*) nawlekać; zwijać; ściągać (**Schulden <Steuern>** długi <podatki>); *vi* (*s*) wprowadzać się (**in eine neue Wohnung** do nowego mieszkania)

einzig *adj, adv* jedyn-y/ie; **kein ~er** żaden; **~**

und allein jedynie; **das ist das Richtige** to jedynie słuszne
Einzimmerwohnung *f*, **-**, **-en** mieszkanie jednopokojowe
Eis *n*, **-es** lód *m*; lody *pl*; **aufs ~ gehen** iść na ślizgawkę; **~ essen** jeść lody
Eisbahn *f*, **-**, **-en** lodowisko *n*, ślizgawka *f*
Eisbein *n*, **-s** *kulin.* golonka *f*
Eisen *n*, **-s**, **-** żelazo *n*; **hart wie ~** twardy jak żelazo
Eisenbahn *f*, **-** kolej żelazna
Eisenbahner *m*, **-s**, **-** kolejarz *m*
Eisenbahnstrecke *f*, **-**, **-n** tor kolejowy
Eisenerz *n*, **-es**, **-e** ruda żelaza
Eisenhütte *f*, **-**, **-n** huta żelaza
eisern *adj* żelazny; **~er Wille** niezłomna wola
Eisglätte *f*, **-**, **-n** gołoledź *f*
Eishockey *n*, **-s** hokej na lodzie; **~ spielen** grać w hokeja
eiskalt *adj* zimny jak lód; *adv* bardzo zimno; **es ist ~** jest bardzo zimno
Eiskunstlauf *m*, **-(e)s** łyżwiarstwo figurowe
Eislauf *m*, **-(e)s** łyżwiarstwo *n*
Eisscholle *f*, **-**, **-n** kra *f*
Eiter *m*, **-s** *med.* ropa *f*
Eiterbeule *f*, **-**, **-n** ropień *m*
Eiweiß *n*, **-es**, **-e** białko *n* (jajka)
Ekel *m*, **-s** wstręt *m*; **~ vor jmdm <etw.> empfinden** odczuwać wstręt do kogoś <do czegoś>
ekelhaft *adj, adv* obrzydliw-y/ie, wstrętn-y/ie
elastisch *adj, adv* elastyczn-y/ie, spręży-sty/ście
Elefant *m*, **-en**, **-en** słoń *m*
elegant *adj, adv* eleganck-i/o
Elektriker *m*, **-s**, **-** elektryk *m*
elektrisch *adj* elektryczny; **~e Spannung** napięcie elektryczne; **~e Heizung** ogrzewanie elektryczne

Elektrizität *f*, **-**, **-en** elektryczność *f*
Elektrizitätswerk *n*, **-(e)s**, **-e** elektrownia *f*
Elektron *n*, **-s**, **-en** elektron *m*
Elektronik *f*, **-** elektronika *f*
elektronisch *adj*, *adv* elektroniczn-y/ie
Element *n*, **-(e)s**, **-e** element *m*, część składowa; żywioł *m* (*np. ogień*); **radikale <kriminelle> ~e** elementy radykalne <kryminalne>; *chem.* pierwiastek *m*; **chemische ~e** pierwiastki chemiczne
elend *adj*, *adv* nędzn-y/ie, marn-y/ie; **ein ~es Haus** nędzny dom; **~es Essen** marne jedzenie
Elend *n*, **-(e)s** nędza *f*, bieda *f*, ubóstwo *n*; **im ~ leben** żyć w nędzy
elf *num* jedenaście
Elf *m*, **-en**, **-en** (*w mitologii*) elf *m*
Elfenbein *n*, **-(e)s** kość słoniowa
Elfer *m*, **-s**, **-** *sport, pot.* jedenastka *f* (*rzut karny*)
eliminieren *vt* (*h*) eliminować, usuwać; *sport* **den Gegner ~** wyeliminować przeciwnika
Ellbogen, **Ellenbogen** *m*, **-s**, **-** łokieć *m*
Eltern *pl* rodzice *pl*
E-Mail *f*, **-**, **-s** e-mail *m*
Emaille *f*, **-**, **-n** emalia *f*
Embargo *n*, **-s**, **-s** embargo *n*; **ein ~ verhängen** nałożyć embargo
Embryo *m*, **-s**, **Embryonen** embrion *m*, zarodek *m*
Emigrant *m*, **-en**, **-en** emigrant *m*
emigrieren *vi* (*s*) emigrować
emittieren *vt* (*h*) wydzielać; emitować; **schädliche Stoffe ~** wydzielać szkodliwe substancje; **Wertpapiere ~** emitować papiery wartościowe
Empfang *m*, **-(e)s**, **Empfänge** przyjęcie *n*; powitanie *n*; odbiór *m*; **einen ~ für jmdn geben** wydać dla kogoś przyjęcie; **etw. in ~ nehmen** otrzymać coś; przyjąć coś; **einen guten ~ haben** mieć dobry od-

biór (*radiowy, telewizyjny*)
Empfänger *m*, **-s, -** odbiorca *m*; adresat *m*
empfängnisverhütend *adj* antykoncepcyjny; **~e Mittel** środki antykoncepcyjne
empfehlen (empfiehlt, empfahl, empfohlen) *vt* (*h*) polecać, zalecać; rekomendować; (**jmdn** kogoś); **es empfiehlt sich** zaleca <radzi> się
empfinden (empfindet, empfand, empfunden) *vt* (*h*) odczuwać, postrzegać; **Angst ~** odczuwać strach
empfindlich *adj* wrażliwy (*fizycznie i psychicznie*); **gegen etw. ~ sein** być na coś wrażliwym; *adv* dotkliwie, boleśnie; **jmdn ~ treffen** urazić kogoś boleśnie
empfindsam *adj* wrażliwy; czułostkowy
empören *vt* (*h*) oburzać (**jmdn** kogoś); **sich ~** *vr* (*h*) oburzać się (**über etw.** z powodu czegoś)
Empörung *f*, **-** oburzenie *n*
Ende *n*, **-s, -n** koniec *m*; **~ Januar** w końcu stycznia; **am ~ des Jahres** pod koniec roku; **zu ~ sein** skończyć się
enden *vi* (*h*) kończyć się
endgültig *adj, adv* ostateczn-y/ie; **der ~e Termin** ostateczny termin
Endhaltestelle *f*, **-, -n** przystanek końcowy
endlich *adv* nareszcie, wreszcie; **mach ~ Schluss damit** skończ z tym wreszcie
Endspurt *m*, **-s, -s** *sport* finisz *m*; zryw *m*; **der letzte ~** ostatni zryw
Energie *f*, **-, -n** energia *f*; **voller ~ sein** być pełnym energii
energisch *adj, adv* energiczn-y/ie
eng *adj, adv* ciasn-y/o, wąsk-i/o; **zu ~** za wąski; **in ~en Beziehungen** w ścisłym kontakcie
engagieren *vt* (*h*) angażować (**jmdn** kogoś); **sich ~** *vr* (*h*) angażować się (**in eine Sache** w jakąś sprawę)

Engel *m*, **-s**, **-** anioł *m*
Engländer *m*, **-s**, **-** Anglik *m*
Engländerin *f*, **-**, **-nen** Angielka *f*
englisch *adj* angielski; *adv* po angielsku; **das ~e Frühstück** angielskie śniadanie (*jajecznica z bekonem*)
Engpass *m*, **-passes**, **-pässe** przełęcz *f*, przesmyk *m*; *ekon.* wąskie gardło
Enkel *m*, **-s**, **-** wnuk *m*
Enkelin *f*, **-**, **-nen** wnuczka *f*
Entartung *f*, **-**, **-en** zwyrodnienie *n*, wynaturzenie *n*
entbehren *vt* (*h*) obejść się (**etw.** bez czegoś); znosić wyrzeczenia; **etw. nicht ~ können** nie móc obejść się bez czegoś
entbehrlich *adj, adv* zbędn-y/ie, zbyteczn-y/ie
entdecken *vt* (*h*) odkrywać; wykrywać; **neue Länder ~** odkrywać nowe kraje
Ente *f*, **-**, **-n** kaczka *f*
entfachen *vt* (*h*) rozniecać, wzniecać (**Feuer** ogień)
entfallen (entfällt, entfiel, entfallen) *vi* (*s*) wypaść z pamięci; nie wchodzić w grę; przypadać (**auf jedermann** na każdego)
entfalten *vt* (*h*) rozwijać (*materiał, talent*)
entfernen *vt* (*h*) usuwać; oddalać (**von etwas** z <od> czegoś); **einen Fleck ~** wywabić plamę; **sich ~** *vr* (*h*) oddalać się
entfernt *adj, adv* odległy/le, dalek-i/o; **weit ~** bardzo daleko
Entfernung *f*, **-**, **-en** odległość *f*
Entfettungskur *f*, **-**, **-en** kuracja odchudzająca
entführen *vt* (*h*) uprowadzić (**jmdn <etw.>** kogoś <coś>)
Entführer *m*, **-s**, **-** porywacz *m*
entgegengesetzt *adj* przeciwny, odwrotny; **~e Ansichten** przeciwstawne poglądy
entgegenkommen (kommt entgegen, kam entgegen,

entgegengekommen) *vi* (*s*) nadchodzić z przeciwka; wyjść naprzeciw (**jmdm** komuś); *przen.* pójść na rękę; **wir kommen Ihrer Bitte entgegen** przychylamy się do pańskiej <państwa> prośby

Entgegenkommen *n*, **-s** przychylność *f*; uprzejmość *f*

entgegenstellen *vt* (*h*) przeciwstawiać

Entgelt *n*, **-(e)s** opłata *f*; rekompensata *f*; **gegen <ohne> ~** za opłatą <darmo>

enthalten (enthält, enthielt, enthalten) *vt* (*h*) zawierać; **sich ~** *vr* (*h*) powstrzymywać się (**der Kritik** od krytyki)

enthaltsam *adj, adv* wstrzemięźliw-y/ie, umiarkowan-y/ie

entheben (enthebt, enthob, enthoben) *vt* (*h*) zwalniać; **jmdn einer Funktionen ~** zwolnić kogoś z jakiejś funkcji

entlang *praep* wzdłuż; **das Ufer ~** wzdłuż brzegu; *adv* **am Weg ~** wzdłuż drogi

entlassen (entlässt, entließ, entlassen) *vt* (*h*) zwalniać (kogoś); **jmdn aus dem Gefängnis ~** zwolnić kogoś z więzienia

entleeren *vt* (*h*) opróżniać

entrüsten *vt* (*h*) oburzać (**jmdn** kogoś); **sich ~** *vr* (*h*) oburzać się (**über etw.** czymś)

Entrüstung *f*, **-** oburzenie *n*

Entschädigung *f*, **-**, **-en** odszkodowanie *n*; **eine ~ beanspruchen** żądać odszkodowania

entscheiden (entscheidet, entschied, entschieden) *vt* (*h*) rozstrzygać (**einen Streit** spór); *vi* (*h*) decydować (**über etw.** o czymś) **sich ~** *vr* (*h*) decydować się (**für etw.** na coś)

entscheidend *adj*, *adv* decydując-y/o, rozstrzygając-y/o

Entscheidung *f*, **-**, **-en** decyzja *f*

entschlossen *adj* zdecydowany (**zu etw.** na coś)
Entschluss *m*, **Entschlusses, Entschlüsse** postanowienie *n*, decyzja *f*
entschuldigen *vt* (*h*) usprawiedliwiać (**jmdn <etw.> mit etw.** kogoś <coś> czymś); **sich ~** *vr* (*h*) usprawiedliwiać się (**bei jmdm für etw.** przed kimś z powodu czegoś); **~ Sie bitte!** przepraszam pana <panią>!
Entschuldigung *f*, **-, -en** usprawiedliwienie *n*; wybaczenie *n*; **jmdn um ~ bitten** prosić kogoś o wybaczenie
Entseuchung *f*, **-, -en** odkażanie *n*, dezynfekcja *f*
entspannen *vt* (*h*) odprężać, rozluźniać; **sich ~** *vr* (*h*) odprężać się
entsprechen (entspricht, entsprach, entsprochen) *vi* (*h*) odpowiadać (*czemuś*); **den Vorstellungen ~** odpowiadać wyobrażeniom
entsprechend *adj, adv* odpowiedn-i/o; **eine ~e Gelegenheit** odpowiednia okazja
entstehen (entsteht, entstand, entstanden) *vi* (*s*) powstawać; **es ist ein Missverständnis entstanden** wyniknęło nieporozumienie
Entstehung *f*, **-** powstanie *n*, tworzenie się *n*; początek *m*
enttäuschen *vt* (*h*) rozczarować, zawieść (**jmdn** kogoś)
Enttäuschung *f*, **-, -en** rozczarowanie *n*, zawód *m*
entwerten *vt* (*h*) kasować; dewaluować
Entwerter *m*, **-s, -** kasownik *m*
entwickeln *vt* (*h*) rozwijać; **eine Tätigkeit ~** rozwijać działalność; *fot.* wywołać (**einen Film** film); **sich ~** *vr* (*h*) rozwijać się
Entwicklung *f*, **-, -en** rozwój *m*
Entwurf *m*, **-(e)s, Entwürfe** projekt *m*, szkic *m*
entzücken *vt* (*h*) zachwycać (**jmdn** kogoś)

entzückend *adj, adv* zachwycając-y/o

Entzündung *f*, **-**, **-en** zapalenie *n* (**Lungenentzündung** zapalenie płuc)

Enzyklopädie *f*, **-**, **-n** encyklopedia *f*

Epidemie *f*, **-**, **-n** epidemia *f*, zaraza *f*; *zob.* **Seuche**

Epoche *f*, **-**, **-n** epoka *f*

er *pron* on

erbarmen *vt* (*h*) budzić litość; **sich ~** *vr* (*h*) litować się (**jmds** nad kimś)

erbärmlich *adj, adv* żało-sny/śnie, nędzn-y/ie; **er sieht ~ aus** (on) wygląda żałośnie <biednie>

Erbe[1] *n*, **-s** spadek *m*; **das väterliche <mütterliche, elterliche> ~** spadek po ojcu <matce, rodzicach>

Erbe[2] *m*, **-n**, **-n** spadkobierca *m*

erben *vt* (*h*) (o)dziedziczyć (**etw. von jmdm** coś po kimś)

erblich *adj, adv* dziedzicz-n-y/ie; **~ belastet** obciążony dziedzicznie

erblicken *vt* (*h*) spostrzegać, zobaczyć

erbrechen (erbricht, erbrach, erbrochen) *vt* (*h*) otwierać (*siłą*), wyłamać; **sich ~** *vr* (*h*) wymiotować

Erbsen *pl* groch *m*; **grüne ~** zielony groszek

Erbsensuppe *f*, **-**, **-n** zupa grochowa

Erdbeben *n*, **-s**, **-** trzęsienie ziemi

Erdbeere *f*, **-**, **-n** truskawka *f*

Erde *f*, **-**, **-n** ziemia *f*

erdenken (erdenkt, erdachte, erdacht) *vt* (*h*) wymyślać; zmyślać; **einen Plan ~** wymyślić plan

Erdgas *n*, **-es**, **-e** gaz ziemny

Erdgeschoss *n*, **-geschosses**, **-geschosse** parter *m*

Erdkruste *f*, **-** skorupa ziemska

Erdkugel *f*, **-** kula ziemska

Erdöl *n*, **-s** ropa naftowa

erdrosseln *vt* (*h*) udusić, zadusić (przez dławienie)

Erdung *f*, **-**, **-en** uziemienie *n*
ereignen, sich *vr* (*h*) wydarzyć się, zdarzyć się
Ereignis *n*, **- Ereignisses, Ereignisse** wydarzenie *n*, zdarzenie *n*; **die Ereignisse überstürzen sich** wydarzenia <wypadki> następują jedno po drugim
erfahren (erfährt, erfuhr, erfahren) *vt* (*h*) dowiadywać się; doświadczać
Erfahrung *f*, **-**, **-en** doświadczenie *n*, praktyka *f*; **aus eigener ~** z własnego doświadczenia
erfinden (erfindet, erfand, erfunden) *vt* (*h*) wynaleźć (**etw.** coś); zmyślić (**etw.** coś)
Erfindung *f*, **-**, **-en** wynalazek *m*; wymysł *m*; **eine reine ~** czysty wymysł
Erfolg *m*, **-(e)s**, **-e** sukces *m*; **einen ~ erzielen** osiągnąć sukces
erfolglos *adj, adv* bezskuteczn-y/ie
erfoderlich *adj* konieczny, wymagany
Erforschung *f*, **-** badanie *n*; **die ~ der Ursachen** badanie przyczyn
erfreuen *vt* (*h*) (u)cieszyć, uradować (**jmdn mit etw.** kogoś czymś); **sich ~** *vr* (*h*) cieszyć się (**an einer Sache** czymś)
erfrieren (erfriert, erfror, erfroren) *vi* (*s*) zamarznąć; **sich ~** *vr* (*h*) odmrozić sobie (**etw.** coś); **er hat sich die Nase erfroren** odmroził sobie nos
Erfrierung *f*, **-**, **-en** odmrożenie *n*
erfrischen *vt* (*h*) odświeżać; **ich möchte mich ~** chciałbym się odświeżyć
Erfrischung *f*, **-**, **-en** orzeźwienie *n*, odświeżenie *n*
Erfrischungsgetränk *n*, **-(e)s**, **-e** napój chłodzący <orzeźwiający>
erfüllen *vt* (*h*) spełniać (**Wünsche** życzenia); wykonywać; wypełniać (**Aufgaben** zadania); **sich ~** *vr* (*h*) spełniać się (*o czymś*)
ergänzen *vt* (*h*) uzupełniać; **Lücken ~** uzupełniać luki

ergeben (ergibt, ergab, ergeben) *vt* (*h*) wynosić (*o kosztach*); dać podstawę (*do czegoś*); **die Kosten ~** koszty wynoszą; **die Untersuchung hat ergeben, dass...** badanie wykazało, że...; **sich ~** *vr* (*h*) wynikać, okazywać się

Ergebnis *n*, **Ergebnisses, Ergebnisse** wynik *m*, skutek *m*; **ein ~ erzielen** osiągnąć skutek

ergiebig *adj, adv* wydajn-y/ie, intratn-y/ie; **eine ~e Diskussion** owocna dyskusja

ergreifen (ergreift, ergriff, ergriffen) *vt* (*h*) chwytać; ujmować, wzruszać; **von einer Sache Besitz ~** wziąć coś w posiadanie; **das Wort ~** dojść do głosu

erhalten (erhält, erhielt, erhalten) *vt* (*h*) otrzymywać (**eine Nachricht** wiadomość); **sich ~** *vr* (*h*) zachować się, przetrwać

erhängen *vt* (*h*) powiesić (**jmdn** kogoś); **sich ~** *vr* (*h*) powiesić się

erheben (erhebt, erhob, erhoben) *vt* (*h*) unosić (**die Hand** rękę); wznosić (**das Glas** toast); pobierać (**Steuern** podatki); **sich ~** *vr* (*h*) podnosić się; zrywać się (*rów. np. o wietrze*)

erheblich *adj, adv* ważn-y/ie, znaczn-y/ie

erhoffen *vt* (*h*) spodziewać się; oczekiwać (**etw.** czegoś)

erhöhen *vt* (*h*) podwyższać; **die Löhne ~** podwyższać płace

Erhöhung *f*, **-, -en** podwyższenie *n*

erholen, sich *vr* (*h*) odpoczywać, wypoczywać; **sich von etw. ~** odprężyć się, dojść do siebie po czymś

Erholung *f*, **-, -en** odpoczynek *m*, odprężenie *n*

erinnern *vt* (*h*) przypominać (**jmdn an etw.** komuś o czymś); **sich ~** *vr* (*h*) przypominać sobie (**an jmdn <an etw.>** o kimś <o czymś>)

Erinnerung *f*, -, **-en** wspomnienie *n*; **jmdn in guter ~ behalten** zachować kogoś w życzliwej pamięci; **zur ~** na pamiątkę

erkälten, sich *vr* (*h*) przeziębić się

Erkältung *f*, -, **-en** przeziębienie *n*

erkennen (erkennt, erkannte, erkannt) *vt* (*h*) rozpoznawać; uznawać; **an etwas ~** rozpoznać po czymś

Erkenntnis *f*, -, **Erkenntnisse** wiedza *f*; poznanie *n*; **zur ~ kommen** zrozumieć, przekonać się

erklären *vt* (*h*) tłumaczyć, wyjaśniać (**jmdm etw.** komuś coś); ogłaszać; **jmdn für tot ~** uznać kogoś za zmarłego; **sich ~** *vr* (*h*) opowiadać się

Erklärung *f*, -, **-en** wyjaśnienie *n*; oświadczenie *n*; **eine ~ abgeben** składać oświadczenie

erkranken *vi* (*s*) zachorować (**an etw.** na coś)

erkundigen, sich *vr* (*h*) dowiadywać się; **sich nach jmdm <nach etw.> ~** dowiadywać się o kogoś <o coś>

erlauben *vt* (*h*) pozwalać (**jmdm etw.** komuś na coś); **~ Sie** proszę pozwolić; **es ist nicht erlaubt** nie wolno

Erlaubnis *f*, -, **Erlaubnisse** pozwolenie *n*, zezwolenie *n*; **jmdm die ~ erteilen** udzielić komuś pozwolenia

erlaubt *adj* dozwolony

erläutern *vt* (*h*) wyjaśniać (**jmdm etw.** coś komuś)

Erläuterung *f*, -, **-en** wyjaśnienie *n*, objaśnienie *n*

erleben *vt* (*h*) przeżywać (**etw.** coś); doświadczać (**etw.** czegoś)

Erlebnis *n*, **Erlebnisses, Erlebnisse** przeżycie *n*; przygoda *f*

erledigen *vt* (*h*) załatwiać; **einige Angelegenheiten ~** załatwić kilka spraw

erleichtern *vt* (*h*) ułatwiać (**jmdm etw.** coś komuś)

erleiden (erleidet, erlitt, erlitten) *vt* (*h*) ponosić; **einen Schaden <einen Verlust> ~** ponieść szkodę <stratę>

erlöschen (erlischt/erlöscht, erlosch, erloschen) *vi* (*s*) gasnąć, wygasać; **das Feuer erlischt** ogień gaśnie

Ermäßigung *f*, **-**, **-en** zniżka *f* (*o opłatach*); **mit <ohne> ~** ze zniżką <bez zniżki>

ermöglichen *vt* (*h*) umożliwiać (**jmdm etw.** komuś coś)

ermorden *vt* (*h*) zamordować (**jmdn** kogoś)

ermüden *vt* (*h*) męczyć (**jmdn** kogoś); *vi* (*s*) zmęczyć się

Ermüdung *f*, **-** zmęczenie *n*, znużenie *n*

ermuntern *vt* (*h*) zachęcać (**jmdn zu etw.** kogoś do czegoś)

ermutigen *vt* (*h*) dodawać odwagi (**jmdn** komuś)

ernähren *vt* (*h*) odżywiać; wyżywić

Ernährung *f*, **-**, wyżywienie *n*

ernennen (ernennt, ernannte, ernannt) *vt* (*h*) mianować; **jmdn zum Chef ~** mianować kogoś szefem

Ernennung *f*, **-**, **-en** nominacja *f*

erneuern *vt* (*h*) ponawiać, wznawiać; odnawiać; **die Zusammenarbeit ~** wznowić współpracę

ernst *adj, adv* poważn-y/ie; **jmdn ~ nehmen** traktować kogoś poważnie

Ernst *m*, **-es** powaga *f*; **im ~?** poważnie?

Ernte *f*, **-**, **-n** żniwo *n*, zbiór *m*, plon *n*; **eine gute ~** urodzaj

Erntedankfest *n*, **-es** dożynki *pl*

ernten *vt* (*h*) zbierać plon

erobern *vt* (*h*) zdobywać, podbijać; *przen.* **jmds Herz ~** zdobyć <podbić> czyjeś serce

eröffnen *vt* (*h*) otwierać, inaugurować; *bank.* **ein Konto ~** otworzyć konto

Eröffnung *f*, **-**, **-en** (uroczyste) otwarcie *n*

erotisch *adj* erotyczny

erpressen *vt* (*h*) szantażować (**jmdn mit etw.** kogoś czymś); **von jmdm etw. ~** wymuszać coś od kogoś

erproben *vt* (*h*) wypróbowywać; (**eine neue Technik** nową technikę)

erraten (errät, erriet, erraten) *vt* (*h*) zgadywać, odgadywać

erregen *vt* (*h*) podniecać (**jmdn** kogoś); **Mitleid <Angst> ~** wzbudzać współczucie <strach>

erreichbar *adj* osiągalny; **~e Ziele** osiągalne cele

erreichen *vt* (*h*) (do)sięgać (**jmdn <etw.>** kogoś <czegoś>); osiągać (**das Ziel** cel); dotrzeć (do czegoś), zastać (*kogoś*); **einen Ort ~** dotrzeć do jakiejś miejscowości

Ersatzrad *n*, **-es**, **-räder** koło zapasowe

Ersatzteil *n*, **-(e)s**, **-e** część zapasowa

erscheinen (erscheint, erschien, erschienen) *vi* (*s*) pojawiać się, zjawiać się; ukazywać się (*o prasie, o książkach*)

Erscheinung *f*, **-**, **-en** zjawisko *n*; **in ~ treten** pojawiać się (o rzeczach)

erschöpfen *vt* (*h*) wyczerpać; **diese Anstrengungen haben mich erschöpft** czuję się wyczerpany po trudach

erschrecken[1] *vt* (*h*) wystraszyć (**jmdn** kogoś)

erschrecken[2] **(erschrickt, erschrak, erschrocken)** *vi* (*s*) przerazić się, przestraszyć się (**vor jmdm** kogoś, **über etw.** czegoś)

erschreckend *adj, adv* przerażając-y/o; **er ist ~ langweilig** on jest przerażająco nudny

erschüttern *vt* (*h*) wstrząsnąć (**jmdn** kimś)

Erschütterung *f*, **-**, **-en** wstrząs *m*, szok *m*

ersetzen *vt* (*h*) zastępować (coś); naprawić (**den Schaden** szkodę)

ersichtlich *adj* widoczny; **~e Gründe** widoczne przyczyny

erst *adv* najpierw; dopiero; **~ dann** dopiero wówczas; **~ jetzt** dopiero teraz

erstaunlich *adj, adv* zdumiewając-y/o, zadziwiając-y/o

erstaunt *adj* zdziwiony, zdumiony; **über etw. ~ sein** być zdziwionym czymś

erste *num* pierwszy (*z rodzajnikiem określonym*); **im ~en Stock** na pierwszym piętrze; **~ns** po pierwsze

ersticken *vi* (*s*) udusić się; *vt* (*h*) udusić; stłumić (*por.* **erdrosseln**)

Erstling *m*, **-s**, **-e** pierwsze dziecko; nowalijka *f*

erteilen *vt* (*h*): (*w zwrotach*) **jmdm Auskunft ~** udzielić komuś informacji; **einen Befehl ~** wydać rozkaz

Ertrag *m*, **-(e)s**, **Erträge** plon *m*; dochód *m*

ertränken *vt* (*h*) (u)topić (**jmdn** kogoś); **sich ~** *vr* (*h*) utopić się (*o samobójcy*)

erübrigen *vt* (*h*) zaoszczędzić, odłożyć (**Geld** pieniądze); **sich ~** *vr* (*h*) być zbędnym

erwachsen *adj* dorosły; **ich habe zwei ~e Söhne** mam dwóch dorosłych synów

erwägen (erwägt, erwog, erwogen) *vt* (*h*) rozważać, uwzględniać; **Vor- und Nachteile ~** rozważyć wady i zalety

erwähnen *vt* (*h*) wspomnieć, napomknąć (**jmdn <etw.>** o kimś <o czymś>)

erwärmen *vt* (*h*) ogrzać (**jmdn <etw.>** kogoś <coś>)

erwarten *vt* (*h*) oczekiwać (**jmdn <etw.>** kogoś <czegoś>)

erwecken *vt* (*h*) wzbudzać (**in jmdm etw.** w kimś coś)

erweisen (erweist, erwies, erwiesen) *vt* (*h*) dowieść, wykazać; wyświadczyć (**einen Dienst** przysługę); **es ist erwiesen, dass...** udowodniono, że...; **sich ~** *vr* (*h*) okazać się; **es hat sich erwiesen** okazało się

erweitern *vt* (*h*) powiększać, poszerzać; *przen.* **sein Wissen ~** poszerzyć swoją wiedzę

erwerben (erwirbt, erwarb, erworben) *vt* (*h*) nabywać; zdobywać, pozyskiwać (**jmds Vertrauen** czyjeś zaufanie); **ein Haus ~** nabyć dom

erwidern *vt* (*h*) odwzajemniać (**Gefühle** uczucia); odpowiadać; **er erwiderte, dass...** odpowiedział, że...

erwischen *vt* (*h*) *pot.* złapać (**jmdn <etw.>** kogoś <coś>); **jmdn auf frischer Tat ~** przyłapać kogoś na gorącym uczynku

Erz *n*, **-es**, **-e** ruda *f*, kruszec *m*

erzählen *vt* (*h*) opowiadać (**jmdm etw.** komuś coś; **von etw.** o czymś)

Erzählung *f*, **-**, **-en** opowiadanie *n*

erzeugen *vt* (*h*) wytwarzać, wyrabiać; **Produkte ~** wytwarzać produkty

Erzeugnis *n*, **Erzeugnisses, Erzeugnisse** produkt *m*, wyrób *m*

erziehen (erzieht, erzog, erzogen) *vt* (*h*) wychowywać (**jmdn** kogoś)

Erziehung *f*, **-** wychowanie *n*

erzielen *vt* (*h*) osiągać, uzyskiwać; **einen Erfolg ~** osiągnąć sukces

es *pron* ono, to; **es regnet** pada (deszcz); **es freut mich** to mnie cieszy

Esel *m*, **-s**, **-** osioł *m*

essbar *adj* jadalny

Essbesteck *n*, **-(e)s**, **-e** sztućce *pl*

Esszimmer *n*, **-s**, **-** pokój jadalny

essen (isst, aß, gegessen) *vt* (*h*) jeść; **zu Mittag <Abend> ~** jeść obiad <kolację>

Essen *n*, **-s** jedzenie *n*

Essig *m*, **-s**, **(-e)** ocet *m*

Esslöffel *m*, **-s**, **-** łyżka *f* (stołowa)

estnisch *adj* estoński; *adv* po estońsku

Ęstrich *m*, **-s**, **-e** posadzka *f*
Etage *f*, **-**, **-n** piętro *n*; **in der ersten ~** na pierwszym piętrze
Etąppe *f*, **-**, **-n** etap *m*
ethisch *adj* etyczny
Etikętt *n*, **-(e)s**, **-en** etykiet(k)a *f*, nalepka *f* (*na towarach, butelkach*)
Etikętte *f*, **-** etykieta *f*, ceremoniał *m*
Etui *n*, **-s**, **-s** etui *n*
ętwa *adv* mniej więcej, około
ętwas *pron* coś; trochę; **~ anderes** co innego; **so ~!** coś takiego!
euer *pron* wasz
Eule *f*, **-**, **-n** sowa *f*
Euro *m*, **-(s)**, **-(s)** euro *n*
Europäer *m*, **-s**, **-** Europejczyk *m*
europäisch *adj* europejski; *adv* po europejsku
evakuieren *vt* (*h*) ewakuować
evangelisch *adj* ewangelicki; **~e Kirche** kościół ewangelicki
Evangelium *n*, **-s**, **- Evangelien** ewangelia *f*
eventuęll *adj, adv* ewentualn-y/ie; **~er Termin** ewentualny termin
Ewigkeit *f*, **-**, **-en** wieczność *f*; **das dauert eine ~** to trwa bardzo długo
Examen *n*, **-s**, **-** egzamin *m*
Exemplar *n*, **-s**, **-e** egzemplarz *m*
Exil *n*, **-s**, **(-e)** wygnanie *n*; **ins ~ gehen** emigrować
Existęnz *f*, **-**, **-en** egzystencja *f*, byt *m*
existieren *vi* (*h*) istnieć; żyć
exotisch *adj* egzotyczny
Experimęnt *n*, **-(e)s**, **-e** eksperyment *m*
experimentęll *adj, adv* eksperymentaln-y/ie
Expęrte *m*, **-n**, **-n** ekspert *m*, rzeczoznawca *m*
explodieren *vi* (*s*) eksplodować
Explosion *f*, **-**, **-en** eksplozja *f*, wybuch *m*
Export *m*, **-(e)s**, **-e** eksport *m*, wywóz *m*
exportieren *vt* (*h*) eksportować
Expręss *m*, **Expresses**, **Expresse** ekspres *m*, pociąg pospieszny

extra *adv, adj* dodatkow-o/y, osobn-o/y; specjaln-ie/y; **~ bezahlen** płacić dodatkowo; **ein ~ Kleid** specjalna kreacja
extrem *adj* ekstremalny

F

Fabel *f*, **-**, **-n** bajka *f*; fabuła *f*
fabelhaft *adj, adv* bajeczn-y/ie
Fabrik *f*, **-**, **-en** fabryka *f*
Fabrikanlage *f*, **-**, **-en** fabryka z przyległościami
Fach *n*, **-(e)s**, **Fächer** półka *f*; przegródka *f*; fach *m*, zawód *m*
Facharbeiter *m*, **-s**, **-** robotnik wykwalifikowany
Facharzt *m*, **-es**, **Fachärzte** lekarz specjalista
Fachmann *m*, **-s**, **Fachleute** specjalista *m*, fachowiec *m*; **~ auf einem Gebiet sein** być specjalistą w pewnej dziedzinie
fachmännisch *adj, adv* fachow-y/o
fade *adj, adv* mdł-y/o, bez smaku (*rów. przen.*)
Faden *m*, **-s**, **Fäden** nić *f*, nitka *f*; *przen.* **keinen guten ~ an jmdm lassen** nie zostawić na kimś suchej nitki
fahnden *vi* (*h*) ścigać (**nach jmdm <etw.>** kogoś <coś>)
Fahne *f*, **-**, **-n** chorągiew *f*, chorągiewka *f*, sztandar *m*
Fahrbahn *f*, **-**, **-en** jezdnia *f*, pas ruchu
Fähre *f*, **-**, **-n** prom *m*
fahren (fährt, fuhr, gefahren) *vi* (*s*) jeździć; jechać; **Auto ~** jeździć samochodem; **aufs Land ~** pojechać na wieś; *vt* (*h*) wieźć (**jmdn zum Bahnhof ~** kogoś na dworzec); **mit dem Schiff ~** płynąć statkiem
Fahrer *m*, **-s**, **-** kierowca *m*
Fahrgast *m*, **-es**, **-gäste** pasażer *m*
Fahrkarte *f*, **-**, **-n** bilet *m*

(*na przejazd*); *zob.* **Fahrschein**

fahrlässig *adj, adv* niedba-ły/le, opiesza-ły/le

Fahrplan *m*, **-s, -pläne** rozkład jazdy

fahrplanmäßig *adj* zgodny z rozkładem jazdy

Fahrrad *m*, **-(e)s, -räder** rower *m*

Fahrschein *m*, **-(e)s, -e** bilet *m* (*na przejazd*); *zob.* **Fahrkarte**

Fahrstuhl *m*, **-s, Fahrstühle** winda *f*

Fahrt *f*, **-, -en** jazda *f*; podróż *f*; **freie ~** bezpłatna podróż, wolna droga; **gute ~!** szczęśliwej podróży!

Fahrzeug *n*, **-(e)s, -e** pojazd *m*

fair *adj, adv* uczciw-y/ie, lojaln-y/ie, fair

Fakultät *f*, **-, -en** wydział *m* (*na uniwersytecie*)

fakultativ *adj* fakultatywny, dowolny

Fall *m*, **-s, Fälle** upadek *m*, spadek *m*; przypadek *m*; **zu ~ bringen** doprowadzić do upadku; **der ~ der Preise** spadek cen; **auf jeden ~** na wszelki wypadek; **auf keinen ~** w żadnym wypadku

Falle *f*, **-, -n** pułapka *f*; **~n stellen** zastawiać pułapki

fallen (fällt, fiel, gefallen) *vi* (*s*) upadać; opadać; przypadać; **die Temperatur fällt** temperatura spada; **sein Namenstag fällt auf einen Sonntag** jego imieniny przypadają w niedzielę; **~ lassen** upuścić (**etw.** coś)

Fälligkeitstermin *m*, **-s, -e** termin płatności

falls *conj* jeśli, gdyby, w razie; **~ es uns gelingt...** jeśli nam się uda

Fallschirm *m*, **-(e)s, -e** spadochron *m*

falsch *adj, adv* błędn-y/ie, niewłaściw-y/ie; **~e Geldscheine** fałszywe banknoty; *adv* źle; **~ verbunden** pomyłka (*o połączeniu telefonicznym*)

fälschen *vt* (*h*) fałszować, podrabiać; **Geld ~** sfałszować pieniądze

Falte *f*, **-, -n** fałda *f*; zmar-

szczka *f*; **~n im Gesicht** zmarszczki na twarzy
Familie *f*, **-**, **-n** rodzina *f*
Familienmitglied *n*, **-(e)s**, **-er** członek rodziny
Familienname *m*, **-ns**, **-n** nazwisko *n*
Familienstand *m*, **-(e)s** stan cywilny
Familienzulage *f*, **-**, **-n** dodatek rodzinny
Fan *m*, **-s**, **-s** fan *m*, miłośnik *m*, entuzjasta *m*
Fanatiker *m*, **-s**, **-** fanatyk *m*
fangen (fängt, fing, gefangen) *vt* (*h*) łapać, chwytać; **einen Dieb ~** łapać złodzieja; **sich ~** *vr* (*h*) złapać się (**in einer Falle** w pułapkę)
Fangfrage *f*, **-**, **-n** podchwytliwe pytanie
Farbe *f*, **-**, **-n** kolor *m*, barwa *f*
färben *vt* (*h*) farbować; **sich das Haar ~** farbować sobie włosy
Farbfernsehen *n*, **-s**, **-** telewizja kolorowa
farbig *adj* kolorowy
Farbstoff *m*, **-(e)s**, **-e** barwnik *m*
Farm *f*, **-**, **-en** farma *f*
Fasan *m*, **-(e)s**, **-e** bażant *m*
Fasching *m*, **-s**, **-e** karnawał *m*
fassen *vt* (*h*) chwytać; pojmować, rozumieć; **bei der Hand ~** wziąć za rękę; *przen.* **einen Entschluss ~** podjąć decyzję; **das kann ich nicht ~** nie mogę tego pojąć; **sich ~** *vr* (*h*) opanować się; **sich kurz ~** streszczać się
Fassung *f*, **-**, **-en** wersja *f*; opanowanie *n*; **jmdn aus der ~ bringen** wyprowadzić kogoś z równowagi; **mit ~** z fasonem
Fassungsvermögen *n*, **-s**, **-** pojemność *f*; pojętność *f*
fast *adv* prawie, nieomal
fasten *vi* (*h*) pościć
Fastnachtsdienstag *m*, **-s**, **-e** ostatki *pl*, zapusty *pl* (*przed środą popielcową*)
Fastzeit *f*, **-** post *m*
fatal *adj* fatalny
faul *adj* zgniły; leniwy;

an der Sache ist etw. ~ ta sprawa jest podejrzana

Faulenzer *m*, **-s, -** leń *m*

Faust *f*, **-, - Fäuste** pięść *f*; *przen.* **etw. auf eigene ~ tun** robić coś na własną rękę

Fax *n*, **-, -e** faks *m*

Februar *m*, **-s** luty *m*

Fechtkunst *f*, **-** szermierka *f*

Feder *f*, **-, -n** pióro *n*; sprężyna *f*; resor *m*

Federball *m*, **-s, -bälle** lotka *f* (*do badmintona*)

Federballspiel *n*, **(e)s, -e** badminton *m*

Federung *f*, **-, -en** *techn.* resorowanie *n*

fehlen *vi* (*h*) brakować; **wer fehlt?** kogo nie ma?; *pot.* **fehlt dir was?** czy coś ci dolega?; *pot.* **mir fehlt an Zeit** brak mi czasu

Fehler *m*, **-s, -** błąd *m*; wada *f*; **einen ~ machen** popełnić błąd

fehlerfrei *adj, adv* bezbłędn-y/ie

Fehlgeburt *f*, **-, -en** poronienie *n*

Fehlschlag *m*, **-s, -schläge** niepowodzenie *n*, fiasko *n*

Feier *f*, **-, -n** uroczystość *f*, zabawa *f*

feierlich *adj* uroczysty

feiern *vt* (*h*) obchodzić (uroczyście); **den Geburtstag ~** obchodzić urodziny; *vi* (*h*) świętować

Feiertag *m*, **-(e)s, -e** święto *n*, uroczystość *f*

Feigling *m*, **-s, -e** tchórz *m*

Feile *f*, **-, -n** pilnik *m*

feilschen *vi* (*h*) targować się (**mit jmdm um etw.** z kimś o coś)

fein *adj* cienki, delikatny; subtelny

Feind *m*, **-es, -e** wróg *m*

feindlich *adj, adv* wrog-i/o

Feinkostgeschäft *n*, **-(e)s, -e** delikatesy *pl* (*sklep*)

Feld *n*, **-(e)s, -er** pole *n*; **das ~ bebauen** uprawiać pole; *przen.* **das ~ räumen** ustępować pola

Felge *f*, **-, -n** *techn.* felga *f*, obręcz *f* (koła)

Fels *m*, **-(e)s, -en** skała *f*

Fenster *n*, **-s, -** okno *n*;

aus dem ~ sehen wyglądać przez okno

Fensterbrett *n*, **-(e)s, -bretter** parapet *m*

Fensterladen *m*, **-s, -läden** okiennica *f*; **Fensterläden aufschlagen** otworzyć okiennice

Ferien *pl* ferie *pl*

Ferienlager *n*, **-s, -** obóz wakacyjny, kolonie *pl*

fern *adj* daleki; **in ~er Zukunft** w dalekiej przyszłości

ferner *adv* następnie; dalej

Ferngespräch *n*, **-s, -e** rozmowa międzymiastowa <międzynarodowa>

ferngesteuert *adj* zdalnie kierowany <sterowany>

Fernglas *n*, **-es, -gläser** lornetka *f*

Fernlicht *n*, **-es, -er** *mot.* światła długie

Fernmeldewesen *n*, **-s** telekomunikacja *f*

Fernsehapparat *m*, **-(e)s, -e** telewizor *m*

Fernsehen *n*, **-s** telewizja *f*

fernsehen (sieht fern, sah fern, ferngesehen) *vi* (*h*) oglądać telewizję

Fernseher *m*, **-s, -** telewizor *m*

Fernsehserie *f*, **-, -n** serial telewizyjny

Fernsehzuschauer *m*, **-s, -** telewidz *m*

Fernsprecher *m*, **-s, -** automat telefoniczny

Ferse *f*, **-, -n** pięta *f*; *przen.* **jmdm auf den ~n sein** deptać komuś po piętach

Fertigkeit *f*, **-, -n** sprawność *f*, wprawa *f*, biegłość *f*

fest *adj, adv* mocn-y/o; trwa-ły/le, stały/na stałe; **einen ~en Charakter haben** mieć mocny charakter; **~ versprechen** solennie obiecać

Fest *n*, **-(e)s, -e** święto *n*; uroczystość *f*; **frohes ~!** Wesołych Świąt!

festhalten (hält fest, hielt fest, festgehalten) *vt* (*h*) trzymać mocno; zatrzymać; **jmdn am Arm ~** trzymać kogoś mocno za ramię <rękę>; *przen.* **an seiner Meinung ~** ob-

stawać przy swoim zdaniu
festlich *adj* uroczysty, świąteczny; **~e Kleidung** świąteczne ubranie
festmachen *vt* (*h*) mocować, przytwierdzać; *pot.* ustalać (**den Termin** termin)
Festplatte *f*, **-**, **-n** twardy dysk (*w komputerze*)
festsetzen *vt* (*h*) ustalać
Festspiele *pl* festiwal *m*
feststellen *vt* (*h*) stwierdzać, ustalać; **die Todesursache ~** stwierdzić przyczynę śmierci
Festung *f*, **-**, **-en** twierdza *f*
Fett *n*, **-(e)s**, **(-e)** tłuszcz *m*
fett *adj* tłusty; **~er Käse** tłusty ser
Fettauge *n*, **-s**, **-n** oko w rosole
feucht *adj* wilgotny
Feuer *n*, **-s**, **-** ogień *m*
feuerfest *adj* żaroodporny
Feuerlöscher *m*, **-s**, **-** gaśnica *f*
Feuerwehr *f*, **-**, **-en** straż pożarna
Feuerwehrmann *m*, **-s**, **-männer** strażak *m*
Feuerwerk *n*, **-(e)s**, **-e** fajerwerki *pl*, sztuczne ognie
Feuerzeug *n*, **-(e)s**, **-e** zapalniczka *f*
Fiasko *n*, **-s**, **-s** fiasko *n*, niepowodzenie *n*
Fichte *f*, **-**, **-n** świerk *m*
Fieber *n*, **-s** gorączka *f*; **~ haben** mieć gorączkę
Figur *f*, **-**, **-en** postać *f*; figura *f*; **eine gute ~ haben** mieć dobrą figurę
fiktiv *adj* fikcyjny, zmyślo-ny
Film *m*, **-(e)s**, **-e** film *m*
Filmstar *m*, **-s**, **-s** gwiazdor filmowy
Filter *m*, *n*, **-s**, **-** filtr *m*
filtern *vt* (*h*) filtrować
Filzstift *m*, **-(e)s**, **-e** flamaster *m*, mazak *m*
Finale *n*, **-s**, **-/-s** *sport* finał *m*; **ins ~ kommen** dojść do finału
Finanzamt *n*, **-(e)s**, **-ämter** urząd skarbowy
finanziell *adj* finansowy; **jmdn ~ unterstützen** wesprzeć kogoś finansowo
finden (findet, fand, gefunden) *vt* (*h*) znajdo-

wać; uznawać; **Verwendung ~** mieć zastosowanie; **nach Hause ~** trafić do domu; **komisch ~** uznawać za komiczne; **wie ~ Sie das?** co pan/pani o tym sądzi?

Fịnger *m*, **-s, -** palec *m*

Fịngerabdruck *m*, **-(e)s, -abdrücke** odcisk palca

Fingernagel *m*, **-s, -nägel** paznokieć *m* (*u rąk*)

fịnster *adj* ciemny, mroczny; **~ werden** ściemnia się

Fịrma *f*, **-, Firmen** firma *f*

Fịsch *m*, **-(e)s, -e** ryba *f*; *przen.* **ein dicker ~** gruba ryba

fịschen *vt* (*h*) łowić ryby

Fịscher *m*, **-s, -** rybak *m*

Fịskus *m*, **-** skarb państwa

Fịtnesscenter *n*, **-s** studio odnowy biologicznej; siłownia *f*

flạch *adj, adv* płask-i/o; płytk-i/o (*np. o rzece*); **ein ~es Gespräch** banalna rozmowa

Flạ̈che *f*, **-, -n** powierzchnia *f*, płaszczyzna *f*

Flạchland *n*, **-es** *geogr.* równina *f*

Flạchs *m*, **-es** *bot.* len *m* (*roślina*)

Flạgge *f*, **-, -n** flaga *f*, bandera *f*

Flạmme *f*, **-, -n** płomień *m*

Flanẹll *m*, **-s, -e** flanela *f*

Flạsche *f*, **-, -n** butelka *f*; **eine ~ Wein** butelka wina

Flẹck(en) *m*, **-(e)s, -e** plama *f*; **einen ~ entfernen** usuwać plamę

Flẹckenentferner *m*, **-s, -** wywabiacz plam

Flegel *m*, **-s, -** gbur *m*; cham *m*

flehen *vi* (*h*) błagać (**um etw.** o coś)

Fleisch *n*, **-(e)s** mięso *n*; **frisches <gebratenes> ~** świeże <smażone> mięso

Fleischbrühe *f*, **-, -n** rosół *m*

Fleischer *m*, **-s, -** rzeźnik *m*

Fleischkonserve *f*, **-, -n** konserwa mięsna

Fleischwolf *m*, **-(e)s, -wölfe** maszynka do (mielenia) mięsa

fleißig *adj* pracowity, pilny; *adv* pracowicie, pilnie; **ein ~er Schüler** pracowity <pilny> uczeń

Flicken *m*, **-s, -** łata *f*, łatka *f*

flicken *vt* (*h*) łatać; **eine Hose ~** łatać spodnie

Flieder *m*, **-s, -** *bot.* bez *m*

Fliege *f*, **-, -n** mucha *f*

fliegen (fliegt, flog, geflogen) *vi* (*s*) latać; fruwać; **nach Kanada ~** lecieć do Kanady

Flieger *m*, **-s, -** lotnik *m*

fliehen (flieht, floh, geflohen) *vi* (*s*) uciekać; **aus dem Gefängnis ~** zbiec z więzienia

Fliese *f*, **-, -n** płyta *f*, płytka *f* (*na ścianę lub podłogę*)

Fließband *n*, **-(e)s, -bänder** taśma montażowa

fließen (fließt, floss, geflossen) *vi* (*s*) płynąć

fließend *adj, adv* płynn-y/ie; **er spricht ~ Deutsch** on mówi płynnie po niemiecku

flimmern *vt* (*h*) migotać, migać

Flirt *m*, **-s, -s** flirt *m*

Flitterwochen *pl* miesiąc miodowy

Floh *m*, **-(e)s, Flöhe** pchła *f*

Flohmarkt *m*, **-(e)s, -märkte** pchli targ

Flöte *f*, **-, -n** flet *m*

Flotte *f*, **-, -n** flota *f*; **die deutsche ~** flota niemiecka

fluchen *vt* (*h*) kląć, przeklinać (**über<auf> jmdn <etw.>** kogoś <coś>)

Flucht *f*, **- , -en** ucieczka *f*

flüchten *vi* (*s*) uciekać

flüchtig *adj, adv* przelotn-y/ie, pobieżn-y/ie

Flüchtling *m*, **-s, -e** zbieg *m*, uchodźca *m*

Flug *m*, **-(e)s, Flüge** lot *m*; **der ~ nach Paris** lot do Paryża

Flugblatt *n*, **-(e)s, -blätter** ulotka *f*

Flügel *m*, **-s, -** skrzydło *n*; *muz.* fortepian *m*

Fluggast *m*, **-es, -gäste** pasażer samolotu

Flughafen *m*, **-s, -häfen** lotnisko *n*

Fluglinie *f*, **-, -n** linia lotnicza

Flugverkehr *m*, **-es, -** komunikacja lotnicza

Flugzeug *n*, **-(e)s, -e** samolot *m*

Flugzeughalle *f*, **-, -n** hangar *m*

Flunder *f*, **-, -n** *zool.* flądra *f*

Flur *m*, **-(e)s, -e** korytarz *m*, sień *f*

Fluss *m*, **Flusses, Flüsse** rzeka *f*

flüssig *adj* płynny, ciekły

Flüssigkeit *f*, **-, -en** płyn *m*, ciecz *f*

flüstern *vt* (*h*) szeptać, szepnąć

föderal *adj* związkowy, federalny

Föhre *f*, **-, -n** *reg.* sosna *f*; *zob.* **Kiefer**[1]

Folge *f*, **-, -n** skutek *m*, następstwo *n*; seria *f*; **in einer ~** jednym ciągiem; **etw. zur ~ haben** spowodować coś

folgen *vi* (*s*) iść, podążać (**jmdm<etw.>** za kimś <czymś>); wynikać (**aus etw.** z czegoś); **jmdm ~ können** rozumieć czyjeś wywody

folgend *adj* następujący; następny; **~er Beweis** następujący dowód

folgendermaßen *adv* następująco, w następujący sposób

Folie *f*, **-, -n** folia *f*

Folklore *f*, **-** folklor *m*

foltern *vt* (*h*) torturować, katować (**jmdn** kogoś)

Fön *m*, **-s, -e** suszarka do włosów

Fonds *m*, **-, -** fundusz *m*; **wir haben einen ~ gebildet** utworzyliśmy fundusz

fordern *vt* (*h*) domagać się, żądać (**von jmdm etw.** czegoś od kogoś)

fördern *vt* (*h*) transportować, przenosić; popierać

Forderung *f*, **-, -en** żądanie *n*; roszczenia *pl*; **eine ~ an jmdn stellen** stawiać wobec kogoś żądanie

Förderung *f*, **-, -en** popieranie *n*; przenoszenie *n*

Forelle *f*, **-, -n** pstrąg *m*

Form *f*, **-, -en** postać *f*, kształt *m*, forma *f*

formal *adj, adv* formaln-y/ie

Format *n*, **-(e)s, -e** format *m*, rozmiar *m*

Formel *f*, **-, -n** formuła *f*, wzór *m*

formen *vt* (*h*) kształtować, formować

Formular *n*, **-s, -e** formularz *m*, blankiet *m*; **ein ~ ausfüllen** wypełnić formularz

Forschung *f*, **-, -en** badania (naukowe); **in ~ und Praxis** w teorii i w praktyce

Forst *m*, **-es, -e** las *m* (*jako obiekt działalności gospodarczej*)

Forstwirtschaft *f*, **-, (-en)** gospodarka leśna

fort *adv* (*w zwrotach*) **er ist schon ~** on już poszedł; **und so ~** i tak dalej

fortgeschritten *adj* zaawansowany; **~ im Englisch sein** być zaawansowanym w angielskim

Fortschritt *m*, **(e), -e, -s** postęp *m*; **~e machen** robić postępy

fortsetzen *vt* (*h*) kontynuować

Fortsetzung *f*, **-, -en** kontynuacja *f*, ciąg dalszy; **die ~ der Debatte** ciąg dalszy debaty

fortwährend *adj, adv* ustawiczn-y/ie

Forum *n*, **-s, Foren** forum *n*; **vor einem ~ sprechen** mówić do zebranych

Foto, Photo *n*, **-s, -s** zdjęcie *n*

Fotoapparat *m*, **-s, -e** aparat fotograficzny

Fotograf *m*, **-en, -en** fotograf *m*

Fotografie *f*, **-, -n** fotografia *f*

fotografieren *vt* (*h*) fotografować, robić zdjęcia

Frage *f*, **-, -n** pytanie *n*, zapytanie *n*; problem *m*; **eine ~ stellen** zapytać, postawić pytanie; **etw. in ~ stellen** podać w wątpliwość; **das kommt nicht in ~** to nie wchodzi w rachubę

Fragebogen *m*, **-s, -bögen** ankieta *f*, kwestionariusz *m*

fragen *vt* (*h*) pytać (**jmdn nach etw.** kogoś o coś); **um Rat ~** prosić o radę; **ohne zu ~** nie pytając się

Fragezeichen *n*, **-s**, **-** znak zapytania

fraglich *adj, adv* niepewn-y/ie, wątpliw-y/ie

Franzose *m*, **-n**, **-n** Francuz *m*

Französin *f*, **-**, **-nen** Francuzka *f*

französisch *adj* francuski; *adv* po francusku **~e Mode** francuska moda

Frau *f*, **-**, **-en** kobieta *f*; pani *f*; **~ Müller** pani Müller

Frauenarzt *m*, **-es**, **-ärzte** ginekolog *m*, lekarz chorób kobiecych

Frauenzeitschrift *f*, **-**, **-en** pismo kobiece

Fräulein *n*, **-s**, **-** panna *f*

frech *adj* bezczelny

frei *adj* wolny, uwolniony (**von etw.** od czegoś); **ein ~es Land** wolny kraj; **ein ~es Zimmer** wolny <nie zajęty> pokój; **Eintritt ~** wstęp wolny; **~ von Sorgen** wolny od zmartwień; **~ ab achtzehn Jahre** dozwolony od 18 lat

Freiheit *f*, **-**, **-en** wolność *f*; swoboda *f*

Freiheitsstrafe *f*, **-**, **-n** *prawn.* kara pozbawienia wolności

freilassen (lässt frei, ließ frei, freigelassen) *vt* (*h*) zwolnić, wypuścić na wolność

freilich *adv* naturalnie, oczywiście

Freilichtmuseum *n*, **-s**, **-museen** skansen *m*

freisprechen (spricht frei, sprach frei, freigesprochen) *vt* (*h*) *prawn.* uniewinnić (**jmdn von etw.** kogoś od czegoś)

Freitag *m*, **-s**, **-e** piątek *m*

freiwillig *adj, adv* dobrowoln-y/ie

Freizeit *f*, **-en** czas wolny

fremd *adj* obcy; **~e Länder** obce kraje

Fremde(r) *m*, **-n**, **-n** obcy *m*, cudzoziemiec *m*

Fremdenführer *m*, **-s**, **-** przewodnik *m* (*osoba*)

Fremdsprache *f*, **-**, **-n** język obcy

Fresse *f*, **-**, **-n** *pej.* morda *f*, pysk *m*

fressen (frisst, fraß, gefressen) *vt* (*h*) (*o zwierzętach*) żreć; jeść nad miarę

Fresser *m*, **-s**, **-** żarłok *m*

Freude *f*, **-**, **-n** radość *f*; **~ an etw. haben** cieszyć się z czegoś

freuen *vt* (*h*) cieszyć (**jmdn** kogoś); **sich ~** *vr* (*h*) (u)cieszyć się; **sich über <auf> etw. ~** cieszyć się z czegoś <na coś>

Freund *m*, **-es**, **-e** przyjaciel *m*; *pot.* **wir sind dicke ~e** jesteśmy dobrymi <starymi> przyjaciółmi

Freundin *f*, **-**, **-nen** przyjaciółka *f*

freundlich *adj, adv* serdeczn-y/ie, przyjemn-y/ie; uprzejm-y/ie; **~ empfangen** przyjąć serdecznie

Freundschaft *f*, **-**, **-en** przyjaźń *f*; **mit jmdm ~ schließen** zaprzyjaźnić się z kimś

Frieden *m*, **-s**, **-** *rel.* **Friede** *m*, **-ns** pokój *m*; spokój *m*; **lass mich in ~** zostaw mnie w spokoju

Friedensvertrag *m*, **-(e)s**, **-verträge** traktat pokojowy

Friedhof *m*, **-s**, **-höfe** cmentarz *m*

frieren (friert, fror, gefroren) *vi* (*h*) marznąć; **mich friert** zimno mi; **es friert** mróz bierze

frisch *adj, adv* śwież-y/o; **~e Brötchen** świeże bułki; **~ gestrichen** świeżo malowane

Frisör, Friseur *m*, **-s**, **-e** fryzjer *m*

Frisöse *f*, **-**, **-n, Frisörin, Friseurin** fryzjerka *f*

Frist *f*, **-**, **-en** termin *m*

fristgemäß *adj* terminowy; **~e Lieferung** terminowa dostawa

Frisur *f*, **-**, **-en** fryzura *f*

frivol *adj, adv* frywoln-y/ie

froh *adj* zadowolony (**über etw.** z czegoś); **~es Fest!** Wesołych Świąt!

fröhlich *adj, adv* rado-sny/śnie, pogodn-y/ie;

~es Lied wesoła piosenka

Fronleichnamsfest, Fronleichnam *n*, **-es, (-e)** Boże Ciało

Frosch *m*, **-es, Frösche** żaba *f*

Frost *m*, **-es, Fröste** mróz *m*

frostig *adj* mroźny; **ein ~er Tag** mroźny dzień

Frottiertuch, Frotteetuch *n*, **-(e)s, -tücher** ręcznik frotowy

Frucht *f*, **-, Früchte** *bot.* owoc *m*; **Früchte tragen** owocować

fruchtlos *adj* bezowocny (*zw. przen.*)

frustriert *adj* sfrustrowany

früh *adj, adv* wczesn-y/ie; **am ~en Morgen** wczesnym rankiem

früher *adv* wcześniej; dawniej

Frühgemüse *n*, **-s** nowalijki *pl*

Frühling *m*, **-s, -e** wiosna *f*

Frühstück *n*, **-s, -e** śniadanie *n*; **das ~ zubereiten** przygotowywać śniadanie

frühstücken *vi* (*h*) jeść śniadanie

frühzeitig *adj* wczesny

Fuchs *m*, **-es, Füchse** lis *m*; **schlau wie ein ~** chytry jak lis

fuchsrot *adj* rudy (jak lis)

fühlen *vt* (*h*) czuć, odczuwać; **jmdm den Puls ~** badać komuś puls; **sich ~** *vr* (*h*) czuć się; **sich schlecht <gut> ~** czuć się źle <dobrze>

führen *vt* (*h*) prowadzić (**jmdn <etw.>** kogoś <coś>); **an der Leine ~** prowadzić na smyczy; **einen Betrieb ~** kierować przedsiębiorstwem; **den Vorsitz ~** przewodniczyć; *vi* (*h*) *sport* prowadzić, przodować; **er führt** on prowadzi

führend *adj* przodujący

Führer *m*, **-s, -** przewodnik *m*; kierowca *m*; przywódca *m*

Führerschein *m*, **-s, -e** prawo jazdy

Fuhrwerk *n*, **-(e)s, -e** wóz *m*, furmanka *f*

füllen *vt* (*h*) napełniać **(mit etw.** czymś)
Füller *m*, **-s, -** pióro wieczne
Fundament *n*, **-s, -e** fundament *m*; podstawa *f*; **ein ~ legen** kłaść fundament
Fundbüro *n*, **-s, -s** biuro rzeczy znalezionych
fünf *num* pięć
fünfhundert *num* pięćset
fünfzehn *num* piętnaście
fünfzig *num* pięćdziesiąt
Funke *m*, **-ns, -n** iskra *f*
Funktelefon *n*, **-s, -e** telefon komórkowy; *zob.* **Handy** *n*
Funktion *f*, **-, -en** funkcja *f*; **eine wichtige ~ ausüben** pełnić ważną funkcję
funktionieren *vi* (*h*) funkcjonować, działać
für *praep* dla; zamiast; za; **das ist ~ dich** to (jest) dla ciebie; **~ etw. bezahlen** zapłacić za coś; **~ jmdn arbeiten** pracować za <dla> kogoś; **~ immer** na zawsze; **Tag ~ Tag** dzień w dzień; **jmdn ~ reich halten** uważać kogoś za bogatego
Furcht *f*, **-** strach *m*, lęk *m*; **aus ~ vor jmdm <vor etw.>** ze strachu przed kimś <przed czymś>
furchtbar *adj, adv* straszn-y/ie, okropn-y/ie
Fürst *m*, **-en, -en** książę *m*
Fuß *m*, **-es, Füße** stopa *f*; **zu ~ gehen** iść pieszo; **auf großem ~(e) leben** żyć na wysokiej stopie
Fußball *m*, **-s, -bälle** piłka nożna; **~ spielen** grać w piłkę nożną
Fußballspiel *n*, **-s, -e** mecz piłki nożnej
Fußballspieler *m*, **-s, -** piłkarz *m*
Fußboden *m*, **-s, Fußböden** podłoga *f*
Fußbodenbelag *m*, **-s, -beläge** wykładzina podłogowa
Fußgänger *m*, **-s, -** pieszy *m*
Fußgängerübergang *m*, **-(e)s, -übergänge** przejście dla pieszych
Fußgängerweg *m*, **-(e)s, -e** droga dla pieszych

Fußmatte *f*, **-**, **-n** wycieraczka *f*
Futter *n*, **-s**, **-** pasza *f*; podszewka *f*
Futteral *n*, **-s**, **-e** futerał *m*
füttern *vt* (*h*) karmić; podszyć podszewkę

G

Gabe *f*, **-**, **-n** dar *m*, podarek *m*; talent *m*
Gabel *f*, **-**, **-n** widelec *m*; widły *pl*; widełki *pl* (*w telefonie*)
Gabelung *f*, **-**, **-en** rozwidlenie *n*
gaffen *vi* (*h*) gapić się
Galavorstellung *f*, **-**, **-en** przedstawienie galowe
Galerie *f*, **-**, **-n** galeria *f*
Galle *f*, **-**, **-n** żółć *f*
Game-show *f*, **-**, **-s** teleturniej *m*
Gang *m*, **-(e)s**, **Gänge** chód *m*; korytarz *m*; *kulin.* danie *n*; *techn.* bieg *m*; **der erste ~** pierwszy bieg; **etw. in ~ bringen <setzen>** wprawić coś w ruch; **alles geht seinen ~** wszystko idzie swoim trybem
Gans *f*, **-**, **Gänse** gęś *f*
ganz *adj* cały; **den ~en Tag** cały dzień; **mit ~er Kraft** z całej siły; *adv* całkiem, zupełnie; **~ einfach** całkiem prosto
Ganze *n*, **-n** całość *f*, wszystko *n*; **aufs ~ gehen** iść na całość
gar *adv* wcale, w ogóle; zupełnie; *adj* gotowy; **~ nichts** absolutnie nic; **ganz und ~** całkiem
Garage *f*, **-**, **-n** garaż *m*
Garantie *f*, **-**, **-n** gwarancja *f*; **die ~ auf ein Bügeleisen** gwarancja na żelazko
Garderobe *f*, **-**, **-n** garderoba *f*, szatnia *f*
Gardine *f*, **-**, **-n** firanka *f*
Garten *m*, **-s**, **Gärten** ogród *m*
Gartenlaube *f*, **-**, **-n** altan(k)a *f*
Gärtner *m*, **-s**, **-** ogrodnik *m*
Gas *n*, **-es**, **-e** gaz *m*

Gasflasche *f*, **-**, **-n** butla gazowa
Gasherd *m*, **-(e)s**, **-e** kuchnia <kuchenka> gazowa
Gast *m*, **-(e)s**, **Gäste** gość *m*; **zu ~sein** być w gościnie
Gastarbeiter *m*, **-s**, **-** robotnik cudzoziemski
Gastfreundschaft *f*, **-**, **-en** gościnność *f*
Gastgeber *m*, **-s**, **-** gospodarz *m*
Gasthaus *n*, **-es**, **-häuser** zajazd *m*
Gastspiel *n*, **-s**, **-e** gościnny występ
Gaststätte *f*, **-**, **-n** restauracja *f*
Gaszähler *m*, **-s**, **-** licznik gazowy
Gatte *m*, **-n**, **-n** *lit.* małżonek *m*
Gattin *f*, **-**, **-nen** *lit.* małżonka *f*
Gattung *f*, **-**, **-en** gatunek *m*; *biol.* rodzaj *m*
Gaumen *m*, **-s**, **-** podniebienie *n*
Gebäck *n* **-(e)s** pieczywo *n*
gebären (gebiert/gebärt, gebar, geboren) *vt* (*h*) (u)rodzić; **geboren werden** urodzić się
Gebäude *n*, **-s**, **-** budynek *m*, gmach *m*
geben (gibt, gab, gegeben) *vt* (*h*) dawać (**jmdm etw.** komuś coś); **es gibt** jest <są>; **was gibt es <gibt's> Neues?** co słychać ?
Gebet *n*, **-(e)s**, **-e** modlitwa *f*, pacierz *m*
Gebiet *n*, **-(e)s**, **-e** obszar *m*, teren *m*, dziedzina *f*
Gebirge *n*, **-s**, **-** góry *pl*; **ins ~ fahren** pojechać w góry
gebirgig *adj* górzysty
Gebrauch *m*, **-(e)s, Gebräuche** użycie *n*, używanie *n*; **vor <nach> ~** przed użyciem <po użyciu>; **von etw. ~ machen** zrobić z czegoś użytek
gebrauchen *vt* (*h*) używać (**etw.** czegoś), posługiwać się (**etw.** czymś)
gebräuchlich *adj* używany; będący w użyciu
Gebrauchsanweisung *f*, **-**, **-en** instrukcja obsługi

Gebrauchsgut *n*, **-(e)s, -güter** (*najczęściej pl*) artykuły konsumpcyjne
gebraucht *adj* używany; **~e Kleidung** ubranie używane
gebrechlich *adj* niedołężny, ułomny
gebrochen *adj* złamany; **~es Deutsch sprechen** mówić łamaną niemczyzną
Gebühr *f*, **-, -en** opłata *f*, należność *f*
gebührend *adj* należny, przysługujący
gebührenfrei *adj* wolny od opłaty, bezpłatny
gebührenpflichtig *adj* podlegający opłacie, płatny; **~er Parkplatz** parking płatny
Geburt *f*, **-, -en** urodzenie *n*, poród *m*; pochodzenie *n*; **von ~** z pochodzenia; **von ~ an** od urodzenia
Geburtenkontrolle *f*, **-, -n** kontrola urodzeń
Geburtsdatum *n*, **-s** data urodzenia
Geburtsort *m*, **-(e)s, -e** miejsce urodzenia
Geburtstag *m*, **-(e)s, -e** urodziny *pl*; dzień urodzenia
Geburtsurkunde *f*, **-, -n** świadectwo urodzenia, metryka *f*
Gebüsch *n*, **-es** zarośla *pl*
Gedächtnis *n*, **-ses** pamięć *f*; **etw. im ~ behalten** zachować coś w pamięci
Gedanke *m*, **-ns, -n** myśl *m*; **auf den ~n kommen** wpaść na pomysł
Gedankenaustausch *m*, **-es** wymiana poglądów
gedankenlos *adv* nierozważnie; bezmyślnie
Gedeck *n*, **-(e)s, -e** nakrycie *n* (stołowe)
Gedenkbuch *n*, **-(e)s, -bücher** księga pamiątkowa
gedenken (gedenkt, gedachte, gedacht) *vt* (*h*) wspominać (**jmdn** kogoś)
Gedenkfeier *f*, **-, -n** uroczystość ku czci
Gedenktafel *f*, **-, -n** tablica pamiątkowa
Gedicht *n*, **-(e)s, -e** wiersz *m*

Gedränge *n*, **-s** tłok *m*, ścisk *m*

Geduld *f*, **-** cierpliwość *f*; **~ haben <verlieren>** mieć <stracić> cierpliwość

geduldig *adj*, *adv* cierpliw-y/ie

geehrt *adj* szanowny

geeignet *adj* odpowiedni, stosowny; **zu etw. ~ sein** nadawać się do czegoś

Gefahr *f*, **-**, **-en** niebezpieczeństwo *n*; **jmdn in ~ bringen** narażać kogoś na niebezpieczeństwo; **auf eigene ~** na własne ryzyko

gefährden *vt* (*h*) zagrażać (**jmdm** komuś)

gefährlich *adj*, *adv* niebezpieczn-y/ie

Gefälle *n*, **-(e)s -** równia pochyła (*przen. rów.* spadek, dekoniunktura)

gefallen (gefällt, gefiel, gefallen) *vi* (*h*) podobać się; **das Kleid gefällt mir** ta sukienka mi się podoba; **sich etw. ~ lassen** zgadzać się na coś, znosić coś

Gefallen *m*, **-s**, **-** przysługa *f*; **jmdm einen ~ tun** zrobić komuś przysługę

Gefangene(r) *m*, **-n**, **-n** więzień *m*, jeniec *m*

Gefangenschaft *f*, **-** niewola *f*; **in ~ sein <geraten>** być w niewoli <dostać się do niewoli>

Gefängnis *n*, **-ses**, **-se** więzienie *n*

Gefängnisstrafe *f*, **-**, **-n** kara więzienia

Gefängniszelle *f*, **-**, **-n** cela więzienna

Gefäß *n*, **-es**, **-e** naczynie *n*

Geflügel *n*, **-s** drób *m*, ptactwo domowe

gefräßig *adj* żarłoczny

Gefrierschrank *m*, **-(e)s**, **-schränke** zamrażarka *f*

Gefühl *n*, **-s**, **-e** czucie *n*, zmysł dotyku; wyczucie *n* (**für etw.** czegoś); uczucie *n* (**der Angst** strachu, **der Liebe** miłości)

gegen *praep* około; przeciw, wbrew; **~ Abend** koło wieczora; **~ dreißig Mann** około 30 ludzi; **~ jmds Willen** wbrew woli

Gegend *f*, **-**, **-en** okolica *f*; **eine schöne ~** ładna okolica; **die ~ um Warschau** okolice Warszawy; **in der ~** w pobliżu

Gegner *m*, **-s, -** przeciwnik *m*

Gegenrede *f*, **-, -n** replika *f*, sprzeciw *m*; **ohne ~** bez sprzeciwu

Gegensatz *m*, **-es, - sätze** przeciwieństwo *n*; sprzeczność *f*; **im ~ zu dir** w przeciwieństwie do ciebie

gegenseitig *adj, adv* wzajemn-y/ie; **~e Beziehungen** wzajemne stosunki

Gegenstand *m*, **-(e)s, -stände** przedmiot *m*

Gegenteil *n*, **-s, -e** przeciwieństwo *n*; **(ganz) im ~!** (wręcz) przeciwnie!

gegenüber *praep* naprzeciw(ko); wobec; **ihm ~** wobec <naprzeciw> niego

gegenwärtig *adj, adv* obecn-y/ie, współcze-sny/śnie

Gegenwart *f*, **-** teraźniejszość *f*; obecność *f*; **in deiner ~** w twojej obecności

Gegenwert *m*, **-(e)s, -e** równowartość *f*, ekwiwalent *m*

Gehalt[1] *n*, **-(e)s, Gehälter** pensja *f*, pobory *pl*; **ein festes ~** stałe pobory

Gehalt[2] *m*, **-(e)s, -e** zawartość *f*

Gehaltserhöhung *f*, **-, -en** podwyżka płac

gehäuft *adj* czubaty; **ein ~er Esslöffel** czubata łyżka

Gehäuse *n*, **-s, -** obudowa *f*; futerał *m*

Gehege *n*, **-s, -** ogrodzenie dla zwierząt

Geheimdienst *m*, **-es, -** służba wywiadowcza, wywiad *m*

Geheimfach *n*, **-(e)s, -fächer** tajna skrytka

Geheimnis *n*, **-ses, -se** tajemnica *f*; **jmdm ein ~ anvertrauen** powierzyć komuś tajemnicę

gehen (geht, ging, gegangen) *vi* (*s*) iść, chodzić, pójść; **in Urlaub ~** iść na urlop; **geh zum Teufel!** idź do diabła!; **es geht darum, dass...** chodzi o to, że...; **es geht mir gut** dobrze mi się powodzi; **wie geht's dir?** co u ciebie słychać?; **in Erfüllung ~** spełnić się; **zu Ende ~** kończyć się

Gehirn *n*, **-(e)s**, **-e** *anat.* mózgowie *n*, mózg *m*; *pot.* rozum *m*; **sein ~ anstregen** wytężać umysł

Gehirnerschütterung *f*, **-**, **-en** *med.* wstrząśnienie mózgu

Gehör *n*, **-s** słuch *m*; posłuch *m*; **kein ~ finden** nie znaleźć posłuchu

gehören *vi* (*h*) należeć **(zu) jmdm** do kogoś); **das Haus gehört mir** dom należy do mnie; **er gehört schon zur Familie seiner Frau** on należy już do rodziny swojej żony; **er gehört ins Zuchtaus** powinien siedzieć w więzieniu; **es gehört viel Geld dazu** do tego trzeba dużo pieniędzy; **sich ~** *vr* (*h*) wypadać; **das gehört sich nicht** to nie przystoi <nie wypada>

Geige *f*, **-**, **-n** skrzypce *pl*; **~ spielen** grać na skrzypcach

geil *adj, adv* lubieżn-y/ie, jurn-y/ie; *pot.* **das ist ~** to jest super

Geist *m*, **-es**, **-er** duch *m*; umysł *m*

geistesabwesend *adj* zamyślony, roztargniony

Geistesgegenwart *f*, **-** przytomność umysłu

geisteskrank *adj* chory umysłowo

geistig *adj, adv* umysłow-y/o; duchow-y/o

Geistliche(r) *m*, **-n**, **-n** duchowny *m*

geistvoll *adj* bystry, dowcipny

geizig *adj* skąpy, chciwy

Gejammer *n*, **-s** biadolenie *n*, utyskiwanie *n*

Gelände *n*, **-s**, **-** teren *m*

Geländewagen *m*, **-s**, **-** pojazd terenowy

Geländer *n*, **-s**, **-** poręcz *f*, balustrada *f*

gelassen *adj* spokojny, opanowany

geläufig *adj* ogólnie znany; *adj, adv* (*o języku, o grze*) płynn-y/ie, bieg-

-ły/le; ~ **Deutsch sprechen** mówić biegle po niemiecku

gelb *adj* żółty

Gelbsucht *f*, **-** *med.* żółtaczka *f*

Geld *n*, **-es**, **-er** pieniądze *pl*; ~ **wechseln** rozmienić <wymienić> pieniądze

Geldanweisung *f*, **-**, **-en** przekaz pieniężny

Geldstrafe *f*, **-**, **-n** kara pieniężna

Geldtasche *f*, **-**, **-n** portmonetka *f*

Geldwechsel *m*, **-s**, **-** wymiana pieniędzy

Gelee *n* / *m*, **-s**, **-s** galaret(k)a *f*; **Karpfen in ~** karp w galarecie

Gelegenheit *f*, **-**, **-en** okazja *f*, sposobność *f*; **die ~ nutzen** skorzystać z okazji

gelegentlich *adj, adv* okazyjn-y/ie, przygodn-y/ie

gelehrt *adj* uczony; **ein ~er Mensch** uczony człowiek

Gelehrte(r) *m*, **-n**, **-n** uczony *m*, naukowiec *m*

Geleit *n*, **-(e)s**, **-e** eskorta *f*, konwój *m*

Gelenk *n*, **-(e)s**, **-e** *anat.* staw *m*; *techn.* przegub *m*

Geliebte(r) *m*, **-n**, **-n**; kochanek *m*

gelingen (gelingt, gelang, gelungen) *vi* (*s*) udawać się; **es ist mir nicht gelungen** nie udało mi się

geloben *vt* (*h*) ślubować, przyrzekać

gelten (gilt, galt, gegolten) *vi* (*h*) być ważnym; mieć wartość; odnosić się; **der Pass gilt nicht mehr** ten paszport jest nieważny; **sein Wort gilt etwas** jego słowo coś znaczy; **etw. ~ lassen** godzić się na coś

Geltung *f*, **-** ważność *f*, znaczenie *n*

Gemälde *n*, **-s**, **-** obraz *m*

Gemäldegalerie *f*, **-**, **-n** galeria obrazów

gemäß *adj* odpowiedni, stosowny; *praep* zgodnie (*z czymś*), stosownie do; **dem Beschluss ~** stosownie do uchwały

gemein *adj* zwykły, pospolity; podły, bezczelny; **du bist ~** jesteś podły
Gemeinde *f*, **-**, **-n** gmina *f*
Gemeinderat *m*, **-(e)s**, **-räte** rada gminy; radny gminy
Gemeinheit *f*, **-** podłość *f*, nikczemność *f*
gemeinsam *adj, adv* wspóln-y/ie; **~e Ziele** wspólne cele
Gemeinschaft *f*, **-**, **-en** wspólnota *f*, związek *m*; **die Europäische ~ (EG)** Wspólnota Europejska
gemischt *adj* mieszany
Gemüse *n*, **-s**, **-** warzywo *n*, jarzyna *f*; **Obst und ~** owoce i warzywa
Gemüsesuppe *f*, **-**, **-n** zupa jarzynowa
gemütlich *adj, adv* mił-y/o, przytuln-y/ie; **eine ~e Wohnung** przytulne mieszkanie
Gemütsbewegung *f*, **-**, **-en** wzruszenie *n*, emocja *f*
Gen *n*, **-s**, **-e** *biol.* gen *m*
genau *adj, adv* dokładn-y/ie; **auf die Minute ~** dokładnie co do minuty; **~ gesagt** dokładnie mówiąc
genehmigen *vt* (*h*) przyjmować, akceptować, zezwalać (**etw.** na coś); **den Antrag ~** przyjąć wniosek
Genehmigung *f*, **-**, **-en** zezwolenie *n*
geneigt *adj* skłonny (**zu etw.** do czegoś); przychylny (**jmdm** dla kogoś)
General *m*, **-s**, **-e, Generäle** generał *m*
Generalstreik *m*, **-(e)s**, **-s** strajk generalny
Generation *f*, **-**, **-en** pokolenie *n*, generacja *f*
genetisch *adj* genetyczny
genial *adj, adv* genialn-y/ie; **eine ~e Idee** genialny pomysł
Genick *n*, **-(e)s**, **-e** kark *m*; **das ~ brechen** złamać kark
genießbar *adj* nadający się do spożycia
genießen (genießt, genoss, genossen) *vt* (*h*) spożywać, rozkoszować się (**etw.** czymś); **das**

Leben ~ używać życia; **einen guten Ruf ~** cieszyć się dobrą opinią

genug *adv* dosyć, dość; **~ davon!** dość tego! **hast du ~ Geld?** czy masz wystarczająco dużo pieniędzy?

genügen *vi (h)* wystarczać; **das genügt** to wystarczy

genügend *adj, adv* wystarczając-y/o, dostateczn-y/ie

Genugtuung *f*, **-**, **-en** satysfakcja *f*, zadośćuczynienie *n*; **~ über etw. empfinden** odczuwać satysfakcję z jakiegoś powodu

Genus *n*, **-**, **Genera** *gram.* rodzaj *m*

Gepäck *n*, **-(e)s** bagaż *m*; **das ~ aufgeben** nadać bagaż

Gepäckaufbewahrung *f*, **-**, **-en** przechowalnia bagażu

Gepäckträger *m*, **-s**, **-** bagażowy *m*; bagażnik *m*

Gepäckwagen *m*, **-s**, **-** wagon bagażowy

Geplauder *n*, **-s** pogawędka *f*, pogaduszki *pl*

gerade *adj, adv* prost-y/o; parzysty; szczery/szczerze; otwar-ty/cie; **eine ~e Linie** linia prosta; **eine ~ Zahl** liczba parzysta; *part* właśnie; **~ das** właśnie to

geradeaus *adv* prosto; **er ist ~ gefahren** pojechał prosto

Gerät *n*, **-(e)s**, **-e** narzędzie *n*; **elektrische ~e** urządzenia elektryczne; *sport* przyrząd *m*

geraten (gerät, geriet, geraten) *vi (s)* udawać się; wpadać; **gut <schlecht> ~** <nie> udać się (*np. o cieście*); **in Wut ~** wpaść w złość; **aneinander~** zderzyć się

geräumig *adj, adv* przestrzenn-y/ie; **ein ~es Zimmer** przestronny pokój

Geräusch *n*, **-es**, **-e** szmer *m*, szelest *m*

gerecht *adj, adv* sprawiedliw-y/ie, słuszn-y/ie; **einer Sache ~ werden** sprostać czemuś

Gerechtigkeit *f*, **-, -en** sprawiedliwość *f*

Gericht *n*, **-(e)s, -e** sąd *m*, trybunał *m*; *kulin.* potrawa *f*, danie *n*; **jmdn vor ~ laden** pozwać kogoś do sądu; **das Jüngste ~** Sąd Ostateczny

Gerichtshof *m* **-(e)s, -e** trybunał *m*, sąd *m*; **Oberster ~** Sąd Najwyższy

gering *adj, adv* mał-y/o, nieznaczn-y/ie; **eine ~e Menge** mała ilość

gering schätzen (schätzt gering, schätzte gering, gering geschätzt) *vt* (*h*) lekceważyć (**jmdn <etw.>** kogoś <coś>)

gern(e) (lieber, am liebsten) *adv* chętnie; **jmdn <etw.> ~ haben** lubić kogoś <coś>

Gerste *f*, **-** *bot.* jęczmień *m*

Gerstenkorn *n*, **-(e)s, -körner** *med.* jęczmień (na oku)

Geruch *m*, **-(e)s, Gerüche** zapach *m*; węch *m*; **ein unangenehmer ~** nieprzyjemny zapach

Gerücht *n*, **-(e)s, -e** pogłoska *f*, fama *f*

gerührt *adj* wzruszony; **er war ~** on był wzruszony

Gerümpel *n*, **-s** rupiecie *pl*, graty *pl*

gesamt *adj* cały, całkowity, wszystek; **die ~e Bevölkerung** cała ludność

Gesang *m*, **-(e)s, Gesänge** śpiew *m*; **der ~ der Vögel** śpiew ptaków

Geschäft *n*, **-(e)s, -e** sklep *m*; interes *m*, transakcja *f*; **gute ~e machen** robić dobre interesy; **das ~ schließen** zamknąć sklep

Geschäftsmann *m*, **-(e)s, Geschäftsleute** handlowiec *m*, kupiec *m*

geschehen (geschieht, geschah, geschehen) *vi* (*s*) stać się, zdarzyć się; **ein Unglück ist ~** zdarzyło się nieszczęście; **es ist um ihn ~** on jest stracony <zgubiony>; **gern ~!** nie ma za co! (*odpowiedź na podziękowanie*)

gescheit *adj, adv* rozumn-y/ie, mądry/mądrze;

ein ~er Vorschlag rozsądna propozycja

Geschẹnk *n*, **-(e)s, -e** prezent *m*

Geschịchte *f*, **-, -n** historia *f*, dzieje *pl*; opowieść *f*, opowiadanie *n*; *pot.* przygoda *f*, sprawa *f*; **die ~ Europas** historia Europy; **eine interessante ~** interesująca historia; **eine üble ~** przykra sprawa

geschịchtlich *adj* historyczny; **die ~e Entwicklung** rozwój historyczny

Geschịck *n*, **-(e)s, -e** los *m*, przeznaczenie *n*; zręczność *f*

geschịckt *adj*, *adv* zręczn-y/ie

geschieden *adj* rozwiedziony; **sie ist seit zwei Jahren ~** ona jest od dwóch lat rozwiedziona

Geschiedene(r) *m*, **-n, -n** rozwiedziony *m*

Geschịrr *n*, **-s, -e** naczynia *pl*; uprząż *f*; **das ~ abwaschen <spülen>** zmywać naczynia; **dem Pferd das ~ anlegen** założyć koniowi uprząż

Geschịrrspülmaschine *f*, **-, -n** zmywarka do naczyń

Geschlẹcht *n*, **-(e)s, -er** rodzaj *m*; ród *m*; płeć *f*; **das männliche <weibliche> ~** płeć męska <żeńska>

Geschlẹchtsverkehr *m*, **-s** spółkowanie *n*; stosunek płciowy

Geschmạck *m*, **-(e)s, (Geschmäcker)** smak *m*, gust *m*, upodobanie *n*; **das ist nicht nach meinem ~** to nie w moim guście

Geschọ̈pf *n*, **-(e)s, -e** stworzenie *n*, istota *f*; twór *m*; **ein armes ~** biedactwo

Geschọss *n*, **-es, -e** pocisk *m*; piętro *n*

Geschwịndigkeit *f*, **-, -en** szybkość *f*, prędkość *f*; **mit rasender ~** z szaloną szybkością

Geschwịster *n*, **-s, -** rodzeństwo *n*

Geschwụlst *f*, **-, Geschwülste**, obrzęk *m*; guz *m*, nowotwór *m*

Geschwür *n*, **-(e)s, -e** wrzód *m*
Gesellschaft *f*, **-, -en** towarzystwo *n*; społeczeństwo *n*; spółka *f*; **jmdm ~ leisten** towarzyszyć komuś; **~ mit beschränkter Haftung <GmbH>** spółka z ograniczoną odpowiedzialnością <sp. z o.o.>
Gesellschaftsordnung *f*, **-, -en** ustrój społeczny
Gesetz *n*, **-es, -e** prawo *n*; ustawa *f*; **im Namen des ~es** w imieniu prawa; **das ~ übertreten** przekroczyć prawo
gesetzlich *adj, adv* ustawow-y/o, prawn-y/ie
gesetzwidrig *adj, adv* bezprawn-y/ie; sprzeczn-y/ie z prawem
Gesicht *n*, **-(e)s, -er** twarz *f*, oblicze *n*; mina *f*; **das ~ wahren** zachować twarz
Gesichtsfarbe *f* **-, -n** cera *f*; **von dunkler ~** o ciemnej cerze
Gesichtsmaske *f*, **-, -n** maska ochronna na twarz; maseczka kosmetyczna
Gesichtspunkt *m*, **-(e)s, -e** punkt widzenia; **von diesem ~ aus** z tego punktu widzenia
Gesindel *n*, **-s** motłoch *m*, hołota *f*
gesondert, *adj, adv* osobn-y/o; **mit ~er Post** osobną pocztą
gespannt *adj* napięty; ciekawy; **ich bin ~, ob...** jestem ciekaw, czy...
Gespenst *n*, **-es, -er**, widmo *n*, duch *m*; **die Stunde der ~er** godzina duchów
Gespräch *n*, **-(e)s, -e** rozmowa *f*; **ein ~ mit jmdm führen** prowadzić rozmowę z kimś
Gesprächspartner *m* **-s, -** rozmówca *m*
Gestalt *f*, **-, -en** kształt *m*; postać *f*; **in ~ von etw.** w postaci czegoś
gestalten *vt* (*h*) ukształtować; **sich ~** *vr* (*h*) układać się
Geständnis *n*, **-es, -se** przyznanie się *n*, wyznanie *n*; *prawn.* **ein ~ ablegen** przyznać się
Gestank *m*, **-(e)s** smród *m*, zaduch *m*

gestatten *vt* (*h*) pozwalać; **~ Sie?** czy pan/pani pozwoli?
gestehen (gesteht, gestand, gestanden) *vt* (*h*) przyznawać się (**etw.** do czegoś); wyznawać coś; **die Wahrheit ~** wyznać prawdę
Gestell *n*, **-(e)s, -e** kadłub *m* (*maszyny*); podstawa *f*; stojak *m*
gestern *adv* wczoraj; **~ abend <morgen, mittag, nacht>** wczoraj wieczorem <rano, w południe, w nocy>
gesund *adj* zdrowy
Gesundheit *f*, **-** zdrowie *n*; **~!** na zdrowie!
Getränk *n*, **-(e)s, -e** napój *m*; **geistige ~e** napoje wyskokowe
Getreide *n*, **-s** zboże *n*
getrennt *adj* oddzielony; *adv* oddzielnie; **~e Ehe** małżeństwo w separacji
getreu *adj, adv* wiern-y/ie, dokładn-y/ie; **etw. ~ berichten** informować o czymś dokładnie
Gewächs *n* **-es, -e** roślina *f*
gewähren *vt* (*h*) udzielać, przyznawać; **Hilfe ~** udzielić pomocy; **Kredit ~** udzielić kredytu
gewährleisten *vt* (*h*) gwarantować; **die Qualität ~** gwarantować jakość
Gewalt *f*, **-, -en** przemoc *f*, siła *f*, gwałt *m*; władza *f*; **nackte ~** brutalna przemoc; **aus aller ~** z całej siły; **die staatliche <richterliche> ~** władza państwowa <sądownicza>
gewaltig *adj* silny, mocny, potężny; **~e Schmerzen** silne bóle; **sich ~ irren** bardzo się mylić
Gewand *n* **-(e)s, Gewänder** szata *f*, strój *m*
gewandt *adj*, *adv* zwinn-y/ie, obrotn-y/ie, zręczn-y/ie; **ein ~er Diplomat** zręczny dyplomata
Gewandtheit *f*, **-** zręczność *f*, zwinność *f*, wprawa *f*; **~ im Umgang haben** mieć ogładę towarzyską
Gewebe *n*, **-s, -** tkanina *f*; *biol*. tkanka organiczna
Gewehr *n*, **-(e)s, -e** broń *f*; karabin *m*

Gewerkschaft *f*, **-**, **-en** związek zawodowy; **einer ~ angehören** należeć do związku zawodowego

Gewicht *n*, **-(e)s**, **-e** waga *f*, ciężar *m*; **Ware nach ~ verkaufen** sprzedawać towar na wagę; **auf etw. ~ legen** przywiązywać do czegoś wagę

Gewinn *m*, **-(e)s**, **-e** zysk *m*, korzyść *f*, wygrana *f*

gewinnen (gewinnt, gewann, gewonnen) *vt* (*h*) pozyskać; uzyskiwać; wygrywać; **das Spiel <die Wette> ~** wygrać grę <zakład>; *vi* (*h*) **an etw. ~** zyskać na czymś; *górn.* wydobywać (**Kohle <Erze, Erdöl>** węgiel <kruszce, naftę>)

gewiss *adj, adv* pewn-y/ie; niejaki; **eines Dinges ~** pewny czegoś; **ganz ~** z całą pewnością

Gewissen *n*, **-s** sumienie *n*; **ein reines <schlechtes> ~ haben** mieć czyste <niespokojne> sumienie

Gewissensbisse *pl* wyrzuty sumienia

Gewissensfreiheit *f*, **-** wolność sumienia, tolerancja *f*

gewissermaßen *adv* do pewnego stopnia, poniekąd

gewöhnen *vt* (*h*) przyzwyczajać (**jmdn an etw.** kogoś do czegoś); **sich ~** *vr* (*h*) przyzwyczaić się (**an etw.** do czegoś)

Gewohnheit *f*, **-**, **-en** przyzwyczajenie *n*, zwyczaj *m*; **aus ~** z przyzwyczajenia

gewöhnlich *adj, adv* zwyczajn-y/ie, zwyk-ły/le; **wie ~** jak zwykle

gewölbt *adj* sklepiony

Gewürz *n*, **-es**, **-e** przyprawa *f*, korzenie *pl*; **die Speise mit ~en abschmecken** przyprawić potrawę

geziemen *vi*(*h*) wypadać; **das geziemt einem jungen Mädchen nicht** to nie przystoi młodej dziewczynie; **sich ~** *vr* (*h*) godzić się, wypadać

gierig *adj, adv* chciw-y/

ie, łakom-y/ie; **~ nach etw. <auf etw.>** chciwy czegoś, łakomy na coś

gießen (gießt, goss, gegossen) *vt* (*h*) lać; **Milch in den Kaffee ~** dolać mleka do kawy; **es gießt** leje; *techn.* odlewać; **eine Glocke ~** odlać dzwon

Gießkanne *f*, **-, -en** konewka *f*

Gift *n*, **-(e)s, -e** trucizna *f*

giftig *adj* trujący, jadowity; **~e Pilze** grzyby trujące

Giftschlange *f*, **-, -n** jadowity wąż

Gipfel *m*, **-s, -** szczyt *m*, wierzchołek *m*

Gipfeltreffen *n*, **-s, -** spotkanie na szczycie

Gips *m*, **-es, -e** gips; *med.* **in ~ liegen** leżeć w gipsie

girieren *vt* (*h*) żyrować; **einen Scheck ~** podżyrować czek

Gitarre *f*, **-, -n** gitara *f*; **~ spielen** grać na gitarze

Gitter *n*, **-s, -** krata *f*; **hinter Schloss und ~** za kratkami (*w więzieniu*)

Glanz *m*, **-es, -e** blask *m*, połysk *m*

glänzen *vi* (*h*) błyszczeć, lśnić; *przysł.* **es ist nicht alles Gold, was glänzt** nie wszystko złoto, co się świeci

glänzend *adj* błyszczący; *przen.* świetny, wystawny; **er hat ~e Aussichten** ma świetne widoki (*na przyszłość*); **ein ~es Leben führen** prowadzić wystawne życie

Glas *n*, **-es** szkło; <*pl* **Gläser**> szklanka, kieliszek; **zwei ~ Tee trinken** wypić dwie szklanki herbaty; *pot.* **Gläser** *pl* okulary *pl*

glasig *adj* szklisty; **~e Augen** szkliste oczy

Glasur *f*, **-, -en** glazura *f*, polewa *f*, szkliwo *n*; **etw. mit ~ überziehen** powlec coś szkliwem

glatt *adj, adv* gładk-i/o, równ-y/o; ślisk-i/o; **~e Haut** gładka skóra; **es ist sehr ~** jest bardzo ślisko

Glatteis *n*, **-es** gołoledź *f*; *przen.* **jmdn aufs ~ füh-**

ren wprowadzić kogoś w błąd

Glątze *f*, **-**, **-n** łysina *f*

Glaube *m*, **-ns** wiara *f*, ufność *f*; **in gutem ~n** w dobrej wierze

glauben *vt* (*h*) wierzyć, sądzić, mniemać; **ich kann es kaum ~** trudno mi w to uwierzyć; *vi* (*h*) **an etwas (an jmdn) ~** wierzyć w coś (w kogoś)

Glaubensfreiheit *f*, **-** wolność religijna

Gläubige(r) *m*, **-n**, **-n** wierzący *m*

Gläubiger *m*, **-s**, **-** wierzyciel *m*

glaubwürdig *adj*, *adv* wiarygodn-y/ie

gleich *adj* równy, jednakowy; **im ~en Alter** w tym samym wieku; **zu ~er Zeit** jednocześnie; *adv* natychmiast, zaraz; **~ nach seinem Eintreffen** zaraz po jego przybyciu; **ich bin ~ wieder da** zaraz wrócę

gleichartig *adj* jednakowy

gleichberechtigt *adj* równouprawniony

gleichfalls *adv* również; nawzajem; **danke, ~!** dziękuję, wzajemnie!

Gleichgewicht *n*, **-(e)s** równowaga *f*; **das ~ halten** utrzymywać równowagę

gleichgültig *adj*, *adv* obojętn-y/ie; **das ist mir ~ <egal>** wszystko mi jedno

Gleichheit *f*, **-**, **-en** równość *f*, jednakowość *f*; **~ vor dem Gesetz** równość wobec prawa

gleichmäßig *adj*, *adv* równomiern-y/ie

Gleichstrom *m*, **-(e)s** *elektr.* prąd stały

Gleichung *f* **-**, **-en** *mat.* równanie *f*

gleichwertig *adj* równowartościowy, równoważny

gleichzeitig *adj*, *adv* równoczesn-y/ie

Gleis *n* **-es**, **-e** tor kolejowy

Gleiter *m*,**-s**, **-** szybowiec *m*; *zob.* **Segelflugzeug**

Glętscher *m*, **-s**, **-** lodowiec *m*

Glied *n*, **-(e)s**, **-er** człon *m*; ogniwo *n*; **ein ~ in der**

Kette ogniwo w łańcuchu; *anat.* członek *m,* kończyna *f*; **männliches ~** penis

glimmen (glimmt, glimmte/glomm, geglimmt/geglommen) *vi* (*h*) żarzyć się, tlić się

glitschen *vi* (*s*) ślizgać się; wyślizgnąć się

Glocke *f,* **-, -n** dzwon *m*

Glück *n,* **-(e)s** szczęście; **zum ~** na szczęście; **viel ~!** powodzenia!

glücklich *adj, adv* szczęśliw-y/ie; **jmdn ~ machen** uszczęśliwić kogoś; **über etw. ~ sein** być z jakiegoś powodu szczęśliwym

Glücksfall *m,* **-(e)s, -fälle** szczęśliwy traf

Glücksrad *n,* **-(e)s, -räder** koło fortuny

Glückwunsch *m,* **-(e)s, -wünsche** gratulacje *pl*; życzenia pomyślności; **herzlichen ~ zum Geburtstag** najlepsze życzenia z okazji urodzin

Glühbirne *f,* **-, -n** żarówka *f*

Gnade *f,* **-, -n** łaska *f*; **die ~ Gottes** łaska boża

gnädig *adj, adv* łaskaw-y/ie, litościw-y/ie; *lit.* **~er Herr!** łaskawy panie!

Gobelin [wym.: ...lę] *m* **-s, -s** gobelin *m*

Gold *n,* **-es** złoto *n*; **etw. mit ~ aufwiegen** coś na wagę złota

golden *adj* złoty; **~e Hochzeit** złote wesele; **jmdm ~e Berge versprechen** obiecywać komuś złote góry

Goldmedaille *f,* **-, -n** złoty medal

Golf[1] *m* **-(e)s, -e** zatoka *f*

Golf[2] *n,* **-s** *sport* golf *m*

Gong *m,* **-s, -s** gong *m*

gönnen *vt* (*h*) być łaskawym (**jmdm etwas** dla kogoś w czymś); **sich eine Erholung ~** pozwolić sobie na odpoczynek

Gosse *f,* **-, -n** ściek *m,* rynsztok *m*

Gotik *f,* **-** gotyk *m*

Gott *m,* **-(e)s** Bóg *m*; **~ sei Dank!** dzięki Bogu!; **grüß ~!** niech będzie po-

chwalony!; **um ~es willen!** na miłość boską!
Gottesdienst *m*, **-(e)s**, **-e** nabożeństwo *n*
Göttin *f*, **-**, **-nen** bogini *f*
göttlich *adj*, *adv* bosk-i/o; **~e Vorsehung** boska opatrzność
Götze *m*, **-n**, **-n** bożek *m*
Grab *n*, **-(e)s**, **Gräber** grób *m*; **am ~e** nad grobem
Graben *m* **-s**, **Gräben** rów *m*, fosa *f*; **einen ~ ausheben** wykopać rów
Grabmal *n* **-(e)s**, **-mäler** (*lit.* **-male**) nagrobek *m*; grobowiec *m*
Grad *m*, **-(e)s**, **-e** stopień *m*; ranga *f* (*np. w wojsku*); **bei zwanzig ~ Kälte** przy dwudziestu stopniach mrozu; **im zunehmenden ~** w coraz większym stopniu
Gramm *n*, **-s**, **-e** gram *m*
Grammatik *f*, **-**, **-en** gramatyka *f*
Grapefruit *f*, **-**, **-s** grejpfrut *m*
Gras *n*, **-es**, **Gräser** trawa *f*; *pot.* **ins ~ beißen** gryźć ziemię (*umrzeć*)
gratis *adv* darmo, bezpłatnie, gratis
gratulieren *vt* (*h*) składać życzenia, gratulować; **jmdm zum Erfolg ~** gratulować komuś sukcesu
grau *adj*, *adv* szar-y/o, siw-y/o
greifen (greift, griff, gegriffen) *vt* (*h*) chwytać; **einen Dieb ~** schwytać złodzieja; *vi* (*h*) sięgać (*ręką*); **nach etw. ~** sięgnąć po coś
grell *adj*, *adv* jaskraw-y/o, rażąc-y/o; ostr-y/o; **~es Licht** rażące światło
Grenze *f*, **-**, **-n** granica *f*; **an der ~** na granicy
grenzen *vi* (*h*) graniczyć (**an etw.** z czymś)
grenzenlos *adj* bezgraniczny, nieograniczony
Grenzgebiet *n*, **-(e)s**, **-e** pogranicze *n*
Grenzschutz *m*, **-es** ochrona granic; straż graniczna
Grenzübergang *m*, **-(e)s**, **-gänge** przekroczenie granicy; przejście graniczne

Greuel *m*, **s**, **-** odraza *f*; okrucieństwo *n*

griechisch *adj* grecki; *adv* po grecku

Griff *m*, **-(e)s**, **-e** chwyt *m*; rękojeść *f*; uchwyt *m*

Grill *m*, **-s**, **-s** ruszt *m*, grill *m*

Grille *f*, **-**, **-n** kaprys *m*; urojenie *n*; *zool.* świerszcz *m*; **~n im Kopf haben** mieć dziwne pomysły

Grippe *f*, **-** *med.* grypa *f*; **die ~ haben** mieć grypę

grob *adj*, *adv* rażąc-y/o; grubiański, prostacki; **einen ~en Fehler machen** zrobić rażący błąd; **ein ~er Mensch** grubianin *m*

Groschen *m*, **-s**, **-** moneta 10-fenigowa; **ich habe keinen ~** nie mam grosza

groß (größer, am größten) *adj* wielki, duży; **~e Augen machen** dziwić się; **er ist sehr ~** jest bardzo wysoki; **im Großen und Ganzen** generalnie

Größe *f*, **-**, **-n** wielkość *f*, wzrost *m*; rozmiar *m*

Großhandel *m*, **-s** hurt *m*

Großhändler *m*, **-s**, **-** hurtownik *m*

großherzig *adj*, *adv* wspaniałomyśln-y/ie

Großmutter *f*, **-**, **-mütter** babka *f*, babcia *f*

Großstadt *f*, **-**, **-städte** wielkie miasto

Großvater *m*, **-s**, **-väter** dziadek *m*

großzügig *adj* szeroko zakrojony; wspaniałomyślny; **ein ~er Mensch** wspaniałomyślny człowiek

Grotte *f*, **-**, **-n** grota *f*

Grube *f*, **-**, **-n** dół *m*, jama *f*; kopalnia *f*; **in die ~ einfahren** zjeżdżać do kopalni

Gruft *f*, **-**, **Grüfte** grobowiec *m*; **in einer ~ bestatten** złożyć w grobowcu

grün *adj* zielony; niedojrzały (*o owocach*)

Grünanlage *f*, **-**, **-n** zieleniec *m*

Grund *m*, **-es**, **Gründe** ziemia *f*, grunt *m*; podstawa *f*; powód *m*; **den ~ zu etwas legen** położyć podwaliny pod coś; **aus diesem ~e** z tego powodu; **im ~e genommen** w gruncie rzeczy

Grụndbesitz *m*, **-es**, **-e** posiadłość ziemska

grụ̈nden *vt* (*h*) zakładać; **eine Stadt ~** założyć miasto; *przen.* opierać (**auf etw.** na czymś)

Grụndlage *f*, **-**, **-n** podstawa *f*, zasada *f*

grụ̈ndlich *adj, adv* gruntown-y/ie, skrupulatn-y/ie; **~e Kenntnisse** gruntowna wiedza

grụndlos *adj, adv* bezdenn-y/ie; bezpodstawn-y/ie

Grụndmauer *f*, **-**, **-n** fundament *m*; *zob.* **Fundament**

Gründọnnerstag *m*, **-(e)s** Wielki Czwartek

Grụndsatz *m*, **-es**, **-sätze** zasada *f*, podstawa *f*; **feste Grundsätze haben** mieć mocne zasady

Grụndschule *f*, **-**, **-n** szkoła podstawowa

Grụndstück *n*, **-(e)s**, **-e** ziemia *f*, działka *f*

Grụppe *f*, **-**, **-n** grupa *f*; **sich zu ~n zusammenschließen** łączyć się w grupy

Grụppentherapie *f*, **-**, **-n** terapia grupowa

grü̲ßen *vt* (*h*) pozdrawiać; **jmdn ~ lassen** przesłać komuś pozdrowienia; **grüß dich!** cześć! (*powitanie*)

Grụ̈tze *f*, **-** kasza *f*

Grụ̈tzwurst *f*, **-**, **-würste** kaszanka *f*

Gụlasch *n*, *m* **-es**, **(-e)** gulasz *m*

gụ̈ltig *adj* ważny

Gụ̈ltigkeit *f*, **-**, ważność *f*, prawomocność *f*

Gụmmi *m*, **-s**, **-s** gumka do wycierania; *pot.* prezerwatywa *f*

Gụmmiband *n*, **-es**, **-bänder** (*pot.* **Gummi** *n*) taśma gumowa, gumka

Gụmmihandschuh *m*, **-(e)s**, **-e** rękawiczka gumowa

gụ̈nstig *adj* przychylny, sprzyjający, dogodny; **eine ~e Gelegenheit** dogodna sposobność; **im**

~sten Fall w najlepszym razie

gụrgeln *vt* (*h*) płukać gardło

Gụrke *f*, **-**, **-n** ogórek *m*

Gụrkensalat *m*, **-(e)s**, **-e** mizeria *f*

Gụrt *m*, **-e(s)**, **-e** pas *m* (*np. bezpieczeństwa*); taśma

Gụ̈rtel *m*, **-s**, **-** pasek *m* (*do spodni*)

gut (besser, am besten) *adj* dobry; pożyteczny; **~en Morgen** (*z rana*) dzień dobry; **~en Tag** dzień dobry; **~en Abend** dobry wieczór; **~e Nacht** dobranoc; **~en Appetit** smacznego; **~e Reise** szczęśliwej podróży; **so ~ wie nichts** prawie nic

Gut *n*, **-es, Güter** dobro *n*; majątek *m*; towar *m* (*tylko pl*); **Güter abfertigen** wyekspediować towary

Gutachten *n*, **-s**, **-** orzeczenie *n*, opinia *f*; **ein ~ über etw. <jmdn> abgeben** wydać orzeczenie <opinię> o czymś <o kimś>

Güte *f*, **-** dobroć *f*; jakość *f* (*w handlu*); *lit.* **haben Sie die ~!** niech pan będzie tak łaskaw!; **Ware erster ~** towar pierwszej jakości

Gütergemeinschaft *f*, **-** wspólnota majątkowa

Güterwagen *m* **-s**, **-** wagon towarowy

Güterzug *m*, **-(e)s**, **-züge** pociąg towarowy

gütig *adj* dobrotliwy, łaskawy; *lit.* **wollen Sie so ~ sein** niech pan będzie łaskaw

gutmachen *vt* (*h*), rekompensować; **etw. wieder ~** naprawić szkodę

gutschreiben (schreibt gut, schrieb gut, gutgeschrieben) *vt* (*h*) zapisać na czyjeś konto (*rów. przen.*) (**jmdn etwas** coś komuś)

gut tun (tut gut, tat gut, gut getan) *vi* (*h*) dobrze zrobić, przynieść ulgę; **die Arznei hat mir gut getan** lekarstwo przyniosło mi ulgę

Gymnąstik *f*, **-** gimnastyka *f*

H

Haar *n*, **-es**, **-e** włos *m*, włosy *pl*; **sich die ~e schneiden (lassen)** ostrzyc się (u fryzjera); *pot.* **sich in den ~en liegen** wziąć się za łby

Haarklammer *f*, **-**, **-n** spinka do włosów

Haarlack *m*, **-(e)s**, **-e** lakier do włosów

Haartrockner *m* **-s**, **-** suszarka do włosów; *zob.* **Fön**

Haarwuchs *m*, **-es** zarost *m*

Habe *f*, **-** mienie *n*, majątek *m*

haben (hat, hatte, gehabt) *vt* (*h*) mieć; **Geld <Zeit> ~** mieć pieniądze <czas>; **Hunger <Durst> ~** być głodnym <spragnionym>; **jmdn <etw.> gern ~** lubić kogoś <coś>

Habicht *m*, **-(e)s**, **-e** *zool.* jastrząb *m*

Hackbraten *m*, **-s**, **-** kotlet siekany

Hafen *m*, **-s**, **Häfen** port *m*; **in einen ~ einlaufen** wpłynąć do portu

Hafer *m*, **-s** owies *m*

Haferflocken *pl* płatki owsiane

Haft *f*, **-**, areszt *m*

Haftel *n*, **-s**, **-** *kraw.* haftka *f*

haften *vi* (h) przylegać (**an etw.** do czegoś); **für etwas ~** odpowiadać za coś

Häftling *m*, **-s**, **-e** więzień *m*

Haftpflichtversicherung *f*, **-**, **-en** obowiązkowe ubezpieczenie od odpowiedzialności cywilnej

Hagel *m*, **-s** grad *m*

hageln *vi* (*h*): **es hagelt** pada grad

hager *adj* chudy (*rów.* o wyglądzie)

Hahn *m*, **-(e)s, Hähne** kogut *m*; kurek *m*

Hähnchen *n*, **-s**, **-** kurczak *m*

Hai(fisch) *m*, **-es**, **-e** rekin *m*

Häkchen *n*, **-s**, **-** haczyk *m*

Haken *m*, **-s**, **-** hak *m*; wieszak *m*; *przen.* trudność *f*, przeszkoda *f*; *sport* cios sierpowy; *przen.* **die Sache hat einen ~** w tym sęk

hạlb *adj* pół, połowiczny; do połowy; **eine ~e Stunde** pół godziny; **alle ~en Stunden** co pół godziny; **~ neun** wpół do dziewiątej; **~ soviel** połowa tego

Hạlbbruder *m*, **-s**, **-brüder** przyrodni brat; *zob.* **Stiefbruder**

Hạlbfinale *n*, **-s** *sport* półfinał *m*

Hạlbinsel *f*, **-**, **-n** półwysep *m*

Hạlbjahr *n*, **-(e)s** półrocze *n*

Hạlbkreis *m*, **-es**, **-e** półkole *n*

Hạlbkugel *f*, **-**, **-n** półkula *f*

Hạlbmond *m*, **-es** półksiężyc *m*

Hạlbschuhe *pl* półbuty *pl*

Hạlbstarke *m*, **-n**, **-n** chuligan *m*

Hạlle *f*, **-**, **-n** hala *f*, sala *f*

hạllo *interj* halo!

Hạls *m*, **-es**, **Hälse** szyja *f*, kark *m*; gardło *n*; **~ über Kopf** na łeb, na szyję

Hạlsband *n*, **-es**, **-bänder** naszyjnik *m*; obroża *f*

Hạlsschmerzen *pl* ból gardła

hạltbar *adj*, *adv* trwa-ły/le

hạlten (hält, hielt, gehalten) *vt* (*h*) trzymać; **jmdn bei der Hand ~** trzymać kogoś za rękę; **Maß ~** zachować umiar; **einen Vortrag ~** mieć wykład; **was ~ Sie davon?** co pani/pan o tym sądzi?

Hạltestelle *f*, **-**, **-n** przystanek *m*

hạltlos *adj* bezpodstawny; **ein ~es Gerücht** bezpodstawna pogłoska

Hạltung *f*, **-**, **-en** postawa *f*; stanowisko *n*; **eine aufrechte ~ haben** trzymać się prosto (*rów. przen.*)

Halụnke *m*, **-n**, **-n** łajdak *m*, łotr *m*

Hạlwa *n*, **-s** chałwa *f*

Hạmburger [wym.: hem...] *m*, **-s**, **-** hamburger *m*

Hạmmel *m*, **-s**, **-** baran *m*

Hạmmelbraten *m*, **-s**, **-** pieczeń barania

Hạmmelfleisch *n*, **-es** baranina *f*

Hammer *m*, **-s, Hämmer** młotek *m*
Hand *f*, **-, Hände** ręka *f*, dłoń *f*; **etw. bei der ~ haben** mieć coś pod ręką; *przysł.* **eine ~ wäscht die andere** ręka rękę myje; **jmdm an die ~ gehen** pomagać komuś
Handarbeit *f*, **-, -en** praca ręczna, robótka *f*
Handball *m*, **-(e)s, -bälle** piłka ręczna; **~ spielen** grać w piłkę ręczną
Handbremse *f*, **-, -n** hamulec ręczny
Handbuch *n*, **-(e)s, -bücher** podręcznik *m*
Handel *m*, **-s** handel *m*; **~ betreiben <führen>** prowadzić handel; **~ ist Wandel** handel to ruch (w interesie)
handeln *vi* (*h*) postępować; handlować; **mit etw. ~** handlować czymś; **im Affekt ~** działać w afekcie; **worum handelt es sich hier?** o co tu chodzi?
Handelsabkommen *n*, **-s, -** umowa handlowa
Handelsaustausch *m*, **-(e)s** wymiana handlowa
Handelsbank *f*, **-, -en** bank handlowy
Handelsbeziehungen *pl* stosunki handlowe
Handelsvetretung *f*, **-, -en** przedstawicielstwo handlowe
Handelszentrum *n*, **-s, -zentren** centrum handlowe
Handgelenk *n*, **-(e)s, -e** przegub ręki
Handgepäck *n*, **-(e)s, -e** bagaż ręczny
Handgriff *m*, **-(e)s, -e** uchwyt *m*
handhaben (handhabt, handhabte, gehandhabt) *vt* (*h*) władać, posługiwać się; **ein Gerät ~** posługiwać się narzędziem
Händler *m*, **-s, -** handlarz *m*
handlich *adj* poręczny, wygodny w użyciu
Handlung *f*, **-, -en** czyn *m*, postępek *m*; akcja *f*
Handschellen *pl* kajdanki *pl*

Hạndschrift *f*, **-**, **-en** charakter pisma; rękopis *m*

Hạndschuh *m*, **-(e)s**, **-e** rękawiczka *f*

Hạndtasche *f*, **-**, **-n** torebka *f*

Hạndtuch *n*, **-(e)s**, **-tücher** ręcznik *m*

Hạndwerk *n*, **-(e)s**, **-e** rzemiosło *n*; **ein ~ treiben** trudnić się rzemiosłem

Hạndwerkbetrieb *m*, **-(e)s**, **-e** warsztat rzemieślniczy

Hạndwerker *m*, **-s**, **-** rzemieślnik *m*

Hạndy *n*, **-s**, **-s** telefon komórkowy

Hạnf *m*, **-(e)s** konopie *pl*

Hạng *m*, **-(e)s**, **Hänge** pochyłość *f*, stok *m*; skłonność *f* (**zu einer Sache** do czegoś)

Hạngar *m*, **-s**, **-s** hangar *m*

Hặngematte *f*, **-**, **-n** hamak *m*

hặngen (hängt, hing, gehangen) *vi* (*h*) wisieć; **an der Wand ~** wisieć na ścianie; **(hängt, hängte, gehängt)** *vt* (*h*) wieszać, powiesić; **an den Haken ~** powiesić na haku

Hặngeschloss *n*, **-schlosses**, **-schlösser** kłódka *f*

Happy-End *n*, **-s**, **-s** szczęśliwe zakończenie, happy end

Harem *m*,**- s**, **-s** harem *m*

hạrmlos *adj*, *adv* spokojn-y/ie; nieszkodliw-y/ie; **ein ~es Tier** spokojne <niegroźne> zwierzę; **alles fing ~ an** wszystko się zaczęło niewinnie

Harmonie *f*, **-** harmonia *f*, zgodność *f*

Hạrn *m*, **-(e)s** mocz *m*

hạrt *adj*, *adv* tward-y/o

hạrt gekocht *adj*: **~e Eier** jajka na twardo

hạrtnäckig *adj*, *adv* upar-ty/cie, zawzię-ty/cie

Hasạrd *n*, **-s** hazard *m*

Hasạrdspieler *m*, **-s**, **-** gracz hazardowy

Hạschisch *n*/*m*, **-s** haszysz *m*

Hase *m*, **-n**, **-n** zając *m*; *przen.* **ein alter ~** stary wyga

Haselnuss *f*, **-**, **-nüsse** orzech laskowy

Hạss *m*, **Hasses** niena-

wiść *f* (**gegen jmdn** do kogoś)
hassen *vt* (*h*) nienawidzić
hässlich *adj, adv* brzydk-i/o, szkaradn-y/ie
Hast *f*, **-** pośpiech *m*; **ohne <voller> ~** bez <w> pośpiechu
hastig *adj, adv* pośpieszn-y/ie
Haube *f*, **-**, **-n** czepek *m;* kaptur *m*; *mot.* maska (silnika)
Hauch *m*, **-(e)s**, **-e** tchnienie *n*; powiew *m*
hauchen *vi* (*h*) tchnąć, chuchać; **in die Hände ~** chuchać w dłonie
Haufen *m*, **-s**, **-n** kupa *f*, stos *m*; tłum *m*
häufig *adj, adv* częst-y/o
Hauptaufgabe *f*, **-**, **-n** główne zadanie
Hauptbahnhof *m*, **-(e)s**, **-bahnhöfe** dworzec główny
Haupteingang *m*, **-(e)s**, **-eingänge** główne wejście
Hauptgewinn *m*, **-(e)s**, **-e** główna wygrana
Hauptrolle *f*, **-**, **-n** główna rola
hauptsächlich *adj, adv* główn-y/ie
Hauptstadt *f*, **-**, **-städte** stolica *f*
Haus *n*, **-es**, **Häuser** dom *m*; **nach ~e gehen** iść do domu; **zu ~e sein** być w domu
Hausaufgabe *f*, **-**, **-n** *szkol.* praca domowa
Hausfrau *f*, **-**, **-en** pani domu, gospodyni *f*
Haushalt *m*, **-(e)s**, **-e** gospodarstwo domowe; budżet *m*; **jmdm den ~ besorgen** prowadzić komuś gospodarstwo
Haushaltsartikel *m*, **-s**, **-** artykuł gospodarstwa domowego
Haushaltsdefizit *n*, **-(e)s**, **-e** deficyt budżetowy
Haushaltsgeräte *pl* sprzęt domowy
Hausherr *m*, **-n**, **-en** pan domu, gospodarz *m*
Hausierer *m*, **-s**, **-** domokrążca *m*
Hausse *f* [wym.: ho...], **-**, **-n** zwyżka *f*, hossa *f* (*na giełdzie*)

Haustier *n*, **-(e)s, -e** zwierzę domowe
Haut *f*, **-, Häute** skóra *f*
Hautarzt *m*, **-es, -ärzte** dermatolog *m*
Havarie *f*, **-, -n** awaria *f*; *zob.* **Panne**
Hebamme *f*, **-, -n** akuszerka *f*
Hebel *m*, **-s, -** dźwignia *f*
heben (hebt, hob, gehoben) *vt* (*h*) podnosić; **sich ~** *vr* (*h*) podnosić się
Heber *m*, **-s, -** lewar *m*
hebräisch *adj* hebrajski; *adv* po hebrajsku
Hecht *m*, **-(e)s, -e** *zool.* szczupak *m*
Hechtbarsch *m*, **-es, -e** *zool.* sandacz *m*; *zob.* **Zander**
Hecke *f*, **-, -n** żywopłot *m*
Heer *n*, **-(e)s, -e** wojsko *n*; **zum ~ einrücken** wstępować do wojska
Hefe *f* **-, -n** drożdże *pl*
Heft *n*, **-(e)s, -e** zeszyt *m*
Heftel *m*, *n*, **-s, -** *kraw.* haftka *f*; **mit ~n schließen** zapiąć na haftki; *zob. rów.* **Haftel**
heftig *adj*, *adv* siln-y/ie, mocn-y/o; **~e Schmerzen** silne bóle
Hehler *m*, **-s, -** paser *m*
Heide *m*, **-n, -n** poganin *m*; **er flucht wie ein ~** *pot.* on klnie jak szewc
Heide *f*, **-, -n** step *m*; wrzosowisko *n*
Heidekraut *n*, **-(e)s** wrzos *m*
Heidelbeere *f*, **-, -n** leśna (czarna) jagoda; *zob.* **Blaubeere**
Heilanstalt *f*, **-, -n** lecznica *f*
heilen *vt* (*h*) (wy)leczyć; **eine Wunde ~** leczyć ranę; *vi* (*s*) goić się; **die Wunde heilt** rana goi się
heilig *adj* święty; **die Heilige Dreifaltigkeit** Trójca Święta
Heiligabend, Heiliger Abend *m*, **-(e)s, -e** Wigilia (*dzień przed Bożym Narodzeniem*)
Heilige(r) *m*; **-n, -n** święty *m*
Heiligkeit *f*, **-** świętość *f*; **Seine <Eure> ~** Jego <Wasza> Świątobliwość (*o papieżu*)
Heiligtum *n*, **-s, -tümer** świętość *f*, relikwia *f*
Heilkraut *n*, **-(e)s, Heilkräuter** zioło lecznicze

Heilmittel *n*, **-s, -** lekarstwo *n*; środek leczniczy
Heilpflanze *f*, **-, -n** roślina lecznicza
Heim *n*, **-(e)s, -e** dom rodzinny;
Heimat *f*, **-** ojczyzna *f*, rodzinne strony
Heimkehrer *m*, **-s, -** repatriant *m*
heimsuchen *vt* (*h*) (*o nieszczęściu*) nawiedzać
heimtückisch *adj, adv* podstępn-y/ie
Heimweh *n*, **-(e)s** tęsknota za ojczyzną, nostalgia *f*
heiraten *vt* (*h*) poślubić; *vi* (*h*) ożenić się, wyjść za mąż (**jmdn** z kimś <za kogoś>)
Heiratsurkunde *f*, **-, -n** świadectwo ślubu
Heiratsvermittlungsbüro *n*, **-s, -s** biuro matrymonialne
heiser *adj, adv* ochrypły/le; **~ werden** ochrypnąć
Heiserkeit *f*, **-** chrypka *f*
heiß *adj, adv* gorąc-y/o
heißen (heißt, hieß, geheißen) *vi* (*h*) nazywać się; znaczyć; **wie heißt du?** jak się nazywasz?; **was soll das ~?** co to ma znaczyć?
heiter *adj* wesoły, pogodny (*rów. o aurze*)
heizen *vt* (*h*) ogrzewać; opalać; **das Zimmer ~** ogrzewać pokój
Heizer *m*, **-s, -** palacz *m*
Heizkörper *m*, **-s, -** grzejnik *m*, kaloryfer *m*
Heizung *f*, **-, -en** ogrzewanie *n*
Hẹktik *f*, **-** pośpiech *m*, gonitwa *f*
Hẹld *m*, **-en, -en** bohater *m*
Hẹldentat *f*, **-, -en** czyn bohaterski
Hẹldin *f*, **-, -nen** bohaterka *f*
hẹlfen (hilft, half, geholfen) *vi* (*h*) pomagać; **sich zu ~ wissen** umieć sobie radzić
Hẹlfer *m*, **-s, -** pomocnik *m*; **ein ~ in der Not** przyjaciel w potrzebie
hẹll *adj, adv* jasn-y/o, wid-n-y/o
Hẹlm *m*, **-(e)s, -e** hełm *m*
Hẹmd *n*, **-(e)s, -en** koszula *f*

Hemisphäre *f*, **-**, **-n** *geogr.* półkula *f*; **die nördliche <südliche> ~** półkula północna <południowa>

hemmen *vt* (*h*) hamować (*o pojeździe*); tamować; *zob.* **bremsen**

Henne *f*, **-**, **-n** kura *f* (*nioska*); **die ~legt (Eier)** ta kura się niesie

her *adv* tu; **komm ~!** chodź tu!, **von da~** stąd; **von dort~** stamtąd; **hin und ~** tam i z powrotem

herab *adv* w dół; **von oben ~** z góry na dół

herablassen (lässt herab, ließ herab, herabgelassen) *vt* (*h*) spuszczać; **den Vorhang ~** spuścić kurtynę

herabsetzen *vt* (*h*) obniżać (**die Preise** ceny)

heran *adv* tu (bliżej); **~ bitte** bliżej proszę

heranfahren (fährt heran, fuhr heran, herangefahren) *vi* (*s*) nadjeżdżać; podjeżdżać (bliżej)

heranmachen, sich *vr* (*h*) zabierać się (**an jmdn <etw.>** do kogoś <do czegoś>)

heranrücken *vt* (*h*) przysuwać (**etw.** coś); *vi* (*s*) zbliżać się

heraus *adv* (stąd) na zewnątrz; **~!** precz!

herausbilden, sich *vi* (*h*) wytworzyć się, powstać; **daraus hat sich eine Partnerschaft herausgebildet** z tego powstało partnerstwo

herausfallen (fällt heraus, fiel heraus, herausgefallen) *vi* (*s*) wypadać; **zum <aus dem> Fenster ~** wypaść z okna

herausfinden (findet heraus, fand heraus, herausgefunden) *vt* (*h*) trafiać do wyjścia

herauskommen (kommt heraus, kam heraus herausgekommen) *vi* (*s*) wychodzić

herausstellen *vt* (*h*) wystawiać (**Blumen in den Regen** kwiaty na deszcz); **sich ~** *vr* (*h*) okazywać się

herb *adj* cierpki, wytrawny; **~er Wein** cierpkie <wytrawne> wino

herbei *adv* tu obok

herbeiführen *vt* (*h*) sprowadzać; powodować; **ein Unglück ~** spowodować nieszczęście

Herbst *m*, **-es, -e** jesień *f*

Herde *f*, **-, -n** stado *n*

herein *adv* do wnętrza; **~!** proszę wejść!

hereinfallen (fällt herein, fiel herein, hereingefallen) *vi* (*s*) wpaść, *pot.* dać się na coś nabrać; **da bin ich schön hereingefallen!** ale wpadłem!

hereingehen (geht herein, ging herein, hereingegangen) *vi* (*s*) wchodzić, zmieścić się

hereinkommen (kommt herein, kam herein, hereingekommen) *vi* (*s*) wchodzić; **kommen Sie, bitte, herein** proszę wejść

Hering *m*, **-s, -e** śledź *m*; kołek namiotowy

Herkunft *f*, **-, (-künfte)** pochodzenie *n*; **seine ~ ist unbekannt** jego pochodzenie jest nieznane

hermetisch *adj, adv* hermetyczn-y/ie

Herr *m*, **-n, -en** pan *m*; **~ der Situation sein** być panem sytuacji; **sehr geehrter ~!** Wielce Szanowny Panie!

Herrenanzug *m*, **-(e)s, -anzüge** ubranie męskie, garnitur *m*

herrenlos *adj* bezpański, niczyj; **ein ~er Hund** bezpański pies

Herrenschuhe *pl* buty męskie

herrlich *adj, adv* wspania-ły/le, świetn-y/ie

Herrschaft *f*, **-, -en** panowanie *n*, władza *f*; **unter seiner ~** za jego panowania; **meine ~en!** panie i panowie! (*zwł. iron.*)

herrschen *vi* (*h*) panować; **über jmdn ~** panować nad kimś

herstellen *vt* (*h*) produkować; **Autos ~** produkować samochody

Hersteller *m*, **-s, -** producent *m*

herum *adv* naokoło, dookoła; **um etw. ~** naokoło czegoś; **um die**

Ecke ~ za rogiem (*np.* skręcić)

herumfahren (fährt herum, fuhr herum, herumgefahren) *vi* (*s*) objeżdżać; **in der Welt ~** podróżować po świecie

herumführen *vt* (*h*) oprowadzać; *przen.* **jmdn an der Nase ~** wodzić kogoś za nos

herumlaufen (läuft herum, lief herum, herumgelaufen) *vi* (*s*) biegać naokoło (**um etw.** czegoś)

herumtreiben, sich (treibt sich herum, trieb sich herum, hat sich herumgetrieben) *vr* (*h*) włóczyć się, wałęsać się

herunter *adv* na dół, w dół

herunterfallen (fällt herunter, fiel herunter, heruntergefallen) *vi* (*s*) spadać

herunterkommen (kommt herunter, kam herunter, heruntergekommen) *vi* (*s*) schodzić (na dół); *przen.* podupadać, ubożeć

herunterschlucken *vt* (*h*) połykać, przełykać

heruntersteigen (steigt herunter, stieg herunter, heruntergestiegen) *vi* (*s*) schodzić; **vom Berg ~** schodzić z góry

herunterziehen (zieht herunter, zog herunter, heruntergezogen) *vt* (*h*) ściągać (na dół)

hervor *adv* na wierzch; na zewnątrz

hervorkommen (kommt hervor, kam hervor, hervorgekommen) *vi* (*s*) wychodzić

hervorragen *vi* (*h*) wystawać, sterczeć; **unter einer Sache ~** wystawać spod czegoś

hervorragend *adj* wybitny, znakomity

hervorrufen (ruft hervor, rief hervor, hervorgerufen) *vt* (*h*) wywoływać, powodować

hervortreten (tritt hervor, trat hervor, hervorgetreten) *vi* (*s*) występować; **hinter dem Vorhang ~** wyjść zza kurtyny

Herz *n*, **-ens**, **-en** serce *n*
Herzanfall *m*, **-(e)s, -anfälle** atak serca
Herzinfarkt *m*, **-(e)s, -e** zawał serca
herzlich *adj, adv* serdeczn-y/ie; **~e Grüße** serdeczne pozdrowienia
Herzog *m*, **-s, Herzöge** książę *m*
Herztransplantation *f*, **-, -en** transplantacja serca
heterosexuell *adj* heteroseksualny
Heu *n*, **-(e)s** siano *n*
Heuchelei *f*, **-, -en** obłuda *f*, hipokryzja *f*
heulen *vi* (*h*) wyć; *pot.* płakać, ryczeć
heute *adv* dziś, dzisiaj
heutzutage *adv* obecnie
Hexe *f*, **-, -en** czarownica *f*, wiedźma *f*
Hieb *m*, **-(e)s, -e** uderzenie *n*, cios *m*
hier *adv* tu, tutaj; **ich bin nicht von ~** nie jestem tutejszy
hierher *adv* tutaj, na to miejsce
Hilfe *f*, **-, -n** pomoc *f*
hilflos *adj* bezradny
Hilfsmittel *n*, **-s, -** środek pomocniczy
Himbeere *f*, **-, -n** malina *f*
Himmel *m*, **-s, (-)** niebo *n*
himmelblau *adj* błękitny
Himmelsrichtung *f*, **-, -en** strona świata
hin *adv* tam (*w tamtą stronę*); **ich will nicht ~** nie chcę tam pójść; **bis zur Mauer ~** aż do muru; **~ und her** tam i z powrotem
hinab *adv* w dół, na dół
hinabsteigen (steigt hinab, stieg hinab, hinabgestiegen) *vi* (*s*) schodzić
hinauf *adv* na górę; **den Berg ~** na górę
hinaufgehen (geht hinauf, ging hinauf, hinaufgegangen) *vi* (*s*) iść pod górę <w górę>; *przen.* **die Preise gehen hinauf** ceny idą w górę
hinaufsteigen (steigt hinauf, stieg hinauf, hinaufgestiegen) *vi* (*s*) iść w górę <na górę>; **die Treppe ~** iść schodami na górę
hinaus *adv* na zewnątrz; **zur Tür ~** za drzwi

hinausführen *vt* (*h*) wyprowadzać (**jmdn <etw.>** kogoś <coś>)

hinausgehen (geht hinaus, ging hinaus, hinausgegangen) *vi* (*s*) wychodzić

hinauswerfen (wirft hinaus, warf hinaus, hinausgeworfen) *vt* (*h*) wyrzucać; **etw. zum Fenster <zur Tür> ~** wyrzucić coś przez okno <za drzwi>

hinausziehen (zieht hinaus, zog hinaus, hinausgezogen) *vt* (*h*) wyciągać, zwlekać; *vi* (*s*) wyjeżdżać; **aufs Land ~** wyprowadzić się na wieś

hinbringen (bringt hin, brachte hin, hingebracht) *vt* (*h*) zanosić, zaprowadzać (*na wskazane miejsce*)

hindern *vt* (*h*) przeszkadzać; **jmdn an <bei> der Arbeit ~** przeszkadzać komuś w pracy

Hindernis *n*, **-ses, -se** przeszkoda *f*

hinein *adv* do wnętrza

hineinfallen (fällt hinein, fiel hinein, hineingefallen) *vi*(*s*) wpadać; **in ein Loch ~** wpaść w dziurę

hineingehen (geht hinein, ging hinein, hineingegangen) *vi* (*s*) wchodzić (*do wnętrza*)

hineinpassen *vi* (*h*) pasować, nadawać się; **der Schlüssel passt hinein** (ten) klucz pasuje

hinfahren (fährt hin, fuhr hin, hingefahren) *vt* (*h*) zawozić; *vi* (*s*) pojechać

hinfällig *adj* chylący się ku upadkowi

Hingabe *f*, **-** oddanie się *n*, poświęcenie *n*

hingehen (geht hin, ging hin, hingegangen) *vi* (*s*) iść (*w dane miejsce*); **wo gehst du hin?** dokąd idziesz?

hinken *vi* (*h*) utykać, kuleć

hinreißen (reißt hin, riss hin, hingerissen) *vt* (*h*) porywać; wprawić w zachwyt

hinrichten *vt* (*h*) wykonać karę śmierci; **einen**

Verbrecher ~ stracić zbrodniarza

Hinsicht *f*, **-, -en** względ *m;* **in ~ auf...** ze względu na...

hinsichtlich *praep* względem (*czegoś*); odnośnie do; **~ dieses Umstandes** odnośnie do tej okoliczności

hinten *adv* w tyle, z tyłu

hinter *praep* za, poza; **~ dem Schrank** za szafą; **~ den Schrank** za szafę

hintergehen (hintergeht, hinterging, hintergegangen) *vt* (*h*) podejść, przechytrzyć (**jmdn** kogoś)

Hintergrund *m*, **-(e)s, -gründe** tło *n*, podłoże *n*; **im ~** w tle, na drugim planie

Hinterhalt *m*, **-(e)s, -e** zasadzka *f*, pułapka *f*

hinterlassen (hinterlässt, hinterließ, hinterlassen) *vt* (*h*) pozostawić po sobie; **eine Nachricht ~** zostawić wiadomość

Hintern *m*, **-s, -** tyłek *m*, pośladki *pl*

Hinterrad *n*, **-(e)s, -räder** tylne koło

hintragen (trägt hin, trug hin, hingetragen) *vt* (*h*) zanosić (*we wskazane miejsce*)

hinunterschlucken *vt* (*h*) (po)łykać

Hinweis *m*, **-es, -e** wskazówka *f*; **jmdm einen ~ geben** dać komuś wskazówkę

hinweisen (weist hin, wies hin, hingewiesen) *vi* (*h*) wskazywać (**auf etw.** na coś)

hinzufügen *vt* (*h*) dodawać <dopowiadać> (**dazu** do tego)

Hippie *m*, **-s, -s** hipis *m*

Hirn *n*, **-(e)s, -e** mózg *m*; *kulin.* móżdżek *m*; *pot.* rozum *m*; **sein ~ anstrengen** wytężać umysł

Hirnhaut *f*, **-** *anat.* opona mózgowa

Hirsch *m*, **-es, -e** jeleń *m*

Hit *m*, **-s, -s** przebój *m*, hit *m*

Hitze *f*, **-** upał *m*, skwar *m*

Hitzkopf *m*, **-es, -köpfe** zapaleniec *m*; raptus *m*

Hobby *n*, **-s, -s** hobby *n*, konik *m*

hoch (höher, am höchsten) *adj* wysoki; *adv* wysoko
hochachtungsvoll *adj, adv* pełen szacunku; z poważaniem (*w listach*)
hochhalten (hält hoch, hielt hoch, hochgehalten) *vt* (*h*) trzymać w górze
Hochhaus *n*, **-es, -häuser** wysokościowiec *m*, wieżowiec *m*
Hochmut *m*, **-(e)s** pycha *f*
hochmütig *adj, adv* wynio-sły/śle, butn-y/ie
Hochschule *f*, **-, -n** szkoła wyższa
Hochspannung *f*, **-** *elektr.* wysokie napięcie
höchst *adj, adv* najwyższy; w najwyższym stopniu; *adv* nadzwyczaj, ogromnie; **es ist die ~e Zeit** jest najwyższy czas; **das ist ~ interessant** to jest nadzwyczaj interesujące
höchstens *adv* (co) najwyżej
Höchststrafe *f*, **-, -n** najwyższy wymiar kary
Hochwasser *n*, **-s** powódź *f*
Hochzeit *f*, **-, -en** wesele *n*
Hochzeitsreise *f*, **-, -n** podróż poślubna
Hocker *m*, **-s, -** (wysoki) stołek *m*; *pot.* częsty bywalec (*np. piwiarni*)
Hockey *n*, **-s** hokej *m*
Hockeyschläger *m*, **-s, -** kij hokejowy
Hof *m*, **-(e)s, Höfe** dziedziniec *m*, podwórze *n*; *hist.* dwór *m*; **im <auf dem> ~** na podwórku
hoffen *vt* (*h*) spodziewać się, mieć nadzieję; **wir ~ es** spodziewamy się tego; *vi* (*h*) spodziewać się (**auf etw.** czegoś)
Hoffnung *f*, **-, -en** nadzieja *f*
hoffnungslos *adj, adv* beznadziejn-y/ie
höflich *adj, adv* uprzejm-y/ie
Höflichkeit *f*, **-, -en** uprzejmość *f*, grzeczność *f*
Höhepunkt *m*, **-(e)s, -e** punkt kulminacyjny
hohl *adj* wydrążony, pusty, wklęsły

Höhle *f*, **-**, **-n** jaskinia *f*, nora *f*
holen *vt* (*h*) iść po coś, przynieść; zaczerpnąć; **jmdn ~** sprowadzić kogoś; **jmdn ~ lassen** posłać po kogoś; **etw. aus der Tasche ~** wyjąć coś z kieszeni; **sich eine Krankheit ~** nabawić się choroby; **Atem ~** zaczerpnąć tchu
Holländer *m*, **-s**, **-** Holender *m*
Holländerin *f*, **-**, **-en** Holenderka *f*
Hölle *f*, **-** piekło *n*
holp(e)rig *adj, adv* nierówn-y/o, wyboi-sty/ście; **ein ~er Weg** wyboista droga
Holz *n*, **-es** drewno *n*
hölzern *adj* drewniany; *przen.* sztywny; **er benimmt sich ~** zachowuje się sztywno
Holzhaus *n*, **-es**, **-häuser** dom drewniany
Honig *m*, **-s** miód pszczeli
Honorar *n*, **-s**, **-e** honorarium *n*
Hopfen *m*, **-s** chmiel *m*; **da ist ~ und Malz verloren** szkoda czasu i atłasu
hören *vt* (*h*) słuchać, słyszeć; **kannst du mich ~?** czy mnie słyszysz?; **Musik ~** słuchać muzyki; *vi* (*h*) (u)słuchać (**auf jmdn** kogoś)
Hörer *m*, **-s**, **-** słuchawka (*telefoniczna*)
Horizont *m*, **-(e)s**, **-e** widnokrąg *m*, horyzont *m*
horizontal *adj* poziomy, horyzontalny
Horn *n*, **-(e)s**, **Hörner** róg *m* (*zwierzęcia*); *muz.* róg *m*, trąbka *f*
Hörsaal *m*, **-s**, **-säle** sala wykładowa
Hose *f*, **-**, **-n** spodnie *pl*
Hosenbein *n*, **-(e)s**, **-e** nogawka *f*
Hosenschlitz *m*, **-es**, **-e** rozporek *m* (*u spodni*)
Hosenträger *pl* szelki *pl*
Hospiz *n*, **-es**, **-e** przytułek *m*, schronisko *n*
Hotel *n*, **-s**, **-s** hotel *m*; **im ~ absteigen <übernachten>** zatrzymać się <przenocować> w hotelu

Hubraum *m*, **-(e)s** *mot.* litraż *m*
hübsch *adj* ładny; przystojny; **ein ~es Mädchen** ładna dziewczyna
Hubschrauber *m*, **-s**, **-** helikopter *m*
Hufeisen *n*, **-s**, **-** podkowa *f*
Hüfte *f*, **-**, **-n** *anat.* biodro *n*
Hügel *m*, **-s**, **-** pagórek *m*
Huhn *n*, **-(e)s**, **Hühner** kura *f*
Hülle *f*, **-**, **-n** osłona *f*, powłoka *f*; **in ~ und Fülle** pod dostatkiem
Hülse *f*, **-**, **-n** *wojsk.* łuska *f*; gilza *f*
humanitär *adj, adv* humanitarn-y/ie, ludzki, po ludzku
Hummer *m*, **-s**, **-** homar *m*
Humor *m*, **-s**, **-e** humor *m*; dowcip *m*; **Sinn für ~ haben** mieć poczucie humoru
Hund *m* **-(e)s**, **-e** pies *m*
Hundehalsband *n*, **-(e)s**, **-bänder** obroża *f*
hundert *num* sto
hundertfach *adj, adv* stokrotn-y/ie
hunderttausend *num* sto tysięcy
Hündin *f*, **-**, **-nen** suka *f*
Hunger *m*, **-s** głód *m*; **~ haben** być głodnym
hungern *vi* (*h*) głodować
Hungerstreik *m*, **-(e)s**, **-s** głodówka *f*, strajk głodowy; **in ~treten** przystąpić do strajku głodowego
hungrig *adj* głodny
Hupe *f*, **-**, **-n** klakson *m*
hupen *vi* (*h*) trąbić (*klaksonem*)
Hürdenlauf *m*, **-(e)s**, **-läufe** *sport* bieg przez płotki
husten *vi* (*h*) kaszleć
Husten *m*, **-s** kaszel *m*
Hut[1] *m*, **-(e)s**, **Hüte** kapelusz *m*
Hut[2] *f*, **-**, **-en** straż *f*, piecza *f*; **vor jmdm auf der ~ sein** mieć się przed kimś na baczności
hüten *vt* (*h*) strzec, pilnować; **sich ~** *vr* (*h*) strzec się (**vor jmdm <vor etw.>** kogoś <czegoś>)
Hütte *f*, **-**, **-n** huta *f*; chata *f*
Hyäne *f*, **-**, **-n** *zool.* hiena *f*; *przen.* człowiek bez skrupułów

Hydrant *m*, **-en**, **-en** hydrant *m*
hygienisch [wym.: hygie...] *adj, adv* higieniczn-y/ie
Hymne *f*, **-**, **-n** hymn *m*
Hypnose *f*, **-**, **-n** hipnoza *f*
Hypothek *f*, **-**, **-en** hipoteka *f*

I

ich *pron* ja; **~ bin es** to ja
ideal *adj, adv* idealn-y/ie, doskona-ły/le
Idee *f*, **-**, **-n** idea *f*; pomysł *m*; **auf die ~ kommen** wpaść na pomysł
identifizieren *vt* (*h*) identyfikować
identisch *adj, adv* identyczn-y/ie, jednakow-y/o
Idiot *m*, **-en**, **-en** idiota *m*
Idol *n*, **-s**, **-e** idol *m*, bożyszcze *n*
Igel *m*, **-s**, **-** jeż *m*
Ignoranz *f*, **-** ignorancja *f*, nieuctwo *n*
ihm *pron* mu, jemu
ihn *pron* go, jego
ihnen *pron* im; **Ihnen** panu, pani, państwu
ihr *pron* wy; jej; ich; **Ihr** pański, pana, pani; państwa
Ikone *f*, **-**, **-n** ikona *f*
illegal *adj, adv* nielegaln-y/ie
Illusion *f*, **-**, **-en** iluzja *f*, złudzenie *n*,
Illusionist *m*, **-en**, **-en** marzyciel *m*
Illustration *f*, **-**, **-en** ilustracja *f*
Imbiss *m*, **Imbisses**, **Imbisse** przekąska *f*
imitieren *vt* (*h*) imitować, naśladować
Imker *m*, **-s**, **-** pszczelarz *m*
immer *adv* zawsze, wciąż; coraz; **~ besser <mehr, schlimmer>** coraz lepiej <więcej, gorzej>
immerhin *adv* bądź co bądź
Immobilien *pl* nieruchomości *pl*
immun *adj* odporny (**gegen etw.** na coś)

Impertinenz *f*, **-**, **-en** impertynencja *f*, bezczelność *f*, zuchwalstwo *n*

impfen *vt* (*h*) szczepić (*ludzi*); **Kinder gegen Pocken ~** szczepić dzieci przeciw ospie

imponieren *vi* (*h*) imponować (**jmdm** komuś)

importieren *vt* (*h*) importować

Impotenz *f*, **-**, **-en** impotencja *f*

improvisieren *vt, vi* (*h*) improwizować

Impuls *m*, **-es**, **-e** impuls *m*, podnieta *f*

imstande sein *adv* być w stanie, móc; **~, etwas zu tun** być w stanie coś zrobić

in *praep* w; do; za; **in der Schule** w szkole; **in die Schule gehen** iść do szkoły; **in einer Stunde** za godzinę

inbegriffen *adj, adv* włączony; włącznie; **die Kosten (sind) ~** włącznie z kosztami

Inbetriebnahme *f*, **-** uruchomienie *n* (*zakładu, fabryki*)

indem *conj* (podczas) gdy, kiedy, gdy; **~ er sprach** (podczas) gdy mówił

indessen, indes *conj* podczas gdy; *adv* tymczasem

indirekt *adj, adv* pośredn-i/io; *gram.* **~e Rede** mowa zależna

indisch *adj* indyjski, hinduski; *adv* po indyjsku <hindusku>

indiskret *adj, adv* niedyskretn-y/ie

individuell *adj, adv* indywidualn-y/ie

Industrie *f*, **-**, **-n** przemysł *m*

industriell *adj* przemysłowy

ineinander *adv* jedno w drugie; **~ verliebt sein** być zakochanym z wzajemnością

Infarkt *m*, **-(e)s**, **-e** *med.* zawał *m*

Infektion *f*, **-**, **-en** infekcja *f*, zakażenie *n*

Infenktionskrankheit *f*, **-**, **-en** choroba zakaźna

Inflation *f*, **-**, **-en** inflacja *f*

infolge *praep* wskutek, z powodu; **~ seiner Unfä-**

higkeit z powodu jego braku umiejętności

infolgedessen *adv* wskutek tego, przez to

Informatik *f*, **-** informatyka *f*

Informationsbüro *n*, **-s**, **-s** biuro informacyjne; *zob.* **Auskunftsbüro**

informell *adj, adv* nieformaln-y/ie

informieren *vt* (*h*) informować (**jmdn** kogoś); **sich ~** dowiadywać się (**über etw.** o czymś)

Ingenieur [wym.: ...ör] *m*, **-s**, **-e** inżynier *m*

Inhaber *m*, **-s**, **-** właściciel *m*, posiadacz *m*

Inhalt *m*, **-(e)s**, **-e** treść *f*; zawartość *f*; **der ~ des Gefäßes** zawartość naczynia

Inhaltsverzeichnis *n*, **-ses**, **-se** spis treści

Initiative *f*, **-**, **-n** inicjatywa *f*, bodziec *m*

Injektion *f*, **-**, **-en** *med.* iniekcja *f*, zastrzyk *m*

inklusive *adv* włącznie

Inland *n*, **-(e)s** kraj *m* (rodzinny); **im ~ und Ausland** w kraju i za granicą

inländisch *adj* krajowy, wewnętrzny

inmitten *adv, praep* w środku, wśród

innen *adv* wewnątrz, w środku; **nach ~** do wnętrza

Innenministerium *n*, **-s**, **-rien** ministerstwo spraw wewnętrznych

Innenstadt *f*, **-**, śródmieście *n*

inner *adj* wewnętrzny; **das ~e Tor** brama wewnętrzna

innerhalb *praep* wewnątrz; w ciągu; **~ eines Jahres** w ciągu roku

innerlich *adj* wewnętrzny

Inschrift *f*, **-**, **-en** napis ryty (*np. na pomnikach itp.*), inskrypcja *f*

Insekt *n*, **-(e)s**, **-en** owad *m*

Insel *f*, **-**, **-n** wyspa *f*

Inselgruppe *f*, **-**, **-n** archipelag *m*

Inserat *n*, **-(e)s**, **-e** ogłoszenie *n* (*w gazecie*)

inserieren *vt* (*h*) ogłaszać się (*w gazecie*)

insgeheim *adv* potajemnie, po kryjomu
insgesamt *adv* ogółem
Inspektor *m*, **-s**, **-en** inspektor *m*, wizytator *m*
Installation *f*, **-**, **-en** instalacja *f*, urządzenie *n*
Instinkt *m*, **-(e)s**, **-e** instynkt *m*
Institut *n*, **-(e)s**, **-e** instytut *m*, zakład naukowy
Institution *f*, **-**, **-en** instytucja *f*
Instruktion *f*, **-**, **-en** instrukcja *f*, wskazówka *f*
Instrument *n*, **-(e)s**, **-e** narzędzie *n*, instrument *m*
integral *adj* integralny
Integral *n*, **-s**, **-e** *mat.* całka
intelligent *adj, adv* inteligentn-y/ie
intensiv *adj, adv* intensywn-y/ie
interessant *adj, adv* interesując-y/o
Interesse *n*, **-s**, **-n** zainteresowanie *n*; interes *m*; korzyść *f*; **für jmdn <für etw.> ~ haben** interesować się kimś <czymś>; **mit großem ~** z dużym zainteresowaniem
interessieren *vt* (*h*) interesować, zajmować; **jmdn für etw. ~** zainteresować kogoś czymś; **sich ~** *vr* (*h*) interesować się (**für etw.** czymś)
intern *adj* wewnętrzny
Internat *n*, **-(e)s**, **-e** internat *m*, bursa *f*
international *adj* międzynarodowy
Internet *n*, **-s**, **-s** Internet *m*
Intervention *f*, **-**, **-en** interwencja *f*
Interview *n*, **-s**, **-s** wywiad *m*
interviewen *vt* (*h*) przeprowadzać wywiad (**jmdn** z kimś)
Intrige *f*, **-**, **-n** intryga *f*
intuitiv *adj* intuicyjny
Inventur *f*, **-**, **-en** inwentaryzacja *f*; remanent *m*
investieren *vt* (*h*) inwestować
inzwischen *adv* tymczasem
irdisch *adj* ziemski, doczesny; *poet.* **die ~en Überreste** doczesne szczątki
irgend *adv* **~ jemand**

ktoś, ktokolwiek; **~ etw.** coś, cokolwiek; **irgendein** jakikolwiek, jakiś; **irgendwann** kiedykolwiek, kiedyś; **irgendwer** ktokolwiek, ktoś; **irgendwie** jakoś; **irgendwo** gdzieś; **irgendwohin** dokądkolwiek, dokądś

irisch *adj* irlandzki; *adv* po irlandzku

Ironie *f*, **-**, **-n** ironia *f*

irrational *adj, adv* irracjonaln-y/ie

irre *adj* błędny, obłąkany; **ein ~r Blick** błędny wzrok

irreal *adj* nierzeczywisty

irreführen *vt* (*h*) wprowadzić w błąd (**jmdn** kogoś)

irregulär *adj, adv* nieregularn-y/ie

irremachen *vt* (*h*) zbić z tropu; **sich nicht ~ lassen** nie dać się zbić z tropu

irren *vi* (*s*) błądzić; chodzić <jeździć> bez celu; **er irrte durch die Gegend** tułał się po okolicy; **sich ~** *vr* (*h*) mylić się

Irrenanstalt *f*, **-**, **-en** zakład dla obłąkanych

Irrsinn *m*, **-(e)s** obłęd *m*

irrsinnig *adj* obłąkany

Irrtum *m*, **-s**, **Irrtümer** błąd *m*, omyłka *f*; **im ~ sein** mylić się

irrtümlich *adj, adv* błędn-y/ie, myln-y/ie

Islam *m*, **-s** islam *m*

isländisch *adj* islandzki; *adv* po islandzku

isolieren *vt* (*h*) izolować, odosobnić

Isolierung *f*, **-** izolacja *f*, odosobnienie *n*

israelisch *adj* izraelski

Italiener *m*, **-s**, **-** Włoch *m*

Italienerin *f*, **-**, **-nen** Włoszka *f*

italienisch *adj* włoski, *adv* po włosku

J

ja *part* tak; przecież; **Sie wissen ja** pan/pani przecież wie; **ja sagen** zgadzać się

Jącht, Yacht *f*, **-**, **-en** jacht *m*

Jacke *f*, **-**, **-en** kurtka *f*
Jackett *n*, **-(e)s**, **-e** marynarka *f*, żakiet *m*
Jagd *f*, **-**, **en** polowanie *n*, łowy *pl*
Jagdflugzeug *n*, **-(e)s**, **-e** samolot myśliwski
jagen *vt* (*h*) pędzić, gonić; polować (**auf etw.** na coś); **jmdn aus dem Haus ~** wypędzić kogoś z domu; *vi* (*s*) pędzić, biec
Jäger *m*, **-s**, **-** myśliwy *m*
Jahr *n*, **-(e)s**, **-e** rok *m*; **im ~ e...** w roku...; **~ für ~** corocznie
Jahrbuch *n*, **-(e)s**, **-bücher** rocznik *m*
Jahresbilanz *f*, **-**, **-en** bilans roczny
Jahrestag *m*, **-(e)s**, **-e** rocznica *f*
Jahreszeit *f*, **-**, **-en** pora roku
Jahrhundert *n*, **-(e)s**, **-e** stulecie *n*, wiek *m*; **im 20./XX. ~ <Jh.>** w XX wieku <w.>
Jahrhundertwende *f*, **-**, **-n** przełom wieków; **an der ~** na przełomie wieków
jährlich *adj, adv* roczn-y/ie, coroczn-y/ie
Jahrmarkt *m*, **-(e)**, **s**, **-märkte** jarmark *m*
Jahrtausend *n*, **-(e)s**, **-e** tysiąclecie *n*, milenium *n*
Jahrzehnt *n*, **-(e)s**, **-e** dziesięciolecie *n*
jämmerlich *adj, adv* żałosn-y/ie
jammern *vi* (*h*) narzekać, lamentować; *vt* (*h*) ubolewać, żałować; **sein Schicksal jammert mich** ubolewam nad jego losem
Januar *m*, **-s**, **-e** styczeń *m*; **im ~** w styczniu
japanisch *adj* japoński; *adv* po japońsku
Jasmin *m*, **-s**, **-e** jaśmin *m*
jawohl *adv* tak jest
Jazz *m*, **-** jazz *m*
je *adv* kiedykolwiek; *pron* co; po; **je zwei** po dwa <dwóch>; **je zwei Jahre** co dwa lata; *conj* **je schneller, desto besser** im prędzej, tym lepiej
Jeans *f*, **-**, **-**, **Jeanshose** *f*, **-**, **-n** dżinsy *pl*
jedenfalls *adv* w każdym razie

jeder (jede, jedes) *pron* każdy (każda, każde); **jeden Tag** codziennie; **jede Woche** co tydzień; **zu jeder Zeit** o każdej porze; **auf jeden Fall** w każdym razie
jemals *adv* kiedykolwiek
jemand *pron* ktoś
jener (jene, jenes) *pron* ów (owa, owo); tamten (tamta, tamto)
jenseits *praep* z tamtej strony; **~ der Grenze** po tamtej stronie granicy
Jenseits *n*, **-** tamten świat; *przen.* **jmdn ins ~ befördern** wyprawić kogoś na tamten świat
jetzt *adv* teraz, obecnie; **von ~ ab** od teraz
jeweilig *adj, adv* każdorazow-y/o, obecn-y/ie; **sich den ~en Umständen anpassen** każdorazowo dostosować się do okoliczności
joggen *vi* (*h*) uprawiać jogging
Joghurt *m*, **-s** jogurt *m*
Johanisbeere *f*, **-**, **-n** porzeczka *f*
Journal [wym.: żur...] *n*, **-s**, **-e** dziennik *m*, żurnal *m*
Journalist [wym.: żur...] *m*, **-en**, **-en** dziennikarz *m*
Joystick *m*, **-s**, **-s** dżojstik *m*
Jubel *m*, **-s**, radość *f*
jubeln *vi* (*h*) radować się, triumfować; **über etw. ~** radować się z czegoś
Jubilar *m*, **-s**, **-e** jubilat *m*
Jubiläum *n*, **-s**, **Jubiläen** jubileusz *m*
jucken *vi* (*h*) swędzić; **die Haut juckt mich** skóra mnie swędzi
Jude *m*, **-n**, **-n** Żyd *m*
Jüdin *f*, **-**, **-nen** Żydówka *f*
jüdisch *adj* żydowski; *adv* po żydowsku
Judo *n*, **-s** *sport* dżudo *n*
Jugend *f*, **-** młodość *f*; młodzież *f*; **von ~ auf** od młodości
Jugendherberge *f*, **-**, **-n** schronisko dla młodzieży
jugendlich *adj, adv* młodzieńcz-y/o
Jugendliche(r) *m*, **-n**, **-n** młodociany *m*
jugoslawisch *adj* jugosło-

wiański; *adv* po jugosłowiańsku

Juli *m*, **-(s)**, **-s** lipiec *m*; **im ~** w lipcu

jung *adj, adv* młod-y/o; **von ~ auf** od wczesnej młodości

Junge *m*, **-n**, **-n** chłopiec *m*

Jungfrau *f*, **-**, **-en** dziewica *f*; *rel.* **die ~ Maria** Dziewica Maryja

Juni *m*, **-(s)**, **-s** czerwiec *m*; **im ~** w czerwcu

Junior *m*, **-s**, **-en** junior *m*

Jurist *m*, **-en**, **-en** prawnik *m*

Jury *f*, **-**, **-s** jury *n*

Juwel *n*, **-s**, **-en** klejnot *m*

Juwelier *m*, **-s**, **-e** jubiler *m*

K

Kabarett *n*, **-(e)s**, **-e** kabaret *m*

Kabelanschluss *m*, **-es**, **-schlüsse** połączenie kablowe

Kabine *f*, **-**, **-en** kabina *f*

Kabinett *n*, **-(e)s**, **-e** Rada Ministrów, gabinet *m*, rząd *n*; pokój *m*, gabinet *m*

Kachel *f*, **-**, **-n** kafel *m*

Kader *m*, **-s**, **-** kadra *f*, kadry *pl*

Kaderabteilung *f*, **-**, **-en** dział <biuro> kadr

Käfer *m*, **-s**, **-** chrząszcz *m*, chrabąszcz *m*

Kaffee *m*, **-s** kawa *f*

Kaffeemaschine *f*, **-**, **-n** ekspres do kawy

Kaffeemühle *f*, **-**, **-n** młynek do kawy

kahl *adj* łysy; **ein ~er Kopf** łysa głowa

Kaiser *m*, **-s**, **-** cesarz *m*

Kaiserreich *n*, **-(e)s**, **-e** cesarstwo *n*

Kalb *n*, **-(e)s**, **Kälber** cielę *n*, cielak *m*

Kalbfleisch *n*, **-es** cielęcina *f*

Kalbsbraten *m*, **-s** pieczeń cielęca

Kalender *m*, **-s**, **-** kalendarz *m*

Kalk *m*, **-(e)s**, **-e** wapno *n*

Kalorie *f*, **-**, **-n** kaloria *f*

kalt *adj, adv* zimn-y/o,

chłodn-y/o; **es ist ~** jest zimno

kạltblütig *adj* zimnokrwisty, *adv* z zimną krwią

Kạ̈lte *f*, **-** zimno *n*, chłód *m*

Kamel *n*, **-s**, **-e** wielbłąd *m*

Kạmera *f*, **-**, **-s** aparat fotograficzny; *film* kamera *f*

Kamerad *m*, **-en**, **-en** towarzysz *m*, kolega *m*

Kamịlle *f*, **-**, **-n** rumianek *m*

Kamịlentee *m*, **-s** herbata rumiankowa <z rumianku>

Kamin *m*, **-s**, **-e** komin *m*; kominek *m*

Kạmm *m*, **-(e)s**, **Kämme** grzebień *m*

kạ̈mmen *vt* (*h*) czesać; **sich ~** *vr* (*h*) czesać się

Kạmmer *f*, **-**, **-n** komora *f*; izba *f*

Kạmmermusik *f*, **-** muzyka kameralna

Kạmpf *m*, **-(e)s**, **Kämpfe** walka *f*, bój *m*; **den ~ ansagen** wypowiedzieć walkę

kạ̈mpfen *vi* (*h*) walczyć (**mit jmdm** z kimś; **gegen jmdn** przeciw komuś; **um etw.** o coś)

Kạ̈mpfer *m*, **-s**, **-** bojownik *m*

Kạmpfspiel *n*, **-(e)s**, **-e** *sport* turniej (rycerski)

kanadisch *adj* kanadyjski

Kanal *m*, **-s**, **Kanäle** kanał *m*

Kanarienvogel *m*, **-s**, **-vögel** kanarek *m*

Kaninchen *n*, **-s**, **-** królik *n*

Kanịster *m*, **-s**, **-** kanister *m*

Kạnne *f*, **-**, **-n** dzbanek *m*

Kanone *f*, **-**, **-n** działo *n*, armata *f*; *przen.* **unter allen ~n** poniżej poziomu

Kạnte *f*, **-**, **-n** krawędź *f*, kant *m*

Kanu *n*, **-s**, **-s** kajak *m*, łódka *f*

Kanzlei *f*, **-**, **-en** kancelaria *f*

Kạnzler *m*, **-s**, **-** kanclerz *m*

Kạnzleramt *n*, **-(e)s**, **-ämter** urząd kanclerza

Kạp *n*, **-s**, **-s** przylądek *m*; **~ der Guten Hoffnung** Przylądek Dobrej Nadziei

Kapazität *f*, **-**, **-en** zdolność (produkcyjna); poziom umysłowy; *fiz.* pojemność *f*; **die ~ der Schüler** poziom umysłowy uczniów
Kapelle *f*, **-**, **-n** kaplica *f*; kapela *f*
Kapital *n*, **-s**, **-e** kapitał *m*
Kapitalismus *m*, **-** kapitalizm *m*
Kapitalist *m*, **-en**, **-en** kapitalista *m*
Kapitän *m*, **-s**, **-e** *żegl.*, *sport* kapitan *m*; **~ zur See** komandor *m*
Kapitel *n*, **-s**, **-** rozdział (książki); *rel.* kapituła *f*
Kappe *f*, **-**, **-n** czapka *f*; kaptur *m*; czepek *m*
Kapsel *f*, **-**, **-n** kapsułka *f*
kaputt *adj* zepsuty, do niczego, stracony; **etw. ~ machen** zepsuć coś; **~ gehen** zniszczyć się
Kapuze *f*, **-**, **-n** kaptur *m*
Karate *n*, **-s** karate *n*; **~ treiben** uprawiać karate
Karenz *f*, **-**, **-en** karencja *f*
Karfreitag *m*, **-(e)s**, **-e** Wielki Piątek
kariert *adj* w kratkę
Karies *f*, **-** próchnica zębów
Karneval *m*, **-s**, **-e** karnawał *m*
Karosserie *f*, **-**, **-n** karoseria *f*
Karotte *f*, **-**, **-n** marchewka *f*
Karte *f*, **-**, **-n** karta *f*; **~n spielen** grać w karty
Kartei *f*, **-**, **-en** kartoteka *f*
Kartoffel *f*, **-**, **-n** ziemniak *m*, kartofel *m*; **~n schälen** obierać ziemniaki
Kartoffelchips *pl* chipsy ziemniaczane
Kartoffelpuffer *m*, **-s**, **-** placek ziemniaczany
Karton *m*, **-s**, **-e(s)** karton *m*, tektura *f*; pudełko z tektury
Karwoche *f*, **-**, **-n** Wielki Tydzień
Käse *m*, **-s** ser *m*
Kaserne *f*, **-**, **-n** koszary *pl*
Kasse *f*, **-**, **-n** kasa *f*
Kassenschlager *m*, **-s**, **-** przebój kasowy
Kassette *f*, **-**, **-n** kaseta *f*; szkatułka *f*
kassieren *vt* (*h*) inkaso-

wać; konfiskować; unieważniać
Kassierer *m*, **-s, -** kasjer *m*
Kastanie *f*, **-, -n** kasztan *m*
Kasten *m*, **-s, Kästen** skrzynia *f*; pudło *n*
Kasus *m*, **-, -** *gram.* przypadek *m*; *prawn.* zajście *n*
Katalog m, **-s, -e** katalog *m*
Katastrophe *f*, **-, -n** katastrofa *f*, klęska *f*
kategorisch *adj, adv* kategoryczn-y/ie
Kathedrale *f*, **-, -n** katedra *f*, kościół katedralny
katholisch *adj* katolicki; *adv* po katolicku
Katze *f*, **-, -n** kot *m*
Kauf *m*, **-(e)s, Käufe** kupno *n*
kaufen *vt* (*h*) kupić; **ein Auto ~** kupić samochód
Kaufhalle *f*, **-, -n** hala targowa
Kaufhaus *n*, **-(e)s, -häuser** dom towarowy
Kaufmann *m*, **-(e)s, Kaufleute** kupiec *m*
Kaugummi *m*, **-s, -s** guma do żucia
kaum *adv* zaledwie, ledwo; z trudem; **das ist ~ zu glauben** trudno w to uwierzyć
Kautschuk *m*, **-s, -e** kauczuk *m*
keck *adj, adv* zuchwa-ły/le, rezolutn-y/ie
Kefir *m*, **-s** kefir *m*
Kegel *m*, **-s, -** kręgiel *m*; **~ spielen** grać w kręgle
Kegelbahn *f*, **-, -en** kręgielnia *f*
kegeln *vi* (*h*) grać w kręgle; **ich gehe ~** idę grać w kręgle
Kehle *f*, **-, -n** gardło *n*
Kehlkopf *m*, **-(e)s, -köpfe** krtań *f*, grdyka *f*
kehren *vt* (*h*) obracać; **sich ~** *vr* (*h*) obracać się; **sich gegen jmdn ~** zwracać się przeciw komuś
Kehricht *m*, **-(e)s** śmieci *pl*; *zob.* **Müll**
Keil *m*, **-(e)s, -e** klin *m*; klucz (*np. żurawi*)
Keim *m*, **-(e)s, -e** zarodek *m*; **im ~e ersticken** stłumić w zarodku
kein *pron* żaden; **~e Ur-**

sache! nie ma za co!; **das ist ~ Trost** to żadna pociecha

keinesfalls *adv* w żadnym razie, bynajmniej

keineswegs *adv* w żaden sposób

Keller *m*, **-s**, **-** piwnica *f*

Kellergeschoss *n*, **-geschosses**, **-geschosse** suterena *f*

Kellner *m*, **-s**, **-** kelner *m*

Kellnerin *f*, **-**, **-en** kelnerka *f*

kennen (kennt, kannte, gekannt) *vt* (*h*) znać (**jmdn <etw.>** kogoś <coś>)

kennen lernen *vt* (*h*) poznać (*kogoś*), zapoznać się, zapoznawać się (*z czymś*); **sich ~** *vr* (*h*) pozna(wa)ć się; **es freut mich, Sie kennen zu lernen** miło mi pana <panią, państwa> poznać

Kenner *m*, **-s**, **-** znawca *m*

Kenntnis *f*, **-**, **-se** wiadomość *f*; wiedza *f*; **etw. zur ~ nehmen** przyjąć coś do wiadomości

Kennzeichen *n*, **-s**, **-** oznaka *f*, znak *m*; znamię *n*, cecha *f*; **besondere ~** znaki szczególne

kennzeichnen *vt* (*h*) oznakować (**den Weg mit Schildern** drogę znakami)

Keramik *f*, **-**, **-en** ceramika *f*

Kerl *m*, **-(e)s**, **-e** *pot.* chłop *m*, chłopisko *m*; **ein guter ~** dobry chłop

Kern *m*, **-(e)s**, **-e** jądro *n*, (*rów. fiz.*), pestka *f* (*owocu*)

Kernenergie *f*, **-** energia jądrowa

Kernkraftwerk *n*, **-(e)s**, **-e** elektrownia jądrowa

Kernwaffe *f*, **-**, **-n** broń jądrowa

Kerze *f*, **-**, **-n** świeca *f*

Kessel *m*, **-s**, **-** kocioł *m*; kotlina *f*

Kesselraum *m*, **-(e)s**, **-räume** kotłownia *f*

Ketschup *m*, **-s**, **-s** keczup *m*

Kette *f*, **-**, **-n** łańcuch *m*; **den Hund an die ~ legen** uwiązać psa na łańcuchu

Kettenraucher *m*, **-s**, **-** nałogowy palacz

keuchen *vi* (*h*) dyszeć, sapać
Keule *f*, **-**, **-n** pałka *f*; tłuczek *m*; *kulin.* udziec *m*
keusch *adj, adv* czyst-y/o, niewinn-y/ie, cnotliw-y/ie
Kiefer[1] *f*, **-**, **-n** sosna *f*
Kiefer[2] *m*, **-s**, **-** szczęka *f*
Kieme *f*, **-**, **-n** skrzele *n*
Kies *m*, **-es**, **-(e)** żwir *m*
Kilo(gramm) *n*, **-s** kilogram *m*; **zwei ~** 2 kg
Kilometer *m*, **-s**, **-** kilometr *m*
Kilometerzähler *m*, **-s**, **-** licznik kilometrów
Kind *n*, **-es**, **-er** dziecko *n*; **von ~ auf** od dziecka
Kinderarzt *m*, **-es**, **-ärzte** pediatra *m*
Kindergarten *m*, **-s**, **-gärten** przedszkole *n*
Kinderkrippe *f*, **-**, **-n** żłobek *m*
kinderlos *adj, adv* bezdzietn-y/ie
Kinderwagen *m*, **-s**, **-** wózek dziecięcy
Kindheit *f*, **-** dzieciństwo *n*
kindisch *adj, adv* dziecinn-y/ie; infantyln-y/ie; **~es Benehmen** dziecinne zachowanie
Kinn *n*, **-(e)s**, **-e** *anat.* podbródek *m*, broda *f*
Kino *n*, **-s**, **-s** kino *n*
Kiosk *m*, **-es**, **-e** kiosk *m*
kippen *vt* (*h*) przechylać, wywracać (**einen Wagen** wóz); *vi* (*s*) spadać; **vom Stuhl ~** spaść z krzesła
Kippwagen *m*, **-s**, **-** samochód wywrotka
Kirche *f*, **-**, **-n** kościół *m*
Kirmes *f*, **-**, **-sen** kiermasz *m*
Kirsche *f*, **-**, **-n** wiśnia *f*; czereśnia *f*
Kissen *n*, **-s**, **-** poduszka *f*
Kiste *f*, **-**, **-n** skrzynia *f*
Kitsch *m*, **-es** kicz *m*
Kittel *m*, **-s**, **-** kitel *m*, fartuch roboczy
kitzeln *vt* (*h*) łaskotać
Klage *f*, **-**, **-n** skarga *f*, zażalenie *n* (**über etw.** na coś, **gegen jmdn** przeciw komuś); **eine ~ einreichen** wnieść skargę (*do sądu*)
klagen *vi* (*h*) skarżyć się (**über jmdn** na kogoś);

um jmdn ~ opłakiwać kogoś
Kläger *m*, **-s**, **-** *prawn.* powód *m*, oskarżyciel *m*
kläglich *adj, adv* żałosn-y/ie
Klammer *f*, **-**, **-n** klamra *f*, nawias *m*; **in ~n setzen** wziąć w nawias
Klamotten *pl* klamoty *pl*, graty *pl*, rupiecie *pl*
Klang *m*, **-(e)s**, **Klänge** dźwięk *m*, brzmienie *n*
Klappe *f*, **-**, **-n** klapa *f*; *pot.* gęba *f*; **halt die ~ zu!** stul gębę!
klappen *vi* (*h*) zgadzać się, być w porządku; **das klappt nicht** to nie jest w porządku
Klapperschlange *f*, **-**, **-n** *zool.* grzechotnik *m*
Klappstuhl *m*, **-(e)s**, **-stühle** krzesło składane
klar *adj, adv* jasn-y/o, przejrzy-sty/ście; **es ist mir ~** to jest dla mnie jasne; **über etw. im Klaren sein** zdawać sobie z czegoś sprawę
Kläranlage *f*, **-**, **-n** oczyszczalnia ścieków
klarmachen *vt* (*h*) wyjaśniać; wytłumaczyć (**jmdm etw. ~** komuś coś)
Klasse *f*, **-**, **-n** klasa *f*; warstwa społeczna; kategoria *f* (**Schulklasse** *f* klasa szkolna)
Klassenarbeit *f*, **-**, **-n** klasówka *f*
Klassengesellschaft *f*, **-**, **-en** *hist.* społeczeństwo klasowe
klassisch *adj, adv* klasyczn-y/ie; typow-y/o
klatschen *vi* (*h*) klaskać; **in die Hände ~** klaskać w ręce; **jmdm Beifall ~** oklaskiwać kogoś
klauen *vt* (*h*) (u)kraść
Klavier *n*, **-s**, **-e** fortepian *m*; **~ spielen** grać na fortepianie
Klebeband *n*, **-es**, **-bänder** taśma samoprzylepna
kleben *vi* (*h*) przylepiać się; *vt* (*h*) przylepiać, przyklejać
Klebstoff *m*, **-(e)s**, **-e** klej *m*
Klee *m*, **-s** koniczyna *f*
Kleid *n*, **-(e)s**, **-er** suknia *f*, sukienka *f*; szata *f*;

~er ubranie n; *przysł.* **~er machen Leute** jak cię widzą, tak cię piszą

kleiden *vt* (*h*) ubierać (**jmdn** kogoś); **sich ~** *vr* (*h*) ubierać się

Kleiderablage *f*, **-**, **-n** garderoba *f*, szatnia *f*

Kleiderschnitt *m*, **-(e)s**, **-e** krój *m* (*o ubraniu*)

Kleiderschrank *m*, **-(e)s**, **-schränke** szafa na ubrania

Kleiderständer *m*, **-s**, **-** wieszak stojący na ubrania

Kleidung *f*, **-**, **-en** ubranie *n*, odzież *f*

klein *adj* mały

Kleingarten *m*, **-s**, **-gärten** ogródek działkowy

Kleingeld *n*, **-(e)s** drobne *pl* (*pieniądze*)

Kleinhändler *m*, **-s**, **-** *handl.* detalista *m*

Kleinigkeit *f*, **-**, **-en** drobnostka *f*, drobiazg *m*

kleinlich *adj*, *adv* drobiazgow-y/o, małostkow-y/o

Kleinwagen *m*, **-s**, **-** samochód małolitrażowy

Klemme *f*, **-**, **-n** *techn.* kleszcze *pl*, zacisk *m*; tarapaty *pl*; *przen.* **in die ~ kommen <geraten>** wpaść w tarapaty

Klempner *m*, **-s**, **-** blacharz *m*

klettern *vi* (*s*) wspinać się (**auf einen Baum** na drzewo)

Klima *n*, **-s**, **-s** klimat *m*

Klimaanlage *f*, **-**, **-n** urządzenie klimatyzacyjne

Klimatisierung *f*, **-** klimatyzacja *f*

Klingel *f*, **-**, **-n** dzwonek *m*

klingeln *vi* (*h*) dzwonić; **es klingelt** ktoś dzwoni

klingen (klingt, klang, geklungen) *vi* (*h*) dźwięczeć, brzmieć

Klinik *f*, **-**, **-en** klinika *f*

Klinke *f*, **-**, **-en** klamka *f*

Klipp *m*, **-s**, **-s** klips *m*

Klo(sett) *n*, **-s**, **-s** *pot.* klozet *m*, ubikacja *f*; *pot.* **aufs ~ gehen** iść do ubikacji

klopfen *vi* (*h*) pukać, stukać; **an die Tür ~** pukać do drzwi

Kloster *n*, **-s**, **Klöster** klasztor *m*

Klotz *m*, **-es, Klötze** kloc *m*; kłoda *f*

Klub *m*, **-s, -s** klub *m*

Kluft *f*, **-, Klüfte** rozpadlina *f*, szczelina *f*; *przen.* przepaść *f*

klug *adj* **(klüger, am klügsten)** mądry; *adv* mądrze

Knabe *m*, **-n, -n** chłopiec *m*

knacken *vi* (*h*) trzeszczeć; *vt* (*h*) tłuc; gnieść; **Nüsse ~** tłuc orzechy

Knackwurst *f*, **-, -würste** serdelek *m*

Knall *m*, **-(e)s, -e** huk *m*, trzask *m*

knallen *vi* (*h*) (*o odgłosie*); huknąć; rzucić (*z łoskotem*); *pot.* strzelać

knapp *adj* obcisły; *adj, adv* ciasn-y/o; zwięzły/zwięźle; **ein ~er Monat** ledwie miesiąc; **die Zeit <das Geld> ist ~** jest mało czasu <pieniędzy>

knarren *vi* (*h*) trzeszczeć, skrzypieć

Knäuel *m*/*n*, **-s, -** kłębek *m*

Knauser *m*, **-s, -** sknera *m*, kutwa *m*

Knete *f*, **-** plastelina *f*; *pot.* forsa *f*

Knie *n*, **-s, -** kolano *n*

Kniehose *f*, **-, -n**, krótkie spodnie

knien *vi* (*h*) klęczeć; **sich ~** uklęknąć

Kniestrumpf *m*, **-(e)s, -strümpfe** podkolanówka *f*

Kniff *m*, **-(e)s, -e** podstęp *m*; chwyt *m*

knipsen *vi* (*h*) pstrykać; **ein Bild ~** zrobić zdjęcie; *vt* (*s*) dziurkować (bilety)

Knirps *m*, **-es, -e** malec *m*; *pot.* składana parasolka

knirschen *vi* (*h*) trzeszczeć, skrzypieć; **mit den Zähnen ~** zgrzytać zębami

knitterfest, knitterfrei *adj* nie mnący się

knittern *vi* (*h*) gnieść się

Knoblauch *m*, **-s** czosnek *m*

Knöchel *m*, **-s, -** kostka *f*

Knochen *m*, **-s, -** kość *f*

Knödel *m*, **-s, -** *kulin.* knedel *m*

Knopf *m*, **-es**, **Knöpfe** guzik *m*; gałka *f*
Knospe *f*, **-**, **-n** *bot.* pąk *m*, pączek *m*
Knoten *m*, **-s**, **-** węzeł *m*, supeł *m*; **einen ~ machen <lösen>** zawiązać <rozwiązać> supeł
knüpfen *vt* (*h*) wiązać, przywiązywać; **Kontakte zu jmdm ~** nawiązywać z kimś kontakty
Knüppel *m*, **-s**, **-** kij *m*, drąg *m*, pałka *f*
knurren *vi* (*h*) warczeć, mruczeć
knusp(e)rig *adj* chrupiący, kruchy
Kobra *f*, **-**, **-s** *zool.* kobra *f*
Koch *m*, **-(e)s**, **Köche** kucharz *m*
Kochbuch *n*, **-(e)s**, **-bücher** książka kucharska
kochen *vt* (*h*) gotować; *vi* (*h*) gotować się, kipieć
Kocher *m*, **-s**, **-** kocher *m* (*kuchenka turystyczna*)
Köchin *f*, **-**, **-nen** kucharka *f*
Köder *m*, **-s**, **-** przynęta *f*, wabik *m*
koffeinfrei *adj* bezkofeinowy
Koffer *m*, **-s**, **-** walizka *f*
Kofferradio *n*, **-s**, **-s** radioodbiornik na baterie
Kofferraum *m*, **-(e)s**, **-räume** bagażnik (samochodowy)
Kognak *m*, **-s**, **-e** koniak *m*
Kohl *m*, **-(e)s**, **(-e)** kapusta *f*
Kohle *f*, **-**, **-n** węgiel *m*; **mit ~(n) heizen** palić w piecu węglem
Kohlenbergwerk *n*, **-(e)s**, **-e** kopalnia węgla
Kohlengrube *f*, **-**, **-n** *pot.* kopalnia węgla
Kohlepapier *n*, **-s**, **-e** kalka *f* (*do kopiowania*)
Kohlrabe *m*, **-n**, **-n** kruk *m*
Kohlrabi *m*, **-(s)**, **-(s)** kalarepa *f*
Kohlrübe *f*, **-**, **-n** brukiew *f*
Kokain *n*, **-s** kokaina *f*
kokettieren *vi* (*h*) kokietować; **sie kokettiert mit ihm** ona go kokietuje
Kokosnuss *f*, **-**, **-nüsse** orzech kokosowy
Kolben *m*, **-s**, **-** *techn.* tłok *m*; kaczan (*np. kukurydzy*) *m*

Kollaps *m*, **-es**, **-e** *med.* zapaść *f*

Kolleg *n*, **-s**, **-ien** kolegium *n*; wykład uniwersytecki

Kollege *m*, **-n**, **-n** kolega *m*

Kollegin *f*, **-**, **-nen** koleżanka *f*

kollektiv *adj, adv* zbiorow-y/o, kolektywn-y/ie; **~e Interessen** zbiorowy interes

Kollision *f*, **-**, **-en** kolizja *f*, zderzenie *n*

kollisionsfrei *adj, adv* bezkolizyjn-y/ie

kölnisch *adj* koloński; **Kölnisches Wasser, Kölnischwasser** *n* woda kolońska

Kolonialwaren *pl* towary kolonialne

Kolonie *f*, **-**, **-n** kolonia *f*

Kolonne *f*, **-**, **-n** kolumna *f*

Koma *n*, **-s** *med.* śpiączka *f*

Kombination *f*, **-**, **-en** kombinacja *f*; dociekanie *n*; kombinezon *m*

Komet *m*, **-en**, **-en** kometa *f*

komfortabel *adj, adv* komfortow-y/o

komisch *adj, adv* śmieszn-y/ie, komiczn-y/ie

Komitee *n*, **-s**, **-s** komitet *m*

Komma *n*, **-s**, **-s** **<-ta>** przecinek *m*

Kommando *n*, **-s**, **-s** *wojsk.* komenda *f*; oddział *m*

kommen (kommt, kam, gekommen) *vi* (*s*) przychodzić, przybywać; **wann ~ die Gäste?** kiedy przyjdą goście?; **auf die Welt <zur> ~** przyjść na świat; **aus der Fassung ~** stracić panowanie nad sobą; **in Frage ~** wchodzić w rachubę; **ums Leben ~** postradać życie; **zu Hilfe ~** przyjść na pomoc; **jmdn abholen ~** przyjść po kogoś

Kommentar *m*, **-s**, **-e** komentarz *m*

kommentieren *vt* (*h*) komentować

Kommune *f*, **-**, **-n** gmina *f*, komuna *f*

Kommunion *f*, **-**, **-en** komunia *f*; **zur ~ gehen** iść do komunii

Kompaktschallplatte *f*, **-**, **-n** płyta kompaktowa
Kompanie *f*, **-**, **-n** *wojsk.* kompania *f*
Kompass *m*, **-es**, **-e** kompas *m*
kompetent *adj* kompetentny
komplett *adj, adv* kompletn-y/ie
Komplex *m*, **-es**, **-e** kompleks *m*, zespół *m*; całość *f*
Kompliment *n*, **-(e)s**, **-e** komplement *m*; **jmdm (für etw.) ~e machen** prawić komuś komplementy (na temat czegoś)
kompliziert *adj* skomplikowany
Komponist *m*, **-en**, **-en** kompozytor *m*
Kompott *n*, **-(e)s**, **-e** kompot *m*
Kompresse *f*, **-**, **-n** kompres *m*, okład *m*; *zob.* **Umschlag**
Kompromiss *m*, **-sses**, **-sse** kompromis *m*; **einen ~ eingehen** iść na kompromis
Kondition *f*, **-**, **-e** kondycja *f*; **körperliche ~** kondycja fizyczna
Konditorei *f*, **-**, **-en** cukiernia *f*
Kondom *n* / *m*, **-s**, **-e** prezerwatywa *f*, kondom *m*; *zob.* **Präservativ**
Konfektion *f*, **-**, **-en** konfekcja *f*
Konferenz *f*, **-**, **-en** konferencja *f*
Konfession *f*, **-**, **-en** wyznanie *n*, wiara *f*
konfessionslos *adj* bezwyznaniowy
Konfitüre *f*, **-**, **-en** konfitura *f*
Konflikt m, **-(e)s**, **-e** konflikt *m*, zatarg *m*; **mit jmdm in ~ geraten** popaść z kimś w konflikt
Kongress *m*, **-esses**, **-esse** kongres *m*
König *m*, **-(e)s**, **-e** król *m*
Königin *f*, **-**, **-nen** królowa *f*
Konjunktur *f*, **-**, **-en** koniunktura *f*
konkret *adj, adv* konkretn-y/ie
Konkurrenz *f*, **-**, **-en** konkurencja *f*, rywalizacja

f; **jmdm ~ machen** konkurować z kimś

kǫnnen (kann, konnte, gekonnt) *vt* (*h*) móc, potrafić, umieć; **sie kann Polnisch** ona zna polski; **was kann ich dafür?** co ja na to poradzę?; **es kann sein** być może

Konsequęnz *f*, **-**, **-en** konsekwencja *f*

konservati̱v *adj, adv* konserwatywn-y/ie

Konsęrve *f*, **-n** konserwa *f*

Konservi̱erungsmittel *n*, **-s**, **-** środek konserwujący

konstrukti̱v *adj, adv* konstruktywn-y/ie

Kǫnsul *m*, **-s**, **-n** konsul *m*

Konsula̱t *n*, **-(e)s**, **-e** konsulat *m*

Konsu̱m *m*, **-s** konsumpcja *f*, spożycie *n*; **der ~ an Bier** spożycie piwa

Konsu̱mgüter *pl* artykuły konsumpcyjne

Kontąkt *m*, **-(e)s**, **-e** kontakt *m*, zetknięcie się

Kontąktlinsen *pl* szkła kontaktowe

Kontinęnt *m*, **-(e)s**, **-e** kontynent *m*

Kǫnto *n*, **-s**, **-s**, **Konten** konto *n*; **ein ~ eröffnen** otworzyć konto; **von dem ~ abbuchen** potrącić z konta; **dem ~ gutschreiben** dopisać do konta

Kǫntoauszug *m*, **-(e)s**, **-züge** wyciąg z konta

Kontrahęnt *m*, **-en**, **-en** kontrahent *m*

Kontrǫlle *f*, **-**, **-en** kontrola *f*, nadzór *m*

kontrolli̱eren *vt* (*h*) kontrolować, sprawdzać

Konventio̱n *f*, **-**, **-en** konwencja *f*

Konversatio̱n *f*, **-**, **-en** konwersacja *f*, rozmowa towarzyska

konzentri̱eren *vt* (*h*) koncentrować, skupiać

Konzęrt *n*, **-(e)s**, **-e** koncert *m*; **ins ~ gehen** iść na koncert

Konzessio̱n *f*, **-**, **-en** koncesja *f*

Kooperatio̱n *f*, **-**, **-en** kooperacja *f*, współdziałanie *n*

Kǫpf *m*, **-(e)s**, **Köpfe** głowa *f*; **jmdm den ~ verdrehen** zawrócić komuś w głowie; **sich den ~ zerbrechen** łamać sobie głowę (**über etw.** nad czymś)

Kopfbedeckung *f*, **-**, **-en** nakrycie głowy

Köpfchen *n*, **-s**, **-** główka *f*; *pot.* rozum *m*, spryt *m*

Kopfhörer *m*, **-s**, **-** słuchawki na uszy

Kopfkissen *n*, **-s**, **-** poduszka *f*, jasiek *m*

Kopfsalat *m*, **-(e)s**, **-e** zielona sałata, główka sałaty

Kopfschmerz *m*, **-es**, **-en** ból głowy

Kopie *f*, **-**, **-n** kopia *f*

Kopierer *m*, **-s**, **-**, **Kopiergerät** *n* kopiarka *f*

Koproduktion *f*, **-**, **-en** koprodukcja *f*

Korb *m*, **-(e)s**, **Körbe** kosz *m*, koszyk *m*; *przen.* **einen ~ bekommen** dostać kosza

Kordhose *f*, **-**, **-n** spodnie sztruksowe

koreanisch *adj* koreański; *adv* po koreańsku

Korken *m*, **-s**, **-** korek od butelki

Korkenzieher *m* korkociąg *m*

Korn[1] *n*, **-(e)s**, **Körner** ziarno *n*; zboże *n*

Korn[2] *m*, **-s** żytniówka *f*, wódka *f*

Körper *m*, **-s**, **-** ciało *n*

Körperbau *m*, **-(e)s**, **-e** budowa ciała

körperbehindert *adj* kaleki, niepełnosprawny

Körperbehinderte *m*, *f*, **-n**, **-n** niepełnosprawny *m*, niepełnosprawna *f*

Körpergröße *f*, **-**, **-n** wzrost *m*

Körperkultur *f*, **-** kultura fizyczna

körperlich *adj* cielesny, fizyczny

Körperpflege *f*, **-**, **-** higiena ciała

Körperverletzung *f*, **-**, **-en** obrażenie cielesne

korpulent *adj* korpulentny

korrekt *adj*, *adv* poprawn-y/ie

Korrespondent *m*, **-en**, **-en** korespondent *m*

Korrespodenz *f*, **-** korespondencja *f*

korrespondieren *vi* (*h*) korespondować (**mit jmdm** z kimś)

Korridor *m*, **-s**, **-e** korytarz *m*
korrigieren *vt* (*h*) korygować, poprawiać
korrupt *adj* skorumpowany
Kosmetik *f*, **-** kosmetyka *f*
Kosmetikerin *f*, **-**, **-en** kosmetyczka *f* (*pracująca w salonie kosmetycznym*)
kosmisch *adj* kosmiczny
Kost *f*, **-** wikt *m*; utrzymanie *n*
kostbar *adj, adv* kosztown-y/ie
kosten *vt* (*h*) skosztować (**etw.** czegoś); kosztować; **wieviel** <*pot.* **was**> **kostet es?** ile to kosztuje?
Kosten *pl* koszty *pl*, koszt *m*
Kosten(vor)anschlag *m*, **-(e)s**, **-anschläge** kosztorys *m*
kostenlos *adj, adv* bezpłatn-y/ie
köstlich *adj, adv* wyśmieni-ty/cie (*zwł. o jedzeniu*)
Kostprobe *f*, **-**, **-n** próbka *f*; degustacja *f*
Kostüm *n*, **-s**, **-e** kostium *m*
Kot *m*, **-(e)s** błoto *n*; kał *m*
Kotelett *n*, **-s**, **-s** schab *m*; kotlet *m* (z kością)
Koteletten *pl*, bokobrody *pl*, baczki *pl*
kotzen *vi* (*h*) *pot.* rzygać
Krabbe *f*, **-**, **-n** krab *m*
Krach *m*, **-(e)s**, **-e** trzask *m*, hałas *m*; kłótnia *f*
Kraft *f*, **-**, **Kräfte** siła *f*, moc *f*; **in ~ treten** wchodzić w życie; **in ~ bleiben** pozostawać w mocy
Kraftfahrzeug *n*, **-(e)s**, **-e** pojazd mechaniczny (*skrót* **Kfz**)
Kraftwagen *m*, **-s**, **-** samochód *m*
Kraftwerk *n*, **-(e)s**, **-e** elektrownia *f*, siłownia *f*
kräftig *adj, adv* siln-y/ie, mocn-y/o
Kragen *m*, **-s**, **-** kołnierz *m*
Krähe *f*, **-**, **-n** wrona *f*
Kralle *f*, **-**, **-n** pazur *m*, szpon *m*
Kram *m*, **-(e)s** rupiecie *pl*, graty *pl*; *pej.* sprawy *pl*
Krampf *m*, **-(e)s**, **Krämpfe** skurcz *m*; drgawka *f*

Kran *m*, **-(e)**, **Kräne** żuraw *m*, dźwig *m*
krank *adj* chory (**an etw.** na coś); ~ **werden** zachorować
Kranke(r) *m*, **-n**, **-n** chory *m*
kränken *vt* (*h*) smucić, wprawiać w zły nastrój
Krankengeld *n*, **-es**, **-er** zasiłek chorobowy
Krankenhaus *n*, **-es**, **-häuser** szpital *m*
Krankenschein *m*, **-(e)s**, **-e** zwolnienie lekarskie
Krankenschwester *f*, **-**, **-n** pielęgniarka *f*
Krankenwagen *m*, **-s**, **-** karetka *f*
Krankheit *f*, **-**, **-en** choroba *f*
kränklich *adj* chorowity, słabowity
Kranz *m*, **-es**, **Kränze** wieniec *m*; wianek *m*
Krapfen *m*, **-s**, **-** *kulin.* pączek *m*; *zob.* **Pfannkuchen**
kratzen *vt* (*h*) drapać, skrobać; **sich** ~ *vr* (*h*) drapać się
Kratzer *m*, **-s**, **-** zadrapanie *n*; skrobaczka *f*
kraus *adj* kędzierzawy
Kraut *n*, **-(e)s**, **Kräuter** zioło *n*
Kräutertee *m*, **-s**, **-s** napój z ziół
Krawall *m*, **-s**, **-e** burda uliczna, rozruchy *pl*
Krawatte *f*, **-**, **-n** krawat *m*
Krebs *m*, **-es**, **-e** *zool.*, *med.* rak *m*
Kredit *m*, **-(e)s**, **-e** kredyt *m*; **auf** ~ **kaufen** kupować na kredyt
Kreditkarte *f*, **-**, **-n** karta kredytowa
Kreide *f*, **-**, **-n** kreda *f*
Kreis *m*, **-es**, **-e** koło *n*; grono *n*; powiat *m*
kreisen *vi* (*h*) obracać się, krążyć, wirować; **um etw.** ~ krążyć wokół czegoś
Kreisstadt *f*, **-**, **-städte** miasto powiatowe
Kreuz *n*, **-es**, **-e** krzyż *m*; **das Rote Kreuz** Czerwony Krzyż
kreuzen *vt* (*h*) (po)krzyżować; **Beine** ~ skrzyżować nogi; **sich** ~ *vr* (*h*) krzyżować się; mijać się
Kreuzfahrt *f*, **-**, **-en** *hist.*

wyprawa krzyżowa; wycieczka statkiem

Kreuzung *f*, **-**, **-en** skrzyżowanie *n*; *biol.* krzyżówka *f*

Kreuzworträtsel *n*, **-s**, **-** krzyżówka *f*

Kreuzzug *m*, **-(e)s**, **-züge** *zob.* wyprawa krzyżowa, krucjata *f zob.* **Kreuzfahrt**

kriechen (kriecht, kroch, gekrochen) *vi* (*s*) pełzać, czołgać się

Krieg *m*, **-(e)s**, **-e** wojna *f*

kriegen *vt* (*h*) *pot.* dostać; **einen Brief ~** dostać list

Kriegsentschädigung *f*, **-**, **-en** odszkodowanie wojenne

Kriegsgefangene(r) *m*, **-n**, **-n** jeniec wojenny

Kriegsverbrecher *m*, **-s**, **-** zbrodniarz wojenny

Kriegszustand *m*, **-(e)s** stan wojenny

Kriminalität *f*, **-** przestępczość *f*

Kriminalpolizei *f*, **-** policja kryminalna

Kriminalroman *m*, **-s**, **-e** powieść kryminalna

Krippe *f*, **-**, **-n** żłób *m*; żłobek dla dzieci

Krise *f*, **-**, **-n** kryzys *m*

Kristall *m*, **-s**, **-e** kryształ *m*; *zob.* **Bleiglas**

Kritik *f*, **-**, **-en** krytyka *f*; recenzja *f*

kritiklos *adj* bezkrytyczny

kritisch *adj, adv* krytyczn-y/ie

kritzeln *vi* (*h*) bazgrać

Krone *f*, **-**, **-n** korona *f*

Kronleuchter *m*, **-s**, **-** żyrandol *m*

Kröte *f*, **-**, **-n** *zool.* ropucha *f*

Krücke *f*, **-**, **-n** kula *f*; **an ~n gehen** chodzić o kulach

Krug *m*, **-(e)s**, **Krüge** dzban *m*

krümmen *vt* (*h*) skrzywiać, zginać

Krümmung *f*, **-**, **-en** krzywizna *f*, zgięcie *n*

Krüppel *m*, **-s**, **-** kaleka *m*, ułomny *m*

kubanisch *adj* kubański

Kubikmeter *m/n*, **-s**, **-** metr sześcienny

Küche *f*, **-**, **-en** kuchnia *f*

Kuchen *m*, **-s, -** ciasto; **~ backen** piec ciasto
Kuckuck *m*, **-(e)s, -e** kukułka *f*
Kugel *f*, **-, -n** *geom.* kula *f*; pocisk *m*
Kugellager *n*, **-s, -** *techn.* łożysko kulkowe
Kugelschreiber *m*, **-s, -** długopis *m*
Kuh *f*, **-, Kühe** krowa *f*
kühl *adj, adv* chłodn-y/o
Kühler *m*, **-s, -** *mot.* chłodnica *f*
Kühlschrank *m*, **-(e)s, -schränke** lodówka *f*
kühn *adj, adv* odważn-y/ie, śmiał-y/o
Kühnheit *f*, **-, -en** śmiałość *f*, odwaga *f*
Kuhstall *m*, **-(e)s, Kuhställe** obora *f*
Kultur *f*, **-, -en** kultura *f*, ogłada *f*
Kulturtasche *f*, **-, -n** kosmetyczka (*na kosmetyki*)
Kümmel *m*, **-s, -** kminek *m*
Kummer *m*, **-s** zmartwienie *n*, troska *f*
kümmern *vt* (*h*) martwić; *vi* (*h*) marnieć; **sich ~** *vr* (*h*) troszczyć się (**um etw.** o coś)
Kumpel *m*, **-s, -** towarzysz pracy, kompan *m*
Kunde[1] *f*, **-, -n** (*w złożeniu*) nauka *f* (*np.* **Erdkunde** nauka o Ziemi, geografia)
Kunde[2] *m*, **-n, -n** klient *m*
Kundendienst *m*, **-(e)s** obsługa klientów
kündigen *vt* (*h*) dostać <złożyć> wypowiedzenie; **jmdm ~** dać wymówienie
Kündigung *f*, **-, -en** wymówienie *n*, wypowiedzenie *n* (**der Wohnung** mieszkania); **eine fristlose ~** wymówienie bezterminowe
Kundin *f*, **-, -nen** klientka *f*
Kundschaft *f*, **-, -en** klientela *f*
künftig *adj* przyszły
Kunst *f*, **-, Künste** sztuka *f*; biegłość *f*; **die schönen Künste** sztuki piękne
Kunsthandwerk *n*, **-(e)s** rzemiosło artystyczne
Künstleder *n*, **-s** imitacja skóry

Künstlerin *f*, **-**, **-nen** artystka *f*
künstlerisch *adj* artystyczny
künstlich *adj, adv* sztuczn-y/ie
Kunststoff *m*, **-(e)s**, **-e** sztuczne tworzywo
Kunstwerk *n*, **-(e)s**, **-e** dzieło sztuki
Kupfer *n*, **-s** miedź *f*
Kupferstich *m*, **-(e)s**, **-e** miedzioryt *m*
Kupplung *f*, **-**, **-en** *mot.* sprzęgło *n*
Kur *f*, **-**, **-en** kuracja *f*, leczenie *n*
Kürbis *m*, **-ses**, **-se** dynia *f*; bania *f*
kurios *adj, adv* dziwn-y/ie, osobliw-y/ie
Kurort *m*, **-(e)s**, **-e** uzdrowisko *n*, kurort *m*
Kurs *m*, **-es**, **-e** kurs *m*; **einen ~ besuchen** uczęszczać na kurs
Kursbuch *n*, **-(e)s**, **-bücher** sieciowy rozkład jazdy
kursieren *vi* (h) być w obiegu; **es ~ Gerüchte** krążą pogłoski
Kurve *f*, **-**, **-n** krzywa *f*; zakręt *m*
kurz (kürzer, am kürzesten) *adj* krótki; *adv* krótko; **zu ~ kommen** (*zw. o finansach*) być niewystarczającym; **vor ~em** niedawno; **~ und bündig** krótko i zwięźle
Kürze *f*, **-**, **-n** krótkość *f*, zwięzłość *f*; **in ~** wkrótce
kurzfristig *adj* krótkoterminowy
kurzhaarig *adj* krótkowłosy
Kurzschluss *m*, **-sses**, **-schlüsse** *elektr.* (krótkie) spięcie *n*
kurzsichtig *adj* krótkowzroczny
Kurzwaren *pl* towary pasmanteryjne
Kurzwelle *f*, **-**, **-n** fala krótka (*radiowa*)
Kusine *f*, **-**, **-n** kuzynka *f*
Kuss *m*, **Kusses**, **Küsse** pocałunek *m*, całus *m*
küssen vt (*h*) całować; **jmdm die Hand ~** pocałować kogoś w rękę
Küste *f*, **-**, **-n** wybrzeże *n*
Kutsche *f*, **-**, **-n** powóz *m*, kareta *f*

L

Lạche *f*, **-**, **-n** kałuża *f*; *zob.* **Pfütze**

lạ̈cheln *vi* (*h*) uśmiechać się

Lạ̈cheln *n*, **-s** uśmiech *m*

lạchen *vi* (*h*) śmiać się

Lạchen *n*, **-s** śmiech *m*

lạ̈cherlich *adj, adv* śmieszn-y/ie

Lạchs *m*, **-es**, **-e** łosoś *m*

Lạck *m*, **-(e)s**, **-e** lakier *m*

laden (lädt, lud, geladen) *vt* (*h*) ładować; *wojsk.* nabijać; *prawn.* pozwać; **Getreide ~** ładować zboże; **das Gewehr ~** nabijać karabin; **vor Gericht ~** pozwać do sądu

Laden *m*, **-s**, **Läden** sklep *m*

Ladentisch *m*, **-(e)s**, **-e** lada *f*, kontuar *m*

Ladung *f*, **-**, **-en** ładunek *m*

Lage *f*, **-**, **-n** położenie *n*, sytuacja *f*; **in der ~ sein, etw. zu tun** być w stanie coś zrobić

Lager *n*, **-s**, **-** obóz *m*; skład *m*, magazyn *m*; **etw. auf ~ haben** mieć coś na składzie

lagern *vi* (*h*) obozować; składować, magazynować

lahm *adj, adv* kulaw-y/o

lähmen *vt* (*h*) paraliżować, obezwładniać; **gelähmt sein** być sparaliżowanym

Laib *m*, **-(e)s**, **-e** bochenek *m*

Laie *m*, **-n**, **-n** laik *m*; człowiek świecki

Lạmm *n*, **-(e)s**, **Lämmer** jagnię *n*, baranek *m*

Lạmpe *f*, **-**, **-n** lampa *f*

Lạmpenfieber *n*, **-s** trema *f*

Lạnd *n*, **-(e)s** <**Länder** kraj *m*> ziemia *f*, ląd *m*; pole *n*; kraina *f*; **ans ~ kommen** przybić do brzegu; **von ~ zu ~ <anders>** z kraju do kraju <różnie w różnych krajach>; **aufs ~ fahren** pojechać na wieś

Lạndebahn *f*, **-**, **-en** *lotn.* pas do lądowania

lạnden *vi* (*s*) (wy)lądować

Lạ̈nderspiel *n*, **-(e)s**, **-e**

sport mecz międzypaństwowy
Landkarte *f*, **-**, **-n** mapa *f*
ländlich *adj* wiejski
Landschaft *f*, **-**, **-en** krajobraz *m*
Landsmann *m*, **-(e)s**, **Landsleute** rodak *m*, ziomek *m*
Landstraße *f*, **-**, **-n** droga drugorzędna, szosa *f*,
Landung *f*, **-**, **-en** lądowanie *n*
Landweg *m*, **-(e)s**, **-e** droga wiejska; droga lądowa
Landwirt *m*, **-(e)s**, **-e** gospodarz *m*, rolnik *m*
Landwirtschaft *f*, **-**, **-en** rolnictwo *n*; gospodarstwo rolne
landwirtschaftlich *adj* rolniczy
lang (länger, am längsten) *adj* długi; **seit ~em** od dawna; *adv* **~e** długo
Länge *f*, **-**, **-en** długość *f*
langen *vi* (*h*) sięgać (**nach einer Sache** po coś); *pot.* **es langt** wystarczy
Längenkreis *m*, **-es**, **-e** południk *m*
langfristig *adj* długoterminowy
langjährig *adj* długoletni
langsam *adj, adv* powolny/powoli, woln-y/o
Langstreckenlauf *m*, **-(e)s**, **-läufe** *sport* bieg długodystansowy
Lang(e)weile *f*, **-**, **-n** nuda *f*
langweilen *vt* (*h*) nudzić (**jmdn** kogoś); **sich ~** *vr* (*h*) nudzić się
langweilig *adj, adv* nudn-y/o
Langwelle *f*, **-**, **-n** długa fala (*radiowa*)
langwierig *adj* długotrwały, przewlekły
Lappen *m*, **-s**, **-** szmata *f*, ścierka *f*
Lärm *m*, **-(e)s** hałas *m*, wrzawa *f*; **~ schlagen** wszcząć rwetes
lärmen *vi* (*h*) hałasować
Laser [wym.: le:...] *m*, **-s**, **-** laser *m*
lassen (lässt, ließ, gelassen) *vt* (*h*) zostawić; kazać; pozwolić; **jmdn in Ruhe ~** zostawić kogoś w spokoju; **sein Leben ~** oddać życie; **jmdn etw. behalten ~** pozwo-

lić komuś coś zatrzymać; **nicht aus den Augen ~** nie spuszczać z oczu; **etwas holen ~** posyłać po coś

Last *f*, **-**, **-en** ciężar *m*; brzemię *n*; **jmdm zur ~ fallen** być dla kogoś ciężarem

Lastauto *n*, **-s**, **-s** samochód ciężarowy; *por.* **Lastkraftwagen** *m*

Laster[1] *m*, **-s**, **-** ciężarówka *f*

Laster[2] *n*, **-s**, **-** przywara *f*; **mit ~n behaftet sein** mieć przywary

lästig *adj, adv* uciążliw-y/ie

Lastkraftwagen *m*, **-s**, **-**; samochód ciężarowy (*skrót* **Lkw**)

lateinisch *adj* łaciński; *adv* po łacinie

Laterne *f*, **-**, **-n** latarnia *f*

lau(warm) *adj* letni, ciepławy

Laub *n*, **-(e)s** liście *pl*, listowie *n*

Laubbaum *m*, **-(e)s**, **- bäume** drzewo liściaste

Laube *f*, **-**, **-n** altanka *f*

lauern *vi* (*h*) czyhać, czatować (**auf etw. <auf jmdn>** na coś <na kogoś>)

Lauf *m*, **-s**, **Läufe** bieg *m*; lufa karabinu; **im ~e der Zeit** z biegiem czasu

Laufbahn *f*, **-**, **-en** kariera *f*; *sport* bieżnia *f*

laufen (läuft, lief, gelaufen) *vi* (*s*) biec; chodzić; płynąć; **die Zeit läuft** czas ucieka; **es läuft ein Gerücht** krąży wieść

laufend *adj* bieżący; *adv* na bieżąco; **im ~en Jahr** w bieżącym roku

Läufer *m*, **-s**, **-** biegacz *m*; goniec *m* (*w szachach*); dywanik *m*

Laufmasche *f*, **-**, **-n** „lecące” oczko (*w dzianinie*)

Laune *f*, **-**, **-n** usposobienie *n*, humor *m*; **~n haben** mieć humory; **(in) guter <schlechter> ~ sein** być w dobrym <w złym> humorze

Laus *f*, **-**, **Läuse** wesz *f*

lauschen *vi* (*h*) podsłuchiwać (**an der Tür** pod drzwiami); przysłuchiwać się (**einem Gespräch** rozmowie)

laut[1] *adj, adv* głośn-y/o, hałaśliw-y/ie

laut[2] *praep* według, wedle; **~ Bestimmung** zgodnie z postanowieniem

Laut *m*, **-(e)s**, **-e** dźwięk *m*; głoska *f*

lauten *vi* (*h*) brzmieć, dźwięczeć, *zob.* **klingen**

läuten *vt* (*h*) dzwonić; **es läutet** słychać dzwon(ek)

Lautsprecher *m*, **-s**, **-** głośnik *m*, megafon *m*

lauwarm *adj, adv* letn-i/io, ciepław-y/o

Lawine *f*, **-**, **-en** lawina *f*

Leader *m*, **-s**, **-** lider *m*

Leasing *n*, **-s**, **-s** leasing *m*

leben *vi* (*h*) żyć; przebywać; **auf dem Lande ~** mieszkać na wsi

Leben *n*, **-s**, **-** życie *n*, żywot *m*; **durchs ganze ~** przez całe życie; **fürs ganze ~** na całe życie

Lebensgeschichte *f*, **-**, **-n** historia czyjegoś życia

lebenslänglich *adj, adv* dożywotn-i/io

Lebenslauf *m*, **-(e)s**, **-läufe** życiorys *m*

Lebensmittel *pl* żywność *f*, artykuły spożywcze

Lebensmittelgeschäft *n*, **-(e)s**, **-e** sklep spożywczy

Lebensstandard *m*, **-s**, **-s** standard życiowy

Lebensunterhalt *m*, **-(e)s** utrzymanie *n*; **Kosten des ~s** koszty utrzymania

Leber *f*, **-**, **-n** *anat.* wątroba *f*; *kulin.* wątróbka *f*

lebhaft *adj, adv* żyw-y/o, żwaw-y/o

Lebkuchen *m*, **-s**, **-** piernik *m*

lecken *vi* (*h*) lizać

Leckerbissen *m*, **-s**, **-** łakomy kąsek, przysmak *m*

Leder *n*, **-s**, **-** skóra *f* (*jako surowiec*)

Lederwaren *pl* wyroby skórzane

ledig *adj* nieżonaty; niezamężna

leer *adj* pusty, próżny; **~es Gerede** czcze gadanie

Leere *f*, **-** próżnia *f*, pustka *f*

Leerlauf *m*, **-(s)**, **-läufe** *mot.* jałowy bieg

legen *vt* (*h*) kłaść, położyć; **Gewicht auf etwas ~** przywiązywać wagę do czegoś; **jmdn zu Bett ~** kłaść kogoś do łóżka
legitimieren *vt* (*h*) legitymować; uprawniać
Lehm *m*, **-s, (-e)** glina *f*
Lehne *f*, **-, -n** oparcie *n*
lehnen *vt* (*h*) opierać; **sich ~** *vr* (*h*) opierać się **(an <auf> etw.** o coś)
Lehre *f*, **-, -n** nauka *f*; **jmdm gute ~n geben** udzielać komuś dobrych rad
lehren *vt* (*h*) uczyć, nauczać
Lehrer *m*, **-s, -** nauczyciel *m*
Lehrerin *f*, **-, -nen** nauczycielka *f*
Lehrstuhl *m* **-(e)s, -stühle** katedra *f*
Leib *m*,**-(e)s, -er** ciało *n*; **mit ~ und Seele** duszą i ciałem
Leibesvisitation *f*, **-, -en** rewizja osobista
Leibwäsche *f*, **-** bielizna osobista
Leiche *f*, **-, -n** trup *m*, zwłoki *pl*
leicht *adj, adv* lekk-i/o, łatw-y/o; **es jmdm ~ machen** ułatwić komuś
Leichtathletik *f*, **-** lekkoatletyka *f*
leichtfertig *adj, adv* lekkomyśln-y/ie
leichtgläubig *adj, adv* łatwowiern-y/ie
leid *adj* (*tylko w zwrotach*): **es tut mir ~** przykro mi
Leid *n*, **-(e)s** cierpienie *n*, żal *m*, ból *m*
leiden (leidet, litt, gelitten) *vt* (*h*) cierpieć; **Hunger ~** cierpieć głód ; *vi* (*h*) cierpieć (**unter** <(*o chorobach*) **an**> **etw.** na coś <z jakiegoś powodu>)
Leidenschaft *f*, **-, -en** namiętność *f*, pasja *f*
leider *adv* niestety
leidlich *adj, adv* znośn-y/ie, nie najgo-rszy/rzej, jako tako
leihen (leiht, lieh, geliehen) *vt* (*h*) wypożyczać (**etw. von jmdm** coś od kogoś; **etw. jmdm** coś komuś)
Leihhaus *n*, **-es, -häuser** lombard *m*

Leim *m*, **-(e)s**, **-e** klej *m*
leimen *vt* (*h*) sklejać
Leine *f*, **-**, **-n** lina *f*; smycz *f* (**für Hunde** dla psów)
Leinwand *f*, **-** płótno *n*; *kin.* ekran *m*
leise *adj, adv* cich-y/o
leisten *vt* (*h*) zdziałać, wykonać; **einen Dienst ~** wyświadczyć przysługę; **jmdm Hilfe ~** dopomóc komuś; **jmdm Widerstand ~** stawiać komuś opór; **sich etw. ~ können** móc sobie na coś pozwolić (*zwł. finansowo*)
Leistung *f*, **-**, **-en** wydajność *f*; wyczyn *m*; osiągnięcie *n*
Leistungsfähigkeit *f*, **-** sprawność *f*, wydajność *f*
Leitartikel *m*, **-s**, **-** artykuł wstępny (*redakcyjny*)
leiten *vt* (*h*) prowadzić; kierować; **ein Unternehmen ~** kierować przedsiębiorstwem
Leiter[1] *f*, **-**, **-n** drabina *f*
Leiter[2] *m*, **-s**, **-** kierownik *m*; *fiz.* przewodnik *m*
Leitung *f*, **-**, **-en** prowadzenie *n*; przewód *m*, instalacja *f*; *przen.* **eine lange ~ haben** wolno myśleć
Lektion *f*, **-**, **-en** lekcja *f*
Lektüre *f*, **-**, **-n** lektura *f*
Lendenbraten *m*, **-(e)s** polędwica *f* (*pieczeń*)
lenken *vt* (*h*) kierować, prowadzić (**einen Wagen** samochód)
Lenkrad *n*, **-(e)s**, **-räder** *mot.* kierownica *f*; **am ~ sitzen** siedzieć za kierownicą
Lerche *f*, **-**, **-n** skowronek *m*
lernen *vt* (*h*) uczyć się
Lesbierin *f*, **-**, **-nen** (*pot.* **Lesbe** *f*, -, **-n**) lesbijka *f*
lesen (liest, las, gelesen) *vt* (*h*) czytać; **(eine) Zeitung ~** czytać gazetę
Leser *m*, **-s**, **-** czytelnik *m*
leserlich *adj, adv* czytelny/ie
Lesesaal *m*, **-(e)s**, **-säle** czytelnia *f*
Letter *f*, **-**, **-n** czcionka *f*
letztens *adv* na koniec, ostatnio
leuchten *vi* (*h*) świecić, przyświecać
Leuchtröhre *f*, **-**, **-n** świetlówka *f*

Leuchtturm *m*, **-(e)s, -türme** latarnia morska
Leute *pl* ludzie *pl*
Leutnant *m*, **-s, -s** podporucznik *m*
Lexikon *n*, **-s, Lexika** leksykon *m*, encyklopedia *f*
Licht *n*, **-(e)s, -er** światło *n*; **das ~ des Tages** światło dzienne; **ans ~ kommen** wyjść na jaw
Lichtmaschine *f*, **-, -n** *mot.* prądnica *f*
Lichtstrahl *m*, **-(e)s, -en** promień *m* (*światła*); promyk *m*
Lid *n*, **-(e)s, -er** powieka *f*
lieb *adj* miły, kochany; (*w liście*) **~e Mutter** kochana Mamo; **sei so ~** bądź tak dobry
Liebe *f*, **-, -n** miłość *f* (**zu jmdm** do kogoś); **seine ~ gestehen** wyznać swoją miłość
Liebelei *f*, **-, -en** miłostka *f*, flirt *m*
lieben *vt* (*h*) kochać, miłować, lubić
liebenswürdig *adj* miły; łaskawy
Liebesaffäre *f*, **-, -n** romans *m*, przygoda miłosna
Liebesverhältnis *n*, **-ses, -se** stosunek miłosny
Liebhaber *m*, **-s, -** kochanek *m*, wielbiciel *m*; hobbysta *m*
liebkosen *vt* (*h*) *lit.* pieścić
lieblich *adj, adv* mił-y/o; (*o winie*) półsłodki
Liebling *m*, **-s, -e** ulubieniec *m*
Lieblingsgericht *n*, **-(e)s, -e** ulubiona potrawa
Liebste[1] *f*, **-, -n** kochana *f*; **meine ~** moja kochana
Liebste[2] *m*, **-n, -n** kochany *m*; **mein ~r** mój kochany
Lied *n*, **-(e)s, -er** pieśń *f*, piosenka *f*
liefern *vt* (*h*) dostarczać
Lieferung *f*, **-, -en** dostawa *f*
liegen (liegt, lag, gelegen) *vi* (*h*) leżeć; *przen.* **da liegt der Hund begraben** tu leży pies pogrzebany; **woran liegt es?** od czego to zależy?
liegen lassen (lässt lie-

gen, ließ liegen, liegen (ge)lassen) *vt* (*h*) zostawić coś, nie ruszać; **lass das liegen!** zostaw to!

Liegestuhl *m*, **-s**, **-stühle** leżak *m*

Liegewagen *m*, **-s**, **-** wagon z kuszetkami

Lift *m*, **-(e)s**, **-e** winda *f*; *zob.* **Fahrstuhl**

Likör *m*, **-s**, **-e** likier *m*

lila *adj nieodm.* lila (*o kolorze*)

Linde *f*, **-**, **-n** lipa *f*

lindern *vt* (*h*) łagodzić, ulżyć; **Schmerzen ~** łagodzić bóle

Lineal *n*, **-s**, **-e** linijka *f*

Linie *f*, **-**, **-n** linia *f*; szereg *m*; **in erster ~** przede wszystkim

link *adj* lewy; *przen.* nielegalny

Linke *f*, **-**, **-n** lewa strona <ręka>; *polit.* lewica

links *adv* na lewo, po lewej stronie

Lippe *f*, **-**, **-n** warga *f*

Lippenstift *m*, **-(e)s**, **-e** szminka *f*; pomadka do ust

Liste *f*, **-**, **-n** lista *f*; wykaz *m*

Loch *n*, **-es**, **Löcher** otwór *m*, dziura *f*

löcherig *adj* perforowany, dziurawy

locken *vt* (*h*) wabić

locker *adj* luźny; spulchniony; **~er Boden** pulchny grunt; **~e Sitten** lekkie obyczaje

lockern *vt* (*h*) rozluźnić, obluzować

Löffel *m*, **-s**, **-** łyżka *f*

Loge *f*, **-**, **-n** loża *f*

logisch *adj*, *adv* logiczn-y/ie

Lohn *m*, **-(e)s**, **Löhne** wynagrodzenie *n*, zapłata *f* (*w akordzie*); *por.* **Gehalt**

lohnen, (sich) *vi*/(*vr*) (*h*) opłacać się; **es lohnt (sich) nicht** nie opłaca się

Lohnerhöhung *f*, **-**, **-en** podwyżka płacy

Lok *f*, **-**, **-s** (**Lokomotive** *f*, **-**, **-n**) lokomotywa *f*

lokal *adj* lokalny, miejscowy

Lokal *n*, **-s**, **-e** lokal *m*; restauracja *f*

Lokführer *m*, **-s**, **-** maszynista *m*

los *adj* wolny (*od czegoś*);

jmdn <etw.> ~ sein pozbyć się kogoś <czegoś>; was ist ~? co się stało?; ~! naprzód!, jazda!
löschen *vt* (*h*) gasić; usuwać; Feuer <den Durst, das Licht> ~ gasić ogień <pragnienie, światło>; ein Konto ~ skasować konto
lose *adj* luźny; ~s Haar rozpuszczone włosy
Lösegeld *n*, -es okup *m*
lösen *vt* (*h*) rozwiązywać (ein Problem problem); usuwać (den Schmutz brud); rozpuszczać (Salz im Wasser sól w wodzie)
losfahren (fährt los, fuhr los, losgefahren) *vi* (*s*) odjeżdżać, wyjeżdżać
losgehen (geht los, ging los, losgegangen) *vi* (*s*) odchodzić; zaczynać się; es geht los! zaczynamy!
loslassen (lässt los, ließ los, losgelassen) *vt* (*h*) wypuszczać (*z rąk*)
Losung *f*, -, -en losowanie *n*; hasło *n*
Lösung *f*, -, -en rozwiązanie *n*; roztwór *m*
loswerden (wird los, wurde los, losgeworden) *vt* (*s*) pozbywać się; jmdn <etw.> ~ pozbyć się kogoś <czegoś>
löten *vt* (*h*) lutować
Lotse *m*, -n, -n pilot *m*, sternik *m*
Lotterie *f*, -, -n loteria *f*
Lotto *n*, -s, -s gra liczbowa *f*, lotto *n*
Löwe *m*, -n, -n lew *m*
Luchs *m*, -es, -e ryś *m*
Lücke *f*, -, -n luka *f*
Luft *f*, -, (Lüfte) powietrze *n*
Luftdruck *m*, -(e)s ciśnienie powietrza
lüften *vt* (*h*) wietrzyć
Lufthafen *m*, -s, -häfen port lotniczy
Luftmatratze *f*, -, -n materac turystyczny
Luftpost *f*, - poczta lotnicza
Luftpumpe *f*, -, -n pompa próżniowa
Luftraum *m*, -(e)s, -räume przestwór *m*, przestworze *n*
Luftwaffe *f*, - lotnictwo *n*
Lüge *f*, -, -n kłamstwo *n*
lügen (lügt, log, gelogen) *vi* (*h*) kłamać; er

lügt wie gedruckt kłamie jak z nut
Lügner *m*, **-s**, **-** kłamca *m*
Lümmel *m*, **-s**, **-** prostak *m*, gbur *m*
Lump *m*, **-(e)s**, **-en** oberwaniec *m*; łotr *m*; łajdak *m*
Lunge *f*, **-**, **-n** płuco *n*
Lungenentzündung *f*, **-**, **-en** zapalenie płuc
Lupe *f*, **-**, **-n** lupa *f*
Lust *f*, **-**, **(Lüste)** ochota *f*, chęć *f*; radość *f* (**an einer Sache** z powodu czegoś); **~ auf etw. haben** mieć ochotę na coś
lustig *adj, adv* wesoł-y/o
luxuriös *adj* luksusowy

M

machen *vt* (*h*) robić; wykonywać; **das macht nichts** nic nie szkodzi; **mach's gut!** powodzenia!; **das macht mir Spaß** to mnie bawi <lubię>; **jmdm etwas klar ~** wyjaśniać komuś coś; **sich auf den Weg ~** wybrać się w drogę; **ungültig ~** unieważnić; **wieviel <was> macht die Rechnung?** ile wynosi rachunek?
Macht *f*, **-**, **Mächte** moc *f*; władza *f*; siła *f*
mächtig *adj, adv* potężn-y/ie, ogromn-y/ie
machtlos *adj, adv* bezsiln-y/ie
Mädchen *n*, **-s**, **-** dziewczyna *f*
Mafia *f*, **-**, **-s** mafia *f*
Magazin *n*, **-s**, **-e** magazyn *m*
Magen *m*, **-s**, **-** (*a.* **Mägen**) żołądek *m*
Magenbeschwerden *pl* dolegliwości żołądkowe
mähen *vt* (*h*) kosić; **Gras ~** kosić trawę
Mahlzeit *f*, **-**, **-en** posiłek *m*; **~!** cześć! (*pozdrowienie w porze obiadowej w miejscu pracy*)
mahnen *vt* (*h*) upominać; **jmdn wegen einer Schuld ~** przypominać komuś o długu

Mahnung *f*, **-**, **-en** upomnienie *n*; przestroga *f*
Mai *m*, **-(e)s**, **-e** maj *m*
Maiglöckchen *n*, **-s**, **-** konwalia *f*
Maikäfer *m*, **-s**, **-** chrabąszcz *m*
Mais *m*, **-es** kukurydza *f*
Make-up *n*, **-s**, **-s** makijaż *m*; **~ auftragen** robić makijaż
Makler *m*, **-s**, **-** makler *m* (*giełdowy*)
mal *adv* raz; *mat.* razy; *part* no; **noch ~** jeszcze raz; **2 ~ 2 ist (gleich) vier** 2 razy 2 jest cztery; **komm ~ her!** chodź no tutaj!
Mal[1] *n*, **-(e)s**, **-e** raz *m*; **einige ~e** kilka razy; **das nächste ~** następnym razem; **das vorige ~** poprzednim razem; **zum letzten ~** po raz ostatni
Mal[2] *n*, **-(e)s**, **-e** znak *m*, znamię *n*; **ein blaues ~** siniak *m*
malen *vt* (*h*) malować
Maler *m*, **-s**, **-** malarz *m*
Malerei *f*, **-**, **-en** malarstwo *n*
malerisch *adj* malowniczy
man *pron*: **~ sagt, dass...** mówi się, że...; **~ kann** można; **~ darf** wolno; **~ muss** trzeba; **~ erzählte** opowiadano
manch *pron* niektóry; niejeden; **~e Frauen** niektóre kobiety
manchmal *adv* czasem, niekiedy
Mandel *f*, **-**, **-n** migdał *m*; *anat.* migdałek m
Mangel[1] *m*, **-s**, **Mängel** brak *m*, niedostatek *m*
Mangel[2] *f*, **-**, **-n**, magiel *m*
mangelhaft *adj, adv* wadliw-y/ie
mangeln *vi* (*h*) brakować; **es mangelte ihm an allem** brakowało mu wszystkiego
Manier *f*, **-**, **-en** sposób *m*; maniery *pl*; **feine ~en haben** mieć wytworne maniery
Mann *m*, **-(e)s**, **Männer** mężczyzna *m*; mąż *m*; **wie ein ~** jak jeden mąż; **ein gemachter ~** człowiek sukcesu

Männchen *n*, **-s, -** samiec *m*
männlich *adj* męski
Mannschaft *f*, **-, -en** załoga *f*; *sport* drużyna *f*
Manschette *f*, **-, -n** mankiet *m*
Manschettenknopf *m*, **-es, -knöpfe** spinka do mankietów
Mantel *m*, **-s, Mäntel** płaszcz *m*; *techn.* osłona *f*; **den ~ anziehen** włożyć płaszcz
Mappe *f*, **-, -n** teczka *f*
Märchen *n*, **-s, -** bajka *f*
Margarine *f*, **-, -n** margaryna *f*
Marienkäfer *m*, **-s, -** biedronka *f*
Marine *f*, **-, -n** *mors.* marynarka *f*
Marihuana *n*, **-s** marihuana *f*
Mark[1] *n*, **-(e)s** szpik *m*
Mark[2] *f*, **-, -** marka *f*; **die Deutsche ~,** (*skrót*) **DM** marka niemiecka
Marke *f*, **-, -n** znaczek *m* (**Briefmarke** *f* znaczek pocztowy)
Markt *m*, **-(e)s, Märkte** rynek *m*; targ *m*
Markthalle *f*, **-, -n** hala targowa
Marktplatz *m*, **-es, -plätze** targowisko *n*, rynek *m*
Marmelade *f*, **-, -n** marmolada *f*
Marsch *m*, **-es, Märsche** marsz *m*, pochód *m*
marschieren *vi* (*s*) maszerować
März *m*, **-(es),-e** marzec *m*
Masche *f*, **-, -n** oczko *n* (*w dzianinie*)
Maschine *f*, **-, -n** maszyna *f*
Maske *f*, **-, -n** maska *f*
Maß *n*, **-es, -e** miara *f*, wymiar *m*; **in großem ~e** w dużej mierze; **nach ~** na miarę; **~ nehmen** brać miarę
Massage *f*, **-, -n** masaż *m*
Masse *f*, **-, -n** masa *f*, mnóstwo *n*
Massenmedien *pl* środki masowego przekazu, mass media
mäßig *adj* umiarkowany; **ein ~er Preis** umiarkowana cena
massiv *adj* masywny
Maßnahme *f*, **-, -n** środek zaradczy; **~n tref-**

fen przedsięwziąć środki zaradcze
Maßstab *m*, **-(e)s, -stäbe** skala *f*, miara *f*
Mast[1] *m*, **-es, -e(n)** maszt *m*
Mast[2] *f*, **-, -en** tuczenie *n*
Material *n*, **-s, -ien** materiał *m*, surowiec *m*
materiell *adj* materialny; **~e Sorgen** kłopoty materialne
Mathematik *f*, **-** *pot. szkol.* **Mathe** *f*, **-** matematyka *f*
Matratze *f*, **-, -n** materac *m*
Matrose *m*, **-n, -n** marynarz *m*
matt *adj* zmęczony, wyczerpany; matowy; **mit ~er Stimme** słabym głosem
Matte *f*, **-, -n** mata *f*
Mauer *f*, **-, -n** mur *m*; ściana *f*; **zwischen vier ~n** w czterech ścianach
mauern *vt* (*h*) murować
Maul *n*, **-(e)s, Mäuler** pysk *m*
Maulkorb *m*, **-(e)s, -körbe** kaganiec *m*
Maus *f*, **-, Mäuse** mysz *f*
maximal *adj, adv* maksymaln-y/ie
Mayonnaise *f*, **-, -n** majonez *m*
Mechaniker *m*, **-s,-** mechanik *m*
mechanisch *adj* mechaniczny
Medaille *f*, **-, -n** medal *m*
Medikament *n*, **-(e)s,-e** lek *m*, lekarstwo *n*
Medizin *f*, **-, -en** medycyna *f*; lekarstwo *n*
Meer *n*, **-(e)s, -e** morze *n*
Meerenge *f*, **-, -n** cieśnina morska
Meeresbucht *f*, **-, -en** zatoka morska
Meeresspiegel *m*, **-s** *geogr.* poziom morza; **über <unter> dem ~** powyżej <poniżej> poziomu morza
Meerrettich *m*, **-(e)s** chrzan *m*
Mehl *n*, **-(e)s,** mąka *f*
Mehlspeise *f*, **-, -n** potrawa mączna
mehr *adj* (*comp od* **viel**) więcej; **immer ~** coraz więcej; **nicht ~** już nie
Mehrheit *f*, **-, -en** większość *f*
mehrmalig *adj* wielokrotny

mehrmals *adv* wielokrotnie, kilkakrotnie
Mehrzahl *f*, **-** większość *f*; *gram.* liczba mnoga; **in der ~ der Fälle** w większości wypadków
meiden (meidet, mied, gemieden) *vt* (*h*) **jmdn <etw.>** unikać kogoś <czegoś>
Meile *f*, **-**, **-n** mila *f*
mein *pron* mój
meinen *vt*/*vi* (*h*) myśleć, mniemać; **was meinst du dazu?** co powiesz na to?; **es gut mit jmdm ~** dobrze komuś życzyć
Meinung *f*, **-**, **-en** pogląd *m*, opinia *f*; **nach meiner ~** moim zdaniem
Meinungsunterschied *m*, **-(e)s**, **-e** różnica zdań
Meise *f*, **-**, **-n** *zool.* sikorka *f*
meist, **meistens** *adv* przeważnie
Meister *m*, **-s**, **-** majster *m*
Meisterschaft *f*, **-**, **-en** mistrzostwo *n*
Meisterwerk *n*, **-(e)s**, **-e** arcydzieło *n*
melden *vt*, *vi* (*h*) meldować, donieść (**jmdm etw.** komuś coś); **sich ~** *vr* (h) (za)meldować się
Meldung *f*, **-**, **-en** meldunek *m*, raport *m*
Melodie *f*, **-**, **-n** melodia *f*
Melone *f*, **-**, **-n** melon *m*
Menge *f*, **-**, **-n** mnóstwo *n*; tłum *m*
Mensch *m*, **-en**, **-en** człowiek; **kein ~** nikt
Menschenverstand *m*, **-(e)s** rozum ludzki; **nach dem gesunden ~** na zdrowy rozum
Menschenwürde *f*, **-** godność *f*
Menschheit *f*, **-** ludzkość *f*
menschlich *adj* ludzki, humanitarny
Menstruation *f*, **-**, **-en** miesiączka *f*, menstruacja *f*
Menü *n*, **-s**, **-s** spis potraw, jadłospis *m*
Meridian *m*, **-s**, **-e** *geogr.* południk *m*; *zob.* **Längenkreis**
merken *vt* (*h*) zauważyć, zapamiętać; **sich etw ~** zapamiętać sobie coś
Merkmal *n*, **-s**, **-e** cecha *f*, znak *m*
merkwürdig *adj* godny zapamiętania, osobliwy

merkwürdigerweise *adv* dziwnym zbiegiem okoliczności
Messe *f*, **-**, **-n** targi *pl*; *rel.* msza *f*
messen (misst, maß, gemessen) *vt* (*h*) mierzyć; **die Länge ~** mierzyć długość
Messer *n*, **-s**, **-** nóż *m*
Messgerät *n*, **-(e)s**, **-e** przyrząd pomiarowy
Messing *n*, **-s**, **(-e)** mosiądz *m*
Metall *n*, **-s**, **-e** metal *m*
Methode *f*, **-**, **-n** metoda *f*
Metro *f*, **-**, **-s** metro *n*, kolej podziemna; *zob.* **U-Bahn**
Mettwurst *f*, **-**, metka *f* (*kiełbasa*)
Metzger *m*, **-s**, **-** *reg.* rzeźnik *m*
mexikanisch *adj* meksykański; *adv* po meksykańsku
Miene *f*, **-**, **-n** mina *f*; **keine ~ verziehen** nie dać niczego po sobie poznać
mies *adj, adv* kiepsk-i/o, marn-y/ie
Miete *f*, **-**, **-n** komorne *n*, czynsz *m*
mieten *vt* (*h*) wynajmować; **eine Wohnung ~** wynajmować mieszkanie (*od kogoś*)
Mieter *m*, **-s**, **-** najemca *m*, lokator *m*
Migräne *f*, **-** migrena *f*
Mikrowellengerät *n*, **-(e)s**, **-e**, **Mikrowellenherd** *m*, **-(e)s**, **-e** kuchenka mikrofalowa
Milch *f*, **-** mleko *n*
Milchkaffee *m*, **-s** kawa z mlekiem
Milchprodukte *pl* produkty mleczne
mild *adj, adv* łagodn-y/ie
mildern *vt* (*h*) łagodzić; **die Strafe ~** złagodzić karę
Milieu *n*, **-s**, **-s** środowisko społeczne, otoczenie *n*
Militär *n*, **-s** wojsko *n*; **zum ~ einziehen** powołać do wojska
Militärpflicht *f*, **-** obowiązek służby wojskowej
Milliarde *f*, **-**, **-n** miliard *m*
Millimeter *m*/*n*, **-s** milimetr *m*

Million *f*, **-**, **-en** milion *m*

Millionär *m*, **-s**, **-e** milioner *m*

Milz *f*, **-**, **-en** *anat.* śledziona *f*

Minderheit *f*, **-**, **-en** mniejszość *f*; **nationale ~en** mniejszości narodowe

minderjährig *adj* małoletni

minderwertig *adj* małowartościowy

mindestens *adv* co najmniej; przynajmniej

Mine *f*, **-**, **-n** kopalnia *f*; wkład do długopisu; *wojsk.* mina *f*

Mineralwasser *n*, **-s**, **-wässer** woda mineralna

minimal *adj, adv* minimaln-y/ie

Minister *m*, **-s**, **-** minister *m*

Ministerium *n*, **-s**, **Ministerien** ministerstwo *n*

Ministerpräsident *m*, **-en**, **-en** premier *m*; *zob.* **Premierminister**

Ministerrat *m*, **-(e)s**, **-räte** Rada Ministrów

Minus *n*, **-**, **-** niedobór *m*, brak *m*

Minute *f*, **-**, **-n** minuta *f*; **auf die ~ genau** co do minuty

mir *pron* mnie, mi; **von ~ aus** wszystko mi jedno; **mit ~** ze mną

mischen *vt* (*h*) mieszać; **Karten ~** tasować karty

Mischling *m*, **-(e)s**, **-e** mieszaniec *m*

Mischung *f*, **-**, **-en** mieszanka *f*

missachten *vt* (*h*) pogardzać (**jmdn <etw.>** kimś <czymś>)

missbilligen *vt* (*h*) nie pochwalać, ganić

Missbrauch *m*, **-(e)s**, **-bräuche** nadużycie *n*

Misserfolg *m*, **-(e)s**, **-e** niepowodzenie *n*

Missgeschick *n*, **-(e)s**, **-e** niepowodzenie *n*, zły los

misshandeln *vt* (*h*) źle traktować (**jmdn** kogoś)

misslingen (misslingt, misslang, misslungen) *vi* (*s*) nie udać się, nie powieść się; **das ist misslungen** to się nie udało

Misstrauen *n*, **-s** nieufność *f*, niedowierzanie *n*

Missverständnis *n*, **-ses, -se** nieporozumienie *n*
Mist *m*, **-es, -e** *pot.* gnój *m*, nawóz *m*; **so ein ~!** co za pech!
Mistel *f*, **-, -n** jemioła *f*
mit *praep* z; **~ dir** z tobą; **~ zwei Jahren** w wieku dwóch lat; **~ Vergnügen** z przyjemnością
mitarbeiten *vi* (*h*) współpracować
Mitarbeiter *m*, **-s, -** współpracownik *m*
mitbringen (bringt mit, brachte mit, mitgebracht) *vt* (*h*) przynosić; przyprowadzić (**jmdn** kogoś)
mitfühlen *vt* (*h*) współczuć (**mit jmdm** komuś)
Mitglied *n*, **-(e)s, -er** członek *m* (*np. partii*)
Mitleid *n*, **-(e)s** litość *f*, współczucie; **mit jmdm ~ haben** litować się nad kimś
mitmachen *vt,vi* (*h*) współuczestniczyć (**etw.** w czymś); **machst du mit?** przyłączysz się?
mitnehmen (nimmt mit, nahm mit, mitgenommen) *vt* (*h*) zabrać ze sobą (**jmdn <etwas>** kogoś <coś>)
mitspielen *vi* (*h*) brać udział w grze; **ich spiele mit** przyłączam się do gry
Mittag *m*, **-(e)s, -e** południe *n*; **zu ~ essen** jeść obiad
mittags *adv* w południe
Mitte *f*, **-, -n** środek (czegoś); **in der ~ gehen** iść w środku; **~ Oktober** w połowie października; **die goldene ~** złoty środek
mitteilen *vt* (*h*) zawiadamiać (**jmdm etw.** kogoś o czymś)
Mitteilung *f*, **-, -en** doniesienie *n*; wiadomość *f*, informacja *f*
Mittel *n*, **-s, -** środek *m*, sposób *m*; lek *m* (**gegen <für> etwas** przeciw czemuś <na coś>); zasoby pieniężne
Mittelpunkt *m* **-(e)s, -e** środek *m*, centrum *n*
mitten *adv* w środku; wśród; **~ ins Herz** w samo serce

Mitternacht *f*, **-**, **-nächte** północ *f*; **um ~** o północy

Mittwoch *m*, **-s**, **-e** środa *f*; **am ~** w środę

mitwirken *vi* (*h*) współdziałać, brać udział (**an <bei> einer Sache** w jakiejś sprawie)

Mixer *m* mikser *m*

Möbel *n*, **-s**, **-** mebel *m*

mobil *adj* ruchomy

mobilisieren *vt* (*h*) mobilizować

möblieren *vt* (*h*) meblować

Mode *f*, **-**, **-n** moda *f*; **in ~ kommen <sein>** stać się <być> modnym (*o rzeczach*)

Modell *n*, **-s**, **-e** wzór *m*, model *m*, modelka *f*

Mode(n)schau *f*, **-**, **-en** pokaz mody

modern *adj*, *adv* modn-y/ie, nowocze-sny/śnie; **sich ~ kleiden** ubierać się modnie <nowocześnie>

Modesalon *m*, **-s**, **-s** salon mody

modisch *adj* modny

mögen (mag, mochte, gemocht) *vt* (*h*) lubić; chcieć; być prawdopodobnym; **ich mag diese Speise nicht** nie lubię tej potrawy; **ich möchte gern** chciałbym; **gern spielen ~** lubić grać; **es mag sein** być może

möglich *adj*, *adv* możliw-y/ie; **so bald wie ~** jak najszybciej; **alles Mögliche tun** zrobić wszystko, co możliwe

Möglichkeit *f*, **-**, **-en** możliwość *f*

möglichst *adv* możliwie jak; **~ schnell** jak najprędzej

Mohn *m*, **-(e)s**, **(-e)** mak *m*

Mohnkuchen *m*, **-s**, **-** makowiec *m*

Mohr *m*, **-en**, **-en** (*archaizm*) Murzyn *m*

Möhre *f*, **-**, **-n** marchew *f*

Mokassin *m*, **-s**, **-s** mokasyn *m*

Mokka *m*, **-s**, **-s** kawa mokka

Mole *f*, **-**, **-n** molo *n*

Moment *m*, **-(e)s**, **-e** moment *m*, chwila *f*; **einen ~ bitte!** chwileczkę, proszę!

momentan *adv* chwilowo

Monat *m*, **-(e)s**, **-e** miesiąc *m*; **alle zwei ~e** co dwa miesiące
monatlich *adv* miesięcznie
Monatskarte *f*, **-**, **-n** bilet miesięczny
Monatszeitschrift *f*, **-**, **-en** miesięcznik *m*
Mond *m*, **-(e)s**, **-e** księżyc *m*
Mondlicht *n*, **-(e)s** światło księżyca
mongolisch *adj* mongolski; *adv* po mongolsku
Monopol *n*, **-s**, **-e** monopol *m*
Montag *m*, **-(e)s**, **-e** poniedziałek *m*; **am ~** w poniedziałek
Montage *f*, **-**, **-n** montaż *m*
Monteur *m*, **-s**, **-e** monter *m*
montieren *vt* (*h*) montować
Moor *n*, **-(e)s**, **-e** bagno *n*; torfowisko *n*; *zob.* **Sumpf**
Moos *n*, **-es**, **-e** mech *m*
Moped *n*, **-s**, **-s** motorower *m*
Moral *f*, **-** moralność *f*
moralisch *adj*, *adv* moraln-y/ie
Mord *m*, **-(e)s**, **-e** morderstwo *n*, mord *m*
morden *vt* (*h*) (za)mordować
Mörder *m*, **-s**, **-** morderca *m*
morgen *adv* jutro; **~ früh** jutro rano
Morgen *m*, **-s**, **-** ranek *m*, poranek *m*; **am frühen ~** wczesnym rankiem; **guten ~!** dzień dobry! (*z rana*)
Morgendämmerung *f*, **-** świt *m*, brzask *m*
Morgenrock *m*, **-(e)s**, **-röcke** szlafrok *m*, podomka *f*
morgens *adv* rano, z rana; **um vier Uhr ~** o czwartej rano
Moschee *f*, **-**, **-n** meczet *m*
Moslem *m*, **-s**, **-s** muzułmanin *m*
Motel *n*, **-s**, **-s** motel *m*
Motiv *n*, **-s**, **-e** motyw *m*
Motor *m*, **-s**, **-en** motor *m*, silnik *m*
Motorboot *n*, **-(e)s**, **-e** motorówka *f*

Motorisierung *f*, **-**, **-en** motoryzacja *f*
Motorrad *n*, **-(e)s**, **-räder** motocykl *m*
Motoroller *m*, **-s**, **-** skuter *m*
Motte *f*, **-**, **-n** mól *m*
Möwe *f*, **-**, **-n** mewa *f*
Mücke *f*, **-**, **-n** komar *m*
müde *adj* znużony, zmęczony
Mühe *f*, **-**, **-n** wysiłek *m*, trud *m*; **sich ~ geben** zadawać sobie trud
mühelos *adj* łatwo, bez trudu
Mühle *f*, **-**, **-n** młyn *m*
Müll *m*, **-(e)s** śmieci *pl*
Müllbehälter *m*, **-s**, **-** zbiornik na śmieci
Mülleimer *m*, **-s**, **-** kubeł na śmieci
Müllkasten *m*, **-s**, **-kästen** śmietnik *m*
Müllschlucker *m*, **-s**, **-** zsyp na śmieci
Mülltonne *f*, **-**, **-n** pojemnik na śmieci
multiplizieren *vt* (*h*) *mat.* mnożyć
Mund *m*, **-(e)s**, **Münder** usta *pl*; **den ~ halten** trzymać język za zębami
Mundart *f*, **-**, **-en** narzecze *n*, dialekt *m*
Mundharmonika *f*, **-**, **-s** *muz.* organki *pl*
Mundhöhle *f*, **-**, **-n** jama ustna
mündig *adj* pełnoletni
mündlich *adj*, *adv* ustn-y/ie
Mündung *f*, **-**, **-en** ujście *n* (**eines Flusses** rzeki); wylot *m* (**einer Straße** ulicy)
munter *adj* żwawy; rześki; **~ werden** nabierać wigoru
Münze *f*, **-**, **-n** moneta *f*
mürbe *adj* kruchy
murmeln *vt*, *vi* (*h*) mruczeć, szemrać
murren *vi* (*h*) mruczeć, sarkać (**über etw.** na coś)
Mus *n*, **-es**, **-e** mus *m*, miazga *f*
Muschel *f*, **-**, **-n** małż *m*; muszla *f*
Museum *n*, **-s**, **Museen** muzeum *n*
Musical *n*, **-s**, **-s** musical *m*
Musik *f*, **-** muzyka *f*
Musiker *m*, **-s**, **-** muzyk *m*

Muskel *m*, **-s**, **-n** muskuł *m*, mięsień *m*

müssen (muss, musste, gemusst) *vt* (*h*) musieć; **ich muss gehen** muszę iść; **man muss** trzeba, należy

müßig *adj* bezczynny; *adv* na próżno

Müßiggänger *m*, **-s**, **-** próżniak *m*

Muster *n*, **-s**, **-** wzór *m*, deseń *m*; próbka *f*; **nach dem ~** według wzoru

Mut *m*, **-(e)s** odwaga *f*

mutig *adj* odważny, śmiały

Mutter *f*, **-**, **Mütter** matka *f*

Mutterschaft *f*, **-** macierzyństwo *n*

Muttersprache *f*, **-**, **-n** język ojczysty

Mütze *f*, **-**, **-n** czapka *f*

N

nach *praep* po; za; do; według; **~ Hause** do domu; **~ Rom** do Rzymu; **~ seiner Theorie** według jego teorii; **meiner Meinung ~** moim zdaniem; **~ jmdm fragen** pytać o kogoś; *adv* **~ und ~** stopniowo

nachahmen *vt* (*h*) naśladować, podrabiać

Nachbar *m*, **-n**, **-n** sąsiad *m*

Nachbarin *f*, **-**, **-nen** sąsiadka *f*

Nachbarschaft *f*, **-**, **-en** sąsiedztwo *n*

nachdenken (denkt nach, dachte nach, nachgedacht) *vi* (*h*) rozmyślać, zastanawiać się (**über etw.** nad czymś)

Nachfolger *m*, **-s**, **-** następca *m*

Nachfrage *f*, **-**, **-n** zainteresowanie *n*, popyt *m*

nachgeben (gibt nach, gab nach, nachgegeben) *vi* (*h*) ustępować (**jmdm** komuś); poddawać się

nachgehen (geht nach, ging nach, nachgegangen) *vi* (*s*) iść; **jmdm ~** iść za kimś; **einer Sache ~** zajmować się jakąś sprawą; **die Uhr geht nach** zegar się spóźnia

Nachhilfe *f*, **-**, **-en** pomoc *f*

nachholen *vt* (*h*) nadrabiać

Nachkomme *m*, **-n**, **-n** potomek *m*

Nachkommenschaft *f*, **-**, **-en** potomstwo *n*

nachlassen (lässt nach, ließ nach, nachgelassen) *vi* (*h*) opuszczać; **vom Preis ~** opuścić z ceny; *vi* (*h*) słabnąć; ustawać (**in einer Sache** w czymś)

nachlässig *adj*, *adv* niedba-ły/le

nachmachen *vt* (*h*) naśladować, imitować; podrabiać

Nachmittag *m*, **-(e)s**, **-e** popołudnie; **am ~** po południu

Nachnahme *f*, **-**, **-n** zaliczenie (*np. pocztowe*); **gegen ~** za zaliczeniem

nachprüfen *vt* (*h*) sprawdzać, kontrolować, badać (**etw.** coś)

Nachprüfung *f*, **-**, **-en** egzamin poprawkowy; sprawdzenie *n*, zbadanie *n*

Nachricht *f*, **-**, **-en** wiadomość *f*, informacja *f*

Nachrichtendienst *m*, **-(e)s** służba łączności; służba wywiadowcza, wywiad *m*

nachschlagen (schlägt nach, schlug nach, nachgeschlagen) *vt* (*h*) sprawdzać, szukać; **etw. im Wörterbuch ~** sprawdzić coś w słowniku

nachstehend *adj* następujący

Nacht *f*, **-**, **Nächte** noc *f*; **bei ~** nocą

Nachtdienst *m*, **-(e)s** nocny dyżur

Nachteil *m*, **-(e)s**, **-e** wada *f*; niekorzyść *f*; **zu jmds ~** na czyjąś niekorzyść

Nachtfalter *m*, **-s**, **-** ćma *f*

Nachtigall *f*, **-**, **-en** słowik *m*

Nachtisch *m*, **-(e)s**, **-e** deser *m*

Nachtlokal *n*, **-(e)s**, **-e** lokal nocny

Nachtquartier *n*, **-s**, **-e** nocleg *m*

Nachtrag *m*, **-(e)s**, **-träge**

dopłata *f*, dodatek *m*, uzupełnienie *n*
nachts *adv* w nocy, nocą
Nachttopf *m*, **-(e)s, -töpfe** nocnik *m*
nachweisen (weist nach, wies nach, nachgewiesen) *vt* (*h*) wykazywać, udowadniać (**etw.** coś)
Nachwuchs *m*, **-es, -wüchse** potomstwo *n*; młode pokolenie
nachzählen *vt* (*h*) przeliczać, sprawdzać
Nacken *m*, **-s, -** kark *m*
nackt *adj, adv* nag-i/o
Nadel *f*, **-, -n** igła *f*
Nagel *m*, **-s, Nägel** gwóźdź *m*
Nagellack *m*, **-(e)s, -e** lakier do paznokci
nah(e) *adj, adv* blisk-i/o
nahelegen *vt* (*h*) sugerować, dać do zrozumienia (**jmdm etw.** komuś coś)
nahen *vi* (*s*) zbliżać się
nähen *vt* (*h*) szyć
nähern, sich *vr* (*h*) zbliżać się (**einer Sache** do czegoś)
Nähmaschine *f*, **-, -n** maszyna do szycia
nähren *vt* (*h*) żywić, karmić; **sich ~** *vr* (*h*) żywić się (**von Kartoffeln** ziemniakami)
Nährpräparat *n*, **-(e)s, -e** odżywka *f*
Nahrung *f*, **-** pokarm *m*
Nahrungsmittel *pl* żywność *f*, artykuły żywnościowe *pl*
Naht *f*, **-, Nähte** szew *m*
nahverwandt *adj* blisko spokrewniony
naiv *adj* naiwny
Name *m*, **-ns, -n** nazwisko *n*; **im ~n des Gesetzes** w imieniu prawa; **einen guten ~n haben** mieć dobrą opinię
Namenstag *m*, **-(e)s, -e** imieniny *pl*
Narbe *f*, **-, -n** blizna *f*
Narr *m*, **-en, -en** głupiec *m*, dureń *m*
naschen *vt/vi* (*h*) łasować, wyjadać; **gern ~** lubić łakocie
Nase *f*, **-, -n** nos *m*; **die ~ hoch tragen** zadzierać nosa
Nasenbluten *n*, **-s** krwotok z nosa
naseweis *adj* wścibski

nąss *adj* mokry; **~ werden** zmoknąć; **ein nasser Sommer** mokre lato
Nąsse *f*, **-** wilgoć *f*
Nation *f*, **-**, **-en** naród *m*
national *adj* narodowy
Nationalfeiertag *m*, **-(e)s**, **-e** święto narodowe
Nationalhymne *f*, **-**, **-n** hymn narodowy
Nationalität *f*, **-**, **-en** narodowość *f*
Nationalmannschaft *f*, **-**, **-en** drużyna narodowa, reprezentacja *f*
Natron *n*, **-s** soda oczyszczana
Nątter *f*, **-**, **-n** zaskroniec *m*
Natur *f*, **-** natura *f*
Naturịst *m*, **-en**, **-en** naturysta *m*, nudysta *m*
natürlich *adj, adv* naturaln-y/ie; *adv* oczywiście
Naturschutz *m*, **-es** ochrona przyrody
Naturwissenschaften *pl* nauki przyrodnicze *pl*
Nazi *m*, **-s**, **-s** nazista *m*, hitlerowiec *m*
Nebel *m*, **-s**, **-** mgła *f*
neb(e)lig *adj, adv* mglist-y/o
neben *praep* obok, przy; **(dicht) ~ mir** (tuż) obok mnie; **~ anderem** między innymi
nebeneinander *adv* obok siebie
Nebenfluss *m*, **-es**, **-flüsse** dopływ *m*
nęcken *vt* (*h*) droczyć się (**jmdn** z kimś)
Nęffe *m*, **-n**, **-n** siostrzeniec *m*; bratanek *m*
negativ *adj, adv* negatywn-y/ie
Neger *m*, **-s**, **-** *pej.* Murzyn *m*
nehmen (nimmt, nahm, genommen) *vt* (*h*) brać, wziąć; **von jmdn Abschied ~** pożegnać się z kimś; **Rücksicht ~ auf...** mieć wzgląd na...; **etwas auf sich ~** podjąć się czegoś; **im Grunde genommen** w gruncie rzeczy
Neid *m*, **-(e)s** zazdrość *f*
neidisch *adj* zazdrosny; **auf jmdn ~ sein** zazdrościć komuś
neigen *vt* (*h*) przechylać (**eine Flasche** butelkę); schylać (**den Kopf** głowę); **zu etw. ~** być skłonnym do czegoś

Neigung *f*, **-**, **-en** pochyłość *f*; skłonność *f*
nein *adv* nie; **ja oder ~?** tak czy nie?
Nelke *f*, **-**, **-n** goździk *m*
nennen (nennt, nannte, genannt) *vt* (*h*) nazywać; wymieniać, wyliczać; **jmdn <etw.> bei seinem Namen ~** nazwać kogoś <coś> po imieniu
Nerv *m*, **-s**, **-en** nerw *m*; **jmdm auf die ~en gehen** działać komuś na nerwy
Nervenkollaps *m*, **-es**, **-e** załamanie nerwowe
nervös *adj* nerwowy
Nest *n*, **-es**, **-er** gniazdo *n*; *przen.* mieścina *f*
nett *adj, adv* mił-y/o, uprzejm-y/ie; **das ist ~ von Ihnen** to miło z pani <pana> strony
Netz *n*, **-es**, **-e** sieć *f*
neu *adj* nowy; **von ~em** od nowa; **aufs ~e** na nowo
Neugier *f*, **-** ciekawość *f*
neugierig *adj* ciekawy (**auf etw.** czegoś)
Neuheit *f*, **-**, **-en** nowość *f*
Neuigkeit *f*, **-**, **-en** nowina *f*
Neujahr *n*, **-(e)s** Nowy Rok
Neujahrsgrüße *pl*, życzenia noworoczne
neulich *adj* niedawny
Neumond *m*, **-(e)s** nów księżyca
neun *num* dziewięć
Neun *f*, **-**, **-en** dziewiątka *f*
neunzehn *num* dziewiętnaście
neunzig *num* dziewięćdziesiąt
neureich *adj* nowobogacki
neutral *adj, adv* neutraln-y/ie
nicht *adv* nie; **~ wahr?** nieprawdaż?; **~ mehr** nie więcej; **~ nur** nie tylko; *zob.* **nein**
Nichte *f*, **-**, **-n** bratanica *f*, siostrzenica *f*
nichtig *adj* błahy, marny, znikomy
Nichtraucher *m*, **-s**, **-** niepalący *m*
nichts *pron* nic; **gar ~** wcale nie
nichtsdestoweniger *adv* niemniej, mimo to
nicken *vi* (*h*) potakiwać,

skinąć (**mit dem Kopf** głową)
nie *adv* nigdy; **~ wieder** nigdy więcej
nieder *adj, adv* niski; na dół
Niederlage *f*, **-**, **-n** klęska *f*; skład *m*, magazyn *m*
niederlassen (lässt nieder, ließ nieder, niedergelassen) *vt* (*h*) spuszczać, opuszczać; **einen Vorhang ~** spuścić zasłonę; **sich ~** *vr* (*h*) osiedlać się
niederlegen *vt* (*h*) składać, kłaść; **die Waffen ~** złożyć broń; **sich ~** *vr* (*h*) kłaść się (*np. o gimnastyce*)
Niederschlag *m*, **-(e)s**, **-schläge** opad *m* (*atmosferyczny*)
niederschlagen (schlägt nieder, schlug nieder, niedergeschlagen) *vt* (*h*) powalić na ziemię; spuszczać; **die Augen ~** spuścić oczy
Niederung *f*, **-**, **-en** *geogr.* nizina *f*, niż *m*
niedrig *adj, adv* nisk-i/o; *przen.* nikczemn-y/ie
Niere *f*, **-**, **-n** nerka f
nieseln *vi* (*h*) mżyć, rosić
niesen *vi* (*h*) kichać
Nikotin *n*, **-s** nikotyna *f*
nirgends(wo) *adv* nigdzie
Niveau [wym.: ...o] *n*, **-s**, **-s** poziom *m*, jakość *f*
noch *adv* jeszcze; **~ nicht** jeszcze nie; **~ immer** ciągle jeszcze; *conj* **weder... ~** ani..., ani
nochmal(s) *adv* jeszcze raz, powtórnie
Nonne *f*, **-**, **-n** zakonnica *f*
Norden *m*, **-s** północ *f*; **im ~** na północy
nördlich *adj* północny; *adv* na północ(y)
nordöstlich *adj* północno-wschodni
Nordpol *m*, **-s** biegun północny
Nordsee *f*, **-** Morze Północne
nordwestlich *adj* północno-zachodni
Norm *f*, **-**, **-en** norma *f*
normal *adj, adv* normaln-y/ie, prawidłow-y/o
normgerecht *adj, adv* zgodn-y/ie z normą
norwegisch *adj* norweski; *adv* po norwesku

Not *f*, **- Nöte** bieda *f*, nędza *f*; **zur ~** od biedy

Notar *m*, **-s**, **-e** notariusz *m*

Notausgang *m*, **-(e)s**, **-gänge** wyjście awaryjne

Notbremse *f*, **-**, **-n** hamulec bezpieczeństwa

Notdurft *f*, **- (-dürfte)** potrzeba naturalna; **seine ~ verrichten** *pot.* załatwić się

notdürftig *adj* biedny, nędzny

Note *f*, **-**, **-n** ocena *f*, *szkol.* stopień *m*; *muz.* nuta *f*

Notfall *m*, **-es**, **-fälle** pilna potrzeba, konieczność *f*; **im ~** w razie potrzeby

notieren *vt* (*h*) notować, zapisywać

Notiz *f*, **-**, **-en** notatka *f*, uwaga *f*; **von etw. ~ nehmen** przyjąć coś do wiadomości

Notizbuch *n*, **-(e)s**, **-bücher** notatnik *m*

Notlage *f*, **-**, **-n** bieda *f*; krytyczna <ciężka> sytuacja

notwendig *adj* konieczny; **etw. <jmdn> ~ brauchen** koniecznie czegoś <kogoś> potrzebować

November *m*, **-s**, **-** listopad *m*

nüchtern *adj, adv* czczy/na czczo; trzeźwy; **auf ~en Magen** na czczo

Nuckel *m*, **-s**, **-** *pot.* smoczek *m*

Nudeln *pl* kluski *pl*, makaron *m*

nuklear *adj* nuklearny

Null *f*, **-**, **-en** zero *n*; *przen.* **er ist eine ~** on jest zerem

Nummer *f*, **-**, **-n** numer *m*; liczba *f*

nummerieren *vt* (*h*) numerować

Nummernschild *n*, **-es**, **-er** tablica rejestracyjna (*samochodu*)

nun *adv* teraz; **von ~ an** od teraz

nur *part* tylko, jedynie; **~ noch eine Stunde** jeszcze tylko godzinę

Nuss *f*, **-**, **Nüsse** orzech *m*

Nussknacker *m*, **-s**, **-** dziadek do orzechów

Nutte *f*, **-**, **-n** *wulg.* prostytutka *f*

nutzen *vi* (*h*) przydawać

się; *vt* (h) (wy)korzystać; **die Gelegenheit ~** korzystać z okazji

Nutzen *m*, **-s, -** korzyść *f*, zysk *m*; **von ~ sein** być pożytecznym; **aus etw. ~ ziehen** ciągnąć z czegoś korzyści

nützlich *adj* pożyteczny; korzystny

Nylon *n*, **-s** nylon *m*

O

Oase *f*, -, **-n** oaza *f*

ob *conj* czy

obdachlos *adj* bezdomny

Obdachlosenheim *n*, **-(e)s, -e** przytułek dla bezdomnych

oben *adv* na górze, u góry; **von ~** z góry; **nach ~** do góry

Ober *m*, **-s, -** *pot.* kelner; **Herr ~!** proszę pana! (*do kelnera*)

Oberfläche *f*, -, **-n** powierzchnia; **an die ~ kommen** wypływać na wierzch

oberflächlich *adj* powierzchowny

oberhalb *praep* nad, ponad; powyżej; **~ der Wolken** ponad chmurami

Oberhaupt *n*, **-(e)s, -häupter** zwierzchnik *m*

Oberhaut *f*, -, **-häute** naskórek *m*

Oberschule *f*, -, **-n** szkoła średnia, liceum *n*

Oberst *m*, **-en, -en** *wojsk.* pułkownik *m*

obgleich *conj* aczkolwiek, choć; *zob.* **obwohl**

Obhut *f*, -, piecza *f*, opieka *f*; **jmdn unter seine ~ nehmen** wziąć kogoś pod swoją opiekę

Objekt *n*, **-(e)s, -e** obiekt *m*, przedmiot *m*

objektiv *adj, adv* obiektywn-y/ie

obligatorisch *adj, adv* obowiązkow-y/o, obligatoryjn-y/ie

Obst *n*, **-es** owoce *pl*

Obstgarten *m*, **-s, -gärten** ogród owocowy, sad *m*

Obstmarkt *m*, **-(e)s, -märkte** targ owocowy

obszön *adj* nieprzyzwoity, sprośny, obsceniczny
obwohl *conj* aczkolwiek, chociaż; *zob.* **obgleich**
oder *conj* albo, lub; **entweder... ~** albo... albo
Ofen *m*, **-s, Öfen** piec *m*
offen *adj, adv* otwar-ty/cie
offenbar *adj, adv* jawn-y/ie, widoczn-y/ie
offensichtlich *adj* widoczny, oczywisty
öffentlich *adj* publiczny, jawny; **die ~en Gebäude** gmachy publiczne
offiziell *adj, adv* oficjaln-y/ie, urzędow-y/o
Offizier *m*, **-s, -e** oficer *m*
öffnen *vt* (*h*) otwierać; **sich ~** *vr* (*h*) otwierać się
Öffnung *f*, **-, -en** otwór *m*, otwarcie *n* (*np. puszki*); *por.* **Eröffnung**
oft *adv* często; **ziemlich ~** dość często
öfter(s) *adv* wielokroć
oftmals *adv* często, nieraz
ohne *praep* bez; **~ zu warten** nie czekając; **~ Aufenthalt** bez przerwy
Ohnmacht *f*, **-, -en** omdlenie *n*; niemoc *f*; **in ~ fallen** zasłabnąć, zemdleć
ohnmächtig *adj* bezsilny, bezwładny; omdlały; **~ werden** zemdleć
Ohr *n*, **-(e)s, -en** ucho *n*; słuch *m*; **er war ganz ~** cały zamienił się w słuch; *pot.* **sich aufs ~ legen** uciąć sobie drzemkę
Ohrfeige *f*, **-, -n** policzek *m*; **jmdm eine ~ geben** spoliczkować kogoś
Okkupation *f*, **-, -en** okupacja *f*
Ökologie *f*, **-** ekologia *f*
ökonomisch *adj* ekonomiczny
Oktober *m*, **-s, -** październik *m*; **im ~** w październiku
Öl *n*, **-(e)s, -e** oliwa *f*, olej *m*
Ölfarbe *f*, **-, -n** farba olejna
ölen *vt* (*h*) oliwić
Olivenöl *n*, **-(e)s, -e** oliwa z oliwek
Olympiade, Olympiaspiele *f*, **-, -n** olimpiada *f*
Oma *f*, **-, -s** babcia *f*; *zob.* **Großmutter**

Omelẹtte *f*, **-**, **-n**, **Omelett** *n*, **-(e)s**, **-e** **<-s>** omlet *m*

Ọnkel *m*, **-s**, **-** (*pot. rów.* **-s**) wuj *m*, stryj *m*

Opa *m*, **-s**, **-s** dziadek *m*; *zob.* **Großvater**

Oper *f*, **-**, **-n** opera *f*; **in die ~ gehen** iść do opery

Operation *f*, **-**, **-en** operacja *f*

Operẹtte *f*, **-**, **-n** operetka *f*

Ọpfer *n*, **-s**, **-** ofiara *f*; **zum ~ fallen** paść ofiarą

ọpfern *vt* (h) ofiarować, składać w ofierze

Ọptiker *m*, **-s**, **-** optyk *m*

Optymịst *m*, **-en**, **-en** optymista *m*

Orange *f*, **-**, **-n** pomarańcza *f*

Orchẹster *n*, **-s**, **-** orkiestra *f*

Ọrden *m*, **-s**, **-** zakon *m*; order *m*

Ọrdensbruder *m*, **-s**, **-brüder** brat zakonny, zakonnik *m*

ọrdentlich *adj* porządny, należyty; **~er Professor** profesor zwyczajny

ọrdnen *vt* (*h*) porządkować

Ọrdnung *f*, **-**, **-en** porządek *m*, ład *m*; **etw. in ~ bringen** uporządkować coś

Organ *n*, **-s**, **-e** organ *m*, narząd *m*

Organisation *f*, **-**, **-en** organizacja *f*

organisieren *vt* (*h*) organizować, urządzać; *pot.* kraść

Ọrgel *f*, **-**, **-n** *muz.* organy *pl*

Orientierung *f*, **-**, **-en** orientacja *f*

originẹll *adj* oryginalny, odrębny, niezwykły

Orkan *m*, **-s**, **-e** orkan *m*, huragan *m*; **ein ~ tobt** huragan szaleje

Ọrt *m*, **-(e)s**, **-e** miejsce *n*; miejscowość *f*; **an ~ und Stelle** na miejscu

orthodọx *adj* prawosławny

ọ̈rtlich *adj* miejscowy

Ọrtsgespräch *n*, **-(e)s**, **-e** rozmowa miejscowa

Öse *f*, **-**, **-n** ucho *n*, pętelka *f*

Osten *m*, **-s** wschód *m*; **im ~** na wschodzie
Ostern *n*, **-**, **-** Wielkanoc *f*; **zu ~** na Wielkanoc
österreichisch *adj* austriacki, *adv* po austriacku
östlich *adj* wschodni; **~ von...** na wschód od...
Ostsee *f*, **-** Morze Bałtyckie
Ozean *m*, **-s**, **-e** ocean *m*

P

Paar *n*, **-(e)s**, **-e** para *f*
paar *num*: **ein ~** kilka
pachten *vt* (*h*) wziąć w dzierżawę, dzierżawić
packen *vt* (*h*) pakować; chwytać
Packung *f*, **-**, **-en** opakowanie *n*; paczka *f*
Paket *n*, **-(e)s**, **-e** paczka *f*
Palast *m*, **-es**, **Paläste** pałac *m*
Palme *f*, **-**, **-n** palma *f*; *pot*. **jmdn auf die ~ bringen** rozzłościć kogoś
panieren *vt* (*h*) *kulin*. panierować
Panik *f*, **-**, **-en** panika *f*
Panne *f*, **-**, **-n** awaria *f*
Pantoffel m, **-s**, **-n** pantofel *m*, kapeć *m*
Panzer *m*, **-s**, **-** pancerz *m*; *wojsk*. czołg *m*
Panzerschrank *m*, **-(e)s**, **-schränke** szafa pancerna
Papagei *m*, **-(e)s**, **-en** papuga *f*
Papier *n*, **-es**, **-e** papier *m*; **~e** dokumenty
Papierfabrik *f*, **-**, **-en** fabryka papieru, papiernia *f*
Papierrolle *f*, **-**, **-n** zwój <zwitek> papieru
Pappe *f*, **-**, **-n** tektura *f*; papa *f*
Paprika *m*, **-s**, **-s** papryka *f*
Papst *m*, **-es**, **Päpste** papież *m*
Paradies *n*, **-es**, **-e** raj *m*; **ins ~ kommen** dostać się do raju
parallel *adj*, *adv* równoleg-ły/le

Parameter *m*, **-s**, **-** parametr *m*, współczynnik *m*

Parfüm, Parfum [wym.: ...fę] *n*, **-s**, **-s** perfumy *pl*

Park *m*, **-(e)s**, **-s** park *m*

parken *vt* (*h*) (za)parkować

Parkett *n*. **-(e)s**, **-e** parkiet *m*; parter *m* (*w teatrze*)

Parkplatz *m*, **-es**, **-plätze** parking *m*

Parkverbot *n*, **-(e)s**, **-e** zakaz parkowania

Parlament *n*, **-(e)s**,**-e** parlament *m*

Parmesankäse *m*, **-s**, **-** parmezan *m*

Parole *f*, **-**, **-n** hasło (polityczne)

Partei *f*, **-**, **-en** partia *f*, stronnictwo *n*; **für jmdn ~ nehmen** stanąć po czyjejś stronie

Partner *m*, **-s**, **-** partner *m*

Pass *m*, **Passes**, **Pässe** paszport *m*; przełęcz *f*

Passage *f*, **-**, **-e** pasaż *m*, przejście *n*

Passagier *m*, **-s**, **-e** pasażer *m*

Passant *m*, **-en**, **-en** przechodzień *m*

passen *vi* (*h*) pasować (**jmdm** komuś); dobrze leżeć (*np. o ubraniu*); być stosownym; **das passt mir** to mi odpowiada

passend *adj* dobrany, odpowiedni

passieren *vt* (*h*) przechodzić; **eine Straße <die Grenze> ~** przejść przez ulicę <przez granicę>; *vi* (*s*) stać się, wydarzyć się; **was ist hier passiert?** co tu się stało?

Passierschein *m*, **-(e)s**, **-e** przepustka *f*

passiv *adj* bierny (*t. gram.*)

Passkontrolle *f*, **-**, **-n** kontrola paszportowa

Paste *f*, **-**, **-n** pasta *f*

Pastete *f*, **-**, **-n** pasztet *m*

Pastor *m*, **-s**, **-en** pastor *m*

Pate *m*, **-n**, **-n** ojciec chrzestny

Patent *n*, **-(e)s**, **-e** patent *m*

Patient *m*, **-en**, **-en** pacjent *m*

Patriot *m*, **-en**, **-en** patriota *m*

Patrone *f*, **-**, **-n** nabój *m*

Pauschale *f*, **-**, **-n** ryczałt *m*
Pause *f*, **-**, **-n** przerwa *f*, pauza *f*
pausenlos *adj* nieprzerwany, nieustanny
Pech *n*, **-(e)s**, **-e** smoła *f*; *przen.* niepowodzenie *n*, pech *m*
Pedal *n*, **-s**, **-e** pedał *m*
Pein *f*, **-** męka *f*, udręka *f*
peinlich *adj* przykry, dwuznaczny; **eine ~e Situation** nieprzyjemna sytuacja
Pelz *m*, **-es**, **-e** futro *n*, kożuch *m*
Pelzmütze *f*, **-**, **-n** czapka futrzana
Penis *m*, **-**, **-se** *anat.* członek męski, penis *m*
Penizillin *n*, **-s**, **-e** penicylina *f*
Pension[1] *f*, **-** emerytura *f*; **in ~ gehen** iść na emeryturę
Pension[2] *f*, **-**, **-en** pensjonat *m*
per *praep* na; za; przez; *pot.* **~ Fuß** pieszo; **~ Anhalter** autostopem
perfekt *adj*, *adv* doskona-ły/le, znakomi-ty/cie; *gram.* dokonany
Periode *f*, **-**, **-n** okres *m*; menstruacja *f*
Perle *f*, **-**, **-n** perła *f*
persisch *adj* perski; **~er Teppich** perski dywan
Person *f*, **-**, **-en** osoba *f*
Personenbeschreibung *f*, **-**, **-en** rysopis *m*
persönlich *adj*, *adv* osobi-sty/ście
Persönlichkeit *f*, **-**, **-en** osobistość *f*; osobowość *f*
Perücke *f*, **-**, **-n** peruka *f*
pessimistisch *adj*, *adv* pesymistyczn-y/ie
Pest *f*, **-** zaraza *f*; dżuma *f*
Petersilie *f*, **-**, **-n** pietruszka *f*
Petroleum *n*, **-s** ropa naftowa, nafta *f*
Pfad *m*, **-(e)s**, **-e** ścieżka *f*
Pfadfinder *m*, **-s**, **-** harcerz *m*
Pfahl *m*, **-(e)s**, **Pfähle** pal *m*, słup *m*
Pfand *n*, **-(e)s**, **Pfänder** zastaw *m*, fant *m*
Pfanne *f*, **-**, **-n** patelnia *f*
Pfannkuchen *m*, **-s**, **-** *kulin.* pączek *m*

Pfarrer *m*, **-s, -** proboszcz *m*; pastor *m*

Pfarrkirche *f*, **-, -n** kościół parafialny

Pfau *m*, **-(e)s, -en** paw *m*; **stolz wie ein ~** dumny jak paw

Pfeffer *n*, **-s, -** pieprz *m*

Pfefferkuchen *m*, **-s, -** piernik *m*

Pfeife *f*, **-, -n** fajka *f*; gwizdek *m*

pfeifen (pfeift, pfiff, gepfiffen) *vi* (*h*) gwizdać

Pfeil *m*,**-(e)s, -e** strzała *f*

Pfennig *m*, **-(e)s, -e** fenig *m*; **zwei ~<e>** 2 fenigi <2 monety jednofenigowe>

Pferd *n*, **-(e)s, -e** koń *m*

Pferderennen *n*, **-s, -** wyścigi konne

Pferdestall *m*, **-(e)s, -ställe** stajnia *f*

Pferdestärke *f*, **-, -n** *techn.* koń mechaniczny

Pfingsten *n*, **-** *rel.* Zielone Świątki

Pfirsich *m*, **-(e)s, -e** brzoskwinia *f*

Pflanze *f*, **-, -n** roślina *f*

pflanzen *vt* (*h*) sadzić

Pflanzenzucht *f*, **-** uprawa roślin

Pflaster n, **-s, -** plaster *m*; bruk *m*

Pflaume *f*, **-, -n** śliwka *f*

Pflege *f*, **-, -n** pielęgnowanie *n*, opieka *f*

pflegen *vt* (*h*) pielęgnować; opiekować się; **einen Kranken ~** opiekować się chorym; *vi* (*h*) **etw. zu tun ~** mieć zwyczaj coś robić

Pflicht *f*, **-, -en** obowiązek *m*

pflichtbewusst *adj* obowiązkowy

pflücken *vt* (*h*) zrywać (**Blumen** kwiaty)

Pflug *m*, **-(e)s, Pflüge** pług *m*

pflügen *vt* (*h*) orać (**den Acker** ziemię)

Pforte *f*, **-, -n** brama *f*, furta *f*

Pförtner *m*, **-s, -** portier *m*, odźwierny *m*

Pfote *f*, **-, -n** łapa *f*

Pfund *n*, **-(e)s** funt *m*; **zwei ~ Mehl** 2 funty mąki

Pfütze *f*, **-, -n** kałuża *f*

phantastisch *adj* fantastyczny, wspaniały

Philatelist *m*, **-en, -en** filatelista *m*
Philosophie *f*, **-, -n** filozofia *f*
Photozelle *f*, **-, -n** fotokomórka *f*
Physik *f*, **-** fizyka *f*
physikalisch *adj* dotyczący fizyki
physisch *adj, adv* fizyczn-y/ie
Pickel *m*, **-s, -** pryszcz *m*
Picknik *n*, **-s, -s** piknik *m*
pikant *adj* pikantny; nieprzyzwoity, pieprzny; **eine ~e Speise** ostra potrawa
Pille *f*, **-, -n** pigułka *f*
Pilz *m*, **-es, -e** grzyb *m*
pinkeln *vi* (*h*) *pot.* siusiać, sikać
Pinsel *m*, **-s, -** pędzel *m*; *pot.* głupiec *m*, półgłówek *m*
Pipeline *f*, **-, -s** rurociąg (*np. naftowy*)
pissen *vi* (*h*) *wulg.* szczać
Pistole *f*, **-, -n** pistolet *m*
plagen *vt* (*h*) męczyć, dręczyć; **mich plagt Durst** męczy mnie pragnienie; **sich ~** *vr* (*h*) dręczyć się, męczyć się
Plakat *n*, **-(e)s, -e** plakat *m*
Plan *m*, **-(e)s, Pläne** plan *m*, szkic *m*
planen *vt* (*h*) zamierzać, planować; **etw. im Geheimen ~** knuć coś
Planet *m* **-en, -en** planeta *f*
planmäßig *adj* planowy
plappern *vi* (*h*) paplać, pleść
plätschern *vi* (*h*) pluskać się
platt *adj* płaski, spłaszczony
Platte *f*, **-, -n** płyta *f*; płyta gramofonowa; półmisek *m*; **eine ~ mit Braten** półmisek z pieczenią
Plätteisen *n*, **-s, -** żelazko *n*
plätten *vt* (*h*) prasować
Plattenspieler *m*, **-s, -** gramofon *m*
Platz *m*, **-es, Plätze** miejsce *n*; plac *m*; **~ nehmen** siadać, zajmować miejsca
Platzanweiser *m*, **-s, -** bileter *m*
platzen *vi* (*s*) pękać; eksplodować

Plątzkarte *f*, **-**, **-n** miejscówka *f*
plaudern *vi* (*h*) gadać, gawędzić
Pleite *f*, **-**, **-n** bankructwo *n*, plajta *f*; **~ machen** zbankrutować
Plọmbe *f*, **-**, **-n** plomba *f*
plombieren *vt* (*h*) plombować
plọ̈tzlich *adj*, *adv* nagły/le, niespodzian-y/ie
plụmp *adj* niezgrabny, prostacki; **ein ~er Mensch** niezdara *m*, prostak *m*
Plụnder *m*, **-s** rupiecie *pl*, graty *pl*
Plụs *n*, **-** plus *m*
pọchen *vt* (*h*) tłuc, klepać; *vi* (*h*) pukać, stukać
Pọcken *pl med.* ospa *f*
Pokal *m*, **-s**, **-e** puchar *m*
Pol *m*, **-s**, **-e** biegun *m*
Pole *m*, **-n**, **-n** Polak *m*
Polin *f*, **-**, **-nen** Polka *f*
Politik *f*, **-**, **-en** polityka *f*
Politiker *m*, **-s**, **-** polityk *m*
politisch *adj* polityczny
Polizei *f*, **-**, **-en** policja *f*
Polizeistreife *f*, **-**, **-n** patrol policyjny
Polizeiwache *f*, **-**, **-n** posterunek policji
Polizịst *m*, **-en**, **-en** policjant *m*
pọlnisch *adj* polski
Pommes frites *pl* frytki *pl*
Popo *m*, **-s**, **-s** *pot.* pupa *f*, pośladek *m*
populär *adj* popularny
Porree *m*, **-s**, **-s** por *m*
Portemonnaie *n*, **-s**, **-s** portmonetka *f*
Portion *f*, **-**, **-en** porcja *f*, część *f*
Pọrto *n*, **-s**, **-s** opłata *f*
Porträt *n*, **-s**, **-s** portret *m*
portugiesisch *adj* portugalski, *adv* po portugalsku
Porzellan *n*, **-s**, **-e** porcelana *f*
Position *f*, **-**, **-en** pozycja *f*; stanowisko *f*; **eine ~ beziehen** zająć pozycję
positiv *adj* pozytywny
Pọst *f*, **-**, **-en** poczta *f*
Pọstamt *n*, **-(e)s**, **-ämter** urząd pocztowy
Pọsten *m*, **-s**, **-** stanowisko *n*; posterunek *m*
Pọstfach *n*, **-(e)s**, **-fächer** skytka pocztowa

Postgebühr *f*, **-**, **-en** opłata pocztowa, porto
Postkarte *f*, **-**, **-n** pocztówka *f*
postlagernd *adj*, *adv* poste restante
Postleitzahl *f*, **-**, **-en** numer kodu pocztowego
Poststempel *m*, **-s**, **-** stempel pocztowy
potentiell, potenziell *adj*, *adv* potencjaln-y/ie
Pracht *f*, **-**, **-en** przepych *m*, okazałość *f*
prächtig *adj* wspaniały
prahlen *vi* (*h*) chełpić się (**mit etw. ~** czymś)
Prämie *f*, **-**, **-n** premia *f*, nagroda *f*; składka ubezpieczeniowa
Präparat *n*, **-(e)s**, **-e** preparat *m*
Präsenzliste *f*, **-**, **-n** lista obecności
Präservativ *n*, **-s**, **-e** prezerwatywa *f*
Präsident *m*, **-en**, **-en** prezydent *m*
Praxis *f*, **-**, **Praxen** praktyka *f*
Predigt *f*, **-**, **-en** kazanie *n*
Preis *m*, **-es**, **-e** cena *f*; nagroda *f*; **feste ~e** stałe ceny; **zum niedrigen ~** po niskiej cenie; **um jeden ~** za wszelką cenę
Preiserhöhung *f*, **-**, **-en** podwyżka *f*
preisgeben (gibt preis, gab preis, preisgegeben) *vt* (*h*) porzucać; zdradzać
Preisliste *f*, **-**, **-n** cennik *m*
Preisnachlass *m*, **-sses**, **-ässe** zniżka cen; rabat *m*
Preisträger *m*, **-s**, **-** laureat *m*
preiswert *adj*, *adv* niedrog-i/o
Premier *m*, **-s**, **-s** **Premierminister** *m* premier *m*
Presse *f*, **-**, **-n** prasa *f*
Presseagentur *f*, **-**, **-en** agencja prasowa
Presswurst *f*, **-**, **-würste** salceson *m*
Priester *m*, **-s**, **-** ksiądz *m*, kapłan *m*
prima *adj*, *adv* pierwszorzędn-y/ie, wspania-ły/le; **das ist ~** to jest wspaniałe
primitiv *adj* prymitywny
Prinz *m* **-en**, **-en** książę *m*

Prinzessin *f*, **-**, **-nen** księżniczka *f*
Prinzip *n*, **-s**, **-ien** zasada *f*; **im ~** w zasadzie
prinzipiell *adj* zasadniczy
privat *adj* prywatny
privatisieren *vi* (*h*) prywatyzować
Privatleben *n*, **-s** życie prywatne
Probe *f*, **-**, **-n** próba *f*; (*np. w teatrze*); **auf ~** na próbę
Probezeit *f*, **-**, **-en** okres próbny, staż *m*
probieren *vt* (*h*) próbować
Problem *n*, **-s**, **-e** problem *m*, zagadnienie *n*; **ein ~ lösen** rozwiązać problem
Produkt *n*, **-(e)s**, **-e** produkt *m*, wyrób *m*
produzieren *vt* (*h*) produkować, wytwarzać
Professor *m*, **-s**, **-en** profesor *m*
Profit *m*, **-(e)s**, **-e** profit *m*, zysk *m*, korzyść *f*
profitieren *vi* (*h*) profitować; korzystać; **von etw. ~** korzystać z czegoś
Prognose *f*, **-**, **-n** prognoza *f*, zapowiedź *f*
Programm *n*, **-s**, **-e** program *m*
programmieren *vt* (*h*) programować
Projekt *n*, **-(e)s**, **-e** projekt *m*; szkic *m*
Promenade *f*, **-**, **-n** promenada *f*
Propaganda *f*, **-** rozpowszechnianie *n*, propaganda *f*
Prospekt *n*, **-(e)s**, **-e** prospekt *m*
Prostituierte *f*, **-**, **-n** prostytutka *f*
protestantisch *adj* protestancki
protestieren *vi* (*h*) protestować (**gegen etw.** przeciwko czemuś)
Prothese *f*, **-**, **-n** proteza *f*
Protokoll *n*, **-s**, **-e** protokół *m*; **das ~ führen** spisywać protokół
Prototyp *m*, **-s**, **-en** prototyp *m*, pierwowzór *m*
Prozent *n*, **-(e)s**, **-e** procent *m*; **zu fünf ~** na pięć procent
Prozentsatz *m*, **-es**, **-sätze** stopa procentowa

Prozess *m*, **-esses, -esse** *praw., chem., fiz., biol., przen.* proces *m*

prüfen *vt* (*h*) sprawdzać, egzaminować; **eine Rechnung ~** sprawdzić rachunek

Prüfung *f*, **-, -en** egzamin *m*; zbadanie *n*, sprawdzenie *n*; **eine ~ ablegen <bestehen>** składać <zdać> egzamin; **in <bei> der ~ durchfallen** *pot.* oblać egzamin

prügeln *vt* (*h*) chłostać, bić

psychisch *adj, adv* psychiczn-y/ie

Psychologie *f*, **-, -n** psychologia *f*

Publikum *n*, **-s** publiczność *f*

publizieren *vt* (*h*) publikować

Pudding *m*, **-s, -e** budyń *m*

Puder *m*, **-s, -** puder *m*

Puderzucker *m*, **-s** cukier puder

Pullover *m*, **-s, -** pulower *m*, sweter *m*

Puls *m*, **-es, -e** puls *m*

Pult *n*, **-(e)s, -e** pulpit *m*

Pulver *n*, **-s, -** proszek *m*; proch *m*

Pumpe *f*, **-, -n** pompa *f*

pumpen *vt* (*h*) pompować

Punkt *m*, **-(e)s, -e** punkt *m*, kropka *f*; **den Punkt aufs „i" setzen** postawić kropkę nad i; **~ für ~** punkt po punkcie, szczegółowo

pünktlich *adj, adv* punktualn-y/ie

Punktwertung *f*, **-, -en** klasyfikacja punktowa

Pupille *f*, **-, -n** źrenica *f*

Puppe *f*, **-, -n** lalka *f*

Puppentheater *n*, **-s, -** teatr lalkowy

pur *adj* czysty, szczery; **aus ~em Gold** ze szczerego złota

Pute *f*, **-, -n** indyczka *f*, (*zwł. jako pieczeń*)

Puter *m*, **-s, -** indyk m; por. **Pute**

Putz *m*, **-es** ozdoba *f*; tynk *m*

putzen *vt* (*h*) czyścić; **Schuhe ~** czyścić buty

Putzfrau *f*, **-, -en** sprzątaczka *f*

Pyjama *m*, **-s, -s** piżama *f*

Q

Quadrat *n*, **-(e)s, -e** kwadrat *m*
Quadratmeter *m*, *n*, **-s, -** metr kwadratowy
Qual *f*, **-, -en** męka *f*, udręka *f*
quälen *vt* (*h*) męczyć, dręczyć; **jmdn zu Tode ~** zamęczyć kogoś na śmierć
qualifiziert *pp*, *adj* (wy)-kwalifikowany; **ein ~er Arbeiter** robotnik wykwalifikowany
Qualität *f*, **-, -en** jakość *f*, gatunek *m*; **von bester ~** najlepszej jakości, w najlepszym gatunku
Quark *m*, **-(e)s** twaróg *m*
Quarkkuchen *m*, **-s, -** sernik *m*
Quartier *n*, **-s, -e** kwatera *f*, mieszkanie *n*; **jmdm ~ geben** dać komuś schronienie
Quatsch *m*, **-es** *pot.* gadanina *f*, bzdury *pl*
Quecksilber *n*, **-s** rtęć *f*
Quelle *f*, **-, -n** źródło *n*, zdrój *m*
quer *adj, adv* poprzeczn-y/ie; **kreuz und ~** wzdłuż i wszerz
querfeldein *adv* na przełaj
Querschnitt *m*, **-(e)s, -e** przekrój poprzeczny
Querstraße *f*, **-, -n** przecznica *f*
quetschen *vt* (*h*) zgniatać; przytrzasnąć; wyciskać; **sich einen Finger ~** przytrzasnąć sobie palec
Quittung *f*, **-, -en** kwit *m*; pokwitowanie *n*
Quiz *n*, **-, -** kwiz *m*

R

Rabatt *m*, **-(e)s, -e** rabat *m*
Rabe *m*, **-n, -n** kruk *m*
Rachen *m*, **-s, -** gardło *n*, krtań *f*; paszcza *f*
rächen *vt* (*h*) pomścić (**jmdn** kogoś); **sich ~** *vr*

(*h*) zemścić się (**an jmdm** na kimś)
Rad *n*, **-(e)s, Räder** koło *n*; *pot.* rower *m*; **sich aufs ~ setzen** wsiadać na rower
Radar *n/m*, **-s, -e** radar *m*
Radfahrer *m*, **-s, -** rowerzysta *m*
Radieschen *n*, **-s, -** rzodkiewka *f*; **ein Bund ~** pęczek rzodkiewek
Radio *n*, **-s, -s** radio *n*
Radioaktivität *f*, **-** radioaktywność *f*
Radrennen *n*, **-s, -** wyścigi kolarskie
Radsport *m*, **-s** kolarstwo *n*
Rahm *m*, **-(e)s** śmietana *f*
Rahmen *m*, **-s, -** rama *f*; **im ~** w ramach, w granicach
Rakete *f*, **-, -n** rakieta *f*
Rakett (Racket) *n*, **-(e)s, -e <-s>** rakieta do tenisa
Rand *m*, **-(e)s, Ränder** brzeg *m*, krawędź *f*
Rang *m*, **-(e)s, Ränge** ranga *f*, *teatr* balkon *m*; **ersten ~es** pierwszorzędny
Rangordnung *f*, **-, -en** hierarchia *f*
ranzig *adj* zjełczały
Rapport *m*, **-(e)s, -e** raport *m*, sprawozdanie *n*
rasen *vi* (*s*) pędzić; (*h*) szaleć
Rasen *m*, **-s, -** trawnik *m*
rasend *adj* szalony, wściekły
Rasierapparat *m*, **-(e)s, -e** maszynka do golenia
rasieren *vt* (*h*) golić; **sich ~** *vr* (*h*) golić się
Rasierer *m*, **-s, -** *pot.* golarka *f*, maszynka do golenia
Rasierpinsel *m*, **-s, -** pędzel do golenia
Rasse *f*, **-, -n** rasa *f*
Rast *f*, **-, -en** odpoczynek *m*; **~ machen** odpocząć
Rat *m*, **-(e)s, Ratschläge** (po)rada *f*; (*pl* **Räte**) radca *m*, radny *m*; rada; **jmdm einen ~ geben** dać komuś radę; **den ~ einberufen** zwołać radę
Rate *f*, **-, -n** rata *f*; **etw. in ~n abzahlen** spłacać coś w ratach
raten (rät, riet, geraten) *vi* (*h*) radzić; **jmdm zu**

etw. raten doradzać komuś coś
Ratgeber *m*, **-s, -** doradca *m*
Rathaus *n*, **-es, -häuser** ratusz *m*
rational *adj, adv* racjonaln-y/ie
ratlos *adj, adv* bezradn-y/ie
Ratschlag *m* **-(e)s, -schläge** rada *f*; **einen ~ erteilen** dać radę, poradzić; *por*. **Rat**
Rätsel *n*, **-s, -** zagadka *f*
Ratte *f*, **-, -n** szczur *m*
Raub *m*, **-(e)s, (-e)** grabież *f*; łup *m*
rauben *vt* (*h*) rabować, grabić, łupić
Rauch *m*, **-(e)s** dym *m*; **in ~ aufgehen** pójść z dymem
rauchen *vt* (*h*) palić (*papierosy*); **Rauchen verboten!** palenie wzbronione!
Raucher *m*, **-s, -** palacz *m*
Rauchfang *m*, **-(e)s, -fänge** przewód kominowy
Rauchzimmer *n*, **-s, -** palarnia *f*
Raufbold *m*, **-(e)s, -e** zawadiaka *m*, awanturnik *m*
rauh *adj* szorstki; ochrypły; **~e Stimme** ochrypły głos
Raum *m*, **-(e)s, Räume** pomieszczenie *n*; obszar *m*
Raumfahrer *m*, **-s, -** kosmonauta *m*
Raumschiff *n*, **-(e)s, -e** statek kosmiczny
Raupe *f*, **-, -n** gąsienica *f*
Rausch *m*, **-es (Räusche)** upojenie *n*, odurzenie *f*; **einen ~ haben** mieć w czubie, być pijanym
Rauschgift *n*, **-(e)s, -e** narkotyk *m*, środek odurzający
reagieren *vi* (*h*) reagować, oddziaływać; **auf etw. ~** reagować na coś
real *adj* realny, prawdziwy
realisieren *vt* (*h*) realizować (**einen Plan** plan)
realistisch *adj, adv* realistyczn-y/ie, trzeźw-y/o; **eine ~e Einschätzung** trzeźwa ocena
rechen *vt* (*h*) (z)grabić
Rechen *m*, **-s, -** grabie *pl*

Rechenschaft *f*, **-** rachunek *m*, sprawozdanie *n*; **jmdn zur ~ ziehen** pociągnąć kogoś do odpowiedzialności

Rechentafel *f*, **-**, **-n** tabliczka mnożenia

rechnen *vt, vi* (*h*) liczyć, rachować; **im Kopfe ~** obliczać w pamięci; **mit jmdm <mit etw.> ~** liczyć się z kimś <z czymś>; **auf etw. ~** liczyć na coś

Rechnung *f*, **-**, **-en** rachunek *m*; **auf ~** na rachunek

recht *adj* prawy (*t. przen.*); **zur ~en Hand** po prawej stronie; **~ haben** mieć rację; **das ist mir ~** to mi odpowiada; **~ gern** bardzo chętnie

Recht *n*, **-(e)s**, **-e** prawo *n* (**auf etw.** do czegoś); sprawiedliwość *f*; **mit ~** słusznie

rechtfertigen *vt* (*h*) **jmdn <etw.> ~** usprawiedliwiać kogoś <coś>; *vi* (*h*) **sich ~** *vr* (*h*) usprawiedliwiać się

rechtmäßig *adj* zgodny z prawem, legalny; **~e Ehe** legalne małżeństwo

rechts *adv* na prawo, po prawej stronie

Rechtsanwalt *m*, **-(e)s**, **-anwälte** adwokat m

Rechtschreibung *f*, **-**, **-en** ortografia *f*, pisownia *f*

rechtzeitig *adj, adv* odbywający się we właściwym czasie; w porę; **~ eintreffen** nadejść w porę

Redakteur *m*, **-s**, **-e** redaktor *m*

Rede *f*, **-**, **-n** mowa *f*; **eine ~ halten** wygłaszać mowę; **jmdm in die ~ fallen** wpadać komuś w słowo

reden *vt, vi* (*h*) mówić; **mit jmdm über <von> etw. ~** rozmawiać z kimś o czymś

redlich *adj, adv* rzeteln-y/ie, uczciw-y/ie

Redner *m*, **-s,-** mówca *m*

reduzieren *vt* (*h*) redukować, zmniejszać

Referat *n*, **-(e)s**, **-e** referat *m*; **ein ~ halten** wygłaszać referat

Referenz *f*, **-, en** referencja *f*
Reform *f*, **-, -en** reforma *f*
Regal *n*, **-s, -e** regał m, półka *f*; **im ~** na półce
rege *adj* ruchliwy
Regel *f*, **-, -n** reguła *f*; miesiączka *f*
regelmäßig *adj, adv* regularn-y/ie
regeln *vt* (*h*) regulować, porządkować; **den Verkehr ~** regulować ruch
Regen *m*, **-s, -** deszcz *m*
Regenschirm *m*, **-(e)s, -e** parasol *m*
regieren *vt* (*h*) rządzić; **ein Land <einen Staat, ein Volk> ~** rządzić krajem <państwem, narodem>
Regierung *f*, **-, en** rząd *m*
regnen *vi* (*h*) padać (*o deszczu*); **es regnet** pada deszcz
regulär *adj, adv* regularn-y/ie
Reh *n*, **-(e)s, -e** sarna *f*
reiben (reibt, rieb, gerieben) *vt* (*h*) trzeć; ucierać; **sich die Hände ~** zacierać ręce; **sich mit jmdm ~** mieć utarczki z kimś
Reibung *f*, **-, -en** tarcie *n*
reich *adj* bogaty, zamożny; **~ an Ideen** bogaty w pomysły
Reich *n*, **-(e)s, -e** *hist.* państwo *n*; **das Deutsche ~** Rzesza Niemiecka; **das Römische ~** Imperium Rzymskie
reichen *vt* (*h*) podawać; sięgać; wystarczyć; **jmdm die Hand ~** podać komuś rękę; **nach einer Sache ~** sięgać po coś
reichlich *adj* obfity, suty
Reichtum *m*, **-s, -tümer** bogactwo *n*
reif *adj* dojrzały; **~es Obst** dojrzałe owoce
reifen *vi* (*s*) dojrzewać; **das Obst reift** owoce dojrzewają
Reifen *m*, **-s, -** opona *f*
Reihe *f*, **-, -n** rząd *m*, szereg *m*; **in erster ~** w pierwszym rzędzie; **der ~ nach** kolejno
Reihenfolge *f*, **-** kolejność *f*; **in alphabetischer ~** w porządku alfabetycznym

rein *adj* czysty, szczery; **~ machen** czyścić; **etw. ins Reine schreiben** przepisywać coś na czysto

reinigen *vt* (*h*) czyścić, oczyszczać; **die Kleider ~** wyczyścić ubranie

Reis *m*, **-es** ryż *m*

Reise *f*, **-**, **-n** podróż *f*; **sich auf die ~ machen** udać się w podróż

Reisefieber *n*, **-s** niepokój przed podróżą

Reiseführer *m*, **-s**, **-** przewodnik turystyczny (*o człowieku, o książce*)

Reisegepäck *n*, **-(e)s** bagaż *m*

reisen *vi* (*s*) podróżować

Reisende(r) *m*, **-n**, **-n** podróżny *m*

Reisepass *m*, **-passes**, **-pässe** paszport *m*

Reiseroute *f*, **-**, **-n** marszruta *f*

reißen (reißt, riss, gerissen) *vt* (*h*) rwać, podrzeć; **etw. an sich ~** zagarnąć coś; **jmdn mit sich ~** porwać kogoś ze sobą; **sich um etw. ~** zabijać się o coś

Reißverschluss *m*, **-es**, **-üsse** zamek błyskawiczny, suwak *m*

Reißzwecke *f*, **-**, **-n** pinezka *f*

reiten (reitet, ritt, geritten) *vi* (*s*) jeździć konno; **auf einem Pferd ~** jechać na koniu

Reiter *m*, **-s**, **-** jeździec *m*

Reiz *m*, **-es**, **-e** bodziec *m*, podnieta *f*; wdzięk *m*; **ihrem ~ erliegen** ulec jej urokowi

reizen *vt* (*h*) pobudzać, drażnić (**jmdn** kogoś)

reizend *adj* czarujący, uroczy; **ein ~es Buch** urocza książka

Reklamation *f*, **-**, **-en** reklamacja *f*

Reklame *f*, **-**, **-n** reklama *f*

Rekord *m*, **-(e)s**, **-e** rekord *m*; **einen ~ aufstellen <schlagen>** ustanowić <pobić> rekord

relativ *adj* relatywny, względny

Religion *f*, **-**, **-en** religia

Religionssekte *f*, **-**, **-n** sekta religijna

Renaissance *f*, **-** Renesans *m*, Odrodzenie *n*

Rennbahn *f*, -, **-en** bieżnia *f*, tor wyścigowy
rennen (rennt, rannte, gerannt) *vi* (*s*) biec, pędzić; **gegen etw. ~** wpaść na coś
Rennen *n*, **-s** bieg *m*; wyścigi *pl*
renovieren *vt* (*h*) odnawiać, odświeżać
rentabel *adj* zyskowny, rentowny
Rente *f*, -, **-n** renta *f*; **eine ~ beziehen** pobierać rentę
Rentner *m*, **-s**, - rencista *m*
Reparatur *f*, -, **-en** reperacja *f*, naprawa *f*; **etw. zur ~ bringen** zanieść coś do naprawy
reparieren *vt* (*h*) reperować, naprawiać
Reportage *f*, -, **-n** reportaż *m*
Reprivatisierung *f*, -, **-en** reprywatyzacja *f*
Republik *f*, -, **-en** republika *f*
Reserve *f*, -, **-n** rezerwa *f*, zapas *m*
reservieren *vt* (*h*) rezerwować; **Plätze ~** rezerwować miejsca
Residenz *f*, -, **-en** rezydencja *f*
Rest *m*, **-es**, **-e** reszta *f*, pozostałość *f*; **der ~ ist Schweigen** reszta jest milczeniem
restlos *adj* zupełny, całkowity
Restaurant *n*, **-s**, **-s** restauracja *f*
Resultat *n*, **-(e)s**, **-e** rezultat *m*, wynik *m*
retten *vt* (*h*) ratować, ocalić; **jmdm das Leben ~** ocalić komuś życie
Rettung *f*, -, **-en** ratunek *m*; **es gibt keine ~ mehr** nie ma już ratunku
Rettungsboot *n*, **-(e)s**, **-e** łódź ratunkowa
revanchieren, sich *vr* (*h*) odwdzięczyć się; wziąć odwet (**für etw.** za coś)
Revolution *f*, -, **en** rewolucja *f*
Revue *f*, -, **-n** rewia *f*, pokaz *m*
Rezept *n*, **-(e)s**, **-e** *med.* recepta *f*; przepis *m* (*kulinarny*)
Rezeption *f*, -, **-en** recepcja *f* (*w hotelu*); przyję-

cie *n,* odbiór *m* (*dzieła sztuki*)

Rheuma *n,* **-s** *med.* reumatyzm *m*

richten *vi* (*h*) osądzić, sądzić, wydawać wyrok; **über jmdn <etwas> ~** wyrokować o kimś <o czymś>; *vt* (*h*) prostować; przygotowywać; kierować; **den Stab (gerade) ~** wyprostować pręt; **das Bett ~** przygotować łóżko; **den Tisch ~** nakrywać do stołu; **etw. an jmdn ~** skierować coś do kogoś; **sich ~** *vr* (*h*) zwracać się (**an jmdn** do kogoś)

Richter *m,* **-s, -** sędzia *m*

richtig *adj, adv* właściw-y/ie; trafn-y/ie, poprawn-y/ie; **die Uhr geht ~** (ten) zegar(ek) chodzi dobrze; **etw. ~ finden** uważać coś za słuszne

Richtlinie *f,* **-, -en** dyrektywa, wytyczna, instrukcja *f*

Richtung *f,* **-, -en** kierunek *m*; **eine ~ einschlagen** wytyczyć kierunek

riechen (riecht, roch, gerochen) *vt* (*h*) wąchać; *przen.* **den Braten ~** zwąchać pismo nosem; *vi* (*h*) pachnąć, pachnieć; **gut ~** przyjemnie pachnieć

Riemen *m,* **-s, -** rzemień *m*; pas *m*

Riese *m,* **-n, -n** olbrzym *m*

rieseln *vi* (*h*) mżyć, siąpić; **es rieselt** siąpi

riesig *adj* olbrzymi

Rinde *f,* **-, -n** kora *f*; skórka (*chleba*) *f*

Rinderbraten *m* **-s, -** pieczeń wołowa

Rindfleisch *n,* **-es** mięso wołowe

Ring *m,* **-(e)s, -e** pierścień *m;* krążek *m*; obrączka; obwodnica *f*; *sport.* ring *m*

ringsherum *adv* naokoło

Ringstraße *f,* **-, -n** obwodnica *f*

Rinne *f,* **-, -n** rynna deszczowa

rinnen (rinnt, rann, geronnen) *vi* (*s*) ciec, sączyć się; **es rinnt** cieknie

Rinnstein *m*, **-(e)s, -e** rynsztok *m*, ściek *m*
Rippe *f*, **-, -n** żebro *n*
Risiko *n*, **-s, Risiken** ryzyko *n*; **auf eigenes ~** na własne ryzyko
riskieren *vt* (*h*) ryzykować; **sein Leben ~** ryzykować życie
Riss *m*, **Risses, Risse** rysa *f*, pęknięcie *n*; szczelina *f*
Ritter *m*, **-s, -** rycerz *m*
Ritz *m*, **-es, -e** szpara, szczelina *f*; rysa *f*
Rivale *m* **-n, -n** rywal *m*
Robe *f*, **-, -n** toga *f*; szafa *f*; suknia wizytowa
Roboter *m*, **-s, -** robot *m*
Rock *m*, **-(e)s, Röcke** spódnica
Rogen *m*, **-s** ikra *f*
Roggen *m*, **-s** żyto *n*
roh *adj* surowy; nieokrzesany
Rohkost *f*, **-** *kulin.* surówka *f*
Rohr *n*, **-(e)s, -e** rura *f*
Röhre *f*, **-, -n** *techn.* lampa *f*; (cienka) rurka *f*
Rollladen *m* **-s, -läden** żaluzja *f*; roleta *f*
Rolle *f*, **-, -n** *teatr* rola *f*; *przen.* rolka *f*, zwój *m*; **das spielt keine ~** to nie ma znaczenia
Roller *m*, **-s, -** hulajnoga *f*
Rollschinken *m*, **-s, -** baleron *m*
Rollschuhe *pl* wrotki *pl*, rolki *pl*
Rolltreppe *f*, **-, -n** schody ruchome
Roman *m* **-s, -e** powieść *f*
romantisch *adj*, *adv* romantyczn-y/ie
römisch-katholisch *adj* rzymskokatolicki
röntgen *vt* (*h*) *med.* prześwietlać
rosa *adj* różowy
Rose *f*, **-, -n**, róża *f*
Rosine *f*, **-, -n** rodzynek *m*
Rost[1] *m*, **-es, -e** ruszt *m*
Rost[2] *m*, **-es** rdza
Röstbrot *n*, **-es** tost *m*
rosten *vi* (*s*/*h*) rdzewieć; *przysł.* **alte Liebe rostet nicht** stara miłość nie rdzewieje
rösten *vt* (*h*) opiekać (*chleb*); piec na ruszcie
Röster *m*, **-s, -** opiekacz *m*
rostfrei *adj* nierdzewny

rot *adj* czerwony; **Rotes Kreuz** Czerwony Krzyż; **~ werden** zaczerwienić się

rothaarig *adj* rudowłosy

Rotwein *m,* **-(e)s, -e** czerwone wino

Rotzbube, Rotzjunge *m,* **-n, -n** *wulg.* smarkacz *m*

Roulade *f,* **-, -n** *kulin.* rolada *f*

Route *f,* **-, -n** marszruta *f*

Rowdy *m,* **-s, -s** chuligan *m*

Rübe *f,* **-, -n** burak *m;* rzepa *f*; **rote ~** czerwony burak

Rubel *m,* **-s, -** rubel *m*

rücken *vt* (*h*) przesuwać; **etw. in die Ecke ~** przesunąć coś w kąt; *vi* (*s*) przesuwać się; **näher ~** przysuwać się

Rücken *m,* **-s, -** plecy *pl*; oparcie *m*

Rückgabe *f,* **-, -n** zwrot *m,* oddanie *n*

rückgängig *adj* wsteczny, cofający się; **etw. ~ machen** cofnąć coś

Rückgrat *m,* **-(e)s, -e** kręgosłup *m*

Rückkehr *f,* **-** powrót *m*; **nach seiner ~** po jego powrocie

Rücklicht *n,* **-es, -er** *mot.* światło odblaskowe (*tylne*)

Rucksack *m,* **-(e)s, -säcke** plecak *m*

Rückseite *f,* **-, -n** odwrotna strona; rewers *m*

Rücksicht *f,* **- (-en)** wzgląd *m*; **mit <ohne> ~ auf etw.** ze <bez> względu na coś; **~ auf etw. nehmen** mieć wzgląd na coś

rücksichtslos *adj* bezwzględny

Rückspiegel *m,* **-s, -** *mot.* lusterko wsteczne

rückständig *adj* zaległy; zacofany; **~e Ansichten** przestrzałe poglądy

Rücktritt *m* **-(e)s, -e** ustąpienie *n,* dymisja *f*; **der ~ vom Amt** ustąpienie z urzędu

Rückvergütung *f,* **-, -en** rekompensata *f*, odszkodowanie *n*

rückwärts *adj* wstecz; do tyłu; **zwei Schritte ~** dwa kroki do tyłu

Rückzug *m,* **-(e)s, -züge** odwrót *m*; **zum ~ blasen** dać sygnał do odwrotu

Ruder *n,* **-s, -** wiosło *n*

rudern *vi* (*h*) wiosłować

Ruf *m,* **-es, -e** wołanie *n*; wezwanie *n*; reputacja *f*; **auf den ersten ~** na zawołanie; **einen guten ~ haben** mieć dobrą opinię

rufen (ruft, rief, gerufen) *vt* (*h*) wołać; wzywać

Ruhe *f,* **-, -n** spokój *m*; cisza *f*; odpoczynek *m*; **jmdn in ~ lassen** dawać komuś spokój; **sich zur ~ begeben** udać się na spoczynek

ruhig *adj, adv* spokojn-y/ie; cich-y/o; **~ bleiben** zachować spokój

Ruhm *m,* **-(e)s** sława *f*; chwała *f*

rühmen *vt* (*h*) sławić (**jmdn** kogoś); **sich ~** *vr* (*h*) chwalić się (**einer Sache** jakąś rzeczą)

Rührei *n,* **-(e)s, -er** jajecznica *f*

rühren *vt* (*h*) mieszać; ruszać; wzruszać; *vi* (*h*) dotykać (**an etw.** czegoś); **sich ~** *vr* (*h*) ruszać się; *wojsk.* **rührt euch!** spocznij!

Ruin *m,* **-s** *przen.* ruina *f*

Ruine *f,* **-, -n** ruina *f*; rudera *f*

Rum *m,* **-s, -s** rum *m*

rumänisch *adj* rumuński; *adv* po rumuńsku

Rumpf *m,* **-(e)s, Rümpfe** tułów *m*; kadłub *m* **(des Schiffes <Flugzeug(e)s>** statku <samolotu>)

Rumsteak *n,* **-s, -s** *kulin.* rumsztyk *m*

rund *adj, adv* okrągły, zaokrąglony; około; dookoła; **~ zweihundert Mark** okrągłe dwieście marek; **~ um die Uhr** całą dobę

Runde *f,* **-, -n** runda *f*; okrążenie *n*

Rundfahrt *f,* **-, -en** objazd *m*; przejażdżka *f*; **eine ~ durch die Stadt** przejażdżka po mieście

Rundfrage *f,* **-, -n** ankieta *f*

Rundfunk *m,* **-s** radio *n,* radiofonia *f*

Rụndfunkempfänger *m*, **-s**, **-** radioodbiornik *m*
Rụndfunkhörer *m*, **-s**, **-** radiosłuchacz *m*
Rundfunksender *m*, **-s**, **-**, stacja radiowa
Rụndfunkstation *f*, **-**, **-en** *zob.* **Rundfunksender**
rundherum *adv* dookoła; wokół
Rụndschau *f*, **-** panorama *f*; przegląd *m*
Rụnzel *f*, **-**, **-n** zmarszczka *f*
Rụsse *m*, **-n**, **-n** Rosjanin *m*
Rụssin *f*, **-**, **-nen** Rosjanka *f*
rụssisch *adj* rosyjski; *adv* po rosyjsku
rụ̈stig *adj* rześki, krzepki
Rụ̈stung *f*, **-**, **-en** (u)zbrojenie *n*; *hist.* zbroja *f*
Rute *f*, **-**, **-n** rózga *f*
Rutengänger *m*, **-s**, **-** różdżkarz *m*
Rụtschbahn *f*, **-**, **-en** ślizgawka *f*; zjeżdżalnia *f*; *techn.* zsuwnia *f*
rụtschen *vi* (*s*) poślizgnąć się; zsunąć się
rụ̈tteln *vt*, *vi* (*h*) potrząsać

S

Saal *m*, **-(e)s**, **Säle** sala *f*
Sạche *f*, **-**, **-n** rzecz *f*; przedmiot *m*; sprawa *f*; **zur ~!** do rzeczy!; **das tut nichts zur ~** to nie ma nic do rzeczy
Sạchgebiet *m*, **-(e)s**, **-e** dziedzina *f*
sạchkundig *adj*, *adv* biegły/le
sạchlich *adj*, *adv* rzeczow-y/o; **~e Bemerkungen** rzeczowe uwagi
sạ̈chlich *adj gram.* (*rodzaj*) nijaki
sạcht(e) *adv* łagodnie; pomału; delikatnie; **etw. ~ anfassen** chwytać coś delikatnie
Sạchverständige(r) *m*, **-n**, **-n** rzeczoznawca *m*
Sạck *m*, **-(e)s**, **Säcke** worek *m*, wór *m*; **mit ~ und Pack** z całym dobytkiem
Sạckgasse *f*, **-**, **-n** ślepa uliczka, zaułek *m*; **in**

eine ~ geraten znaleźć się w ślepej uliczce
säen *vt* (*h*) siać
Saft *m*, **-es**, **Säfte** sok *m*
saftig *adj* soczysty; *adj*, *adv* dosadn-y/ie
Säge *f*, -, **-n** piła *f*
sagen *vt* (*h*) powiedzieć, mówić; **jmdm Dank ~** podziękować komuś; **lass dir ~** pozwól sobie powiedzieć; **man sagt, dass...** mówi się, że...
Sahne *f*, -, śmietana *f*
Saison *f*, -, **-s** sezon *m*
Saite *f*, -, **-n** struna *f*
Salat *m*, **-(e)s**, **-e** sałata; sałatka; *przen*. **da haben wir den ~!** masz babo placek!
Salbe *f*, -, **-n** maść *f*
Salz *n*, **-es**, **(-e)** sól *f*; **eine Prise ~** szczypta soli
salzen (salzt, salzte, gesalzen) *vt* (*h*) solić
salzig *adj* słony; **~e Tränen** słone łzy
Salzstreuer *m*, **-s**, **-** solniczka *f*
Same(n) *m*, **-s**, **-** *bot*., *med*. nasienie *n*
sammeln *vt* (*h*) zbierać, gromadzić; **sich ~** *vr* (*h*) zbierać się, gromadzić się
Sammelplatz *m*, **-es**, **-plätze** miejsce zbiórki
Sammelstelle *f*, -, **-n** *zob*. **Sammelplatz**
Sammler *m*, **-s**, **-** zbieracz *m*, kolekcjoner *m*
Sammlung *f*, -, **-en** zbiór *m*; kolekcja *f*; skupienie *n*; **eine ~ von Gemälden** zbiór obrazów
Samstag *m*, **-(e)s**, **-e** *zob*. **Sonnabend**
Sanatorium *n*, **-s**, **Sanatorien** sanatorium *n*
Sand *m*, **-(e)s**, **(-e)** piasek *m*
Sandkasten *m*, **-s**, **-kästen** piaskownica *f*
Sandwich *n*, **-es**, **-es** sandwicz *m*
Sänger *m*, **-s**, **-** śpiewak *m*; pieśniarz *m*
Sängerin *f*, -, **-nen** śpiewaczka *f*; pieśniarka *f*
Sardine *f*, -, **-n** sardynka *f*
Sarg *m*, **-(e)s**, **Särge** trumna *f*
Satan *m*, **-s**, **-s** szatan *m*, diabeł *m*; *zob*. **Teufel**
Satellit *m*, **-en**, **-en** sate-

lita *m;* **ein künstlicher ~** sztuczny satelita
Satellitenfernsehen *n,* **-s** telewizja satelitarna
Sattel *m,* **-s, Sättel** siodło *n*
sättigen *vt* (*h*) nasycać
Satz *m,* **-es, Sätze** komplet *m*; sus *m*, skok *m*; skład *m*; **mit einem ~** jednym susem; **der ~ des Kaffees** fusy (po kawie); **ein ~ Töpfe** komplet garnków; *gram.* zdanie *n*
Satzung *f,* **-, -en** statut *m*
sauber *adj, adv* czyst-y/o; starann-y/ie; **~e Hände** czyste ręce
säubern *vt* (*h*) czyścić; **die Wunde ~** oczyścić <przemyć> ranę
Säuberungsaktion *f,* **-, -en** akcja oczyszczania; *przen.* czystka *f*
sauer *adj* kwaśny; **eine saure Miene** skwaszona mina
Sauerkirsche *f,* **-, -n** wiśnia *f*
Sauermilch *f,* **-** kwaśne mleko
Sauerstoff *m,* **-(e)s** tlen *m*
saufen (säuft, soff, gesoffen) *vt, vi* (*h*) żłopać, pić
Säufer *m* **-s, -** pijak *m*
saugen (saugt, sog, gesogen) *vt, vi* (*h*) ssać; wys(y)sać
Säugetier *n,* **-(e)s, -e** ssak *m*
Säugling *m* **-s, -e** niemowlę *n*, osesek *m*
Säule *f,* **-, -n** *bud.* kolumna *f*; filar *m*
Säure *f,* **-, -n** kwas *m*; *chem.* **Basen und ~n** zasady i kwasy
schäbig *adj* nędzny, zaniedbany; skąpy
Schachbrett *n,* **-(e)s, -er** szachownica *f*
Schachspiel *n,* **-(e)s, -e** gra w szachy; szachy *pl*
Schachtel *f,* **-, -n** pudełko *n*; **eine ~ Streichhölzer** pudełko zapałek
schade *adj* szkoda; **es ist ~ um ihn** szkoda go; **wie ~!** jaka szkoda!
Schädel *m,* **-s, -** czaszka *f*
schaden *vi* (*h*) szkodzić; **es schadet ihm nichts** to mu nie zaszkodzi

Schaden *m,* **-s**, **Schäden** szkoda *f*; uszkodzenie *n*; **zu ~ kommen** ponieść stratę

Schadenersatz *m* **-es** odszkodowanie *n*

Schadenfreude *f,* **-** radość z czyjegoś niepowodzenia

schädlich *adj* szkodliwy

Schädling *m,* **-s**, **-e** szkodnik *m*

Schaf *n,* **-(e)s**, **-e** owca *f*

Schäferhund *n,* **-es**, **-e** owczarek *m*

schaffen[1] **(schaffte, geschafft)** *vt* (*h*) pracować; krzątać się; osiągać (**etw.** coś); **er hat es geschafft** udało mu się; **Ordnung ~** zrobić porządek; **etw. zur Post ~** zanieść coś na pocztę

schaffen[2] **(schafft, schuf, geschaffen)** *vt* (*h*) tworzyć; **er hat ein neues Werk geschaffen** stworzył nowe dzieło

Schaffner *m,* **-s**, **-** konduktor *m*

Schaf(s)käse *m,* **-s**, **-** owczy ser

Schal *m* **-s**, **-e** szal *m*

Schale *f,* **-**, **-n** filiżanka *f*; skórka *f*; łupina *f* (**Kartoffelschale** *f* ziemniaka)

schälen *vt* (*h*) obierać (**Kartoffeln** ziemniaki); **sich ~** *vr* (*h*) łuszczyć się

Schall *m,* **-(e)s**, **-e** dźwięk *m*, głos *m*

Schalldämpfer *m,* **-s**, **-** tłumik *m*

Schallplatte *f,* **-**, **-n** płyta gramofonowa

Schaltbrett *n,* **-(e)s**, **-er** tablica rozdzielcza

schalten *vt* (*h*) włączać

Schalter *m,* **-s**, **-** przełącznik *m*; okienko *n* (*kasowe*)

Schaltgetriebe *n,* **-s**, **-** *mot.* skrzynia biegów

Scham *f,* **-** wstyd *m*; *anat.* srom *m*

schämen, sich *vr* (*h*) wstydzić się (**wegen etw.** czegoś; **vor jmdm** przed kimś)

schamlos *adj* bezwstydny

Schande *f,* **-**, **-n** hańba *f*; wstyd *m*

Schar *f,* **-**, **-en** grupa *f*, gromada *f*

scharf (schärfer, am

schärfsten) *adj* ostry; **ein ~es Messer** ostry nóż; **~es Gewürz** ostra przyprawa; **~ fahren** szybko jechać

scharfsinnig *adj* wnikliwy, bystry

Scharlach *m,* **-s, -e** *med.* szkarlatyna *f*

Schatten *m,* **-s, -** cień *m*; **im ~ eines Baumes** w cieniu drzewa; **~ spenden** dawać cień

Schattenbild *n,* **-es, -er** sylwetka *f*; cień *m*; *przen.* zjawa *f*

schätzen *vt* (*h*) szacować; doceniać

Schätzung *f,* **-, -en** wycena *f*; szacunek *m*, poważanie *n*

Schau *f,* **-, -en** pokaz *m*; wystawa *f*; **etw. zur ~ stellen** wystawiać coś na pokaz

schauen *vi* (*h*) patrzeć; **vor sich ~** patrzeć przed siebie

Schauer *m,* **-s, -** dreszcz *m*; ulewa *f*

Schaufel *f,* **-, -n** szufla *f*; łopata *f*

Schaufenster *n,* **-s, -** okno wystawowe, witryna *f*

Schaukel *f,* **-, -n** huśtawka *f*

schaukeln *vt, vi* (*h*) huśtać (kogoś); huśtać się

Schaukelpferd *n,* **-es, -e** koń na biegunach

Schaum *m,* **-(e)s, Schäume** piana *f*

Schauplatz *m,* **-es, -plätze** miejsce akcji; *przen.* widownia *f*

Schauspiel *n,* **-(e)s, -e** widowisko *n*, sztuka *f* (*teatralna*)

Schauspieler *m,* **-s, -** aktor *m*

Schauspielerin *f,* **-, -nen** aktorka *f*

Scheck *m,* **-s, -s** czek *m*

Scheckbuch *n,* **-es, -bücher** książeczka czekowa

Scheibe *f,* **-, -n** szyba *f*; plasterek *m*; *techn.* tarcza *f*

Scheibenwischer *m,* **-s, -** wycieraczka *f* (*w samochodzie*)

scheiden (scheidet, schied, geschieden) *vt* (*h*) rozdzielać; *prawn.* orzec rozwód; **sich ~ lassen** rozwieść się

Scheidung *f,* **-, -en** rozwód *m*; rozdzielenie *n*

Schein *m,* **-(e)s, -e** światło *n*; pozór *m*; **der ~ trügt** pozory mylą

scheinbar *adj, adv* pozorn-y/ie

scheinen (scheint, schien, geschienen) *vi* (*h*) (*o słońcu*) świecić; wydawać się; **es scheint mir, dass...** wydaje mi się, że...

Scheinwerfer *m,* **-s, -** *mot.* reflektor *m*

Scheitel *m,* **-s, -** przedziałek *m*; ciemię *n*

scheitern *vi* (*s*) ponieść fiasko; (*o planach*) rozbić się (**an etw.** o coś)

schelten (schilt, schalt, gescholten) *vt, vi* (*h*) (z)wymyślać, (na)psioczyć

Schenkel *m,* **-s, -** udo *n*

schenken *vt* (*h*) dać w prezencie, podarować; **zum Geburtstag ~** podarować na urodziny

Schenkung *f,* **-, -en** darowizna *f*

Schere *f,* **-, -n** nożyczki *pl*

scheren (schiert, schor, geschoren) *vt* (*h*) strzyc

Scherz *m,* **-es, -e** żart *m*; figiel *m*

scherzen *vi* (*h*) żartować (**über etw.<über jmdn>** z czegoś <z kogoś>)

Schi *m,* **-s, Schier** narta *f*; **~ laufen** jeździć na nartach

Schicht *f,* **-, -en** warstwa *f*; zmiana *f* (*w pracy*)

schick *adj* szykowny

schicken *vt* (*h*) wysyłać (**einen Brief** list); **sich ~** *vr* (*h*) wypadać; **das schickt sich nicht** to nie wypada

Schicksal *n,* **-(e)s, -e** los *m,* przeznaczenie *n*; **vom ~ verfolgt** prześladowany przez los

schieben (schiebt, schob, geschoben) *vt* (*h*) pchać, posuwać; **etw. beiseite ~** usunąć coś na bok

Schiedsrichter *m,* **-s, -** rozjemca *m*; *sport* sędzia *m*

schief *adj* skośny; pochyły; **~e Ebene** równia pochyła; *przen.* **auf**

die ~e Bahn geraten schodzić na złą drogę

schielen *vi (h)* zezować; zerkać; **nach etw. <jmdm> ~** patrzeć ukradkiem na coś <na kogoś>

Schiene *f*, **-, -n** szyna *f*

schießen (schießt, schoss, geschossen) *vi, vt (h)* strzelać (**mit der Pistole** z pistoletu); *sport* **ein Tor ~** strzelić bramkę <gola>

Schiff *n*, **-(e)s, -e** statek *m*; okręt *m*

Schifffahrt *f*, **-, -en** żegluga *f*

Schilauf *m*, **-(e)s, -läufe** bieg narciarski

Schiläufer *m*, **-s, -** narciarz *m*

Schiläuferin *f*, **-, -nen** narciarka *f*

Schild *n*, **-(e)s, -er** szyld *m*; etykieta *f*; **ein ~ mit Namen** tabliczka z nazwiskiem

Schild *m*, **-(e)s, -e** *hist.* tarcza *f*; *zool.* pancerz *m*

Schilderung *f*, **-, -en** opis *m*

Schildkröte *f*, **-, -n** żółw *m*

Schimmel *m*, **-s, -** pleśń *f*; siwek *m* (*koń*)

schimpfen *vi, vt (h)* kląć; zwymyślać (**über jmdn** kogoś); lżyć, besztać, łajać (**jmdn** kogoś)

Schimpfwort *n*, **-(e)s, -wörter <-worte>** obelga *f*

Schinken *m*, **-s, -** szynka *f*

Schirm *m*, **-(e)s, -e** parasol *m*; abażur *m*; ekran *m*

Schirmherrschaft *f*, **-, -en** patronat *m*

Schisport *m*, **-(e)s** narciarstwo *n*

Schistock *m*, **-(e)s, -stöcke** kij narciarski

Schlacht *f*, **-, -en** bitwa *f*

schlachten *vt (h)* dokonać uboju

Schlachtenbummler *m*, **-s, -** kibic *m*

Schlaf *m*, **-(e)s** sen *m*

Schlafanzug *m*, **-(e)s, -anzüge** piżama *f*; *zob.* **Pyjama**

schlafen (schläft, schlief, geschlafen) *vi (h)* spać; **wie hast du geschlafen?** jak ci się spało?

schlaflos *adj* bezsenny

Schlaflosigkeit *f*, **-** bezsenność *f*

Schlafmittel n, **-s**, **-** środek nasenny

schläfrig *adj* senny, śpiący

Schlafsack *m*, **-(e)s**, **-säcke** śpiwór *m*

Schlafwagen *m*, **-s**, **-** wagon sypialny

Schlafzimmer *n*, **-s**, **-** sypialnia *f*

Schlag *m*, **-(e)s**, **Schläge** cios *m*, uderzenie *n*; **einen ~ ins Gesicht bekommen** otrzymać uderzenie w twarz

Schlaganfall *m*, **-(e)s**, **-anfälle** *med.* udar mózgu, apopleksja *f*

schlagen (schlägt, schlug, geschlagen) *vt* (h) bić, uderzać; **eine Brücke ~** przerzucić most; **einen Rekord ~** pobić rekord; **Sahne ~** bić śmietanę; **jmdm eine Wunde ~** zadać komuś ranę; **etw. kurz und klein ~** rozbić coś w drobny mak; **das Herz schlägt** serce bije; **die Uhr schlägt sechs** zegar wybija (godzinę) szóstą

Schlager *m*, **-s**, **-** szlagier *m*, przebój *m*; hit *m*

Schläger *m*, **-s**, **-** *sport* rakieta *f*; kij hokejowy

Schlagsahne *f*, **-** bita śmietana

Schlagwort *m*, **-es**, **-wörter** *a.* **<-e>** hasło *n*, slogan *m*; motyw *m* (*np. w piosence*)

Schlagzeile *f*, **-**, **-n** nagłówek *m* (*artykułu*)

Schlamm *m*, **-(e)s** muł *m*, błoto *n*

schlampig *adj* niechlujny, niedbały

Schlange *f*, **-**, **-n** *zool.* wąż *m*; kolejka *f*; **~ stehen** stać w kolejce

schlank *adj* szczupły; wysmukły

Schlankheitskur *f*, **-**, **-en** kuracja odchudzająca

schlau *adj* chytry, przebiegły

Schlauch *m*, **-(e)s**, **Schläuche** szlauch *m*, wąż *m* (*gumowy*); dętka *f*

schlecht *adj*, *adv* zły/źle, marn-y/ie; **~es Wetter** zła pogoda; **es wird**

mir ~ robi mi się niedobrze
schlecht gelaunt *adj, adv* w złym humorze
Schleier *m,* **-s, -** welon *m,* woalka *f*
Schleife *f,* **-, -n** pętelka *f*; kokarda *f*; muszka *f*
Schleimhaut *f,* **-, -häute** *anat.* błona śluzowa
schlendern *vi* (*s*) łazić; włóczyć się
schleppen *vt* (*h*) holować; ciągnąć za sobą; **jmdn ins Kino ~** zaciągnąć kogoś do kina; **sich ~** *vr* (*h*) wlec się
Schleppseil, Schlepptau *n,* **-(e)s, -e** linka holownicza
schlesisch *adj* śląski
schleudern *vt* (*h*) rzucać, ciskać, miotać
schließen (schließt, schloss, geschlossen) *vt* (*h*) zamykać (**die Tür** drzwi); zawierać (**Freundschaft** przyjaźń); **die Reihen ~** zewrzeć szeregi; **in sich ~** *vr* (*h*) zawierać w sobie
Schlinge *f,* **-, -n** pętla *f*; sidło *n*
Schlips *m,* **-es, -e** krawat *m*
Schlitten *m,* **-s, -** sanie *pl*, sanki *pl*; **mit dem ~ fahren** jechać na sankach
Schlittenbahn *f,* **-, -en** tor saneczkowy
Schlittschuh *m,* **-(e)s, -e** łyżwa *f*; **~ laufen** jeździć na łyżwach
Schlitz *m,* **-es, -e** szpara *f*; rozporek *m*
Schloss *n,* **Schlosses, Schlösser** *arch.* zamek *m*
Schlosser *m,* **-s, -** ślusarz *m*
schluchzen *vi* (*h*) szlochać
Schluck *m,* **-(e)s, -e** łyk *m,* haust *m*
Schluckauf, Schlucken *m,* **-s** czkawka *f*
schlucken *vt* (*h*) połykać; **eine Pille ~** połknąć tabletkę
schlummern *vi* (*h*) drzemać
schlüpfen *vt* (*s*) wyślizgiwać się (**aus der Hand** z ręki); wymykać się
Schlüpfer *m,* **-s, -** slipy *pl*
schlüpfrig *adj* śliski; *przen.* dwuznaczny; sprośny

Schluss *m*, **Schlusses, Schlüsse** koniec *m*, zakończenie *m*; **mit etw. ~ machen** zakończyć coś

Schlussfolgerung *f*, **-, -en** wniosek *m*, konkluzja *f*

Schlüssel *m*, **-s, -** klucz *m*

schmackhaft *adj* smaczny

schmal *adj* wąski; szczupły; **~er machen** zwęzić

Schmalz *n*, **-es, (-e)** smalec *m*; *przen.* tkliwość *f*

schmeicheln *vi* (*h*) schlebiać **(jmdm** komuś)

schmelzen (schmilzt, schmolz, geschmolzen) *vt* (*h*) topić, rozpuszczać; *vi* (*s*) topić się; tajać

Schmelzkäse *m*, **-s, -** ser topiony

Schmerz *m*, **-es, -en** ból *m*, cierpienie *n*

schmerzen *vi* (*h*) boleć; **mir schmerzt der Hals** boli mnie gardło

schmerzhaft *adj* bolesny, przykry, dotkliwy

schmerzlich *adj* bolesny

schmerzlos *adj* bezbolesny

Schmetterling *m*, **-(e)s, -e** motyl *m*

Schmied *m*, **-(e)s, -e** kowal *m*

schmieren *vt* (*h*) smarować (**Butter aufs Brot** chleb masłem); *pot.* **jmdn ~** przekupić kogoś

Schmiergeld *n*, **-es, -er** *pot.* łapówka *f*

schmoren *vt* (*h*) *kulin.* dusić

Schmuck *m*, **-(e)s, (-e)** ozdoba *f*; biżuteria *f*

schmücken *vt* (*h*) (o)zdobić; stroić

schmuggeln *vt* (*h*) przemycać; *pot.* szmuglować <**etw.** coś>

schmusen *vi* (*h*) przymilać się; czulić się

Schmutz *m*, **-es** brud *m*

schmutzig *adj* brudny

Schnabel *m*, **-s, Schnäbel** dziób *m* (*ptaka*)

Schnalle *f*, **-, -n** sprzączka *f*

Schnaps *m*, **-es, Schnäpse** wódka *f*; *zob.* **Wodka**

schnarchen *vi* (*h*) chrapać

Schnauze *f*, **-, -n** pysk *m* *rów. pej.*

Schnecke *f,* **-, -n** *zool., techn.* ślimak *m*
Schneckentempo *n,* **-s** żółwie tempo
Schnee *m,* **-s** śnieg *m*
Schneeball *m,* **-(e)s, -bälle** śnieżka *f,* kulka śniegu
Schneegestöber *n,* **-s, -** śnieżyca *f*
Schneemann *m,* **-(e)s, -männer** bałwan ze śniegu
Schneepflug *m,* **-(e)s, -pflüge** pług śnieżny
Schneesturm *m,* **-(e)s, -stürme** zamieć *f*
Schneeverwehung *f,* **-, -en** *zob.* **Schneewehe**
Schneewehe *f,* **-, -n,** zaspa śnieżna
Schneide *f,* **-, -n** ostrze *n* (*noża*)
schneiden (schneidet, schnitt, geschnitten) *vt* (*h*) ciąć, ucinać; wykrajać; **Blumen ~** ciąć kwiaty
Schneider *m,* **-s, -** krawiec *m*
Schneiderin *f,* **-, -nen** krawcowa *f*
schneien *vi* (*h*) padać (*o śniegu*); **es schneit** pada śnieg
schnell *adj, adv* szybk-i/o; **so ~ wie möglich** jak najprędzej
Schnellbahn, S-Bahn *f,* **-, -en** szybka kolej podmiejska
Schnellzug *m,* **-(e)s, -züge** pociąg pośpieszny
Schnitt *m,* **-(e)s, -e** cięcie *m*; nacięcie *n*; rana cięta
Schnitte *f,* **-, -n** kromka *f*
Schnitzel *n,* **-s, -** *kulin.* sznycel *m*
schnitzeln *vt* (*h*) (po)ciąć na drobne kawałki (*np. papier*)
schnitzen *vt* (*h*) rzeźbić; wycinać (*w drewnie*)
Schnitzerei *f,* **-, -en** snycerstwo *n*
Schnuller *m,* **-s, -** smoczek *m*
Schnupfen *m,* **-s** katar *m*; **sich (den) ~ holen** nabawić się kataru
Schnur *f,* **-, Schnüre** sznur *m*, sznurek *m*
Schnurrbart *m,* **-(e)s, -bärte** wąsy *pl*

schnurren *vi* (*h*) mruczeć (*o kocie*)

Schock *m*, **-(e)s**, **-s** szok *m*, wstrząs *m* (*psychiczny*)

Schofför *m*, **-s**, **-e** *pot.* kierowca *m*, szofer *m* (*zwł. zawodowy*)

Schokolade *f*, **-**, **-n** czekolada *f*

schon *adv* już; na pewno; wprawdzie; tak, ale...; **~ wieder** znowu; **wenn ~, denn ~** jak już, to już; **du hast ~ recht, aber...** zapewne masz słuszność, ale...

schön *adj, adv* ładn-y/ie, piękn-y/ie; **~es Wetter** ładna pogoda; **~en Dank!** serdecznie dziękuję!

schonen *vt* (*h*) chronić; dbać o coś; oszczędzać (**Augen <Nerven>** oczy <nerwy>)

Schönheit *f*, **-**, **-en** piękno *n*; uroda *f*

Schönheitsmittel *n*, **-s**, **-** kosmetyk *m*

Schönheitspflege *f*, **-** kosmetyka *f*

Schonkost *f*, **-** dieta *f*

schönmachen, sich *vr* (*h*) upiększać się, stroić się, robić toaletę

Schonzeit *f*, **-**, **-en** *łow.* okres ochronny

schöpfen *vt* (*h*) czerpać; nabierać; **Verdacht ~** nabrać podejrzeń; **Luft ~** zaczerpnąć powietrza

Schöpfer *m*, **-s**, **-** twórca *m*; *rel.* Stwórca *m*

Schornstein *m*, **-(e)s**, **-e** komin *m*

Schote *f*, **-**, **-n** strączek *m*

schottisch *adj* szkocki; *adv* po szkocku

schräg *adj* ukośny

Schramme *f*, **-**, **-n** szrama *f*, blizna *f*

Schrank *m*, **-es**, **Schränke** szafa *f*

Schranke *f*, **-**, **-n**, zapora *f*; bariera *f*; **jmdm ~n auferlegen** nałożyć na kogoś ograniczenia

Schraube *f*, **-**, **-n** śruba *f*

Schraubenzieher *m*, **-s**, **-** śrubokręt *m*

schrecklich *adj, adv* straszn-y/ie, okropn-y/ie

Schreckschusspistole *f*, **-**, **-n** straszak *m*

Schrei *m*, **-(e)s**, **-e** krzyk *m*

schreiben (schreibt, schrieb, geschrieben) *vt* (*h*) pisać (**an jmdn** do kogoś); **nach Diktakt ~** pisać pod dyktando

Schreiben *n*, **-s**, **-** pisanie *n*; pismo *n* (*urzędowe*); podanie *n*

Schreibmaschine *f*, **-**, **-n** maszyna do pisania

Schreibtisch *m*, **-es**, **-e** biurko *n*

Schreibwaren *pl* artykuły piśmienne *pl*

schreien (schreit, schrie, geschrien) *vi* (*h*) krzyczeć; wrzeszczeć; **um Hilfe ~** wzywać pomocy

Schrift *f*, **-**, **-en** pismo *n*; charakter pisma

schriftlich *adj* pisemny; *adv* na piśmie

Schriftsteller *m*, **-s**, **-** pisarz *m*, literat *m*

Schritt *m*, **-(e)s**, **-e** krok *m*; krocze *n*; **~ für ~** krok za krokiem; **im ~ fahren** jechać stępa

schrittweise *adj*, *adj* stopniow-y/o, krok za krokiem

Schrot *m/n*, **-(e)s**, **(-e)** śrut *m*

Schrott *m*, **-(e)s**, **(-e)** złom *m*

Schublade *f*, **-**, **-n** szuflada *f*

schüchtern *adj* nieśmiały

Schuft *m*, **-(e)s**, **-e** drań *m*, łobuz *m*

schuften *vi* (*h*) ciężko pracować; *pot.* harować

Schuh m, **-(e)s**, **-e** but *m*, bucik *m*; **die ~e anziehen <ausziehen>** wkładać <zdejmować> buty

Schuhmacher *m*, **-s**, **-** szewc *m*

Schuld *f*, **-**, **-en** wina *f*; dług *m*; **jmdm die ~ zuschieben** przypisać komuś winę; **~en haben** mieć długi

schuld *adj* winny, winien; **er ist ~ daran** to jego wina

schuldig *adj* winny, dłużny; *praw.* **jmdn ~ sprechen** uznać kogoś za winnego; **jmdm Dank ~ sein** być zobowiązanym do wdzięczności wobec kogoś

Schuldner *m*, **-s**, **-** dłużnik *m*

Schule *f*, **-**, **-n** szkoła *f*; **in die ~ gehen** pójść do szkoły

schulen *vt* (*h*) szkolić, uczyć

Schüler *m*, **-s**, **-** uczeń *m*

Schülerin *f*, **-**, **-nen** uczennica *f*

Schuljahr *n*, **-(e)s**, **-e** rok szkolny

Schulmappe, Schultasche *f*, **-**, **-n**, teczka szkolna

Schulter *f*, **-**, **-n** *anat.* ramię *n*; bark *m*; **~ an ~** ramię przy ramieniu

Schulung *f*, **-**, **-en** szkolenie *n*

Schulzeugnis *n*, **-ses**, **-se** świadectwo szkolne

Schund *m*, **-(e)s** tandeta *f*; buble *pl*

Schupo *f*, **-** (*skrót od* **Schutzpolizei** *f*) policja porządkowa

Schuppe *f*, **-**, **-n** łuska *f*; *pl*, łupież *m*; **ein Shampoo gegen ~n** szampon przeciwłupieżowy

Schurke *m*, **-n**, **-n** łajdak *m*, drań *m*

Schürze *f*, **-**, **-n** fartuch *m*

Schuss *m*, **Schusses, Schüsse** strzał *m*; postrzał *m*; **ein ~ nach der Scheibe** strzał do tarczy

Schüssel *f*, **-**, **-n** miska *f*

Schusswaffe *f*, **-**, **-n** broń palna

Schuster *m*, **-s**, **-** *zob.* **Schuhmacher**

Schüttelfrost *m*, **-(e)s** dreszcze *pl*, febra *f*

schütteln *vt* (*h*) potrząsać, wstrząsać; **vor Gebrauch ~!** przed użyciem wstrząsnąć!; **den Kopf ~** potrząsać, kręcić (przecząco) głową; **jmdm die Hand ~** uścisnąć komuś rękę

schütten *vt* (*h*) wysypać; wylać

Schutz *m*, **-es** ochrona *f*; zabezpieczenie *n*

Schütze *m*, **-n**, **-n** strzelec *m*

schützen *vt* (*h*) chronić; bronić; **vor jmdm <etw.> ~** chronić przed kimś <przed czymś>

Schutzfarbe *f*, **-**, **-n** barwa ochronna

Schutzimpfung *f*, **-**, **-en** szczepienie ochronne

Schutzkleidung *f*, **-, -en** odzież ochronna
Schutzumschlag *m*, **-(e)s, -umschläge** obwoluta *f*
schwach (schwächer, am schwächsten) *adj* słaby; wątły; **~er Kopf** słaba głowa; **es wurde mir ~** zrobiło mi się słabo
Schwäche *f*, **-, -n** słabość *f*
schwächen *vt* (*h*) osłabiać
Schwager *m*, **-s, Schwäger** szwagier *m*
Schwägerin *f*, **-, -nen** szwagierka *f*, bratowa *f*
Schwalbe *f*, **-, -n** jaskółka *f*
Schwamm *m*, **-(e)s, Schwämme** gąbka (do mycia) *f*; *przen.* **~ darüber** zapomnijmy o tym
Schwan *n*, **-(e)s, Schwäne** łabędź *m*
schwanen, *vi* (*h*) mieć (złe) przeczucie; **mir schwant etwas Böses** mam złe przeczucie
schwanger *adj* brzemienna, w ciąży; **~ werden** zajść w ciążę
schwanken *vi* (*h*) chwiać się; wahać się
Schwanz *m*, **-es, Schwänze** ogon *m*
schwänzen *vt* (*h*) opuszczać, zaniedbywać coś; *pot.* **die Schule ~** wagarować
schwärmen *vi* (*h*) przepadać (**für etw. <für jmdn>** za czymś <za kimś>); (o pszczołach) roić się
schwarz (schwärzer, am schwärzesten) *adj, adv* czarn-y/o; **~ auf weiß** czarno na białym
schwarzarbeiten *vi* (*h*) pracować nielegalnie <na czarno>
schwarzfahren (fährt schwarz, fuhr schwarz, schwarzgefahren) *vi* (*s*) jechać na gapę
Schwarzmarkt <schwarzer Markt> *m*, **-(e)s, -märkte** czarny rynek
schwatzen, schwätzen *vi* (*h*) gadać, paplać
Schwebebahn *f*, **-, -en** kolejka linowa
schweben *vi* (*h*) unosić się w powietrzu; **in Gefahr ~** być w niebezpieczeństwie

schwedisch *adj* szwedzki; *adv* po szwedzku

Schwefel *m,* **-s** siarka *f*

schweigen (schweigt, schwieg, geschwiegen) *vi* (*h*) milczeć (**über etw. <jmdn>** o czymś <o kimś>)

Schweigen *n,* **-s** milczenie *n*

schweigsam *adj* milczący; małomówny

Schwein *n,* **-(e)s, -e** świnia *f*; *pot.* **~ haben** mieć szczęście

Schweinefleisch *n,* **-es** mięso wieprzowe

Schweinehund *m,* **-es, -e** *wulg.* łajdak *m,* drań *n*

Schweinekotelett *n,* **-s, -s** kotlet schabowy (z kością)

Schweinerei *f,* **-, -en** świństwo *n*; nieprzyzwoitość *f*

Schweinestall *m,* **-(e)s, Schweineställe** chlew *m*

Schweiß *m,* **-es, -e** pot *m*

schweizerisch *adj* szwajcarski; *adv* po szwajcarsku

Schwelle *f,* **-, -n** próg *m*

schwellen (schwillt, schwoll, geschwollen) *vi* (*s*) puchnąć, nabrzmiewać

schwer *adj, adv* ciężk-i/o; trudn-y/o; **~ arbeiten** ciężko pracować; **aller Anfang ist ~** każdy początek jest trudny

schwerhörig *adj* niedosłyszący

Schwester *f,* **-, -n** siostra *f*

Schwiegermutter *f,* **-, -mütter** teściowa *f*

Schwiegersohn *m,* **-(e)s, -söhne** zięć *m*

Schwiegertochter *f,* **-, -töchter** synowa *f*

Schwiegervater *m,* **-s, -väter** teść *m*

schwierig *adj* trudny; uciążliwy; **eine ~e Lage** ciężkie położenie

Schwierigkeit *f,* **-, -en** trudność *f*

Schwimmbad *n,* **-(e)s, -bäder** pływalnia *f*

Schwimmbecken *n,* **-s, -** basen pływacki

schwimmen (schwimmt, schwamm, geschwommen) *vi* (*s*) płynąć; *vi* (*h*) pływać (*bez określonego celu*); *por.* **fahren**

Schwimmer *m,* **-s, -** *sport* pływak *m*

Schwimmweste *f,* **-, -n** kamizelka ratunkowa

Schwindel *m,* **-s** zawroty głowy *pl*; oszustwo *n*; **an ~ leiden** cierpieć na zawroty głowy

schwindeln *vi* (*h*) mieć zawroty głowy; oszukiwać; **mir schwindelt** kręci mi się w głowie

schwinden (schwidet, schwand, geschwunden) *vi* (*s*) maleć, znikać; **aus den Augen ~** zniknąć z oczu

Schwindler *m,* **-s, -** oszust *m*

schwitzen *vi* (*h*) pocić się

schwören (schwört, schwur, geschworen) *vt, vi* (*h*) przysięgać

schwül *adj, adv* parn-y/o, duszn-y/o

Schwule(r) *m,* **-n, -n** gej *m,* homoseksualista *m*

Schwung *m,* **-(e)s, -** rozmach *m*; impet *m*; **in ~ kommen** nabierać rozmachu

Schwur *m,* **-(e)s, Schwüre** przysięga *f*

sechs *num* sześć

Sechs *f,* **-, -en** szóstka *f*

sechshundert *num* sześćset

sechzehn *num* szesnaście

sechzig *num* sześćdziesiąt

See[1] *m,* **-s, -n** jezioro *n*

See[2] *f,* **-, -en** morze *n*; **auf hoher ~** na pełnym morzu

seekrank *adj* cierpiący na chorobę morską

Seekrankheit *f,* **-** choroba morska

Seele *f,* **-, -n** dusza *f*

Seemann *m,* **-(e)s, Seeleute** marynarz *m*; żeglarz *m*

Seenot *f,* **-** niebezpieczeństwo na morzu *n*

Seesturm *m,* **-(e)s, -stürme** burza morska

Segel *n,* **-s, -** żagiel *m*

Segelboot *n,* **-(e)s, -e** żaglówka *f*

Segelflugzeug *n,* **-(e)s, -e** szybowiec *m*

segeln *vi* (*h*), (*s*) żeglować

Segelsport *m,* **-(e)s** jachting *m*

Segen *m,* **-s, -** błogosławieństwo *n*; **den ~ erteilen** udzielić błogosławieństwa

Segler *m,* **-s, -** żeglarz *m*

segnen *vt* (*h*) błogosławić

sehen (sieht, sah, gesehen) *vi, vt* (*h*) zobaczyć; widzieć; **jmdm auf die Finger ~** patrzeć komuś na ręce; **lass ~!** pokaż!; **jmdm ähnlich ~** być podobnym do kogoś

sehenswert, sehenswürdig *adj* godny obejrzenia

Sehenswürdigkeit *f,* **-, -en** rzecz godna obejrzenia, osobliwość *f*; zabytek *m*

Sehne *f,* **-, -n** ścięgno *n*

sehnen, sich *vi* (*h*) tęsknić (**nach jmdm <nach etw.>** za kimś <za czymś>)

Sehnsucht *f,* **-** tęsknota *f*

sehr *adv* bardzo; **ich mag sie ~** bardzo ją lubię

Seide *f,* **-, -n** jedwab *m*

seiden *adj* jedwabny

Seife *f,* **-, -n** mydło *n*

Seifenblase *f,* **-, -n** bańka mydlana *f*

seihen *vt* (*h*) (prze)cedzić; (prze)filtrować

Seil *n,* **-s, -e** lina *f*; powróz *m*

Seilbahn *f,* **-, -en** kolejka linowa

sein[1] **(ist, war, gewesen)** *vi* (*s*) być; **was soll das ~?** co to ma znaczyć?; **hier ist es** to tutaj; **sei, bitte, so freundlich** bądź tak dobry

sein[2] *pron* jego; **alles zu ~er Zeit** wszystko w swoim czasie

seinetwegen *adv* ze względu na niego; z jego powodu

seit *praep* od; **~ wann?** od kiedy?; **~ zwei Jahren** od dwóch lat; *conj* odkąd

seitdem *adv* od tego czasu, odtąd; *conj* odkąd

Seite *f,* **-, -n** strona *f*; stronica *f*; **auf der rechten <linken> ~** po <na> prawej <lewej> stronie; **jmdm zur ~ stehen** pomagać komuś

Seitenstraße *f,* **-, -n** boczna ulica
Sęjm *m,* **-s (polnisches Parlament)** Sejm *m*
Sekretariat *n,* **-(e)s, -e** sekretariat *m*
Sekretärin *f,* **-, -nen** sekretarka *f*
Sękt *m,* **-(e)s, -e** szampan *m*
Sękte *f,* **-, -n** sekta *f*
Sekụnde *f,* **-, -n** sekunda *f*
sęlbst *pron* sam, samodzielnie; we własnej osobie; **von ~** samorzutnie; **sich ~ belügen** okłamywać samego siebie; *part* nawet; **~ er war zufrieden** nawet on był zadowolony
sęlbstsicher *adj, adv* pewny siebie
sęlbständig *adj, adv* samodzieln-y/ie
Sęlbstbedienung *f,* **-, -en** samoobsługa *f*
sęlbstbewusst *adj, adv* pewny siebie
sęlbsthaftend *adj* samoprzylepny
Sęlbsthilfe *f,* **-** samopomoc *f*
sęlbstklebend *adj* samoprzylepny
Sęlbstkritik *f,* **-, -en** samokrytyka *f*
Sęlbstlaut *m,* **-(e)s, -e** samogłoska *f*; *zob.* **Vokal**
Sęlbstmord *m,* **-(e)s, -e** samobójstwo *n*
Sęlbstunterricht *m,* **-(e)s** samokształcenie *n*
sęlbstverständlich *adj, adv* oczywi-sty/ście
Sęlbstverwaltung *f,* **-, -en** samorząd *m*
Sellerie *m,* **-s, -s** seler *m*
sęlten *adj, adv* rzadk-i/o, rzadko spotykany
Sęlterswasser *n,* **-s** *zob.* **Sodawasser**
sęltsam *adj* osobliwy, dziwny
Semęster *n,* **-s, -** semestr *m*
Semikolon *n,* **-s, -s** *jęz.* średnik *m*
Seminar *n,* **-s, -e** seminarium *n*; **an einem ~ teilnehmen** uczęszczać na seminarium
Sęmmel *f,* **-, -n** *pot.* bułka *f*
sęnden *vt* (*h*) emitować (*w radiu, w telewizji*); **(sen-**

det, sandte, gesandt) *vt* (*h*) wysyłać, posyłać

Sender *m,* **-s, -** rozgłośnia *f*

Sendung *f,* **-, -en** przesyłka *f*; audycja *f*; misja *f*; **wir haben deine ~ erhalten** otrzymaliśmy twoją przesyłkę; **der Rundfunk bringt eine ~ über...** radio nadaje audycję o...

Senf *m,* **-(e)s, -e** musztarda *f*; *bot.* gorczyca *f*

senken *vt* (*h*) spuszczać, opuszczać; **die Preise ~** obniżać ceny

senkrecht *adj, adv* pionow-y/o; *zob.* **vertikal**

sensationell *adj* sensacyjny; **~ wirken** wywołać sensację

separat *adj, adv* osobn-y/o; oddzieln-y/ie

September *m,* **-(e)s, -** wrzesień *m*

Serie *f,* **-, -n** seria *f*

Service[1] *n,* **-, -** zastawa stołowa, serwis *m*

Service[2] *m,* **-s, -s** *mot.* stacja obsługi

Serviette *f,* **-, -n** serwetka *f*

Sessel *m,* **-s, -** fotel *m*

Setzei *n,* **-s, -er** *zob.* **Spiegelei**

setzen *vt, vi* (*h*) sadzać; stawiać; kłaść; **an den Tisch ~** posadzić przy stole; **einen Baum ~** zasadzić drzewo; **auf jmdn <etw.> ~** stawiać na kogoś <na coś>; **in Gang ~** uruchomić; **sich ~** *vr* (*h*) siadać; **bitte, ~ Sie sich** proszę usiąść

seufzen *vi* (*h*) westchnąć, wzdychać (**nach jmdm** za kimś)

Seufzer *m,* **-s, -** westchnienie *n*

sexual *adj* seksualny

Shorts *pl* szorty *pl*

sich *pron* się, siebie; **nur an ~ (selbst) denken** myśleć tylko o sobie; *filoz.* **Ding an ~** rzecz sama w sobie

sicher *adj, adv* pewn-y/ie; bezpieczn-y/ie; **eine ~e Quelle** pewne źródło; **einer Sache ~ sein** być pewnym jakiejś rzeczy; **er kommt ~** on przyjdzie na pewno

Sicherheit *f,* **-** pewność *f*; bezpieczeństwo *n*; **öffent-**

liche ~ bezpieczeństwo publiczne

Sicherheitsgurt *m,* **(e)s, -e** pas bezpieczeństwa

Sicherheitsnadel *f,* **-, -n** agrafka *f*

sicherlich *adv* na pewno

sichern *vt* (*h*) zabezpieczyć (**jmdn gegen <vor> etw.** przed czymś); **sich ~** *vr* (*h*) zapewnić sobie (**etw.** coś)

Sicht *f,* **-** widoczność *f*; **schlechte <gute> ~** zła <dobra> widoczność; **auf lange <kurze> ~** na dłuższą <krótszą> metę

sichtbar *adj* widoczny; **~ werden** pojawić się

sie *pron* ona; *pl* oni; one

Sie *pron* pan; pani; panowie; panie; państwo; **kommen ~ morgen?** czy pan(i) przyjdzie jutro?

Sieb *n,* **-(e)s, -e** sito *n*

sieben *num* siedem

Sieben *f,* **-, - <-en>** siódemka *f*

siebenhundert *num* siedemset

siebzehn *num* siedemnaście

siebzig *num* siedemdziesiąt

Siedlung *f,* **-, -en** osiedle *n*

Sieg *m,* **-(e)s, -e** zwycięstwo *n*

siegen *vi* (*h*) zwyciężać; **über jmdn ~** pokonać kogoś

Signal *n,* **-s, -e** sygnał *m*; semafor *m*

Silbe *f,* **-, -n**, sylaba *f*, zgłoska *f*

Silber *n,* **-s** srebro *n*

silbern *adj* srebrny

Silvesterabend *m,* **-(e)s, -e** wieczór sylwestrowy

simulieren *vi/vt* (*h*) udawać; symulować (**eine Krankheit** chorobę)

singen (singt, sang, gesungen) *vt* (*h*) śpiewać; **im Chor ~** śpiewać chórem <w chórze>

sinken (sinkt, sank, gesunken) *vi* (*s*) osuwać się; zapadać się; tonąć; **das Schiff ist gesunken** statek zatonął; **auf einen Stuhl ~** osunąć się na krzesło

Sinn *m,* **-(e)s, -e** zmysł *m*; sens *m*; poczucie *n*; **einen sechsten ~ ha-**

ben mieć szósty zmysł; **~ für etw. haben** mieć smykałkę do czegoś; **im vollsten ~e des Wortes** w pełnym tego słowa znaczeniu

sinnlos *adj, adv* bezsensown-y/ie, niedorzeczn-y/ie

sinnvoll *adj, adv* sensown-y/ie

Sintflut *f,* **-** potop *m (biblijny)*

Sirene *f,* **-, -n** syrena *f*

Sirup *m,* **-s, -e** syrop *m*

Sitte *f,* **-, -n** zwyczaj *m*; **es ist bei uns so ~** jest u nas taki zwyczaj

Situation *f,* **-, -en** sytuacja *f*

Sitz *m,* **-es, -e** siedzenie *n*, miejsce na widowni; siedziba *f*; **jmdm einen ~ anbieten** wskazać komuś miejsce

sitzen (sitzt, saß, gesessen) *vi (h)* siedzieć; *pot.* odbywać karę wiezienia

sitzen bleiben (bleibt sitzen, blieb sitzen, sitzen geblieben) *vi (s)* powtarzać klasę; nie wstawać z krzesła

Sitzplatz *m,* **-es, -plätze** miejsce siedzące

Sitzung *f,* **-, -en** posiedzenie *n*

Skandal *m,* **-s, -e** skandal *m*; **es wird ~ geben** będzie awantura

skandinavisch *adj* skandynawski; *adv* po skandynawsku

skeptisch *adj, adv* sceptyczn-y/ie

Ski *m,* **-s, -er** *zob.* **Schi**

Skizze *f,* **-, -n** szkic *m*

Sklave *m,* **-n, -n** niewolnik *m*

Skorpion *m,* **-s, -e** skorpion *m*

skrupellos *adj* bezwzględny, bez skrupułów

Skulptur *f,* **-, en** rzeźba *f*

slawisch *adj* słowiański

Slip *m,* **-s, -s** slipy *pl*

Slogan *m,* **-s, -s** slogan *m*

slowakisch *adj* słowacki; *adv* po słowacku

slowenisch *adj* słoweński; *adv* po słoweńsku

Snob *m,* **-s, -s** snob *m*

so *adv* tak, w ten sposób; taki; **bald so, bald so** raz tak, raz siak; **so ein Unglück!** co za nie-

szczęście!; **so dass...** tak że...; **um so mehr** tym bardziej
sobald *conj* skoro tylko
Socke *f,* **-, -n** skarpetka *f*
Sodawasser *n,* **-s** woda sodowa
Sodbrennen *n,* **-s** *med.* zgaga *f*
soeben *adv* dopiero co
Sofa *n,* **-s, -s** sofa *f*
sofort *adv* natychmiast
Software *f,* **-, -s** oprogramowanie, software
sogar *adv* nawet
sogenannt *adj* tak zwany
Sohle *f,* **-, -n** zelówka *f*
Sohn *m,* **-(e)s, Söhne** syn *m*
solange *conj* dopóki
solch *pron* taki; tego rodzaju; **ein ~es Buch** taka książka
Soldat *m,* **-en, -en** żołnierz *m*
Solidarität *f,* **-** solidarność *f*
sollen (soll, sollte, gesollt) *vi* (*h*) (*nakaz; życzenie; polecenie; powinność*); **er soll kommen** niech przyjdzie; on ma (podobno) przyjść; **es hat so sein ~** tak miało być; **was soll ich tun?** co mam zrobić?; **er soll gehen** niech idzie
Sommer *m,* **-s, -** lato *n*
Sommerferien *pl* letnie wakacje
Sommersprosse *f,* **-, -n** pieg *m*
sommersprossig *adj* piegowaty
Sonderangebot *n,* **-(e)s, -e** specjalna oferta (cenowa)
Sonderausgabe *f,* **-, -n** wydanie specjalne
sonderbar *adj* dziwny, osobliwy
sondern *vt* (*h*) oddzielać (**etw. von einer Sache** coś od czegoś)
sondern *conj* lecz; **nicht heute, ~ morgen** nie dzisiaj, lecz jutro
Sonnabend *m,* **-s, -e** sobota *f*
Sonne *f,* **-, -n** słońce *n*
sonnen, sich *vr* (*h*) opalać się
Sonnenaufgang *m,* **-(e)s, -aufgänge** wschód słońca
Sonnenbad *n,* **-es, -bäder** kąpiel słoneczna

Sonnenbrand *m*, **-(e)s, -brände** spiekota *f*; oparzenie słoneczne
Sonnenbrille *f*, **-, -n** okulary przeciwsłoneczne
Sonnenfinsternis *f*, **-, -se** zaćmienie Słońca
Sonnenlicht *n*, **Sonnenschein** *m*, **-(e)s** światło słoneczne
Sonnenschirm *m*, **-(e)s, -e** parasolka przeciwsłoneczna
Sonnenstich *m*, **-(e)s, -e** *med.* udar słoneczny
Sonnenuntergang *m*, **-(e)s, -untergänge** zachód słońca
Sonntag *m*, **-(e)s, -e** niedziela *f*
sonst *adv* w przeciwnym razie; poza tym; jeszcze; zwykle; **~ nichts** poza tym nic; **wer ~?** któż inny?; **hast du ~ noch etw. zu sagen?** masz jeszcze coś (poza tym) do powiedzenia?
Sorge *f*, **-, -n** troska *f*; **~n haben** mieć kłopoty
sorgen *vi* (*h*) troszczyć się (**für etw. <für jmdn>** o coś <o kogoś>); zajmować się (**für jmdn <für etw.>** kimś <czymś>); **sich ~** *vr* (*h*) martwić się (**um etwas <jmdn>** o coś <kogoś>)
Sorte *f*, **-, -n** *handl.* gatunek *m*, rodzaj *m*
Soße *f*, **-, -n** sos *m*
soviel *conj* (o) ile; **~ ich weiß** o ile wiem; **nimm, ~ du willst** weź, ile chcesz
soweit *conj* jak daleko; o ile; **~ es geht** na ile się da
sowie *conj* skoro <gdy> tylko; oraz, jak również
sowieso *adv* tak czy owak
sowohl *conj* zarówno, tak jak; **~... als auch** zarówno..., jak i
Sozialhilfe *f*, **-, -n** opieka społeczna *f*
Spaghetti *pl* cienki makaron, spaghetti *n*
Spalte *f*, **-, -n** szczelina *f*; szpalta *f* (*w gazecie*)
Spaltung *f*, **-, -en** rozbicie *n*, rozpad *m*, rozłam *m*
spanisch *adj* hiszpański; *adv* po hiszpańsku
spannen *vt* (*h*) napinać;

naprężać; **die Muskeln ~** napinać mięśnie

spannend *adj* interesujący, trzymający w napięciu

Spannung *f*, **-** napięcie *n* (*t. elektr.*); ciekawość *f*; **mit ~** z zaciekawieniem

sparen *vt* (*h*) oszczędzać

Spargel *m*, **-s**, **-** szparag *m*

Sparkasse *f*, **-**, **-n** kasa oszczędności

sparsam *adj* oszczędny

Spaß *m*, **-es**, **Späße** żart *m*; przyjemność *f*; **zum ~** dla żartu; **das macht mir ~** to mnie bawi; **viel ~!** dobrej zabawy!

spät *adj*, *adv* późn-y/o; **wie ~ ist es?** która godzina?

Spatz *m*, **-en**, **-en** wróbel *m*

Spaziergang *m*, **-(e)s**, **-gänge** spacer *m*

Speer *m*, **-(e)s**, **-e** oszczep *m*

Speerwerfen *n*, **-s** *sport* rzut oszczepem

Speichel *m*, **-s** ślina *f*

Speicher *m*, **-s**, **-** spichlerz *m*

Speise *f*, **-**, **-n** potrawa *f*; jedzenie *n*

Speisekarte *f*, **-**, **-n** jadłospis *m*, menu *n*

speisen *vt*, *vi* (*h*) jeść, spożywać; **zu Mittag ~** jeść obiad

Speisesaal *m*, **-(e)s**, **-säle** jadalnia *f*, stołówka *f*

Speisewagen *m*, **-s**, **-** wagon restauracyjny

spenden *vt* (*h*) ofiarować, podarować; **Blut ~** oddawać krew

spendieren *vt* (*h*) fundować, *pot.* stawiać (**jmdm etw.** komuś coś)

Sperling *m*, **-s**, **-e** wróbel *m*

Sperma *n*, **-s**, **Spermen** sperma *f*

sperren *vt* (*h*) zamknąć; zablokować; **eine Straße ~** zamknąć ulicę

Sperrholz *n*, **-es**, **-hölzer** sklejka *f*

Spezialist *m*, **-en**, **-en** specjalista *m*

speziell *adj* specjalny

Spiegel *m*, **-s**, **-** lustro *n*

Spiegelei *n*, **-(e)s**, **-er** *kulin.* jajko sadzone

Spiel *n*, **-(e)s**, **-e** zabawa *f*, gra *f*; *teatr.* gra *f*, sztuka *f*

spielen *vi* (*h*) grać; bawić się; **Karten <Fußball> ~** grać w karty <w piłkę nożną>

Spieler *m*, **-s**, **-** gracz *m*, zawodnik *m*

Spielplan *m*, **-(e)s**, **-pläne** repertuar *m*;

Spielregeln *pl*, reguły <zasady> gry *pl*

Spielzeug *n*, **-(e)s**, **-e** zabawka *f*; zabawki *pl*

Spinat *m*, **-(e)s**, **-e** szpinak *m*

Spinne *f*, **-**, **-n**, pająk *m*

spinnen (spinnt, spann, gesponnen) *vt*, *vi* (*h*) (u)prząść; zmyślać; (s)kłamać; **er spinnt** on kłamie

Spion *m*, **-es**, **-e** szpieg *m*

Spionage *f*, **-**, **-n** szpiegostwo *n*

Spitze *f*, **-**, **-n** ostry <spiczasty> koniec *m*; czubek *m*; **an der ~** na czele

spitzen *vt* (*h*) temperować (*o ołówku*); ostrzyć (**einen Bleistift** ołówek); **die Ohren ~** nadstawiać uszu

Spitzenerzeugnis *n*, **-ses**, **-se** produkt najwyższej jakości

Spitzenleistung *f*, **-**, **-en** rekordowe osiągnięcie

Spitzname *m*, **-ns**, **-n** przezwisko *n*

Sponsor *m*, **-s**, **-en** sponsor *m*

spontan *adj*, *adv* spontaniczn-y/ie

Sport *m*, **-(e)s**, **-e** sport *m*

Sportbericht *m*, **-(e)s**, **-e** sprawozdanie sportowe

Sportklub *m*, **-s**, **-s** klub sportowy

Sportler *m*, **-s**, **-** sportowiec *m*

Sportschuhe *pl* buty sportowe

Sportwagen *m*, **-s**, **-** samochód sportowy

Spott *m*, **-(e)s** drwina *f*, szyderstwo *n*

spotten *vi* (*h*) kpić, drwić (**über etw. <über jmdn>** z czegoś <z kogoś>)

spöttisch *adj*, *adv* szydercz-y/o

Sprache *f*, **-**, **-n** język *m*, mowa *f*; **etwas zur ~ bringen** mówić o czymś

sprechen (spricht, sprach, gesprochen) *vt*, *vi* (*h*)

mówić; rozmawiać; **eine Sprache ~** mówić jakimś językiem; **ein Urteil ~** wydać wyrok; **von jmdm <etw.> ~** mówić o kimś <o czymś> (*zwł. pobieżnie*); **über etw. <jmdn> ~** mówić o czymś <o kimś>

sprengen *vt* (*h*) wysadzić w powietrze; rozsadzać; polać <skropić> wodą

Sprichwort *n*, **-(e)s, -wörter** przysłowie *n*

Springbrunnen *m*, **-s, -** fontanna *f*

springen (springt, sprang, gesprungen) *vi* (*s*) **vor Freude ~** skakać z radości

Springseil, Sprungseil *n*, **-(e)s, -e** skakanka *f*; **über das ~ springen** skakać przez skakankę

Spritze *f*, **-, -n**, zastrzyk *m*

spröde *adj* kruchy, łamliwy; *przen.* nieprzystępny

Sprotte *f*, **-, -n** szprot *m*, szprotka *f*

Spruch *m*, **-(e)s, Sprüche** powiedzenie *n*; sentencja *f*

Sprung *m*, **-(e)s, Sprünge** skok *m*

Sprungschanze *f*, **-, -n** skocznia narciarska

spucken *vi* (*h*) splunąć

spuken *vi* (*h*) straszyć; **in diesem Haus spukt es** w tym domu straszy

spülen *vt* (*h*) płukać, spłukiwać; **den Mund ~** wypłukać usta

Spur *f*, **-, -en** ślad *m*; trop *m*; pasmo ruchu (*na jezdni*); **jmdm auf die ~ kommen** wpaść na czyjś trop <ślad>

spüren *vt* (*h*) wyczuwać

Staat *m*, **-(e)s, -en** państwo *n*

Staatsanwalt *m*, **-(e)s, -anwälte** prokurator *m*

Staatsbürger *m*, **-s, -** obywatel *m*

Staatshaushalt *m*, **-(e)s, -e** budżet państwa

Staatsrat *m*, **-(e)s, -räte** rada państwa; radca stanu

Staatsstreich *m*, **-s, -e** zamach stanu, pucz *m*

Stab *m*, **-(e)s, Stäbe** pręt *m*; tyczka *f*; *wojsk.* sztab *m*

Stạchel *m,* **-s, -n** żądło *n*; kolec *m*; cierń *m*
Stạchelbeere *f,* **-, -n** agrest *m*
Stạcheldraht *m,* **-(e)s, -drähte** drut kolczasty
Stadion *n,* **-s, Stadien** stadion *m*
Stadium *n,* **-s, Stadien** stadium *n*; faza *f* (*rozwoju*)
Stạdt *f,* **-, Städte** miasto *n*; **außerhalb der ~** poza miastem
Stạdtbewohner *m,* **-s, -** mieszkaniec miasta
Stạdtmitte *f,* **-, -n** śródmieście *n*
Stạdtplan *m,* **-s, -pläne** plan miasta
Stạdtrand *m* **-(e)s, -ränder** peryferie miasta
Stạdtrat *m,* **-(e)s, -räte** rada miejska; radny miasta
Stạdtviertel *m,* **-s, -** dzielnica miasta
Stạdtzentrum *n,* **-s, -zentren** centrum miasta; *por.* **Stạdtmitte**
Stạffellauf *m,* **-(e)s, -läufe** bieg sztafetowy
Stahl *m,* **-(e)s,** stal *f*
Stạll *m,* **-(e)s, Ställe** stajnia *f*
Stạmm *m,* **-(e)s, Stämme** pień *m*; plemię *n*
Stạmmbuch *n,* **-(e)s, -bücher** pamiętnik *m*
stạmmeln *vi,vt* (*h*) bełkotać; **etw. ~** bełkotać coś
stạmmen *vi* (*s*) pochodzić (**aus guter Familie** z dobrej rodziny)
Stạmmkunde *m,* **-n, -n** stały klient
stạmpfen *vi* (*h*) tupać; ubijać
Stạnd *m,* **-(e)s, - Stände** stan; położenie *n*; stoisko *n*; stragan *m* (**auf dem Markt** na targu); **gut im ~e sein** być w dobrym stanie
Stạndard *m,* **-(e)s, -s** standard *m*
Stạndbild *n,* **-(e)s, -er** posąg *m*
Stạ̈nder *m,* **-s, -** stojak *m; med.* wzwód *m*
Stạndesamt *n,* **-(e)s, -ämter** urząd stanu cywilnego
stạndhaft *adj, adv* stanowcz-y/o, nieugię-ty/cie

standhalten (hält stand, hielt stand, standgehalten) *vi* (*h*) stawić czoło (**einem Angriff** napaści); wytrwać, nie ustępować

ständig *adj, adv* sta-ły/le, ciąg-ły/le

Standlicht *n,* **-(e)s, -lichter** *mot.* światło postojowe

Standpunkt *m,* **-(e)s, -e** stanowisko *m*; punkt widzenia

stark (stärker, am stärksten) *adj* silny, mocny; tęgi; **~er Tee** mocna herbata

Stärke *f,* **-** siła *f*, moc *f*

starr *adj* zdrętwiały, skostniały, sztywny; **er ist ~ vor Kälte** on jest sztywny z zimna

Starrkrampf *m,* **-(e)s, -e** *med.* tężec *m*

Start *m,* **-(e)s, -s** start *m*

Startbahn *f,* **-, -en** pas startowy

starten *vi* (*s*) startować; *vt* (*h*) odpalać (**eine Rakete** rakietę); inicjować (**eine Aktion** działalność)

Station *f,* **-, -en** stacja *f*; przystanek *m*; oddział szpitala *m*

statt *praep* zamiast; **~ dessen** zamiast tego; **~ meiner <deiner>** zamiast mnie <ciebie>

stattfinden (findet stat, fand statt, stattgefunden) *vi* (*h*) odbywać się

stattlich *adj* wspaniały

Statue *f,* **-, -n** posąg *m*

Stau *m,* **-s, -s** spiętrzenie *n*; korek drogowy

Staudamm *m,* **-(e)s, -dämme** zapora wodna, tama *f*; **einen ~ errichten** wznieść tamę

Staub *m,* **-(e)s, -e** kurz *m*; pył *m*; **~ aufwirbeln** wzniecać kurz

staubig *adj* zakurzony

Staubsauger *m,* **-s, -** odkurzacz *m*

stauen *vt* (*h*) spiętrzać (**einen Fluss** rzekę); **sich ~** *vr* (*h*) spiętrzać się

staunen *vi* (*h*) dziwić się (**über etw.** czemuś)

stechen (sticht, stach, gestochen) *vt* (*h*) kłuć; użądlić; **die Sonne sticht** słońce piecze

Steckdose *f,* **-, -n** gniazdko elektryczne

stecken *vt, vi* (*h*) wtykać, wkładać (**in etw.** w coś); nasadzać (**an etw.** na coś); tkwić; **wo steckt er?** gdzie on się podziewa?

stecken bleiben (bleibt stecken, blieb stecken, stecken geblieben) *vi* (*s*) utknąć; **im Schnee ~** utknąć w śniegu

Stecker *m,* **-s, -** wtyczka *f*

Stecknadel *f,* **-, -n** szpilka *f*

stehen (steht, stand, gestanden) *vi* (*h*) stać; **auf der Liste ~** być na liście; **für jmdn gut ~** być korzystnym dla kogoś; **zur Verfügung ~** być do dyspozycji; **zu Gesicht(e) ~** być do twarzy; **Wache ~** stać na straży

stehen bleiben (bleibt stehen, blieb stehen, stehen geblieben) *vi* (*s*) zatrzymywać się, stawać

stehlen (stiehlt, stahl, gestohlen) *vt* (*h*) (u)kraść

steif *adj* sztywny; **~ werden** zesztywnieć

steigen (steigt, stieg, gestiegen) *vi* (*s*) wspinać się; wzrastać; wsiadać; **in den Zug ~** wsiąść do pociągu; **auf einen Baum ~** wdrapać się na drzewo; **vom Pferde ~** zsiadać z konia; **die Preise ~** ceny rosną

steigern *vt* (*h*) zwiększać; podwyższać

steil *adj, adv* strom-y/o, spadzist-y/o

Stein *m,* **-(e)s, -e** kamień *m*

Steingut *n,* **-(e)s** fajans *m*

Steinkohle *f,* **-, -n** węgiel kamienny

Steinpilz *m,* **-es, -e** borowik *m*

Stelldichein *n,* **-s, -** spotkanie *n, pot.* randka *f*; **sich ein ~ geben** umówić się na spotkanie <na randkę>

Stelle *f,* **-, -n** miejsce *n*; posada *f*; **an Ort und ~ sein** być na miejscu; **an ~ von jmdm** zamiast kogoś; *por.* **anstelle**; **sich um eine ~ bewerben** starać się o zatrudnienie

stellen *vt* (*h*) stawiać, postawić; nastawiać; **eine Bedingung ~** postawić warunek; **jmdn vors Gericht ~** postawić kogoś przed sądem; **zur Verfügung ~** oddać do dyspozycji; **die Uhr ~** nastawić zegarek; **eine Frage ~** postawić pytanie; **sich ~** *vr* (*h*) stawić się, zgłosić się

Stellenvermittlungsbüro *n*, **-s**, **-s** biuro pośrednictwa pracy

stellenweise *adj, adv* miejscowy, miejscami

Stellung *f*, **-**, **-en** pozycja *f*; usytuowanie *n*; stanowisko *n*; **zu einem Problem ~ nehmen** zająć stanowisko wobec jakiegoś problemu

Stellungnahme *f*, **-**, **-n** opinia *f*, stanowisko *n*

Stellvertreter *m*, **-s**, **-** zastępca *m*

Stellvertretung *f*, **-**, **-en** zastępstwo *n*

Stempel *m*, **-s**, **-** stempel *m*, pieczątka *f*

sterben (stirbt, starb, gestorben) *vi* (*s*) umrzeć (**an etw.** na coś)

Sterbeurkunde *f*, **-**, **-n** akt zgonu

Stern *m*, **-(e)s**, **-e** gwiazda *f*

Steuer[1] *f*, **-**, **-n** podatek *m*; **~n zahlen** płacić podatki

Steuer[2] *n*, **-s**, **-** ster *m*

steuern *vt* (*h*) sterować

Stich *m*, **-(e)s**, **-e** ukłucie *n*; *przen.* **jmdn im ~ lassen** opuścić kogoś; *pot.* pozostawić kogoś na lodzie

Stichwort *n*, **-(e)s**, **-wörter** hasło *n* (w słowniku)

sticken *vt* (*h*) haftować

Stickerei *f*, **-**, **-en** hafciarstwo *n*; haft *m*; wyroby hafciarskie

Stickstoff *m*, **-(e)s** *chem.* azot *m*

Stiefel *m*, **-s**, **-** but *m* (*z długą cholewą*)

Stiefmutter *f*, **-**, **-mütter** macocha *f*

Stiefmütterchen *n*, **-s**, **-** *bot.* bratek *m*

Stiefvater *m*, **-s**, **-väter** ojczym *m*

Stiel *m*, **-(e)s**, **-e** rękojeść *f*; *bot.* łodyga *f*

stiften *vt* (*h*) (u)fundować; (za)fundować; **einen Preis ~** ufundować nagrodę

Stiftung *f*, **-, -en** fundacja *f*

Stil *m*, **-(e)s, -e** styl *m*; **im großen ~** w wielkim stylu

still *adj, adv* cich-y/o, milcząc-y/o; **~ machen** uciszyć; **im ~en** potajemnie

Stille *f*, **-** cisza *f*; **tiefe ~** głęboka cisza

stillegen *vt* (*h*) unieruchamiać, zatrzymywać; **einen Betrieb ~** zlikwidować przedsiębiorstwo

stillen *vt* (*h*) uciszać, zaspokajać (**den Durst** pragnienie); **ein Kind ~** karmić dziecko piersią

Stimme *f*, **-, -n** głos *m*; **seine ~ abgeben** oddać głos; **sich der ~ enthalten** wstrzymać się od głosu; **die ~ erheben** podnosić głos

stimmen *vi* (*h*) głosować (**für <gegen> etw.** za czymś <przeciwko czemuś>); nastroić (**eine Geige** skrzypce); **es stimmt** zgadza się

Stimmrecht *n*, **-(e)s** prawo do głosowania

Stimmung *f*, **-, -en** nastrój *m*

stinken (stinkt, stank, gestunken) *vi* (*h*) śmierdzieć, cuchnąć (**nach etwas** czymś)

Stipendium *n*, **-s, Stipendien** stypendium *n*

Stirn *f*, **-, -en** czoło *n*; **jmdm <einer Sache> die ~ bieten** stawić komuś <czemuś> czoło

Stock *m*, **-(e)s, Stöcke** laska *f*, kij *m*; **am ~ gehen** chodzić o lasce

Stockwerk *n*, **-(e)s, -e** piętro *n*; **ich wohne im zweiten ~** mieszkam na drugim piętrze

stocken *vi* (*h*) zatrzymywać się, ustawać; **der Verkehr stockt** tworzą się korki

Stoff *m*, **-(e)s, -e** materiał *m*; tworzywo *n*

Stoffwechsel *m*, **-s** *med.* przemiana materii

stöhnen *vi* (*h*) jęczeć (**vor Schmerz** z bólu)

stolpern *vi* (*s*) potknąć się (**über etw.** o coś)

Stolz *m*, **-es** duma *f*
stolz *adj, adv* dumn-y/ie (**auf etw.** z czegoś)
Storch *m*, **-(e)s, Störche** bocian *m*
stören *vt* (*h*) przeszkadzać (**jmdn** komuś); **lass dich nicht ~** nie przeszkadzaj sobie
Stoß *m*, **-es, Stöße** uderzenie *n*; wstrząs *m*
Stoßdämpfer *m*, **-s, -** *mot.* amortyzator *m*
stoßen (stößt, stieß, gestoßen) *vt, vi* (*h*) pchać; szturchać; odbijać się; **jmdn ins Wasser ~** wepchnąć kogoś do wody; **an etw. ~** natrafić na coś; **auf den Grund ~** osiąść na mieliźnie; **vom Lande ~** odbić się od lądu; **sich ~** *vr* (*h*) uderzyć się (**an etwas** o coś)
Stoßstange *f*, **-, -n** *mot.* zderzak *m*
stottern *vi* (*h*) jąkać się; *vt* (*h*) wyjąkać (coś)
Strafe *f*, **-, -n** kara *f*; **bei ~ verboten** zakazane pod groźbą kary
strafen *vt* (*h*) karać (**jmdn für etw.** kogoś za coś)
Strafprozess *m*, **-prozesses, -prozesse** proces karny
Strafrecht *n*, **-(e)s** prawo karne
Strafstoß *m*, **-es, -stöße** *sport* rzut karny
Straftat *f*, **-, -en** przestępstwo *n*
Strahl *m*, **-(e)s, -en** promień *m* (światła); promyk *m*
Strand *m*, **-(e)s, -e** plaża *f*; **am ~** na plaży
Straße *f*, **-, -n** ulica *f*
Straßenbahn *f*, **-, -en** tramwaj *m*
Straßenkreuzung *f*, **-, -en** skrzyżowanie ulic
Straßenverkehr *m*, **-s** ruch uliczny
Strauch *m*, **-(e)s, Sträucher** krzew *m*
Strauß[1] *m*, **-es, -e** struś *m*
Strauß[2] *m*, **-es, Sträuße** bukiet *m*, wiązanka *f*
streben *vi* (*h*) dążyć (**nach etw.** do czegoś)
Streber *m*, **-s, -** karierowicz *m*; *szkol.* kujon *m*

Strecke *f*, **-**, **-n** odcinek drogi; trasa *f*
Streich *m*, **-(e)s**, **-e** uderzenie *n*; psota *f*, figiel *m*; **dumme ~e machen** robić głupie żarty
streicheln *vt* (*h*) głaskać
streichen (streicht, strich, gestrichen) *vt* (*h*) bielić; malować; smarować; kreślić, przekreślać; **frisch gestrichen** świeżo malowane
Streichholz *n*, **-es**, **-hölzer** zapałka *f*
streifen *vt* (*h*) zdejmować, dotykać; muskać; **einen Hasen ~** ściągnąć skórę z zająca
Streifen *m*, **-s**, **-** pasek *m*; smuga *f*; linia na jezdni *f*
Streik *m*, **-(e)s**, **-s** strajk *m*
streiken *vi* (*h*) strajkować
Streit *m*, **-(e)s**, **-e** spór *m*, sprzeczka *f*; kontrowersja *f*
streiten (streitest, stritt, gestritten) *vi* (*h*) sprzeczać się (**über etw.** o coś); polemizować (**über etw.** na jakiś temat); **sich ~** *vr* (*h*) kłócić się (**um etw.** o coś)
Streitkräfte *pl wojsk.* siły zbrojne
streng *adj* srogi; rygorystyczny; **~ bestrafen** surowo ukarać; **im ~sten Sinne des Wortes** w ścisłym znaczeniu tego słowa
Stress *m*, **-es**, **(-e)** stres *m*
streuen *vt* (*h*) posypywać; rozrzucać
Strich *m*, **-(e)s**, **-e** kreska *f*; **über <unter> dem ~** nad <pod> kreską
Strichmädchen *n*, **-s**, **-** prostytutka *f*
Strichpunkt *m*, **-(e)s**, **-e** *jęz.* średnik *m*; *zob.* **Semikolon**
stricken *vt,vi* (*h*) robić na drutach
Strickjacke *f*, **-**, **-en** sweter *m*
Stroh *n*, **-(e)s**, **-e** słoma *f*
Strom *m*, **-(e)s**, **Ströme** rzeka *f* (*wpadająca do morza*); prąd *m* (*t. elek-*

tryczny); **mit dem ~ schwimmen** płynąć z prądem; **es regnet in Strömen** leje jak z cebra; **der ~ ist ausgefallen** nie ma prądu

stromab(wärts) *adv* z prądem (rzeki)

stromauf(wärts) *adv* pod prąd (rzeki)

Stromleitung *f*, **-**, **-en** przewód elektryczny

Struktur *f*, **-**, **-en** struktura *f*

Strụmpf *m*, **-(e)s**, **Strümpfe** pończocha *f*

Strụmpfhose *f*, **-**, **-n** rajstopy *pl*

Stụ̈ck *n*, **-(e)s**, **-e** kawałek *m*; sztuka *f*; **in ~e schlagen** potłuc na kawałki; **zwei ~ Butter** dwie kostki masła; **in einem ~** w jednym kawałku; **in vielen ~en** pod wieloma względami

Studẹnt *m*, **-en**, **-en** student *m*

Studẹnten(wohn)heim *n*, **-(e)s**, **-e** dom akademicki, akademik *m*

Studẹntin *f*, **-**, **-nen** studentka *f*

Studie *f*, **-**, **-n** studium *n*, rozprawa naukowa

Studienjahr *n*, **-(e)s**, **-e** rok akademicki

studieren *vi,vt* (*h*) studiować

Studium *n*, **-s**, **Studien** studium *n*, nauka *f*; studia *pl*

Stufe *f*, **-**, **-n** poziom *m*; stopień (*schodów*); **Achtung ~!** uwaga stopień!

Stuhl *m*, **-(e)s**, **Stühle** krzesło *n*

Stụhlgang *m*, **-(e)s**, **-gänge** *med.* stolec *m*

stụmm *adj* niemy

Stụmmel *m*, **-s**, **-** ogarek *m*; kikut *m*

stụmpf *adj* tępy (*o nożu*); **~ werden** stępiać; *mat.* **~er Winkel** kąt rozwarty

Stụnde *f*, **-**, **-n** godzina *f*; lekcja *f*; **in zwei ~n** za dwie godziny; **~ geben <nehmen>** dawać <brać> lekcje

stụnden *vt* (*h*) odraczać

Sturm m, **-(e)s, Stürme** wichura *f*, sztorm *m*

Stürmer *m*, **-s, -** *sport* napastnik *m*

Sturmwind *m*, **-es, -e** porywisty wiatr

Sturz *m*, **-es, Stürze** upadek *m*

stürzen *vt, vi* (*s*) upadać, przewracać się; **ins Zimmer ~** wpaść do pokoju; **sich ~** *vr* (*h*) rzucać się; **sich auf etw. <jmdn> ~** rzucić się na coś <na kogoś>; **sich ins Wasser ~** rzucić się do wody

stützen *vt* (*h*) podpierać; *przen.* wspierać; **sich ~** *vr* (*h*) opierać się (**auf etw.** na czymś)

subjektiv *adj, adv* subiektywn-y/ie

suchen *vt* (*h*) szukać (**nach etw. <nach jmdm>** czegoś <kogoś>)

Süden *m*, **-s** *geogr.* południe *n*; **im ~** na południu

südlich *adj* południowy; *adv* **~ von...** na południe od...

südöstlich *adj* południowo-wschodni; *adv* **~ von...** na południowy wschód od...

Südpol *m*, **-s** biegun południowy

südwestlich *adj* południowo-zachodni; *adv* **~ von...** na południowy zachód od...

Summe *f*, **-, -n** *mat.* suma *f*

Sumpf *m*, **-(e)s, Sümpfe** bagno *n*; *zob.* **Moor**

Sumpffieber *n*, **-s, -** *med.* malaria *f*

Sünde *f*, **-, -n** grzech *m*

Superstar *m*, **-s, -s** gwiazda *f* (*filmu, estrady*)

Suppe *f*, **-, -n** zupa *f*

Suppengrün *n*, **-s** *kulin.* włoszczyzna *f*

suspekt *adj* podejrzany

süß *adj* słodki

süßen *vt* (*h*) słodzić

Süßigkeiten *pl* słodycze *pl*

Symbol *n*, **-s, -e** symbol *m*

Sypmtom *n*, **-s, -e** symptom *m*, objaw *m*

Synonym *n*, **-s, -e** *gram.* synonim

Syntax *f*, **-, -en** *gram.* składnia *f*

System *n*, **-s, -e** system *m*

Szene *f*, **-, -n** scena *f*, odsłona *f*

T

Tabak *m,* **-(e)s, -e** tytoń *m*
Tabelle *f,* **-, -n** tabela *f*
Tablett *n,* **-(e)s, -e** taca *f*
Tablette *f,* **-, -n** tabletka *f*
Tadel *m,* **-s, -** nagana *f*; **einen ~ bekommen** otrzymać naganę
tadellos *adj* nienaganny
tadeln *vt* (*h*) ganić (**jmdn wegen einer Sache** kogoś za coś)
Tafel *f,* **-, -n** tablica *f*; *lit.* stół *m*; **etw. an die ~ schreiben** pisać coś na tablicy
Täfelung *f,* **-, -en** boazeria *f*
Tag *m,* **-(e)s, -e** dzień *m*; doba *f*; **guten ~!** dzień dobry!; **am (hellen) ~e** w (biały) dzień; **von ~ zu ~** z dnia na dzień; **~ für ~** dzień w dzień; **eines ~es** pewnego dnia; **bis auf den heutigen ~** do dzisiejszego dnia
Tagebuch *n,* **-(e)s, -bücher** pamiętnik *m,* dziennik *m*
Tagegeld *n,* **-es, -er** dniówka *f*; dieta *f*
tagen *vi* (*h*) obradować
täglich *adj, adv* dzienn-y/ie; codzienn-y/ie; **dreimal ~** trzy razy dziennie
Tagung *f,* **-, -en** obrady *pl*
taktlos *adj* nietaktowny
Tal *n,* **-(e)s, Täler** dolina *f*; **im ~** w dolinie
Talent *n,* **-(e)s, -e** talent *m*
tanken *vi, vt* (*h*) tankować paliwo
Tankstelle *f,* **-, -n** stacja benzynowa
Tanne *f,* **-, -n** jodła *f*
Tante *f,* **-, -n** ciotka *f*
Tanz *m,* **-es, Tänze** taniec *m*
tanzen *vi, vt* (*h*) tańczyć; **einen Tango ~** tańczyć tango
Tapete *f,* **-, -n** tapeta *f*
tapfer *adj, adv* dzieln-y/ie, odważn-y/ie
Tapferkeit *f,* **-,** odwaga *f*
Tarif *m,* **-s, -e** taryfa *f*; *zob.* **Zolltarif**
Tasche *f,* **-, -n** kieszeń *f*; torba *f*, torebka *f*

Taschendieb *m,* **-(e)s, -e** złodziej kieszonkowy
Taschengeld *n,* **-(e)s, -er** *pot.* kieszonkowe *n*
Taschentuch *n,* **-(e)s, -tücher** chusteczka do nosa
Tasse *f,* **-, -n** filiżanka *f*
Taste *f,* **-, -n** klawisz *m*
Tat *f,* **-, -en** czyn *m;* dzieło *n;* **in der ~** rzeczywiście
Tatarbeefsteak *n,* **-s, -s** *kulin.* tatar *m*
tätig *adj* czynny; zatrudniony
Tatort *m,* **-(e)s, -e** miejsce przestępstwa
Tatsache *f,* **-, -n** fakt *m;* **in Anbetracht der ~, dass...** wobec faktu, że...
tatsächlich *adj* rzeczywisty
Tau[1] *n,* **-(e)s, -e** lina *f*
Tau[2] *m,* **-(e)s** rosa *f*
taub *adj* głuchy
Taube(r)[1] *m,* **-n, -n** głuchy *m*
Taube[2] *f,* **-, -n** gołąb *m*
taubstumm *adj* głuchoniemy
tauchen *vt, vi* (*h*) (*s*) nurkować; zanurzać; **die Hand ins Wasser ~** zanurzyć rękę w wodzie
Taucher *m,* **-s, -** nurek *m*
Tauchsieder *m,* **-s, -** grzałka elektryczna
tauen *vi* (*h*): **es taut** jest odwilż
Taufe *f,* **-, -n** chrzest *m;* **ein Kind über die ~ halten** trzymać dziecko do chrztu
Taufkind *n,* **-(e)s, -er** chrześniak *m*
Taufschein *m,* **-(e)s, -e** metryka chrztu
taugen *vi* (*h*) nadawać się (**zu etw.** do czegoś); **er taugt nichts** on jest nic niewart
tauglich *adj* przydatny; zdatny
taumeln *vi* (*s*) zataczać się
Tausch *m,* **-es, -e** zamiana *f;* wymiana *f;* **etw. in ~ geben <nehmen>** dać <wziąć> coś w zamian
tauschen *vt, vi* (*h*) zamieniać; wymieniać (**gegen etw.** na coś); zamieniać się (**mit jmdm** z kimś)

täuschen *vt* (*h*) mylić; wprowadzać w błąd; **er wollte mich ~** on chciał mnie wprowadzić w błąd; **sich ~** *vr* (*h*) (po)mylić się
tausend *num* tysiąc
Tausend *n*, **-s**, **-e** tysiąc *m*; **~e von Menschen** tysiące ludzi
tausendste *num* **der ~** tysięczny
Tauwetter *n*, **-s** odwilż *f*
Taxi *n*, **-s**, **-s** taksówka *f*; **ein ~ nehmen** złapać <wziąć> taksówkę
Taxistand *m*, **-(e)s**, **-stände** postój taksówek
Team *n*, **-s**, **-s** *sport* drużyna *f*
Technik *f*, **-**, **-en** technika *f*
Tee *m*, **-s**, **-s** herbata *f*
Teegebäck *n*, **-(e)s** herbatniki *pl*
Teeglas *n*, **-es**, **-gläser** szklanka (*do herbaty*)
Teekanne *f*, **-**, **-** *n* dzbanek do herbaty
Teelöffel *m*, **-s**, **-** łyżeczka do herbaty
Teenager [wym: tinedżer] *m*, **-s**, **-** nastolat-ek/ka *m/f*
Teich *m*, **-(e)s**, **-e** staw *m*
Teig *m*, **-(e)s**, **(-e)** ciasto *n*
Teil *m*, **-(e)s**, **-e** część *f*
teilen *vt* (*h*) dzielić (**mit jmdm das Zimmer** z kimś pokój); podzielać (**die Meinung** pogląd)
Teilnahme *f*, **-** udział *m*; uczestnictwo *n* (**an etw.** w czymś); współczucie *n*
teilnahmslos *adj* obojętny, apatyczny
teilnehmen (nimmt teil, nahm teil, teilgenommen) *vi* (*h*) brać udział (**an etw.** w czymś)
Teilnehmer *m*, **-s**, **-** uczestnik *m*
Teilung *f*, **-**, **-en** podział *m*
teilweise *adv* częściowo
Telefon, Telephon *n*, **-s**, **-e** telefon *m*
Telefonbuch *n*, **-(e)s**, **-bücher** książka telefoniczna
Telefongespräch *n*, **-(e)s**, **-e** rozmowa telefoniczna
telefonieren *vi* (*h*) telefonować (**mit jmdm** do kogoś)
Telefonnummer *f*, **-**, **-n** numer telefonu

Telefonzelle *f*, **-**, **-n** budka telefoniczna
Telegramm *n*, **-(e)s**, **-e** telegram *m*; **ein ~ aufgeben** nadać telegram
Teller *m*, **-s**, **-** talerz *m*
Tempel *m*, **-s**, **-** świątynia *f*
Temperatur *f*, **-**, **-en** temperatura *f*
Tempo *n*, **-s**, **-s** tempo *n*; **ein schnelles ~** szybkie tempo
Tennis *n*, **-** tenis *m*; **~ spielen** grać w tenisa
Tennisplatz *m*, **-es**, **-plätze** kort tenisowy
Tennischläger *m*, **-s**, **-** rakieta tenisowa
Teppich *m*, **-s**, **-e** dywan *m*; **~e klopfen** trzepać dywany
Termin *m*, **-s**, **-e** termin *m*; **einen ~ festlegen** ustalić termin
Test *m*, **-(e)s**, **-s** test *m*
testen *vt* (*h*) testować
teuer *adj* drogi; **wie ~ ist diese Bluse?** ile kosztuje ta bluzka?
Teufel *m*, **-s**, **-** diabeł *m*; **hol dich der ~!** niech cię diabli wezmą!
Text *m*, **-es**, **-e** tekst *m*
Textilindustrie *f*, **-** przemysł włókienniczy
Textilwaren *pl* wyroby włókiennicze *pl*
Theater *n*, **-s**, **-** teatr *m*
Theateraufführung *f*, **-**, **-en** przestawienie teatralne
Thema *n*, **-s**, **Themen** temat *m*
theoretisch *adj, adv* teoretyczn-y/ie
Therapie *f*, **-**, **-n** terapia *f*
Thermometer *n*, **-s**, **-** termometr *m*
Thermosflasche *f*, **-**, **-n** termos *m*
These *f*, **-**, **-n** teza *f*; **eine ~ aufstellen** postawić tezę
Thunfisch *m*, **-(e)s**, **-e** tuńczyk *m*
tief *adj, adv* głębok-i/o (*t. przen.*); **in ~er Nacht** późną nocą
Tief (Tiefdruck *m* **-s)** *n*, **-s**, **-s** (*o pogodzie*) niskie ciśnienie, niż *m*
Tiefe *f*, **-**, **-n** głębia *f*; głębokość *f*
Tiefland *n*, **-(e)s** *geogr.* nizina *f*

Tier *n*, **-(e)s**, **-e** zwierzę *n*
Tierarzt *m*, **-es**, **-ärzte** weterynarz *m*
Tiergarten *m*, **-s**, **-gärten** ogród zoologiczny; *zob.* **Zoo**
Tierzucht *f*, **-**, **-en** hodowla zwierząt
Tiger *m*, **-s**, **-** tygrys *m*
tilgen *vt* (*h*) tępić; zacierać; umarzać; wymazywać; **eine Schuld ~** umorzyć dług
Tinte *f*, **-**, **-n** atrament *m*
tippen *vt* (*h*) pisać na maszynie
Tisch *m*, **-es**, **-e** stół *m*; **am ~** przy stole
Tischdecke *f*, **-**, **-n** obrus *m*
Tischler *m*, **-s**, **-** stolarz *m*
Tischtennis *n*, **-** tenis stołowy, ping-pong *m*
Titel *m*, **-s**, **-** tytuł *m*
Toast *m*, **-es**, **-e** grzanka *f*; toast *m*; **einen ~ ausbringen** wznieść toast
toben *vi* (*h*) szaleć; wyszaleć się
Tochter *f*, **-**, **Töchter** córka *f*
Tod *m*, **-(e)s**, **-e** śmierć *f*, zgon *m*; **zu ~e kommen** stracić życie
Todesanzeige *f*, **-**, **-n** nekrolog *m*
Todesgefahr *f*, **-**, **-en** zagrożenie życia; **jmdn aus ~ retten** uratować komuś życie
Todesopfer *n*, **-s**, **-** ofiara śmiertelna
Todesurkunde *f*, **-**, **-n** akt zgonu
Toilette *f*, **-**, **-n** toaleta *f*; ubikacja *f*; **~ machen** robić toaletę; **auf die ~ gehen** pójść do ubikacji
toll *adj* wspaniały; szalony; niesamowity, zwariowany; **das ist ~** to jest wspaniałe
Tollwut *f*, **-** *wet.* wścieklizna *f*
Tolpatsch *m*, **-es**, **-e** niezdara *m*,*f*
Tomate *f*, **-**, **-n** pomidor *m*
Tomatensuppe *f*, **-**, **-n** zupa pomidorowa
Ton[1] *m*, **-(e)s**, **(-e)** glina *f*; glinka fajansowa
Ton[2] *m*, **-(e)s**, **Töne** ton *m*; dźwięk *m*; *przen.* **den ~ angeben** nadawać ton
Tonbandgerät *n*, **-(e)s**, **-e** magnetofon *m*

Tonband *n,* **-(e)s, -bänder** taśma magnetofonowa
Tonleiter *f,* **-, -n** *muz.* gama *f,* skala dźwięków *f,* tonacja
Tonne *f,* **-, -n** okrągły pojemnik (*na śmieci, paliwo*) *f*; tona *f* (*1000 kg*)
Topf *m,* **-(e)s, Töpfe** garnek *m*
Tor[1] *m,* **-en, -en** głupiec *m*
Tor[2] *n,* **-(e)s, -e** brama *f; sport* bramka *f*; **ein ~ schießen** strzelić bramkę <gola>
Torte *f,* **-, -n** tort *m*
tot *adj* nieżywy, zmarły, martwy; **~es Gleis** ślepy tor; **~e Zeit** martwy sezon
töten *vt* (*h*) zabić
Tourist *m,* **-en, -en** turysta *m*
traditionell *adj* tradycyjny
Tragbahre *f,* **-, -n** nosze *pl*
tragbar *adj* przenośny; nadający się do noszenia (*o ubraniu*)
träge *adj* leniwy, powolny
tragen (trägt, trug, getragen) *vt, vi* (*h*) nieść; nosić; dźwigać; **die Kosten ~** ponosić koszty; **ein neues Kleid ~** mieć na sobie nową suknię; **Folgen ~** ponosić skutki; **Früchte ~** rodzić owoce (*o drzewie*)
Tragfähigkeit *f,* **-** nośność *f*
Trainer *m,* **-s, -** trener *m*
trainieren *vt, vi* (*h*) trenować
Traktor *m,* **-s, -en** ciągnik *m*
Träne *f,* **-, -n** łza *f*
trauen *vt, vi* (*h*) ufać (**jmdm** komuś); udzielać ślubu; **sich ~ lassen** brać ślub; **sich ~** *vr* (*h*) mieć odwagę, odważyć się
Trauer *f,* **-** żałoba *f*; **in tiefer ~** w głębokiej żałobie
trauern *vi* (*h*) opłakiwać (**um jmdn** kogoś); nosić żałobę (**um jmdn** po kimś)
Traum *m,* **-(e)s, Träume** sen *m,* marzenie senne
träumen *vi* (*h*) śnić; marzyć (**von etw. <von jmdm>** o czymś <o kimś>)
traurig *adj, adv* smutn-y/o
Trauring, *m,* **-(e)s, -e** ob-

rączka ślubna; *zob.* **Ehering**

Trauung *f*, **-**, **-en** ślub *m*

treffen (trifft, traf, getroffen) *vt* (*h*) spotykać; trafiać (*o pocisku*); **ins Herz ~** ugodzić w serce; **den Ton ~** utrafić w ton; **jmdn auf der Straße ~** spotkać kogoś na ulicy; **auf etw. <auf jmdn> ~** natknąć się na coś <na kogoś>; **Maßnahmen ~** przedsięwziąć kroki; **sich ~** *vr* (*h*) spotykać się; składać się; **es trifft sich gut, dass...** dobrze się składa, że...

Treffen *n*, **-s**, **-** spotkanie *n*

treffend *adj* trafny, słuszny

treiben (treibt, trieb, getrieben) *vt* (*h*) pędzić; zajmować się czymś, *przen.* uprawiać coś; **jmdn in Krankheit ~** wpędzać kogoś w chorobę; **jmdn zur Arbeit ~** zmuszać kogoś do pracy; **Sport ~** uprawiać sport; *vi* (*s*) płynąć; **das Schiff treibt ~** statek dryfuje

Treibhaus *n*, **-es**, **-häuser** szklarnia *f*

trennen *vt* (*h*) oddzielać, dzielić, rozłączać; **die Streitenden ~** rozdzielić kłócących się; **sich ~** *vr* (*h*) rozstać się; **wir mussten uns ~** musieliśmy się rozstać

Trennung *f*, **-**, **-en** rozstanie *n*; separacja *f*; rozdzielenie *n*

Treppe *f*, **-**, **-n** schody *pl*; **die ~ hinaufgehen <hinuntergehen>** iść po schodach na górę <na dół>

Treppenhaus *n*, **-es**, **-häuser** klatka schodowa

treten (tritt, trat, getreten) *vi* (*s*) wchodzić; podchodzić; *vt* (*h*) kopać, deptać; **auf den Fuß ~** nadepnąć na stopę; **in Aktion ~** przystąpić do akcji; **an jmds Stelle ~** zająć czyjeś miejsce; **~ Sie näher!** proszę podejść bliżej!

treu *adj* wierny

Treue *f*, **-** wierność *f*

Trichter *m,* **-s, -** lejek *m,* lej *m*

Trieb *m,* **-(e)s, -e** pęd *m* (**zu etw.** do czegoś); **Geschlechtstrieb** *m* popęd płciowy; *bot.* pęd

trinkbar *adj* pitny

trinken (trinkt, trank, getrunken) *vt, vi* (*h*) pić; **Tee <Kaffee> ~** pić herbatę <kawę>

Trinkgeld *n,* **-es, -er** napiwek *m*

Trinkwasser *n,* **-s** woda pitna

Tritt *m,* **-(e)s, -e** krok *m;* **auf Schritt und ~** na każdym kroku

trocken *adj* suchy; wytrawny (*o winie*)

trocknen *vi* (*s*) schnąć; *vt* (*h*) suszyć; **das Haar ~** wysuszyć włosy

Trommel *f,* **-, -n** bęben *m*

Trompete *f,* **-, -n** *muz.* trąbka *f*

Tropen *pl* strefa tropikalna, kraje tropikalne

Tropfen *m,* **-s, -** kropla *f*

tropfen *vi* (*h*) kapać

Trost *m,* **-es** pociecha *f;* **in etw. ~ finden** znajdować w czymś pociechę

trösten *vt* (*h*) pocieszać (**jmdn** kogoś)

trotz *praep* mimo; **~ allem** mimo wszystko

trotzdem *adv* mimo to

trotzen *vi* (*h*) stawić czoło (**jmdm** komuś)

trotzig *adj, adv* upar-ty/cie; przekorn-y/ie

trübe *adj* mętny; pochmurny; ponury

trügen (trügt, trog, getrogen) *vt* (*h*) łudzić; oszukiwać

Trümmer *pl,* zgliszcza *pl,* ruiny *pl*

Trumpf *m,* **-(e)s, Trümpfe** atut *m* (*w kartach*)

Truthuhn *n,* **-s, -hühner** indyk *m; zob.* **Pute**

tschechisch *adj* czeski, *adv* po czesku

Tuberkulose *f,* **-** gruźlica *f*

Tuch[1] *n,* **-es, -e** sukno *n*

Tuch[2] *n,* **-(e)s, Tücher** chusteczka *f,* chustka *f* (*na głowę*)

tüchtig *adj* dzielny; zdolny; solidny; **~e Arbeiter** solidni pracownicy

tückisch *adj, adv* podstępn-y/ie; złośliw-y/ie

Tulpe *f,* **-, -n** tulipan *m*
tun (tut, tat, getan) *vt* (*h*) robić; czynić; **er tut nichts** on nic nie robi; **seine Pflicht ~** spełnić swój obowiązek; **ich habe mein Bestes getan** zrobiłem wszystko, co w mojej mocy; **das tut nichts zur Sache** to nie ma nic do rzeczy; **ich habe damit nichts zu tun** nie mam z tym nic wspólnego
Tunnel *m,* **-s, -, -s** tunel *m*
Tüpfelchen *n,* **-s, -** plamka *f*; kropeczka *f*
Tupfer *m,* **-s, -** tampon *m*
Tür *f,* **-, -en** drzwi *pl*; **an die ~ klopfen** pukać do drzwi
türkisch *adj* turecki; *adv* po turecku
Turm *m,* **-(e)s, Türme** wieża *f*
turnen *vi* (*h*) gimnastykować się
Türschloss *n,* **-es, Türschlösser** zamek w drzwiach
Typ *m,* **-s, -en** typ *m*; **sie ist mein ~** ona jest w moim typie

U

U-Bahn *f,* **-, -en** metro *n*
übel *adj, adv* niedob-ry/rze; **es wird <ist> mir ~** robi mi się <jest mi> niedobrze
Übel *n,* **-s, -** zło *n*; nieszczęście *n*
Übelkeit *f,* **-, -en** mdłości *pl*
übel nehmen (nimmt übel, nahm übel, übel genommen) *vt* (*h*) mieć za złe (**jmdm** komuś)
üben *vt, vi* (*h*) ćwiczyć; trenować; **Kritik an jmdm <an etw.> ~** krytykować kogoś <coś>
über *praep* (po)nad; za; **~ jmdm wohnen** mieszkać nad kimś; **er lebt ~ seine Verhältnisse** on żyje ponad stan; **den Tag ~** przez cały dzień; **~s Jahr** przez rok; **~ etw. sprechen** mówić o czymś; **Fehler ~ Fehler machen** robić błąd za błędem; **er ist schon ~**

dreißig on ma już ponad trzydzieści lat
überall *adv* wszędzie
überarbeiten *vt* (*h*) przeredagować; **sich ~** przepracować się
überbieten (überbietet, überbot, überboten) *vt* (*h*) przelicytować; prześcignąć; **einen Rekord ~** pobić rekord
Überbleibsel *n,* **-s, -** pozostałość *f*; relikt *m*
Überblick *m,* **-(e)s, -e** przegląd *m*; widok *m*
überdauern *vt* (*h*) przetrwać
überdenken (überdenkt, überdachte, überdacht) *vt* (*h*) przemyśleć, rozważyć (**etw.** coś)
überdosieren *vt* (*h*) przedawkować
überdrüssig *adj* znudzony, mający dość (**einer Sache** czegoś)
übereinander *adv* jeden nad <na> drugim
Übereinkommen *n,* **-s, -** porozumienie *n*
überessen (überisst, überaß, übergessen), sich *vi* (*h*) przejeść się (**an etw.** czymś)
überfahren (überfährt, überfuhr, überfahren) *vt* (*h*) przejechać (**jmdn** kogoś, **etw.** coś)
Überfall *m,* **-(e)s, Überfälle** napad *m*
überfallen (überfällt, überfiel, überfallen) *vt* (*h*) napaść (**jmdn** na kogoś)
Überfluss *m,* **-flusses** nadmiar *m* (**an etw.** czegoś)
überflüssig *adj* zbędny, zbyteczny
überführen *vt* (*h*) przenosić, przeprowadzać (**jmdn** kogoś)
Überführung *f,* **-, -en** wiadukt *m,* przejazd *m*
Übergabe *f,* **-, -en** oddanie *n,* przekazanie *n*
Übergang *m,* **-(e)s, -gänge** przejazd *m,* przejście *n*
übergeben (übergibt, übergab, übergeben) *vt* (*h*) oddawać, przekazywać; **sich ~** *vr* (*h*) wymiotować
übergehen (geht über, ging über, übergegan-

gen) *vi* (*s*) przechodzić (**zum Thema** do tematu)

Übergewicht *n*, **-(e)s** nadwaga *f*

überhaupt *adv* w ogóle

überheblich *adj* zarozumiały; butny

überholen vy (*h*) wyprzedzać

überhören *vt* (*h*) nie słyszeć (**etw.** czegoś); puścić mimo uszu

überlassen (überlässt, überließ, überlassen) *vt* (*h*) powierzać; odstępować (**jmdm etw.** komuś coś)

überleben *vt* (*h*) przeżyć (**jmdn <etw.>** kogoś <coś>)

überlegen *vt* (*h*) rozważać (**sich etw.** sobie coś)

Überlegenheit *f*, **-,** przewaga *f*; wyższość *f* (**über jmdn** nad kimś)

übermorgen *adv* pojutrze

übernachten *vi* (*h*) przenocować (**bei jmdm** u kogoś)

übernehmen (übernimmt, übernahm, übernommen) *vt* (*h*) przejąć, objąć (**ein Amt** urząd)

überprüfen *vt* (*h*) sprawdzać; upewniać się

überraschen *vt* (*h*) zaskakiwać (**jmdn** kogoś)

Überraschung *f*, **-, -en** niespodzianka *f*

überreden *vt* (*h*) namawiać (**jmdn zu etw.** kogoś do czegoś)

überreichen *vt* (*h*) *zob.* **übergeben**

überschätzen *vt* (*h*) przeceniać

Überschrift *f*, **-, -en** tytuł *m;* napis *m*

überschwemmen *vt* (*h*) zalać (*o powodzi*)

Überschwemmung *f*, **-, -en** powódź *f*

übersehen (übersieht, übersah, übersehen) *vt* (*h*) przeoczyć (**etw.** coś)

übersetzen *vt* (*h*) (prze)tłumaczyć; **aus dem Deutschen ins Polnische ~** tłumaczyć z języka niemieckiego na polski

Übersetzer *m*, **-s, -** tłumacz *m*

Übersetzung *f*, **-, -en** tłumaczenie *n*

Übersicht *f*, **-**, **-en** przegląd *m* (**über etw.** czegoś)
übersichtlich *adj*, *adv* przejrzy-sty/ście
übersiedeln *vi* (*s*) przeprowadzać się, przesiedlać się
übersteigen (übersteigt, überstieg, überstiegen) *vt* (*h*) pokonać wysoką przeszkodę; przekraczać (**die Kräfte** siły)
Überstunde *f*, **-**, **-n** nadgodzina *f*; **~n machen** pracować w nadgodzinach
übertreffen (übertrifft, übertraf, übertroffen) *vt* (*h*) przewyższać (**jmdn an etw.** kogoś w czymś)
übertreiben (übertreibt, übertrieb, übertrieben) *vt* (*h*) przesadzać, przeholowywać **(mit) etw.** w czymś)
überwachen *vt* (*h*) pilnować (**etw.** czegoś)
überweisen (überweist, überwies, überwiesen) *vt* (*h*) przekazywać (**Geld auf das Konto** pieniądze na konto)
überwinden (überwindet, überwand, überwunden) *vt* (*h*) przezwyciężać (**Schwierigkeiten** trudności)
überzeugen *vt* (*h*) przekonywać (**jmdn von etw.** kogoś o czymś)
üblich *adj* zwykły; zwyczajny; **es ist ~** jest w zwyczaju
übrig *adj* pozostały; zbędny; **im Übrigen** zresztą
Übung *f*, **-**, **-en** ćwiczenie *n* (**in etw.** w czymś)
Ufer *n*, **-s**, **-** brzeg *m* (*rzeki, morza*); **am ~** nad brzegiem
Uhr *f*, **-**, **-en** zegar *m*, zegarek *m*; **wieviel ~ ist es?** która godzina?; **es ist zwei ~** jest druga
Uhrmacher *m*, **-s**, **-** zegarmistrz *m*
Uhrzeiger *m*, **-s**, **-** wskazówka zegara
ukrainisch *adj* ukraiński, *adv* po ukraińsku
um *praep*, *adv* wokół, dookoła; o; za; **~ das Haus** wokół domu; **~ fünf Mark billiger** pięć marek taniej; **~ die**

Ecke za rogiem; **~ zwölf Uhr** o godzinie dwunastej; **die Zeit ist ~** czas minął; **je früher, ~ so besser** im wcześniej, tym lepiej; *conj* **~ Einkäufe zu machen** żeby zrobić zakupy

umarmen *vt* (*h*) obejmować (**jmdn** kogoś)

umbauen *vt* (*h*) przebudować

umbringen (bringt um, brachte um, umgebracht) *vt* (*h*) zabić (**jmdn** kogoś); **sich ~** *vr* (*h*) popełnić samobójstwo

umfallen (fällt um, fiel um, umgefallen) *vi* (*s*) przewracać się

Umfang *m*, **-(e)s, - Umfänge** obwód *m*; rozmiar *m*; zakres *m*

umfassen *vt* (*h*) obejmować; zawierać; ogradzać

Umfrage *f*, **-, -n** ankieta *f*

Umgang *m*, **-(e)s, Umgänge** stosunki *pl*, obcowanie *n*; współżycie *n* (*towarzyskie*)

Umgangsformen *pl*, formy towarzyskie, maniery

Umgangssprache *f*, **-, -n** język potoczny, mowa potoczna

Umgebung *f*, **-, -en** okolica *f*

umgehen[1] (geht um, ging um, umgegangen) *vi* (*s*) krążyć (*np. o plotkach*); obchodzić się (**mit etw.** z czymś)

umgehen[2] (umgeht, umging, umgegangen) *vt* (*h*) obchodzić, okrążać

umgehend *adj* niezwłocznie

umgekehrt *adj, adv* odwrotn-y/ie

Umleitung *f*, **-, -en** objazd *m*

Umsatz *m*, **-es, -sätze** obrót *m*

umschalten *vt* (*h*) przełączać

umschauen, sich *vi* (*h*) oglądać się; rozglądać się (**nach jmdm** za kimś)

Umschlag *m*, **-(e)s, -schläge** okładka *f* (*książki*); nagła zmiana; zwrot *m*; okład *m*; koperta *f*; przeładunek *m*

umschreiben[1] (schreibt um, schrieb um, umge-

schrieben) *vt* (*h*) przeredagować; przepisać na kogoś innego

umschreiben[2] **(umschreibt, umschrieb, umschrieben)** *vt* (*h*) nazwać opisowo

umsonst *adv* bezpłatnie; daremnie

Umstand *m*, **-(e)s, -stände** okoliczność *f*; **unter Umständen** ewentualnie; **unter keinen Umständen** w żadnym razie

umsteigen (steigt um, stieg um, umgestiegen) *vi* (*s*) przesiadać się

umstellen *vt* (*h*) przestawiać

umstoßen (stößt um, stieß um, umgestoßen) *vt* (*h*) przewracać; unieważniać

umstürzen *vt* (*h*) przewracać; obalać; runąć

Umtausch *m*, **-es** zamiana *f*, wymiana *f*; **diese Ware ist vom ~ ausgeschlossen** ten towar nie podlega wymianie

Umweg *m*, **-(e)s, -e** droga okrężna *f*; **einen ~ machen** jechać okrężnie

Umwelt *f*, **-** środowisko *n*

Umweltschutz *m*, **-es** ochrona środowiska

Umweltverschmutzung *f*, **-, -en** zanieczyszczenie środowiska

umziehen (zieht um, zog um, umgezogen) *vi* (*s*) przeprowadzać się; **der Nachbar ist umgezogen** sąsiad przeprowadził się; *vt* (*h*) przebierać (**jmdn** kogoś); **sich ~** *vr* (*h*) przebierać się

Umzug *m*, **-(e)s, -züge** przeprowadzka *f*; pochód *m*

unabhängig *adj, adv* niezależn-y/ie

Unabhängigkeit *f*, **-** niezależność *f*, niezawisłość *f*

unablässig *adv* nieustannie

unangenehm *adj* nieprzyjemny

Unannehmlichkeit *f*, **-, -en** przykrość *f*, nieprzyjemność, niewygoda *f*

unanständig *adj, adv* nieprzyzwoi-ty/cie

unartig *adj* niegrzeczny

unauffällig *adj* niepozor-

ny, nie rzucający się w oczy
unaufmerksam *adj, adv* nieuważn-y/ie
unbedingt *adj, adv* bezwarunkow-y/o
unbefristet *adj, adv* bezterminow-y/o
unbegreiflich *adj* niepojęty, niezrozumiały
unbeholfen *adv* nieporadnie
unbemerkt *adj* nie zauważony
unbestimmt *adj* nieokreślony
unbewusst *adj* nieświadomy
unbrauchbar *adj* nieużyteczny
und *conj* i, oraz; **~ so weiter <usw.>** i tak dalej <itd.>
undankbar *adj* niewdzięczny
unentbehrlich *adj* nieodzowny, konieczny
unentgeltlich *adj, adv* bezpłatn-y/ie, darmow-y/o
unentschieden *adj* nierozstrzygnięty; niezdecydowany
unerträglich *adj* nieznośny; **eine ~e Hitze** nieznośny upał
unerwartet *adj* nieoczekiwany
Unfall *m*, **-(e)s, -fälle** nieszczęśliwy wypadek; **einen ~ erleiden** ulec wypadkowi
Unfug *m*, **-(e)s** wybryk *m*, eksces *m*
ungarisch *adj* węgierski; *adv* po węgiersku
ungebeten *adj* nieproszony; **~er Gast** nieproszony gość
Ungeduld *f*, **-** niecierpliwość *f*
ungeduldig *adj* niecierpliwy
ungeeignet *adj* nie nadający się; nieodpowiedni; **zu etw. ~ sein** nie nadawać się do czegoś
ungefähr *adv* około
ungefährlich *adj* nieszkodliwy
Ungeheuer *n*, **-s, -** potwór *m*, monstrum *n*
ungehorsam *adj* nieposłuszny
ungenügend *adj* niedostateczny

ungerecht *adj* niesprawiedliwy
ungern *adv* niechętnie
ungeschickt *adj* niezręczny
ungesund *adj* niezdrowy
ungewiss *adj* niepewny; **es ist ~, ob...** nie jest pewne, czy...
ungewohnt *adj* nie przyzwyczajony, nieprzywykły
Ungeziefer *n*, **-s, -** robactwo *n*
ungezogen *adj* źle wychowany
ungezwungen *adj* niewymuszony
Unglück *n*, **-(e)s, -e** nieszczęście *n*; klęska *f*
ungültig *adj* nieważny
ungünstig *adj* niekorzystny
unheilbar *adj* nieuleczalny
unhöflich *adj* nieuprzejmy
Universität *f*, **-, -en** uniwersytet *m*
Unkosten *pl* koszty własne
Unkraut *n*, **-(e)s, -kräuter** chwast *m*
unlängst *adv* niedawno
unlesbar, unleserlich *adj* nieczytelny
unmittelbar *adj, adv* bezpośredn-i/io
unmöglich *adj, adv* niemożliw-y/e
unmündig *adj* niepełnoletni
unnötig *adj* niepotrzebny, zbyteczny
UNO *f*, **-** ONZ *f*
unordentlich *adj* nieporządny, niedbały
Unordnung *f*, **-** nieporządek *m*, nieład *m*; **in ~** w nieładzie
Unrat *m*, **-(e)s**, śmieci *pl*, brudy *pl*
Unruhe *f*, **-, -n** niepokój *m*; **in ~ sein** niepokoić się
unruhig *adj, adv* niespokojn-y/ie, *adj* zaniepokojony
uns *pron* nam; nas; **unter ~** między nami
unschlüssig *adj, adv* niezdecydowan-y/ie, chwiejn-y/ie
Unschuld *f*, **-** niewinność *f*

unschuldig *adj*, *adv* niewinn-y/ie
unser *pron* nasz; **~ Haus** nasz dom
unsicher *adj*, *adv* niepewn-y/ie
Unsinn *m*, **-(e)s** nonsens *m*, bzdura *f*
Unsitte *f*, **-**, **-n** zły zwyczaj <obyczaj>
unsterblich *adj* nieśmiertelny
Unstern *m*, **-s** nieszczęśliwa gwiazda; fatum *n*
unstimmig *adj* niezgodny
untätig *adj*, *adv* bezczynn-y/ie
unten *adv* na dole; u dołu; **wie ~** jak poniżej; **nach ~** na dół
unter *praep* pod; **~ dem Tisch** pod stołem; **~ den Tisch** pod stół; **~ dieser Bedingung** pod tym warunkiem; **~ uns gesagt** mówiąc między nami
unter- *adj* dolny, niższy
Unterarm *m*, **-(e)s**, **-e** przedramię *n*
unterbleiben (unterbleibt, unterblieb, unterblieben) *vi* (*s*) nie dochodzić do skutku, nie odbywać się
unterbrechen (unterbricht, unterbrach, unterbrochen) *vt* (*h*) przerywać (**jmdn** komuś)
unterbreiten *vt* (*h*) przedkładać (**eine Bitte** prośbę)
unterbringen (bringt unter, brachte unter, untergebracht) *vt* (*h*) umieścić, (u)lokować
unter der Hand *adv* po kryjomu; *pot.* na lewo
unterdrücken *vt* (*h*) tłumić (**den Aufstand** powstanie); uciskać, gnębić
untereinander *adv* między sobą, między siebie; **etw. ~ teilen** dzielić coś między siebie
Unterführung *f*, **-**, **-en** przejście podziemne, tunel *m*
Untergang *m*, **-(e)s** zagłada *f*, upadek *m*; zachód *m* (**der Sonne** słońca)
untergehen (geht unter, ging unter, untergegan-

gen) *vi* (*s*) zachodzić (*o słońcu*); tonąć; upadać (*np. o państwie*)

untergeordnet *adj* podporządkowany; podległy

untergraben (untergräbt, untergrub, untergraben) *vt* (*h*) zaprzepaszczać; podkopywać (**jmds Ruf** czyjąś opinię)

Untergrund *m*, **-(e)s, -gründe** podłoże *n*; tło *n*

Unterhalt *m*, **-(e)s** utrzymanie *n*; *por.* **unterhalten**

unterhalten (unterhält, unterhielt, unterhalten) *vt* (*h*) utrzymywać, podtrzymywać (**Beziehungen** kontakty); żywić; **sich ~** *vr* (*h*) bawić się; rozmawiać (**über etw.** o czymś)

Unterhaltung *f*, **-, -en** zabawa *f*, rozrywka *f*; rozmowa *f* (towarzyska); utrzymanie (*czegoś*)

Unterhemd *n*, **-(e)s, -en** podkoszulek *m*

Unterhose *f*, **-, -n** kalesony *pl*

unterirdisch *adj* podziemny

Unterkunft *f*, **-, -künfte** schronienie *n*; kwatera *f*

Unterlage *f*, **-, -n** podstawa *f*, podkładka *f*

unterlassen (unterlässt, unterließ, unterlassen) *vt* (*h*) zaniechać (*czegoś*)

Unterleib *m*, **-(e)s** podbrzusze *n*

unterliegen (unterliegt, unterlag, unterlegen) *vi* (*h*) podlegać; *vi* (*s*) ulec (komuś)

Untermieter *m*, **-s, -** podnajemca *m*, sublokator *m*

unternehmen (unternimmt, unternahm, unternommen) *vt* (*h*) przedsięwziąć; **eine Reise ~** wybrać się w podróż

Unternehmen *n*, **-s, -** przedsiębiorstwo *n*

Unternehmer *m*, **-s, -** przedsiębiorca *m*

unterordnen *vt* (*h*) podporządkowywać

Unterricht *m*, **-(e)s** nauka *f*; lekcje *pl*; **~ erteilen <nehmen>** dawać <brać> lekcje

unterrichten *vt* (*h*) uczyć; (**jmdn <etw.>** kogoś

<czegoś>); informować (**jmdn über etw.** kogoś o czymś); **jmdn in etw. ~** uczyć kogoś czegoś
Unterrock *m*, **-(e)s, -röcke** halka *f*
untersagen *vt* (*h*) zabraniać (**jmdm etwas** komuś czegoś)
unterschätzen *vt* (*h*) niedoceniać
unterscheiden (unterscheidet, unterschied, unterschieden) *vt* (*h*) rozróżniać, odróżniać; **sich ~** *vr* (*h*) różnić się
Unterschied *m*, **-s, -e** różnica *f*
unterschreiben (unterschreibt, unterschrieb, unterschrieben) *vt* (*h*) podpisywać
Unterschrift *f*, **-, -en** podpis *n*
unterstellen *vt* (*h*) podstawiać (**jmdm etw.** komuś coś); wmawiać; podporządkowywać
unterstreichen (unterstreicht, unterstrich, unterstrichen) *vt* (*h*) podkreślać
unterstützen *vt* (*h*) popierać (**jmdn** kogoś)
Unterstützung *f*, **-, -en** poparcie *n*, pomoc *f*
untersuchen *vt* (*h*) badać (**ein Problem** problem; **den Kranken** chorego)
Untersuchung *f*, **-, -en** badanie *n*, analiza *f*; śledztwo *n*
Untertasse *f*, **-, -n** spodek *m*
Unterwäsche *f*, **-** bielizna osobista
unterwegs *adv* w drodze; **er ist schon ~** on jest już w drodze
Unterwelt *f*, **-,** podziemie *n*; *przen.* świat przestępczy
unterzeichnen *vt* (*h*) *zob.* **unterschreiben**
unterziehen (zieht unter, zog unter, untergezogen) *vt* (*h*) wciągać, oblec (*pod coś*)
unterziehen (unterzieht, unterzog, unterzogen) *vt* (*h*) poddawać; **etw. einer Analyse ~** poddać coś analizie
untrennbar *adj*, *adv* nierozdzieln-y/ie

ụntreu *adj, adv* niewiern-y/ie

ụnumgänglich *adj, adv* nieodzown-y/ie

ụnunterbrochen *adj, adv* nieprzerwan-y/ie; **es regnet ~** pada bez przerwy

ụnverantwortlich *adj* nieodpowiedzialny

ụnverheiratet *adj* nieżonaty; niezamężna

ụnvernünftig *adj* nierozsądny

ụnverständlich *adj, adv* niezrozumia-ły/le

ụnverzüglich *adj, adv* niezwłoczn-y/ie

ụnweit *adv* niedaleko

Ụnwetter *n*, **-s, -** niepogoda *f*

ụnwohl *adj* niezdrowy, niedysponowany; **mir ist ~** źle się czuję

Ụnzucht *f*, **-** rozpusta *f*, nierząd *m*; **~ treiben** uprawiać nierząd

ụnzurechnungsfähig *adj* niepoczytalny

ụnzureichend *adj* niewystarczający

ụnzutreffend *adj* nietrafny, błędny; **Unzutreffendes bitte streichen** niepotrzebne skreślić

ụ̈ppig *adj* bujny; obfity; **~es Gras** bujna trawa

Uraufführung *f*, **-, -en** prapremiera *f*

Ureltern *pl*, prarodzice *pl*

Urenkel *m*, **-s, -** prawnuk *m*

Urenkelin *f*, **-, -nen** prawnuczka *f*

Urgroßeltern *pl*, pradziadkowie *pl*

Urheber *m*, **-s, -** twórca *m*; pomysłodawca *m*

Urkunde *f*, **-, -n** dokument *m*; akt *m*

Urlaub *m*, **-(e)s, -e** urlop *m*; **auf <in> ~ fahren <gehen>** jechać <iść> na urlop

Ursache *f*, **-, -n** przyczyna *f*

Ursprung *m*, **-(e)s, -sprünge** początek *m*; geneza *f*

ursprünglich *adj, adv* pierwotn-y/ie; **der ~e Plan** pierwotny plan

Ụrteil *n*, **-s, -e** wyrok *m*; osąd *m*; opinia *f* (**über jmdn <etw.>** o kimś <o czymś>)

urwüchsig *adj* samorodny; nieskażony; **ein ~es Talent** samorodny talent

V

Vase *f*, **-**, **-n** wazon *m*
Vater *m*, **-s**, **Väter** ojciec *m*
Vaterland *n*, **-(e)s**, **-länder** ojczyzna *f*
Vegetarier *m*, **-s**, **-** wegetarianin *m*
Veilchen *n*, **-s**, **-** fiołek *m*
Vene *f*, **-**, **-n** żyła *f*
Ventil *n*, **-s**, **-e** zawór *m*
verabreden, sich *vr* (*h*) umawiać się; (**mit jmdm** z kimś)
verabschieden *vt* (*h*) zwalniać (**jmdn** kogoś); uchwalać; **einen Minister ~** dać dymisję ministrowi; **sich ~** *vr* (*h*) (po)żegnać się (**von jmdm** z kimś)
verachten *vt* (*h*) gardzić (**jmdn <etw.>** kimś <czymś>)
Verachtung *f*, **-** pogarda *f*
veraltet *adj* przestarzały
verändern *vt* (*h*) zmieniać; **in <zu> etw. ~** zmienić na coś; **sich ~** *vr* (*h*) zmienić się
Veränderung *f*, **-**, **-en** zmiana *f*
veranlagt *adj* uzdolniony
veranlassen *vt* (*h*) inspirować; nakłaniać; **jmdn zu etw. ~** nakłonić kogoś do czegoś
veranschlagen *vt* (*h*) szacować; obliczać; **etw. zu hoch ~** oszacować coś zbyt wysoko
veranstalten *vt* (*h*) organizować (**einen Ausflug** wycieczkę)
Veranstaltung *f*, **-**, **-en** impreza *f*
verantworten *vt* (*h*) odpowiadać (**etw.** za coś); **sich ~** *vr* (*h*) tłumaczyć się (**für etw.** z czegoś)
verantwortlich *adj* odpowiedzialny; **für etw. ~ sein** być za coś odpowiedzialnym
Verantwortung *f*, **-**, **(-en)** odpowiedzialność *f*

verạrbeiten przerabiać, przetwarzać; **Rohstoffe ~** przerabiać surowce

Verbạnd *m*, **-(e)s, -bände** związek *m*; *med.* opatrunek *m*; **einem ~ beitreten** wstąpić do związku; **einen ~ anlegen** założyć opatrunek

verbạnnen *vt* (*h*) skazywać na wygnanie

verbẹrgen (verbirgt, verbarg, verborgen) *vt* (*h*) ukrywać; skrywać; **etw. vor jmdm ~** ukrywać coś przed kimś

verbẹssern *vt* (*h*) poprawiać, ulepszać; **einen Rekord ~** poprawiać rekord

verbieten (verbietet, verbot, verboten) *vt* (*h*) zakazywać; **Rauchen verboten!** palenie wzbronione!

verbịnden (verbindet, verband, verbunden) *vt* (*h*) wiązać; łączyć; zakładać opatrunek; **zwei Teile miteinander ~** połączyć dwie części; **eine Wunde ~** zabandażować ranę; **jmdm verbunden sein** być komuś zobowiązanym

verblụffen *vt* (*h*) zadziwiać; zaskakiwać; **jmdn mit <durch> etw. ~** zaskoczyć kogoś czymś

Verbot *n*, **-(e)s, -e** zakaz *m*; **strenges ~** surowy zakaz

Verbrauch *m*, **-, -(e)s** zużycie *n*; konsumpcja *f*; **der ~ an Fleisch** spożycie mięsa

verbrauchen *vt* (*h*) zużywać; **Strom <Gas> ~** zużywać prąd <gaz>

Verbraucher *m*, **-s, -** konsument *m*

Verbrauchsgüter *pl*, artykuły codziennego użytku

verbrẹchen (verbricht, verbrach, verbrochen) *vt* (*h*) dopuścić się występku, zawinić; **Schlimmes ~** nabroić

Verbrẹchen *n*, **-s, -** zbrodnia *f*; przestępstwo *n*; **ein ~ begehen** popełnić przestępstwo

Verbrẹcher *m*, **-s, -** przestępca *m*; zbrodniarz *m*

verbrecherisch *adj* przestępczy; **~e Handlung** przestępcze działanie

verbreiten *vt* (*h*) rozpowszechniać; **eine Nachricht <ein Gerücht> ~** rozpowszechniać wiadomość <plotkę>

verbrennen (verbrennt, verbrannte, verbrannt) *vt* (*h*) palić; spalać; **Briefe <Leichen> ~** (s)palić listy <zwłoki>; **sich ~** *vr* (*h*) oparzyć się

Verbrennung *f*, **-, -en** (s)palenie *n*; oparzenie *n*

verbringen (verbringt, verbrachte, verbracht) *vt* (*h*) spędzać; **den Urlaub an der See <im Gebirge> ~** spędzać urlop nad morzem <w górach>

Verbündete(r) *m*, **-n, -n** sojusznik *m*

verbürgen *vt* (*h*) gwarantować (**etw.** coś); **sich ~** *vr* (*h*) poręczyć (**für jmdn <für etwas>** za kogoś <za coś>)

Verdacht *m*, **-(e)s** podejrzenie *n*; **jmdn in ~ bringen** podejrzewać kogoś; **in ~ geraten** być podejrzanym

verdammen *vt* (*h*) potępiać; **verdammt!** do diabła!

verdampfen *vi* (*s*) parować

verdanken *vt* (*h*) zawdzięczać; **jmdm etwas zu ~ haben** mieć komuś coś do zawdzięczenia

verdauen *vt* (*h*) trawić; **diese Speise ist leicht <schwer> zu ~** ta potrawa jest lekko <ciężko> strawna

verdaulich *adj* strawny

verdenken (verdenkt, verdachte, verdacht) *vt* (*h*) brać za złe (**jmdm etw.** komuś coś)

verderben (verdirbt, verdarb, verdorben) *vi* (*s*) psuć się (*o pokarmie; o towarach*); *vt* (*h*) psuć (*nie dotyczy urządzeń mechanicznych*); **die Stimmung ~** zepsuć nastrój; **sich den Magen <die Augen> ~** popsuć sobie żołądek <oczy>

verdienen *vt* (*h*) zarabiać; zasługiwać; *pot.* **ein Hei-**

dengeld ~ zarabiać ciężkie pieniądze; **er hat Strafe verdient** on zasłużył na karę

Verdienst[1] *m*, **-es, -e** zarobek *m*; **einen guten ~ haben** mieć duży zarobek

Verdienst[2] *n*, **-es, -e** zasługa *f*; **das ist sein ~** to jest jego zasługa

verdoppeln *vt* (*h*) podwajać; **den Lohn ~** podwoić zapłatę

verdrängen *vt* (*h*) wypierać, odpychać; usuwać; **jmdn von seinem Platz ~** usunąć kogoś ze stanowiska

verdreifachen *vt* (*h*) potroić (**etw.** coś)

verdunkeln *vt* (*h*) zaciemniać

verdünnen *vt* (*h*) rozcieńczać; **eine Arznei mit Wasser ~** rozcieńczyć lekarstwo wodą

Verdünnungsmittel *n*, **-s, -** środek rozcieńczający; rozpuszczalnik *m*

verdutzt *adj* osłupiały, zdumiony

verehren *vt* (*h*) szanować, czcić

verehrt *adj* szanowny; **sehr ~er <geehrter> Herr Professor Müller** wielce szanowny panie profesorze (Müller)

vereidigen *vt* (*h*) zaprzysiąc (**den Präsidenten** prezydenta)

Verein *m*, **-(e)s, -e** związek *m*; stowarzyszenie *n*

vereinbaren *vt* (*h*) uzgadniać; **einen Preis ~** uzgodnić cenę; **etw. mit jmdm ~** uzgodnić coś z kimś

vereinfachen *vt* (*h*) upraszczać (**eine Prozedur** procedurę)

vereinigen *vt* (*h*) łączyć, zespalać, jednoczyć; **mehrere Funktionen in einer Hand ~** skupiać wiele funkcji w jednym ręku; **sich ~** *vr* (*h*) łączyć się

vereint *adj* zespolony; wspólny; **mit ~en Kräften** wspólnymi siłami

vereinzelt *adj, adv* sporadyczn-y/ie

vereist *adj* oblodzony; **die**

Straßen sind ~ ulice są oblodzone

vereiteln *vt* (*h*) udaremniać (**einen Plan** plan)

verekeln *vt* (*h*) obrzydzać (**jmdm etw.** coś komuś)

verenden *vi* (*s*) zdychać

vererben *vt* (*h*) zostawić w spadku; **jmdm etw. ~** pozostawić komuś coś w spadku; **sich ~** *vr* (*h*) być dziedzicz(o)nym; **diese Krankheit vererbt sich in dieser Familie** ta choroba jest dziedziczna w tej rodzinie

verfahren (verfährt, verfuhr, verfahren) *vi* (*s*) postępować (**mit jmdm** z kimś) **sich ~** *vr* (*h*) pojechać niewłaściwą drogą

Verfahren *n*, **-s, -** postępowanie *n*

verfallen (verfällt, verfiel, verfallen) *vi* (*s*) upadać; rozpadać się; **das Haus verfällt** dom się wali

verfänglich *adj* podchwytliwy; dwuznaczny

verfassen *vt* (*h*) redagować, napisać; **eine Eingabe ~** napisać podanie

Verfasser *m*, **-s, -** autor *m*

Verfassung *f*, **-, -en** napisanie *n*; zredagowanie *n*; konstytucja *f*; kondycja (*fizyczna, duchowa*) *f*; usposobienie *n*; **ich fand ihn in guter ~** zastałem go w dobrej kondycji

verfault *adj* zgniły; zbutwiały; spróchniały (*np. o zębach*)

verfehlen *vt* (*h*) chybić; **das Ziel ~** chybić celu; *przen.* **seinen Beruf ~** wybrać niewłaściwy zawód

verfilmen *vt* (*h*) filmować; **einen Roman ~** sfilmować powieść

verfolgen *vt* (*h*) ścigać; śledzić; *przen.* prześladować; **einen Verbrecher ~** ścigać przestępcę; **die Ereignisse ~** śledzić wydarzenia; **das Ziel ~** dążyć do celu

verfügen *vt* (*h*) rozporządzać; dysponować (**über etw.** czymś)

Verfügung *f,* **-, -en** zarządzenie *n*; dyspozycja *f*; **etw. zur ~ haben** mieć coś do dyspozycji; **eine ~ erlassen** wydać zarządzenie

verführen *vt (h)* uwieść, uwodzić; kusić; **ein Mädchen ~** uwieść dziewczynę; **jmdn zu einer Tat ~** namówić kogoś do jakiegoś czynu

vergangen *adj* miniony; ubiegły; *por.* **vergehen**; **im ~en Jahr** w minionym roku

Vergangenheit *f,* **-, -en** przeszłość *f*

Vergaser *m,* **-s, -** *mot.* gaźnik *m*

vergeben (vergibt, vergab, vergeben) *vt (h)* rozdawać (**Einladungen** zaproszenia); przydzielić (**ein Stipendium** stypendium); przebaczać (**die Schulden** winy); *sport* nie wykorzystać; zmarnować; **eine Chance ~** zmarnować okazję

vergebens *adv* na próżno, daremnie

vergeblich *adj, adv* daremn-y/ie; **~e Bemühungen** daremne starania

vergegenwärtigen *vt (h)* uprzytamniać (**jmdm etw.** coś komuś)

vergehen (vergeht, verging, vergangen) *vi (s)* przemijać (*o czasie*); przechodzić (*o chorobie*); **Jahre ~** lata mijają

vergelten (vergilt, vergalt, vergolten) *vi (h)* odwzajemniać, odpłacać; **vergelt's Gott!** Bóg zapłać!; **Gleiches mit Gleichem ~** odpłacić pięknym za nadobne

Vergeltung *f,* **-, -en** odwet *m*

vergessen (vergisst, vergaß, vergessen) *vt (h)* zapominać (**jmdn** kogoś); **sich ~** stracić panowanie nad sobą

vergeuden *vt (h)* marnotrawić, roztrwaniać (**Geld <Zeit>** pieniądze <czas>)

vergewaltigen *vt (h)* (z)gwałcić

vergewissern, sich *vr (h)*

upewniać się (**einer Sache** o czymś)

vergiften *vt* (*h*) (o)truć; zatruwać, truć; **jmdn <etw.> ~** otruć kogoś <zatruć coś>; **sich ~** *vr* (*h*) otruć <zatruć> się

Vergiftung *f*, **-**, **-en** zatrucie *n*

vergittern *vt* (*h*) okratować (**ein Fenster** okno)

verglasen *vt* (*h*) oszklić (**ein Fenster** okno)

Vergleich *m*, **-(e)s**, **-e** porównanie *n* (**mit jmdm** z kimś); **im ~ zu jmdm** w porównaniu z kimś; *prawn.* ugoda *f*; **einen ~ mit jmdm schließen** pójść z kimś na ugodę

vergleichen (vergleicht, verglich, verglichen) *vt* (*h*) porównywać

vergnügen, sich *vr* (*t*) zabawiać się

Vergnügen *n*, **-s** rozrywka *f*; przyjemność *f*; **mit ~!** z przyjemnością!; **viel ~!** dobrej zabawy!

vergriffen *adj* wyprzedany; **das Buch ist ~** nakład książki jest wyczerpany

vergrößern *vt* (*h*) zwiększać, powiększać; **das Haus ~** powiększyć dom; **sich ~** *vr* (*h*) powiększać się

vergüten *vt* (*h*) rekompensować; zwracać; **jmdm den Schaden <die Kosten> ~** zrekompensować komuś szkody <koszty>

Vergütung *f*, **-**, **-en** rekompensata *f*

verhaften *vt* (*h*) aresztować

verhalten (verhält, verhielt, verhalten) *vt* (*h*) wstrzymywać (**den Atem** oddech); **sich ~** *vr* (*h*) zachowywać się; **wie verhält es sich damit?** jak wygląda ta sprawa?

Verhalten *n*, **-s** zachowanie *n*

Verhältnis *n*, **-ses**, **-se** proporcja *f*, stosunek *m*; **das ~ zu jmdm <zu etw.>** ustosunkowanie się do kogoś <czegoś>; **über seine ~e leben** żyć ponad stan

verhältnismäßig *adv* stosunkowo, względnie; **es**

geht ihm ~ gut powodzi mu się stosunkowo dobrze

verhandeln *vi* (*h*) pertraktować (**mit jmdm über etw.** z kimś o czymś)

Verhandlung *f*, **-**, **-en** rozmowy *pl*, pertraktacje *pl*

verhängnisvoll *adj* fatalny, zgubny; **ein ~er Irrtum** fatalna pomyłka

verhärmt *adj* zatroskany; **sie sieht ~ aus** ona wygląda na zatroskaną

verheeren *vt* (*h*) pustoszyć, dewastować

verhehlen <verheimlichen> *vt* (*h*) taić, ukrywać; **die Wahrheit ~** zataić prawdę

verheiraten, sich *vr* (*h*) ożenić się; wyjść za mąż; **sich mit jmdm ~** ożenić się z kimś, wyjść za mąż za kogoś; **er hat sich verheiratet** on się ożenił

verheiratet *adj* żonaty; zamężna

verhelfen (verhilft, verhalf, verholfen) *vi* (*h*) dopomagać (**jmdm zu etw.** komuś w czymś)

verhindern *vt* (*h*) udaremniać; zapobiegać (**etw.** czemuś); **einen Plan ~** udaremnić plan; **jmdn an einer Sache ~** przeszkodzić komuś w jakiejś sprawie

verhindert *adj*: **~ sein** nie móc; **er war am Erscheinen ~** nie mógł przybyć

Verhör *n*, **-(e)s**, **-e** przesłuchanie *n*; **jmdn ins ~ nehmen** wziąć kogoś na przesłuchanie

verhören *vt* (*h*) przesłuchiwać (*w sądzie lub na policji*); **sich ~** *vr* (*h*) przesłyszeć się

verhungern *vi* (*s*) umrzeć z głodu; **jmdn ~ lassen** pozwolić komuś umrzeć z głodu

verhüten *vt* (*h*) zapobiegać (**etw.** czemuś); **ein Unheil <einen Schaden> ~** zapobiec nieszczęściu <szkodom>

verirren, sich *vr* (*h*) (za)błądzić; **sich im Wald ~** zabłądzić w lesie

verjagen *vt* (*h*) przepędzać, przeganiać
verjährt *adj* przedawniony; **ein ~es Recht** przedawnione prawo
Verkauf *m*, **-(e)s**, **-käufe** sprzedaż *f*
verkaufen *vt* (*h*) sprzedawać
Verkäufer *m*, **-s**, **-** sprzedawca *m*
Verkäuferin *f*, **-**, **-nen** sprzedawczyni *f*
Verkehr *m*, **-s** ruch *m*; komunikacja *f*; kontakty *pl*; **den ~ regeln** regulować ruch; **Banknoten in ~ bringen** wprowadzić banknoty do obiegu; **im ~ sein** być w obiegu (*np. o pieniądzach*); **mit jmdm ~ pflegen** utrzymywać z kimś kontakty; **geschlechtlicher ~** kontakty seksualne
Verkehrsknotenpunkt *m*, **-(e)s**, **-e** węzeł komunikacyjny
Verkehrsampel *f*, **-**, **-n** sygnalizacja uliczna
Verkehrsmittel *n*, **-s**, **-** środek lokomocji
Verkehrsordnung *f*, **-**, **-en** przepisy ruchu drogowego
Verkehrsstockung *f*, **-**, **-en** korek drogowy, zator *m*
Verkehrsunfall *m*, **-(e)s**, **-fälle** wypadek drogowy
Verkehrszeichen *n*, **-s**, **-** znak drogowy
verkleiden *vt* (*h*) ucharakteryzować (*kogoś*); obudowywać, obijać; **sich ~** *vr* (*h*) przebrać się
verkleinern *vt* (*h*) zmniejszać; pomniejszać (**seine Verdienste** swoje zasługi)
verkühlen, sich *vr* (*h*) *pot.* przeziębić się
verkünd(ig)en *vt* (*h*) ogłaszać, obwieszczać (**ein Urteil** wyrok)
verkürzen *vt* (*h*) skrócić (**die Arbeitszeit** czas pracy)
Verlag *m*, **-(e)s**, **-e** wydawnictwo *n*
verlangen *vt* (*h*) żądać
verlängern *vt* (*h*) przedłużać; wydłużać; **die Ferien ~** przedłużyć wakacje
Verlängerungsschnur *f*,

-, -schnüre przedłużacz elektryczny

verlangsamen *vt* (*h*) spowalniać; zwalniać (**das Tempo** tempo)

verlassen (verlässt, verließ, verlassen) *vt* (*h*) opuszczać, porzucać (**seine Familie** swoją rodzinę); **sich ~** *vr* (*h*) zdać się; polegać (**auf jmdn <auf etw.>** na kimś <na czymś>)

Verlauf *m*, **-(e)s** tok *m*, przebieg *m*; **die Sache nimmt einen guten ~** sprawa przybrała pomyślny obrót

verlaufen (verläuft, verlief, verlaufen) *vi* (*s*) (prze)biegać; (po)toczyć się; *przen.* **im Sande ~** spalić na panewce; **sich ~** *vr* (*h*) (za)błądzić

verlegen *vt* (*h*) instalować; (*np. przewody*); przekładać (*np. termin spotkania*); wydawać (*o książkach, drukach*); zapodziać (**ein Buch** książkę); zablokować (**den Weg** drogę); **die Hauptstadt ~** przenieść stolicę

verlegen *adj* zmieszany, zakłopotany

Verleger *m*, **-s**, **-** wydawca *m* (*właściciel wydawnictwa*)

verleiden *vt* (*h*) zakłócać; uprzykrzać (**jmdm etwas** komuś coś); **jmdm die Freude an etw. ~** zepsuć komuś jakąś przyjemność

Verleih *m*, **-(e)s**, **-e** wypożyczalnia *f*

verleihen (verleiht, verlieh, verliehen) *vt* (*h*) wynajmować (**Tretboote** rowery wodne); nadawać (**einen Titel** tytuł)

verletzen *vt* (*h*) (s)kaleczyć; (z)ranić (**die Hand** rękę)

Verletzte(r) *m*, **-n**, **-n**, ranny *m*

Verletzung *f*, **-**, **-en** zranienie *n*, skaleczenie *n*

verleugnen *vt* (*h*) zaprzeczać (**etw.** czemuś); **die Teilnahme am Verbrechen ~** zaprzeczyć udziałowi w przestępstwie

verleumden *vt* (*h*) oczerniać; **jmdn als Betrüger ~** pomówić kogoś o oszustwo

verlieben, sich *vr* (*h*) zakochać się (**in jmdn** w kimś)

verlieren (verliert, verlor, verloren) *vt* (*h*) gubić; tracić (**den Kopf** głowę); przegrywać; **das Spiel ~** ulec w grze; **es gibt keine Zeit zu ~** nie ma czasu do stracenia; **den Mut ~** upadać na duchu

verloben, sich *vr* (*h*) zaręczyć się (**mit jmdm** z kimś)

Verlobte(r) *m*, **-n**, **-n** narzeczony *m*

verlöschen (verlischt, verlosch, verloschen) *vi* (*s*) (z)gasnąć (*o ogniu*)

Verlust *m*, **-es**, **-e** strata *f*; **einen schweren ~ erleiden** ponieść dotkliwą stratę; **finanzielle ~e** straty finansowe

Vermächtnis *n*, **-ses**, **-se** testament *m*

vermehren *vt* (*h*) pomnażać (**das Vermögen** majątek); **sich ~** *vr* (*h*) rozmnażać się

vermeiden (vermeidet, vermied, vermieden) *vt* (*h*) unikać; **Fehler ~** unikać błędów

vermengen *vt* (*h*) mieszać; *zob.* **vermischen**

vermerken *vt* (*h*) zaznaczać; **etw. am Rande ~** zaznaczyć coś na marginesie

vermessen (vermisst, vermaß, vermessen) *vt* (*h*) wymierzać, odmierzać (**etw.** coś); **sich ~** *vr* (*h*) pomylić się w pomiarze

vermindern *vt* (*h*) zmniejszyć; **das Tempo ~** zwolnić tempo; **sich ~** *vr* (*h*) zmniejszać się (*np. o bólu*)

vermischen *vt* (*h*) (z)mieszać; (po)mieszać; *zob.* **vermengen**

vermissen *vt* (*h*) odczuwać brak (**jmdn <etw.>** kogoś <czegoś>); **wir haben dich sehr vermisst** bardzo nam ciebie brakowało

vermisst *adj* zaginiony

vermitteln *vi* (*h*) pośredniczyć; załatwiać; **jmdm etw. ~** być czyimś pośrednikiem; *vi* (*h*) **in einer Sache ~** pośredniczyć w czymś

Vermittler *m*, **-s**, **-** pośrednik *m*

Vermittlung *f*, **-**, **-en** pośrednictwo *n*

Vermögen *n*, **-s** majątek *m*; możliwości *pl*; **er hat viel ~** jest bogaty; **das geht über mein ~** to jest ponad moje możliwości

vermögend *adj* zamożny

vermuten *vt* (*h*) domyślać się (**etw.** czegoś)

vernachlässigen *vt* (*h*) zaniedbywać (**etwas** coś); **seine Pflichten ~** zaniedbywać swoje obowiązki

vernachlässigt *adj* zaniedbany; **er sieht ~ aus** on wygląda na zaniedbanego

vernehmen (vernimmt, vernahm, vernommen) *vt* (*h*) słyszeć (**Geräusche** szmery); dowiadywać się; *praw.* przesłuchiwać

verneinen *vt* (*h*) zaprzeczać, negować; **er hat alles verneint** wszystkiemu zaprzeczył

vernichten *vt* (*h*) (z)niszczyć (**einen Gegenstand** przedmiot); zniweczyć (**Pläne** plany)

Vernunft *f*, **-** rozsądek *m*, rozum *m*; **~ annehmen** opamiętać się; **jmdn zur ~ bringen** przemówić komuś do rozsądku

vernünftig *adj* rozsądny, roztropny

veröffentlichen *vt* (*h*) publikować, ogłaszać; **etw. in der Zeitung ~** opublikować coś w gazecie

verordnen *vt* (*h*) rozporządzać, zarządzać; *med.* przepisać (**eine Arznei** lekarstwo)

verpachten *vt* (*h*) wydzierżawiać (**jmdm etw.** coś komuś)

verpacken *vt* (*h*) pakować; **Waren ~** zapakować towary

verpassen *vt* (*h*) spóźniać się; przegapić; *pot.*

wymierzać (*o karze*); **den Zug ~** spóźnić się na pociąg; **eine Gelegenheit ~** przegapić okazję

verpestet *adj* zasmrodzony; zatruty (*t. przen.*)

verpflanzen *vt* (*h*) przesadzić (*o roślinach*) (**Bäume** drzewa)

verpflegen *vt* (*h*) żywić, utrzymywać

Verpflegung *f*, **-**, **-en** wyżywienie *n*, zaopatrzenie *n*; **Unterkunft und ~** nocleg i wyżywienie

verpflichten *vt* (*h*) zobowiązywać (**jmdn für <zu> etw.** kogoś do czegoś); zaangażować (**jmdn** kogoś); **sich ~** *vr* (*h*) zobowiązywać się (**für <zu> etw.** do czegoś)

Verpflichtung *f*, **-**, **-en** zobowiązanie *n*, obowiązek *m*; **seinen ~en nachkommen** wypełniać swoje obowiązki

Verputz *m*, **-es** tynk *m*

verputzen *vt* (*h*) tynkować (**die Mauern** mury)

Verrat *m*, **-(e)s** zdrada *f*; **an jmdm ~ begehen** dopuścić się zdrady

verraten (verrät, verriet, verraten) *vt* (*h*) zdradzać (**jmdn <etw.>** kogoś <coś>); **ein Geheimnis ~** zdradzić tajemnicę

Verräter *m*, **-s**, **-** zdrajca *m*

verrechnen *vt* (*h*) rozliczać (*coś*); **sich ~** *vr* (*h*) pomylić się w liczeniu

verrecken *vi* (*s*) zdychać (*o zwierzętach*); *zob.* **verenden**

verreisen *vi* (*s*) wyjeżdżać w podróż; **die Mutter ist verreist** matka wyjechała

verrenken *vt* (*h*) zwichnąć; **sich <jmdm> den Arm ~** zwichnąć sobie <komuś> rękę

verrichten *vt* (*h*) wykonywać (**die Arbeit** pracę); załatwiać (**ein Geschäft** interes)

verringern *vt* (*h*) zmniejszać (**die Kosten** koszty)

verrosten *vi* (*s*) (za)rdzewieć

verrückt *adj* zwariowany, szalony; **du bist wohl ~** chyba zwariowałeś

Verruf *m*, **-(e)s** zła reputacja; **jmdn in ~ bringen** dyskredytować kogoś
verrußt *adj* okopcony
Vers *m*, **-es, -e** wiersz m; linijka *f*; *pot.* **~e machen** pisać wiersze
versagen *vt (h) lit.* odmawiać (**jmdm etw.** komuś czegoś); *vi (h)* zawodzić; psuć się; **der Motor versagte** silnik nie działa
versalzen *vt (h)* przesolić (**die Suppe** zupę); *przen.* **jmdm die Freude an etw. ~** popsuć komuś jakąś przyjemność
versammeln *vt (h)* gromadzić; **sich ~** gromadzić się
Versammlung *f*, **-, -en** zebranie *n*, zgromadzenie *n*
versäumen *vt (h)* zaniedbywać (**seine Pflichten** obowiązki); przegapić (**eine Gelegenheit** okazję); nie zdążyć; **den Zug ~** nie zdążyć na pociąg
verschieben (verschiebt, verschob, verschoben) *vt (h)* przesuwać (**etw.** coś); **einen Termin ~** przesunąć termin
verschieden *adj* różny, rozmaity
verschlafen (verschläft, verschlief, verschlafen) *vi (h)* zaspać; przespać (**das Leben** życie)
verschlechtern *vt (h)* pogarszać (**die Lage** sytuację)
verschließen (verschließt, verschloss, verschlossen) *vt (h)* zamykać na klucz (**die Tür** drzwi)
verschlossen *adj* zamknięty, skryty
verschlucken *vt (h)* połykać; **sich ~** *vr (h)* (za)krztusić się
Verschluss *m*, **-schlusses, -schlüsse** zamknięcie *n*; **etw. unter ~ halten** trzymać coś pod kluczem
verschlüsseln *vt (h)* kodować
verschmerzen *vt (h)* przeboleć (**etw.** coś)
verschmutzen *vt (h)* za-

nieczyszczać; *vi* (*s*) brudzić się (*o rzeczach*)

verschollen *adj* zaginiony; **er ist ~** zaginął

verschönern *vt* (*h*) upiększać

verschreiben (verchreibt, verschrieb, verschrieben) *vt* (*h*) przepisać (**eine Arznei** lekarstwo); **sich ~** pomylić się w pisaniu

verschulden *vt* (*h*) zawinić; **einen Unfall ~** być winnym wypadku

verschuldet *adj* zadłużony

verschütten *vt* (*h*) rozlać, rozsypać; zasypać (**den Graben** rów)

verschweigen (verschweigt, verschwieg, verschwiegen) *vt* (*h*) przemilczeć (**etw.** coś)

verschwenden *vt* (*h*) trwonić (**Geld <Zeit>** pieniądze <czas>)

verschwenderisch *adj* rozrzutny

verschwinden (verschwindet, verschwand, verschwunden) *vi* (*s*) znikać; **spurlos ~** zniknąć bez śladu

verschwommen *adj* zamazany, niewyraźny

verschwören, sich (verschwört, verschwur, verschworen) *vr* (*h*) sprzysięgać się (**mit jmdm gegen jmdn** z kimś przeciwko komuś)

Verschwörung *f*, **-**, **-en** sprzysiężenie *n*; spisek *m*

versehen (versieht, versah, versehen) *vt* (*h*) opatrzyć (**mit einem Vorwort** wstępem); **sich ~** przywidzieć się

versenden (versendet, versandte, versandt) *vt* (*h*) wysyłać, rozsyłać

versenken *vt* (*h*) zatopić (**ein Schiff** statek); **sich in Gedanken <in die Lektüre> ~** zatopić się w myślach <w lekturze>

versetzen *vt* (*h*) przenosić (**einen Beamten** urzędnika); promować (**einen Schüler** ucznia); przestawiać; *pot.* **jmdn**

~ nie przyjść na spotkanie z kimś
versichern *vt* (*h*) ubezpieczać (**das Haus gegen Feuer** dom od ognia); zapewniać (**jmdm** kogoś); **sich ~** upewnić się
Versicherung *f*, **-, -en** ubezpieczenie *n*; zapewnienie *n*
Versicherungsanstalt *f*, **-, -en** zakład ubezpieczeniowy
Versicherungsprämie *f*, **-, -n** składka ubezpieczeniowa
versiert *adj* doświadczony; biegły; **er ist ein ~er Fahrer** on jest doskonałym kierowcą
versinken (versinkt, versank, versunken) *vi* (*s*) (za)tonąć; *przen.* **in Gedanken ~** pogrążyć się w myślach
versöhnen *vt* (*h*) (po)godzić, (po)jednać (**die Feinde** wrogów); **sich ~** *vr* (*h*) (po)godzić się (**mit jmdm** z kimś)
versorgen *vt* (*h*) zaopatrywać (**jmdn mit etw.** kogoś w coś); utrzymywać (**eine Familie** rodzinę)
verspäten, sich *vr* (*h*) spóźniać się
Verspätung *f*, **-, -en** spóźnienie *n*, opóźnienie *n*; **der Zug hat ~** pociąg ma opóźnienie
verspotten *vt* (*h*) drwić; wyszydzać (**jmdn** kogoś)
versprechen (verspricht, versprach, versprochen) *vt* (*h*) obiecać (**jmdm etw.** coś komuś)
Verstand *m*, **-(e)s** rozum *m*, rozsądek *m*; *przen.* **den ~ verlieren** stracić rozum; **etw. mit ~ tun** robić coś rozumnie
verständig *adj, adv* rozumn-y/ie, rozsądn-y/ie; **~ handeln** działać rozumnie; *zob.* **vernünftig**
verständlich *adj, adv* zrozumia-ły/le; **jmdm etw. ~ machen** wyjaśnić komuś coś
Verständnis *n*, **-isses, -isse** zrozumienie *n* (**für etw.** dla czegoś)
verstärken *vt* (*h*) wzmacniać; wzmagać; **Anstren-**

gungen ~ wzmóc wysiłki

Verstärker *m*, **-s**, **-** *techn.* wzmacniacz *m*

vestauben *vi* (*s*) zakurzyć się; *vt* (*h*) zakurzyć (**etw.** coś)

verstauchen *vt* (*h*) *med.* skręcić; **sich Hand <den Fuß>** ~ skręcić sobie rękę <stopę>)

verstauen *vt* (*h*) załadować (**ein Gepäck** bagaż)

Versteck *n*, **-(e)s**, **-e** kryjówka *f*

verstecken *vt* (*h*) ukrywać, chować (**etw. vor jmdm** coś przed kimś); **sich** ~ *vr* (*h*) ukryć się

verstehen (versteht, verstand, verstanden) *vt* (*h*) rozumieć; umieć, potrafić; **kein Wort** ~ nie zrozumieć ani słowa; **Deutsch** ~ znać niemiecki; **sich** ~ *vr* (*h*) rozumieć się; **sich mit jmdm** ~ rozumieć się z kimś; **sich auf etw.** ~ znać się na czymś

verstellen *vt* (*h*) przestawiać (**den Zeiger** wskazówkę); zastawiać (**die Tür** drzwi); **sich** ~ *vr* (*h*) *pot.* zgrywać się na kogoś

versteuern *vt* (*h*) opodatkować (**etw.** coś)

verstimmt *adj* źle usposobiony; rozstrojony; ~ **sein** być w złym humorze

verstohlen *adv* ukradkiem

verstopfen *vt* (*h*) zatykać; **ein Loch mit etw.** ~ zatykać czymś otwór

Verstopfung *f*, **-**, **-en** *med.* zaparcie *n*

verstorben *adj* zmarły

verstoßen (verstößt, verstieß, verstoßen) *vt, vi* (*h*) odtrącić (**jmdn** kogoś); sprzeniewierzać się, uchybiać (**gegen etw.** czemuś)

verstreuen *vt* (*h*) rozsypać (**Salz** sól)

verstümmeln *vt* (*h*) (o)kaleczyć; **sich** ~ *vr* (*h*) (o)kaleczyć się

verstummen *vi* (*s*) milknąć; zaniemówić (**vor Schreck** z przerażenia)

Versuch *m*, **-(e)s**, **-e** próba *f*; doświadczenie *n*; **der erste ~** pierwsza próba; **ein chemischer ~** doświaczenie chemiczne

versuchen *vt* (*h*) próbować; smakować (**die Suppe** zupę); usiłować; **eine Methode ~** wypróbować metodę; **jmdn ~** wystawić kogoś na próbę; **sich ~** *vr* (*h*) sprawdzić się (**in etw.** w czymś)

Versuchung *f*, **-**, **-en** pokusa *f*; **in ~ führen** wodzić na pokuszenie

vertagen *vt* (*h*) odraczać (**eine Sitzung** posiedzenie)

verteidigen *vt* (*h*) bronić (**etw.** czegoś); **sich ~** *vr* (*h*) bronić się (**gegen** przed)

Verteidiger *m*, **-s**, **-** obrońca *m* (*t. sport*)

Verteidigung *f*, **-**, **-en** obrona *f*

verteilen *vt* (*h*) rozdzielać; rozdawać; rozprowadzać; **Preise ~** rozdawać nagrody

Verteilung *f*, **-**, **-en** rozdzielanie *n*, rozdawanie *n*

vertiefen *vt* (*h*) pogłębiać (**sein Wissen über...** swoją wiedzę o...)

vertikal *adj* pionowy; *adv* pionowo

Vertrag *m*, **-(e)s**, **-e** umowa *f*; układ *m*, pakt *m*; **einen ~ abschließen** zawrzeć układ <umowę>; **einen ~ brechen** zerwać umowę

vertragen (verträgt, vertrug, vertragen) *vt* (*h*) znosić (**etw.** coś); **sich ~** *vr* (*h*) rozumieć się (**mit jmdm** z kimś); pasować (**mit etw.** do czegoś)

vertrauen *vi* (*h*) ufać (**jmdm** komuś; **auf etw.** czemuś)

Vertrauen *n*, **-s** zaufanie *n*; **~ zu jmdm haben** mieć do kogoś zaufanie

vertraut *adj* zaufany; zażyły; **sich mit etw. ~ machen** zaznajomić się z czymś

vertreiben (vertreibt, vertrieb, vertrieben) *vt* (*h*) rozpędzać; wypędzać; płoszyć; rozprowadzać (*o towarach*); *przen.* **die Zeit ~** zabijać czas; **Waren ~** rozprowadzać towary

vertreten (vertritt, vertrat, vertreten) *vt* (*h*) zastępować (**jmdn** kogoś); reprezentować (**einen Standpunkt** punkt widzenia)

Vertreter *m*, **-s, -** zastępca *m*; przedstawiciel *m*

Vertretung *f*, **-, -en** przedstawicielstwo *n*; zastępstwo *n*; **in ~ des Direktors** w zastępstwie dyrektora

Vertrieb *m*, **-(e)s, -e** sprzedaż *f*; dystrybucja *f*

vertrinken (vertrinkt, vertrank, vertrunken) *vt* (*h*) przepijać (**Geld** pieniądze)

vertrocknen *vi* (*s*) schnąć; wysychać

vertun (vertut, vertat, vertan) *vt* (*h*) marnować; (roz)trwonić (**die Zeit** czas)

verüben *vt* (*h*) popełniać (**ein Verbrechen** przestępstwo)

verunglücken *vi* (*s*) mieć wypadek; **er verunglückte tödlich** zginął w wypadku

verunreinigen *vt* (*h*) zanieczyszczać (**einen Raum** pomieszczenie)

veruntreuen *vt* (*h*) sprzeniewierzać (**Geld** pieniądze)

verursachen *vt* (*h*) powodować (**einen Unfall** wypadek)

verurteilen *vt* (*h*) skazywać (**zum Tode** na śmierć)

vervielfältigen *vt* (*h*) powielać (**einen Text** tekst)

vervollkomnen *vt* (*h*) udoskonalać (**eine Maschine** maszynę)

vervollständigen *vt* (*h*) uzupełniać (**einen Text** tekst)

verwalten *vt* (*h*) zarządzać (**etw.** czymś)

Verwaltung *f*, **-, -en** administracja *f*, zarząd *m*

verwandeln *vt* (*h*) przeobrażać, przekształcać; zamieniać (**in <zu etw.>** w coś); **sich ~** *vr* (*h*) zamieniać się, przekształcać się

Verwandlung *f*, **-, -en**

zmiana *f*, przekształcenie *n*

verwandt *adj* spokrewniony

Verwandte(r) *m*, **-n**, **-n** krewny *m*

Verwandtschaft *f*, **-**, **en** pokrewieństwo *n*

verwarnen *vt* (*h*) upominać (**jmdn** kogoś)

verwaschen *adj* sprany; *przen.* niewyraźny; **ein ~es Hemd** sprana koszula

verwechseln *vt* (*h*) (po)mylić; **die Begriffe ~** mylić pojęcia

verweigern *vt* (*h*) odmawiać (**etw.** czegoś); **jmdm Hilfe ~** odmówić komuś pomocy

verweisen (verweist, verwies, verwiesen) *vt* (*h*) *lit.* łajać (**jmdn** kogoś); wydalać (**jmdn des Landes** kogoś z kraju); odsyłać (**an jmdn <etw.>** do kogoś <czegoś>)

verwenden *vt* (*h*) używać; **Butter zum Braten ~** używać masła do smażenia; **etw. zweckentfremdet ~** używać czegoś niezgodnie z przeznaczeniem

Verwendung *f*, **-**, **-en** użycie *n*, zastosowanie *n*; **~ finden** mieć zastosowanie

verwirren *vt* (*h*) gmatwać; plątać, zaplątać (**Garn** nici); **jmdn ~** pomieszać komuś w głowie

Verwirrung *f*, **-**, **-en** zamieszanie *n*; **entschuldigen Sie, bitte, die ~** proszę wybaczyć to zamieszanie

verwöhnen *vt* (*h*) rozpieszczać (**jmdn** kogoś)

verwöhnt *adj* rozpieszczony; wybredny

verwundern *vt* (*h*) dziwić (**sich** się); **es hat mich verwundert, dass...** zdziwiło mnie, że...

verwundert *adj* zdziwiony

Verwunderung *f*, **-**, **-en** zdziwienie *n*; **jmdn in ~ setzen** wprawić kogoś w zdziwienie

verwünschen *vt* (*h*) przeklinać (**etw.** coś)

verwurzelt *adj* zakorzeniony
verwüsten *vt (h)* pustoszyć; **das Land ~** pustoszyć kraj
verzaubern *vt (h)* oczarować; (w bajkach) zaczarować
Verzeichnis *n*, **-ses, -se** spis *m*, wykaz *m*
verzeihen (verzeiht, verzieh, verziehen) *vt (h)* wybaczać (**jmdm etw.** coś komuś)
verzerrt *adj* zniekształcony, wykrzywiony
verzetteln *vt (h)* roztrwonić (**sein Vermögen** swój majątek); **sich ~** rozdrabniać się
verzichten *vi (h)* rezygnować (**auf etw.** z czegoś)
verzieren *vt (h)* ozdabiać (**eine Torte** tort)
verzinsen *vt (h)* oprocentować; płacić procent (**jmdm etw.** komuś od czegoś)
verzögern *vt (h)* zwlekać (**etw.** z czymś)
verzollen *vt (h)* (o)clić; **ich habe nichts zu ~** nie mam nic do oclenia
Verzug *m*, **-(e)s** zwłoka *f*; zaległość *f*; **ohne ~** bezzwłocznie
verzweifelt *adj* zrozpaczony
Verzweiflung *f*, **-, -en** rozpacz *f*; brak nadziei; **jmdn zur ~ bringen** doprowadzić kogoś do rozpaczy; **helle ~** czarna rozpacz
Veteran *m*, **-en, -en** weteran *m*
Vetter *m*, **-s, -** kuzyn *m*
Videofilm *m*, **-(e)s, -e** film wideo
Videogerät *m n*, **-(e)s, -e** magnetowid *m*
Videokamera *f*, **-, -s** kamera wideo
Video(kassetten)recorder *m*, **-(e)s, -e** magnetowid *m*
Vieh *n*, **-(e)s** bydło *n*
Viehzucht *f*, **-, (-en)** hodowla bydła
viel (mehr, am meisten) *adj* wiele, dużo; **~ Arbeit** dużo pracy; **~ Glück wünschen** życzyć dużo szczęścia; **~ Vergnügen!**

dobrej zabawy!; **~en Dank** wielkie dzięki; **ich habe ~ zu tun** mam wiele pracy

vielerlei *adj* różnoraki

vielfach *adj, adv* wielokrotn-y/ie; **ein ~er Meister** wielokrotny mistrz

Vielfalt *f*, - różnorodność *f*

vielleicht *adv* może

vielmals *adv* wielokrotnie; **danke ~** dziękuję bardzo, stokrotne dzięki

vielmehr *adv* raczej

vielseitig *adj* wielostronny; **eine ~e Zusammenarbeit** wielostronna współpraca

vier *num* cztery; **mit jmdm unter ~ Augen sprechen** rozmawiać z kimś w cztery oczy

Vier *f*, -, **-en** czwórka *f*

Viereck *n*, **-(e)s, -e** czworokąt *m*, czworobok *m*

vierfach *adj* poczwórny; *adv* we czworo; **ein ~er Sieger** czterokrotny zwycięzca *m*

vierhundert *num* czterysta

Viertel *n*, **-s, -** kwadrans *m*; ćwierć *f*

vierzehn *num* czternaście

vierzig *num* czterdzieści

Villa *f*, -, **Villen** willa *f*

violett *adj* fioletowy

Viper *f*, -, **-n** żmija *f*; *zob.* **Natter**

Virus *n* / *m*, -, **Viren** wirus *m*

Visitenkarte *f*, -, **-n** wizytówka *f*

Visum *n*, **-s, Visa** wiza *f*

Vitamin *n*, **-s, -e** witamina *f*

Vitrine *f*, -, **-n** witryna *f*

Vizepräsident *m*, **-en, -en** wiceprezydent *m*

Vogel *m*, **-s, Vögel** ptak *m*

Vogelbeere *f*, -, **-n** jarzębina *f*

Vokabel *f*, -, **-n** słówko *n*, wyraz *m*

Vokal *m*, **-s, -e** samogłoska *f*

Volk *n*, **-(e)s, Völker** naród *m*; lud *m*

Völkerrecht *n*, **-(e)s** prawo międzynarodowe

Volksabstimmung *f*, -, **-en** referendum *n*

Volkskunst *f*, -, **-künste** sztuka ludowa

Volkstracht *f*, -, **-en** strój ludowy

volkstümlich *adj* ludowy; rodzimy

Volkswirtschaft *f*, -, gospodarka narodowa

Volkszählung *f*, -, **-en** spis ludności

voll *adj* pełny; przepełniony; *adv* pełno; **der Saal ist ~** sala jest pełna; **~e Wahrheit** cała prawda; **um jede ~e Stunde** o każdej pełnej godzinie; **ich bin ~(er) Angst** jestem pełen obaw; *przen.* **die Nase ~ haben** mieć czegoś po dziurki w nosie

vollberechtigt *adj* pełnoprawny

vollbringen (vollbringt, vollbrachte, vollbracht) *vt* (*h*) dokonywać; wykonywać (**eine Arbeit** pracę)

vollenden *vt* (*h*) dokończyć, zakończyć, kończyć; dokonać; **ein großes Werk ~** dokonać wielkiego dzieła

vollendet *adj* dokonany; doskonały

Völlerei *f*, -, **-en** obżarstwo *n*; **sich der ~ ergeben** oddawać się obżarstwu

Volleyball *m*, **-s**, **-bälle** *sport* siatkówka *f*; piłka do siatkówki; **~ spielen** grać w siatkówkę

völlig *adj*, *adv* zupełn-y/ie, całkowi-ty/cie; **ich bin ~ damit zufrieden** jestem z tego w pełni zadowolony; **du hast ~ recht** masz całkowitą rację

volljährig *adj* pełnoletni

vollkommen *adj, adv* doskona-ły/le; niedościgniony; **~e Schönheit** *f* skończona piękność; **du hast ~ recht** masz zupełną rację

Vollkommenheit *f*, -, **-en** doskonałość *f*

Vollkornbrot *n*, **-es**, **-e** chleb pełnoziarnisty

Vollmacht *f*, -, **-en** pełnomocnictwo *n*; **jmdm die ~ erteilen** udzielić komuś pełnomocnictwa

Vollmond *m*, **-(e)s** pełnia Księżyca

vollständig *adj* kompletny; zupełny; **er ist ~ verrückt** on zupełnie zwariował

vollstrecken *vt* (*h*) wykonywać (**das Todesurteil** wyrok śmierci); *sport* **einen Strafstoß ~** wykonać rzut karny

volltanken *vt* (*h*) tankować do pełna; **tanken Sie, bitte, voll** proszę zatankować do pełna; *pot.* **sich ~** *vr* (*h*) upić się

vollwertig *adj* pełnowartościowy

vollzählig *adj* kompletny, w pełnym składzie; **~e Liste** kompletna lista

Volontär *m*, **-s**, **-e** wolontariusz *m*, ochotnik *m*

vom (von dem) *praep zob.* **von**

von *praep* o; od; przez; z; **~ Adam** od Adama; **~ Jugend an** od młodości; **~ Zeit zu Zeit** od czasu do czasu; **~ außen** z zewnątrz; **~ weitem** z daleka; **~ jmdm sprechen** mówić o kimś; **grüße ihn ~ mir** pozdrów go ode mnie; **einer ~ vielen** jeden z wielu; **eine Höhe ~ 10 Metern** wysokość 10 metrów; **~ jmdm angelogen werden** zostać przez kogoś okłamanym; **ein Kind ~ acht Jahren** ośmioletnie dziecko

voneinander *adv* jeden od drugiego; jeden o drugim; **sie lernen ~** oni się uczą jeden od drugiego

vor *praep* przed; **~ dem Schrank** przed szafą; **~ der Prüfung** przed egzaminem; **~ allem** przede wszystkim; **~ Angst** ze strachu; **~ Freude** z radości

Vorabend *m*, **-(e)s**, **-e** przeddzień *m*; **am ~ des Festes** w przeddzień święta

Vorahnung *f*, **-**, **-en** przeczucie *n*

voran *adv*, naprzód, na czele

vorangehen (geht voran, ging voran, vorangegangen) *vi* (*s*) iść do przodu; iść na czele; poprzedzać; **die Arbeit geht voran** praca postępuje

voraus *adv* na przodzie, przodem, do przodu; **im ~** z góry

voraushaben (hat voraus, hatte voraus, vorausgehabt) *vt* (*h*) mieć przewagę; **jmdm etw. ~** mieć nad kimś przewagę w czymś

Voraussage *f*, **-**, **-n** przepowiednia *f*; prognoza *f*

voraussagen *vt* (*h*) przepowiadać; prognozować; **die Zukunft ~** przepowiedzieć przyszłość

voraussehen (sieht voraus, sah voraus, vorausgesehen) *vt* (*h*) przewidywać; **man konnte nicht ~, dass...** nie można przewidzieć, że...

voraussetzen *vt* (*h*) zakładać; **etw. als bekannt ~** przyjmować coś jako rzecz wiadomą

Voraussetzung *f*, **-**, **-en** założenie *n*

vorauszahlen *vt* (*h*) płacić z góry; dać zaliczkę

voraussichtlich *adj*, *adv* prawdopodobn-y/ie, przypuszczaln-y/ie; **ich komme ~ in einer Woche** przybędę prawdopodobnie za tydzień

Vorbehalt *m*, **-(e)s**, **-e** zastrzeżenie *n*; **ohne ~** bez zastrzeżeń

vorbehalten (behält vor, behielt vor, vorbehalten) *vt* (*h*) zastrzegać; **sich ~** zastrzec sobie (**etw.** coś)

vorbehalten *adj* zastrzeżony; **alle Rechte (sind) ~** wszystkie prawa (są) zastrzeżone

vorbei *adj* obok; po; **es ist ~** skończyło się; **an jmdm ~** obok kogoś

vorbeifahren (fährt vorbei, fuhr vorbei, vorbeigefahren) *vi* (*s*) jechać (**an etwas <an jmdm>** obok czegoś <obok kogoś>)

vorbeigehen (geht vorbei, ging vorbei, vorbeigegangen) *vi* (*s*) przejść (**an jmdm <an etwas>** obok czegoś <obok kogoś>); **eine Gelegenheit ~ lassen** przepuścić okazję

vorbereiten *vt* (*h*) przygotowywać; **sich ~** *vr* (*h*) przygotowywać się (**auf etw.** do czegoś)

vorbeugen *vi* (*h*) zapobiegać (**einer Sache** czemuś); **Krankheiten ~** zapobiegać chorobom

Vorbeugung *f*, **-**, **-en** zapobieganie *n*, profilaktyka *f*

Vorbild *n*, **-(e)s**, **-er** wzór *m*; prototyp *m*; **sich jmdn zum ~ nehmen** brać kogoś za wzór

vorbildlich *adj* wzorowy

Vorbote *m*, **-n**, **-n** posłaniec *m*, zwiastun *m*

Vordach *n*, **-(e)s**, **-dächer** okap *m*

vorder- *adj* przedni; frontowy; **der ~e Sitz** przednie siedzenie

Vordergrund *m*, **-(e)s**, **-gründe** pierwszy plan *m*; **im ~ stehen** być na pierwszym planie

Vorderseite *f*, **-**, **-n** przednia strona *f*; front *m*, fasada *f*

Vordersitz *m*, **-es**, **-e** przednie siedzenie

Vorderteil *m*, **-(e)s**, **-e** przednia część

vordrängen *vi* (*h*) napierać; **sich ~** *vr* (*h*) przepychać się do przodu

vordringen (dringt vor, drang vor, vorgedrungen) *vi* (*s*) przedzierać się; posuwać się naprzód; **ins Land ~** wtargnąć do kraju

vordringlich *adj* pilny, naglący; **eine ~e Angelegenheit** pilna sprawa

Vorfahr(e) *m*, **-(e)n**, **-(e)n**, *m*, **-n**, **-n** przodek *m*, antenat *m*

vorfahren (fährt vor, fuhr vor, vorgefahren) *vi* (*s*) podjechać (dalej); jechać jako pierwszy; **vor dem Haus ~** podjechać pod dom

Vorfahrt *f*, **-** pierwszeństwo przejazdu

Vorfall *m*, **-(e)s**, **-fälle** zajście *n*, zdarzenie *n*; **ein ~ mit schwerwiegenden Folgen** zajście o brzemiennych skutkach

vorfinden (findet vor, fand vor, vorgefunden)

vt (*h*) zastać (**in der Wohnung** w domu)

vorfristig *adj* przedterminowy

vorführen *vt* (*h*) przeprowadzać, prezentować; **Gründe ~** przedstawić powody

Vorführung *m*, **-s**, **-en** prezentacja *f*, pokaz *m*

Vorgang *m*, **-(e)s**, **-gänge** zdarzenie *n*; przebieg *m*; **ein geschichtlicher ~** proces historyczny

Vorgänger *m*, **-s**, **-** poprzednik *m*

vorgeben (gibt vor, gab vor, vorgegeben) *vt* (*h*) udawać; **er gibt vor, krank zu sein** on udaje, że jest chory

vorgehen (geht vor, ging vor, vorgegangen) *vi* (*s*) iść przed kimś; *praw.* rozpocząć działania (**gegen etw. <gegen jmdn>** przeciwko czemuś <przeciw komuś>); **was geht hier vor?** co tu się dzieje; (*o zegarku*) śpieszyć się; **die Uhr geht vor** zegarek spieszy się

Vorgericht *n*, **-(e)s**, **-e** *kulin.* przystawka *f*

Vorgeschmack *m*, **-(e)s** przedsmak *m*

vorgesehen *adj* przewidziany

Vorgesetzte(r) *m*, **-n**, **-n**, przełożony *m*

vorgestern *adv* przedwczoraj

vorgreifen (greift vor, griff vor, vorgegriffen) *vi* (*h*) wyprzedzać, antycypować; uprzedzać (**jmdm** kogoś)

vorhaben (hat vor, hatte vor, vorgehabt) *vt* (*h*) mieć zamiar; planować; **eine Reise ~** planować podróż

Vorhalle *f*, **-**, **-n** przedsionek *m*

vorhalten (hält vor, hielt vor, vorgehalten) *vt* (*h*) zarzucać; wytykać (**jmdm etwas** komuś coś); trzymać przed sobą

vorhanden *adj* obecny, istniejący; **~ sein** istnieć, być; **diese Waren sind nicht ~** tych towarów nie ma

Vorhang *m* **-(e)s**, **-hänge**

zasłona *f*; **die Vorhänge aufziehen <zuziehen>** rozsunąć <zasunąć> zasłony

vorher *adv* wcześniej; przedtem; **einige Tage ~** kilka dni przedtem

Vorhersage *f*, **-, -n** przepowiednia *f*; prognoza *f* (**des Wetters** pogody)

vorhersagen *vt* (*h*) *zob.* **voraussagen**

vorig *adj* poprzedni, ubiegły; **~e Woche, in der ~en Woche** w zeszłym tygodniu

Vorjahr *n*, **-(e)s** ubiegły rok

vorkommen (kommt vor, kam vor, vorgekommen) *vi* (*s*) występować; zdarzać się; wydawać się; **es kommt vor** zdarza się; **er kommt mir bekannt vor** on wydaje mi się znany

Vorladung *f*, **-, -en** *prawn.* wezwanie *n*, pozew *m*

Vorlage *f*, **-, -n** wzór *m*; wniosek *m*; projekt *m*

vorläufig *adj, adv* tymczasow-y/o, chwilow-y/o

vorlegen *vt* (*h*) przedkładać (**jmdm etw.** coś komuś); **ein Dokument ~** przedłożyć dokument

Vorlesung *f*, **-, -en** wykład *m*, **eine ~ halten** mieć wykład

vorletzt *adj* przedostatni

Vorliebe *f*, **-** zamiłowanie *n* (**für etw.** do czegoś)

vorlieb nehmen (nimmt vorlieb, nahm vorlieb, vorlieb genommen) *vi* (*h*) zadowalać się (**mit etw.** czymś)

vorliegen (liegt vor, lag vor, vorgelegen) *vi* (*h*) być udokumentowanym; **es liegen Beweise vor** tu są dowody

vorliegend *adj* niniejszy, przytoczony

vormachen *vt* (*h*) demonstrować (**jmdm etw.** komuś coś); *przen.* mydlić oczy; **jmdm blauen Dunst ~** tumanić

Vormittag *m*, **-(e)s, -e** przedpołudnie *n*; **am ~** przed południem

vorn(e) *adv* z przodu; na przodzie; **nicht hinten, sondern ~** nie z tyłu, lecz z przodu; **nach ~** do przodu

Vorname *m*, **-ns**, **-n** imię *n*

vornehm *adj* wytworny; dystyngowany; **~ gekleidet** wytwornie ubrany

vornehmlich *adv* zwłaszcza, szczególnie

vornehmen (nimmt vor, nahm vor, vorgenommen) *vt* (*h*) przedsięwziąć (**eine Reise** podróż); **sich ~** zaplanować sobie

vornherein *adv*: **von ~** z góry, od samego początku

Vorrang *m*, **-(e)s** pierwszeństwo *n*; priorytet *m*; **den ~ haben** mieć pierwszeństwo

Vorrat *m*, **-(e)s**, **-räte** zapas *m*, zasób *m*

Vorratskammer *f*, **-**, **-n** spiżarnia *f*

vorrätig *adj* **~ sein** być na składzie

Vorrecht *n*, **-(e)s**, **-e** pierwszeństwo *n*; przywilej *m*

Vorredner *m*, **-s**, **-** przedmówca *m*

vorrücken *vi* (*s*) posuwać się naprzód; zbliżać się; *vt* (*h*) przesuwać (**den Tisch** stół)

vorsagen *vt* (*h*) podpowiadać; **nicht ~, bitte!** proszę nie podpowiadać!

Vorsatz *m*, **-es**, **-sätze** postanowienie *n*; zamiar *m*; **den ~ fassen** postanowić

Vorschlag *m*, **-(e)s**, **-schläge** propozycja *f*; **einen ~ machen <unterbreiten>** zgłosić propozycję

vorschlagen (schlägt vor, schlug vor, vorgeschlagen) *vt* (*h*) proponować; **ich schlage vor, dass...** proponuję, żeby...

Vorschrift *f*, **-**, **-en** przepis *m*; zarządzenie *n*; **sich an die ~en halten** przestrzegać przepisów

vorschriftsmäßig *adj* zgodny z przepisami

Vorschuss *m*, **-schusses**, **-schüsse** zaliczka *f*, zadatek *m*; **ein ~ auf das Gehalt** zaliczka na poczet pensji

vorsehen (sieht vor, sah vor, vorgesehen) *vt* (*h*) przewidywać; **alles ist**

vorgesehen wszystko jest przewidziane; **sich ~** *vr* (*h*) mieć się na baczności

Vorsehung *f*, **-**, **-en** opatrzność *f*

Vorsicht *f*, **-** ostrożność *f*; **~!** uwaga! (*ostrzeżenie*)

vorsichtig *adj, adv* ostrożn-y/ie

Vorsitzende(r) *m*, **-n**, **-n** przewodniczący *m*; prezes *m*

Vorsorge *f*, **-**, przezorność *f*

Vorspeise *f*, **-**, **-n** *kulin.* przystawka *f*

Vorsprung *m*, **-(e)s**, **-sprünge** (*w terenie*) występ *m*; przewaga *f*; **einen ~ gewinnen** osiągnąć przewagę (**vor jmdm** nad kimś)

Vorstadt *f*, **-**, **-städte** przedmieście *n*

Vorstand *m*, **-(e)s**, **-stände** zarząd *m*; **den ~ wählen** wybierać zarząd

vorstellen *vt* (*h*) przedstawiać (**jmdn** kogoś); przesunąć wskazówki do przodu (*o zegarku*); **sich ~** *vr* (*h*) przedstawiać się (**jmdm** komuś)

Vorstellung *f*, **-**, **-en** przedstawienie *n*; wyobrażenie *n*

Vortag *m*, **-(e)s**, **-e** przeddzień *m*; **am ~ der Abreise** w przeddzień wyjazdu

vortäuschen *vt* (*h*) łudzić; symulować (**eine Krankheit** chorobę)

Vorteil *m*, **-(e)s**, **-e** korzyść *f*; zysk *m*; pożytek *m*; **die Vor- und Nachteile** plusy i minusy; **im ~ sein** mieć przewagę

vorteilhaft *adj* korzystny; **ein ~es Angebot** korzystna oferta

Vortrag *m*, **-(e)s**, **-träge** referat *m*; odczyt *m*; **einen ~ halten** wygłosić referat

vortragen (trägt vor, trug vor, vorgetragen) *vt* (*h*) wykonywać (*przed publicznością*); przedkładać (**ein Anliegen** petycję); referować; **ein Gedicht ~** recytować wiersz; **(über etw.) ~** wygłaszać referat (na jakiś temat)

vortrefflich *adj, adv* znakomi-ty/cie, wyborn-y/ie

Vortritt *m*, **-(e)s** pierwszeństwo *n*

vorübergehend *adj* przejściowy, chwilowy

Vorurteil *n*, **-s**, **-e** przesąd *m*; uprzedzenie *n*; **~e gegen jmdn haben** mieć uprzedzenia do kogoś

Vorwand *m*, **-(e)s**, **-wände** pretekst *m*; wymówka *f*

vorwärts *adv* do przodu; naprzód

vorwärtsgehen (geht vorwärts, ging vorwärts, vorwärtsgegangen) *vi* (*s*) przesuwać się do przodu, postępować naprzód

vorwegnehmen (nimmt vorweg, nahm vorweg, vorweggenommen) *vt* (*h*) antycypować; uprzedzać (**die Fakten** fakty)

vorwerfen (wirft vor, warf vor, vorgeworfen) *vt* (*h*) zarzucać (**jmdm etw.** komuś coś)

vorwiegend *adv* przeważnie

Vorwort *n*, **-(e)s**, **-e** przedmowa *f*

Vorwurf *m*, **-(e)s**, **-würfe** zarzut *m*; **jmdm Vorwürfe machen** czynić komuś zarzuty

Vorzeichen *n*, **-s**, **-** **ein schlimmes ~** zły omen

vorzeitig *adj* przedwczesny; **~ altern** przedwcześnie się starzeć

vorziehen (zieht vor, zog vor, vorgezogen) *vt* (*h*) preferować, przedkładać; **ich ziehe Tee dem Kaffee vor** wolę herbatę od kawy

Vorzimmer *n*, **-s**, **-** przedpokój *m*

Vorzug *m*, **-(e)s**, **-züge** preferencja *f*; pozytywna cecha *f*; **jmdm den ~ geben** dać komuś pierwszeństwo

vorzüglich *adj* wyśmienity; **ein ~er Redner** wyśmienity mówca

vulgär *adj, adv* wulgarn-y/ie

Vulkan *m*, **-s**, **-e** wulkan *m*; **ein tätiger <untätiger> ~** czynny <wygasły> wulkan; *przen.* **wie**

auf einem ~ leben żyć jak na wulkanie
vulkanisieren *vt* (*h*) wulkanizować

W

Waage *f*, **-**, **-n** waga *f*; **etw. auf <mit> der ~ wiegen** ważyć coś na wadze
waagerecht *adj* poziomy; *adv* poziomo
wach *adj*, *adv* czuwając-y/o; baczn-y/ie; **etw. ~ verfolgen** bacznie coś śledzić
Wache *f*, **-**, **-n** warta *f*, straż *f*; **~ haben <halten>** mieć <pełnić> wartę
wachen *vi* (*h*) czuwać (**über jmdn** nad kimś)
Wacholder *m*, **-s**, **-** jałowiec *m*
Wachposten *m*, **-s**, **-** *wojsk.* warta *f*, posterunek *m*
Wachs *n*, **-es**, **-(e)** wosk *m*
wachsam *adj*, *adv* czujn-y/ie; **ein ~er Hund** czujny pies
wachsen (wächst, wuchs, gewachsen) *vi* (*s*) rosnąć; **das Kind wächst gesund** dziecko rośnie zdrowo; **ich lasse mir einen Bart ~** zapuszczam sobie brodę
Wachstuch *n*, **-(e)s**, **-e** cerata *f*
Wachstum *n*, **-s** rozwój *m*, wzrost *m*; **das wirtschaftliche ~** wzrost gospodarczy
Wachtel *f*, **-**, **-n** przepiórka *f*
Wachtposten *m*, **-s**, **-** *zob.* **Wachposten**
wackelig *adj* chybotliwy; **ein ~er Tisch** chybotliwy stół
wackeln *vi* (*h*) chwiać się; **der Tisch wackelt** stół się rusza
Wade *f*, **-**, **-n** łydka *f*
Waffe *f*, **-**, **-n** broń *f*, oręż *m*; **~ einsetzen** użyć broni; **die ~n niederlegen** złożyć broń
Waffel *f*, **-**, **-n** wafel *m*
Waffenstillstand *m*, **-s** za-

wieszenie broni, rozejm *m*; **den ~ einhalten** przestrzegać zawieszenia broni

wagen *vt* (*h*) ryzykować (**etw.** coś); mieć odwagę; **es mit jmdm ~** zmierzyć się z kimś; **sein Leben ~** ryzykować życie

Wagen *m*, **-s**, **-** wóz *m*; samochód *m*; wagon (osobowy); **er hat einen neuen ~** on ma nowy samochód

Wagengestell *m*, **-s**, **-e** podwozie *n*

Wagnis *n*, **-ses**, **-se** ryzyko *n*

Wahl *f*, **-**, **-en** wybór *m*; **vorgezogene ~en** przyspieszone wybory

wahlberechtigt *adj* uprawniony do głosowania

wählen *vt* (*h*) wybierać (**jmdn zum Direktor** kogoś na dyrektora); dobierać (**die richtigen Worte** odpowiednie słowa)

Wähler *m*, **-s**, **-** wyborca *m*

wählerisch *adj* wybredny

wahlfrei *adj* dowolny

Wahn *m*, **-(e)s** szaleństwo *n*; urojenie *n*

Wahnsinn *m*, **-(e)s** *med.* obłęd *m*; **in ~ verfallen** popaść w obłęd

Wahnsinnige(r) *m*, **-n**, **-n** wariat *m*

wahr *adj* prawdziwy; rzeczywisty; **etw. für ~ halten** uważać coś za prawdziwe; **nicht ~?** nieprawdaż?

wahren *vt* (*h*) strzec; bronić; zachowywać; **den Schein ~** zachować pozory

während *praep* podczas

wahrhaftig *adj* prawdziwy, rzeczywisty

Wahrheit *f*, **-**, **(-en)** prawda *f*; **jmdm die ~ sagen** powiedzieć komuś prawdę

wahrnehmen (nimmt wahr, nahm wahr, wahrgenommen) *vt* (*h*) (s)postrzegać; zauważać; **eine Funktion ~** występować w funkcji

wahrsagen *vt* (*h*) wróżyć; przepowiadać; **aus der Hand ~** wróżyć z ręki

Wahrsager *m*, **-s**, **-** wróżbita *m*
Wahrsagerin *f*, **-**, **-nen** wróżka *f*
wahrscheinlich *adj, adv* prawdopodobn-y/ie
Wahrscheinlichkeit *f*, **-**, **-en** prawdopodobieństwo *n*
Währung *f*, **-**, **-en** waluta *f*; **harte ~** twarda waluta
Wahrzeichen *n*, **-s**, **-** symbol *m*; godło *n*
Waise *f*, **-**, **-n**, **Waisenkind** *n*, **-es**, **-er** sierota *m/f*
Wal *m*, **-(e)s**, **-e** wieloryb *m*
Wald *m*, **-(e)s**, **Wälder** las *m*; **sich im ~ verirren** zabłądzić w lesie
Walderdbeere *f*, **-**, **-n** poziomka (*leśna*)
Waldweg *m*, **-(e)s**, **-e** droga leśna
Wall *m*, **-(e)s**, **Wälle** wał *m*
Wallfahrt *f*, **-**, **-en** pielgrzymka *f*
wallfahren *vi* (*s*) pielgrzymować; odbywać pielgrzymkę
Walnuss *f*, **-**, **-nüsse** orzech włoski
walten *vi* (*h*) rządzić, panować (**über jmdn** nad kimś); **eines Amtes ~** sprawować jakiś urząd
Walze *f*, **-**, **-n** walec *m*; wałek *m*
Walzer *m*, **-s**, **-** walc *m*; **einen ~ tanzen** tańczyć walca
Wand *f*, **-**, **Wände** ściana *f*; **jmdn an die ~ drücken** przycisnąć kogoś do muru; *przen.* **die Wände haben Ohren** ściany mają uszy
Wandel *m*, **-s** zmiana *f*; **~ schaffen** wprowadzić zmiany
wandeln *vt* (*h*) zmieniać; przechadzać się; **die Gesinnung ~** zmienić sposób myślenia
Wanderer *m*, **-s**, **-** wędrowiec *m*
wandern *vi* (*h*), (*s*) wędrować, iść; **seinen Weg ~** iść swoją drogą
Wange *f*, **-**, **-n** *anat.* policzek *m*
Wanne *f*, **-**, **-n** wanna *f*

wąnken *vi* (*h*) chwiać się; wahać się
wann *adv* kiedy; **seit ~?** odkąd?; od kiedy?; **bis ~?** dokąd?; do kiedy?
Wąnze *f*, **-**, **-n** pluskwa *f*
Wąppen *n*, **-s**, **-** herb *m*; godło *n*
Wa̲re *f*, **-**, **-n** towar *m*; **diese ~ verkauft sich gut** ten towar dobrze się sprzedaje
Wa̲renhaus *n*, **-es**, **-häuser** dom towarowy
wąrm *adj* ciepły, serdeczny
Wą̈rme *f*, **-** ciepło *n*
wąrnen *vt* (*h*) ostrzec (**jmdn vor etw. <vor jmdn>** kogoś przed czymś <przed kimś>)
Wąrnung *f*, **-**, **-en** ostrzeżenie *n* (**jmdn etw. <vor jmdn>** kogoś przed czymś <przed kimś>)
wąrten *vi* (*h*) czekać (**auf etw. <auf jmdn>** na coś <na kogoś>); *techn.* konserwować (**etw.** coś)
Wąrteraum *m*, **-(e)s**, **-räume** poczekalnia *f*
wąrum *adv* dlaczego; **~ nicht?** dlaczego nie?; *zob.* **weshalb**
Wą̈rze *f*, **-**, **-n** brodawka *f*
wąs *pron* co; **~ weiter?** co dalej?; **~ ist er von Beruf?** kim on jest z zawodu?; **~ für ein Irrtum?** co za pomyłka
Wą̈sche *f*, **-** bielizna (*osobista, pościelowa*)
wąschecht *adj* trwały (*o kolorze*)
wąschen (wäscht, wusch, gewaschen) *vt* (*h*) myć; prać; **sich ~** *vr* (*h*) myć się
Wäschere̲i̲ *f*, **-**, **-en** pralnia *f*
Wą̈scherolle *f*, **-**, **-n** (*regionalnie*) magiel *m*
Wąschmaschine *f*, **-**, **-n** pralka *f*
Wąschmittel *n*, **-s**, **-** środek piorący
Wąschpulver *n*, **-s**, **-** proszek do prania
Wąsser *n*, **-** woda *f*; **fließendes ~** woda bieżąca; **ein Glas ~** szklanka wody
Wąsserdampf *m*, **-es**, **-dämpfe** para wodna

wạsserdicht *adj* wodoszczelny
Wạsserfall *m*, **-(e)s, -fälle** wodospad *m*
Wạsserhahn *m*, **-(e)s, -hähne** kran *m*
Wạsserleitung *f*, **-, -en** wodociąg *m*
Wạssermelone *f*, **-, -n** arbuz *m*
Wạsserrohr *n*, **-(e)s, -e** rura wodociągowa
Wạsserstoff *m*, **-(e)s** *chem.* wodór *m*
waten *vi* (*h*) brodzić
Wạtte *f*, **-, -en** wata *f*
Wẹchsel *m*, **-s, -** zmiana *f*; wymiana *f*; *bank.* weksel *m*; **ein ungedeckter ~** weksel bez pokrycia
Wẹchselgeld *n*, **-es** bilon *m*
Wẹchselkurs *m*, **-es, -e** kurs wymiany
wẹchseln *vt* (*h*) zmieniać (**Weltanschauung** światopogląd); rozmieniać (**Geld** pieniądze)
Wẹchselstrom *m*, **-(e)s** prąd elektryczny zmienny
Wẹchselstube *f*, **-, -n** kantor wymiany walut
wẹcken *vt* (*h*) budzić, przebudzać; pobudzać
Wẹcker *m*, **-s, -** budzik *m*
Weg *m*, **-(e)s, -e** droga *f*; **seinen <eigenen> ~ gehen** iść swoją <własną> drogą
wẹg *adv* precz; *pot.* won; **geht ~!** wynoście się!; **das Geld ist ~** pieniędzy już nie ma; **ich muss schon ~** już muszę iść
wegen *praep* z powodu; ze względu; **~ der Krankheit** z powodu choroby
wẹgfahren (fährt weg, fuhr weg, weggefahren) *vi* (*s*) odjeżdżać
wẹggehen (geht weg, ging weg, weggegangen) *vi* (*s*) odchodzić; **er ist schon weggegangen** on już wyszedł
wẹgkommen (kommt weg, kam weg, weggekommen) *vi* (*s*) wyjeżdżać; znikać; wychodzić (*na czymś*); **er ist dabei gut weggekommen** on na tym dobrze wyszedł
wẹgnehmen (nimmt weg,

nahm weg, weggenommen) *vt* (*h*) zabierać (**jmdm etw.** coś komuś)
Wegweiser *m*, **-s**, **-** drogowskaz *m*; przewodnik *m*, informator *m*
wegwerfen (wirft weg, warf weg, weggeworfen) *vt* (*h*) wyrzucać, trwonić (**Geld** pieniądze)
wehen *vi* (*h*) wiać, powiewać; **es weht** wieje
wehtun (tut weh, tat weh, wehgetan) *vi* (*h*) boleć; **das tut weh** to boli
Weib *n*, **-(e)s**, **-er** *pej.* kobieta *f*, baba *f*
Weibchen *n*, **-s**, **-** samiczka *f*
weiblich *adj* żeński; kobiecy
weich *adj*, *adv* miękk-i/o; **~es Wasser** miękka woda
weichen (weicht, wich, gewichen) *vi* (*s*) ustępować (**vor jmdm** przed kimś)
weichen *vt* (*h*) moczyć; **die Wäsche ~** namoczyć bieliznę
Weide[1] *f*, **-**, **-n** wierzba *f*
Weide[2] *f*, **-**, **-n** pastwisko *n*
Weigerung *f*, **-**, **-en** odmowa *f*
weihen *vt* (*h*) święcić; **eine Kirche ~ <einweihen>** poświęcić kościół
Weihnachten *n*, **-**, **-** Boże Narodzenie
Weihnachtsabend *m*, **-(e)s**, **-e** Wigilia (*dzień przed Bożym Narodzeniem*)
Weihnachtsbaum *m*, **-(e)s**, **-bäume** choinka *f*
Weihnachtsfest *n* **-es**, **-e** *zob.* **Weihnachten**
Weihnachtslied *n*, **-es**, **-er** kolęda *f*
Weihwasser *n*, **-s** woda święcona
weil *conj* ponieważ, gdyż, bowiem
Weile *f*, **-**, **-n** chwila; **warte, bitte, eine ~** poczekaj chwilę
Wein *m*, **-(e)s**, **-e** wino *n*
weinen *vi* (*h*) płakać
Weise(r)[1] *m*, **-n**, **-n** mędrzec *m*
Weise[2] *f*, **-**, **-n** sposób *m*; metoda *f*; **auf diese ~** w ten sposób
Weisheit *f*, **-**, **-en** mądrość *f*
weiß *adj* biały

Weisung *f*, **-**, **-en** wskazówka *f*, instrukcja *f*, wytyczna *f*
Weißwein *n*, **-(e)s**, **-e** białe wino
weit *adj, adv* dalek-i/o; szerok-i/o; **von ~em** z daleka; **er wohnt ~ (weg) von hier** on mieszka daleko stąd; **~ und breit** wszędzie; **~ über das** znacznie ponad to
weitaus *adv* znacznie; zdecydowanie; **~ besser** o wiele lepiej
Weite *f*, **-**, **-n** odległość *f*, szerokość *f*; rozmiar *m*
weiter *adj* dalszy; szerszy; *adv* dalej; szerzej; poza tym; **~e Beispiele** dalsze przykłady; **und so ~ <usw.>** i tak dalej <itd.>; **im ~en Sinne des Wortes** w szerszym znaczeniu tego słowa; **~gehen** iść dalej; *pot.* **~machen** kontynuować
weiterhin *adv* nadal; w dalszej kolejności; **~ sind zu nennen...** w dalszej kolejności trzeba wymienić...
Weizen *m*, **-s** pszenica *f*
welch *pron* co za, jaki; **~ ein Glück!** co za szczęście!
welcher <welche, welches> *pron* który? <która?, które?>; **welches von den beiden?** które z dwojga?; **aus welchem Grunde?** z jakiego powodu?; **an welchem Tag?** którego dnia?
Welle *f*, **-**, **-n** fala *f*; *techn.* wał *m*
Welt *f*, **-**, **-en** świat *m*; **in aller ~** na całym świecie; **aus aller ~** z całego świata
Weltall *n* **-s** wszechświat *m*, kosmos *m*
Weltanschauung *f*, **-**, **-en** światopogląd *m*
weltberühmt *adj* światowej sławy
weltlich *adj* świecki; ziemski
Weltmacht *f*, **-**, **-mächte** światowa potęga, mocarstwo
Weltmeisterschaft *f*, **-**, **-en** *sport* mistrzostwo świata
Weltraum *m*, **-(e)s, (Welt-**

rạ̈ume) wszechświat *m*, kosmos *m*

Wẹltraumschiff *n*, **-(e)s, -e** statek kosmiczny

Wẹltruf *m*, **(e)s** światowa sława

wẹltweit *adj* w skali całego świata; **er ist ~ bekannt** on jest znany na całym świecie

we̲m *pron* komu; **von ~?** od kogo?; **bei ~?** u kogo?; **zu ~?** do kogo; **mit ~?** z kim?

we̲n *pron* kogo; **~ meinst du?** kogo masz na myśli?

Wẹnde *f*, **-, -n** zwrot *m*; przełom; **an der ~ der Epochen** na przełomie epok

Wẹndekreis *m*, **-es, -e** *geogr*. zwrotnik *m*; **der ~ des Krebses <des Steinbocks>** zwrotnik Raka <Koziorożca>

wẹnden *vt* (*h*) przenicować (**einen Mantel** płaszcz) obracać (**den Braten** pieczeń); **sich zum Guten ~** zmienić się na dobre; **sich an jmdn <von jmdm> ~** zwrócić się do kogoś <odwrócić się od kogoś>

Wẹndepunkt *m*, **-(e)s, -e** punkt zwrotny

Wẹndung *f*, **-, -en** obrót *m*; zwrot *m* (*t. językowy*)

we̲nig *adj* mało, niewiele, kilka; **ein ~** trochę; **~ aber gut** mało, ale dobrze; **in ~en Tagen** za kilka dni; **nur ~e Schritte** tylko kilka kroków

we̲niger *adv* mniej; **er ist ~ begabt als sie** on jest mniej zdolny od niej

we̲nigstens *adv* co najmniej; przynajmniej

wẹnn *conj* jeśli; gdy; ilekroć; **jedesmal, ~** za każdym razem, gdy; **als ~** jak gdyby; **~ jemals** gdyby kiedykolwiek; **und ~** jeśli nawet; **~ auch** jeśli nawet

we̲r *pron* kto; **~ ist jetzt dran?** kto jest następny w kolejności?; **~ da?** kto tam?

we̲rben (wirbt, warb, geworben) *vt* (*h*) ubiegać się (**um jmdn <um**

etw.> o kogoś <o coś>); reklamować (**für etwas** coś)

Wẹrbung *f*, **-, -en** reklama *f*

wẹrden (wird, wurde, geworden) *vt* (*s*) stawać się, zostawać; **arm ~** (z)ubożeć; **es wird Nacht** zapada noc; **mir wird leichter** robi mi się lżej; **jmdm zu Last ~** stać się dla kogoś ciężarem; **Arzt ~** zostać lekarzem

wẹrfen (wirft, warf, geworfen) *vt* (*h*) rzucać (**einen Stein** kamieniem); **die Kleider von sich ~** zrzucić z siebie ubranie; **bitte, (die) Tür nicht ~!** proszę nie trzaskać drzwiami!

Wẹrft *f*, **-, -en** stocznia *f*

Wẹrk *n*, **-(e)s, -e** praca *f*; zakład pracy *m*; mechanizm *m*; dzieło *n*; **Goethes ~e** dzieła Goethego

Wẹrkstatt *f*, **-, -stätten** warsztat *m*

Wẹrkzeug *n*, **-(e)s, -e** narzędzie *n*

Wert *m*, **-(e)s, -e** wartość *f*; cena *f*; **auf etw. ~ legen** przywiązywać wagę do czegoś

wert *adj* wart; godny; **hundert Mark ~** wart sto marek; **aller Achtung ~** godny szacunku; drogi, szanowany; **wie ist Ihr ~er Name?** pańska godność? (*lit.* / *iron.*)

wertlos *adj* bezwartościowy

Wertpapier *n*, **-s, -e** papier wartościowy

Wertschätzung *f*, **-** uznanie *n*; **~ genießen** cieszyć się poważaniem

wertvoll *adj* cenny

Wesen *n*, **-** istota rzeczy *f*; istnienie *n*; jestestwo *n*; proceder *m*; sposób postępowania; **das ~ der Erscheinung** istota zjawiska

wesentlich *adj* istotny; **ein ~er Unterschied** istotna różnica

wẹshalb *adv* dlaczego; **~ lachst du?** dlaczego się śmiejesz?; *zob.* **warum**

Wẹspe *f*, **-, -n** osa *f*

wẹssen *pron* czyj; **~**

Buch ist das? czyja to książka?

Weste *f*, **-, -n** kamizelka *f*

Westen *m*, **-s** *geogr.* zachód *m*; **im ~ des Landes** na zachodzie kraju

westlich *adv* zachodni; **~ von...** na zachód od...

Wettbewerb *m*, **-(e)s, -e** współzawodnictwo *n*; zawody *pl*; **einen ~ gewinnen** wygrać zawody

Wette *f*, **-, -n** zakład *m*; **eine ~ eingehen** iść o zakład, założyć się (**um etw.** o coś)

wetteifern *vt* (*h*) rywalizować (**mit jmdm um etw**. z kimś o coś)

Wetter *n*, **-s** pogoda *f*

Wettervorhersage *f*, **-, -n** prognoza pogody

Wettkampf *m*, **-(e)s, -kämpfe** zawody *pl*, mecz *m*

wichtig *adj* ważny, doniosły

Wichtigtuer *m*, **-s, -** *pot.* ważniak *m*

Widder *m*, **-s, -** *zool.* baran *m*; Baran *m* (*znak zodiaku*); **im Zeichen des ~s geboren sein** być urodzonym pod znakiem Barana

widerlegen *vt* (*h*) obalać (**eine These** tezę)

widerlich *adj* odrażający; ohydny; **ein ~er Geruch** odrażająca woń

widerrechtlich *adj, adv* bezprawn-y/ie

Widerruf *m*, **-(e)s, -e** odwołanie *n*; **bis auf ~** aż do odwołania

widersetzen, sich *vr* (*h*) sprzeciwiać się

widerspiegeln *vt* (*h*) odbijać, odzwierciedlać

Widerspruch *m*, **-(e)s, -sprüche** niezgodność *f* (**mit etw.** z czymś); protest *m*

Widerstand *m*, **-(e)s, -stände** opór *m* (*rów. elektryczny*); **~ leisten** stawiać opór

Widerstandsbewegung *f*, **-** ruch oporu

Widerwille *m*, **-ns** niechęć *f*, odraza *f* (**gegen etw.** do czegoś)

widmen *vt* (*h*) poświęcać, dedykować; **sich ~** *vr* (*h*) poświęcać się (**einer Sache** jakiejś sprawie)

widrigenfalls *adv* w przeciwnym razie

wie *adv* jak; **~ alt ist er?** ile on ma lat?; **~ spät ist es?** która godzina?; **~ bitte?** słucham?

wieder *adv* znowu, z powrotem; **hin und ~** czasem; **immer ~** wciąż na nowo

wieder aufbauen *vt* (*h*) odbudowywać

wieder erkennen (erkennt wieder, erkannte wieder, wieder erkannt) *vt* (*h*) rozpoznawać

wieder herstellen *vt* (*h*) odtwarzać; odnawiać; **Kontakte ~** odnowić kontakty

wiederholen *vt* (*h*) powtarzać (**eine Frage** pytanie)

Wiederhören *n*: **auf ~!** do usłyszenia!

wiegen (wiegt, wog, gewogen) *vt/vi* (*h*) ważyć (**mit der Waage** na wadze)

Wiegenlied *n*, **-(e)s**, **-er** kołysanka

Wiese *f*, **-**, **-n** łąka *f*

wieviel *adv* ile; **~ kostet das?** ile to kosztuje?; **~ Uhr ist es?** która godzina?

wild *adj* dziki

Wille *m*, **-ns**, **-n** chęć *f*, ochota *f*; **aus freiem ~n** dobrowolnie; **gegen meinen ~n** wbrew mojej woli

willkommen *adj* mile widziany; **herzlich ~!** serdecznie witam(y)!; **~ sein** być mile widzianym

willkürlich *adj* samowolny; **er handelt ~** on działa samowolnie

Wimper *f*, **-**, **-n** rzęsa *f*

Wimpertusche *f*, **-**, **-n** tusz do rzęs

Wind *m*, **-(e)s**, **-e** wiatr *m*; **starker ~** silny wiatr

Windel *f*, **-**, **-n** pieluszka *f*, pielucha *f*

Windhose *f*, **-**, **-n** trąba powietrzna

Windmühle *f*, **-**, **-n** wiatrak *m*

Winkel *m*, **-s**, **-** *geom.* kąt *m*; zakątek *m*

winken *vi* (*h*) skinąć (**mit dem Kopf** głową); (po)-

machać (**mit der Hand** ręką)

Winter *m*, **-s**, **-** zima *f*; **ein strenger ~** surowa zima

Wintersport *m*, **-(e)s** sport zimowy

wir *pron* my

Wirbel *m*, **-s**, **-** wir *m*; *anat.* kręg *m*; *przen* zamęt *m*

Wirbelsäule *f*, **-**, **-n** *anat.* kręgosłup *m*; *zob.* **Rückgrat**

Wirbelwind *m*, **-es**, **-e** wichura *f*; wicher *m*

wirken *vt, vi* (*h*) działać; wytwarzać; **Wunder ~** dokonywać cudów; **auf jmdn ~** oddziaływać na kogoś

Wirken *n*, **-s** działanie *n*

wirklich *adj, adv* rzeczywi-sty/ście

Wirklichkeit *f*, **-**, **-en** rzeczywistość *f*

wirksam *adj* skuteczny (*o różnych środkach*)

Wirkung *f*, **-**, **-en** działanie *n* (*o rzeczach*); skutek *m*; **in ~ treten** wchodzić w życie (*o ustawie*)

Wirkwaren *pl*, wyroby dziane *pl*, dzianina *f*

wirr *adj, adv* chaotyczn-y/ie, bezładn-y/ie

Wirtschaft *f*, **-**, **-en** gospodarka *f*; gospodarstwo *n*

wirtschaftlich *adj* gospodarczy; **~er Fortschritt** postęp gospodarczy

Wirtschaftwunder *n*, **-s**, **-** cud gospodarczy

Wirtshaus *n*, **-es**, **-häuser** gospoda *f*, karczma *f*

wissen (weiß, wusste, gewusst) *vt* (*h*) wiedzieć; potrafić; **einen Rat ~** umieć czemuś zaradzić; **Bescheid ~** orientować się

Wissenchaft *f*, **-**, **-(en)** nauka *f*

Wissenschaftler *m*, **-s**, **-** naukowiec *m*, uczony *m*

Witterung *f*, **-**, **-en** pogoda *f*, aura *f*

Witwe *f*, **-**, **-n** wdowa *f*

Witwer *m*, **-s**, **-** wdowiec *m*

Witz *m*, **-es**, **-e** dowcip *m*; **~e erzählen** opowiadać kawały

Witzbold *m*, **-(e)s**, **-e** dowcipniś *m*, żartowniś *m*

witzig *adj* dowcipny; sprytny
wo *adv* gdzie; **aber wo!** ależ skąd!; **wo wohnst du?** gdzie mieszkasz?
Woche *f*, **-**, **-n** tydzień *m*
Wochenende *n*, **-s**, **-n** weekend *m*, koniec tygodnia *m*
Wochentag *m*, **-(e)s**, **-e** dzień powszedni
wöchentlich *adj*, *adv* tygodniow-y/o, cotygodniow-y/o
Wochenzeitung *f*, **-**, **-en** tygodnik *m*
Wodka *m*, **-s**, **-s** wódka *f*
woher *adv* skąd
wohin *adv* dokąd; gdzie; **~ gehst du?** dokąd idziesz?
Wohl *n*, **-(e)s** pomyślność *f*, dobro *n*; **zum ~!** na zdrowie! **auf dein ~!** za twoje zdrowie!; **das öffentliche ~** dobro ogółu
wohl *adj*, *adv* dobrze; chyba; **ich fühle mich ~** czuję się dobrze; **er ist ~ krank** on chyba jest chory; **lebe ~!** bądź zdrów!; **~ oder übel** chcąc nie chcąc
Wohlbefinden *n*, **-s** zdrowie *n*; dobre samopoczucie
wohlhabend *adj* zamożny; **eine ~e Familie** zamożna rodzina
Wohlstand *m*, **-(e)s** dostatek *m*; **im ~ leben** żyć w dostatku
Wohlwollen *n*, **-s** życzliwość *f*; **mit ~** życzliwie
wohnen *vi* (*h*) mieszkać (**bei jmdm** u kogoś)
Wohnort m, **-(e)s**, **-e** miejsce zamieszkania
Wohnung *f*, **-**, **-en** mieszkanie *n*; **eine möblierte ~** mieszkanie umeblowane
Wohnungsamt *n*, **-(e)s**, **-ämter** urząd mieszkaniowy <kwaterunkowy>
Woiwodschaft *f*, **-**, **-en** województwo *n* (*w Polsce*)
Wolf *m*, **-(e)s**, **Wölfe** *zool.* wilk *m*
Wolke *f*, **-**, **-n** chmura *f*
wolkig *adj* zachmurzony; *adv* pochmurno

Wọlle *f*, **-** wełna *f*; **aus ~** z wełny
wọllen *adj* wełniany (*tylko w funkcji przydawki*); **ein ~er Schal** wełniany szal
wọllen (will, wollte, gewollt) *vi, vt* (*h*) chcieć; domagać się; **ich will nach Hause (gehen)** chcę iść do domu; **was ~ Sie von mir?** czego pan żąda ode mnie?; **wir ~ sehen** zobaczymy
Wọnne *f*, **-**, **-n** rozkosz *f*
Wọrt *n*, **-(e)s**, **Worte** (**Wörter** słówka) wyraz *m*; słowo *n*; **mit wenigen ~en** w kilku słowach; **ums ~ bitten** prosić o głos; **jmdm aufs ~ glauben** uwierzyć komuś na słowo
Wọ̈rterbuch *n*, **-(e)s**, **-bücher** słownik *m*
wọ̈rtlich *adj, adv* dosłown-y/ie
Wọrtschatz *m*, **-es** słownictwo *n* (*danego języka*)
Wọrtspiel *n*, **-(e)s**, **-e** gra słów
wọrtwörtlich *adj, adv* dosłown-y/ie
Wụcht *f*, **-**, **-en** siła *f*, impet *m*; **mit großer ~** z wielką siłą
Wụnde *f*, **-**, **-n** rana *f*
Wụnder *n*, **-s**, **-** cud *m*
wụnderbar *adj, adv* cudown-y/ie, wspania-ły/le
wụndern, sich *vr* (*h*) dziwić się (**über etw.** czemuś)
Wụnsch *m*, **-es**, **Wünsche** życzenie *n*, pragnienie *n*; **auf ~** na żądanie
wụ̈nschen *vt* (*h*) życzyć (**sich etwas** sobie czegoś); **jmdm alles Gute ~** życzyć komuś wszystkiego dobrego
Wụ̈rde *f*, **-**, **-n** godność *f*; honor *m*
wụ̈rdig *adj, adv* godn-y/ie; **einer Sache ~ sein** być godnym czegoś
wụ̈rdigen *vt* (*h*) doceniać, uznawać
Wụrf *m*, **-(e)s**, **Würfe** rzut *m*
Wụrm *m*, **-(e)s**, **Würmer** robak *m*
Wụrst *f*, **-**, **Würste** kiełbasa *f*
Wụ̈rze *f*, **-**, **-n** przyprawa *f*

Wurzel *f*, **-**, **-n** korzeń *m*

Wüste *f*, **-**, **-n** pustynia *f*

Wut *f*, **-** złość *f*, wściekłość *f*

wütend *adj* zły, wściekły; **er war ~** on był zły <wściekły>

Z

Zahl *f*, **-**, **-en** liczba *f*; ilość *f*; **eine gerade ~** liczba parzysta; **ohne ~** bez liku

zahlen *vt, vi* (*h*) płacić (**für etw.** za coś); **in Raten ~** spłacać ratami

zählen *vt, vi* (*h*) liczyć, obliczać; **von eins bis hundert ~** liczyć od jednego do stu; **70 Jahre ~** liczyć sobie 70 lat; **auf jmdn <etwas> ~** liczyć na kogoś <na coś>

Zähler *m*, **-s**, **-** *mat.*, *fiz.* licznik *m*

zahm *adj* oswojony; *pot.* potulny

zähmen *vt* (*h*) oswajać; *przen.* poskramiać

Zahn *m*, **-(e)s**, **Zähne** ząb *m*

Zahnarzt *m*, **-es**, **-ärzte** dentysta *m*

Zahnbürste *f*, **-**, **-n** szczoteczka do zębów

Zahnfleisch *n*, **-es** dziąsło *n*

Zahnpaste *f*, **-**, **-n** pasta do zębów

Zahnprothese *f*, **-**, **-n** proteza zębowa

Zahnrad *n*, **-(e)s**, **-räder** koło zębate

Zahnschmerz *m*. **-es**, **-en** ból zęba

Zahnstocher *m*, **-s**, **-** wykałaczka *f*

Zander *m*, **-s**, **-** sandacz *m*

Zange *f*, **-**, **-n** cęgi *pl*, obcęgi *pl*, szczypce *pl*

Zank *m*, **-(e)s**, **Zänke** kłótnia *f*, sprzeczka *f*

zart *adj* delikatny; wrażliwy

zärtlich *adj* czuły; tkliwy

Zauber *m*, **-s**, **-** czar *m*; urok *m*

Zehe *f*, **-**, **-n** palec u nogi

zehn *num* dziesięć; **die**

Zehn Gebote dziesięcioro przykazań
Zehn *f*, **-**, **-en** diesiątka *f*
Zeichen *n*, **-s**, **-** znak *m*; oznaka *f*
zeichnen *vt* (*h*) rysować; podpisywać; znakować
Zeichnung *f*, **-**, **-en** rysunek *m*
zeigen *vt* (*h*) pokazywać (**jmdm den Weg** komuś drogę); okazywać
Zeiger *m*, **-s**, **-** wskazówka zegara
Zeile *f*, **-**, **-n** linijka *f* (tekstu)
Zeit *f*, **-**, **(-en)** czas *m*; **zur ~** obecnie; **für alle ~en** na zawsze; **von ~ zu ~** od czasu do czasu; **vor kurzer ~** niedawno
Zeitabschnitt *m*, **-(e)s**, **-e** okres *m*
Zeitalter *n*, **-s**, **-** wiek *m*, era *f*; **im ~ des Atoms** w wieku atomu
Zeitangabe *f*, **-**, **-n** data *f*; zegarynka *f*
zeitgenössisch *adj, adv* współcze-sny/śnie
zeitig *adj* wcze-sny/śnie
Zeitpunkt *m*, **-(e)s**, **-e** chwila; moment *m*
Zeitrechnung *f*, **-**, **-en** rachuba czasu; era *f*; **vor unserer ~** przed naszą erą
Zeitschrift *f*, **-**, **-en** czasopismo *n*
Zeitung *f*, **-**, **-en** gazeta *f*
Zelle *f*, **-**, **-n** cela *f*; budka *f*
Zellstoff *m*, **-(e)s** lignina *f*
Zelt *n*, **-(e)s**, **-e** namiot *m*; **ein ~ aufschlagen <abbrechen>** rozbić <zwinąć> namiot
zelten *vi* (*h*) mieszkać w namiocie; **an einem See ~** obozować nad jeziorem
Zement *m*, **-(e)s**, **-e** cement m
Zentimeter *m/n*, **-s**, **-** centymetr m
zentral *adj, adv* central-n-y/ie
Zentralheizung *f*, **-**, **-en** centralne ogrzewanie
zerbręchen (zerbricht, zerbrach, zerbrochen) *vt* (*h*) łamać, rozbijać; **eine Fensterscheibe ~** zbić szybę; *przen.* **sich den Kopf ~** łamać sobie gło-

wę; *vi* (*s*) (z)łamać się, rozbić się

zerbrechlich *adj* łamliwy, kruchy

zerdrücken *vt* (*h*) rozgniatać, gnieść

Zerfall *m*, **-(e)s** rozpad *m*, upadek *m*

zerfallen (zerfällt, zerfiel, zerfallen) *vi* (*s*) rozpadać się

zerkleinern *vt* (*h*) rozdrabniać, dzielić na kawałki

zerknittern *vt* (*h*) miąć, gnieść (**eine Bluse** bluzę)

zerkratzen *vt* (*h*) rozdrapywać

zerlassen (zerlässt, zerließ, zerlassen) *vt* (*h*) rozpuszczać (*pod wpływem wysokiej temperatury*); **Fett <Butter> ~** roztopić tłuszcz <masło>

zerlegen *vt* (*h*) rozkładać na części (**eine Maschine** maszynę)

zerplatzen *vi* (*s*) pękać, wybuchać

zerreißen (zerreißt, zerriss, zerrissen) *vt* (*h*) rozrywać; drzeć; rozdzierać

zerren *vt* (*h*) szarpać, targać

zerschlagen (zerschlägt, zerschlug, zerschlagen) *vt* (*h*) rozbijać

zerschneiden (zerschneidet, zerschnitt, zerschnitten) *vt* (*h*) rozcinać; **etw. mit dem Messer <mit der Schere> ~** rozciąć coś nożem <nożyczkami>

Zerstäuber *m*, **-s, -** rozpylacz m

zerstören *vt* (*h*) burzyć (**eine Stadt** miasto)

zerstreut *adj* roztargniony

zerstückeln *vt* (*h*) dzielić na kawałki

Zettel *m*, **-s, -** kartka papieru; etykietka *f*

Zeuge *m*, **-n, -n** świadek *m*; **als ~ aussagen** zeznawać jako świadek; **~n verhören** przesłuchiwać świadków

Zeugnis *n*, **-ses, -se** świadectwo *n*, zaświadczenie *n*; **Schulzeugnis** świadectwo szkolne; **zum ~ dessen** na dowód tego

zeugungsunfähig *adj* niepłodny

Ziege *f*, **-**, **-n** koza *f*

Ziegel *m*, **-s**, **-** cegła *f*

Ziegenpeter *m*, **-s** *med. pot.* świnka *f*

ziehen (zieht, zog, gezogen) *vt* (*h*) ciągnąć (**etw.** coś); uprawiać, pielęgnować (**Blumen** kwiaty); usuwać (**einen Zahn** ząb); **jmdn an den Haaren ~** ciągnąć kogoś za włosy; **Nutzen aus etw. ~** ciągnąć z czegoś korzyści; **etw. in Betracht ~** brać coś pod uwagę; *vi* (*s*) przemieszczać się; **aufs Land ~** przenieść się na wieś

Ziel *n*, **-(e)s**, **-e** cel *m*; **ein ~ verfolgen** dążyć do celu

zielbewusst *adj* świadomy celu

zielen *vi* (*h*) celować (**auf etw. <auf jmdn>** do czegoś <do kogoś>)

Zielscheibe *f*, **-**, **-n** tarcza strzelnicza

ziemlich *adv* dość; dosyć; **~ breit <gut>** dość szeroki <dobry>

Ziffer *f*, **-**, **-n** cyfra *f*; **arabische <römische> ~n** cyfry arabskie <rzymskie>

Zigarette *f*, **-**, **-n** papieros *m*; **~n rauchen** palić papierosy

Zigarre *f*, **-**, **-n** cygaro *n*

Zimmer *n*, **-s**, **-** pokój *m*; **ein ~ mieten** wynajmować od kogoś pokój

Zimmernachweis *m*, **-es**, **-e** biuro zakwaterowań

Zins *m*, **-es**, **-en: Zinsen** odsetki *pl*

zitieren *vt* (*h*) cytować; *lit.* wzywać; **die Eltern in die Schule ~** wezwać rodziców do szkoły

Zitrone *f*, **-**, **-n** cytryna *f*

zittern *vi* (*h*) drżeć (**vor Angst <vor Kälte>** ze strachu <z zimna>)

zivil *adj* cywilny

Zivilbevölkerung *f*, **-** ludność cywilna

zögern *vi* (*h*) zwlekać (**mit etw.** z czymś)

Zoll *m*, **-(e)s**, **Zölle** cło *n*

Zollabfertigung *f*, **-**, **(-en)** odprawa celna

Zollamt *n*, **-(e)s, -ämter** urząd celny

Zollbeamte(r) *m*, **-n, -n,** celnik *m*

Zollerklärung *f*, **-, -en** deklaracja celna

zollfrei *adj* wolny od cła

Zollgebühr *f*, **-, -en** opłata celna

zollpflichtig *adj* podlegający ocleniu

Zolltarif *m*, **-s, -e** taryfa celna

Zone *f*, **-, -n** strefa *f*; **eine zollfreie ~** strefa wolnocłowa

Zoo *m*, **-s, -s** ogród zoologiczny, zoo *n*

Zopf *m*, **-(e)s, Zöpfe** warkocz *m*

Zorn *m*, **-(e)s** złość *f*, gniew *m*; **in ~ geraten** wpadać w złość; **jmdn in ~ bringen** rozgniewać kogoś

zu *praep* do; na; przy; u; **zu Berlin** w Berlinie; **zu Tisch sitzen** siedzieć przy stole; **zur Kirche gehen** pójść do kościoła; **zu Fuß** pieszo; **zum Teil** po części; **zu nichts werden** pójść na marne; **zum Spaß** dla żartu; **zu dieser Zeit** w tym czasie; **viel zu tun haben** mieć dużo pracy; **zu spät** za późno; **die Tür ist zu** drzwi są zamknięte

Zubehör *n*, **-(e)s, -e** przybory *pl*, akcesoria *pl*; wyposażenie *n*; **eine Wohnung mit allem ~** mieszkanie z kompletnym wyposażeniem

Zucht *f*, **-** hodowla *f*

züchten *vt* (*h*) hodować (**Tiere** zwierzęta); uprawiać, pielęgnować (**Pflanzen** rośliny)

Zucker *m*, **-s** cukier *m*

Zuckerkrankheit *f*, **-** *med.* cukrzyca *f*

zudecken *vt* (*h*) zakrywać (**einen Topf** garnek)

zudrehen *vt* (*h*) zakręcać (**den Wasserhahn** kran)

zuerkennen (erkennt zu, erkannte zu, zuerkannt) *vt* (*h*) przyznawać; **jmdm besondere Rechte ~** przyznać komuś szczególne prawa; **jmdm einen**

Preis ~ przyznać komuś nagrodę

zuerst *adv* najpierw, w pierwszej kolejności

Zufahrt *f*, **-**, **-en** dojazd *m*; **die ~ freihalten** nie blokować dojazdu

Zufall *m*, **-(e)s**, **-fälle** przypadek *m*

zufällig *adj* przypadkowy

Zuflucht *f*, **-**, **-en** ucieczka *f*; schronienie *n*; **bei jmdm ~ suchen** szukać u kogoś schronienia

zufolge *praep* według, podług, zgodnie z; **den Vorschriften ~** zgodnie z przepisami

zufrieden *adj* zadowolony (**mit etw. <mit jmdm>** z czegoś <z kogoś>)

zufriedengeben, sich (gibt zufrieden, gab zufrieden, zufriedengegeben) *vr* (*h*) zadowalać się (**mit etw.** czymś)

zufriedenstellen *vt* zadowalać (**jmdn** kogoś)

Zug *m*, **-(e)s**, **Züge** pociąg *m*; klucz ptaków; pociągnięcie *n*; przeciąg; zarys *m*; **mit dem ~ fahren** jechać pociągiem; **einen ~ verpassen** spóźnić się na pociąg; **im Zuge sein** być w toku; **in großen Zügen** z grubsza, w ogólnych zarysach

Zugabe *f*, **-**, **-n** dodatek *m*

Zugang *m*, **-(e)s**, **-gänge** dojście *n*, dostęp *m*; **den ~ sperren** zamknąć dojście; **keinen ~ zu jmdm haben** nie mieć dostępu do kogoś

zugänglich *adj* dostępny

Zugbrücke *f*, **-**, **-n** most zwodzony

zugeben (gibt zu, gab zu, zugegeben) *vt* (*h*) dodać, dołożyć; przyznawać; **ich muss ~, dass...** muszę przyznać, że...

zugehen (geht zu, ging zu, zugegangen) *vi* (*s*) podchodzić, zbliżać się (**auf jmdn** do kogoś); dziać się; **es geht lustig zu** jest wesoło

Zugehörigkeit *f*, **-** przynależność *f*

Zugeständnis *n*, **-ses**, **-se** ustępstwo *n*; **jmdm**

~se machen iść wobec kogoś na ustępstwa
zugrụnde *adv* **~ gehen** ginąć; upadać; **~ richten** niszczyć
Zugvogel *m*, **-s**, **-vögel** ptak wędrowny
Zuhörer *m*, **-s**, **-** słuchacz *m*
Zukunft *f*, **-** przyszłość *f*; *gram.* czas przyszły
zukünftig *adj* przyszły
zulächeln *vi* (*h*) uśmiechać się (**jmdm** do kogoś)
Zulage *f*, **-**, **-n** dodatek (*do pensji*) *m*; podwyżka uposażenia
zulassen (lässt zu, ließ zu, zugelassen) *vt* (*h*) dopuszczać (**zu einer Sache** do czegoś); **zu einer Prüfung ~** dopuścić do egzaminu
zumachen *vt* (*h*) zamykać; **mach die Tür zu** zamknij drzwi
zumeist *adv* najczęściej, zwykle
zumịndest *adv* przynajmniej; co najmniej
zumuten *vi* (*h*) żądać, wymagać (**jmdm etw.** czegoś od kogoś)
zunächst *adv* najpierw, w pierwszej kolejności
Zụndkerze *f*, **-**, **-n** *mot.* świeca zapłonowa
zunehmen (nimmt zu, nahm zu, zugenommen) *vi* (*h*) powiększać się; **an Bedeutung ~** zyskać na znaczeniu; **an Gewicht ~** przybierać na wadze
Zuneigung *f*, **-** sympatia *f*, przychylność *f*; **für jmdn ~ empfinden** czuć do kogoś sympatię
Zụnge *f*, **-**, **-n** *anat.* język *m*
zurechnungsfähig *adj* poczytalny
zurẹchtfinden, sich (findet sich zurecht, fand sich zurecht, hat sich zurechtgefunden) *vr* (*h*) znaleźć właściwą drogę; orientować się; wyznawać się (**in einer Sache** w czymś)
zurẹchtkommen (kommt zurecht, kam zurecht, zurechgekommen) *vi* (*s*) przychodzić na czas; da-

wać sobie radę (mit etw. z czymś)

zurẹchtmachen *vt* (*h*) przygotowywać (das Bad kąpiel); porządkować (die Wohnung mieszkanie)

zurụ̈ck *adv* z powrotem; ~! wracaj!; er ist noch nicht ~ jeszcze nie wrócił; hin und ~ tam i z powrotem

zurụ̈ckbleiben (bleibt zurück, blieb zurück, zurückgeblieben) *vi* (*s*) pozostawać; pozostawać w tyle; zu Hause ~ pozostać w domu; geistig zurückgeblieben umysłowo niedorozwinięty

zurụ̈ckbringen (bringt zurück, brachte zurück, zurückgebracht) *vt* (*h*) przynosić z powrotem (ein Buch książkę); przyprowadzać

zurụ̈ckerstatten *vt* (*h*) zwracać, refundować (die Reisekosten koszty podróży)

zurụ̈ckführen *vt* (*h*) odprowadzać; wskazać genezę; sprowadzać (*coś do czegoś*); jmdn nach Hause ~ odprowadzić kogoś do domu; eine Krankheit auf Vitaminmangel ~ wyjaśnić chorobę brakiem witamin; etwas auf etwas ~ sprowadzać coś do czegoś

zurụ̈ckgeben (gibt zurück, gab zurück, zurückgegeben) *vt* (*h*) oddawać, zwracać (das Buch <das Geld> książkę <pieniądze>)

zurụ̈ckhalten (hält zurück, hielt zurück, zurückgehalten) *vt* (*h*) powstrzymywać (jmdn von etw. kogoś przed czymś); mit seiner Meinung ~ nie wyrazić swego zdania

zurụ̈ckkehren *vi* (*s*) wracać; von einer Reise ~ wrócić z podróży

zurụ̈ckkommen (kommt zurück, kam zurück, zurückgekommen) *vi* (*s*) *zob.* zurückkehren; *przen.* auf ein Thema ~ wrócić do tematu

zurụ̈cklassen (läßt zurück, ließ zurück, zu-

rückgelassen) *vt* (*h*) (po)zostawiać

zurücklegen *vt* (*h*) przejechać (**hundert Kilometer** sto kilometrów); odkładać; **sich ~** *vr* (*h*) przechylać się do tyłu

zurücknehmen (nimmt zurück, nahm zurück, zurückgenommen) *vt* (*h*) odbierać; wycofywać (**eine Klage** oskarżenie)

zurückschicken *vt* (*h*) odsyłać (**etw. an den Absender** coś do nadawcy)

zurückschrecken *vt* (*h*) odstraszać (**jmdn durch etw.** kogoś czymś)

zurücksein (ist zurück, war zurück, zurückgewesen) *vi* (*s*) być z powrotem; **ich bin in zwei Stunden zurück** będę za dwie godziny z powrotem

zurückstehen (steht zurück, stand zurück, zurückgestanden) *vi* (*h*) stać z tyłu; nie dorównywać (**hinter jmdm** komuś)

zurückstellen *vt* (*h*) stawiać na swoim miejscu; odkładać (**seine Pläne** swoje plany); **die Uhrzeiger ~** cofnąć wskazówki zegara

zurücktreten (tritt zurück, trat zurück, zurückgetreten) *vi* (*s*) odsuwać się; odstępować (**vom Kauf** od kupna); opadać

zurückweichen (weicht zurück, wich zurück zurückgewichen) *vi* (*s*) ustępować, cofać się (**vor einer Sache** przed czymś)

zurückweisen (weist zurück, wies zurück, zurückgewiesen) *vt* (*h*) odrzucać (**einen Vorwurf** zarzut)

zurückziehen (zieht zurück, zog zurück, zurückgezogen) *vt* (*h*) *zob.* **zurücknehmen**; **sich ~** *vr* (*h*) usuwać się, wycofywać się (**aus dem öffentlichen Leben** z życia publicznego)

Zusage *f*, **-, -n** obietnica *f*, przyrzeczenie *n*; **eine ~ nicht einhalten** nie dotrzymać obietnicy

zusammen *adv* razem;

wspólnie; **~ arbeiten** pracować razem

Zusammenarbeit *f*, **-**, **-en** współpraca *f*; **eine enge ~** ścisła współpraca

zusammenbrechen (bricht zusammen, brach zusammen, zusammengebrochen) *vi* (*s*) załamywać się; zawalić się; runąć; **mit den Nerven ~** załamać się nerwowo

zusammenfallen (fällt zusammen, fiel zusammen, zusammengefallen) *vi* (*s*) opadać; przypadać; zawalić się

zusammenfassen *vt* (*h*) streszczać; podsumowywać (**die Diskussion** dyskusję)

Zusammenfassung *f*, **-**, **-en** streszczenie *n*; podsumowanie *n*

Zusammenhang *m*, **-(e)s**, **-e** związek *m*; **in diesem ~** w tej sytuacji

zusammenkommen (kommt zusammen, kam zusammen, zusammengekommen) *vi* (*s*) zbierać się; spotykać się (**mit jmdm** z kimś)

zusammenlegen *vt* (*h*) składać (**einen Papierbogen** arkusz papieru); (u)zbierać (**das Geld** pieniądze); łączyć (**zwei Firmen** dwie firmy)

zusammenschlagen (schlägt zusammen, schlug zusammen, zusammengeschlagen) *vt* (*h*) składać (**eine Zeitung** gazetę); łączyć (**die Hände** ręce); brutalnie pobić

zusammenschließen (schließt zusammen, schloss zusammen, zusammengeschlossen) *vt* (*h*) łączyć (**zwei Gruppen** dwie grupy)

zusammenstellen *vt* (*h*) zestawiać (**eine Liste** listę)

zusammenstoßen (stößt zusammen, stieß zusammen, zusammengestoßen *vi* (*s*) zderzyć się

zusammenstürzen *vi* (*s*) zawalić się, runąć

Zusatz *m*, **-es**, **-sätze** dodatek *m*, uzupełnienie *n*; **der ~ zu einer Verordnung** uzupełnienie zarządzenia

zusätzlich *adj* dodatkowy

Zuschauer *m*, **-s**, **-** widz *m*

Zuschlag *m*, **-(e)s**, **-schläge** dopłata *f* (**zum Preis** do ceny)

Zustand *m*, **-(e)s**, **-stände** stan *m*; **Zustände** *pl* stosunki *pl*

zustehen (steht zu, stand zu, zugestanden) *vi* (*h*) przysługiwać, należeć się (**jmdm** komuś)

zustellen *vt* (*h*) zastawiać (**die Tür mit einem Schrank** drzwi szafą); doręczać (*o poczcie*)

Zutat *f*, **-**, **-en** przyprawa *f*

zuteilen *vt* (*h*) przydzielać (**jmdm etw.** coś komuś)

Zutritt *m*, **-(e)s** wstęp *m*, wejście *n*; **~verboten!** wstęp wzbroniony!

zuverlässig *adj* pewny, niezawodny

zuvor *adv* przedtem, wcześniej; **ich habe ihn nie ~ gesehen** nigdy przedtem go nie widziałem

zuvorkommend *adj* uprzejmy; **jmdn ~ behandeln** być dla kogoś uprzejmym

zuweilen *adv* czasem, niekiedy

zuziehen (zieht zu, zog zu, zugezogen) *vt* (*h*) zasuwać (**den Vorhang** zasłonę)

Zwang *m*, **-(e)s**, **Zwänge** przymus *m*; **unter ~** pod przymusem

zwanzig *num* dwadzieścia

Zweck *m*, **-(e)s**, **-e** cel *m*; **den ~ verfolgen <verfehlen>** zdążać do <chybić> celu; **das hat keinen ~** to nie ma żadnego sensu

zweckmäßig *adj* celowy; odpowiedni

zwei *num* dwa

Zwei *f*, **-**, **-en** dwójka *f* (*t. jako ocena szkolna*)

zweideutig *adj, adv* dwuznaczn-y/ie, sprośn-y/ie; **ein ~er Witz** pieprzny dowcip

Zweifel *m*, **-s**, **-** wątpliwość *f*; **es steht außer ~, dass...** nie ulega wąt-

pliwości, że...; **etw. in ~ ziehen** podawać coś w wątpliwość
zweifelhaft *adj* wątpliwy
zweifeln *vi* (*h*) wątpić (**an etw.** w coś)
zweifelsohne *adv* bez wątpienia
Zweig *m*, **-(e)s, -e** gałąź *f* (*t. przen.*)
Zweigstelle *f*, **-, -en** filia *f*, oddział *m*
zweimal *adv* dwa razy
zweimalig *adj, adv* dwukrotn-y/ie
zweiseitig *adj, adv* dwustronn-y/ie
zweisprachig *adj* dwujęzyczny
zweistufig *adj* dwustopniowy, dwuczłonowy
zweitrangig *adv* drugorzędny
Zwerg *m*, **-(e)s, -e** karzeł *m*
zwicken *vt* (*h*) uszczypnąć (**jmdn in die Wange** kogoś w policzek)
Zwieback *m*, **-(e)s, -bäcke** suchar(ek) *m*
Zwiebel *f*, **-, -n** cebula *f*
Zwietracht *f*, **-** niezgoda *f*; **~ stiften** siać niezgodę
Zwille *f*, **-, -n** proca *f*
Zwilling *m*, **-s, -e** bliźniak *m*
zwingen (zwingt, zwang, gezwungen) *vt* (*h*) zmuszać (**jmdn zu etw.** kogoś do czegoś)
zwinkern *vi* (*h*) mrugać (**mit den Augen** oczami)
zwischen *praep* między, pomiędzy; **~ mir und dir** między mną i tobą
Zwischenfall *m*, **-(e)s, -fälle** wypadek *m*, incydent *m*
Zwischenzeit *f*, **-, -en** przerwa *f*; **in der ~** w międzyczasie
Zwist *m*, **-es, -e** spór *m*, zatarg *m*; **mit jmdm in ~ geraten** poróżnić się
zwitschern *vi* (*h*) ćwierkać
zwölf *num* dwanaście
Zwölf *f*, **-, -en** dwunastka *f*
Zyklus *m*, **-, Zyklen** cykl *m*
Zylinder *m*, **-s, -** *geom.* walec *m*; *techn.* cylinder *m*
zynisch *adj, adv* cynicz-n-y/ie
Zypresse *f*, **-, -n** *bot.* cyprys *m*

NAZWY GEOGRAFICZNE GEOGRAPHISHE NAMEN

Adriatisches Meer, die Adria Adriatyk
Afghanistan Afganistan
Afrika Afryka
Ägypten Egipt
Alaska Alaska
Albanien Albania
Algerien Algieria
die Alpen Alpy
Amerika Ameryka
Andalusien Andaluzja
die Anden Andy
Ankara Ankara
die Antarktis Antarktyda
Antwerpen Antwerpia
die Apenninen Apeniny
Arabien Arabia
Argentinien Argentyna
die Arktis Arktyka
Armenien Armenia
Aserbaidschan Azerbejdżan
Asien Azja
Äthiopien Etiopia
der Atlantische Ozean Ocean Atlantycki
Australien Australia

Baden-Württemberg Badenia-Wirtembergia
Balkan Bałkany
Bangladesch Bangladesz
Basel Bazylea
Bayern Bawaria
Belgien Belgia
Berlin Berlin
die Beskiden Beskidy
Bolivien Boliwia
Bologna Bolonia
Bonn Bonn
Bosnien Bośnia
der Bosporus Bosfor
Brasilia (*miasto*) Brazylia
Brasilien (*państwo*) Brazylia
Breslau Wrocław
Brüsssel Bruksela
Budapest Budapeszt
Bukarest Bukareszt
Bulgarien Bułgaria

Capri Capri
Chile Chile
China Chiny

Damaskus Damaszek
Dänemark Dania
die Dardanellen Dardanele
Den Haag Haga
Deutschland Niemcy
die Donau Dunaj

Ecuador Ekwador
das Elsass Alzacja
England Anglia
Estland Estonia
die Etsch Adyga
Europa Europa

der Ferne Osten Daleki Wschód
Finnland Finlandia
Flandern Flandria
Franken Frankonia
Frankreich Francja
Friesland Fryzja

das Gelbe Meer Morze Żółte
die Gemeinschaft Unabhängiger Staaten Wspólnota Niepodległych Państw
Georgien Gruzja
Ghana Ghana
Griechenland Grecja
Grönland Grenlandia
Großbritannien Wielka Brytania
Großpolen Wielkopolska
Guatemala Gwatemala
Guinea Gwinea

Haiti Haiti
Hamburg Hamburg
Havanna Hawana
Hawaii Hawaje
Helsinki Helsinki
Hessen Hesja
der Himalaja Himalaje
Holland Holandia

Indien Indie
der Indische Ozean Ocean Indyjski
Indonesien Indonezja
der Irak Irak
der Iran Iran
Italien Włochy
Irland Irlandia
Island Islandia
Israel Izrael
Istanbul Stambuł

Japan Japonia
Jerusalem Jerozolima
Jordanien Jordania
Jugoslawien Jugosławia

Kairo Kair
Kanada Kanada
Kambodscha Kambodża
die Kanarischen Inseln Wyspy Kanaryjskie
die Karpaten Karpaty
Kasachstan Kazachstan
die Kaschubei Kaszuby
das Kaspische Meer Morze Kaspijskie
Kastilien Kastylia
Katalonien Katalonia
Kenia Kenia
Kiew [wym.: ki:ef] Kijów
Kirgisien Kirgizja
Kleinpolen Małopolska
Köln Kolonia
Kolumbien Kolumbia
der Kongo *m* Kongo
Kopenhagen Kopenhaga
Korea Korea
Korsika Korsyka
Krakau Kraków
Kreta Kreta
die Krim Krym
Kroatien Chorwacja
Kuba Kuba
Kuwait Kuwejt

Lettland Łotwa
der Libanon Liban
Libyen Libia
Liechtenstein Liechtenstein
Lissabon Lizbona
Litauen Litwa
London Londyn
die Lombardei Lombardia
Lothringen Lotaryngia
Luxemburg Luksemburg

Madagaskar Madagaskar
Madrid Madryt
Mailand Mediolan
Malta Malta
Marokko Maroko
Marseille Marsylia
Masovien Mazowsze
Masuren Mazury
Mazedonien Macedonia
Melbourne Melbourne
Mexiko Meksyk
Minsk Mińsk
das Mittelmeer Morze Śródziemne
Moldawien Mołdawia
die Mongolei Mongolia
Mosambik Mozambik
Moskau Moskwa
München Monachium

der Nahe Osten Bliski Wschód
Neapel Neapol

Neuseeland Nowa Zelandia
New York Nowy Jork
die Niederlande Niderlandy
Niedersachsen Dolna Saksonia
der Nil Nil
Nizza Nicea
Nordkorea Korea Północna
die Nordsee Morze Północne
die Normandie Normandia
Norwegen Norwegia

Oslo Oslo
Österreich Austria
die Ostsee Bałtyk

Pakistan Pakistan
Paris Paryż
Peking Pekin
Peru Peru
die Pfalz Palatynat
die Philippinen Filipiny
Pommern Pomorze
Portugal Portugalia
Polen Polska
Prag Praga
Preußen Prusy
die Pyrenäen Pireneje

der Rhein Ren
Rheinland Nadrenia
Rhodesien Rodezja
Riga Ryga
Rom Rzym
das Rote Meer Morze Czerwone
Rumänien Rumunia
Russland Rosja

Sachsen Saksonia
die Sahara Sahara
Sankt Petersburg Sankt Petersburg
Sardinien Sardynia
Saudi-Arabien Arabia Saudyjska
Schlesien Śląsk
Schottland Szkocja
Schwaben Szwabia
das Schwarze Meer Morze Czarne
Schweden Szwecja
die Schweiz Szwajcaria
die Seine [zen] Sekwana
Serbien Serbia
Sibirien Syberia
Sizilien Sycylia
Skandinavien Skandynawia
die Slowakei Słowacja
Slowenien Słowenia
Sofia Sofia

Nazwy geograficzne

Spanien Hiszpania
der Stille Ozean Ocean Spokojny
Südafrika Afryka Południowa
Sudan Sudan
die Sudeten Sudety
Syrien Syria

die (Hohe) Tatra (Wysokie) Tatry
Thüringen Turyngia
Tibet Tybet
Tirol Tyrol
Tokio Tokio
das Tote Meer Morze Martwe
Tschechien Czechy
Tunesien Tunezja
die Türkei Turcja

die Ukraine Ukraina
Ungarn Węgry

der Ural Ural
Uruguay Urugwaj

Venedig Wenecja
Venezuela Wenezuela
die Vereinigten Staaten von Amerika Stany Zjednoczone Ameryki
Vietnam Wietnam

Wales Walia
Warschau Warszawa
Washington Waszyngton
die Weichsel Wisła
Weissrussland Białoruś
Westfalen Westfalia
Wien Wiedeń
die Wolga Wołga

Zürich Zurych
Zypern Cypr

Uwaga: Nazwy bez rodzajnika są rodzaju nijakiego. Rodzajnika **das** używa się tu tylko w wypadku przydawki (*np.* **das schöne Polen** piękna Polska).

NAJWAŻNIEJSZE CZASOWNIKI MOCNE I NIEREGULARNE

Bezokolicznik	3. osoba liczby pojedynczej	Czas przeszły prosty (Präteritum)	Czas przeszły złożony (Perfekt)
backen	bäckt/backt	backte (buk)	hat gebacken
befehlen	befiehlt	befahl	hat befohlen
beginnen	beginnt	begann	hat begonnen
beißen	beißt	biss	hat gebissen
bergen	birgt	barg	hat geborgen
bersten	birst	barst	ist geborsten
bewegen	bewegt	bewegte; bewog	hat bewegt; hat bewogen
biegen	biegt	bog	hat; ist gebogen
bieten	bietet	bot	hat geboten
binden	bindet	band	hat gebunden
bitten	bittet	bat	hat gebeten
blasen	bläst	blies	hat geblasen
bleiben	bleibt	blieb	ist geblieben
braten	brät	briet	hat gebraten
brennen	brennt	brannte	hat gebrannt
bringen	bringt	brachte	hat gebracht
denken	denkt	dachte	hat gedacht
dreschen	drischt	drosch	hat gedroschen
dürfen	darf	durfte	hat gedurft*
empfangen	empfängt	empfing	hat empfangen

empfehlen	empfiehlt	empfahl	hat empfohlen
empfinden	empfindet	empfand	hat empfunden
erlöschen	erlischt	erlosch	ist erloschen
erschre- cken	erschrickt; erschreckt	erschrak; erschreckte	ist erschrocken; hat erschreckt
erwägen	erwägt	erwog	hat erwogen
essen	isst	aß	hat gegessen
fahren	fährt	fuhr	hat; ist gefahren
fallen	fällt	fiel	ist gefallen
fangen	fängt	fing	hat gefangen
fechten	ficht	focht	hat gefochten
finden	findet	fand	hat gefunden
flechten	flicht	flocht	hat geflochten
fliegen	fliegt	flog	hat; ist geflogen
fressen	frisst	fraß	hat gefressen
frieren	friert	fror	hat gefroren
gebären	gebärt	gebar	hat geboren
geben	gibt	gab	hat gegeben
gedeihen	gedeiht	gedieh	ist gediehen
gehen	geht	ging	ist gegangen
gelingen	gelingt	gelang	ist gelungen
gelten	gilt	galt	hat gegolten
genesen	genest	genas	ist genesen
genießen	genießt	genoss	hat genossen
geraten	gerät	geriet	ist geraten
geschehen	geschieht	geschah	ist geschehen
gewinnen	gewinnt	gewann	hat gewonnen
gießen	gießt	goss	hat gegossen
gleichen	gleicht	glich	hat geglichen
gleiten	gleitet	glitt	ist geglitten
glimmen	glimmt	glomm/ glimmte	hat geglommen/ geglimmt
graben	gräbt	grub	hat gegraben
greifen	greift	griff	hat gegriffen
haben	hat	hatte	hat gehabt
halten	hält	hielt	hat gehalten
hängen	hängt	hing; hängte	hat gehangen; gehängt
heben	hebt	hob	hat gehoben

heißen	heißt	hieß	hat geheißen
helfen	hilft	half	hat geholfen
kennen	kennt	kannte	hat gekannt
klingen	klingt	klang	hat geklungen
kneifen	kneift	kniff	hat gekniffen
kommen	kommt	kam	ist gekommen
können	kann	konnte	hat gekonnt*
kriechen	kriecht	kroch	ist gekrochen
laden	lädt	lud	hat geladen
lassen	lässt	ließ	hat gelassen*
laufen	läuft	lief	ist gelaufen
leiden	leidet	litt	hat gelitten
leihen	leiht	lieh	hat geliehen
lesen	liest	las	hat gelesen
liegen	liegt	lag	hat gelegen
lügen	lügt	log	hat gelogen
mahlen	mahlt	mahlte	hat gemahlen
melken	milkt/melkt	molk/melkte	hat gemolken/ gemelkt
messen	misst	maß	hat gemessen
misslingen	misslingt	misslang	ist misslungen
mögen	mag	mochte	hat gemocht*
müssen	muss	musste	hat gemusst*
nehmen	nimmt	nahm	hat genommen
nennen	nennt	nannte	hat genannt
pfeifen	pfeift	pfiff	hat gepfiffen
preisen	preist	pries	hat gepriesen
quellen	quillt; quellt	quoll; quellte	ist gequollen; hat gequellt
raten	rät	riet	hat geraten
reiben	reibt	rieb	hat gerieben
reißen	reißt	riss	hat; ist gerissen
reiten	reitet	ritt	ist; hat geritten
rennen	rennt	rannte	ist gerannt
riechen	riecht	roch	hat gerochen
ringen	ringt	rang	hat gerungen
rufen	ruft	rief	hat gerufen
saufen	säuft	soff	hat gesoffen

saugen	saugt	sog	hat gesogen
schaffen	schafft	schuf	hat geschaffen
scheiden	scheidet	schied	hat; ist geschieden
scheinen	scheint	schien	hat geschienen
schelten	schilt	scholt	hat gescholten
schieben	schiebt	schob	hat geschoben
schießen	schießt	schoss	hat geschossen
schinden	schindet	schindete	hat geschunden
schlafen	schläft	schlief	hat geschlafen
schlagen	schlägt	schlug	hat geschlagen
schleichen	schleicht	schlich	ist geschlichen
schleifen	schleift	schliff; schleifte	hat geschliffen; hat geschleift
schließen	schließt	schloss	hat geschlossen
schlingen	schlingt	schlang	hat geschlungen
schmeißen	schmeißt	schmiss	hat geschmissen
schmelzen	schmilzt	schmolz	ist geschmolzen
schneiden	schneidet	schnitt	hat geschnitten
schreiben	schreibt	schrieb	hat geschrieben
schreien	schreit	schrie	hat geschrie(e)n
schreiten	schreitet	schritt	ist geschritten
schweigen	schweigt	schwieg	hat geschwiegen
schwellen	schwellt; schwillt	schwellte; schwoll	hat geschwellt; ist geschwollen
schwimmen	schwimmt	schwamm	hat; ist geschwommen
schwinden	schwindet	schwand	ist geschwunden
schwingen	schwingt	schwang	hat geschwungen
schwören	schwört	schwor	hat geschworen
sehen	sieht	sah	hat gesehen
sein	ist	war	ist gewesen
senden	sendet	sendete; sandte	hat gesandt; gesendet
singen	singt	sang	hat gesungen
sinken	sinkt	sank	ist gesunken

sitzen	sitzt	saß	hat gesessen
sollen	soll	sollte	hat gesollt*
spalten	spaltet	spaltete	hat gespalten
speien	speit	spie	hat gespie(e)n
spinnen	spinnt	spann	hat gesponnen
sprechen	spricht	sprach	hat gesprochen
sprießen	sprießt	spross	ist gesprossen
springen	springt	sprang	ist gesprungen
stechen	sticht	stach	hat gestochen
stecken	steckt	steckte	hat gesteckt
stehen	steht	stand	hat gestanden
stehlen	stiehlt	stahl	hat gestohlen
steigen	steigt	stieg	ist gestiegen
sterben	stirbt	starb	ist gestorben
stinken	stinkt	stank	hat gestunken
stoßen	stößt	stieß	hat; ist gestoßen
streichen	streicht	strich	hat gestrichen
streiten	streitet	stritt	hat gestritten
tragen	trägt	trug	hat getragen
treffen	trifft	traf	hat getroffen
treiben	treibt	trieb	hat getrieben
treten	tritt	trat	hat; ist getreten
trinken	trinkt	trank	hat getrunken
tun	tut	tat	hat getan
verderben	verdirbt	verdarb	hat; ist verdor-ben
verdrießen	verdrießt	verdross	hat verdrossen
vergessen	vergißt	vergaß	hat vergessen
verlieren	verliert	verlor	hat verloren
verlöschen	verlischt	verlosch	ist verloschen
verzeihen	verzeiht	verzieh	hat verziehen
wachsen	wächst	wuchs	ist gewachsen
waschen	wäscht	wusch	hat gewaschen
weben	webt	wob	hat gewoben
weichen	weicht	wich	ist gewichen
weisen	weist	wies	hat gewiesen
wenden	wendet	wandte; wendete	hat gewandt; ge-wendet
werben	wirbt	warb	hat geworben

Czasowniki nieregularne

werden	wird	wurde	ist geworden
werfen	wirft	warf	hat geworfen
wiegen	wiegt	wog	hat gewogen
wissen	weiß	wusste	hat gewusst
wollen	will	wollte	hat gewollt*
ziehen	zieht	zog	hat; ist gezogen
zwingen	zwingt	zwang	hat gezwungen

; średnik oddziela warianty zróżnicowane semantycznie

/ kreska ukośna oddziela warianty niezróżnicowane semantycznie

* gwiazdka oznacza, że w połączeniu z bezokolicznikiem innego czasownika forma w czwartej kolumnie tabeli ma postać **hat** + bezokolicznik; por.: **das habe ich nicht gekonnt**, ale: **das habe ich nicht machen können**

SŁOWNIK POLSKO-NIEMIECKI

POLNISCH-DEUTSCHES WÖRTERBUCH

ALFABET POLSKI
POLNISCHES ALPHABET

a [ɑ]	m [ɛm]
ą [õ]	n [ɛn]
b [bɛ]	ń [ɛnj]
c [cɛ]	o [o]
ć [cie]	ó [o kreskowane]
d [dɛ]	p [pɛ]
e [ɛ]	r [ɛr]
ę [ẽ]	s [ɛs]
f [ɛf]	ś [ɛsj]
g [gie]	t [tɛ]
h [cha]	u [u]
i [i]	w [wu]
j [jot]	y [igrɛk]
k [ka]	z [zɛt]
l [ɛl]	ź [ziet]
ł [ëu]	ż [żɛt]

A

a *conj* und; **od a do z** von A bis Z; **na ramieniu miała torbę, a w rękach walizki** über der Schulter trug sie eine Tasche und in den Händen einen Reisekoffer; **to on zrobił, a nie ja** das hat er gemacht und nicht ich

abecadło *n* Abc *n*, Alphabet *n*

abonament *m* Abonnement *n*; **~ do teatru** *rów.* Anrecht *n*; **~ na przejazdy** Dauerkarte *f*

abonować *imperf vt* abonnieren, im Abonnement beziehen

aborcja *f* Abtreibung *f*, Abtreiben *n*

absolutny *adj* absolut; (*nieograniczony*) unbeschränkt; (*bezwarunkowy*) bedingungslos, unbedingt

absolwent *m* Absolvent *m*

abstrakcja *f* Abstraktion *f*

abstynent *m* Abstinenzler *m*

absurd *m* Unsinn *m*; **sprowadzić do ~u** ad absurdum führen

aby *conj* dass; (*cel*) damit, um... zu; **położył się, ~ odpocząć** er hat sich hingelegt, um sich auszuruhen

ach *int* ach!; (*poza bólem*) *t.* ah!

aczkolwiek *conj* obwohl, obgleich, obschon, wenn auch; **przyłączył się do nas, ~ bez entuzjazmu** er hat sich uns angeschlossen, wenn auch ohne Begeisterung

adaptacja *f* Anpassung *f*; Adaptation *f* (*t. teatr*)

adidasy *pl* Adidas-Schuhe *pl*

administracja *f* Verwaltung *f*; (*w USA*) Administration *f*

adoptować *imperf vt* a-

doptieren; ~ **dziecko** ein Kind adoptieren, ein Adoptivkind haben
adres *m* Adresse *f*, Anschrift *f*; **pod tym ~em** unter dieser Adresse
adresat *m* Adressat *m*, Empfänger *m*
adresować *imperf vt* adressieren, mit Anschrift versehen; ~ **list** einen Brief adressieren <mit Anschrift versehen>
adwokat *m* Rechtsanwalt *m*
aerobik *m* Aerobic *n*
aerozol *m* Aerosol *n*; **w ~u** im Zerstäuber
afektowany *adj* affektiert
afera *f* Affäre *f*
aferzysta *m* Schwindler *m*
Afganka *f* Afghanin *f*
Afgańczyk *m* Afghane *m*
afgański *adj* afghanisch
afisz *m* Plakat *n*, Anschlag *m*
afiszować się *imperf* sich aufspielen; ~ **z czymś** sich mit etw. aufspielen, mit etw. angeben
Afrykanin *m* Afrikaner *m*
Afrykanka *f* Afrikanerin *f*
afrykański *adj* afrikanisch
agencja *f* Agentur *f*; ~ **prasowa** Presseagentur *f*
agenda *f* Zweigstelle *f*; (*terminarz*) Merkbuch *n*
agent *m* Agent *m*; ~ **giełdowy** Börsenmakler *m*
agonia *f* Agonie *f*, Todeskampf *m*
agrafka *f* Sicherheitsnadel *f*
agresja *f* Agression *f*; (*atak*) Angriff *m*
agrest *m* Stachelbeere *f*
agresywny *adj* aggressiv
aha! *int* aha!; ~ **już rozumiem** aha!, ich verstehe schon
AIDS *m* Aids *n*
akademia *f* (*wyższa uczelnia*) Akademie *f*, Hochschule *f*; (*uroczystość*) Festveranstaltung *f*
akademicki *adj* akademisch; **dom ~** Studenten(wohn)heim *n*; **rok ~** Studienjahr *n*
akademik *m pot.* (*dom akademicki*) Studenten(wohn)heim *n*
akcelerator *m* Akzelerator *m*, Teilchenbeschleuniger *m*
akcesoria *spl* Akzessorien

pl, Zubehör *n*; **~ samochodowe** Autozubehör *n*
akcent *m* Akzent *m*, Betonung *f*; *pot.* **mówić z obcym ~em** mit (ausländischem) Akzent sprechen
akcentować *imperf vt* akzentuieren, betonen
akcj|a *f* Aktion *f*; *ekon.* Aktie *f*; **~a ratunkowa** Rettungsaktion *f*; **~a powieści <sztuki>** Handlung *f*; **~a wyborcza** Wahlkampagne *f*; *ekon.* **kurs ~i** Aktienkurs *m*
akcjonariusz *m* Aktionär *m*
aklimatyzować *imperf vt* akklimatisieren; **~ się** sich akklimatisieren; (*o ludziach*) *t.* sich einleben
akord *m muz.* Akkord *m*; **praca na ~** Akkordarbeit *f*, die Arbeit gegen Stücklohn
akordeon *m* Akkordeon *n*
akredytacja *f* Akkreditierung *f*
akt *m* (*urzędowy*) Akte *f*; (*w sztuce*) Akt *m*; **~ urodzenia <ślubu>** Geburtsurkunde *f* <Trauschein *m*>; **~ notarialny** eine notarielle Urkunde
aktor *m* Schauspieler *m*
aktorka *f* Schauspielerin *f*
aktówka *f* Aktentasche *f*
aktualnoś|ć *f* Aktualität *f*; **stracić <zyskać> ~ć** an Aktualität verlieren <gewinnen>; **~ci dnia** Tagesereignisse *pl*, Tagesschau *f*
aktualny *adj* aktuell, zeitgemäß
aktywa *spl ekon.* Aktiva *pl*
aktywny *adj* aktiv, tätig
akumulator *m elektr.* Akku(mulator) *m*; *mot. pot.* Batterie *f*
akupunktura *f* Akupunktur *f*
akurat *adv* genau, gerade
akuszerka *f* Hebamme *f*
akwarela *f* Aquarell *n*; (*farba*) Aquarellfarbe *f*
akwarium *n* Aquarium *n*
akwen *m* Gewässer *n*
akwizytor *m* Kundenwerber *m*
alarm *m* Alarm *m*; **bić na ~** Alarm schlagen
Albanka *f* Albanerin *f*
Albańczyk *m* Albaner *m*
albański *adj* albanisch
albo *conj* oder; **~... ~** entweder... oder; **~ ten, ~**

tamten entweder dieser oder jener
albowiem *conj* denn, weil
album *m* Album *n*; **~ do znaczków pocztowych** Briefmarkenalbum *n*; **~ do zdjęć** Fotoalbum *n*; **~ malarstwa** Bilderbuch *n*
ale *conj* aber; **śpieszył się, ~ nie zdążył** er hatte sich beeilt, schaffte es aber nicht; *part* aber; **~ dziś gorąco** es ist heute aber heiß
aleja *f* Allee *f*
alejka *f* eine (kleine) Allee
alergia *f* Allergie *f*
ależ *part*; *zob.* **ale**
alfabet *m* Alphabet *n*, Abc *n*
alibi *n* Alibi *n*
alimenty *spl* Alimente *pl*
alkohol *m* Alkohol *m*
alkoholik *m* Alkoholiker *m*, Trinker *m*
alkoholowy *adj* alkoholhaltig, alkoholisch
alpinista *m* Alpinist *m*, Bergsteiger *m*
alt *m muz* Alt *m*
altana *f* Gartenlaube *f*
alternator *m mot.* Alternator *m*
alternatywa *f* Alternative *f*; (*wybór*) Wahl *f*
aluminiow|y *adj* Aluminium; **garnek ~y** Aluminiumtopf; **folia ~a** Alufolie *f*
aluzj|a *f* Anspielung *f*; **robić ~ę do czegoś** auf etw. Anspielungen machen, auf etw. anspielen
amant *m teatr* Liebhaber *m*; (*kochanek*) Geliebte(r) *m*
amator *m* Amateur *m*; (*niefachowiec*) Nichtfachmann *m*, Dilettant *m*
amatorski *adj* laienhaft; **film ~** Amateurfilm *m*
ambasada *f* Botschaft *f*
ambasador *m* Botschafter *m*; **~ RP** der Botschafter der Republik Polen
ambicj|a *f* Ehrgeiz *m*; **mieć wygórowane ~e** ehrsüchtig sein
ambitny *adj*: **być ~m** ehrgeizig sein
ambulans *m* Ambulanz *f*, Ambulanzwagen *m*
ambulatorium *n* Ambulanz *f*, Ambulatorium *n*
amen *n* Amen *n*; *pot.* (*całkowicie*); **na ~** total, vollständig, endgültig

Amerykanin *m* Amerikaner *m*
Amerykanka *f* Amerikanerin *f*
amerykanizm *m* Amerikanismus *m*
amerykański *adj* amerikanisch
amfetamina *f* Amphetamin *n*
amfiteatr *m* Amphitheater *n*
amnestia *f* Amnestie *f*; (*ułaskawienie*) Begnadigung *f*
amok *m* Amoklaufen *n*
amory *spl pot.* Liebschaften *pl*, Liebeleien *pl*
amortyzacja *f ekon.* Amortisation *f*, Abschreibung *f*; *techn.* Stoßdämpfung *f*
amortyzator *m techn.* Stoßdämpfer *m*
ampułka *f* Ampulle *f*
amputacja *f* Amputation *f*
amulet *m* Amulett *n*
amunicja *f* Munition *f*
analiza *f* Analyse *f*
analizować *imperf vt* analysieren
ananas *m* Ananas *f*
anarchia *f* Anarchie *f*
anatomia *f* Anatomie *f*
anatomiczny *adj* anatomisch
anegdota *f* Anekdote *f*
aneks *m* Annex *m*, Anhang *m*, Beilage *f*
anemia *f med.* Anämie *f*, Blutarmut *f*
angażować *imperf vt* engagieren; (*zatrudnić*) *rów.* einstellen, anstellen; **~ się w coś** sich in etw. engagieren
Angielka *f* Engländerin *f*
angielsk|i *adj* englisch; **mówić <rozmawiać> po ~u** Englisch <englisch> sprechen; **wyjść po ~u** sich (auf) französich verabschieden
angina *f* Angina *f*
Anglik *m* Engländer *m*
anglikański *adj* anglikanisch; **Kościół ~** die anglikanische Kirche
ani *part*: **~ razu** nicht einmal, kein einziges Mal; *conj* **~ to, ~ tamto** weder dies noch jenes
anioł *m* Engel *m*
ankieta *f* Umfrage *f*

anons *m* Annonce *f*, Inserat *n*

anorak *m* (*kurtka*) Anorak *m*

anormalny *adj* anormal

antena *f* Antenne *f*; **~ telewizyjna** Fernsehantenne *f*; **~ satelitarna** Satellitenantenne *f*; **~ kierunkowa** Richtantenne *f*

antybiotyk *m* Antibiotikum *n*

antyczny *adj* antik, altertümlich

antyk *m* *hist.* Antike *f*; (*staroć*) Antiquität *f*

antykoncepcja *f* Empfängnisverhütung *f*

antykoncepcyjn|y *adj* empfängnisverhütend; **środki ~e** empfängnisverhütende Mittel

antykwariat *m* Antiquariat *n*, Altbuchhandlung *f*

antypatia *f* Antipathie *f*, Abneigung *f*

anulować *imperf vt* annullieren, für ungültig erklären; **~ dług** eine Schuld löschen <erlassen>

aparat *m* Apparat *m*; **~ fotograficzny** Fotoapparat *m*; **~ radiowy** Rundfunkapparat *m*, Radioapparat *m*

apartament *m* (*w hotelu*) Appartement *n*; (*mieszkanie do wynajęcia*) Apartment *n*

apatia *f* Apathie *f*

apel *m* (*wezwanie*) Appell *m*, Aufruf *m*: **zwracać się z ~em do kogoś** einen Appell an jmdn richten

apelować *imperf vi*, appellieren; **~ do kogoś** an jmdn appellieren; **~ do kogoś w sprawie czegoś** sich mit etw. an jmdn wenden

aperitif *m* Aperitif *m*

apetyt *m* Appetit *m*; **mieć ~ na coś** Appetit auf etw. haben; **nie mieć ~u** keinen Appetit haben

apostrof *m* Apostroph *m*, Auslassungszeichen *n*

aprobować *imperf vt* approbieren, gutheißen; **~ coś** etw. approbieren

aprowizacja *f* Verpflegung *f*, Verproviantierung *f*

apteczka *f* Hausapothek

f; (*w samochodzie*) Verbandkasten *m*
apteka *f* Apotheke *f*
aptekarz *m* Apotheker *m*
Arab *m* Araber *m*
Arabka *f* Araberin *f*
arabski *adj* arabisch; **język ~** die arabische Sprache, Arabisch *n*
arbuz *m* Wassermelone *f*
archeologia *f* Archäologie *f*
archipelag *m* Archipel *m*, Inselgruppe *f*
architekt *m* Architekt *m*
architektura *f* Architektur *f*, Baukunst *f*
arcydzieło *n* Meisterwerk *n*, Meisterstück *n*
aren|a *f* Arena *f*; *przen.* **na ~ie międzynarodowej** auf dem internationalen Schauplatz
aresztować *imperf vi* verhaften
Argentynka *f* Argentinierin *f*
Argentyńczyk *m* Argentinier *m*
argentyński *adj* argentinisch
argument *m* Argument *n*; **wysuwać ~y za czymś <przeciw czemuś>** Argumente für <gegen> etw. (vor)bringen
argumentować *imperf vi* argumentieren
aria *f* Arie *f*
arkusz *m* Bogen *m*, Blatt *n*
armata *f* Kanone *f*
Armenka *f* Armenierin *f*
Armeńczyk *m* Armenier *m*
armeński *adj* armenisch
armia *f* Armee *f*
arogancja *f* Arroganz *f*
aromat *m* Aroma *n*
arteria *f* Arterie *f*
artretyzm *m med.* Arthritis *f*
artykuł *m* Artikel *m*; (*w gazecie*) **~ wstępny** Leitartikel *m*; **~y spożywcze** Lebensmittel *pl.*; **~y pierwszej potrzeby** Bedarfsartikel *pl*
artysta *m* Künstler *m*
artystyczn|y *adj* künstlerisch; **rzemiosło ~e** Kunsthandwerk *n*
arytmetyka *f* Arithmetik *f*
as *m karc.*, *sport.* As *n*; *pot.* **być asem z matematyki** ein As in Mathematik sein

asekurować *imperf vt* sichern, schützen; (*własnym ciałem*) *t.* decken
asfalt *m* Asphalt *m*
asortyment *m* Sortiment *n*, Auswahl *f* (**czegoś** an etw.)
aspek|t *m* Aspekt *m*; Hinsicht *f*; **w tym ~cie** unter diesem Aspekt, in dieser Hinsicht
aspiryna *f* Aspirin *n*
astma *f* Asthma *n*
astrologia *f* Astrologie *f*
astronauta *m* Astronaut *m*, Kosmonaut *m*, Raumfahrer *m*
astronomia *f* Astronomie *f*
asygnata *f* Kassenquittung *f*
asymilować *imperf vt* assimilieren (**dwutlenek węgla** Kohlensäure); **~ się** sich assimilieren, sich anpassen (**z czymś** an etw.)
asystent *m* Assistent *m*
atak *m* Angriff *m*; (*choroby*) Anfall *m*; *sport.* (*grupa graczy*) Sturmreihe *f*, Stürmer *pl*; *med.* **~ serca** Herzanfall *m*
atakować *imperf vt* angreifen, stürmen
ateista *m* Atheist *m*
atelier *n* Atelier *n*
atest *m* Qualitätsprädikat *n*, Qualitätszeugnis *n*
atlantycki *adj* atlantisch; **Ocean Atlantycki** der Atlantik
atlas *m* Atlas *m*; **~ samochodowy** Autoatlas *m*
atleta *m* Athlet *m*; *sport.* Wettkämpfer *m*; (*w cyrku*) Kraftmensch *m*
atletyka *f sport.* **lekka ~** Leichtathletik *f*
atmosfera *f* Atmosphäre *f* (*t. przen.*)
atomow|y *adj* Atom-; **bomba ~a** Atombombe *f*; **broń ~a** Atomwaffen *pl*
atrakcja *f* Attraktion *f*; **~ turystyczna** eine touristische Attraktion
atrakcyjny *adj* attraktiv
atut *m* Trumpf *m*
audiencj|a *f* Audienz *f*; **przyjąć na ~i** in Audienz empfangen
audycja *f* Sendung *f*, (*radiowa*) Rundfunksendung *f*
aukcja *f* Auktion *f*, Versteigerung *f*

Australijczyk *m* Australier *m*
Australijka *f* Australierin *f*
austriacki *adj* österreichisch
Austriaczka *f* Österreicherin *f*
Austriak *m* Österreicher *m*
autentyczny *adj* authentisch
aut *m sport.* Aus *n*; **piłka wyszła na ~** der Ball rollte ins Aus
autentyk *m* Original *n*
auto *n* Auto *n*, Kraftwagen *m*
autoalarm *m* Alarmanlage *f*
autobiografia *f* Autobiographie *f*
autobus *m* Omnibus *m*, Autobus *m*
autograf *m* Autogramm *n*
autokar *m* Autobus *m*; Autocar *m*
autokemping *m* Autocamping *n*
automat *m* Automat *m*; **~ telefoniczny** Fernsprechautomat *m*
autonomia *f* Autonomie *f*
autoportret *m* Selbstbildnis *n*, Selbstporträt *n*
autopsja *f* Autopsie *f*
autor *m* Verfasser *m*, Autor *m*
autorka *f* Verfasserin, Autorin *f*
autoryzować *imperf vt* autorisieren
autoserwis *m* Autowerkstatt *f*, Autoservice *m*
autostop *m*: **podróżować ~em** per Anhalter reisen
autostopowicz *m* Tramper *m*; *pot.* Anhalter *m*
autostrada *f* Autobahn *f*; **~ płatna** eine gebührenpflichtige Autobahn
awangarda *f* Avantgarde *f*
awans *m* (*o czymś*) Aufstieg *m*; (*awansowanie kogoś*) Beförderung *f*
awansować *perf imperf vt* befördern; **~ kogoś na kierownika <dyrektora>** jmdn zum Leiter <Direktor> befördern
awantur|a *f* Krach *m*, Krawall *m*; *pot.* **zrobić ~ę** Krach machen (**komuś** mit jmdm)
awaria *f* Havarie *f*, Panne *f*
awionetka *f* Kleinflugzeug *n*

awitaminoza *f* Avitaminose
awizo *n* Avis *m*, *n*, Aviso *n*
Azjata *m* Asiat *m*
Azjatka *f* Asiatin *f*
azjatycki *adj* asiatisch
azyl *m* Asyl *n*; **prawo ~u** Asylrecht *n*; **szukać ~u** um Asyl bitten <nachsuchen>; **udzielić komuś ~u** jmdm Asyl gewähren
azylant *m* Asylant *m*
aż *conj* (*o czasie*) bis; **poczekaj, aż przyjdę** warte, bis ich komme; *part* sogar; *part z praep* (*o czasie*) **aż do** bis zu; **aż do (roku) 1965** bis (zum Jahr) 1965; (*o przestrzeni*) **aż do** bis an..., bis nach..., bis zu...; **aż do Warszawy** bis nach Warschau

B

babcia *f* Großmutter *f*, (*pieszczotliwie*) Oma *f*
babeczka *f* (*ciastko*) ein kleiner Napfkuchen
bacznoś|ć *f* Achtung!, Vorsicht!; **mieć się na ~ci** auf der Hut sein; *wojsk.* stillgestanden!
bać się *imperf* fürchten (**kogoś <czegoś>** jmdn <etw.>); Angst haben (**kogoś <czegoś>** vor jmdm <vor etw.>); **~ o kogoś <o coś>** um jmdn <um etw.> besorgt sein; **nie bój się** (*nie przejmuj się*) habe keine Angst, *pot.* keine Bange!
badać *imperf vt* untersuchen (*rów. chorego*); *prawn.* **~ świadka** (*przesłuchiwać*) einen Zeugen verhören <vernehmen>; (*naukowo*) erforschen (**coś** etw.)
badanie *n* Untersuchung *f*; (*naukowe*) *rów.* Forschung *f*, Erforschung *f*; (*świadka*) Verhör *n*
badminton *m* Federball *m*, Badminton *n*; **grać w ~a** Federball <Badminton> spielen
bagaż *m* Gepäck *n*; **oddać na ~** das Gepäck aufgeben; **przechowalnia ~u** Gepäckaufbewahrung *f*

bagażnik *m* (*w samochodzie*) Kofferraum *m*; (*na dachu samochodu*) Dachgepäckträger; (*rowerowy*) Gepäckträger *m*
bagażowy *adj* Gepäck-; **wagon ~** Gepäckwagen *m*; (*o człowieku*) Gepäckträger *m*
bagietka *f* Baguette *f*
bagno *n* Sumpf *m*, Moor *n*
bajka *f* Märchen *n*
bak *m* Tank *m*; **nalać do ~u** (*do pełna*) voll tanken
bakalie *pl* Backobst *n*
bakteria *f* Bakterie *f*
bal *m* Ball *m*; **~ kostiumowy** Kostümball *m*; **~ maskowy** Maskenball *m*
balast *m* Ballast *m*; *przen.* (*zbędne obciążenie*) Belastung *f*
baleron *m* Rollschinken *m*
balet *m* Ballet *n*
balkon *m* Balkon *m*; (*w teatrze*) Rang *m*
ballada *f lit., muz.* Ballade *f*
balon *m* Ballon *m*
balsam *m* Balsam *m*
bałagan *m pot.* Durcheinander *n*; **narobić ~u** alles durcheinanderbringen
bałtycki *adj* baltisch; **Morze Bałtyckie** die Ostsee
bałwan *m* (*bożek*) Götzenbild *n*; (*ze śniegu*) Schneemann *m*; (*głupiec*) Dummkopf *m*, Tölpel *m*; (*fala*) Meereswoge *f*, Meereswelle *f*
banalny *adj* banal, flach, fade
banan *m* Banane *f*
banda *f* Bande *f*; *sport* (*krawędź*) Bande *f*
bandaż *m* Bandage *f*, Verband *m*
bandażować *imperf vt* verbinden (**ranę** die Wunde)
bandera *f* Flagge *f*, Schiffsflagge *f*
banderola *f* Banderole *f*
bandyta *m* Bandit *m*, (*przestępca*) Verbrecher *m*
bank *m* Bank *f*; **~ emisyjny** Notenbank *f*; **~ handlowy** Handelsbank *f*; **~ kredytowy** Kreditbank *f*
bankiet *m* Bankett *n*, Festmahl *n*, Gastmahl *n*; **wydać ~** ein Bankett geben

banknot *m* Banknote *f*
bankomat *m* Bankautomat *m*
bankowość *f* Bankwesen *n*
bankructwo *n* Bankrott *m*; (*upadłość*) Konkurs *m*; *zob.* **bankrutować**
bankrutować *imperf vi* Bankrott machen
bańka *f* (*naczynie*) Kanne *f*; (*powietrzna*) Luftblase *f*; (*mydlana*) Seifenblase *f*
bar *m* Bar *f*; **~ kawowy** Kaffeebar *f*; **~ samoobsługowy** Selbstbedienungsbar *f*; **~ mleczny** Milchbar *f*; **~ przekąskowy** Schnellgaststätte *f*
barak *m* Baracke *f*
baran *m* Widder *m*; *przen.* Schafskopf *m*; **wziąć dziecko na ~a** ein Kind huckepack tragen
baranina *f* Hammelfleisch *n*
barbarzyński *adj* barbarisch
bardz|o *adv* sehr; **~iej** mehr; **coraz ~iej** immer mehr; **tym ~iej, że...** um so mehr, als...; **nie ~o** nicht besonders; **~o dobrze** sehr gut
bariera *f* Barriere *f*
bark *m anat.* Schulter *f*
barman *m* Barmann *m*, Barkeeper *m*
barmanka *f* Bardame *f*
barok *m* Barock *n* / *m*
barometr *m* Barometer *n*
barometryczny *adj* barometrisch
barwa *f* Farbe *f*; **~ ochronna** Schutzfarbe *f*
barwnik *m* Farbstoff *m*
bary *pl pot.* Schultern *pl*; **szerokie ~** breite Schultern; **brać się za ~** ringen
baryczny *adj* barisch; **niż ~** Tief *n*, Tiefdruck *m*; **wyż ~** Hochdruck *m*
baryton *m* Bariton *m*
bas *m* Baß *m*
basen *m* Bassin *n*; **~ pływacki** Schwimmbad *n*, Schwimmbecken *n*; (*sportowy*) Schwimmerbecken *n*
bateria *f* Batterie *f*; **~ słoneczna** Sonnenbatterie *f*, Sonnenzelle *f*, Solarzelle *f*

batonik *m* Schokoriegel *m*, Schokowaffelstange *f*
bawełn|a *f* Baumwolle *f*; *przen.* **<nie> owijać w ~ę** durch die Blume sagen <unverblümt sagen>
bawić *imperf vt* unterhalten, belustigen; (*o dzieciach*) **~ się** spielen; **dobrze się ~** sich gut amüsieren
baza *f* Basis *f*; *inform.* **~ danych** Basisdatei *f*
bazar *m* Basar *m*, Markt *m*
bazylika *f* Basilika *f*
bażant *m zool.* Fasan *m*
bąbel *m* Blase *f*
bąk *m zool.* Bremse *f*; (*zabawka*) Kreisel *m*; *żart.* (*dziecko*) Balg *n*
beczeć *imperf vi* (*o owcy*), blöken, (*o kozie*) meckern; *pot.* (*płakać*) laut weinen, plärren, heulen
beczk|a *f* Fass *n*; **piwo z ~i** Bier vom Fass, Fassbier *n*
befsztyk *m* Beefsteak *n*
bekać *imperf vi* rülpsen; *pot.* (*odbijć się*) aufstoßen
beknąć *perf vi zob.* **bekać**
bekon *m* Bacon *m*
beletrystyka *f* Belletristik *f*
Belg *m* Belgier *m*
Belgijka *f* Belgierin *f*
belka *f* Balken *m*
benzyna *f* Benzin *n*; **~ bezołowiowa** bleifreies Benzin
benzynow|y *adj* Benzin-; **silnik ~y** Benzinmotor *m*; **stacja ~a** Tankstelle *f*
beret *m* Barett *n*, Baskenmütze *f*
bestseller *m* Bestseller *m*; (*zw. sensacyjny*) Reißer *m*
beton *m* Beton *m*
bez[1] *m bot.* Flieder *m*
bez[2] *praep* ohne; **~ butów <kapelusza>** ohne Schuhe <Hut>; **~ grosza** ohne Geld; **~ ogródek** ohne Umschweife; **~ wątpienia** ohne Zweifel, zweifelsohne; **~ względu na coś** ohne Rücksicht auf etw.
beza *f* Baiser *n*
bezalkoholowy *adj* alkoholfrei
bezbarwny *adj* farblos
bezbłędny *adj* fehlerlos

bezbolesny *adj* schmerzlos
bezcelowy *adj* zwecklos
bezcen *m*: **za ~** spottbillig
bezcenny *adj* unschätzbar
bezcłow|y *adj* zollfrei; **strefa ~a** zollfreie Zone
bezczelny *adj* frech
bezczynny *adj* untätig
bezdewizowy *adj* devisenfrei
bezdomny *adj* obdachlos
bezduszny *adj* seelenlos
bezdzietny *adj* kinderlos
bezgotówkowy *adj* bargeldlos; *ekon.* **obrót ~** bargeldloser Umsatz
bezinteresowny *adj* uneigennützig, selbstlos
bezkarnie *adv* straflos; **ujść ~** straflos <straffrei, glimpflich> ausgehen <(*o kimś*) davonkommen>
bezkofeinow|y *adj* koffeinfrei; **kawa ~a** koffeinfreier Kaffee
bezkolizyjny *adj* kollisionsfrei; **ruch ~** kollisionsfreier Verkehr
bezkompromisowy *adj* kompromißlos
bezkonfliktowy *adj* konfliktlos
bezkonkurencyjny *adj* konkurrenzlos
bezkrytyczny *adj* kritiklos
bezkształtny *adj* formlos
bezlitosny *adj* unerbittlich
bezludny *adj* menschenleer
bezładny *adj* unordentlich, ungeordnet; (*jako orzecznik*) *rów.* durcheinander
bezmięsn|y *adj* fleischlos; **danie ~e** ein fleischloses Gericht; **dieta ~a** eine fleischlose Diät
bezmyślny *adj* gedankenlos; (*roztargniony*) zerstreut, unachtsam
beznadziejny *adj* hoffnungslos, aussichtslos
bez ogródek *adv* ohne Umschweife, unumwunden, unverblümt
bezokolicznik *m gram.* Infinitiv *m*
bezosobowy *adj* unpersönlich
bezowocny *adj* fruchtlos, erfolglos, nutzlos

bezpański *adj* herrenlos; **~ pies** ein herrenloser Hund

bezpieczeństw|o *n* Sicherheit *f*; **poczucie ~a** Sicherheitsgefühl *n*

bezpiecznik *m elektr.* Sicherung *f*

bezpieczny *adj* sicher, gefahrlos, ungefährlich

bezpłatny *adj* unentgeltlich, kostenlos, kostenfrei

bezpłodność *f* Unfruchtbarkeit *f*; *med. t.* Sterilität *f*

bezpłodny *adj* (*o kobiecie*) unfruchtbar; (*o mężczyźnie*) zeugungsunfähig

bezpodstawny *adj* unbegründet, haltlos

bezpośredni *adj* direkt, unmittelbar; (*o człowieku*) direkt, (*prosty, naturalny*) ungekünstelt; **on jest taki ~** er ist so direkt <ungekünstelt>

bezprawny *adj* gesetzwidrig, widerrechtlich, illegal

bezpretensjonalny *adj* anspruchslos; (*skromny*) bescheiden

bezradny *adj* ratlos, hilflos

bezrobocie *n* Arbeitslosigkeit *f*

bezrobotn|y *adj* arbeitslos; **~i** die Arbeitslosen

bezsenność *f* Schlaflosigkeit *f*

bezsenny *adj* schlaflos

bezsens *m* Unsinn *m*, Nonsens *m*

bezsensown|y *adj* sinnlos, albern; **~e plotki** sinnloses, albernes Getratsche <Geschwätz>

bezsilny *adj* machtlos

bezsoln|y *adj* salzlos; **dieta ~a** die salzlose Diät

bezstronny *adj* unparteiisch, neutral

bezterminowy *adj* fristlos, unbefristet

beztroski *adj* sorglos; (*bez zmartwień*) *t.* sorgenlos

bezustanny *adj* ununterbrochen, unaufhörlich

bezużyteczny *adj* nutzlos, unbrauchbar

bezwartościowy *adj* wertlos

bezwarunkowy *adj* unbedingt, bedingungslos

bezwiednie *adv* unwissentlich, mechanisch
bezwładny *adj* reg(ungs)los; (*sparaliżowany*) gelähmt; *fiz.* träge
bezwstydny *adj* schamlos, unverschämt
bezwyznaniowy *adj* konfessionslos
bezwzględny *adj* rücksichtslos, schonungslos; (*surowy*) unnachsichtig; (*bezwarunkowy*) bedingungslos; (*absolutny*) absolut
bezzałogowy *adj* unbemannt; **lot ~** ein unbemannter Flug
bezzwłocznie *adv* sofort, ohne Verzug, unverzüglich
bezzwrotn|y *adj* nicht rückzahlbar; **~a pożyczka** eine nicht rückzahlbare Anleihe
beżowy *adj* sandfarbig, *nieodm.* beige
bęben *m* Trommel *f*; **uderzać w ~** die Trommel schlagen
bębenek *m* eine kleine Trommel *f*; (*werbel*) Wirbeltrommel *f*; *anat.* (*błona bębenkowa*) Trommelfell *n*
białaczka *f* Blutkrebs *m*, *med.* Leukämie *f*
białko *n* Eiweiß *n*; (*jajka*) *rów.* Eiklar *n*, Albumen *n*; (*zwierzęce*) *rów.* Eiweißkörper *m*
Białorusin *m* Belorusse *m*, Weißrusse *m*
Białorusinka *f* Belorussin *f*, Weißrussin *f*
białoruski *adj* belorussisch, weißrussisch
biał|y *adj* weiß; **~a broń** blanke <kalte> Waffen; **w ~y dzień** am hellen Tage; **~a kawa** Milchkaffee *m*; **~e wino** Weißwein *m*
Biblia *f* Bibel *f*, die Heilige Schrift
biblijny *adj* biblisch, Bibel-; **~ język** Bibelsprache *f*
biblioteczka *f* ein kleiner Bücherschrank, Bücherregal *n*
biblioteka *f* Bibliothek *f*
bibuła *f* (*do atramentu*) Löschpapier *n*; (*pisma podziemne*) illegale

Schriften; **~ filtracyjna** Filtrierpapier *n*
bić *imperf vi* schlagen; **~ brawo komuś** jmdm Beifall klatschen; **~ kogoś po twarzy** jmdn ohrfeigen; **~ się** sich schlagen, (sich) raufen
biec *imperf vi* laufen; **~ co sił w nogach** laufen, was die Beine hergeben; **~ komuś na pomoc** jmdm zu Hilfe laufen <rennen>
bied|a *f* Armut, Not *f*, Elend *n*; (*zły los*) Not *f*; (*kłopot*) Not *f*, Unglück *n*, Drangsal *f*; **żyć w ~zie** in Armut <in Not, armselig> leben
biedny *adj* arm, ärmlich, dürftig
biedronka *f zool.* Marienkäfer *m*
bieg *m* Lauf *m*; **~ życia <czasu, rzeki>** der Verlauf des Lebens <der Zeit, der Lauf des Flusses>; *sport.* **krótki ~** Kurzstreckenlauf *m*, Sprint *m*; **~ sztafetowy** Staffellauf *m*; *mot.* Gang *m*; **włączyć pierwszy ~** in den ersten Gang schalten; **skrzynia ~ów** Schaltgetriebe *n*
biegacz *m* Läufer *m*
biegać *imperf vi*, umherlaufen; (*o dzieciach*) herumtollen; **~ za czymś** nach etw. rennen; **~ na posyłki** Botendienste tun; *zob. rów.* **biec**
biegłość *f* Geläufigkeit *f*, Fertigkeit *f*, Gewandtheit *f*
biegły[1] *adj* gewandt, geschickt, geläufig; **~ w czymś** in etw. gewandt
biegły[2] *m* Sachverständige(r) *m*, Experte *m*
biegun *m fiz., geogr.* Pol *m*; **koń na ~ach** Schaukelpferd *n*; **fotel na ~ach** Schaukelstuhl *m*
biegunka *f med.* Durchfall *m*
bielizna *f* Wäsche *f*; **~ pościelowa** Bettwäsche *f*
biernik *m gram.* Akkusativ *m*
bierny *adj* passiv
bieżąco *adv* laufend; **być na ~** auf dem laufenden sein
bieżąc|y *adj* laufend, ak-

tuell; **rachunek ~y** die laufende Rechnung; **w ~ym roku** im laufenden Jahr; **~a woda** fließendes Wasser; (*z wodociągu*) Leitungswasser *n*

bieżnia *f* Laufbahn *f*; **~ na torze wyścigowym** Rennbahn *f*

bieżnik *m* Läufer *m*; *mot.* Reifenprofil *n*

bigamista *m* Bigamist *m*

bigos *m kulin.* Bigos *n*, Bigosch *n*

bikini *n* Bikini *m*

bilans *m ekon.* Bilanz *f*

bilard *m* Billard *n*

bilardow|y *adj* Billard-; **kula ~a** Billardkugel *f*; **kij ~y** Billardstock *m*; **stół ~y** Billardtisch *m*

bilet *m* Fahrkarte *f*, Fahrschein *m*; (*wizytowy*) Visitenkarte *f*; **~ ulgowy** eine ermäßigte Fahrkarte; **~ w jedną stronę** eine einfache Fahrkarte; **~ powrotny** Rückfahrkarte *f*; **~ miesięczny** Monatskarte *f*;

bileter *m* (*w teatrze, kinie*) Platzanweiser *m*; *kol.* Schalterbeamte(r) *m*

bilion *m* Billion *f*

bilon *m* Wechselgeld *n*

bimber *m* hausgemachter Branntwein, Fusel *m*

biodro *n* Hüfte *f*

biografia *f* Biographie *f*

biologia *f* Biologie *f*

biorca *m med.* Empfänger *m*; **~ organu** Organempfänger *m*

biosfera *f* Biosphäre *f*

bis *int* noch einmal! da capo!; (*powtórzenie*) Wiederholung *f*, Zugabe *f*; **na ~** als Zugabe

biskup *m* Bischof *m*

bisować *imperf vt* eine Zugabe geben, etw. wiederholen

biszkopt *m* Biskuit *n*, *m*

bit *m inform.* Bit *n*

bitw|a *f* Schlacht *f*; **pole ~y** Schlachtfeld *n*; **stoczyć ~ę** eine Schlacht schlagen

biuletyn *m* Bulletin *n*

biurko *n* Schreibtisch *m*

biuro *n* Büro *n*, Amt *n*; **~ informacji** Auskunftsbüro *n*; **~ podróży** Reisebüro *n*; **~ rzeczy znalezionych** Fundbüro *n*; **~**

pośrednictwa pracy Stellenvermittlungsbüro *n*
biurokracja *f* Bürokratie *f*; Verwaltungsapparat *m*
biust *m* Büste *f*
biustonosz *m* Büstenhalter *m*
biwak *m* Zeltplatz *m*
biwakować *imperf vi* zelten
biznes *m* Geschäft *n*
biznesmen *m* Geschäftsmann *m*
blacha *f* Blech *n*
blacharz *m* Klempner *m*
blady *adj* blass; **~ świt** Morgengrauen *n*
blaga *f* Prahlerei *f*, Lüge *f*
blankiet *m* Formular *n*, Blankett *n*
blask *m* Glanz *m*
blaszka *f* Blättchen *n*
blat *m* (Tisch)blatt *n*
blefować *imperf vi* bluffen
blezer *m* Flanelljackett *n*
blisk|i *adj* nahe; (*zbliżający się, np. o terminie*) bevorstehend; **~i śmierci** dem Tode nahe; **~i znajomy** ein alter Bekannter; **z ~a** aus der Nähe
blizna *f* Narbe *f*
bliźni *m* Nächste *m*, Mitmensch *m*
bliźniak *m* Zwilling *m*
bliźnięta *pl* Zwillinge *pl*
bloczek *m* kleiner Block, Notizblock *m*
blok *m* Block *m* (*rów. techn.*); **~ mieszkalny** Wohnblock *m*; **~ kasowy** Kassenblock *m*
blokada *f* Blockade *f* (*rów. med.*); **~ ekonomiczna** Wirtschaftsblockade *f*
blond *adj nieodm.* blond
blondyn *m* Blonde *m*
blondynka *f* Blondine *f*
bluszcz *m* Efeu *m*
bluza *f* Windjacke *f*
bluzka *f* Bluse *f*
błagać *imperf vt* flehen
błahy *adj* nichtig, unwesentlich; (*niegroźny*) harmlos
błazen *m* Narr *m*
błąd *m* Irrtum *m*, Fehler *m*; **~ drukarski** Druckfehler *m*
błądzić *imperf vi* irren; (*w terenie*) umherirren
błędn|y *adj* fehlerhaft, irrtümlich, falsch; **~e ko-**

ło Zirkelschluss *m*, Teufelskreis *m*
błękit *m* Blau *n*, Bläue *f*, Azur *m*
błękitny *adj* himmelblau, azurblau
błogosławić *imperf vi* segnen
błona *f* Haut *f*, *fot.* Film *m*; *anat.* ~ **śluzowa** Schleimhaut *f*
błoto *n* Dreck *m*
błysk *m* Glanz *m*, Aufblitzen *n*, Aufleuchten *n*, Schimmer *m*
błyskawica *f* Blitz *m*, *lit.* Blitzstrahl *m*
błyskawicznie *adv* blitzschnell
błyskawiczn|y *adj* blitzschnell, sehr schnell; **wojna ~a** Blitzkrieg *m*; **zamek ~y** Reißverschluss *m*; **zupa ~a** eine kochfertige Suppe
błyszczeć *imperf vi* glänzen; (*o czymś*) *rów.* leuchten, schimmern; (*olśniewać*) blendend sein
bo *conj* denn, nämlich, weil; **pośpiesz się, bo nie zdążysz** beeile dich, sonst kommst du zu spät
bochen|ek *m* Laib *m*, **pół ~ka chleba** ein halber Laib Brot
bocian *m zool.* Storch *m*
bocznica *f* Seitenstraße *f*, (*kolejowa*) Anschlussgleis *n*, Zweigbahn *f*
boczn|y *adj* seitlich; **~a ulica** Seitenstraße *f*
bodziec *m* Reiz *m*, Stimulus *m*, *przen.* Ansporn *m*
bogacić się *imperf* sich bereichern
bogactwo *n* (*majątek*) Reichtum *m*; (*obfitość*) Reichhaltigkeit *f*
bogacz *m* Reiche(r) *m*, ein reicher Mensch
bogaty *adj* reich
bogini *f* Göttin *f*
bohater *m* Held *m*; **~ powieści** Romanheld *m*; **główny ~** Hauptheld *m*
bohaterka *f* Heldin *f*
boisko *n sport.* Sportplatz *m*; (*piłkarskie*) Fußballplatz *m*
boja *f* Boje *f*
bojaźliwy *adj* ängstlich, furchtsam
bok *m* Seite *f*, Flanke *f*; **~iem** seitwärts; **przy czyimś ~u** an jmds Sei-

te; **na ~u** beiseite; **z ~u** von der Seite; **widok z ~u** Seitenansicht *f*

boks *m* (*pięściarstwo*) Boxen *n*, Boxsport *m*; (*odgrodzenie*) Verschlag *m*; **~ dla konia** Pferdestand *m*

bokser *m* Boxer *m*, Faustkämpfer *m*

bol|eć *imperf vi* schmerzen, weh tun; (*żałować*) beklagen, bedauern; **~i mnie głowa <ząb>** mir tut der Kopf <der Zahn> weh; **~i mnie gardło** ich habe Halsschmerzen *pl*; **co cię ~i?** was tut dir weh?, was fehlt dir?

bolesny *adj przen.* schmerzhaft; schmerzlich; (*dotkliwy*) empfindlich

bomba *f* Bombe *f*; (*sensacja*) Sensation *f*, Aufsehen *n*

bombardować *imperf vt* bombardieren

bombka *f* (*ozdoba choinkowa*) Christbaumkugel *f*

bombonierka *f* Pralinenschachtel *f*

bombowiec *m* Bombenflugzeug *n*, Bomber *m*

bon *m* Gutschein *m*, Wertmarke *f*; **~ towarowy** Warenbon *m*

bonifikata *f* Preisnachlass *m*; *handl.* Bonifikation *f*

bordo *adj* (*kolor*) bordeauxrot, bordorot; (*wino*) Bordeauxwein *m*

borować *imperf vt* bohren

borowik *m* Steinpilz *m*

boski *adj* göttlich

bosy *adj* barfüßig

botki *pl* Stiefel *pl*

boży *adj* göttlich; **Boże Ciało** Fronleichnam(sfest) *n*; **Boże Narodzenie** Weihnachten *n*, Weihnachtsfest *n*

Bóg *m* Gott *m*; **mój Boże!** mein Gott!; **chwała Bogu!** Gott sei Dank!; **wierzyć w Boga** an Gott glauben

bójka *f* Schlägerei *f*, Rauferei *f*, Raufhandel *m*

ból *m* Schmerz *m*, Weh *n*; **~ głowy** Kopfweh *n*; **~ gardła** Halsschmerz *m*; **~ zębów** Zahnschmerz *m*

brać *imperf vt* nehmen, greifen; **~ do wojska**

zum Militärdienst einberufen; <einziehen>; **~ górę nad kimś** über jmdn die Oberhand gewinnen; **~ coś na serio** etw. für ernst nehmen; **~ na siebie obowiązek** eine Pflicht auf sich nehmen <sich auferlegen>; **~ pod uwagę** in Betracht ziehen; **~ ślub** sich mit jmdm trauen lassen, jmdn heiraten; **~ w czymś udział** teilnehmen an etw.; **~ w rachubę** in Erwägung ziehen; **~ pensję** sein Gehalt beziehen; **~ coś na kredyt** etw. auf Kredit nehmen; **~ lekarstwo** eine Arznei einnehmen; **~ (gorący) prysznic** eine (heiße) Dusche nehmen; duschen; **~ za złe** übelnehmen

brak[1] *m* Mangel *m* (**czegoś** an etw); (*wada*) Defekt *m*; (*o towarze*) *rów.* Fehler *m*

brak[2]**: ~ mi pieniędzy** ich habe kein Geld; **~ mi słów** es fehlt <mangelt> mir an Worten

brak|ować *imperf vt* fehlen, mangeln; **~uje mi ciebie** du fehlst mir, ich vermisse dich; **~uje mi pieniędzy** es fehlt <mangelt> mir an Geld

brama *f* Tor *n*; **~ wjazdowa** Einfahrtstor *n*

bramk|a *f sport.* Tor *n*; **zdobyć ~ę** ein Tor erzielen; **strzelić ~ę** ein Tor schießen

bramkarz *m sport.* Torwart *m*

bransoletka *f* Armband *n*

brat *m* Bruder *m*; (*zakonny*) Ordensbruder *m*; **~ cioteczny** Vetter *m*; **~ przyrodni** Stiefbruder *m*

bratanek *m* Neffe *m*

bratanica *f* Nichte *f*

bratek *m bot.* Stiefmütterchen *n*

braterski *adj* brüderlich

bratobójcz|y *adj* brudermörderisch; **~a walka** ein brudermörderischer Kampf

bratowa *f* Schwägerin *f*

brawo *n* Beifall *m*; **~!** bravo!; **bić ~ komuś** jmdm Beifall klatschen

Brazylijczyk *m* Brasilianer *m*
Brazylijka *f* Brasilianerin *f*
brazylijski *adj* brasilianisch
brąz *m* Bronze *f*; (*kolor*) Braun *n*; *sport.* (*medal brązowy*) Bronzemedaille *f*, Bronze *f*
brew *f* Augenbraue *f*
brod|a *f* Kinn *n*; (*zarost*) Bart *m*; **zapuścić ~ę** sich einen Bart wachsen lassen
brodawka *f* Warze *f*
brodzić *imperf vi* waten
brojler *m* Masthuhn *n*
bronchit *m med.* Bronchitis *f*
bronić *imperf vt* verteidigen; **~ przed kimś <czymś>** vor jmdm <vor etw.> beschützen; **~ pokoju <ojczyzny>** den Frieden <das Vaterland> verteidigen; **~ się** sich verteidigen
broń *f* Waffe *f*; **~ palna** Schußwaffe *f*; **stać pod bronią** unter (den) Waffen stehen; **chwycić za ~** zu den Waffen greifen; **~ masowej zagłady** Massenvernichtungswaffen *pl*; **~ jądrowa** Kernwaffen *pl*; **zawieszenie broni** Waffenstillstand *m*
broszka *f* Brosche *f*
broszura *f* Broschüre *f*
brud *m* Schmutz *m*; (*brudna bielizna*) **~y** schmutzige Wäsche
bruderszaft *m* Brüderschaft *f*; **wypić z kimś ~** mit jmdn Brüderschaft trinken
brudny *adj* schmutzig
brudzić *imperf vt* beschmutzen, schmutzig machen; **~ sobie twarz, <ręce>** sich das Gesicht <die Hände> schmutzig machen; **~ się** sich beschmutzen; (*pogardliwie*) sich besudeln
brunatny *adj* braun
brunet *m* ein brünetter Mann
brunetka *f* Brünette *f*
brutaln|y *adj* brutal, gewalttätig; **~a gra** ein brutales Spiel; Holzerei *f*
bruzda *f* Furche *f*
brydż *m* Bridge *n*
brylant *m* Brillant *m*

bryła *f* Klumpen *m*; **~ lodu** Eisscholle *f*; *geom.* Körper *m*
Brytyjczyk *m* Brite *m*
Brytyjka *f* Britin *f*
brytyjski *adj* britisch
brzeg *m* Rand *m*, Kante *f*; (*morza*, *jeziora*, *rzeki*) Ufer *n*; (*morza*) Küste *f*; **nad ~iem** am Ufer, an der Küste
brzęk *m* (*oręża*) Gerassel *n*; (*szkła*) Geklirr *n*
brzmi|eć *imperf vi* klingen, tönen; (*o tekście*, *ustawie*, *itp.*) lauten; **tekst ~ jak następuje** der Tekst lautet, wie folgt
brzoskwinia *f* Pfirsich *m*
brzoza *f* Birke *f*
brzuch *m anat.* Bauch *m*
brzydki *adj* häßlich
brzydzić się *imperf vr* sich ekeln; **~ się kłamstwem** die Lüge verabscheuen; **~ się kogoś <czegoś>** sich vor jmdm <vor etw.> ekeln
bubel *m* Ramsch *m*, Schund *m*
buddysta *m* Buddhist *m*
budka *f* (kleine) Bude *f*; **~ telefoniczna** Telefonzelle *f*
budowa *f* Bau *m*, Struktur *f*; **~ ciała** Körperbau *m*
budować *imperf vt* bauen; (*stawiać sobie dom*) **~ się** sich ein Haus bauen
budownictwo *n* Bauwesen *n*; **~ mieszkaniowe** Wohnungsbau *m*
budynek *m* Gebäude *n*
budyń *m* Pudding *m*
budzić *imperf vt* (auf)wecken; **~ miłość <strach, wątpliwość>** Liebe <Furcht, Zweifel> erwecken
budzik *m* Wecker *m*, Weckuhr *f*
budżet *m* Haushalt *m*, Budget *n*, Etat *m*; **plan ~owy** Haushaltsplan *m*
bufet *m* (*w teatrze*, *szkole*, *itp.*) Erfrischungsraum *m*, Imbißraum *m*; (*w restauracji*) Buffet *n*; (*dania dla gości*) Buffet *n*; (*mebel*) Schanktisch *m*, Theke *f*
bujać *imperf vi* (*huśtać*)

wiegen, schaukeln; (*zmyślać*) aufschneiden, flunkern; *przen.* **~ w obłokach** in den Wolken schweben; **~ się** sich wiegen, (sich) schaukeln

bukiet *m* Strauß *m*, Bukett *n*; (*o winie*) Weinblume *f*, Bukett *n*; *kulin.* **~ z jarzyn** Gemüseplatte *f*

bulion *m kulin.* Bouillon *m*, Fleischbrühe *f*

bulwar *m* Boulevard *m*

Bułgar *m* Bulgare *m*

Bułgarka *f* Bulgarin *f*

bułgarski *adj* bulgarisch

bułka *f* Brötchen *n*, Semmel *f*

bungalow *m* Bungalow *m*

bunkier *m* Bunker *m*

buntować *imperf vt* aufwiegeln, aufhetzen; **~ się** sich auflehnen

burak *m* Rübe *f*

burmistrz *m* Bürgermeister *m*

bursztyn *m* Bernstein *m*

burza *f* Gewitter *n*; (*na morzu*) Sturm *m*; *przen.* **~ w szklance wody** Sturm im Wasserglas

burzyć *imperf vt* zerstören, demolieren; (*rozebrać*) niederreißen

but *m* Schuh *m*

butelka *f* Flasche *f*

butik *m* Boutique *f*, *pot.* Budike *f*

by *part*: **on by to zrobił** er würde das machen; (*w odniesieniu do przeszłości*) er hätte das gemacht; *por.* **aby**

być *imperf vi* (*istnieć; przebywać*) sein; (*odbywać się*) stattfinden; (*jako czasownik posiłkowy czasu przyszłego*) werden; **~ w domu <w pracy>** zu Hause <in Arbeit, im Dienst> sein; **jest wiosna** es ist Frühling; **będę pisał** ich werde schreiben; **~ dobrej myśli** guter Dinge sein; **~ może** vielleicht; **niech będzie, co chce** es mag kommen, was es will; es komme, was da wolle; **niech i tak będzie!** meinetwegen!; es mag sein; **co z nim będzie?** was wird mit ihm (sein)?

bydło *n*, Rinder *pl*, (Rind)vieh *n*

byk *m* Stier *m*; (*błąd*) Fehler *m*

byle *part* nur; irgend; **~ nie to!** nur nicht das!; **~ co** irgend etwas; **~ kto** irgendjemand; **~ jaki** irgendein

były *adj* ehemalig; **~ prezydent** der ehemalige Präsident

bystry *adj* (*szybki*) schnell, rasch; (*inteligentny*) geistreich, intelligent; (*o wzroku*) durchdringend, scharf

byt *m* Existenz *f*; (*w filozofii*) Sein *n*; *biol*. **walka o ~** der Kampf ums Dasein

bywa|ć *imperf vi* verkehren; (*przebywać*) sich aufhalten; **~ć w pewnym miejscu** sich an einem Ort aufhalten; **~ć u kogoś** bei jmdm verkehren; (*zdarzać się*) oft passieren, oft vorkommen; **~j zdrów!** lebe wohl!

bzdur|a *f pot*. dummes Zeug, Unsinn *m*; **pleść ~y** dummes Zeug reden

C

cal *m* Zoll *m*

całkiem *adv pot*. vollständig, völlig, ganz

całkowity *adj* ganz, gesamt, vollkommen

całodobowy *adj* Tag und Nacht dauernd, vierundzwanzig Stunden lang, rund um die Uhr

całodzienny *adj* ganztägig, den ganzen Tag dauernd; **z ~m utrzymaniem** mit voller Pension

całoroczny *adj* ganzjährig

całoś|ć *f* Ganze *n*, Ganzheit *f*; **w ~ci** im ganzen

całować *imperf vt* küssen; **~ się** einander <sich> küssen

całus *m* Kuss *m*

cał|y *adj* ganz, voll, all, komplett; **z ~ą wyrazistością** mit aller Deutlichkeit; **~y dzień** den ganzen Tag; **~y rok** das ganze Jahr; **~a Europa** ganz Europa; **~a praw-**

da die ganze Wahrheit; **~ymi godzinami** stundenlang; **z ~ej siły** mit aller Kraft

cążki *spl* Zange *f*

cebula *f* Zwiebel *f*

cebulka *f* junge Zwiebel; (*bulwa*) Knolle *f*

cecha *f* Eigenschaft *f*, Merkmal *n*; **~ wrodzona** eine angeborene Eigenschaft; **~ charakteru** Charakterzug *m*

cechować *imperf vt* kennzeichnen; (*znakować*) kenntlich machen; **~ się** sich kennzeichnen; **~ się czymś** sich kennzeichnen durch etw., charakteristisch sein für etw.

cedzić *imperf vt* seihen, filtrieren; (*odcedzać*) abseihen; (*sączyć*) filtrieren; **~ makaron** Nudeln abgießen; **~ słowa** langsam und mit Nachdruck sprechen

cegła *f* Ziegel *m*, Backstein *m*

cel *m* Ziel *n*, (*realizowane zamierzenie*) Zweck *m*; (*tarcza strzelnicza*) Zielscheibe *f*; **~ życia** Lebensziel *n*; **~ podróży** Reiseziel *n*; **w ~u** zwecks, zum Zwecke; **mieć coś na ~u** etw. bezwecken; **osiągnąć swój ~** sein Ziel erreichen; **chybić ~u** das Ziel verfehlen

celnik *m* Zollbeamte(r) *m*, Zöllner *m*

celn|y *adj* (*trafny*) treffsicher; **~y rzut** Treffer *m*; **~a uwaga** eine treffende Bemerkung; **opłata ~a** Zollgebühr *f*; **urząd ~y** Zollamt *n*; **odprawa ~a** Zollabfertigung *f*

celować *imperf vi* zielen; **~ do czegoś <do kogoś>** auf etw. <auf jmdn> zielen

celownik *m gram*. Dativ *m*; (*przy karabinie*) Visier *n*

celowo *adv* absichtlich; (*specjalnie*) eigens

celowy *adj* zweckmäßig

celujący *adj* (*doskonały*) vorzüglich, ausgezeichnet; **stopień ~** die Note „ausgezeichnet”

cement *m* Zement *m*

cementować *imperf vt* ze-

mentieren; *przen.* **~ przyjaźń** die Freundschaft festigen
cen|a *f* Preis *m*; **~a stała** Festpreis *m*; **~a zniżona** ein herabgesetzter Preis; **po tej ~ie** zu diesem Preis; **za pół ~y** zum halben Preis; **za wszelką ~ę** um jeden Preis
cenić *imperf vt* (*przyznawać wartość*) schätzen; (*poważać*) achten; **~ pracownika** den Mitarbeiter zu schätzen wissen
cennik *m* Preisliste *f*
cenn|y *adj* kostbar; *przen.* wertvoll; **~a pamiątka** ein wertvolles Andenken; **~a wskazówka** ein wertvoller Hinweis
cent *m* Cent *m*
centrala *f* Zentrale *f*; **~ telefoniczna** Telefonzentrale *f*
centraln|y *adj* zentral; **~e ogrzewanie** Zentralheizung *f*; **~e instytucje** Zentralbehörden *pl*
centrum *n* Zentrum *n*; **~ handlowe** Handelszentrum *n*; **~ miasta** Stadtzentrum *n*; **być <znajdować się> w ~ uwagi** im Mittelpunkt des Interesses stehen
centymetr *m* Zentimeter *m*, *n*; (*miarka*) Zentimetermaß *n*
cenzura *f* Zensur *f*
cera *f* (*twarzy*) Teint *m*
ceramika *f* Keramik *f*
cerata *f* Wachstuch *n*
cerkiew *f* die orthodoxe Kirche
cesarstwo *n* Kaiserreich *n*
cesja *f* Zession *f*, Übertragung *f*
cętka *f* Sprenkel *m*, Tüpfelchen *n*
chałtura *f* Gelegenheitsarbeit *f*, Job *m*; (*zajęcie dodatkowe*) Zuerwerb *m*
chałupa *f* Hütte *f*, *pot.* Kate *f*, Bude *f*
chałwa *f* Halwa *n*
cham *m pot.* Grobian *m*, Flegel *m*
chaotyczny *adj* chaotisch
charakter *m* (*zespół cech*) Charakter *m*; (*postać, forma*) Charakter *m*, Gepräge *n*; **silny <słaby> ~** ein starker <schwa-

cher> Charakter; **~ pisma** Handschrift *f*

charakterystyczn|y *adj* charakteristisch; **~y dla kogoś <czegoś>** für jmdn <etw.> charakteristisch; **cecha ~a** Charakteristikum *n*, ein charakteristisches Merkmal

charakterystyka *f* Charakteristik *f*

chart *m* Windhund *m*, (*charcik*) Windspiel *n*

charytatywny *adj* karitativ, mildtätig

chata *f* Hütte *f*; *zob.* chałupa

chcieć *vt imperf* wollen; **nie chce mi się** ich will nicht, ich habe keine Lust; **jak chcesz** wie du willst; **chce mi się pić** ich habe Durst; **chciałbym** ich möchte

chciwy *adj* gierig, habsüchtig

chemia *f* Chemie *f*

chę|ć *f* (*wola*) Wille *m*; (*życzenie*) Lust *f*; **mam ~ć na lody** ich habe Lust auf Eis; **nie mam ~ci** ich habe keine Lust; **z miłą ~cią** recht gern

chętnie *adv* gern(e)

chętny *adj* willig, bereitwillig; **~ do nauki** lernbegierig

Chilijczyk *m* Chilene *m*

Chilijka *f* Chilenin *f*

chilijsk|i *adj* chilenisch Chile-; **~a saletra** Chilesalpeter *m*

Chinka *f* Chinesin *f*

Chińczyk *m* Chinese *m*

chiński *adj* chinesisch

chipsy *pl* Chips *pl*

chirurg *m* Chirurg *m*

chlapać *imperf vt* (*kogoś*) bespritzen; **~ wodą** mit Wasser bespritzen

chleb *m* Brot *n*; **~ z masłem** Butterbrot *n*; **~ powszedni** das tägliche Brot

chlebak *m* Brotbeutel *m*

chlub|a *f* (*o osobie*) Stolz *m*; **był naszą ~ą** er war unser Stolz; (*chwała*) Ehre *f*; Ruhm *m*

chlubić się stolz sein; **~ się czymś** (*być dumnym*) auf etw. stolz sein, (*chwalić się*) sich eines Dinges rühmen

chlupać *imperf vi* (*o cieczy*) platschen

chłodnia *f* Kühlraum *m*, (*samochód, wagon*) Kühlwagen *m*

chłodnica *f mot.* Kühler *m*

chłodnik *m kulin.* Kaltschale *f*

chłodno *adv* kühl; **jest ~** es ist kühl; **jest mi ~** mir ist kühl

chłodny *adj* kühl, kalt; *przen.* (*oschły*) kaltherzig, gleichgültig; **~ wzrok** ein kalter Blick

chłodziarka *f*; (*lodówka*) Kühlschrank *m*

chłodzić *imperf vt* (ab)kühlen; (*zamrażać*) einfrien; **~ się** sich abkühlen, sich erfrischen

chłop *m* Bauer *m*; *pot.* Kerl *m*, (*mąż*) Mann *m*

chłopak, chłopiec *m* Knabe *m*, Junge *m*; *pot.* (*młodzieniec*) *ein* junger Mann; (*przyjaciel, narzeczony*) Freund *m*; *lit.* Verlobte(r) *m*

chłopka *f* Bäuerin *f*

chłopski *adj* bäuerlich; *pot.* **~ rozum** gesunder Menschenverstand

chłód *m* Kühle *f*, Kälte *f*

chmura *f* Wolke *f*

chmurny *adj* bewölkt; *przen.* (*zasępiony*) umwölkt, düster; **~ wzrok** düsterer Blick

chmurzyć się *imperf* sich bewölken, sich beziehen

chociaż, choć *conj* obgleich, obwohl; **on pracuje, ~ jest chory** er arbeitet, obwohl er krank ist; **miła, ~ nieładna** sie ist nett, wenn auch nicht hübsch; *part* wenigstens, zumindest; **~ trochę** wenigstens ein bisschen

choćby *conj* wenn auch; *part.* wenn auch noch; **wyjechać, ~ na krótko** verreisen, wenn auch nur für kurze Zeit; **~ jeden fakt** wenigstens eine Tatsache

chodnik *m* (*trotuar*) Bürgersteig *m*; (*dywanik*) Läufer *m*

chodz|ić *imperf vi* gehen; **~ić dokądś** irgendwohin gehen; (*kursować*) verkehren; (*funkcjonować*) gehen, funktionieren; (*krążyć*) herumgehen; **~ić po górach** im Gebirge wandern; **~ić piecho-**

tą zu Fuß gehen; **tramwaj rzadko ~i** die Straßenbahn verkehrt selten; **~ą plotki, że...** es laufen Klatschereien um <es wird gemunkelt>, daß...

choinka *f* Weihnachtsbaum *m*, Christbaum *m*

choler|a *f med.* Cholera *f*; *pot.* **idź do ~y!** geh zum Teufel!

cholerny *adj pot.* verdammt, verflucht, verflixt

cholesterol *m biol.* Cholesterin *n*

chomik *m zool.* Hamster *m*

chorągiew *f* Fahne *f*

choroba *f* Krankheit *f*; **przewlekła ~** eine langwierige Krankheit; **~ morska** Seekrankheit *f*; **~ umysłowa** Geisteskrankheit *f*

chorować *imperf vi* krank sein; **~ na coś** an etw. leiden <krank sein>

chorowity *adj* kränklich; (*nieuleczalnie*) siech

chory *adj* krank; **~ na coś** krank an etw.; (*pacjent*) Kranke(r) *m*; **~ czuje się lepiej** der Kranke fühlt sich besser

chować *imperf vt* (*przechowywać*) aufbewahren; (*ukrywać*) verstecken; (*wkładać, np. do szuflady*) stecken; (*wychowywać*) erziehen; (*hodować*) züchten; (*grzebać zwłoki*) begraben, beerdigen, bestatten; **~ do kieszeni** in die Tasche stecken; **~ się** sich verstecken (**przed kimś** vor jmdm)

chód *m* Gang *m*; (*o koniu*) Gangart *f*

chór *m* Chor *m*; **~em** im Chor

chrapać *imperf vi* schnarchen

chromy *adj* lahm

chroniczn|y *adj* chronisch; **~e bóle głowy** chronische Kopfschmerzen

chronić *imperf vt* schützen, beschützen, bewahren; **~ przed czymś** vor etw. schützen; **~ się** sich schützen, sich hüten; **~ się przed deszczem** sich

vor dem <gegen den> Regen schützen
chrupać *imperf vt, vi* knabbern; **~ orzechy** Nüsse knabbern
chrupki *adj* knusprig
chrypka *f* Heiserkeit *f*
chrzan *m bot.* Meerrettich *m*
chrząkać *imperf vi* sich räuspern
chrząstka *f anat.* Knorpel *m*
chrząszcz *m* Käfer *m*
chrzcić *imperf vt* taufen
chrzciny *spl* Tauffeier *f*
chrzest *m* Taufe *f*
chrzestn|y *adj* Tauf-; **matka ~a** Taufpatin *f*; **ojciec ~y** Taufpate *m*, Pate *m*; **rodzice ~i** Taufeltern *pl*
chrześcijanin *m* Christ *m*
chrześcijański *adj* christlich
chrześcijaństwo *n* (*wyznanie*) Christentum *n*; (*ogół chrześcijan*) Christenheit *f*
chrześniaczka *f* Patenkind *n*, (*pieszczotliwie*) Patchen *n*
chrześniak *m zob.* **chrześniaczka**
chuchać *imperf vi* hauchen (**na coś** auf etw.), behauchen (**na coś** etw.)
chudnąć *imperf vi* abmagern, abnehmen
chud|y *adj* mager, hager; **~e mleko** magere Milch
chuligan *m* Hooligan *m*, Raufbold *m*, Halbstarke(r) *m*
chusta *f* Tuch *n*
chustka *f* Tuch *n*; **~ do nosa** Taschentuch *n*
chwalić *imperf vt* loben; anpreisen **~ się** angeben, sich brüsten; **~ się czymś** sich mit etw. brüsten <mit etw. angeben>
chwała *f* Ruhm *m*; **~ Bogu!** Gottlob!
chwast *m* Unkraut *n*
chwiać się *imperf* (*zataczać się*) torkeln, schwanken
chwil|a *f* Augenblick *m*, Moment *m*, Weile *f*; **co ~a** immer wieder; **do tej ~i** bis jetzt, bis zu diesem Augenblick; **lada ~a, w każdej ~i** jeden Augenblick; **na ~ę** für eine Weile; **przed ~ą** vor

einer Weile; **przez ~ę** für einen Augenblick; **w danej ~i** augenblicklich, momentan; **w jednej ~i** in einem Augenblick; **w ostatniej ~i** im letzten Augenblick; **w wolnych ~ach** in freier Zeit; **nie mieć wolnej ~i** keine freie Zeit haben; **za ~ę** in einem Augenblick; gleich

chwycić *perf vt* (*ująć*) (er)greifen, packen, (*złapać*) fassen; **~ kogoś za rękę** jmdn an <bei> der Hand fassen <packen>; *zob.* **chwytać**

chwyt *m* Griff *m*

chwytać *imperf vt* ergreifen; **~ za broń** zu den Waffen greifen; *przen.* **~ za serce** jmdm ans Herz greifen; **~ się czegoś** nach etw. greifen; **~ się za głowę** sich an den Kopf fassen; *por.* **chwycić**

chyba *adv* wohl, wahrscheinlich; **~ tak** wohl ja; **~ tego nie zrobił** er hat das wahrscheinlich nicht gemacht; *conj* **~ że...** es sei denn, dass...

chybi|ć *perf vt* verfehlen, nicht treffen; **na ~ł trafił** aufs Geratewohl

chyłkiem *adv* gebeugt, gebückt; (*potajemnie*) heimlich, verstohlen

chytry *adj* (*przebiegły*) listig, schlau; (*chciwy*) begierig, geizig, knauserig

ci *pron* dir

ciał|o *n* Körper *m*; *przen.* (*grono ludzi*) Körperschaft *f*; **części ~a** Körperteile *pl*

ciapa *f m pot.* Schlappschwanz *m*, Pflaume *f*, (*niezdara*) Tolpatsch *m*

ciasny *adj* eng, knapp; (*o mieszkaniu*) klein; (*o butach*) eng; *przen.* (*o umyśle*) beschränkt, begrenzt

ciastko *n* Kuchen *m*; **~ owocowe <z bitą śmietaną>** Obstkuchen *m* <mit Schlagsahne>

ciast|o *n* (*surowe*) Teig *m*; **~a** Feingebäck *n*, Kuchen *m*

ciąć *imperf vt* schneiden **~ na kawałki** zerstückeln; (*posiekać*) zerkleinern

ciąg *m* (*szereg*) Reihe *f*, Kette *f*; **~ dalszy** Fortsetzung *f*; **~ dalszy nastąpi** die Fortsetzung folgt; **jednym ~iem** in einem Zug; **w ~u roku** im Laufe des Jahres; **w dalszym ~u coś robić** weiterhin etwas tun

ciągle *adv* ständig, immer wieder

ciągł|y *adj* anhaltend, andauernd; **~e podróże** andauernde Reisen; **linia ~a** eine stetige Linie

ciągn|ąć *imperf vt* ziehen; (*wlec*) schleppen; *przen.* (*namawiać kogoś*) überreden; (*szarpać*) zerren; (*potrząsać*) rütteln; (*po ziemi*) schleifen; (*o przeciągu*) es zieht; **~ąć psa na smyczy** den Hund an der Leine ziehen; (*kontynuować*) **~ąć rozmowę** das Gespräch fortsetzen; **~ąć kogoś do kina** jmdn ins Kino schleppen; **~ąć korzyści** Nutzen ziehen; **~ąć kogoś za rękę** jmdn an der Hand ziehen; **~ie od okna** es zieht vom Fenster; **~ąć się** (*w czasie i w przestrzeni*) sich hinziehen; (*w czasie*) dauern

ciągnienie *n* (*w loterii*) Ziehung *f*

ciągnik *m* Traktor *m*

ciąż|a *f* Schwangerschaft *f*; **być w ~y** schwanger sein

cicho *adv* still, ruhig, leise; **(bądź) ~!** Ruhe!; **~ mówić** leise sprechen; **~ siedzieć <stać>** still sitzen <stehen>

cich|y *adj* still, geräuschlos; *przen.* **~a zgoda** eine stillschweigende Übereinstimmung

ciec *imperf vi* rinnen; (*kapać*) tröpfeln; (*o łodzi*) leck sein; (*o cieczy*) (durch)-rinnen, (durch)sickern, (durch)laufen

ciecz *f* Flüssigkeit *f*

ciekawy *adj* neugierig; (*interesujący*) interessant; **jestem ~** ich bin neugierig <gespannt>

ciekawostka *f* Merkwürdigkeit *f*, Kuriosität *f*

ciekawość *f* Neugier(de) *f*

cieknąć *imperf vi zob.* **ciec** *imperf vi*
cielę *n* Kalb *n*; *przen.* (*głuptas*) Dummkopf *m*
cielęcina *f* Kalbfleisch *n*
cielęc|y Kalb(s)-; **pieczeń ~a** Kalbsbraten *m*; **skóra ~a** Kalbsleder *n*; *przen.* **~y zachwyt** die jugendliche Begeisterung
ciemno *adv* dunkel; **jest ~** es ist dunkel; **robi się ~** es wird dunkel
ciemnoskóry *adj* dunkelhäutig
ciemność *f* Dunkel *n*, Dunkelheit *f*
ciemnota *f* (*zacofanie*) Engstirnigkeit *f*, Unwissenheit *f*, Beschränktheit *f*
ciemnowłosy *adj* dunkelhaarig
ciemny *adj* dunkel; *przen. rów.* finster; **~ typ** eine dunkle Existenz, ein dunkler Typ
cienki *adj* dünn; (*o głosie*) dünn, hoch
cie|ń *m* Schatten *m*; **chodzić za kimś jak ~ń** jmdm wie ein Schatten folgen; **pozostawać w ~niu** sich im Dunkeln halten
ciep|ło *n* Wärme *f*; **trzymać w ~le** warm halten; *adv* **jest mi ~ło** es ist mir warm
ciepł|y *adj* warm; **~e kraje** warme Länder; *przen.* **~e słowa** warme Worte
cierpi|eć *imperf vt*, *vi* leiden; **nie ~eć czegoś <kogoś>** etw. <jmdn> nicht leiden können; **~ na coś <z powodu czegoś>** an etw. leiden; (*znosić*) leiden, dulden; **~eć głód** Hunger leiden; **~eć na bóle głowy** an Kopfschmerzen leiden
cierpienie *n* Leid *n*
cierpliwość *f* Geduld *f*
cierpliwy *adj* geduldig
cieszyć *imperf vt* erfreuen; **~ się <z czegoś, na coś>** sich freuen <über, auf etw.>; **~ się ze spotkania** sich über das Treffen freuen; **~ się dobrym zdrowiem** sich guter Gesundheit erfreuen
cieśnina *f* Meerenge *f*
cięcie *n* Schnitt *m*

ciężar *m* Last *f*; **ugiąć się pod ~em** sich unter der Last beugen; **być komuś ~em** jmdm lästig sein, jmdm zur Last fallen

ciężarna *f* Schwangere *f*, eine schwangere Frau

ciężarowy *adj* Last-; **wóz <samochód> ~** Lastkraftwagen *m*, <(*skrót*) Lkw *m*>, Laster *m*

ciężki *adj* schwer; *pot.* **~e pieniądze** schweres Geld; *przen.* **~e powietrze** dicke Luft; **~ dowcip** ein fauler Witz

ciężko *adv* schwer; (*z powodu ciężaru*) **jest mi ~** es ist mir schwer; **~ pracować** schwer arbeiten; **~ wzdychać** schwer seufzen; **był ~ chory** er war schwerkrank

cios *m* Schlag *m*, Hieb *m*; **zadać komuś ~** jmdm einen Hieb versetzen; **ciężki ~** ein schwerer Schlag

ciotka *f* Tante *f*

cisz|a *f* Stille *f*; **głęboka ~a** tiefe Stille; **proszę o ~ę!** (ich) bitte um Ruhe!

ciśnienie *n* Druck *m*; **~ krwi** Blutdruck *m*

clić *imperf vt* verzollen; **~ coś** etw. verzollen

cło *n* Zoll *n*; **opłacić ~** Zoll bezahlen; **obłożony cłem** zollpflichtig

cmentarz *m* Friedhof *m*; (*przy kościele*) Kirchhof *m*

co *pron* was; **co do was** was euch betrifft; **co do mnie** was mich betrifft; **co miesiąc** jeden Monat; **dopiero co** soeben; **co za pożytek z tego?** was für einen Nutzen gibt das her?; **co to jest?** was ist das?; **o co chodzi?** worum geht es?; **czego chcesz?** was willst du?; **co krok** auf Schritt und Tritt; **co godzina** jede Stunde; **na co dzień** am Alltag

codziennie *adv* alle Tage, jeden Tag, (all)täglich

codzienność *f* Alltäglichkeit *f*, Alltag *m*; **szara ~** der graue Alltag

codzienny *adj* täglich; (*powszedni*) alltäglich

cofać *imperf vt* (*o pojeździe*) rückwärts fahren; (*odwołać*) zurücknehmen; **~ zegarek** zurückstellen; **~ słowo** seine Worte zurücknehmen; **~ się** sich zurückziehen, zurückweichen

cofnąć *perf vt zob.* **cofać** *imperf vt*

cokolwiek *pron* irgend etw.

cola *f* Cola *n*, *f*

coraz *adv*: **~ lepiej** immer besser; **~ więcej** immer mehr

coroczny *adj* alljährlich

coś *pron* etwas; **~ w tym rodzaju** so etwas; **~ niecoś** dieses und jenes

country *nieodm.*: **muzyka ~** Country-music *f*

córka *f* Tochter *f*

cóż *pron* was; **~ to?** was ist denn das?

cud *m* Wunder *n*; **~ techniki** ein Wunder der Technik; **robić ~a** Wunder tun, wirken; **~em** wie durch ein Wunder

cudowny *adj* wundersam; *przen.* wunderbar

cudzoziemiec *m* Ausländer *m*, Fremde(r) *m*

cudzoziemka *f* Ausländerin *f*, Fremde *f*

cudzy *adj* fremd

cudzysłów *m* Anführungszeichen *n*, *pot.* Gänsefüßchen *n*

cukier *m* Zucker *m*; **~ kryształ** Kristallzucker *m*; **~ w kostkach** Würfelzucker *m*; **~ puder** Puderzucker *m*

cukierek *m* Bonbon *m, n*

cukiernia *f* Konditorei *f*

cukierniczka *f* Zuckerdose *f*

cukinia *f bot.* Zucchino *m*

cukrzyca *f med.* Zuckerkrankheit *f*, Diabetes *m*

curry *n* Curry *n*

cyfr|a *f* Ziffer *f*; **~y arabskie** arabische Ziffern; **~y rzymskie** römische Ziffern

cyfrowy *adj* ziffernmäßig, zahlenmäßig; *techn.* **~ zapis** Digitalaufzeichnung *f*

Cygan *m* Zigeuner *m*

Cyganka *f* Zigeunerin *f*

cygaro *n* Zigarre *f*

cykl *m* Zyklus *m*

cykliczny *adj* zyklisch

cyklon *m* Zyklone *f*

cykoria *f* Zichorie *f*

cylinder *m tech.* Zylinder *m*

cyniczny *adj* zynisch

cypel *m* Zipfel *m*, Spitze *f*; (*przylądek*) Kap *n*; (*wierzchołek*) Gipfel *m*

cyprys *m bot.* Zypresse *f*

cyrk *m* Zirkus *m*

cyrkiel *m* Zirkel *m*

cysterna *f* Tank *m*; (*samochód*) Tankwagen *m*; (*wagon*) Kesselwagen *m*

cytat *m* Zitat *n*

cytować *imperf vt* zitieren, anführen

cytryna *f bot.* Zitrone *f*

cywil *m* Zivilperson *f*, Zivilist *m*

cywiln|y *adj* zivil, bürgerlich; **ludność ~a** Zivilbevölkerung *f*; **stan ~y** Familienstand *m*; (*regionalnie*) Zivilstand *m*; **urząd stanu ~ego** Standesamt *n*; **ślub ~y** Ziviltrauung *f*; **po ~emu** in Zivil, in Zivilkleidung

czajniczek *m* Teekännchen *n*

czajnik *m* Wasserkessel *m*; Teekessel *m*

czapka *f* Mütze *f*; (*z daszkiem*) Schirmmütze *f*

czar *m* Zauber *m*, (*powab*) *rów.* Anmut *f*; (*siła oddziaływania*) Bann *m*

czarnoskóry *adj* schwarzhäutig

czarn|y *adj* schwarz; **~y chleb** Schwarzbrot *n*; **~a jagoda** Heidelbeere *f*, Blaubeere *f*, (*regionalnie*) Schwarzbeere *f*; **~a rozpacz** helle Verzweiflung; **~y rynek** Schwarzmarkt *m*; **na ~ą godzinę** für den Notfall

czarodziej *m* Zauberer *m*, Zauberkünstler *m*

czarterowy *adj* Charter-; **lot ~** Charterflug *m*; **samolot ~** Charterflugzeug *n*

czas *m* Zeit *f*; *gram.* Tempus *n*; *gram.* **~ przeszły prosty** Präteritum *n*; **~ przyszły** Futur *n*; **~ teraźniejszy** Präsens *n*; **~ miejscowy <lokalny>** Ortszeit *f*; **wolny ~** freie Zeit, *lit.* Muße *f*; **do ~u, aż** bis; (*tymczasem*) vorläufig; **na ~** zur rechten Zeit; rechtzeitig; **od ~u do ~u** von Zeit zu Zeit; **od jakiegoś ~u** seit einiger Zeit; **po pewnym ~ie** nach einer gewissen Zeit; nach einiger Zeit;

przez cały ten ~ die ganze Zeit

czasem *adv* zuweilen, manchmal

czasopismo *n* Zeitschrift *f*

czasownik *m gram.* Verb *n*

czaszka *f* Schädel *m*

czcić *imperf vt* verehren; (*rocznicę*) feiern; (*pamięć*) gedenken; (*kogoś*) ehren

czcionk|a *f* Letter *f*, (Druck)type *f*; **rodzaj ~i** Druckschriftart *f*

czcz|y nüchtern; **na ~o** auf nüchternen Magen

Czech *m* Tscheche *m*

czego *pron. zob.* **co**

czek *m* Scheck *m*; **~iem** mit (einem) Scheck; **~ bez pokrycia** ein ungedeckter Scheck; **wystawić <zrealizować> ~** einen Scheck ausstellen <einlösen>

czekać *imperf vi* warten (**na kogoś** auf jmdn)

czekow|y *adj* Scheck-; **książeczka ~a** Scheckbuch *n*; **rachunek ~y** Scheckrechnung *f*

czepek *m* Haube *f*; **~ pielęgniarki** Schwesterhaube *f*; **~ kąpielowy** Badekappe *f*

czepiać się *imperf vr* sich anhängen; (*np. o rzepach*) hängenbleiben (**czegoś** an etw.); **~ się czegoś** sich an etw. anhängen; *przen.* kritteln, mäkeln; **~ się kogoś** an jmdm immer etw. mäkeln <kritteln>

czereśnia *f* Süßkirsche *f*

czerstwy *adj* (*chleb*) altbacken; (*krzepki*) rüstig; (*wygląd*) frisch

czerwiec *m* Juni *m*

czerwonka *f med.* Ruhr *f*

czerwon|y *adj* rot; **~y barszcz** Rote-Bete-Suppe *f*; **~e wino** Rotwein *m*

czesać *imperf vt* kämmen; **~ się** sich kämmen

czeski *adj* tschechisch; *hist.* böhmisch

Czeszka *f* Tschechin *f*

cześć *f* Ehre *f*; **oddawać ~** die Verehrung <die Ehre> erweisen; **ku czci, na ~** zu Ehren

często *adv* oft, häufig

częstotliwość *f* Frequenz *f*

częstować *imperf vt* bewirten, anbieten; **~ kogoś czymś** jmdn mit etw. bewirten, jmdm etw. anbieten; **~ się** sich bedienen

częsty *adj* häufig, oftmalig

częściowo *adv* partiell, teilweise

częś|ć *f* Teil *m*, *n*; **~ć składowa** Bestandteil *m*; **~ć zamienna** Ersatzteil *m*; **lwia ~ć** Löwenanteil *n*; *gram.* **~ci mowy** Wortarten *pl*

czkawka *f* Schlucken *m*, Schluckauf *m*

człon|ek *m* Mitglied *n*; *anat.* (*prącie*) das männliche Glied *n*; (*kończyny*) **~ki** Gliedmaßen *pl*

człowiek *m* Mensch *m*; (*ludzie*) Leute *pl*, Menschen *pl*; **~ z charakterem** ein Mensch von Charakter

czoło *n* Stirn *f*; (*pochodu, oddziału*) Spitze *f*; **na czele** an der Spitze

czołowy *adj* (*przodujący*) führend; (*np. o zderzeniu*) frontal

czołówka *f* (*grupa ludzi*) Spitzengruppe *f*; (*w gazecie*) Aufmachung *f*, Aufmacher *m*; (*część filmu*) Vorspann *m*

czopek *m* Zäpfchen *n*; *med. t.* Suppositorium *n*

czosnek *m bot.* Knoblauch *m*

czterdziesty *num* der vierzigste

czternast|y *num* der vierzehnte; **godzina ~a** (*na zegarze*) vierzehn Uhr

czternaście *num* vierzehn

cztery *num* vier

czterysta *num* vierhundert

czubat|y *adj* (*o ptaku*) mit einer Haube; **~a łyżka cukru** ein gehäufter Löffel Zucker

czubek *m* Spitze *f*; **~ nosa** Nasenspitze *f*; **~ drzewa** Wipfel *m*

czuć *imperf vt* fühlen; **~ głód** Hunger verspüren; **~ niechęć** Abscheu empfinden; **~ do kogoś urazę** mit jmdm grollen; **~ czosnkiem** nach Knoblauch riechen; **~ się** sich fühlen; **~ się dobrze** sich wohl fühlen; **~ się**

szczęśliwym sich glücklich fühlen

czujnik *m techn.* Sensor *m*; (*rów. przyrząd*) Messfühler *m*

czujny *adj* wachsam

czuły *adj* empfindlich; **~ na coś** gegen etw. empfindlich; (*wrażliwy*) zärtlich, empfindsam

czuwać *imperf vi* wachen, aufpassen; **~ nad kimś <czymś>** ein wachsames Auge auf jmdn <auf etw.> haben; (*w technologii*) **~ nad czymś** etw. überwachen; **~ przy chorym** bei einem Kranken wachen

czuwanie *n* Wachen *n*

czwartek *m* Donnerstag *m*; **Wielki Czwartek** Gründonnerstag *m*

czwart|y *num* der vierte; **jedna ~a** ein Viertel; **godzina ~a** vier Uhr; **wpół do ~ej** halb vier; **o ~ej** um vier (Uhr)

czworo *zob.* **cztery**; **~ dzieci <słuchaczy>** vier Kinder <Hörer/Zuhörer>

czworobok *m* Viereck *n*

czwórka *f* (*cyfra*) Vier *f*; (*stopień*) Vier *f*; (*szereg*) Viererreihe *f*; **maszerować ~mi** in Viererreihen <in Reihen zu vier(en)> marschieren

czy *conj* ob, oder; **~ wierzysz w to?** glaubst du das?; **nie wiem, ~ przyjdę** ich weiß nicht, ob ich komme; **~ tu, ~ tam** (ob)hier oder dort; **~ chcesz tego, ~ nie?** willst du das oder nicht?; **~ tego chcesz, ~ nie** ob du das willst oder nicht; **tak ~ inaczej** so oder anders; **prędzej ~ później** früher oder später

czyj, czyja, czyje *pron* wessen; **czyja to książka?** wessen Buch ist das?

czyjś *pron* jemandes

czyli *conj* das heißt (d.h.)

czyn *m* Tat *f*; **~ bohaterski** Heldentat *f*; **wprowadzić w ~** in die Tat umsetzen; **człowiek ~u** Tatmensch *m*

czynić *imperf vt* tun, machen; **~ postępy** Fortschritte machen; **~ starania** sich bemühen (**o coś** um etw.), Schritte unternehmen (**w jakimś celu** für etw.); **~ wrażenie, że...** den Eindruck machen, dass...

czynność *f* Tätigkeit *f*, Aktivität *f*

czynn|y *adj* tätig, aktiv; (*o maszynie*) in Gang, in Betrieb; **sklep jest ~y** das Geschäft ist <hat> geöffnet; *gram.* **strona ~a** Aktiv *n*

czynsz *m* Miete *f*

czyrak *m med.* Furunkel *m*, Geschwür *n*

czysto *adv* rein, sauber; **tu jest ~** es ist hier sauber; **śpiewać ~** rein singen; **zarobić na ~** netto verdienen; **sprawa ~ osobista** eine rein persönliche Angelegenheit

czystość *f* Sauberkeit *f*; **utrzymać ~** sauberhalten (**czegoś** etw.)

czyst|y *adj* rein, sauber; **~e powietrze** reine <saubere> Luft; **~a prawda** die volle <nackte> Wahrheit; **~e sumienie** ein reines Gewissen; **~e ubranie** saubere Kleidung

czyścić *imperf vt* reinigen; *med* abführen

czytać *imperf vt* lesen; **~ coś <o czymś>** etw. <über etw.> lesen; **~ po niemiecku** deutsch lesen

czytadło *n* Schmöker *m*

czytelnia *f* Leseraum *m*, Lesesaal *m*

czytelnie *adv* leserlich, lesbar

czytelnik *m* Leser *m*

czytelny *adj* leserlich, lesbar; (*wyraźny*) deutlich

Ć

ćma *f zool.* Nachtfalter *m*

ćpać *imperf vt* (*jeść*) gierig essen, fressen; (*w żargonie narkomanów*) kiffen

ćwiartka *f* Viertel *n*; **~ chleba** ein Viertel Brot; **~ cytryny** ein Viertel Zitrone

ćwiczenie *n* Übung *f*; (*na fortepianie, skrzypcach*)

Übungsstück *n*; (*trening*) Training *n*

ćwierć *f* Viertel *n*

ćwierkać *imperf vi* zwitschern, tschilpen

ćwikła *f* rote Bete (mit Meerrettich)

D

dach *m* Dach *n*

dać *imperf vt* (*ofiarować*) geben, schenken; **~ prezent** ein Geschenk geben; **~ na kredyt** auf Kredit verkaufen; **~ odpowiedź** eine Antwort geben <*lit.* erteilen>; **~ komuś pracę <posadę>** jmdn anstellen <einstellen>; **~ ogłoszenie do gazety** ein Inserat aufgeben; **~ komuś coś do zrozumienia** jmdm etw. zu verstehen geben; **~ komuś spokój** jmdn in Ruhe lassen; **~ możność** die Möglichkeit geben; **~ za wygraną** sich geschlagen geben; **~ komuś znać** jmdn etw. wissen lassen

daktyl *m bot.* Dattel *f*

dalej *adv* weiter, ferner; **i tak ~** und so weiter <usw.>, und so fort <usf.>

daleki *adj* weit, fern; **~e kraje** ferne Länder; **~ krewny** ein entfernter Verwandter

daleko *adv* weit, fern

dalekobieżny *adj*: **pociąg ~** Fernzug *m*, D-Zug *m*

dalekowidz *m* Weitsichtige(r) *m*

dalszy *adj* weiter

daltonista *m med.* Farbenblinde(r) *m*

dama *f* Dame *f*; (*w kartach*) Dame *f*, Königin *f*

damsk|i *adj* Damen-; **fryzjer ~i** Damenfriseur *m*; **~a bielizna <garderoba>** Damenwäsche *f* <Damen(be)kleidung *f*>

dane *spl* Angaben *pl*, Daten *pl*; **~ osobowe** Personalien *pl*, Personaldaten *pl*; *przen.* **mieć wszelkie ~** alle Voraussetzungen haben

dan|ie *n kulin.* Gericht *n*, Gang *m*; **~a jarskie** vegetarische Speisen
dansing *m* Tanzvergnügen *n*, Tanzabend *m*
dar *m* Gabe *f*, Geschenk *n*; **w darze** als Geschenk; **~ przekonywania** Überzeugungsgabe *f*
daremny *adj* vergeblich
darmo *adv* umsonst, kostenlos; **za pół ~** zum halben Preis
darować *perf vt* schenken, **~ komuś coś** jmdm etw. schenken; **~ komuś dług** jmdm die Schuld löschen <*pot.* schenken>; **~ komuś życie** jmdm das Leben schenken
darowizna *f* Spende *f*; *prawn.* Schenkung *f*
data *f* Datum *n*; **~ urodzenia** Geburtsdatum *n*
dawać *imperf vt zob.* **dać** *perf vt*
dawka *f* Dosis *f*, Dose *f*
dawniej *adv* früher, einst, vormals
dawno *adv*: **~ temu** lange her; **jak ~ tu jesteś?** wie lange bist <weilst> du hier?
dawn|y *adj* vormalig, ehemalig; (*uprzedni*) früher; **od ~a** seit langem; (*po dawnemu*) wie früher
dąb *m bot.* Eiche *f*
dążyć *imperf vi*: **~ do czegoś** nach etw. streben; **~ do jakiegoś celu** ein Ziel verfolgen
dbać *imperf vi* sorgen; **~ o coś** für etw. sorgen
dealer *m* Dealer *m*
debet *m ekon.* Debet *n*
debiut *m* Debüt *n*
dech *m* Atem *m*; **nabrać tchu** Atem holen
decydować *imperf vi* entscheiden; **~ o czymś** über etw. entscheiden; **~ się** sich entscheiden (**na coś** für etw.), sich entschließen (**na coś** zu etw.)
decyzj|a *f* Entschluss *m*, Entscheidung *f*; **powziąć ~ę** einen Entschluss fassen, eine Entscheidung treffen
defekt *m* Defekt *m*
deficyt *m* Defizit *n*; **~ budżetowy** Haushaltsdefizit *n*
definicja *f* Definition *f*

deformacja *f* Deformation *f*
degeneracja *f* Degeneration *f*, Entartung *f*
degustacja *f* Kostprobe *f*, Degustation *f*
dekada *f* Dekade *f*
deklaracja *f* Deklaration *f*, Erklärung *f*; **~ celna** Zollerklärung *f*; **~ podatkowa** Steuererklärung *f*
deklarować *imperf vt* deklarieren, erklären; **~ pomoc** Hilfe in Aussicht stellen, Hilfe anbieten
deklinacja *f gram.* Deklination *f*
dekoder *m* Dekoder *m*
dekolt *m* Dekolleté *n*, Halsausschnitt *m*
dekoracja *f* Dekoration *f*, Schmuck *m*; *teatr.* Bühnenausstattung *f*; (*na wystawie sklepowej*) Schaufensterausstattung *f*
dekorować *imperf vt* dekorieren, verzieren, ausschmücken
dekret *m* Dekret *n*, Verfügung *f*, Verordung *f*; **wydać ~** ein Dekret erlassen
delegacja *f* Delegation *f*; (*z pełnomocnictwem*) Abordung *f*; *pot.* (*wyjazd służbowy*) Dienstreise *f*
delegat *m* Delegierte(r) *m*, Sonderbeauftragte(r) *m*
delfin *m zool.* Delphin *m*
delikatesy *pl* Leckerbissen *pl*; (*sklep*) Delikatessgeschäft *n*, Feinkostgeschäft *n*
delikatny *adj* fein; (*miękki, kruchy*) zart
demobil *m* (verkäufliche) Heeresbestände *pl*
demokracja *f* Demokratie *f*; **~ parlamentarna** die parlamentarische Demokratie
demokratyczny *adj* demokratisch
demolować *imperf vt* demolieren, zerstören
demonstracja *f* (*pokaz*) Demonstration *f*; (*protest*) *rów.* Protestkundgebung *f*
demonstrować *imperf vt* demonstrieren; (*protestować*) protestieren
demontować *imperf vt* demontieren, zerlegen
demoralizacja *f* Demoralisation *f*, Sittenverfall *m*

denerwować *imperf vt* aufregen, erregen; **~ się czymś** sich über etw. aufregen; **to mnie denerwuje** das geht mir auf die Nerven
dentysta *m* Zahnarzt *m*
departament *m* Abteilung *f*
depresja *f* (*przygnębienie*) Depression *f*, Niedergeschlagenheit *f*; *geogr.* Landsenke *f*
deptać *imperf vi* treten; **~ trawę** das Gras mit Füßen treten; **~ komuś po nogach** jmdm auf den Fuß treten
deptak *m* Promenade *f*, Spazierplatz *m*
dermatolog *m* Dermatologe *m*, Hautarzt *m*
deseń *m* Muster *n*, Design *n*
deser *m* Nachtisch *m*, Dessert *n*
deserow|y *adj* Dessert-; **ciastka <wina> ~e** Dessertfeingebäck *n* <Dessertweine *pl*>
desk|a *f* Brett *n*; **przeczytać od ~i do ~i** von A bis Z <von Anfang bis Ende> lesen
deszcz *m* Regen *m*; **pada ~** es regnet; *przen.* **wpaść z ~u pod rynnę** vom Regen in die Traufe kommen
deszczowiec *m* (*płaszcz*) Regenmantel *m*
detal *m* Detail *n*
detaliczny *adj* Detail-; **handel ~** Einzelhandel *m*; **kupiec ~** Einzelhändler *m*, Kleinhändler *m*
detektyw *m* Detektiv *m*
detergent *m chem.* Tensid *n*
dewaluacja *f bank.* Abwertung *f*, Devaluation *f*, Devalvation *f*
dewiz|y *pl bank.* Devisen *pl*; **kurs ~** Devisenkurs *m*
dewizow|y *adj* Devisen-; **konto ~e** Devisenkonto *n*
dezerter *m* Deserteur *m*, Fahnenflüchtige(r) *m*
dezodorant *m* Deodorant *n*
dezynfekcja *f* Desinfektion *f*, Entseuchung *f*
dezynfekować *imperf vt* desinfizieren
dezynsekcja *f* Schädlingsbekämpfung *f*

dętka *f* Schlauch *m*

diab|eł *m* Teufel *m*; **niech to ~li!** zum Teufel!, hol's der Teufel; **~li mnie biorą** ich könnte aus der Haut <Pelle> fahren

diagnoz|a *f* Diagnose *f*; **postawić ~ę** eine Diagnose stellen, diagnostizieren

diagram *m* Diagramm *n*

dialekt *m* Dialekt *m*

dialog *m* Dialog *m*

diament *m* Diamant *m*

diaspora *f* Diaspora *f*

diecezja *f* Diözese *f*

die|ta *f* Diät *f*; **~ta odchudzająca** Entfettungskost *f*; **być na ~cie** Diät halten; (*pieniężna*) **~ty** Tagegelder *pl*, (*np. poselskie*) Diäten *pl*

dyskdżokej *m* Diskjockey *m*

dla *praep* für; **~ przyjemności** zum Vergnügen; **film ~ dorosłych** ein Film für Erwachsene; **dobry ~ zdrowia** gut für die Gesundheit; **być miłym ~ oka** eine Augenweide sein

dlaczego *adv* warum, weshalb

dlatego *adv* darum, deshalb, deswegen; **~, że...** deshalb, weil...

dłoń *f* Handfläche *f*, Hand *f*

dłubać *imperf vt* aushöhlen; (*dłutem*) meißeln; **~ przy czymś** an etw. hantieren

dług *m* Schuld *f*; **wpaść w ~i** in Schulden geraten; **zaciągnąć ~** eine Schuld aufnehmen; **spłacić ~i** Schulden abzahlen

długi *adj* lang; **~ na dwa metry** zwei Meter lang

długo *adv* lange; **tak ~ jak** so lange, bis; **jak ~?** wie lange?

długofalowy *adj* (*o falach*) langwellig; (*o czasie*) langfristig

długoletni *adj* langjährig

długopis *m* Kugelschreiber *m*

długoś|ć *f* Länge *f*; **mieć 5 metrów ~ci** 5 Meter lang sein

długoterminow|y *adj* langfristig; **pożyczka ~a** eine langfristige Anleihe

długotrwały *adj* langwierig
długowieczny *adj* langlebig
długowłosy *adj* langhaarig
dłużnik *m* Schuldner *m*
dłużny *adj* schuldig; **być komuś ~m** jmdm etw. schuldig sein
dłużyzna *f* Länge *f*, Weitschweifigkeit *f*
dmuchać *imperf vi* blasen, pusten
dno *n* Grund *m*, Boden *m*
do *praep* in; (*do miejscowości*) nach; (*o czasie*) bis; (*w odniesieniu do osób*) zu, an; **aż do granicy** bis zur Grenze; **co do mnie** was mich betrifft; **do piątku** bis (zum) Freitag; **idę do apteki** ich gehe in die Apotheke; **iść do domu** nach Hause gehen; **spać do południa** bis zum Mittag schlafen; **do zobaczenia** auf Wiederschauen; **napisać do przyjaciela** an einen Freund schreiben; **pójść do przyjaciela** zu (seinem) Freund gehen
dob|a *f* Tag *m*; (*epoka*) Epoche *f*, Zeitalter *n*, Zeit *f*; **całą ~ę** rund um die Uhr; **w dzisiejszej ~ie** in unserer Zeit
dobra|ć się *perf vr* sich heranmachen; (*pasować do siebie*) zueinander passen; **~ć się do czegoś** sich an etw. heranmachen; **~li się** sie passen gut zueinander
dobranoc (*pozdrowienie*) gute Nacht!
dobran|y *adj* passend; **~a para** ein passendes Paar
dobr|o *n* Gut *n*; **dla własnego ~a** für eigenes Wohl; **~a** (*posiadłość*) Güter *pl*
dobrobyt *m* Wohlstand *m*
dobroć *f* Güte *f*
dobrowolny *adj* freiwillig
dobr|y *adj* gut; **bądź tak ~y** sei so gut; **mieć ~e chęci** guten Willen zeigen; **mieć ~y smak <gust>** guten Geschmack haben; **na ~ą sprawę** im Grunde genommen; **być na ~ej drodze** den richtigen

Weg gehen; **~a!** gut!, einverstanden!

dobrze *adv* gut; **czuję się ~** ich fühle mich wohl; **~ wychowany** wohlerzogen; **~ ubrany** geschmackvoll gekleidet; **~ mu się powodzi** ihm geht es gut; **~ ci tak!** es geschieht dir recht!

dochodzi|ć *imperf vi* (*zbliżać się*) nahen, sich nähern; (*osiągnąć granicę, kres*) reichen, erreichen; *praw.* (*prowadzić dochodzenie*) ermitteln (**czegoś** etw.); **woda ~** (*sięga*) **do pierwszego piętra** das Wasser reicht bis zum ersten Stock <erreicht den ersten Stock>; **~ć do siebie** zu sich kommen; **~ godzina trzecia** es ist fast drei Uhr

dochód *m* Einkommen *n*; **~ miesięczny** Monatseinkommen *n*; **~ państwowy** Staatseinnahmen *pl*; (*budżet*) Staatshaushalt *m*

doczeka|ć *perf vi* nach langem Warten erreichen; **~ć późnej starości** ein hohes Alter erreichen; **nie mogę się tego ~ć** ich warte mit Ungeduld darauf, ich kann es kaum erwarten; **nie ~sz się go** du kannst nicht lange genug auf ihn warten

dodać *perf vt* (*dołożyć*) zugeben, zulegen; (*dopowiedzieć*) hinzufügen; (*sumować*) zusammenzählen; *mat. rów.* addieren, zusammenrechnen

dodatek *m* Zugabe *f*, Zulage *f*, Zuschlag *m*; **~ do pensji** Gehaltszulage *f*; **~ rodzinny** Familienzulage *f*; **na ~** obendrein, außerdem; *kulin.*, *kraw.* **dodatki** Zutaten *pl*

dodatkow|y *adj* zusätzlich; **~a praca** zusätzliche Arbeit; (*nadgodziny*) Überstunden *pl*

dodatni *adj* positiv; **~e cechy** positive Eigenschaften

dodawać *imperf vt, vi zob.* **dodać; ~ ducha** Mut zusprechen

dodawanie *n* (*dołączenie*) Hinzufügen *n*; (*sumowa-*

nie) Zusammenzählen *n*, *mat.* Addieren *n*, Addition *f*

dogadać się *perf vr* sich verständigen

doglądać *imperf vi* beaufsichtigen; **~ kogoś <czegoś>** jmdn <etw.> beaufsichtigen; *(pielęgnować)* **~ chorego** den Kranken pflegen

dogodny *adj* gelegen, bequem, günstig, passend; **w <na> ~ch warunkach** unter <zu> günstigen Bedingungen

dogonić *perf vt* einholen; **~ kogoś** jmdn einholen

dogrywka *f sport.* Spielzeitverlängerung *f*

dojazd *m (dostęp)* Zufahrt *f*; **~ do pracy** die Anfahrt zur Arbeit; *(droga)* Zufahrtsweg *m*, Zufahrtsstraße *f*

dojechać *perf vi* heranfahren, angefahren kommen; **~ konno** angeritten <zu Pferde> kommen; **~ na motorze** mit dem Motorrad (angefahren) kommen

dojeżdżać *imperf vi zob.* **dojechać** *perf vi*

dojrzał|y *adj* reif; **~e owoce** reifes Obst; **~y mężczyzna** ein reifer Mann; **~y ser** ausgereifter Käse

dojść *perf vi* sich nähern; **~ do majątku** zum Vermögen kommen; **~ do głosu** zu Wort kommen; **~ do skutku** zustande kommen

dokąd *pron* wohin; **~ idziesz?** wohin gehst du?; **nie wiem, ~ pójść** ich weiß nicht, wohin ich gehen soll; **~ mamy czekać?** wie lange sollen wir warten?

dokładać *imperf vt* dazulegen, dazusetzen; *pot.* zulegen; **~ starań** sein bestes tun, sich die Mühe geben

dokładka *f* Zugabe *f*; *(dodatek, np. do gazety)* Beilage *f*

dokładn|y *adj* genau; **~e badanie** eine gründliche Untersuchung

dokoła *adv* rund(her)um; *praep* um; **rozejrzeć się ~** sich umschauen

dokonać *perf vt* vollbringen; zustande bringen; **~ odkrycia** eine Entdeckung machen; **~ się** sich vollziehen

dokończyć *perf vt* beenden; **~ czytanie** zu Ende lesen; **~ list** den Brief beenden

doktor *m* Doktor *m*; (*lekarz*) Arzt *m*; **iść do ~a** zum Arzt gehen

dokucza|ć *imperf vi* (*być uciążliwym*) peinigen (**komuś** jmdn); (*sprawiać ból*) quälen (**komuś** jmdn); **~ mi serce** das Herz macht mir zu schaffen; (*nękać*) **komary ~ją** die Mücken stechen

dokument *m* Dokument *n*; **~y** Ausweispapiere *pl*; *pot.* Papiere *pl*

dolar *m* Dollar *m*

dolewka *f* Nachschlag *m*, Zusatzportion *f*

doliczyć *perf vt* dazurechnen, hinzurechnen, zurechnen; **~ coś do rachunku** etw. dazurechnen

dolina *f* Tal *n*

doln|y *adj* untere, Unter-; Nieder-; **~a część** der untere Teil, Unterteil *m*, *n*; **~y pokład** das untere Deck

dołączyć *perf vt* anschließen, anhängen; **~ się** sich anschließen

dołożyć *perf vi zob.* **dokładać** *imperf vi*

dom *m* Haus *n*; **do ~u** nach Hause; **poza ~em** außer Haus; (*u siebie*) **w ~u** zu Hause; (*u kogoś*) im Hause; **~y towarowe** Warenhäuser *pl*

domagać się *imperf vr* verlangen, fordern

domator *m* Stubenhocker *m*

domek *m* Häuschen *n*, Häuslein *n*; **~ jednorodzinny** Einfamilienhaus *n*

dominować *imperf vi* dominieren, vorherrschen, überragen; **~ nad kimś** jmdn dominieren, jmdn überragen; **~ pod względem czegoś** an etw. dominieren

domow|y *adj* (*o produktach*) hausgemacht; **zwierzęta ~e** Haustiere *pl*; **gospodarstwo ~e** Haushalt *m*; **wojna ~a** Bürgerkrieg *m*

domyślać się *imperf vr* vermuten, mutmaßen

domyślny *adj* mitgedacht; (*inteligentny*) scharfsinnig

doniczka *f* Blumentopf *m*

dookoła *zob.* **dokoła**

dopasować *perf vt* anpassen; **~ sukienkę** ein Kleid anpassen; **~ się** sich anpassen

dopędzić *perf vt* (*dogonić*) einholen (**kogoś** jmdn); (*dotrzeć w pośpiechu*) hastig erreichen (**do czegoś** etw.)

dopiero *adv* erst; **~ co** vorhin, eben, soeben; **~ wtedy** erst dann

dopiln|ować *perf vt*: **~ować czegoś** für etw. sorgen; **~uj, żeby to było zrobione** sorg(e) dafür, dass dies gemacht ist

doping *m* Doping *n*, Aufputschmittel *n*; *przen.* Ansporn *m*, Auftrieb *m*

dopłata *f* Zuzahlung *f*, Zuschlag *m*

dopływ *m* Zufluss *m*, Zufuhr *f*; (*rzeki*) Nebenfluss *m*; **~ towarów** Warenzufuhr *f*; **~ energii** Energiezuleitung *f*, *przen.* Energiezufuhr *f*

dopóki *adv* solange, bis

doprawić *perf vt* anbringen; (*potrawę*) zubereiten, würzen, abschmecken

doprowadzać *imperf vt* (*przyprowadzać*) führen, bringen; (*spowodować*) verursachen (**do czegoś** etw.); **~ do końca** zu Ende führen; **~ do rozpaczy** zur Verzweiflung bringen; **~ do skutku** zustande bringen; **~ do porządku** in Ordnung bringen; **~ do szału** jmdn wütend machen

doprowadzić *perf vt zob.* **doprowadzać** *imperf vt*

dopuścić *perf vt* (*dać przystęp*) zulassen; **nie ~ do czegoś** es auf etw. nicht ankommen lassen; **~ do egzaminu** zur Prüfung zulassen; **~ do głosu** zu Worte kommen lassen

dorabiać *imperf vt* nachmachen (*dając zlecenie*

lassen) (**klucz** einen Schlüssel); (*dodatkowo zarobić*) zusätzlich <nebenbei> verdienen
doradca *m* Berater *m*, Ratgeber *m*
doradzać *imperf vi* raten, beraten; **~ komuś** jmdn beraten; **~ komuś coś** jmdm zu etw. raten
doradzić *perf vi zob.* **doradzać** *imperf vi*
doraźn|y *adj* (*tymczasowy*) einstweilig; **~a korzyść** ein vorläufiger Vorteil; **~a pomoc** Nothilfe *f*
doręczać *imperf vt* einhändigen, aushändigen
dorobek *m* Erwerb *m*; **~ naukowy** der wissenschaftliche Erwerb <(*pośmiertnie*) Nachlass>
dorobić *perf vt zob.* **dorabiać** *imperf vt*
doroczny *adj* (all)jährlich
dorosły *adj* erwachsen
dorównać *perf vi zob.* **dorównywać** *imperf vi*
dorównywać *imperf vi* gleichkommen; **~ komuś** jmdm gleichkommen; **nie ~ komuś w czymś** jmdm in etw. nachstehen
dorsz *m zool.* Kabeljau *m*, (*młody*) Dorsch *m*
dorywcz|y *adj* gelegentlich, vorläufig; **~a praca** Gelegenheitsarbeit *f*
dosiadać się *imperf vr* sich dazusetzen, hinzusetzen (**do kogoś** zu jmdm)
dosiąść się *perf vr zob.* **dosiadać się** *imperf vr*
doskonałość *f* Vollkommenheit *f*
doskonały *adj* vollkommen, vollendet
dosłowny *adj* wörtlich, wortgetreu; **w ~m znaczeniu** in wörtlicher Bedeutung
dostać *perf vt* (*otrzymać*) bekommen; *pot.* (*zostać uderzonym*) einen Schlag bekommen, eins auf die Rübe bekommen; **~ prezent** ein Geschenk bekommen; (*nabawić się*) **~ kataru** sich Schnupfen zuziehen
dostarczać *imperf vt*, **dostarczyć** *perf vt* (an)liefern; **~ komuś coś**

jmdm etw. liefern, jmdn mit etw. beliefern

dostateczny *adj* genügend, ausreichend; **stopień ~** die Note „genügend"

dostatek *m* Wohlstand *m*

dostawa *f* Lieferung *f*

dostęp *m* Zutritt *m*, Zugang *m*

dostępny *adj* zugänglich, erreichbar; (*o książce, wykładzie*) leicht verständlich; (*o człowieku*) zugänglich, kontaktfreudig

dostojnik *m* Würdenträger *m*, Prominent *m*

dostosować *perf vt* anpassen; **~ się** sich anpassen

dostrzec *perf vt*, **dostrzegać** *imperf vt* wahrnehmen; (wzrokiem) *t.* erblicken

dosyć *adv* genug; **~ tego!** genug davon!; **była ~ ładna** sie war ziemlich schön

do syta *adv* satt; **najeść się ~** sich sattessen

dość *zob.* **dosyć**

doświadczać *imperf vt* erfahren; **~ czegoś** etw. über sich ergehen lassen; **~ czegoś na sobie** etw. an sich erproben

doświadczalny *adj* experimentell

doświadczenie *n* Erfahrung *f*; (*naukowe*) Versuch *m*, Experiment *n*; **robić ~** ein Experiment durchführen

doświadczony *adj* (*o człowieku*) erfahren; (*w danej dziedzinie*) bewandert

doświadczyć *perf vt zob.* **doświadczać** *imperf vt*

dotacja *f* Dotation *f*, Zuwendung *f*

dotąd *adv* (*o miejscu*) bis dahin; (*bliżej mówiącego*) bis hierher; (*o czasie*) bisher; (*odległy w czasie*) bis dahin; **stąd ~** von hier bis dort(hin)

dotknąć *perf vt* berühren; *przen.* (*urazić*) kränken, verletzen

dotować *perf vt* dotieren, zuwenden

dotrzymać *perf vt*, **dotrzymywać** *imperf vt* halten; **~ obietnicy** das Verspre-

chen halten; **~ tajemnicy** ein Geheimnis bewahren; **~ kroku** Schritt halten (**komuś** mit jmdm)
dotychczas *adv* bis jetzt, bisher; *por.* **dotąd**
dotyczy|ć *imperf vi* betreffen; **~ć kogoś <czegoś>** jmdn <etw> betreffen; **co mnie ~** was mich anbetrifft
dotyk *m* (*zmysł*) Tastsinn *m*
dotykać *imperf vt zob.* **dotknąć** *perf vt*
doustny *adj* zum Einnehmen
dowcip *m* Witz *m*, Scherz *m*; (*humor, bystrość*) Witzigkeit *f*, Einfallsreichtum *m*
dowcipny *adj* witzig; (*z humorem*) *t.* humorvoll
dowiadywać się *imperf vr* sich erkundigen; **~ się o kogoś <o coś>** sich nach jmdm <nach etw.> erkundigen; **~ się od kogoś** von jmdm erfahren
do widzenia (*formuła na pożegnanie*) auf Wiedersehen!
dowiedzieć się *perf vr* erfahren; *por.* **dowiadywać się**
dowieźć *perf vt* bringen, fahren; (*dostarczyć*) liefern
dowodzić *imperf vt* beweisen, nachweisen; **~ czegoś** etw. beweisen <nachweisen>; (*kierować*) anleiten; *wojsk.* befehligen (**oddziałem** eine Truppe)
dowolnie *adv* beliebig; (*samowolnie*) willkürlich
dowolny *adj* beliebig
dowozić *imperf vt zob.* **dowieźć** *perf vt*
dowód *m* Beweis *m*; (*dokument*) Beleg *m*; **~ wdzięczności** Dankbarkeitsbeweis *m*; **na ~ tego** als Beweis dafür; **~ osobisty** Personalausweis *m*; **~ odbioru** Empfangsschein *m*
dowódca *m wojsk.* Befehlshaber *m*
dozorca *m* Aufseher *m*; **~ domu** Hausmeister *m*; **~ więzienny** Gefängniswärter *m*
dożynki *pl* Erntedankfest *n*

dożywotni *adj* lebenslänglich; **kara ~ego więzienia** lebenslängliche Gefängnisstrafe

dół *m* Grube *f*; (*wykop*) Ausschachtung *f*; **na dole** unten; **z dołu** von unten; **na <w> ~** nach unten

drabina *f* Leiter *f*; **~ sznurowa** Strickleiter *f*

dramat *m* Drama *n*; **~ rodzinny** Familiendrama *n*

drapać *imperf vt* kratzen; **~ się** sich kratzen

drażnić *imperf vt* reizen, erregen

dres *m* Dress *m*, Trainingsanzug *m*

dreszcz *m* Schauer *m*; *med.* **~e** Schüttelfrost *m*, Fieber *n*

drewniak *m* (*but*) Holzschuh *m*, Pantine *f*; (*budynek*) Holzhaus *n*

drewniany *adj* aus Holz; (*tylko jako przydawka*) hölzern

drewno *n* Holz *n*

dręczyć *imperf vt* peinigen plagen, quälen; **~ się** sich quälen; **~ się wątpliwościami** sich mit Zweifeln quälen

drobiazg *m* Kleinigkeit *f*

drobnostka *f* Kleinigkeit *f*

drobn|y *adj* klein, gering; (*bilon*) **~e** Kleingeld *n*

dro|ga *f* Weg *m*; (*szlak komunikacyjny*) Verkehrslinie *f*, Verkehrsstraße *f*; (*podróż*) Reise *f*; **~ga dla pieszych** Fußgängerweg *m*; **~ga powietrzna** Luftweg *m*; **~ga wodna** Wasserweg *m*; **~ga terenowa** Geländeweg *m*; *przen.* **być na dobrej ~dze** auf richtigem Weg sein; **iść tą samą ~gą** denselben Weg gehen; **wejść komuś w ~gę** jmdm in den Weg treten; **wybrać się w ~gę** sich auf den Weg machen; **zboczyć z ~gi** vom Wege abkommen; **~ga przez Warszawę** der Weg durch Warschau <(*obwodnicą*) über Warschau>; **~gą lądową** auf dem Landweg

drogeria *f* Drogerie *f*

drogi *adj* teuer; (*kochany*)

lieb; **~e kamienie** Edelsteine *pl*

drogo *adv* teuer; *lit.* kostspielig

drogowskaz *m* Wegweiser *m*

drogow|y *adj* Straßen-; **ruch ~y** Straßenverkehr *m*; **znaki ~e** Verkehrszeichen *pl*; **przepisy ~e** Verkehrsvorschriften *pl*

dropsy *pl* Fruchtbonbons *pl*

drożdże *pl* Hefe *f*

drożyzna *f* Teuerung *f*

drób *m* Geflügel *n*

drugi *num* (*liczebnik porządkowy*) der zweite; (*następny*) der nächste; (*jeden z dwóch; pozostały*) der andere; **kupować z ~ej ręki** aus zweiter Hand kaufen; **co ~** jeder zweite; **~e tyle** doppelt soviel; **jeden po ~m** einer nach dem anderen; **po ~e** zweitens; **z ~ej strony** andererseits

drugorzędny *adj* zweitrangig, zweitklassig

druk *m* Druck *m*; (*przesyłka pocztowa*) Drucksache *f*; **w ~u** im Druck

drukarka *f* Drucker *m*; **~ atramentowa** Tintenstrahldrucker *m*; **~ laserowa** Laserdrucker *m*

drut *m* Draht *m*; (*do robót dzianych*) **~y** Stricknadel *f*; **robić na ~ach** stricken

drużyna *f* Mannschaft *f*; *sport. rów.* Team *n*; *wojsk.* Gruppe *f*

drzazga *f* Splitter *m*

drzeć *imperf vt* zerreißen; (*ubranie, buty*) abnutzen; **~ się** zerreißen, reißen; (*krzyczeć*) brüllen, schreien

drzemać *imperf vi* schlummern, dösen

drzemka *f* Schlummer *m*

drzewo *n* Baum *m*; (*drewno*) Holz *n*

drzwi *spl* Tür *f*; (*harmonijkowe*) Falttür *f*; **~ wejściowe** Eingangstür *f*; **otworzyć (zamknięte) ~** die (geschlossene) Tür aufmachen

drżeć *imperf vi* zittern; **~ z zimna** vor Kälte zittern, **~ o kogoś** um jmdn zittern

dubbing *m film* Nachsynchronisierung *f*
duch *m* (*dusza*) Seele *f*; (*byt niematerialny*) Geist *m*; **zły ~** ein böser Geist; (*zjawa*) Gespenst *n*; (*zapał*) Mut *m*; **podnosić kogoś na ~u** jmdm Mut einflößen <zusprechen>; **upadać na ~u** den Mut verlieren <sinken lassen>
duchowny *adj* geistlich; **stan ~** der geistliche Stand; *m* Geistliche(r) *m*
duchowy *adj* geistig
duet *m* Duett *n*
duma *f* Stolz *m*
dumny *adj* stolz; **~ z czegoś <z kogoś>** stolz auf etw. <auf jmdn>
Dunka *f* Dänin *f*
Duńczyk *m* Däne *m*
duński *adj* dänisch
duplikat *m* Duplikat *n*
dur *m med.* Typhus *m*; **~ brzuszny** Bauchtyphus *m*; *muz.* Dur *n*
dureń *m* Dummkopf *m*
dusić *imperf vt* (*uniemożliwiać oddychanie*) würgen; (*podrażniać drogi oddechowe*) ersticken; *kulin.* schmoren, dünsten; **~ się** ersticken; *kulin.* schmoren
dusz|a *f* Seele *f*; **z całej ~y** aus ganzer Seele; *pot.* **~a człowiek** ein seelensguter Mensch
duszno *adv* schwül
dużo *adv* viel
duż|y *adj* groß; **~e litery** Großbuchstaben *pl*; **pisać ~ą literą** großschreiben
dwa *num* zwei; **pewne jak ~ razy ~ jest cztery** das ist todsicher, darauf kann man Gift nehmen
dwadzieścia *num* zwanzig
dwanaście *num* zwölf
dwieście *num* zweihundert
dwoje *num* zwei
dworzec *m* Bahnhof *m*; **~ autobusowy** Busbahnhof *m*
dwójk|a *f* Zwei *f*; **iść ~ami** paarweise <in Zweierreihen> gehen; *pot.* **dostać ~ę** die Note „ungenügend" bekommen
dwór *m* Hof *m*; **na dworze** draußen; *hist.* am Hof

dwudziest|y *num* der zwanzigste; **godzina ~a** (es ist) zwanzig Uhr
dwugłoska *f gram.* Diphtong *m*
dwujęzyczny *adj* zweisprachig
dwukropek *m* Doppelpunkt *m*
dwukrotnie *adv* zweimal
dwunasty *num* der zwölfte
dwurzędow|y *adj* zweireihig; **~a marynarka** Zweireiher *m*
dwustopniowy *adj* zweistufig
dwustronny *adj* zweiseitig
dwuznaczny *adj* doppeldeutig, zweideutig
dygnitarz *m* Würdenträger *m*; **~e** Prominenz *f*
dykta *f* Pappe *f*
dyktafon *m* Diktiergerät *n*, Diktaphon *n*
dyktando *n* Diktat *n*
dyktator *m* Diktator *m*
dyktatura *f* Diktatur *f*
dyktować *imperf vt* (*np. list*) diktieren; **~ ceny** (*dumpingowe*) die Preise diktieren <unterbieten>
dym *m* Rauch *m*; **puścić z ~em** in Rauch und Flammen aufgehen lassen
dymisj|a *f* Entlassung *f*, Dimission *f*; **podać się do ~i** seine Entlassung einreichen; (*ustąpić z urzędu*) zurücktreten
dymka *f bot.* Steckzwiebel *f*
dynastia *f* Dynastie *f*
dynia *f bot.* Kürbis *m*
dyplomata *m* Diplomat *m*
dyplomatyczny *adj* diplomatisch
dyplomowany *adj* Diplom; **inżynier ~** Diplomingenieur *m*
dyrekcja *f* Direktion *f*, Leitung *f*
dyrektor *m* Direktor *m*
dyrygent *m* Dirigent *m*
dyscyplina *f* Disziplin *f*
dysk *m sport.* Diskus *m*; (*dyscyplina*) Diskuswerfen *n*; *inform.* **twardy ~** Festplatte *f*
dyskietka *f* Diskette *f*
dyskoteka *f* Diskothek *f*, *pot.* Disko *f*

dyskretny *adj* diskret, vertraulich
dyskryminacja *f* Diskriminierung *f*
dyskusja *f* Diskussion *f*
dyskutować *imperf vt* diskutieren (**o czymś** über etw.)
dyskwalifikacja *f* Disqualifikation *f*, Ausschließung *f*
dystans *m* Abstand *m*, Entfernung *f*, Distanz *f*
dystrybutor *m* Verteiler *m*, Distribuent *m*
dywan *m* Teppich *m*
dywidenda *f ekon.* Dividende *f*
dyżur *m* Dienst *m*; **mieć ~** Dienst haben; (*o konsultacjach*) Sprechstunden haben
dyżurka *f* Dienststube *f*
dyżurny *adj* diensthabend
dzban *m* Krug *m*
dziać się *imperf vr* geschehen, sich ereignen; **co się tu dzieje?** was ist hier los?
dziad *m* Großvater *m*; (*żebrak*) Bettler *m*
dziadek *m zob.* **dziad**; **~ do orzechów** Nussknacker *m*
dział *m* Abteilung *f*
działać *imperf vi* handeln, tätig sein; (*o leku*) wirken; (*o mechanizmach*) arbeiten; (*o wrażeniach*) wirken, Eindruck machen
działanie *n* Wirkung *f*; (*akcja*) Operation *f*
działka *f* Parzelle *f*, Grundstück *n*
dzianina *f* Wirkware *f*
dziąsło *n* Zahnfleisch *n*
dziczyzna *f* (*zwierzyna*) Wild *n*; *kulin.*Wildbret *n*
dziecięc|y *adj* Kinder-, kindlich; **literatura ~a** Kinderliteratur *f*; **szpital ~y** Kinderkrankenhaus *n*
dziecinny *adj* Kinder-; (*zachowujący się jak dziecko*) kindisch; **~ wózek** Kinderwagen *m*
dzieciństwo *n* Kindheit *f*
dziecko *n* Kind *n*; (*niemowlę*) Säugling *m*, Baby *n*
dziedziczn|y *adj* erblich; **cechy ~e** Erbeigenschaften; **choroba ~a** Erbkrankheit *f*
dziedziczyć *imperf vt* er-

ben; **~ po rodzicach majątek** ein Gut von den Eltern erben
dziedzina *f* Gebiet *n*, Domäne *f*
dzieje *spl* Geschichte *f*; **~ nowożytne** Neue Geschichte, die Geschichte der Neuzeit; **wspominać stare ~** der alten Geschichten gedenken, an alte Geschichten zurückdenken
dzielenie *n*; (*podział*) Teilung *f*, *mat.* Division *f*, Dividieren *n*
dzieli|ć *imperf vt* (*np. chleb*) teilen; (*różnić*) trennen; *mat.* dividieren; **~ły nas poglądy** wir hatten unterschiedliche Anschauungen; **~ć się z kimś czymś** etw. mit jmdm teilen
dzielnica *f* Bezirk *m*; **~ miasta** Stadtviertel *n*
dzielny *adj* tüchtig; (*odważny*) tapfer, wacker
dzieło *n* Werk *n*
dziennie *adv* täglich, am Tage; **dwa razy ~** zweimal täglich <am Tage>
dziennik *m* (*gazeta*) Tageszeitung *f*; (*telewizyjny*) Tagesschau *f*; (*pamiętnik*) Tagebuch *n*
dziennikarz *m* Journalist *m*
dzienn|y *adj* Tages-; **praca ~a** Tagesarbeit *f*; **światło ~e** Tageslicht *n*
dzień *m* Tag *m*; **~ po dniu** Tag für Tag; **~ powszedni** Alltag *m*; **cały ~** den ganzen Tag; **co drugi ~** alle zwei Tage, jeden zweiten Tag; **na drugi ~** am nächsten Tag; **raz na ~** einmal am Tag; **z dnia na ~** von Tag zu Tag; **za dnia** bei Tage; **pewnego dnia** eines Tages; **~ pracy** Arbeitstag *m*; *przen.* **~ dzisiejszy** Gegenwart *f*; **~ tygodnia** Wochentag *m*; **~ imienin <urodzin>** Namenstag *m* <Geburtstag *m*>; **~ świąteczny** Feiertag *m*; **co ~** jeden Tag; **całymi dniami** tagelang
dzierżawić *imperf vt* pachten; (*komuś*) verpachten
dziesiątka *f* Zehn *f*; (*znaczek, banknot*) Zehner *m*

dziesiąt|y *num* der zehnte; **godzina ~a** zehn Uhr
dziesięć *num* zehn
dziesiętny *adj* dezimal, Dezimal-; **system ~** Dezimalsystem *n*
dziewczyna *f* Mädchen *n*
dziewczynka *f* ein kleines Mädchen
dziewiątka *f* Neun *f*
dziewiąt|y *num* der neunte; **godzina ~a** neun Uhr
dziewięć *num* neun
dziewięćdziesiąt *num* neunzig
dziewięćdziesiąty *num* der neunzigste
dziewiętnasty *num* der neunzehnte
dziewiętna|ście *num* neunzehn; **godzina ~sta** neunzehn Uhr
dzięki *spl* Dank *m*; *praep* dank; **~ niemu** dank ihm; **Bogu ~** Gott sei Dank
dzięk|ować *imperf vi* danken (**za coś** für etw.); **~uję!** danke schön!
dzik|i *adj* wild; **~a kaczka** Wildente *f*; **~i lokator** ein „wilder" Mieter
dziób *m* Schnabel *m*; (*okrętu*) Bug *m*
dzisiaj, dziś *adv* heute; **~ rano** heute morgen, morgens; **~ wieczór** heute abend; **od ~ za tydzień** heute in einer Woche
dziura *f* Loch *n*; (*wybój*) Schlagloch *n*
dziurawy *adj* löcherig
dziurkacz *m* Locher *m*
dziwaczny *adj* wunderlich, kurios, bizarr
dziwak *m* Sonderling *m*, (komischer) Kauz, Type *f*
dziwi|ć *imperf vt* wundern; **~ mnie, że...** es wundert mich, dass...; **~ć się** sich wundern, staunen; **~ć się komuś <czemuś>** sich über jmdn <über etw.> wundern
dziwn|y *adj* sonderbar; **nic ~ego, że...** kein Wunder, dass...; **to ~e** es ist merkwürdig; **~a rzecz** eine merkwürdige Sache; **w ~y sposób** merkwürdigerweise
dzwon *m* Glocke *f*; **bić w ~y** die Glocken läuten
dzwonek *m* Klingel *f*

dzwonić *imperf vi* klingeln, läuten; (*telefonować*) anrufen; **~ do kogoś** jmdn <bei jmdm> anrufen; **~ do drzwi** an der Tür klingeln
dźwięk *m* Klang *m*; **~ dzwonka** der Klang der Glocke
dźwig *m* (*winda*) Aufzug *m*, Fahrstuhl *m*; (*żuraw*) Kran *m*
dżem *m* Jam *n*, Konfitüre *f*
dżentelmen *m* Gentleman *m*, Kavalier *m*, Ehrenmann *m*
dżinsy *pl* Jeans(hose) *f*
dżip *m* Jeep *m*
dżungla *f* Dschungel *m*, *n*

E

echo *n* Echo *n*, Widerhall *m*; *lit.* Nachklang *m*
edukacja *f* Erziehung *f*, Edukation *f*
efekt *m* Effekt *m*, Wirkung *f*
efektowny *adj* effektvoll, wirkungsvoll
Egipcjanin *m* Ägypter *m*
Egipcjanka *f* Ägypterin *f*
egipski *adj* ägyptisch; **~e ciemności** eine ägyptische Finsternis
egoista *m* Egoist *m*
egoistyczny *adj* egoistisch
egzamin *m* Prüfung *f*, Examen *n*; **zdawać ~** eine Prüfung ablegen; **zdać ~** die Prüfung bestehen; **nie zdać ~u** in der Prüfung durchfallen
egzemplarz *m* Exemplar *n*
egzotyczny *adj* exotisch
ekipa *f* Equipe *f*, Mannschaft *f*
ekologia *f* Ökologie *f*
ekonomia *f* Ökonomie *f*; (*gospodarka*) Wirtschaft *f*; (*nauka*) Wirtschaftslehre *f*
ekonomiczny *adj* ökonomisch, wirtschaftlich
ekonomista *m* Wirtschaftswissenschaftler *m*, Wirtschaftsexperte *m*; *pot.* Ökonom *m*

ekosystem *m* Ökosystem *n*
ekran *m* (*telewizora*) Bildschirm *m*; (*w kinie*) Leinwand *f*
ekspedient *m* Verkäufer *m*
ekspedientka *f* Verkäuferin *f*
ekspert *m* Experte *m*, Sachverständige(r) *m*
eksperyment *m* Experiment *n*
eksplozja *f* Explosion *f*
eksponat *m* Exponat *n*, Ausstellungsstück *n*
eksponować *imperf vt* ausstellen
eksport *m* Export *m*, Ausfuhr *f*
eksportować *imperf vt* exportieren, ausführen
ekspres *m* (*pociąg – z dopłatą*) IC-Zug *m*, ICE-Zug *m*; (*pociąg – bez dopłaty*) Regionalexpress *m*; (*list*) Eilbrief *m*; (*do kawy*) Kaffeemaschine *f*
ekspresow|y *adj* eilig, Eil-; **przesyłka ~a** Eilsendung *f*
ekstra *nieodm.* (*dodatkowo*) extra; (*nadzwyczajny*) besonders, speziell
ekumeniczny *adj* ökumenisch
ekwipunek *m* Ausrüstung *f*, Ausstattung *f*
ekwiwalent *m* Äquivalent *n*, Gegenwert *m*
elastyczny *adj* elastisch
elegancki *adj* elegant; (*modny*) *rów.* schick
elektorat *m* Elektorat *n*
elektrokardiogram *m* Elektrokardiogramm *n*
elektron *m* Elektron *n*
elektroniczny *adj* elektronisch
elektronika *f* Elektronik *f*
elektrownia *f* Kraftwerk *n*, Elektrizitätswerk *n*; **~ jądrowa** Kernkraftwerk *n*
elektrowóz *m* eine elektrische Lokomotive, Ellok *f*, E-Lok *f*
elektryczność *f* Elektrizität *f*
elektryczn|y *adj* elektrisch, Elektro-; **prąd ~y** elektrischer Strom; **kuchenka ~a** Elektroherd *m*
elektryk *m* Elektriker *m*
element *m* Element *n*
eliminacja *f* Eliminierung *f*, Beseitigung *f*

eliminować *imperf vt* eliminieren
elita *f* Elite *f*, Auswahl *f*; **~ artystyczna** die Künstlerelite *f*
e-mail *m* E-Mail *f*
emalia *f* Emaille *f*
embargo *n* Ausfuhrverbot *n*, Embargo *n*; **nałożyć na coś ~** etw. mit Ausfuhrverbot <Embargo> belegen
embrion *m* Embryo *m*
emeryt *m* Pensionist *m*, Ruheständler *m*; (*o księżach*) Emerit *m*; (*o profesorach*) Emeritus *m*
emerytur|a *f* Pension *f*; *pot.* Altenteil *n*; **iść na ~ę** in Pension gehen, *pot.* aufs Altenteil gehen
emigracja *f* Emigration *f*, Auswanderung *f*, Exil *n*
emigracyjn|y *adj* Emigrations-, Exil-; **władze ~e** Emigrationsbehörden *pl*; **rząd ~y** Exilregierung *f*
emigrant *m* Auswanderer *m*; (*uciekinier*) Flüchtling *m*
emigrować *imperf vi* emigrieren, auswandern
emisja *f* Emission *f*, Ausgabe *f*; (*programu*) Aussendung *f*, Ausstrahlung *f*
emitować *imperf vt* emittieren; (*program*) (aus)-senden
emocja *f* Emotion *f*, Gemütsbewegung *f*, Erregung *f*
emulsja *f* Emulsion *f*
encyklopedia *f* Enzyklopädie *f*
energia *f* Energie *f*; (*elektryczna*) Elektroenergie *f*; (*jądrowa*) Kernenergie *f*
energiczny *adj* energisch, tatkräftig
entuzjazm *m* Enthusiasmus *m*, Begeisterung *f*
epidemia *f* Epidemie *f*; **~ grypy** Grippeepidemie *f*
episkopat *m* Episkopat *n*
epoka *f* Epoche *f*
epopeja *f* Epos *n*
era *f* Ära *f*, Zeitalter *n*
erotyczny *adj* erotisch
esencja *f* Essenz *f*
eskorta *f* Eskorte *f*, Geleit *n*
estetyczny *adj* ästhetisch
Estonka *f* Estin *f*
Estończyk *m* Este *m*

estoński *adj* estländisch, estnisch; (*o kulturze*) estnisch
estrada *f* Estrade *f*, Bühne *f*
estradowy *adj* Unterhaltungs-, Estraden-; **koncert ~** Unterhaltungskonzert *n*, Estradenkonzert *n*
etap *m* Etappe *f*
eta|t *m* Planstelle *f*; **być na ~cie** fest angestellt sein
etniczn|y *adj* ethnisch; **odrębność ~a** (eine) ethnische Eigenart
etyczny *adj* ethisch
etykieta *f* Etikette *f*; (*nalepka*) Etikett *n*, Aufkleber *m*
euforia *f* Euphorie *f*
euro *n* Euro *m*
Europejczyk *m* Europäer *m*
Europejka *f* Europäerin *f*
europejsk|i *adj* europäisch; **Unia Europejska** die Europäische Union; **kultura ~a** europäische Kultur
eutanazja *f* Euthanasie *f*
ewakuacja *f* Evakuierung *f*
ewakuować *imperf*, *perf vt* evakuieren
ewangelia *f* Evangelium *n*
ewangelicki *adj* evangelisch
ewangelik *m* Protestant *m*, Lutheraner *m*; **być ~iem** evangelisch sein
ewentualnie *adv* eventuell, unter Umständen, gegebenenfalls <ggf.>
ewentualny *adj* eventuell
ewidencja *f* Evidenz *f*; (*spis*) Register *n*
ewidentny *adj* evident, offenkundig

F

fabryka *f* Fabrik *f*; **~ tekstylna** Textilfabrik *f*; **~ papieru** Papierfabrik *f*
fabularny *adj* Spiel-, Fabel-; **film ~** Spielfilm *m*
fabuła *f* Fabel *f*; **~ powieści** die Fabel des Romans

facet *m* Kerl *m*
fachowiec *m* Fachmann *m*
fachowy *adj* fachmännisch
fair *adj* fair; **postępować ~** fair handeln
fair play Fair play *n*; **gra ~** ein faires Spiel
fajka *f* Pfeife *f*
fajny *adj pot.* fein, gut, erstklassig
faks *m* Fax *n*; **wysłać ~** ein Fax schicken, faxen
fakt *m* Tatsache *f*, Fakt *n*, *m*, Faktum *n*
faktur|a *f* Faktur *f*, Lieferschein *m*; **wystawić ~ę** eine Faktur ausstellen
faktycznie *adv* faktisch, tatsächlich
faktyczny *adj* faktisch, tatsächlich, wirklich
fal|a *f* Welle *f*; *przen.* **~a mrozu** Kältewelle *f*; *przen.* (*tłum*) Menschenstrom *m*; **~e morskie** Meereswellen *pl*; **~e radiowe** Funkwellen *pl*, Radiowellen *pl*
falochron *m* Wellenbrecher *m*
falsyfikat *m* Fälschung *f*, Falsifikat *n*
fałda *f* Falte *f*
fałszerstwo *n* Fälschung *f*
fałszować *imperf vt* fälschen
fałszywy *adj* falsch; (*podrobiony*) *rów.* unecht
fan *m pot.* Fan *m*; **~i rocka** Rockfans *pl*; **~i futbolu** Fußballfans *pl*
fanatyk *m* Fanatiker *m*; **~ religijny** ein religiöser Fanatiker
fantastyczny *adj* phantastisch
fantazja *f* Phantasie *f*
farba *f* Farbe *f*; **~ olejna** Ölfarbe *f*; **~ wodna** Wasserfarbe *f*; **~ emulsyjna** Emulsionsfarbe *f*
farbować *imperf vt* färben; **~ na czarno** schwarz färben
farmacja *f* Pharmazie *f*
farsz *m kulin.* Füllung *f*, Farce *f*
fartuch *m* Schürze *f*
fasola *f* Bohnen *pl*; **~ szparagowa** Spargelbohnen *pl*
fasolka *f* Brechbohnen *pl*
fason *m* Fasson *f*, Form *f*; *pot.* Schick *m*; **trzymać**

~ nicht aus der Fasson geraten

faszerowan|y *adj kulin.* gefüllt; **~a papryka** gefüllte Paprikaschoten

faszyzm *m* Faschismus *m*

fataln|y *adj* fatal, verhängnisvoll; **~y błąd** ein verhängnisvoller Fehler; **~a opinia** widerlicher Ruf; **mieć ~ą opinię** in Verruf geraten

fatyg|a *f* Mühe *f*, Bemühung *f*; **zadawać sobie ~ę** sich Mühe geben

fatygować *imperf vt* behelligen, bemühen

faul *m sport.* Foul *n*, Regelverstoß *m*

faworyzować *imperf vt* begünstigen, favorisieren

faza *f* Phase *f*

febra *f* Tropenfieber *n*, Gelbfieber *n*, Malaria *f*

federacja *f* Föderation *f*, Bündnis *n*, Bund *m*

federaln|y *adj* föderal, föderativ, Bundes-; **państwo ~e** Bundesstaat *m*

felga *f* Felge *f*

feminizm *m* Frauenbewegung *f*, Feminismus *m*

fealn|y *adj* unglücklich, verhängnisvoll; unheilvoll; **~y dzień** Unglückstag *m*

ferie *spl* Ferien *spl*

ferma *f* Farm *f*

festiwal *m* Festival *n*, Festspiele *pl*

festyn *m* Fest *n*

fiask|o *n* Fiasko *n*, Misserfolg *m*; **kończyć się ~iem** mit einem Fiasko <Misserfolg> enden

fig|iel *m* Streich *m*, Spaß *m*; **spłatać komuś ~la** jmdm einen Streich spielen

figura *f* Figur *f*

fikcyjny *adj* fiktiv

filatelista *m* Philatelist *m*, Briefmarkensammler *m*

filatelistyka *f* Philatelie *f*

filharmonia *f* Philharmonie *f*

filiżanka *f* Tasse *f*

film *m* Film *m*; **~ dokumentalny** Dokumentarfilm *m*; **~ fabularny** Spielfilm *m*; **~ rysunkowy** Trickfilm *m*; **~ reklamowy** Werbefilm *m*; **kręcić ~** einen Film drehen

filmow|y *adj* Film-; **gwiazda ~a** Filmstar *m*; **kronika ~a** Wochenschau *f*
filozofia *f* Philosophie *f*
filtr *m* Filter *m*, *n*
filtrować *imperf vt* filtern
Fin *m* Finne *m*
finał *m* Finale *n*; *sport. rów.* Schlussrunde *f*; *muz. rów.* Schlusssatz *m*
finanse *pl* Finanzen *pl*; **~ państwa** Staatsetat *m*
finansowy *adj* finanziell
finisz *m* Finish *n*; *sport. rów.* Endspurt *m*
Finka *f* Finnin *f*
fiński *adj* finnisch
fiolet *m* Violett *n*
fiołek *m bot.* Veilchen *n*
firanka *f* Gardine *f*; (*zasłona*) Vorhang *m*
firma *f* Firma *f*
fiskus *m ekon.* Fiskus *m*, Staatskasse *f*
fizyczn|y *adj* physisch, körperlich; **pracownik ~y** Arbeiter *m*, Handarbeiter *m*; Lohnarbeiter *m*, ein ungelernter Arbeiter; **wychowanie ~e** Leibeserziehung *f*; **siła ~a** Körperkraft *f*
fizyka *f* Physik *f*
flaga *f* Flagge *f*, Fahne *f*; **~ narodowa** Nationalflagge *f*
flak *m* Darm *m*; **~i** Gedärm *n*; (*potrawa*) Flecke *pl*, Kuttelflecke *pl*
flamaster *m* Faserschreiber *m*, Filzschreiber *m*
flanela *f* Flanell *m*
flądra *f zool.* Flunder *f*
flek *m* Flick *m*, Flicken *m*
flet *m* Flöte *f*
flirt *m* Flirt *m*, eine kleine Liebelei *f*
flota *f* Flotte *f*; **~ wojenna** Kriegsflotte *f*; **~ handlowa** Handelsflotte *f*
foka *f* Seehund *m*, Robbe *f*
folder *m* Prospekt *m*
folia *f* Folie *f*
foliować *imperf vt* (*powlekać folią*) foliieren
folklor *m* Folklore *f*; (*sztuka ludowa*) Volkskunst *f*
fontanna *f* Springbrunnen *m*, Fontäne *f*
forma *f* Form *f*; (*w odlewnictwie*) Gießform *f*, Gussform *f*
formaln|y *adj* formal;

kwestia ~a eine formelle Angelegenheit
format *m* Format *n*
formować *imperf vt* formen, gestalten; **~ się** sich formen
formularz *m* Formular *n*
fornir *m* Furnier *n*, Furnierung *f*
forsa *f* (*pieniądze*) Geld *n*; *pot.* Kies *m*, Knete *f*, Moos *n*
forteca *f* Festung *f*
fortel *m* List *f*, Hinterhalt *m*
fortun|a *f* Glück *n*; **koło ~y** Glücksrad *n*
forum *n* Forum *n*; **na ~ publicznym** öffentlich
fotel *m* Armsessel *m*; **~ na kółkach** (*dla inwalidy*) Rollstuhl *m*; **~ na biegunach** Schaukelstuhl *m*
fotograf *m* Fotograf *m*
fotografia *f* Fotografie *f*; (*zdjęcie*) Lichtbild *n*, Bild *n*
fotografować *imperf vt* fotografieren
fotokomórka *f* Photozelle *f*
fotokopia *f* Fotokopie *f*
fotomontaż *m* Fotomontage *f*
fotoreporter *m* Fotoreporter *m*, Bildberichterstatter *m*
fototapeta *f* Phototapete *f*
fragment *m* (*tekstu*) Ausschnitt *m*, Auszug *m*; (*brak całości*) Fragment *n*
frakcja *f* Fraktion *f*; **~ prawicowa** Rechtsfraktion *f*; **~ parlamentarna** Parlamentsfraktion *f*
francusk|i *adj* französisch; **ciasto ~ie** Blätterteig *m*; **język ~i** Französisch(e) *n*; **mówić po ~u** Französisch sprechen
Francuz *m* Franzose *m*
Francuzka *f* Französin *f*
fraszka *f lit.* Scherzgedicht *n*
fresk *m* Freske *f*, Fresko *n*
front *m* Front *f*; *meteor.* **~ atmosferyczny** eine atmosphärische Front
frotowy *adj* Frottier-; **ręcznik ~** Frottierhandtuch *n*
fruwać *imperf vi* fliegen

frytki *spl kulin.* Pommes frites *pl*
frywolny *adj* frivol
fryzjer *m* Friseur *m*, Frisör *m*; ~ **damski** Damenfrisör *m*, Damenfriseur *m*
fundacja *f* Stiftung *f*, Fundation *f*
fundament *m* Fundament *n*, Grundmauer *f*
fundamentalizm *m* Fundamentalismus *m*
fundator *m* Stifter *m*; *żart.* (*płacący*) Spender *m*
fundusz *m* Fonds *m*
funkcja *f* Funktion *f*
funkcjonować *imperf vi* funktionieren
funt *m* Pfund *n*; ~ **szterling** Pfund Sterling
furmanka *f* Fuhrwerk *n*
furor|a *f* Furore *f*; **zrobić ~ę** Furore machen
furtka *f* Pforte *f*
fusy *pl* Bodensatz *m*
futbol *m* Fußball *m*
futerał *m* Futteral *n*, Hülle *f*; (*mały*) Etui *n*
futro *n* Pelz *m*
futrzan|y *adj* Pelz-; **~a czapka** Pelzmütze *f*; **~y kołnierz** Pelzkragen *m*

G

gabinet *m* (*rów. rządowy*) Kabinett *n*; (*lekarski*) Sprechzimmer *n*
gadać *imperf vi* reden, schwatzen
gaduła *m* Schwätzer *m*
gadżet *m* Gadget *n*
gafa *f* Missgeschick *n*, Ungeschicklichkeit *f*
gala *f* (*przyjęcie*) Galaempfang *m*; (*koncert*) Galakonzert *n*; (*strój*) Gala *f*, Festkleidung *f*
galaretka *f* Gelee *n*, *m* Gallert *n*
galeria *f* Galerie *f*; ~ **obrazów** Gemäldegalerie *f*
galowy *adj* festlich, feierlich, Fest-, Gala-; **strój ~** Festkleidung *f*; **wieczór ~** Galaabend *m*
gałąź *f* Zweig *m*, (*konar*) Ast *m*
gama *f muz.* Tonleiter *f*, Skala *f*; *przen.* ~ **kolorów** Farbenskala *f*
gang *m* Gang *f*
ganić *imperf vi* tadeln

gap|a *f, m* Tölpel *m*; *pot.* **jechać na ~ę** schwarzfahren

gapić się *imperf pot.* gaffen; **~ się na coś** etw. angaffen

garaż *m* Garage *f*

garbić się *imperf vr* einen runden Rücken machen

gardł|o *n* Hals *m*, Kehle *f*; **mieć ból ~a** Halsschmerzen haben; *przen.* **wąskie ~o** Engpass *m*

gardzić *imperf vi* verachten; (*czymś*) verschmähen

garmażeria *f* Menüladen *m*, ein Laden mit halbfertigen Speisen

garnek *m* Topf *m*

garnitur *m* (*męski*) Herrenanzug *m*; (*zestaw*) Garnitur *f*; Satz *m*

garś|ć *f* die hohle Hand; (*miara*) Handvoll *f*; **~ć piasku** eine Handvoll Sand; *przen.* **trzymać w ~ci** in der Hand halten; **wziąć się w ~ć** sich zusammennehmen

gasić *imperf vt* löschen; **~ pragnienie** den Durst löschen <stillen>

gasnąć *imperf vi* erlöschen

gastarbeiter *m* Gastarbeiter *m*

gaśnica *f* Feuerlöscher *m*

gatun|ek *m* Sorte *f*, Gattung *f*; *biol.* Art *f*; **w najlepszym <złym> ~ku** von bester <schlechter> Qualität

gaz *m* Gas *n*; **~ trujący** Giftgas *n*; **~ ziemny** Erdgas *n*; *pot.* **dodać ~u** Gas geben

gazeta *f* Zeitung *f*

gazow|y *adj* (*o stanie skupienia*) gasförmig, Gas-; **kuchenka ~a** Gasherd *m*; **butla ~a** Gasflasche *f*

gaźnik *m mot.* Vergaser *m*

gąbka *f* Schwamm *m*

gąsienica *f zool.* Raupe *f*; *techn. rów.* Raupenkette *f*; **pojazd na ~ch** Raupenfahrzeug *n*

gdy *conj* als, wenn

gdyby *conj* wenn, falls; **jak ~** als wenn, als ob; **~ nie, to** wenn nicht, dann; **~ś chciał** wenn du möchtest; **~ś mógł mi pomóc** wenn du mir helfen könntest

gdyż *conj* denn, da, weil
gdzie *adv* wo; **~ indziej** woanders, *pot.* anderswo; **~ byłeś rano?** wo warst du am Morgen?; **siadano ~ bądź** man setzte sich egal wohin
gdziekolwiek *adv* irgendwo, wo auch immer
gdzieniegdzie *adv* hier und da, stellenweise
gdzieś *adv* irgendwo; (*dokądś*) irgendwohin
gen *m biol.* Gen *n*
generaln|y *adj* allgemein, General-; **próba ~a** Generalprobe *f*
generał *m* General *m*
genetyczny *adj* genetisch
genialn|y *adj* genial; **człowiek ~y** ein genialer Mensch; **~a myśl** ein genialer Gedanke
geografia *f* Geographie *f*, Erdkunde *f*
geologia *f* Geologie *f*
geometria *f* Geometrie *f*
gest *m* Geste *f*, Gebärde *f*
gęb|a *f* Maul *n*; *wulg.* **zamknij ~ę!** halt's Maul!
gęsty *adj* dicht; (*o cieczy*) zäh, zähflüssig, dick, dickflüssig
gęś *f* Gans *f*
giąć *imperf vt* biegen, beugen; **~ się** sich biegen
giełda *f* Börse *f*; **~ papierów wartościowych** Wertpapierbörse *f*
gimnastyka *f* Turnen *n*, Gymnastik *f*
gimnastykować się *imperf vi* turnen
ginąć *imperf vi* verschwinden; (*na zawsze*) zugrunde gehen; *wojsk.* fallen
ginekolog *m* Gynäkologe *m*, Frauenarzt *m*
gips *m* Gips *m*
gitara *f* Gitarre *f*
glazura *f* Glasur *f*; (*płytki ceramiczne*) Fliesen *pl*
gleba *f* Boden *m*, Ackerboden *m*
gliceryna *f* Glyzerin *n*
glina *f* Lehm *m*; *pot. zob.* **gliniarz**
gliniarz *m pot.* (*policjant*) Bulle *m*
gładki *adj* glatt
głaskać *imperf vt* streicheln
głębia *f* Tiefe *f*
głęboki *adj* tief; **~ od-**

dech ein tiefer Atem; **~ sen** tiefer Schlaf

głodny *adj* hungrig

głodówka *f* Hungerstreik *m*

głos *m* Stimme *f*; (*dzwonka*) Klang *m*; **dojść do ~u** zu Wort kommen; **prawo ~u** Stimmrecht *n*

głosować *imperf vi* stimmen (**za czymś** für etw.); abstimmen; **~ nad czymś** über etw. abstimmen; **~ na kogoś** seine Stimme für jmdn abgeben

głosowanie *n* Abstimmung *f*

głośnik *m* Lautsprecher *m*

głośny *adj* laut; (*sławny*) berühmt; (*o złej sławie*) berüchtigt

głow|a *f* Kopf *m*; (*obraźliwie*) Rübe *f*; *przen.* **łamać sobie ~ę** sich den Kopf zerbrechen; **mieć dobrą ~ę** einen klugen Kopf haben; **mieć ~ę do interesów** Sinn für Geschäfte haben; **mieć dobrze w ~ie** gescheit sein

głód *m* Hunger *m*; **poczuć ~** Hunger bekommen

główn|y *adj* Haupt-; Grund-; **~a wygrana** Hauptgewinn *m*; **~a opłata** Grundgebühr *f*

głuchoniemy *adj* taubstumm; Taubstumme(r) *m*

głuch|y *adj* taub; **~y na lewe ucho** taub auf dem linken Ohr; (*o dźwięku*) dumpf; **~a cisza** tiefe Stille

głupi *adj* dumm, töricht; **~e żarty <figle>** alberne Witze <Streiche>

głupota *f* Dummheit *f*

głupstw|o *n* Dummheit *f*; (*drobnostka*) Kleinigkeit *f*; **pleść ~a** dummes Zeug reden

gmach *m* Riesengebäude *n*

gmina *f* Gemeinde *f*; (*wiejska*) Dorfgemeinde *f*; (*miejska*) Stadtgemeinde *f*

gnębić *imperf vt* bedrücken; (*sprawiać ból*) quälen; (*dręczyć*) peinigen

gniazdko *n* Nest(er)chen *n*; (*elektryczne*) (elektrische) Steckdose *f*

gniazdo *n* Nest *n*; *przen.* **~ rodzinne** Familiennest *n*, Heim *n*, Zuhause *n*

gnić *imperf vi* (ver)faulen
gnieść *imperf vt* drücken; (*ciasto*) kneten; **~ się** sich zusammendrängen, sich quetschen
gniew *m* Zorn *m*; **wpaść w ~** in Zorn geraten
gniewać *imperf vt* ärgern; **~ się** sich ärgern; **~ się na coś <na kogoś>** sich ärgern über etw. <über jmdn>; **~ się z kimś** (mit) jmdm grollen <zürnen>
gnój *m* (*do nawożenia*) Dung *m*, natürlicher Dünger; (*rów. przen.*) Mist *m*
gobelin *m* Gobelin *m*, Wandteppich *m*
godło *n* Wahrzeichen *n*, Wappen *n*; **~ państwowe** Staatswappen *n*
godność *f* Würde *f*
godzić *imperf vt* versöhnen; **~ w coś** etw. beeinträchtigen; **~ się** sich aussöhnen (**z kimś** mit jmdm); **~ się z losem** sich in sein Schicksal fügen
godzin|a *f* Stunde *f*; **~y nadliczbowe** Überstunden *pl*; **~y przyjęć** (*np. u lekarza*) Sprechstunden *pl*; **pół ~y** eine halbe Stunde; **która ~a?** wie spät ist es?, wieviel Uhr ist es?, **jest ~a trzecia** es ist drei Uhr; **co dwie ~y** alle zwei Stunden; *przen.* **na czarną ~ę** für schlimmere Zeiten, für die Stunde der Not
gofr *m* Waffel *f*
goić *imperf vt* heilen; **~ się** heilen, verheilen
gol *m sport.* Tor *n*, Treffer *m*
golarka *f* (*elektryczna*) (Elektro)rasierer *m*; (*na żyletkę*) Rasierapparat *m*
golf *m sport.* Golf *n*; (*sweter*) Rollkragenpullover *m*
goleni|e *n* Rasieren *n*; **płyn po ~u** Rasierwasser *n*
golić *imperf vt* rasieren; **~ się** sich rasieren
gołąb *m* Taube *f*; **siwy jak ~** schlohweiß, ganz grau
gołoledź *f* Glatteis *n*
goł|y *adj* nackt, bloß; (*obnażony*) entblößt; *pot.* (*biedny*) arm; **~ym okiem** mit bloßem Auge
gong *m* (*dźwięk*) Gong *m*

gonić *imperf vi* nachsetzen; **~ złodzieja** dem Dieb nachsetzen

goniec *m* Bote *m*

gonitwa *f sport.* Rennen *n*

gorąco *adv* heiß; **jest mi ~** es ist mir heiß

gorący *adj* heiß; *przen.* (*płomienny*) *t.* brennend; (*żarliwy*) *t.* inbrünstig

gorączka *f* Fieber *n*; *przen.* (*człowiek porywczy*) Hitzkopf *m*; **~ złota** Goldfieber *n*

gorsz|y *adj* schlimmer, schlechter; **co ~a** was noch schlimmer ist

gorycz *f* Bitterkeit *f*

gorzałka *f* (*wódka*) Wodka *m*; *pot.* Schnaps *m*

gorzej *adv* schlimmer, ärger; **tym ~** um so schlimmer; **~ się czuję** ich fühle mich unwohl

gorzk|i *adj* bitter; **~a herbata** Tee ohne Zucker; (*przykry*) bitter, schmerzlich; **~a prawda** eine bittere Wahrheit

gospoda *f* Gasthaus *n*, Wirtshaus *n*, Gaststätte *f*; *pot.* Kneipe *f*

gospodarczy *adj* wirtschaftlich

gospodarka *f* Wirtschaft *f*

gospodarny *adj* haushälterisch; (*oszczędny*) sparsam

gospodarstwo *n* (*rolne*) Bauerngut *n*, Landwirtschaft *f*; (*domowe*) Hauswirtschaft *f*, Haushalt *m*

gospodarz *m* (*rolnik*) Landwirt *m*; (*pan domu*) Hausherr *m*; (*zarządca*) Verwalter *m*; (*dozorca*) Hausmeister *m*; (*przyjmujący gości*) Gastgeber *m*

gospodyni *f* (*pani domu*) Wirtin *f*, Hausfrau *f*; (*przyjmująca gości*) Gastgeberin *f*

gosposia *f* Haushilfe *f*

gościć *imperf vt*: **~ kogoś** jmdn bewirten <zu Gast haben>; **~ u kogoś** bei jmdm zu Gast sein, jmdn besuchen

gościna *f* Bewirtung *f*

gościnność *f* Gastfreundschaft *f*

goś|ć *m* Gast *m*, Besuch *m*; (*klient*) Kunde *m*; *pot.* (*osobnik*) Kerl *m*; **przyj-**

mować ~ci Gäste empfangen; **fajny ~ć** ein prima Kerl

gotować *imperf vt* kochen; (*przygotowywać*) bereiten, vorbereiten; **~ się** (*o wodzie, mleku*) kochen, sieden

gotowy *adj* bereit, fertig; **~ na coś <do czegoś>** auf etw. gefasst, zu etw. bereit; **~ do wyjścia** ausgehfertig

gotówk|a *f* Bargeld *n*; **płacić ~ą** bar zahlen

gotyk *m* Gotik *f*

goździk *m bot.* Nelke *f*

gór|a *f* Berg *m*; **~a lodowa** Eisberg *m*; (*dosłownie i przen.*) **stawiać coś do ~y nogami** etw. auf den Kopf stellen; **na ~ze** (*wysoko*) oben; **płacić z ~y** im voraus zahlen; **jechać w ~y** ins Gebirge fahren; **pokoik na ~ze** ein Zimmer im oberen Stockwerk

góral *m* Bergler *m*, Berg(land)bewohner *m*

górnictwo *n* Bergbau *m*

górnik *m* Bergmann *m*

górn|y *adj* ober; *geogr.* **w ~ym biegu rzeki** im Oberlauf des Flusses; **~a granica** die obere Grenze

górsk|i *adj* Berg-; Gebirgs-; **~a droga** Bergstrasse *f*; **~i klimat** Gebirgsklima *n*

górzysty *adj* gebirgig, bergig

gr|a *f* Spiel *n*; **~a słów** Wortspiel *n*; **wchodzić w ~ę** in Frage kommen

gracz *m* Spieler *m*; (*hazardowy*) Hasardspieler *m*

gramatyczny *adj* grammatisch

gramatyka *f* Grammatik *f*

gramofon *m* Plattenspieler *m*

granat *m* (*owoc*) Granatapfel *m*; (*kolor*) Dunkelblau *n*; (*pocisk ręczny*) Handgranate *f*

granatowy *adj* dunkelblau

granic|a *f* Grenze *f*; **za ~ą <~ę>** im <ins> Ausland; **~a państwa** Staatsgrenze *f*; **miłość <rozpacz> bez ~** grenzenlose Liebe <Verzweiflung>

grat *m pot.* (*rupieć*) Kla-

motte *f*; **~y** Plunder *m*, Kram *m*
gratis *adv* gratis, kostenlos, umsonst
gratulacja *f* Glückwunsch *m*; (*rów. czynność*) Gratulation *f*, Beglückwünschung *f*
gratulować *imperf vi* gratulieren; **~ komuś czegoś** jmdm zu etw. gratulieren
greck|i *adj* griechisch; *kulin.* **ryba po ~u** Fisch auf griechische Art
greckokatolicki *adj* griechisch-katholisch
Greczynka *f* Griechin *f*
grejpfrut *m* Grapefruit *f*; (*duża odmiana*) Pampelmuse *f*
Grek *m* Grieche *m*
grobowiec *m* Grabgewölbe *n*, Gruft *f*; (*nagrobek*) Grabmal *n*
groch *m* Erbsen *pl*; *pot.* **jak ~ z kapustą** wie Kraut und Rüben
grochówka *f* Erbsensuppe *f*
gromada *f* Schar *f*, Haufen *m*
gromadzić *imperf vt* (an)sammeln, versammeln; **~ się** sich versammeln, sich scharen; (*o rzeczach*) sich häufen
grosz *m* Groschen *m*, Pfennig *m*; **zostać <być> bez ~a** blank sein
grosz|ek *m* Erbsen *pl*; (*deseń*) **w ~ki** tüpf(e)lig, getüpfelt, gesprenkelt; (*roślina*) Platterbse *f*; **zielony ~ek** grüne Erbsen
grota *f* Grotte *f*
grozi|ć *imperf vi* drohen; **~ć komuś czymś** jmdm mit etw. drohen; **~ epidemia** eine Seuche droht, eine Seuche steht drohend bevor
groźba *f* (*pogróżka*) Drohung *f*; (*niebezpieczeństwo*) Gefahr *f*
groźn|y *adj* drohend, bedrohlich; (*budzące lęk*) **~e spojrzenie** ein vernichtender Blick; **~a sytuacja** eine gefährliche Lage
grób *m* Grab *n*; (*grobowiec*) Grabgewölbe *n*, Gruft *f*

gruby *adj* dick; (*o suknie, rysach twarzy*) grob; (*o błędzie*) grob, schwer; (*o głosie*) grob, rauh

gruczoł *m anat.* Drüse *f*

grudzień *m* Dezember *m*

grun|t *m* Grund *m*; (*rolny*) Ackerboden *m*; (*dno*) Grund *m*; (*podstawa*) Grundlage *f*; **w ~cie rzeczy** im Grunde genommen

gruntownie *adv* gründlich

grupa *f* Gruppe *f*

gruszk|a *f* Birne *f*; **~i na wierzbie** Luftschlösser *pl*

gruz *m* Schutt *m*; **~y** Trümmer *pl*; **rozpadać się w ~y** in Trümmer sinken, zerfallen; **leżeć w ~ach** in Schutt und Asche liegen

Gruzin *m* Grusinier *m*, Georgier *m*

Gruzinka *f* Grusinierin *f*, Georgierin *f*

gruziński *adj* grusinisch

gruźlica *f med.* Tuberkulose *f*

grymasić *imperf vi* mäkeln, nörgeln

grypa *f med.* Grippe *f*

gryźć *imperf vt* beißen; (*np. o pieprzu*) brennen; (*o sumieniu, troskach*) plagen, quälen; **~ się** (*martwić się*) sich grämen; (*np. o psach*) sich beißen

grzać *imperf vt* (er)wärmen; **~ się** sich wärmen; (*o silniku*) sich überhitzen

grzałka *f* Tauchsieder *m*

grzanka *f* Röstbrot *n*, Toast *m*

grządka *f* Beet *n*, Gartenbeet *n*

grzbiet *m* Rücken *m*; **~ górski** Gebirgskamm *m*; **~ książki** Buchrücken *m*

grzebać *imperf vi* (*przeszukiwać*) (herum)stöbern, (herum)stochern, wühlen; (*pogrzeb*) beerdigen, begraben, *lit.* bestatten

grzebień *m* Kamm *m* (*równ. u zwierząt*) *m*; (*fali*) Wellenkamm *m*

grzech *m* Sünde *f*; **~ pierworodny** Erbsünde *f*

grzechotnik *m zool.* Klapperschlange *f*

grzeczny *adj* höflich, liebenswürdig; (*o dziecku*) artig

grzejnik *m* Heizkörper *m*

grzmi|eć *imperf vi* donnern; **~** es donnert
grzmot *m* Donner *m*
grzyb *m* Pilz *m*; **~y jadalne** essbare Pilze; **~y trujące** giftige Pilze
grzywka *f* Pony *m*, Ponyfrisur *f*
grzywn|a *f* Geldstrafe *f*; (*mandat*) Strafmandat *n*; **ukarać ~ą** mit einer Geldbuße bestrafen
gubernator *m* Gouverneur *m*
gubić *imperf vt* verlieren; (*niszczyć*) zugrunde richten; **~ się** (*np. w domysłach*) sich verlieren; (*błądzić*) sich verirren; (*ginąć*) verlorengehen, verschwinden
gulasz *m kulin.* Gulasch *n, m*
guma *f* Gummi *m*; **~ do żucia** Kaugummi *m*; (*gumka do bielizny*) Gummi *n*, Gummiband *n*
gumow|y *adj* aus Gummi, Gummi-; **~e rękawiczki** Gummihandschuhe *pl*
guru *m* Guru *m*
gust *m* Geschmack *m*; **w moim guście** nach meinem Geschmack; **nie mieć ~u** keinen Geschmack haben
guz *m* Beule *f*; (*nowotwór*) Tumor *m*
guzik *m* Knopf *m*; **zapiąć ~** zuknöpfen
gwałcić *imperf vt* vergewaltigen (**kogoś** jmdm; *lit.* Gewalt antun (**kogoś** jmdm)
gwałt *m* (*przemoc*) Zwang *m*; Gewalt *f*; (*zgwałcenie*) Vergewaltigung *f*; (*natychmiast*) **na ~** eiligst, in aller Eile
gwałtowny *adj* heftig
gwara *f* Mundart *f*, Dialekt *m*
gwarancja *f* Garantie *f*
gwiazda *f* Stern *m*; **~ filmowa** Filmstar *m*
gwiazdka *f* Sternlein *n*; (*w druku*) Sternchen *n*; (*Wigilia*) Heiliger (Weihnachts)abend; (*podarunek świąteczny*) Weihnachtsgeschenk *n*
gwizdać *imperf vt, vi* pfeifen
gwóźdź *m* Nagel *m*; **zabić coś gwoździami** etw. zunageln

H

haczyk *m* Häkchen *n*
haft *m* Stickerei *f*
haftka *f* Heftel *n*
haftować *imperf vt* sticken
hak *m* Haken *m*
hala *f* Halle *f*; ~ **targowa** Markthalle *f*
halka *f* Unterrock *m*
halo! *interj* hallo!
halowy *adj* Hallen-; **sport** ~ Hallensport *m*
hałas *m* Lärm *m*
hałasować *imperf vi* lärmen; (*demonstrując siłę*) randalieren
hałaśliw|y *adj* lärmend; ~**a muzyka** laute Musik
hamak *m* Hängematte *f*
hamburger *m* Hamburger *m*
hamować *imperf vt* bremsen; (*wstrzymywać*) zurückhalten; (*tłumić*) unterdrücken; ~ **się** sich beherrschen
hamulec *m* Bremse *f*; *przen.* Hemmung *f*
handel *m* Handel *m*; ~ **wymienny** Tauschhandel *m*; ~ **zagraniczny** Außenhandel *m*
handlarz *m* Händler *m*
handlować *imperf vi* handeln; ~ **czymś** mit etw. handeln
handlowiec *m* Geschäftsmann *m*, Kaufmann *m*
hangar *m* Hangar *m*; Flugzeughalle *f*
hańba *f* Schande *f*
happening *m* Happening *n*
happy end *m* Happy-End *n*
haracz *m* Tribut *m*
harcerka *f* Pfadfinderin *f*
harcerstwo *n* Pfadfinderbewegung *f*
harcerz *m* Pfadfinder *m*
hardware *m*, *nieodm. inform.* Hardware *f*
harem *m* Harem *m*
harfa *f muz.* Harfe *f*
harmonia *f* Harmonie *f*, Wohlklang *m*; (*akordeon*) Akkordeon *n*, Handharmonika *f*, Ziehharmonika *f*
harmonijka *f* Harmonika *f*; ~ **ustna** Mundharmonika *f*

harować *imperf pot.* schwer arbeiten, sich placken, schuften
harówka *f pot.* schwere Arbeit, Plackerei *f*, Schuften *n*
hartować *imperf vt* abhärten; (*t. tech.*); *przen. t.* stählen; *zob.* **zahartowany**; **~ się** *imperf* sich abhärten
hasło *n* Losung *f*; *wojsk.* Parole *f*; (*w słowniku*) Stichwort *n*
haszysz *m* Haschisch *n, m*
hazard *m* Hasard *n*
hebel *m* Hobel *m*
hebrajski *adj* hebräisch
hej! *int* hallo!
hektar *m* Hektar *n*
helikopter *m* Hubschrauber *m*
hełm *m* Helm *m*, Stahlhelm *m*; (*kask*) Schutzhelm *m*
henna *f* (*barwnik*) Henna *f, n*
herb *m* Wappen *n*; **~ miasta** Stadtwappen *n*
herbaciarnia *f* Teehaus *n*
herbata *f* Tee *m*
herbatnik *m* Teegebäck *n*
hermetyczny *adj* hermetisch, luftdicht
heteroseksualny *adj* heterosexuell
hiena *f zool.* Hyäne *f*
hierarchia *f* Hierarchie *f*
higiena *f* Hygiene *f*
higieniczny *adj* hygienisch
Hindus *m* Inder *m*; *rel.* Hindu *m*
Hinduska *f* Inderin *f*
hipis *m* Hippie *m*
hipnoza *f* Hypnose *f*
hipochondria *f* Hypochondrie *f*
hipochondryk *m* Hypochonder *m*
hipokryzja *f* Hypokrisie *f*, Heuchelei *f*
hipopotam *m* Nilpferd *n*, Flusspferd *n*
hipoteka *f* Hypothek *f*
hipoteza *f* Hypothese *f*
histeria *f* Hysterie *f*
historia *f* Geschichte *f*
historyczny *adj* (*dotyczący historii*) historisch, geschichtlich, Geschichts-; **kalendarz ~** Geschichtskalender *m*; (*doniosły, epokowy*) epochenmachend
Hiszpan *m* Spanier *m*
Hiszpanka *f* Spanierin *f*

hiszpański *adj* spanisch
hit *m* Hit *m*
HIV *m med.* HIV-Virus *n*
hobby *n nieodm.* Hobby *n*, Steckenpferd *n*
hodować *imperf* züchten; (*uprawiać ziemiopłody*) *rów.* anbauen
hodowla *f* Zucht *f*; **~ bydła** Viehzucht *f*
hojny *adj* freigebig, großzügig
hokej *m* (Feld)hockey *n*; **~ na lodzie** Eishockey *n*
hol *m* (*np. hotelowy*) Halle *f*, Vorraum *m*; (*lina holownicza*) Schlepptau *n*; **wziąć na ~** ins Schlepptau nehmen
Holender *m* Holländer *m*
Holenderka *f* Holländerin *f*
hologram *m* Hologramm *n*
holować *imperf* abschleppen, ins Schlepptau nehmen
hołd *m hist.* Huldigungseid *m*; (*uwielbienie*) Verehrung *f*; *lit.* Huldigung *f*; **składać komuś ~** jmdm eine Huldigung darbringen
hołota *f pogard.* Gesindel *n*, Halunken *pl*
homar *m* Hummer *m*
homeopatia *f* Homöopathie *f*
homoseksualista *m* Homosexuelle(r) *m*; *pot.* Schwule(r) *m*
honor *m* Ehre *f*
honorarium *n* Honorar *n*
hormon *m biol.* Hormon *n*
horoskop *m* Horoskop *n*
horyzont *m* Horizont *m*
horror *m* Horror *m*
hospicjum *n* Fremdenheim *n*; (*dla chorych*) Hospiz *n*
hossa *f* Hausse *f*
hostessa *f* Hostess *f*
hot dog *m* Hot dog *n*, *m*
hotel *m* Hotel *n*
huk *m* Knall *m*
hulajnoga *f* Roller *m*
humanitarny *adj* humanitär, human
humanizm *m* Humanismus *m*
humor *m* Humor *m*; (*dobry nastrój*) gute Stimmung; (*kaprys*) Laune *f*, Grille *f*; **mieć poczucie ~u** Sinn für Humor haben
hura! *int* hurra!
huragan *m* Wirbelwind

m, Wirbelsturm *m*, Hurrikan *m*, Orkan *m*
hurt *m* Großhandel *m*; **~em** im großen <en gros> in Bausch und Bogen
hurtownia *f* Großhandlung *f*, Großhandelsunternehmen *n*
hurtownik *m* Großhändler *m*, Grossist *m*
huśtać *imperf vt* schaukeln; **~ się** schaukeln
huśtawka *f* Schaukel *f*
huta *f* Hütte *f*, Hüttenwerk *n*
hydrant *m* Hydrant *m*, Wasserzapfstelle *f*
hydraulik *m* Installateur *m*
hymn *m* Hymne *f*; **~ narodowy** Nationalhymne *f*

I

i *conj* und; **jeść i pić** essen und trinken; **i tak dalej** und so weiter <usw.>
idea *f* Idee *f*
idealny *adj* ideal
ideał *m* Ideal *n*
identyczny *adj* identisch
identyfikować *imperf vt* identifizieren; **~ się** sich identifizieren **(z czymś <z kimś>** mit etw <mit jmdm>)
ideologia *f* Ideologie *f*
idiom *m* Idiom *n*
idiota *m* Idiot *m*
idol *m* Idol *n*
idylla *f* Idyll *n*; (*w literaturze i sztuce*) Idylle *f*
igł|a *f* Nadel *f*; **nawlec ~ę** eine Nadel einfädeln
ignorancja *f* Ignoranz *f*
ignorować *imperf vt* ignorieren
igrzysk|o *n* Wettkampf *m*; **~a olimpijskie** die Olympischen Spiele
ikra *f* (Fisch)rogen *m*
iks *m przen.* **nogi w ~** X-Beine *pl*; *pot.* **pan <pani> Iks** Herr <Frau> X
ile *pron num* wieviel; **~ to kosztuje?** wieviel kostet das?; **~ masz lat?** wie alt bist du?; **o ~ mi wiadomo** soviel ich weiß; **o ~ to prawda** sofern es wahr ist

iloczyn *m mat.* Produkt *n*
iloraz *m* Quotient *m*
ilość *f* Menge *f*, Anzahl *f*
ilustracja *f* Illustration *f*
iluzja *f* Illusion *f*, Selbsttäuschung *f*
iluzjonista *m* Zauberkünstler *m*
im *adv*: **im... tym** je... desto; **im więcej, tym lepiej** je mehr desto <um so> besser
imieniny *s pl* Namenstag *m*
imiesłów *m gram.* Partizip *n*
imi|ę *n* Vorname *m*; **jak ci na ~ę?** wie heißt du mit dem Vornamen?; **mówić do kogoś po ~eniu** jmdn duzen
imigrować *imperf vi* immigrieren, einwandern
imitacja *f* Imitation *f*, Nachahmung *f*
imitować *imperf vt* imitieren, nachahmen (**kogoś <coś>** jmdn <etw.>)
immunitet *m* Immunität *f*; **~ dyplomatyczny** diplomatische Immunität; **~ poselski** Abgeordnetenimmunität *f*
impas *m* Sackgasse *f*
impertynencja *f* Impertinenz *f*, Frechheit *f*
imponować *imperf vt* imponieren; **~ komuś** jmdm imponieren
importować *imperf vt* importieren, einführen
impresjonizm *m* Impressionismus *m*
impreza *f* Veranstaltung *f*; Fest *n*; (*widowisko estradowe*) Darbietung *f*, Vorführung *f*, Show *f*; **~ sportowa** Sportveranstaltung *f*; *pot.* **~ towarzyska** (*spotkanie*) Fete *f*, Party *f*
improwizacja *f* Improvisation *f*, Stegreifdarbietung *f*
impuls *m* Impuls *m*, Stimulus *m*, Anregung *f*
inaczej *adv* anders; **tak czy ~** jedenfalls; **(bo) ~** sonst; **sprzątnij swój pokój, bo ~ nie dostaniesz kolacji** räume dein Zimmer auf, sonst bekommst du kein Abendessen
inauguracja *f* Inauguration *f*, Eröffnung *f*
in blanco *adv* in blanco
incognito *adv* inkognito;

Inkognito *n*; **zachować ~** sein Inkognito wahren; **podróżować ~** inkognito reisen
Indianin *m* Indianer *m*
Indianka *f* Indianerin *f*
indiański *adj* indianisch; Indianer-; **wódz ~** Indianerhäuptling *m*
Indonezyjczyk *m* Indonesier *m*
Indonezyjka *f* Indonesierin *f*
indonezyjski *adj* indonesisch
indyjski *adj* indisch
indyk *m* Truthahn *m*; (*na pieczeń*) *rów*. Puter *m*
indywidualn|y *adj* individuell; (*pojedynczy*) einzeln, vereinzelt, Einzel-; **gospodarstwo ~e** ein individueller Haushalt; (*chłopskie*) Einzelbauer *m*
infekcja *f med*. Infektion *f*, Ansteckung *f*
inflacja *f ekon*. Inflation *f*, Geldentwertung *f*
informacj|a *f* Information *f*, Auskunft *f*; **~a o czymś** die Information über etwas; **biuro ~i** Informationsbüro *n*, Auskunftsbüro *n*
informacyjny *adj* informatorisch; Informations-; Auskunfts-; *zob*. **informacja**
informator *m* Auskunftsbeamte(r) *m*; (*wykaz*) Führer *m*; **~ turystyczny** Reiseführer *m*; **~ Uniwersytetu Warszawskiego** das Vorlesungsverzeichnis der Universität Warschau
informatyka *f* Informatik *f*
informować *vt imperf* informieren; **~ kogoś** jmdn informieren <benachrichtigen>, jmdm Auskunft erteilen; **~ się** sich informieren, sich erkundigen; **~ się u kogoś w sprawie czegoś** sich bei jmdm über etwas informieren <nach etwas erkundigen>
ingerować *imperf* sich einmischen; **~ w coś** sich in etw einmengen <einmischen>
inicjał *m* Initiale *f*; **~y** Initialen *pl*
inicjatyw|a *f* Initiative *f*;

mieć ~ę Initiative haben; **wystąpić z ~ą** die Initiative ergreifen; **z własnej ~y** aus eigener Initiative; **z ~y kierownika działu** durch die Initiative <auf Anregung> des Abteilungsleiter

innowacja *f* Innovation *f*, Neuerung *f*

inny *pron* ein anderer; **kto ~** jemand anders; **~m razem** ein anderes Mal; **~ niż wszyscy** anders als die anderen; **między ~mi** unter anderem <anderen>

insekt|y *m pl* Insekten *pl*; **środek przeciw ~om** ein Mittel gegen Insekten

inspekty *m pl* Mistbeet *n*, Frühbeet *n*

inspektor *m* Inspekteur *m*; Kontrolleur *m*

inspirować *imperf vt* inspirieren, anregen

instalacja *f* Installation *f*, Anlage *f*; (*gazowa*) Gasanschluss *m*

instalować *imperf vt* installieren

instrukcj|a *f* Instruktion *f*, Anweisung *f*; **~e** (*wskazówki*) Richtlinien *pl*

instruktor *m* Instrukteur *m*

instrument *m* Instrument *n*; (*przyrząd*) Gerät *n*, Werkzeug *n*; **~y muzyczne** Musikinstrumente *pl*

instynkt *m* Instinkt *m*

instytucja *f* Institution *f*

instytut *m* Institut *n*

integracja *f sing* Integration *f*

integrować *imperf vt* integrieren, vereinen, zusammenschließen; **~ się** sich integrieren, sich vereinen

intelekt *m* Intellekt *m*

intelektualny *adj* intellektuell

inteligencja *f* Intelligenz *f*

inteligentny *adj* intelligent, aufgeschlossen

intencj|a *f* Intention *f*; **działać w dobrej ~i** in guter Absicht handeln

intensywny *adj* intensiv

interes *m* Geschäft *n*; (*sprawa*) **załatwić jakiś ~** eine Angelegenheit erledigen; (*zysk*) **robić wielkie ~y** große Geschäfte machen; **prowadzić ~y** Geschäfte führen; **otworzyć ~** ein Geschäft eröffnen

interesant *m* Kunde *m*

interes|ować *imperf vt* interessieren; **to mnie wcale nie ~uje** das interessiert mich gar nicht; **~ować się czymś <kimś>** sich für etw. <für jmdn> interessieren

interesujący *adj* interessant

internat *m* Internat *n*; **szkoła z ~em** eine Schule mit Internat, Internatsschule *f*

Internet *m* Internet *n*

internista *m* Internist *m*, der Arzt für innere Krankheiten; *pot*. praktischer Arzt

internować *imperf vt* internieren

interpretacja *f* Interpretation *f*

interpretować *imperf vt* interpretieren, auslegen; *por*. **interpretacja**

interpunkcja *f gram*. Interpunktion *f*, Zeichensetzung *f*

interwencja *f* Intervention *f*, Eingriff *m*

interweniować *imperf vi* eingreifen

interview *m* Interview *n*

intonacja *f* Intonation *f*, Betonung *f*

intruz *m* Eindringling *m*

intryga *f* Intrige *f*

intuicja *f* Intuition *f*; *(olśnienie)* Eingebung *f*

intymny *adj* intim

inwalida *m* Invalide *m*; (*z emocjonalnym podtekstem*) Krüppel *m*; **~ wojenny** Kriegsbeschädigte*(r) m*, Kriegsinvalide *m*

inwestor *m* Inwestor *m*, Anleger *m*

inwestować *imperf vt* investieren; *ekon*. anlegen; (*zainwestować kapitał*) ein Kapital anlegen

inwestycja *f* Investition *f*, Kapitalanlage *f*

inżynier *m* Ingenieur *m*

Irlandczyk *m* Irländer *m*, Ire *m*

Irlandka *f* Irländerin *f*, Irin *f*

irlandzki *adj* irisch, irländisch; (*o kulturze*) irisch

ironia *f* Ironie *f*

irracjonalny *adj* irrational

irys *m bot*. Iris *f*, Schwertlilie *f*; (*cukierek*) Milchbonbon *m, n*

irytować *imperf vt* irritieren, ärgern; *pot.* **~ kogoś** jmdm auf die Nerven gehen; **~ się** sich aufregen, sich ärgern (**z powodu kogoś <czegoś>** über jmdn <über etw.>)

iskra *f* Funke *m*

islam *m* Islam *m*

Islandczyk *m* Isländar *m*

Islandka *f* Isländerin *f*

islandzki *adj* isländisch

istnieć *imperf vt* exsistieren, bestehen

istnienie *n* Existenz *f*, Bestehen *n*, Dasein *n*, Vorhandensein *n*

istota *f* Wesen *n*; **~ rzeczy** das Wesen der Sache

istotny *adj* wesentlich; (*dla kogoś, czegoś*) wichtig, bedeutend; (*faktyczny*) tatsächlich

iść *imperf vr* gehen; **~ dalej** weiter gehen; **~ za kimś** hinter jmdm (her)gehen; **~ przed siebie** vor sich hingehen; **~ przodem** vorwärts gehen; **~ pod rękę** Arm in Arm gehen; **~ spać** schlafen gehen; **~ do wojska** zum Militär gehen; **~ na emeryturę** in Pension gehen; **~ na studia** das Studium aufnehmen; **jak ci idzie?** wie geht es dir?

izba *f* (*pokój*) Zimmer *n*; (*archaizm*) Stube *f*; **~ przyjęć** Aufnahme *f*; **~ wytrzeźwień** Ausnüchterungszelle *f*; (*instytucja*) **~ lekarska <adwokacka>** Ärztekammer *f* <Anwaltskammer *f*>

izolatka *f* Isolierzimmer *n*; (*w więzieniu*) Isolierzelle *f*

J

jajecznica *f* Rührei *n*

jajko *n* Ei *n*; **~ na miękko <na twardo>** ein weich <hart> gekochtes Ei; **~ sadzone** Spiegelei *n*, Setzei *n*

jak *pron adv conj* wie; **~ się nazywasz?** wie heißt du?; **~ się czujesz?** wie fühlst du dich?; **nie wiem, ~ to zrobić** ich weiß nicht, wie man das macht; **cieszył się ~ dziecko** er freute sich wie ein Kind; **~ najprędzej** so schnell wie möglich; **~ najwięcej** so viel wie möglich; **zarówno lekarze, ~ i nauczyciele** sowohl Ärzte als auch Lehrer
jakby *conj* als ob, als wie, als wenn, wie wenn
jak|i *pron* was für ein; (*który*) welcher; **~a to książka?** was für ein Buch ist das?; **~a będzie jutro pogoda?** wie wird morgen das Wetter sein?
jakikolwiek *pron* irgendein, irgendwelcher
jakiś *pron* irgendein, irgendwelcher; **byli tam jacyś ludzie** dort waren irgendwelche Leute
jakkolwiek *adv* wie auch immer; (*chociaż*) obwohl
jako *adv* als; (*sam w sobie*) **~ taki** als solcher; **~ przedstawiciel** als Vertreter; **~ tako** einigermaßen, leidlich
jakoś *adv* irgendwie
jakość *f* Qualität *f*
jałow|y *adj* unfruchtbar, fruchtlos, steril; **~a gleba** unfruchtbarer Boden; *przen.* **~e dyskusje** fruchtlose Diskussionen; *med.* **~y opatrunek** ein steriler Verband; *techn.* **~y bieg** Leerlauf *m*
jamnik *m* Dackel *m*
Japonka *f* Japanerin *f*
Japończyk *m* Japaner *m*
japoński *adj* japanisch
jarski *adj* vegetarisch
jarzębina *f bot.* Eberesche *f*, Vogelbeerbaum *m*
jarzyna *f* Gemüse *n*; (*surówka*) Rohkost *f*
jarzynow|y *adj* Gemüse-; **zupa ~a** Gemüsesuppe *f*
jasiek *m* (*poduszeczka*) Kopfkissen *n*
jaskinia *f* Höhle *f*
jaskółka *f zool.* Schwalbe *f*; *przyst.* **jedna ~ nie czyni wiosny** eine Schwalbe macht noch keinen Sommer
jaskraw|y *adj* grell, knal-

lig; **~e barwy** grelle <knallige> Farben *pl*

jasno *adv* klar; **mówić ~** klar sprechen

jasn|y *adj* hell; (*zrozumiały*) klar, verständlich; (*o świetle*) hell; *przen.* (*pogodny*) **~e niebo** ein klarer <heiterer> Himmel; **~e spojrzenie** ein klarer Blick; **~e oczy** helle Augen; *przen.* (*zrozumiały*) klar; **~e**! klar!

jastrząb *m zool.* Habicht *m*

jaszczurka *f zool.* Eidechse *f*

jaśmin *m bot.* Jasmin *m*

jawn|y *adj* offen, offensichtlich; (*publiczny*) öffentlich; **~a niechęć** offene <offensichtliche> Abneigung; **~e głosowanie** öffentliche Abstimmung

jazd|a *f* Fahrt *f*; **~a konna** Reiten *n*; **prawo ~y** Führerschein *m*; **~a figurowa na lodzie** Eiskunstlauf *m*, Eiskunstlaufen *n*; **rozkład ~y** Fahrplan *m*

jądro *m fiz. bot.* Kern *m*; *anat.* Hoden *m*;

jądrow|y *adj* nuklear; Atom-; **broń ~a** Atomwaffen, Nuklearwaffen *pl*; **energia ~a** Atomenergie *f*, Kernenergie *f*, Nuklearenergie *f*; **elektrownia ~a** Atomkraftwerk *n* Kernkraftwerk *n*

jąkać się *imperf* stottern, stammeln

jechać *imperf vi* fahren; **~ pociągiem** mit dem Zug fahren; **~ konno** reiten; **~ w delegację** dienstlich reisen, auf Dienstreise sein

jed|en *num* ein; **ani ~no** nicht mal eins; **wszystko ~no** ganz egal, einerlei; **~na trzecia** ein Drittel; **za ~nym zamachem** auf einmal; **z ~nej strony** einerseits; **był tu ~en pan** es war hier ein Menn

jedenastka *f* Elf *f*; *sport.* (*rzut karny*) Elfmeter *m*, *pot.* Elfer *m*; (*drużyna futbolowa*) Fußballmannschaft *f*

jedenast|y *m num* der elfte; **godzina ~a** elf Uhr; **pół do ~ej** halb elf (Uhr)

jedenaście *num* elf
jednak *conj adv* aber; doch, dennoch; (*jakkolwiek by było*) immerhin
jednakowy *adj* gleich, identisch
jednoczesny *adj* gleichzeitig, simultan
jednokierunkow|y *adj*: **~a ulica** Einbahnstraße *f*
jednolity *adj* gleichartig, einheitlich, homogen
jednomyślnie *adv* einstimmig
jednorodny *adj* homogen
jednostajny *adj* monoton
jednostka *f* Einheit *f*; (*osoba*) Individuum *n*; **~ miary** Maßeinheit *f*
jednostronny *adj* einseitig
jedność *f* Einheit *f*
jedwab *m* Seide *f*
jedynka *f* Eins *f*
jedyn|y *adj* (*tylko jeden*) der einzige; **~e wyjście** der einzige Ausweg <(*drzwi*) Ausgang>
jedzeni|e *n* Essen *n*; (*posiłek, np. obiad*) Mahlzeit *f*; **po ~u** nach dem Essen
jeleń *m* Hirsch *m*
jelito *n* Darm *m*
jemioła *f bot.* Mistel *f*
jeniec *m* Gefangene(r) *m*; (*zakładnik*) Geisel *f*; **~ wojenny** Kriegsgefangene(r) *m*
jesień *f* Herbst *m*
jeszcze *adv, part* noch; **słońce ~ świeciło** die Sonne schien noch; **~ do wczoraj padało** bis gestern regnete es noch
jeść *imperf vt* essen; **chce mi się ~** ich habe Hunger; **~ śniadanie** frühstücken; **~ obiad <kolację>** zu Mittag <zu Abend> essen
jeśli *conj* wenn
jezdnia *f* Fahrbahn *f*
jezioro *n* See *m*
jeździć *imperf vi* fahren; **~ konno** reiten; **~ na nartach** Schi <Ski> laufen
jeździec *m* Reiter *m*
jeż *m zool.* Igel *m*
jeżeli *zob.* **jeśli**
jeżyna *f bot.* Brombeere *f*
jęczeć *imperf vi* stöhnen; (*utyskiwać*) jammern, wimmern; (*marudzić*) meckern
jęczmień *f bot.* Gerste *f*; **~ na oku** Gerstenkorn *n*

jęk *m* Stöhnen *n*; (*utyskiwanie*) Gejammer *n*
język *f* Sprache *f*; *anat.* Zunge *f*; **~ ojczysty** Muttersprache *f*; **~ obcy** Fremdsprache *f*
jodła *f bot.* Tanne *f*
jogging *m* Jogging *m*
jogurt *m* Joghurt *m n*
joystick *inform.* Joystick *m*
jubiler *m* Juwelier *m*
jubileusz *m* Jubiläum *n*; (*rocznica*) Jahrestag *m*
judaizm *m* Judaismus *m*
junior *m* Junior *m*
jury *n* Jury *f*
jutr|o *n* Morgen *n*; *adv* morgen; **do ~a** bis morgen
już *adv* schon; **~ nie** nicht mehr; **~ nigdy** nie mehr

K

kabaczek *m bot.* Flaschenkürbis *m*
kabaret *m* Kabarett *n*
kabel *m* Kabel *n*
kabina *f* Kabine *f*; **~ telefoniczna** Telefonzelle *f*; **~ pilota** Cockpit *n*
kac *pot.* Kater *m*, Katzenjammer *m*
kaczka *f zool.* Ente *f*; **~ dziennikarska** Zeitungsente *f*
kadencja *f* Amtsperiode *f*; Kadenz *f*
kadłub *m* Rumpf *m*
kadr|a *f* Kader *m*; (*biuro personalne*) **~y** Kaderabteilung *f*, Personalabteilung *f*
kafel *m* Kachel *f*
kaganiec *m* Maulkorb *m*
kajak *m* Kanu *n*
kajdanki *pl* Handschellen *pl*
kajuta *f* Kajüte *f*
kajzerka *f* Kaiserbrötchen *n*
kakao *n* Kakao *m*
kaktus *m* Kaktus *m*
kalafior *m* Blumenkohl *m*
kaleczyć *imperf vt* verletzen; **~ niemiecki** Deutsch radebrechen
kaleka *f* Behinderte(r) *m*; Krüppel *m*
kalendarz *m* Kalender *m*
kalesony *pl* Unterhose *f*

kalka *f* Blaupapier *n*; **~ techniczna** Pauspapier *n*
kalkulator *m* Rechner *m*
kaloria *f* Kalorie *f*
kaloryfer *m* Heizkörper *m*
kalosz *m* Galosche *f*
kałuża *f* Pfütze *f*
kamera *f* Kamera *f*
kameraln|y *adj.* Kammer-; **muzyka ~a** Kammermusik *f*
kamienica *f* Mietshaus *n*, Zinshaus *n*
kamień *m* Stein *m*; **~ szlachetny** Edelstein *m*; **~ graniczny** Grenzstein *m*; **~ węgielny** Grundstein *m*; **~ milowy** Meilenstein *m*; **~ do zapalniczek** Feuerstein *m*
kamionka *f* (*naczynie*) Tongefäß *n*
kamizelka *f* Weste *f*
kampania *f* Kampagne *f*
Kanadyjczyk *m* Kanadier *m*
Kanadyjka *f* Kanadierin *f*
kanadyjski *adj* kanadisch
kanalizacja *f* Kanalisation *f*
kanał *m* Kanal *m*; **~ ściekowy** (*rynsztok*) Gosse *f*, Rinnstein *m*
kanapa *f* Couch *f*, Sofa *n*
kanapka *f* ein belegtes Brot; (*sandwicz*) Sandwich *m*, *n*; (*podwójna*) Klappbrot *n*; (*przekąska*) Imbiss *m*
kanarek *m* Kanarienvogel *m*
kancelaria *f* Kanzlei *f*
kanclerz *m* Kanzler *m*
kangur *m* Känguruh *n*
kanister *m* Kanister *m*
kanon *m* Kanon *m*
kant *m* Rand *m*, Kante *f*; (*oszustwo*) Schwindel *m*; (*spodni*) Bügelfalte *f*
kantor *m* (*wymiana walut*) Wechselstube *f*
kapać *imperf vi* tropfen; (*obficie*) triefen; (*powoli, ledwo*) tröpfeln
kapelusz *m* Hut *m*
kapitalizm *m* Kapitalismus *m*
kapitał *m* Kapital *n*; **~ zakładowy** Betriebskapital *n*; **~ akcyjny** Aktienkapital *n*
kapitan *m* Kapitän *m*
kaplica *f* Kapelle *f*
kapłan *m* Priester *m*
kaprys *m* Marotte *f*, Schrulle *f*; (*zmienny humor*) Laune *f*

kapsel *m* (*do butelki*) Kronenkorken *m*
kaptur *m* Kapuze *f*
kapusta *f* Kohl *m*; (*brukselka*) Rosenkohl *m*; **~ włoska** Wirsingkohl *m*; **~ kiszona** Sauerkraut *n*
kar|a *f* Strafe *f*; **~a sądowa** eine gerichtliche Strafe; **~a pieniężna** Geldstrafe *f*; **skazać na ~ę pieniężną** zu einer Geldstrafe <Geldbuße> verurteilen
karabin *m* Gewehr *n*; **~ maszynowy** Maschinengewehr *n*
karać *imperf vt* strafen
karaluch *m zool.* Küchenschabe *f*, Kakerlak *m*
karambol *m* Karambolage *f*
karawana *f* Karawane *f*
karate *n* Karate *n*
karczma *f* Wirtshaus *n*; Kneipe *f*; (*pejoratywnie*) Kaschemme *f*; (*tylko z napojami*) Schenke *f*
kardynał *m* Kardinal *m*
karencj|a *f* Karenz *f*; **okres ~i** Karenzfrist *f*
karetka *f* (*pogotowia*) Krankenwagen *m*
kariera *f* Karriere *f*
kark *m* Nacken *m*; Genick *n*; **mieć coś <kogoś> na ~u** etw. <jmdn> auf dem Hals haben; **pędzić na złamanie ~u** Hals über Kopf rennen; **skręcić ~** sich das Genick brechen
karmić *imperf vt* nähren; füttern; (*niemowlę*) stillen
karnawał *m* Karneval *m*, Fasching *m*
karn|y *adj* diszipliniert, Straf-; **prawo ~e** Strafrecht *n*; **punkt ~y** Strafpunkt *m*; *sport.* **rzut ~y** Strafstoß *m*
karo *n* (*w kartach*) Karo *n*
karoseria *f* Karosserie *f*
karp *m* Karpfen *m*
karta *f* Karte *f*; **~ kredytowa** Kreditkarte *f*; **~ pocztowa** Postkarte *f*; **~ telefoniczna** Telefonkarte *f*
kartka *f* Blatt *n*, Zettel *m*
kartofel *m* Kartoffel *f*
karton *m* Karton *m*; (*tektura*) Pappe *f*
kartoteka *f* Kartei *f*
karykatura *f* Karikatur *f*
kasa *f* Kasse *f*; **~ biletowa** (*w teatrze*) Theater-

kasse *f*; (*na kolei*) Schalter *m*; **~ oszczędności** Sparkasse *f*

kaseta *f* Kassette *f*; **~ magnetofonowa** Tonbandkassette *f*; **~ wideo** Videokasette *f*

kasjer *m* Kassierer *m*

kask *m* Schutzhelm *m*

kasłać *imperf vi* husten

kasować *imperf vt* kassieren; (*unieważniać*) stornieren; **~ bilet** eine Fahrkarte entwerten

kasownik *m* Entwerter *m*

kasowy *adj*. Kassen-; (*w sklepie*) **rachunek ~** Kassenbon *m*, Kassenzettel *m*; **~ film <towar itp.>** Kassenschlager *m*

kasyno *n* Kasino *n*

kasza *f* Grütze *f*

kaszanka *f* Grützwurst *f*

kaszel *m* Husten *m*

kaszleć *zob*. **kasłać**

kasztan *m* Kastanie *f*; (*koń*) Fuchs *m*

kataklizm *m* Naturkatastrophe *f*, Kataklysmus *m*

katalog *m* Katalog *m*

katar *m* Schnupfen *m*

katastrofa *f* Katastrophe *f*, Unglücksfall *m*; (*katastrofa atomowa*) GAU *m*

katechizm *m* Katechismus *m*

katedra *m* Dom *m*; Kathedrale *f*; (*na uniwersytecie*) Lehrstuhl *m*

kategoria *f* Kategorie *f*

katolicyzm *m* Katholizismus *m*

katolik *m* Katholik *m*

kawa *f* Kaffee *m*; **~ zbożowa** Malzkaffee *m*

kawaler *m* (*stan cywilny*) ledig; **stary ~** (alter) Junggeselle *m*, (*dawniej*) Hagestolz *m*

kawalerka *f* Einzimmerwohnung *f*

kawał *m* Scherz *m*; Witz *m*; Streich *m*; **opowiadać ~y** Witze erzählen

kawałek *m* Stück *n*; (*okruch*) Brocken *m*

kawiarnia *f* Café *n*, Kaffeehaus *n*

kawior *m* Kaviar *m*

kaza|ć *imperf*, *perf vi* lassen, befehlen; **~ł mi iść** er hat mich gehen lassen

każd|y *pron* jeder; **~y z nas** jeder von uns; **o ~ej**

porze um jede Zeit, jederzeit
kąpać *imperf vi* baden; (*brać prysznic*) duschen; **~ się** baden
kąpiel *f* Bad *n*; **~ słoneczna** Sonnenbad *n*
kąpielowy *adj* Bade-; **kostium ~** Badeanzug *m*
kąt *m* Ecke *f*; *mat.* Winkel *m*
kciuk *m* Daumen *m*
keczup *m* Ketchup *m*
kefir *m* Kefir *m*
kelner *m* Kellner *m*, Ober *m*
kelnerka *f* Kellnerin *f*
kemping *m* Camping *n*
kempingow|y *adj*: **przyczepa ~a** Wohnwagen *m*, Caravan *m*, Campingwagen *m*; **domek ~y** Bungalow *m*
ketchup *zob.* **keczup**
kęs *m* Happen *m*, Brocken *m*
kibic *m* Fan *m*
kichać *imperf vi* niesen
kiedy *conj adv* wann; (*gdy*) wenn, als
kiedykolwiek *adv* irgendwann, je; *zob.* **kiedyś**
kiedyś *adv* irgendwann
kieliszek *m* Glas *n*; **~ do wina** Weinglas *n*; **~ wina** ein Glas Wein
kiełbasa *f* Wurst *f*
kiepski *adj* mies, mäßig
kier *m* (*w kartach*) Herz *n*, Coeur *n*
kiermasz *m*: **~ książki** Bücherbasar *m*; **~ gwiazdkowy** Weihnachtsmarkt *m*
kierować *imperf vt* steuern, lenken, fahren; (*firmą*) leiten
kierowca *m* Fahrer *m*
kierownica *f* Lenkrad *n*
kierownictwo *f* Direktion *f*, Leitung *f*
kierownik *m* Leiter *m*
kierunek *m* Richtung *f*, Strömung *f*; **~ studiów** Fach *n*, Studienfach *n*
kierunkowskaz *m* Blinker *m*, Blinkleuchte *f*
kieszeń *f* Tasche *f*
kieszonkowe *n* Taschengeld *n*
kieszonkowiec *m* Taschendieb *m*
kij *m* Stock *m*; **~ bilardowy** Queue *n*, Billardstock *m*; **~ hokejowy** Hockeyschläger *m*

kijek *m* Stöckchen *n*; **~ narciarski** Schistock *m*
kilka *num* einige (wenige)
kilkakrotnie *adv* mehrmals
kilkaset *num* einige hundert
kilo *n* Kilo *n*, Kilogramm *n*
kilogram *m* Kilogramm *n*, Kilo *n*
kilometr *m* Kilometer *m*
kineskop *m* Bildröhre *f*, Bildschirm *m*
kino *n* Kino *n*
kiosk *m* Kiosk *m*
kipieć *imperf vi* überkochen
kisiel *m* Fruchtgelee *n*; Götterspeise *f*
kiszka *f* Darm *m*; *pot.* **ślepa ~** Blinddarm *m*; (*kaszanka*) Grützwurst *f*
kiwać *imperf vi* (*machać*) winken; **~ się** wackeln
klakson *m* Hupe *f*
klamka *f* Klinke *f*
klamr|a *f* Klammer *f*; (*do włosów*) Spange *f*; **wziąć w ~y** (*w nawias*) in Klammern setzen
klapa *f* Klappe *f*; (*pokrywa*) Deckel *m*
klaps *m* Klaps *m*
klasa *f* Klasse *f*
klaskać *imperf vt* klatschen; (*o aplauzie*) Beifall klatschen
klasyczny *adj* klassisch; **~ taniec** klassischer Tanz
klasztor *m* Kloster *n*
klatka *f* Käfig *m*, Bauer *n*
klaun *m* Clown *m*
klawiatura *f* Tastatur *f*
klawisz *m* Taste *f*
kląć *imperf vt* schimpfen (**na kogoś** mit jmdm <über jmdn>)
kleić *imperf vt* kleben
klej *m* Leim *m*, Kleber *m*
klejnot *m* Juwel *n*, *m*, Schmuck *m*
klepka *f* Daube *f*
kler *m* Klerus *m*
kleszcz *m zool.* Zecke *f*
klęczeć *imperf vi* knien
klęczk|i *pl*: **na ~ach** auf den Knien, kniend
klękać *imperf vi* knien; **~ przed kimś** vor jmdm knien
klęsk|a *f* Niederlage *f*; **ponieść ~ę** eine Niederlage erleben <erleiden>
klient *m* Kunde *m*; *prawn.* Klient *m*

klimat *m* Klima *n*
klimatyzacja *f* Klimaanlage *f*, Air-Conditioner *m*
klinika *f* Klinik *f*
klips *m* Klips *m*
klisza *f*: **~ fotograficzna** Film *m*
kloc|ek *m* (*kloc drewna*) Klotz *m*; **~ki lego** Lego-Bausteine *pl*
klomb *m* Blumenbeet *n*
klops *m* Fleischkloß *m*
klosz *m* Lampenschirm *m*; (*do ciasta*) Kuchenglocke *f*; *kraw*. Glocke *f*
klozet *m* Klosett *n*, Toilette *f*
klub *m* Klub *m*, Club *m*; **~ sportowy** Sportklub *m*
klucz *m* Schlüssel *m*
klusk|a *f* Kloß *m*; (*makaron*) **~i** Nudeln *pl*, Makkaroni *pl*
kładka *f* Steg *m*
kłamać *imperf vt* lügen
kłamstwo *f* Lüge *f*
kłaniać się *imperf vi* sich verbeugen; (*pozdrawiać*) grüßen
kłaść *imperf vt* legen; **~ się spać** schlafen gehen
kłopot *m* Sorge *f*, Kummer *m*
kłócić się *imperf vi* sich streiten; (*zawzięcie dyskutować*) streiten
kłódka *f* Hängeschloss *n*, Vorhängeschloss *n*
kłótnia *f* Streit *m*
kłuć *imperf vt* stechen
kminek *m* Kümmel *m*
knajpa *f pot*. Kneipe *f*
koalicja *f* Koalition *f*
kobiec|y *adj* weiblich; **~e pisma** Frauenzeitschriften *pl*
kobieta *f* Frau *f*; (*emocjonalnie*) Weib *n*
kobra *f* Kobra *f*, Brillenschlange *f*
koc *m* Decke *f*
kochać *imperf vt* lieben
kochanie! Liebling!
kochany *adj* geliebt
kocioł *m* Kessel *m*; (*polowanie*) Kesseltreiben *n*
kod *m* Code *m*; Kode *m*
kodeks *m prawn*. Gesetzbuch *n*; *hist*. Kodex *m*
kofeina *f* Koffein *n*
kogut *m* Hahn *m*
kojarzyć *imperf vt* assoziieren, (*ludzi*) zusammenbringen
kok *m* Haarknoten *m*
kokaina *f* Kokain *n*

kokarda *f* Schleife *f*
kokietować *imperf vt* kokettieren
kokos *m* (*orzech*) Kokosnuss *f*
kokosow|y *adj* Kokos-; **masło ~e** Kokosbutter *f*
koktajl *m* Coctail *m*; (*przyjęcie*) Cocktailparty *f*
kolacja *f* Abendbrot *n*
kolano *n* Knie *n*; *techn.* (*kolanko rury*) Knierohr *n*
kolarstwo *n* Radsport *m*
kolarz *m* Radfahrer *m*
kolba *f* Kolben *m*; **~ kukurydzy** Maiskolben *m*
kolczyk *m* Ohrring *m*
kolec *m* Dorn *m*
kolega *m* Kollege *m*; Kamerad *m*; Freund *m*; (*na studiach*) Kommilitone *m*
kolegium *n* (*szkoła*) Kolleg *n*
kole|j *f* Eisenbahn *f*; (*kolejność*) Reihe *f*; **~j podziemna** (*metro*) U-Bahn *f*; **~j podmiejska** S-Bahn *f*; **~jka górska <linowa>** Bergbahn *f* <Schwebebahn *f*>; **po ~i** der Reihe nach; **~j na mnie** ich bin an der Reihe
kolejarz *m* Eisenbahner *m*
kolej|ka *f* (*zob.* **kolej**) Bahn *f*; **stać w ~ce** Schlange stehen (**po coś** nach etw.)
kolejno *zob.* **po kolei**
kolejność *f* Reihenfolge *f*
kolejny *adj* nächst, folgend
kolekcja *f* Sammlung *f*
kolekcjoner *m* Sammler *m*
kolektura *f* Annahmestelle *f*
koleżanka *f* Kameradin *f*; (*z pracy*) Kollegin *f*; (*ze studiów*) Kommilitonin *f*
kolęd|a *f* (*pieśń*) Weihnachtslied *n*; **chodzić po ~zie** als Seelsorger einen regelmäßigen Weihnachtsbesuch abstatten
kolizja *f* Kollision *f*
kolka *f* *med.* Kolik *f*; **~ jelitowa** Darmkolik *f*; **~ nerkowa** Nierenkolik *f*
kolokwium *n* Kolloquium *n*
koloni|a *f* Kolonie *f*; (*osiedle*) **~a domków jednorodzinnych** Einfamilienhaussiedlung *f*; **~e dla dzieci** Ferienlager *n*
koloński|i *adj* kölnisch; **woda ~a** Kölnisch Wasser *n*; **dialekt ~i** Kölsch *n*
kolor *m* Farbe *f*

kolorowy *adj* farbig
kolumna *f arch.* Säule *f*; **~ wojskowa** Kolonne *f*; **~ głośnikowa** Lautsprecherbox *f*
kołdra *f* Decke *f*
kołnierz *m* Kragen *m*
koło[1] *n* Kreis *m*; **~ pojazdu** Rad *n*; **~ zębate** Zahnrad *n*; **~ zapasowe** Reserverad *n*, Ersatzrad *n*; **~ zainteresowań** Zirkel *m*
koło[2] *praep* (*o czasie*) gegen; (*o miejscu*) neben; (*w odniesieniu do miejscowości*) bei
kołować *imperf vi* rollen
kołysać *imperf vt* wiegen, schaukeln
komar *m zool.* Mücke *f*
kombajn *m* Kombine *f*; *roln. rów.* Vollerntemaschine *f*; (*do zbóż*) *rów.* Mähdrescher *m*
kombatant *m* Kombattant *m*
kombi *m* (*samochód*) Kombiwagen *m*
kombinacja *f* Kombination *f*
kombinat *m* Großbetrieb *m*; (*w byłej NRD*) *rów.* Kombinat *n*
kombinezon *m* Overall *m*, Kombination *f*
kombinować *imperf vt* kombinieren; *pot.* (*załatwiać interesy*) organisieren
komedia *f* Komödie *f*, Lustspiel *n*
komend|a *f* Kommando *n*; **na ~ę** auf Kommando; **wydać ~ę** ein Kommando geben
komentarz *m* Kommentar *m*; **bez ~a** ohne Kommentar
komentować *imperf vt* kommentieren
komercjalizacja *f* Kommerzialisierung *f*
kometa *f* Komet *m*
kometka *f sport.* Federballspiel *n*, Badminton *n*
komfort *m* Komfort *m*
komfortowy *adj* komfortabel
komiczny *adj* komisch, drollig, witzig
komiks *m* Comic *m*, Comics *pl*
komin *m* Schornstein *m*; (*fabryczny*) *rów.* Schlot *m*
kominek *m* Kamin *m*
komis *m* Kommissionsla-

den *m*, An- und Verkaufsgeschäft *n*; **oddać <wziąć> coś w ~** etw. in Kommission geben <nehmen>

komisariat *m* (Polizei)revier *n*

komisja *f* Kommission *f*

komitet *m* Komitee *n*, Ausschuss *m*

komoda *f* Kommode *f*

komora *f* Kammer *f*; *med.* **~ serca** Herzkammer *f*; **~ celna** Zollamt *n*

komorne *n* Miete *f*

komórka *f* (*schowek*) Vorratskammer *f*; *biol.* Zelle *f*

komórkowy *adj* Zellen-; **telefon ~** Funktelefon *n*, Mobiltelefon *n*; *pot.* *s* Handy *n* -s, -s

kompakt *m* (*płyta*) Kompaktschallplatte *f*, CD-Platte *f*, CD *f*; (*odtwarzacz*) CD-Player *m*

kompania *f* *wojsk.* Kompanie *f*; (*towarzystwo*) Gesellschaft *f*; **~ honorowa** Ehrenkompanie *f*

kompas *m* Kompass *m*

kompatybilny *adj* kompatibel

kompetentny *adj* kompetent, zuständig

kompleks *m* Komplex *m*; **~ leśny** Forstgebiet *n*; **~ niższości** Minderwertigkeitskomplex *m*

komplement *m* Kompliment *n*; **prawić ~y** Komplimente machen (**komuś** jmdm), komplimentieren

komplet *m* (*np. bielizny*) Garnitur *f*; (*np. garnków*) Satz *m*; **~ stołowy** Tafelbesteck *n*; **~ do kawy** Kaffeeservice *n*; **~ widzów** vollzähliges Publikum, ein ausverkaufter Saal

kompletny *adj* vollständig; komplett; **~ idiota** Vollidiot *m*

komplikować *imperf vt* komplizieren

komponować *imperf vt* komponieren

kompot *m* Kompott *n*

kompozycja *f* Komposition *f*

kompozytor *m* Komponist *m*

kompres *m* Kompresse *f*, Umschlag *m*

kompromis *m* Kompromiss *m*; **iść na ~** einen Kompromiss eingehen <schließen>
kompromitować *imperf vt* kompromittieren, bloßstellen
komputer *m* Computer *m*
komputerowy *adj* Computer-; **skład ~** Computerschriftsatz *m*; **sprzęt ~** Hardware *f*
komuna *f* Kommune *f*
komunia *f* Kommunion *f*
komunikacja *f* Kommunikation *f*; **~ miejska** Stadtverkehr *m;* **~ językowa** sprachliche Kommunikation
komunikat *m* Mitteilung *f*; (*ustny, rów. w radiu*) Durchsage *f*; (*rządowy, urzędowy*) Kommuniqué *n*
koncentracyjny *adj* Konzentrations-; **obóz ~** Konzentrationslager *m*
koncentrat *m* Konzentrat *n*; **~ pomidorowy** Tomatenmark *n*
koncentrować *imperf vt* konzentrieren; **~ się na czymś** sich auf etw. konzentrieren
koncepcja *f* Konzept *n*; Idee *f*; Auffassung *f*
koncern *m* Konzern *m*
koncert *m* Konzert *n*
koncesja *f* Konzession *f*, Genehmigung *f*
kondolencj|a *f* Kondolenz *f*; Beileid *n*; **składać komuś ~e** jmdm sein Beileid aussprechen
konduktor *m* Schaffner *m*
kondycj|a *f* Kondition *f*; *sport.* **mieć dobrą ~ę** in Form sein, fit sein
koneksje *pl* Beziehungen *pl*; *pot.* Vitamin B *n*
konewka *f* Gießkanne *f*
konfederacja *f* Konföderation *f*
konfekcja *f* Konfektion *f*
konferansjer *m* Moderator *m*, Ansager *m*
konferencja *f* Konferenz *f*; Tagung *f*
konfiguracja *f* Konfiguration *f*
konfiskata *f* Beschlagnahme *f*
konfitura *f* Konfitüre *f*
konflikt *m* Konflikt *m*, Streit *m*
konfrontacja *f* Konfrontation *f*, Auseinanderset-

zung *f* ;~ **zbrojna** militärische Konfrontation <Auseinandersetzung>
kongres *m* Kongress *m*
koniak *m* Cognak *m*
ko|niec *m* Ende *n*; (*o czynności*) *rów.* Schluss *m*; **dobiegać ~ńca** zu Ende gehen; (*położyć kres*) Schluss machen; **w ~ńcu** schließlich, endlich; **mieszkać na ~ńcu świata** am Ende der Welt wohnen; **~niec semestru** Semesterende *n*
konieczny *adj* erforderlich, notwendig, nötig
konik *m*, Pferdchen *n*; (*kuc*) Pony *n*; (*hobby*) Steckenpferd *n*, Hobby *n*
koniugacja *f* Konjugation *f*
koniunktura *f* Konjunktur *f*; **dobra ~** Hochkonjunktur *f*
konkretny *adj* konkret
konkurencja *f* Konkurrenz *f*
konkurs *m* Wettbewerb *n*; (*w gazecie*) Preisausschreiben *n*
konn|y *adj* Pferde-; Reit-; **jazda ~a** Reiten *n*; **wyścigi ~e** Pferderennen *n*
konsekwentny *adj* konsequent
konserwa *f* Konserve *f*
konserwatysta *m* Konservative(r) *m*
konserwatywny *adj* konservativ
konspiracja *f* Konspiration *f*
konstrukcja *f* Konstruktion *f*; (*budowla*) Bau *m*
konstytucja *f* Verfassung *f*
konsul *m* Konsul *m*
konsulat *m* Konsulat *n*
konsultacja *f* Konsultation *f*; (*godziny przyjęć np. lekarza*) Sprechstunden *pl*; (*z przełożonym*) Rücksprache *f*
konsument *m* Verbraucher *m*, Konsument *m*
konsumpcja *f* Verbrauch *m*, Konsum *m*
konsumpcyjn|y *adj* Verbrauchs-, Konsum-; **towary ~e** Konsumgüter *pl*, Verbrauchsgüter *pl*
konsylium *n* Konsilium *n*
kontakt *m* Kontakt *m*; *elektr*. Steckdose *f*; **nawiązać z kimś ~** mit <zu> jmdm Kontakt anknüpfen

kontener *m* Container *m*
konto *n* Konto *n*
kontrabas *m* Kontrabass *m*
kontrahent *m* Kontrahent *m*, Vertragspartner *m*
kontrakt *m* Vertrag *m*; **~ w sprawie czegoś** der Vertrag über etw.; **~ o pracę** *m* Arbeitsvertrag *m*
kontrast *m* Kontrast *m*
kontrola *f* Kontrolle *f*; (*dozór*) *rów*. Aufsicht *f*; **~ antydopingowa** Dopingkontrolle *f*
kontroler *m* Kontrolleur *m*
kontrolka *f techn.* Kontrolllampe *f*, Kontrollleuchte *f*
kontrolny *adj* Kontroll-; **odcinek ~** Kontrollabschnitt *m*
kontrolować *imperf vt* kontrollieren
kontrwywiad *m* Spionageabwehr *f*
kontuar *m* Theke *f*; (*w sklepie*) *rów.* Ladentisch *m*
kontuzja *f* Kontusion *f*, Quetschung *f*
kontynent *m* Kontinent *m*
kontynuować *imperf vt* fortsetzen
konwalia *f* Maiglöckchen *n*
konwencja *f* Konvention *f*; (*traktat*) Abkommen *n*
konwersacja *f* Konversation *f*
konwojent *m* Begleiter *m*, Bewacher *m*, Aufseher *m*
konwój *m* Konvoi *m*; Geleitschutz *m*
koń *m* Pferd *n*; *szach.* Springer *m*, Pferd *n*, Rössel *n*; (*przyrząd gimnastyczny*) (Turn)pferd *n*; **~ wierzchowy** Reitpferd *n*; **~ mechaniczny** Pferdestärke *f* (*skrót*: PS)
końcowy *adj* Schluss-; End-; **~ rozdział** Schlusskapitel *n*; **~ przystanek** Endhaltestelle *f*
kończyć *imperf vt* enden; schließen; **~ się** enden
kończyna *f* Gliedmaße *f*
koński *adj* Pferde-; **~e kopyto** Pferdehuf *m*
kooperacja *f* Kooperation *f*, Zusammenarbeit *f*
koordynacja *f* Koordination *f*, Koordinierung *f*
kopać *imperf vt* treten
kopalnia *f* Grube *f*, Mine *f*; **~ węgla** Kohlengrube *f*; **~ złota** Goldmine *f*
kopaln|y *adj* Boden-; (*w*

archeologii) fossil; **surowce ~e** Bodenschätze *pl*
koparka *f* Bagger *m*
koper *m* Dill *m*
koperta *f* Umschlag *m*
kopia *f* Kopie *f*
kopiować *imperf vt* kopieren, vervielfältigen
kopnąć *perf vt* treten
koprodukcja *f* Koproduktion *f*
kora *f* Rinde *f*; *med.* **~ mózgowa** Großhirnrinde *f*
koral *m* Koralle *f*
koralik *m* Glasperle *f*
Koreanka *f* Koreanerin *f*
Koreańczyk *m* Koreaner *m*
koreański *adj* koreanisch
korek *m* Korken *m*; (*materiał*) Kork *m*
korekta *f* Korrektur *f*, Berichtigung *f*
korepetycj|a *f* Nachhilfestunde *f*, Nachhilfeunterricht *m*; **brać ~e** Nachhilfestunden nehmen; **dawać ~e** Nachhilfeunterricht geben
korespondencja *f* Korrespondenz *f*, Briefwechsel *m*
korespondent *m* Korrespondent *m*
korespondować *imperf vi* korrespondieren
korkociąg *m* Korkenzieher *m*
korona *f* Krone *f*
koronka *f* Spitze *f*; (*na zębie*) Zahnkrone *f*
korozja *f* Korrosion *f*; (*rdza*) Rost *m*
korpus *m* Rumpf *m*; *wojsk.* Korps *n*; **~ dyplomatyczny** das diplomatische Korps
kort *m* Tennisplatz *m*
korupcja *f* Korruption *f*, Bestechung *f*
korygować *imperf vt* korrigieren, berichtigen
korytarz *m* Korridor *m*, Flur *m*
koryto *m* Trog *m*; **~ rzeki** Flussbett *n*
korze|ń *m* Wurzel *f*; **zapuszczać ~nie** Wurzeln schlagen
korzystać *imperf vt* (be)nutzen (**z czegoś** etw.); (*ciągnąć korzyści*) profitieren (**z czegoś** von etw.); **~ z okazji** die Situation <die Gelegenheit> (aus)nutzen
korzystny *adj* günstig

korzyść *f* Nutzen *m*; Gewinn *m*; Vorteil *m*
kosić *imperf vt* mähen
kosmetyczka *f* Kosmetikerin *f*; Kulturtasche *f*
kosmetyczny *adj* kosmetisch; **gabinet ~** Schönheitssalon *m*
kosmetyk *m* Schönheits(pflege)mittel *n*
kosmiczn|y *adj* kosmisch; **~a przestrzeń** Weltraum *m*; **statek ~y** Raumschiff *n*
kosmos *m* Weltall *n*, Weltraum *m*
kostium *m* Kostüm *n*; **~ kąpielowy** Badeanzug *m*
kostiumowy *adj* Kostüm-; **bal ~** Maskenball *m*
kostka *f* Würfel *m*; *anat.* Knöchel *m*
kosz *m* Korb *m*; **~ na śmieci** Mülleimer *m*; **~ plażowy** Strandkorb *m*
koszary *pl* Kaserne *f*
koszt *m* Kosten *pl*
kosztorys *m* Kostenanschlag *m*
kosztować *imperf vi vt* kosten
kosztowny *adj* kostspielig, teuer; (*wartościowy*) kostbar, wertvoll
koszula *f* Hemd *n*
koszulka *f* T-Shirt *n*; **~ gimnastyczna** Turnhemd *n*
koszyk *m* Körbchen *n*
koszykówka *m* Basketball *m*
kościół *m* Kirche *f*
kość *f* Knochen *m*; **~ słoniowa** Elfenbein *n*; *przen.* **~ niezgody** Zwistapfel *m*
kot *m* Katze *f*
kotara *f* Vorhang *m*
kotek *m* Kätzchen *n*
kotlet *m* (*z kością*) Kotelett *n*; (*bez kości*) Schnitzel *n*; (*mielony*) Hacksteak *n*, Bulette *f*
kotlina *f* Talkessel *m*
kotłownia *f* Kesselhaus *f*
koturn *m* Blockabsatz *m*
kotwica *m* Anker *m*
kowal *m* Schmied *m*
kowboj *m* Cowboy *m*
koza *f* Ziege *f*; (*piec*) Kanonenöfchen *n*
kozioł *m zool., sport.* Bock *m*; (*podpora*) Gestell *n*
koziorożec *m* Steinbock *m*
kożuch *m* Pelz *m*; **~ na mleku** Milchhaut *f*

kółk|o *n* Ringlein *n*; (*runda*) kleine Runde; (*koło*) kleines Rad; *sport.* **~a** Ringe *pl*
kpić *imperf vi* spotten; **~ z kogoś** über jmdn spotten
kra *f* Eisscholle *f*; (*płynąca*) Treibeis *n*
krab *m zool.* Krabbe *f*
krach *m* Krach *m*
kradzież *f* Diebstahl *m*
kraj *m* Land *n*; (*ojczyzna*) Heimat *f*, Vaterland *n*
krajać *imperf vt* schneiden
krajobraz *m* Landschaft *f*
krajowiec *m* Eingeborene(r) *m*; (*tutejszy*) Hiesige(r) *m*
krajowy *adj* einheimisch; inländisch
krakers *m* Cracker *m*, Kräcker *m*
krakowianin *m* Krakauer *m*
kraksa *f* Zusammenstoß *m*
kran *m* Wasserhahn *m*
krańcowy *adj* extrem
krasnoludek *m* Zwerg *m*; Kobold *m*
kraść *imperf vt* stehlen; (*coś drobnego*) entwenden
krata *f* Gitter *n*
kratk|a *f* Gitter *n*; **w ~ę** (*wzór*) kariert; (*nieregularnie*) unregelmäßig
krawat *m* Krawatte *f*; Schlips *m*
krawcowa *f* Schneiderin *f*
krawędź *f* Rand *m*; (*kant*) Kante *f*
krawężnik *m* Randstein *m*
krawiec *m* Schneider *m*
krążek *m* Scheibe *f*; Ring *m*; *sport.* (*w hokeju*) Puck *m*
krążownik *m* Kreuzer *m*
krążyć *imperf vi* kreisen (**wokół czegoś** um etw.); umlaufen (**wokół czegoś** etw.); **~ po pokoju** im Zimmer auf und ab gehen
kreda *f* Kreide *f*
kredens *m* Kredenz *f*, Geschirrschrank *m*
kredka *f* Buntstift *m*
kredyt *m* Kredit *m*; **~ bankowy** Bankkredit *m*; **udzielić ~u** Kredit geben <gewähren>
krem *m* Creme *f*
kreska *f* Strich *m*
kreskówka *f* Zeichentrickfilm *m*
kreślić *imperf vt* zeichnen; skizzieren; (*przekreślić*) streichen

kret *m zool.* Maulwurf *m*
krew *f* Blut *n*; *przen.* **zachować zimną ~** kaltes Blut bewahren
krewny *m* Verwandte(r) *m*
kręcić *imperf vt* drehen; **~ się** sich drehen; **~ korbą** kurbeln; **~ włosy** das Haar wellen; *pot.* (*oszukiwać*) schwindeln
kręgiel *m* Kegel *m*;
kręgielnia *f* Kegelbahn *f*
kręgosłup *m* Wirbelsäule *f*, Rückgrat *n*
kroić *imperf vt* schneiden
krok *m* Schritt *m*; **dotrzymywać ~u** Schritt halten (**komuś** mit jmdm); **~ za ~iem** Schritt für Schritt
krokiet *m* Krokette *f*, Croquette *f*
krokodyl *m zool.* Krokodil *n*
kromka *f* Schnitte *f*
kronika *f* Chronik *f*
kropka *f* Punkt *m*
kropla *f* Tropfen *m*
kroplówka *f med.* Tropfinfusion *f*, *pot.* Tropf *m*
krosta *f* Pickel *m*
krowa *f zool.* Kuh *f*
krój *m* Schnitt *m*
król *m* König *m*
królewski *adj* königlich Königs-; **zamek ~** Königsschloss *n*
królik *m zool.* Kaninchen *n*
królowa *f* Königin *f*; **~ piękności** Schönheitskönigin *f*
krótki *adj* kurz
krótko *adv* kurz; **~ i węzłowato** kurz und bündig
krótkotrwały *adv* kurz, kurzlebig
krótkowzroczność *f* Kurzsichtigkeit *f*
krtań *f anat.* Kehlkopf *m*, Kehle *f*
kruch|y *adj* (*tłukący się, łamliwy*) zerbrechlich; (*o owocach, o mięsie, o cieście*) mürbe; (*chrupiący*) knusprig; **~e ciasto** Mürbeteig *m*
krucyfiks *m* Kruzifix *n*
kruk *m zool.* Kohlrabe *m*
kruszyć *imperf vt* zerbröckeln; *techn.* zerkleinern; **~ się** zerbröckeln; (*o pieczywie*) krümeln
krwawić *imperf vi* bluten
krwiodawca *m* Blutspender *m*

krwotok *m* Blutung *f*
kryć *imperf vt* (*schować*) verbergen, verstecken; (*pokrywać*) (be)decken; (*zapładniać*) begatten; *wojsk.* **~ się** in Deckung gehen
kryjówka *f* Versteck *n*
kryminalista *m* Kriminelle(r) *m*, Verbrecher *m*
kryminał (*powieść*) Kriminalroman *m*, Krimi *m*; (*film*) Kriminalfilm *m*, Krimi *m*; *pot.* (*więzienie*) Knast *m*
kryształ *m* Kristall *m*; (*szkło*) *rów.* Kristallglas *n*, Bleiglas *n*
kryterium *n* Kriterium *n*
krytyka *f* Kritik *f*
krytykować *impef vt* kritisieren, Kritik üben; **~ kogoś <coś>** an jmdm <an etwas> Kritik üben
kryzys *m* Krise *f*
krzak *m* Strauch *m*
krzesło *n* Stuhl *m*; **~ składane** Klappstuhl *m*
krztusić się *imperf* sich verschlucken
krzyczeć *imperf vt* schreien; **~ z bólu** vor Schmerz schreien
krzyk *m* Schrei *m*; **ostatni ~ mody** der letzte Modeschrei
krzywd|a *f* Unrecht *n*; (*szkoda*) Schaden *m*; Nachteil *m*; **wyrządzić komuś ~ę** jmdm Unrecht tun
krzywica *f* Rachitis *f*
krzywo *adv* krumm; (*odchylony od poziomu lub pionu*) schief
krzywy *adj* krumm; schief (*por.* **krzywo**)
krzyż *m* Kreuz *n*; **znak ~a** Kreuzzeichen *n*; *anat.* **bóle ~a** Kreuzschmerzen *pl*
krzyżówka *f* Kreuzworträtsel *n*
kserograf *m* Kopiergerät *n*; Kopierer *m*
kserokopia *f* Kopie *f*
kserować *imperf vt* kopieren
ksiądz *m* Priester *m*, Pfarrer *m*
książeczka *f* Büchlein *n*; **~ czekowa** Scheckbuch *n*
książę *m* Prinz *m*, Herzog *m*, Fürst *m*
książka *f* Buch *n*; **~ kucharska** Kochbuch *n*; ~

telefoniczna Telefonbuch *n*
księga *f* Buch *n*; **~ pamiątkowa** Gedenkbuch *n*
księgarnia *f* Buchhandlung *f*
księgowość *f* Buchhaltung *f*
księżyc *m* Mond *m*; **pełnia <nów> ~a** Vollmond <Neumond> *m*
kształcić *imperf vt* (aus)-bilden
kształt *m* Form *f*, Gestalt *f*
kto *pron* wer; **~ inny** jemand anders
ktokolwiek *pron* irgend jemand
ktoś *pron* jemand
któr|y *pron* welcher; **~a godzina?** wie spät ist es? wieviel Uhr ist es?
któryś *pron*: **~ z nich** einer von ihnen
Kubanka *f* Kubanerin *f*
Kubańczyk *m* Kubaner *m*
kubański *adj* kubanisch
kubek *m* Becher *m*
kubeł *m* Kübel *m*; (*wiadro*) Eimer *m*
kucharka *f* Köchin *f*
kucharz *m* Koch *m*
kuchenka *f* Kochplatte *f*; **~ gazowa** Gasherd *m*; **~ elektryczna** Elektroherd *m*
kuchnia *f* Küche *f*; **~ gazowa**; *zob.* **kuchenka**
kufel *m* Seidel (0,5 l) *n*, (Bier)glas *n*
kujon Streber *m*; *pot.* Büffler *m*
kukiełka *f* Puppe *f*; Marionette *f*
kukiełkowy *adj* Puppen-; Marionetten-; **teatr ~** Puppentheater *n*, Marionettentheater *n*
kukułka *f* Kuckuck *m*
kukurydza *f* Mais *m*
kula *f* Kugel *f*; **~ rewolwerowa** Pistolenkugel *f*; *geom.* Kugel *f*; (*rodzaj laski*) Krücke *f*; **chodzić o ~ch** an Krücken gehen; **~ śnieżna** Schneeball *m*; **~ ziemska** Erdkugel *f*, Erdball *m*
kulawy *adj* lahm; (*utykający*) hinkend
kuleć *imperf vi* hinken
kulig *m* Schlittenfahrt *f*
kult *m* Kult *m*
kultowy *adj* kultisch
kultura *f* Kultur *f*; **~ fi-**

zyczna Körperkultur *f*; **~ osobista** Kultiviertheit *f*, Kultur *f*; **~ roślinna** Pflanzenkultur *f*

kulturalny *adj* kulturell; **~ człowiek** ein kultivierter Mensch

kumpel *m* Kumpel *m*, Kamerad *m*

kundel *m* Mischling *m*

kup|a *f* Haufen *m*; *pot.* **~a ludzi** Menschenmenge *f*, Menschenhaufen *m*; **mieć ~ę forsy** einen Haufen Geld haben

kupić *perf vt* kaufen; **~ tanio <po niskiej cenie>** billig <zum niedrigen Preis> kaufen; **~ drogo** teuer kaufen; **~ na raty** auf Raten kaufen; **~ za gotówkę** für Bargeld kaufen

kupon *m* Kupon *m*, Coupon *m*; **~ loterii** Lotterieschein *m*

kupować *imperf vt zob. perf vt* **kupić**

kura *f zool.* Huhn *n*; (*nioska*) Henne *f*; **~ domowa** Haushuhn *n*, *przen.* Hausmütterchen *n*

kuracja *f* Kur *f*; **~ odchudzająca** Abmagerungskur *f*, Schlankheitskur *f*

kurcz *m* Krampf *m*

kurczak *m zool.* Hähnchen *n*; (*kurczątko*) Küken n; **pieczony ~** Brathähnchen

kurczyć się *imperf* schrumpfen; (*o materiale*) *rów.* eingehen

kuria *f* Kurie *f*

kurka *f bot.* (*grzyb*) Pfifferling *m*, Eierpilz *m*

kuropatwa *f zool.* Rebhuhn *n*

kurs *m* Kurs *m*; **~ językowy** Sprachkurs *m*; **~ walutowy** Devisenkurs *m*

kursor *m* Kursor *m*

kursować *imperf vi* (*być w obiegu*) kursieren, im Umlauf sein; (*o komunikacji*) verkehren

kurtka *f* Jacke *f*

kurtyna *f* Vorhang *m*

kurz *m* Staub *m*

kusić *imperf vt* (ver)locken; (*wodzić na pokuszenie*) in Versuchung führen

kuzyn *m* Cousin *m*, Vetter *m*

kuzynka *f* Cousine *f*, Base *f*

kwadrans *m* Viertel *n*;

Viertelstunde *f*; **za ~ trzecia** Viertel vor drei (Uhr), dreiviertel drei
kwadrat *m* Quadrat *n*
kwalifikacj|a *f* Qualifikation *f*; **~e zawodowe** Fachkenntnisse *pl*; **zdobywać ~e zawodowe** Fachkenntnisse erwerben
kwalifikowany *adj* qualifiziert
kwarantanna *f* Quarantäne *f*
kwartał *m* Vierteljahr *n*
kwartet *m* Quartett *n*
kwas *m* Säure *f*; *chem.* **~ siarkowy** Schwefelsäure *f*
kwaśn|y *adj* sauer; (*kwaskowaty*) säuerlich; **~e mleko** Sauermilch *f*, saure Milch
kwatera *f* (*mieszkanie*) Unterkunft *f*, Quartier *n*
kwaterunek *m pot.* Wohnungsamt *n*
kwesti|a *f* Frage *f*; **w ~i pokoju** in Fragen des Friedens
kwestionariusz *m* Fragebogen *m*
kwiaciarnia *f* Blumengeschäft *n*
kwiat *m* Blume *f*
kwiecień *m* April *m*
kwietnik *m* Blumenbeet *n*
kwintet *m* Quintett *n*
kwit *m* Quittung *f*
kwitnąć *imperf vi* blühen
kwiz *m* Quiz *n*
kwota *f* Summe *f*

L

labirynt *m* Labyrinth *n*
laboratorium *n* Labor *n*
lać *imperf* gießen; **deszcz leje** es gießt in Strömen
lada[1] *f* Theke *f*, Ladentisch *m*
lada[2] *part*: **~ chwila** jede Minute, bald
laicki *adj* laienhaft
laik *m* Laie *m*
lakier *m* Lack *m*; **~ do paznokci** Nagellack *m*; **~ do włosów** Haarlack *m*
lalka *f* Puppe *f*
lamp|a *f* Lampe *f*; **~ka nocna** Nachttischlampe

f; **~a jarzeniowa** Leuchtröhre *f*
landrynka *f* Fruchtbonbon *m*, *n*
lansować *imperf vt* fördern, lancieren
las *m* Wald *m*; **~ tropikalny** Regenwald *m*
laser *m* Laser *m*
las|ka *f* Stock *m*; **iść o ~ce** am Stock gehen
latać *imperf vi* fliegen; *pot.* (*biegać*) laufen, rennen
latarka *f* Taschenlampe *f*; (*uliczna*) Laterne *f*
latarnia *f* (*morska*) Leuchtturm *m*
latawiec *m* Drachen *m*
lato *n* Sommer *m*
lawa *f* Lava *f*
lawenda *f* Lavendel *m*
lawina *f* Lawine *f*
ląd *m* Land *n*; **~ stały** Festland *n*; **na lądzie i na morzu** zu Wasser und zu Lande
lądowanie *n* Landung *f*
lądować *imperf vi* landen
lądow|y *adj* Land-; **armia ~a** Landstreifkräfte *pl*; **budownictwo ~e** Hochbau *m*
lecieć *imperf vi* fliegen; (*spadać*) fallen; (*o łzach, krwi*) fließen; (*o czasie*) vergehen; *pot.* (*biec*) rennen, laufen
lecz *conj* sondern; (*ale*) aber
leczenie *f* Heilung *f*; (*opieka lekarska*) ärztliche Behandlung *f*
lecznica *f* (*przychodnia*); Heilanstalt *f*; Ambulatorium *n*, Poliklinik *f*
leczyć *imperf vt* heilen
ledwie, ledwo *adv* mit knapper Not; (*krótko po tym*) kaum; (*omal*) beinahe
legalny *adj* legal
legenda *f* Legende *f*
legitymacja *f* Ausweis *m*
legitymować *imperf vt* legitimieren; (*żądać dokumentów*) **~ kogoś** jmdn ausweisen
lek *m* Arznei *f*, Medikament *n*
lekarz *m* Arzt *m*; **~ dentysta** Zahnarzt *m*
lekarstwo *n zob.* **lek**
lekceważyć *imperf vt* (*nie doceniać*) geringschätzen, unterschätzen; (*być nie-*

odpowiedzialnym) leichtfertig sein (**coś** in bezug auf etw.); *(bagatelizować)* verharmlosen

lekcj|a *f* Unterricht *m*; Lektion *f*; *(zadanie domowe)* Hausaufgabe *f*; **odrabiać ~e** Hausaufgaben machen

lekk|i *adj* leicht; **~a atletyka** Leichtathletik *f*

lekko *adv* leicht; **~ ubrany** leichtbekleidet

lekko strawny *adj* leichtverdaulich, bekömmlich

lektor *m* Lektor *m*

lektorat *m* Lektorat *n*

lektura *f* Lektüre *f*

len *m bot.* Flachs *m*, Lein *m*; *(włókno lniane, płótno)* Leinen *n*

leniwy *adj* faul

leń *m* Faulenzer *m*; *pot.* Faulpelz *m*, Tagedieb *m*

lepiej *adv comp* besser; **~ późno niż wcale** besser spät als nie; **czuję się ~** ich fühle mich besser

lepki *adj* klebrig

lepszy *adj comp* besser

lesbijka *f* Lesbierin *f*; *pot.* Lesbe *f*

leśn|y *adj* Wald-; Forst-; **~a polana** Waldlichtung *f*; **~a droga** Waldweg *m*; **gospodarka ~a** Forstwirtschaft *f*

letni *adj (dotyczący lata)* sommerlich; *(ciepły)* lauwarm; **~ dom** Sommerhaus *n*

lew *m zool.* Löwe *m*; **odważny jak ~** tapfer wie ein Löwe

lewa *f (w kartach)* Stich *m*

lewar *m (samochodowy)* Wagenheber *m*

lewatywa *f* Klistier *n*

lewica *f* Linkspartei *f*

lewicow|y *adj* linksgerichtet, Links-; **pismo ~e** Linksblatt *n*

leworęczny *adj*, *m* linkshändig, Linkshänder *m*

lew|y *adj* linke; **~a strona** die linke Seite; **na ~o** links, *(przy zmianie kierunku)* nach links

leżak *m* Liegestuhl *m*;

leż|eć *imperf vi* liegen; *(o ubraniu)* passen, sitzen; **ubranie dobrze <źle> ~y** der Anzug sitzt gut <schlecht>

lęk *m* Angst *f*, Furcht *f*
liberalny *adj* liberal
licencja *f* Lizenz *f*
liceum *n* Oberschule *f*, Gymnasium *n*
licytacja *f* Versteigerung *f*, Auktion *f*
liczba *f* Zahl *f*; **~ mnoga** Plural *m*; **~ pojedyncza** Singular *m*
liczebnik *m gram.* Zahlwort *n*; **~ porządkowy** Ordinalzahl *f*; **~ główny** Kardinalzahl *f*
liczenie *n* Zählen *n*; (*o rachunkach*) Rechnen *n*
licznik *m* Zähler *m*; **~ gazowy** Gaszähler *m*
liczny *adj* zahlreich
liczy|ć *imperf vt* zählen; (*o rachunkach*) rechnen; **to się tu ~** das zählt hier
lider *m* Leader *m*, Führer *m*
liga *f* Liga *f*, Bund *m*
likier *m* Likör *m*
likwidować *imperf vt* liquidieren, beseitigen; (*rozwiązać*) auflösen
lila *adj* lila
limit *m* Limit *n*, Beschränkung *f*; Kontingent *n*
limuzyna *f* Limousine *f*
lina *f* Seil *n*, Tau *n*
linia *f* Linie *f*; **~ autobusowa** Buslinie *f*; **~ kolejowa** Eisenbahnstrecke *f*
linijka *f* Linie *f*; (*pisma*) Zeile *f*; (*przyrząd*) Lineal *n*
liniowy *adj* linear; Linien-; **autobus ~** Linienbus *m*
linow|y *adj* Seil-; **kolejka ~a** Seilbahn *f*; (*napowietrzna*) *rów.* Schwebebahn *f*
lipa *f* Linde *f*; *pot.* (*bujda*) Schwindel *m*
lipiec *m* Juli *m*
lis *m zool.* Fuchs *m*
list *m* Brief *m*; **~ polecony** Einschreibebrief *m*
lista *f* Liste *f*; **~ płac** Lohnliste *f*
listonosz *m* Briefträger *m*
listopad *m* November *m*
listwa *f* Leiste *f*
liść *m* Blatt *n*
litera *f* Buchstabe *m*; **wielka ~** Großbuchstabe *m*
literatura *f* Literatur *f*; **~ współczesna** Gegenwartsliteratur *f*
litewski *adj* litauisch
litość *f* Mitleid *n*
litować się *imperf vi*: **~ się**

nad kimś sich jmds erbarmen, (*współczuć komuś*) mit jmdm Mitleid haben
litr *m* Liter *m,n*
Litwin *m* Litauer *m*
Litwinka *f* Litauerin *f*
lizać *imperf vt* lecken, schlecken
lizak *m* Lutscher *m*
liznąć *perf vt zob.* lizać
lodowaty *adj* eiskalt, eisig
lodowiec *m* Gletscher *m*
lodowisko *n* Eisbahn *f*
lodow|y *adj* Eis-; **góra ~a** Eisberg *m*
lodówka *f* Kühlschrank *m*
lody *pl* Eis *n*
logika *f* Logik *f*
lojalny *adj* loyal
lokal *m* Raum *m*; (*restauracja*) Lokal *n*, Restaurant *n*; (*mieszkanie*) Wohnraum *m*, Wohnung *f*
lokaln|y *adj* lokal; *prawn.* **wizja ~a** Lokaltermin *m*
lokalow|y *adj* Wohn-; **warunki ~e** Wohnbedingungen *pl*
lokator *m* Mieter *m*
lokomotywa *f* Lokomotive *f*; *pot.* Lok *f*
lokować *imperf vt* unterbringen; **~ pieniądze** Geld anlegen
lokówka *f* Lockenwickler *m*
lombard *m* Leihhaus *n*
lornetka *f* Fernglas *n*; **~ teatralna** Theaterglas *n*
los *m* Schicksal *n*, Los *n*; **~ na loterii** Lotterielos *n*; *przen.* Glückssache *f*; **koleje ~u** Schicksalswege *pl*
lot *m* Flug *m*
loteri|a *f* Lotterie *f*; **wygrana na ~i** Lotteriegewinn *m*
lotka *f* Federball *m*
lotnia *f* (Flug)drachen *m*
lotnictwo *n* Flugwesen *n*; **~ wojskowe** Luftwaffe *f*; **~ komunikacyjne** Verkehrsflugwesen *n*
lotnicz|y *adj* Flug-; Luft-; **linia ~a** Fluglinie *f*; **poczta ~a** Luftpost *f*
lotnik *m* Flieger *m*
lotnisko *m* Flughafen *m*
lotto *n* Lotto *n*
loża *f* Loge *f*; (*w teatrze*) Theaterloge *f*
lód *m* Eis *n*
lub *conj* oder; (*ewentualnie*) beziehungsweise ((*skrót*) bzw.)

lubić *imperf vt* mögen, gern haben
lud *m* Volk *n*
ludność *f* Bevölkerung *f*
ludobójstwo *n* Völkermord *m*
ludow|y *adj* Volks-, volkstümlich; **pieśni ~e** Volkslieder *pl*; **ruch ~y** Bauernbewegung *f*
ludzie *pl* Menschen *pl*, Leute *pl*; **dorośli ~** Erwachsene(n) *pl*
ludzk|i *adj* menschlich; **potraktować kogoś po ~u** jmdn menschlich behandeln
ludzkość *f* Menschheit *f*; (*człowieczeństwo*) Menschlichkeit *f*
luka *f* Lücke *f*
lukier *m* Zuckerguss *m*
luksusowy *adj* luxuriös
lump *m pot.* Halunke *m*
lunatyk *m* Schlafwandler *m*, Mondsüchtige(r) *m*
lupa *f* Lupe *f*
lusterko *n* Spiegel *m*; (*kieszonkowe*) Taschenspiegel *m*; **~ wsteczne** Rückspiegel *m*
lustro *n* Spiegel *m*
luteranizm *m* Luthertum *n*
luty *m* Februar *m*
luz *m* Gelassenheit *f*; *mot.* (*bieg jałowy*) Leerlauf *m*
luźny *adj* lose, locker; (*spokój*) gelassen, lässig, leger

Ł

łabędź *m zool.* Schwan *m*
łacina *f* Latein *n*
ład *m* Ordnung *f*
ładnie *adv* schön
ładny *adj* schön, hübsch
ładować *imperf vt* laden
ładowność *f* Ladegewicht *n*, Tragfähigkeit *f*
ładunek *m* Ladung *f*
łagodny *adj* mild, gutartig; **~ klimat** mildes Klima; **~ guz** ein gutartiger Tumor
łajdak *m* Halunke *m*, Schuft *m*
łakomstwo *n* Naschhaftigkeit *f*; (*obżarstwo*) Gefräßigkeit *f*
łakomy *adj* naschhaft; (*żarłoczny*) gefräßig

łamać *imperf vt* brechen; **~ sobie głowę nad czymś** sich über etw. den Kopf zerbrechen

łaman|y *adj* gebrochen; (*zygzakowaty*) zickzackartig; **~a niemczyzna** gebrochenes Deutsch; (*numer*) **trzy ~e przez pięć** drei Schrägstrich fünf

łańcuch *m* Kette *f*

łap|a *f* Pfote *f*; (*duża*) Tatze *f*; *pot.* (*przekupić*) **dać komuś w ~ę** jmdn bestechen; (*o psie*) **dawać ~ę** Pfötchen geben

łapać *imperf* fangen, erwischen; (*sięgać*) greifen (**po coś** nach etw.)

łapówk|a *f* Bestechung *f*; **dać komuś ~ę** jmdn bestechen

łask|a *f* Gnade *f*; (*względy*) Gunst *f*; **akt ~i** Gnadenakt *m*

łaskawy *adj* gnädig, gütig, gönnend; (*ironicznie*) gönnerhaft

łaskotać *imperf vt* kitzeln; (*głaskać*) streicheln (**kogoś** jmdn)

łata *f* Flicken *m*; (*regionalnie*) Fleck *m*; (*drewniana*) Latte *f*

łatwopalny *adj* feuergefährlich, entzündlich

łatwowierny *adj* leichtgläubig, naiv

łatwy *adj* leicht

ława *f* Bank *f*; **~ oskarżonych** Anklagebank *f*

ławka *f* Bank *f*

łazić *imperf vi* bummeln, schlendern

łazienka *f* Bad *n*, Badezimmer *n*

łącznie *adj* (*razem*) zusammen (**z czymś <z kimś>** mit etw. <mit jmdm>; (*wliczając to*) einschließlich, inklusive

łączność *f* Verbindung *f*; (*telekomunikacja*) Fernmeldewesen *n*

łączyć *imperf vt* (ver)binden; **~ się** sich verbinden; **~ się telefonicznie** telefonieren (**z kimś** mit jmdm)

łąka *f* Wiese *f*

łeb *m pot.* Birne *f*, Rübe *f*; **na ~ na szyję** Hals über Kopf

łkać *imperf vi* schluchzen

łobuz *m* Schuft *m*, Schurke *m*; (*dobrotliwie*) Lausbub *m*

łodyga *f* Stengel *m*, Stiel *m*

łokieć *m* Ell(en)bogen *m*

łopata *f* Schaufel *f*

łosoś *m* Lachs *m*

łowić *imperf vt* fangen; **~ na wedkę** angeln

łożysko *n* (*rzeki*) Flussbett *n*; *techn.* (*kulkowe*) Kugellager *n*; *anat.* Fruchtkuchen *m*

łódź *f* Boot *n*; **~ podwodna** U-Boot *n*; **~ ratunkowa** Rettungsboot *n*

łóżk|o *n* Bett *n*; **położyć się do ~a** sich ins Bett legen; **słać ~o** das Bett machen

łudzić *imperf vt* trügen; **~ się** sich täuschen

łuk *m* Bogen *m*

łup *m* Beute *f*; **paść ~em** zum Opfer fallen

łupież *m* Schuppen *pl*

łupina *f* Schale *f*, Pelle *f*; (*strączek*) Schote *f*; **~ orzecha** Nussschale *f*; **ziemniaki w ~ch** Kartoffeln in Schalen, Pellkartoffeln *pl*

łuska *f* Hülse *f*; (*rybia*) Schuppe *f*

łuskać *imperf vt* schälen, **~ orzechy** knacken

łyk *m* Schluck *m*; **pociągnąć ~** einen Schluck nehmen

łykać *imperf vt* schlucken; *przen.* **~ łzy** die Tränen zurückhalten

łysina *f* Glatze *f*

łysy *adj* kahl; (*o człowieku*) *rów.* kahlköpfig

łyżeczka *f* Teelöffel *m*

łyżka *f* Esslöffel *m*; **~ do butów** Schuhanzieher *m*, Schuhlöffel *m*

łyżwa *f* Schlittschuh *m*

łyżwiarstwo *n* (*figurowe*) Eiskunstlauf *m*; (*szybkie*) Eisschnelllauf *m*

łz|a *f* Träne *f*; **płakać gorzkimi ~ami** bittere Tränen vergießen

M

machać *imperf vi* winken; (*ogonem*) wedeln

macierzyńsk|i *adj* mütter-

lich; **urlop ~i** Mutterschaftsurlaub *m*; **~a miłość** mütterliche Liebe, Mutterliebe *f*
mafia *f* Mafia *f*
magazyn *m* Lager *n*, Magazin *n*; **~ ilustrowany** Illustrierte *f*
magia *f* Magie *f*, Geheimkunst *f*
magiczny *adj* magisch
magiel *m* Mangel *f*
magister *m* Magister *m w skrócie (przed nazwiskiem)* Mag.; *(po nazwisku)* M.A.
magistrala *f* Magistrale *f*
magnes *m* Magnet *m*
magnetofon *m* Tonbandgerät *n*
magnetowid *m* Videogerät *n*
maj *m* Mai *m*
majątek *m* Vermögen *n*; Besitz *m*; **~ ziemski** Landgut *n*
majonez *m* Mayonnaise *f*
majówka *f* Maitanz *m*; *(piknik)* Picknick *n*
majster *m* Meister *m*
majstrować *imperf vt* basteln, hantieren; **~ przy czymś** an etw. basteln <hantieren>
majtki *pl* Unterhose *f*; *(obcisłe)* Slip *m*
mak *m* Mohn *m*
makaron *m* Spaghetti *pl*; Nudeln *pl*
makieta *f* Modell *n*
makijaż *m* Make-up *n*
makler *m* Börsenmakler *m*
makowiec *m* Mohnkuchen *m*, Mohnstrudel *m*
makrela *f* Makrele *f*
makroregion *m* Makroregion *f*
maksimum *n* Maximum *n*
maksymalnie *adv* maximal
maksymalny *adj* maximal
makulatura *f* Altpapier *n*
malaria *f* Malaria *f*
malarstwo *n* Malerei *f*
malarz *m* Maler *m*
malina *f* Himbeere *f*
malinowy *adj* Himbeer-; **sok ~** Himbeersaft *m*
malować *imperf vt* malen; *(ściany)* streichen; **~ się** Make-up machen
malowniczy *adj* malerisch
mało *adv* wenig; **~ brakowało** beinahe

małolitrażowy *adj* (*samochód*) Kleinwagen *m*
małomówny *adj* wortkarg, schweigsam
małostkowy *adj* kleinlich
małpa *f* Affe *m*; (*znak @ w Internecie*) Klammeraffe *m*
mały *adj* klein; (*krótki*) kurz
małżeńsk|i *adj* ehelich; **para ~a** Ehepaar *n*
małżeństw|o *n* Ehe *f*; **być ~em** ein Ehepaar sein
małżonek *m* (Ehe)mann *m*; *lit.* (Ehe)gatte *m*
małżonka *f* (Ehe)frau *f*; *lit.* (Ehe)gattin *f*
mama *f* Mutter *f*, (*pieszczotliwie*) Mutti *f*
mandarynka *f* Mandarine *f*
mandat *m* Strafmandat *n*; *(poselski)* Mandat *n*
manewr *m* Manöver *n*
maniak *m* Wahnsinnige(r) *m*
manicure *m* Maniküre *f*
maniera *f* Manier *f*
manipulować *imperf vt* manipulieren
mankiet *m* Manschette *f*
manko *n* Manko *n*, Fehlbetrag *m*
manna *f* Grieß *m*; (*w Biblii*) Manna *n*
mapa *f* (Land)karte *f*; **~ pogody** Wetterkarte *f*
maraton *m sport.* Marathon(lauf) *m*; *przen.* (*coś co długo trwa*) Marathon *n*
marchew *f* Möhre *f*, Mohrrübe *f*, Karotte *f*
margaryna *f* Margarine *f*
margines *m* Rand *m*; **uwaga na ~ie** Randbemerkung *f*
marihuana *f* Marihuana *n*
marka *f* Marke *f*; (*b. waluta niemiecka*) Mark *f*
markiza *f* Markise *f*; (*tytuł*) Marquise *f*
marmolada *f* Marmelade *f*
marnotrawny *adj* verschwenderisch
marnotrawstwo *n* Verschwendung *f*
marnować *imperf vt* (*marnotrawić*) verschwenden, vergeuden; **~ czas i pieniądze** Zeit und Geld verschwenden
marny *adj* elend, miserabel, erbärmlich
marsz *m* Marsch *m*
marszczyć *imperf vt* in

Falten legen; **~ czoło** die Stirn runzeln

martwić *imperf vt* sich sorgen; **~ się o kogoś <o coś>** sich um jmdn <um etw.> sorgen

martw|y *adj* tot; **~a natura** Stillleben *n*; **~y sezon** tote Saison; **~y punkt** toter Punkt

marynarka *f* (*część ubrania*) Jackett *n*, Sakko *m*; **~ wojenna** (Kriegs)marine *f*

marynarz *m* Matrose *m*

marzec *m* März *m*

marzenie *n* Traum *m*

marznąć *imperf vi* frieren

marzyć *imperf vi* träumen (**o czymś** von etw.); schwärmen (**o czymś** für etw.)

marża *f* Aufschlag *m*; *ekon.* Handelsspanne *f*, Marge *f*

masa *f* Masse *f*

masaż *m* Massage *f*

maska *f* Maske *f*

maseczka *f* (*kosmetyczna*) Gesichtsmaske *f*

maskotka *f* Maskottchen *n*; (*pluszowe zwierzątko*) Plüschtier *n*

masło *n* Butter *f*

masowo *adv* massenhaft

masow|y *adj* Massen-; **środki ~ego przekazu** Massenmedien *pl*

masywny *adj* massiv, gewaltig; (*o dużej rozpiętości*) sperrig

maszerować *imperf vi* marschieren

maszt *m* Mast *m*

maszyn|a *f* Maschine *f*; **~a do pisania** Schreibmaschine *f*; **pisać na ~ie** tippen; **~a do szycia** Nähmaschine *f*

maszynista *m* Lokführer *m*; (*pracownik maszynowni*) Maschinist *m*

maszynistka *f* Maschinenschreiberin *f*; *pot.* (*często pejoratywnie*) Tippse *f*

maszynka *f* (*do golenia*) Rasierapparat *m*; **~ elektryczna** Elektroherd *m*; **~ do mięsa** Fleischwolf *m*

maszynopis *m* ein maschinengeschriebenes <maschinenschriftliches> Manuskript

maszynow|y *adj* Maschi-

nen-; maschinell; **karabin ~y** Maschinengewehr *n*
maść *f* Salbe *f*; (*kolor konia*) Farbe *f*
mata *f* Matte *f*
matematyka *f* Mathematik *f*; *pot.* Mathe *f*
materac *m* Matratze *f*; **~ dmuchany** Luftmatratze *f*
materia *f* Materie *f*; *med.* Eiter *m*
materialista *m* Materialist *m*
materializm *m* Materialismus *m*
materialny *adj* materiell
materiał *m* Material *n*; (*tkanina*) *rów.* Stoff *m*
matka *f* Mutter *f*; **~ chrzestna** Patentante *f*, (Tauf)patin *f*
matow|y *adj* matt; Matt-; **~e szkło** Mattglas *n*
matrymonialn|y *adj* Heirats-; **biuro ~e** Heiratsvermittlungsbüro *n*
matura *f* Abitur *n*, Reifeprüfung *f*
mazurek *m muz.* Mazurka *f*; *kulin.* Osterwecken *m*
mądrość *f* Weisheit *f*, Klugheit *f*
mądry *adj* weise, klug; (*rozważny*) vernünftig
mąka *f* Mehl *n*; **~ ziemniaczana** Kartoffelmehl *n*; **~ pszenna** Weizenmehl *n*
mąż *m* (Ehe)mann *m*, (Ehe)gatte *m*; **wychodzić za ~** heiraten; **~ stanu** Staatsmann *m*
mdleć *imperf vi*: in Ohnmacht fallen, ohnmächtig werden
mdlić *imperf vi*: **mdli mnie** es ist mir übel
mdłości *pl* Übelkeit *f*
mdły *adj* fade
mebel *m* Möbel(stück) *n*
meblowy *adj* Möbel-; **wóz ~** Möbelwagen *m*
mecenas *m* Mäzen *m*; (*adwokat*) Rechtsanwalt *m*
mecenat *m* Mäzenatentum *n*; (*patronat*) Schirmherrschaft *f*
mechaniczny *adj* mechanisch; **napęd ~** der mechanische Antrieb
mechanik *m* Mechaniker *m*; **~ samochodowy** Automechaniker *m*
mechanizm *m* Mechanismus *m*

mecz *m* Wettkampf *m*; **~ piłkarski** Fußballspiel *n*; **~ bokserski** Boxkampf *m*
medal *m* Medaille *f*
medalion *m* Medaillon *n*
media *pl* (Massen)medien *pl*
medycyna *f* Medizin *f*
medytacja *f* Meditation *f*
megafon *m* Megaphon *m*; (*głośnik*) Lautsprecher *n*
Meksykanin *m* Mexikaner *m*
Meksykanka *f* Mexikanerin *f*
meksykański *adj* mexikanisch
meldować *imperf vt* (an)melden; *(denuncjować)* anzeigen; **~ się** (*wpisywać się*) sich anmelden
meldunek *m* (*sprawozdanie*) Meldung *f*, Bericht *m*; (*w książce meldunkowej*) Anmeldung *f*, Eintragung *f*
melina *f* Unterschlupf *m*
melodia *f* Melodie *f*
melon *m bot.* Melone *f*
melonik *m* (*kapelusz*) Bowler *m*; (*żartobliwie*) Melone *f*
memoriał *m* Denkschrift *f*
menedżer *m* Menager *m*
menstruacja *f* Menstruation *f*, Regel *f*
menu *n* Menü *n*
met|a *f* Ziel *n*; **na dłuższą ~ę** auf die Dauer
metal *m* Metall *n*
metalowy *adj* Metall-; **pręt ~** Metallstab *m*
metka *f* Preisschild *n*
metoda *f* Methode *f*
metr *m* Meter *m*, *n*; **~ kwadratowy** Quadratmeter *m*, *n*; **~ sześcienny** Kubikmeter *m*, *n*
metraż *m* (*mieszkania*) Nutzfläche *f*, Wohnfläche *f*
metro *n* U-Bahn *f*, Metro *f*
metryka *f* (*urodzenia*) Geburtsurkunde *f*; (*ślubu*) Heiratsurkunde *f*
mewa *f* Möwe *f*
męczyć *imperf vt* (*zadawać ból*) quälen; (*dokuczać*) plagen; (*dręczyć*) peinigen
męka *f* Qual *f*; *lit.* Pein *f*
męski *adj* männlich
męstwo *m* Tapferkeit *f*
mężatka *f* eine verheiratete Frau

mężczyzna *m* Mann *m*
mglisty *adj* nebelig
mgła *f* Nebel *m*
mianowicie *conj* nämlich
miar|a *f* Maß *n*; (*wytyczna*) Maßstab *m*; **brać ~ę** Maß nehmen; **ubranie na ~ę** maßgeschnittene Kleidung; **w jakiej mierze** in welchem Maße; **w pewnej mierze** in gewissem Maße; **przebrać ~ę** das Maß voll machen
miarka *f* Maß *n*; (*pojemnik do odmierzania*) Messglas *n*; (*przyrząd do mierzenia*) Messgerät *n*
miasteczko *n* Städchen *n*
miasto *n* Stadt *f*
miąć *imperf vt* (*zagnieść*) zerknittern; (*zrobić kulkę*) zerknüllen
miąższ *m* (*w owocach*) Fruchtfleisch *n*
mieć *imperf vt* haben; (*posiadać*) besitzen; (*zawierać*) enthalten; **nie ~ nic do jedzenia** nichts zu essen haben; **~ jasne włosy** helles Haar haben; **~ gorączkę** Fieber haben; **~ dzieci** Kinder haben; **~ znajomości** Beziehungen haben; **~ kogoś za głupca** jmdn für einen Dummkopf halten; **~ się dobrze** wohlauf sein; **~ zamiar** die Absicht haben; **miałem wyjechać** ich sollte verreisen; **co miałem robić?** was sollte ich tun?; **czy mam to zrobić?** soll ich das machen?; **ile masz lat?** wie alt bist du?; **mam 30 lat** ich bin 30 (Jahre alt); **jak się masz?** wie geht es dir?
miednica *f* Waschschüssel *f*; *anat.* Becken *n*
miedź *n* Kupfer *n*
miejsce *n* Platz *m*; (*miejscowość*) Ort *m*; **~ pobytu** Aufenthaltsort *m*; **~ siedzące** Sitzplatz *m*; **~ zamieszkania** Wohnort *m*; **~ urodzenia** Geburtsort *m*; **zająć pierwsze ~** den ersten Platz einnehmen; **~ przeznaczenia** Bestimmungsort *m*
miejscowy *adj* örtlich; (*lokalny*) lokal
miejscówka *f* Platzkarte *f*
miejski *adj* Stadt-; städtisch; **władze ~e** Stadtbehörde *f*

mienie *n* Gut *n*, *pot.* Habe *f*
miern|y *adj* mäßig; mittelmäßig; **~e rezultaty** mäßige <mittelmäßige> Resultate *pl*
mierzyć *imperf vt* messen; (*przymierzać*) (an)probieren; **~ do czegoś** auf etw. zielen
miesiąc *m* Monat *m*
miesiączka *f* Menstruation *f*, Periode *f*; *pot.* Regel *f*; *por.* **menstruacja**
miesięcznik *m* Monatsheft *n*; (*czasopismo*) Monatszeitschrift *f*
miesięczny *adj* Monats-; **bilet ~** Monatskarte *f*
mieszać *imperf vt*; rühren; (*z czymś*) mischen; (*zmieszać razem*) vermengen; **~ się** sich mischen; (*wtrącać się*) sich einmischen
mieszaniec Mischling *m*
mieszanka *f* Mischung *f*
mieszan|y *adj* gemischt; Misch-; **~e uczucia** gemischte Gefühle; **~e towarzystwo** gemischte Gesellschaft; **las ~y** Mischwald *m*
mieszkać *imperf vi* wohnen
mieszkanie *f* Wohnung *f*
mieszkaniec *m* Einwohner *m*, Bewohner *m*
między *praep* zwischen; (*wśród*) unter; **~ innymi** unter anderem; **~ nami mówiąc** unter uns gesagt
międzylądowanie *n* Zwischenlandung *f*
międzymiastow|y *adj* interurban; **rozmowa ~a** Ferngespräch *n*
międzynarodowy *adj* international
międzypaństwowy *adj* zwischenstaatlich; **mecz ~** ein internationales Spiel
miękki *adj* weich
miękko *adv* weich; **jajko na ~** ein weichgekochtes Ei
mięsień *m* Muskel *m*
mięsn|y *adj* Fleisch-; **danie ~e** Fleischgericht *n*; **konserwa ~a** Fleischkonserve *f*
mięso *n* Fleisch *n*
mięta *f bot.* (Pfeffer)minze *f*

miętowy *adj* (Pfeffer)-minz-; **cukierek ~** Pfefferminzbonbon *m, n*
migawk|a *f fot.* Blende *f*; **~i filmowe** Filmausschnitte *pl*
migdał *m* Mandel *f* (*rów. anat.*); **zapalenie ~ów** Mandelentzündung *f*
migrena *f* Migräne *f*
mija|ć *imperf vi* vorbeifahren, vorbeigehen (**coś <kogoś>** an etw. <an jmdm>); **czas ~** die Zeit läuft
mikrobus *m* Kleinbus *m*
mikrofalow|y *adj*: **kuchnia <kuchenka> ~a** Mikrowellenherd *m*
mikroklimat *m* Mikroklima *n*
mikroskop *m* Mikroskop *n*
mikser *m* Mixer *m*, Mixgerät *n*
mila *f* Meile *f*
milczeć *imperf vi* schweigen
milczenie *n* Schweigen *n*; (*cisza*) Stille *f*; (*dyskrecja*) Stillschweigen *n*
miliard *m* Milliarde *f*
milimetr *m* Millimeter *m, n*
milion *m* Million *f*
miło *adv* angenehm, nett, lieb; **~ z pana strony** es ist nett von Ihnen
miłosny *adj* Liebes-; liebevoll; **list ~** Liebesbrief *m*
miłość *f* Liebe *f*; **~ własna** Eigenliebe *f*
miłośnik *m* Freund *m*; (*fan*) Fan *m*; **~ teatru** Theaterfreund *m*
miły *adj* nett, angenehm, lieb
mimo *praep* trotz; **~ to** trotzdem; **~ woli** unwillkürlich, unbewusst; **~ wszystko** trotz allem
min|a *f* Miene *f*; *wojsk.* Mine *f*; **kwaśna ~a** eine saure Miene; **robić ~ę** eine Miene machen <aufsetzen, verziehen>
minąć *perf vt zob.* **mijać**
mineraln|y *adj* Mineral-; mineralisch; **~a woda** Mineralwasser *n*; **sole ~e** Mineralsalz *n*
miniatura *f* Miniatur *f*; (*model*) Kleinmodell *n*
miniaturyzacja *f* Miniaturisierung *f*
minimalny *adj* minimal
minimum *n* Minimum *n*

miniony *adj* vergangen
minister *m* Minister *m*; **~ spraw zagranicznych** Außenminister *m*
ministerstwo *n* Ministerium *n*; **~ spraw wewnętrznych <zagranicznych>** Innenministerium *n* <Außenministerium *n*>
minus *m* Minus *n*; (*wada*) Nachteil *m*
minuta *f* Minute *f*
miodowy *adj* Honig-; (*kolor*) honigfarbig, honiggelb; **~ miesiąc** Flitterwochen *pl*, *pot.* Honigmond *m*
miotła *f* Besen *m*
miód *m* Honig *m*
misja *f* Mission *f*; **~ dyplomatyczna** eine diplomatische Mission
misjonarz *m* Missionär *m*
miska *f* Schüssel *f*
mistrz *m* Meister *m*
mistrzostwo *n* Meisterschaft *f*
miś *m* (*niedźwiedź*) Bär *m*; (*w bajkach*) Meister Petz; (*pluszowy*) Teddybär *m*
mit *m* Mythos *m*
mitologia *f* Mythologie *f*
mizeria *f* Gurkensalat *m*
mlecz *m* *bot.* Löwenzahn *m*; (*dmuchawiec*) Pusteblume *f*
mleczko *n* Milch *f*; **~ do kawy** Kaffeemilch *f*; **~ kosmetyczne** Reinigungsmilch *f*
mleczn|y *adj* Milch-; **droga ~a** Milchstraße *f*
mleko *n* Milch *f*; **~ w proszku** Milchpulver *n*
młodociany *adj* jugendlich
młodość *f* Jugend *f*, Jugendzeit *f*
młod|y *adj* jung; **pan ~y** Bräutigam *m*; **panna ~a** Braut *f*; **~e zwierzę** Junge(s) *n*
młodzież *f* Jugend *f*; (*młodzi*) Jugendliche(n) *pl*
młodzieżowy *adj* Jugend-; **ruch ~** Jugendbewegung *f*
młotek *m* Hammer *m*
młyn *m* Mühle *f*
młynek *m* Handmühle *f*; **~ do kawy** Kaffeemühle *f*
mniej *adv* weniger; **~ więcej** (*ogólnie mówiąc*)

mehr oder weniger; (*około*) etwa, ungefähr

mniejsz|y *adj* kleiner; (*w odniesieniu do abstrakcji*) *rów.* geringer; **~a o to** lassen wir das beiseite

mniejszość *f* Minderheit *f*

mnog|i *adj* zahlreich; **liczba ~a** Plural *m*

mnożenie *n mat.* Multiplizierung *f*, Multiplizieren *n*; (*pomnażanie*) Vermehrung *f*

mnożyć *imperf vt mat.* multiplizieren; **~ się** sich vermehren

mnóstwo *f* Unmenge *f*

mobilizować *imperf vt* mobilisieren

mobilizacja *f wojsk.* Mobilmachung *f*

moc *f* (*siła*) Kraft *f*; (*potęga*) Macht *f*; **~ prawna** Rechtskraft *f*; **uzyskać ~ prawną** in Kraft treten, rechtskräftig werden; **~ produkcyjna** Produktionskapazität *f*, Produktionsvolumen *n*

mocarstwo *n* Großmacht *f*, Weltmacht *f*

mocny *adv* stark, kräftig; (*wytrzymały*) **~ materiał** ein strapazierfähiger Stoff; (*nieugięty*) **~ charakter** ein starker Charakter

mocz *m* Urin *m*

moczyć *imperf vt* (*bieliznę*) einweichen; (*groch*) *rów.* quellen

mod|a *f* Mode *f*; **pokaz ~y** Modeschau *f*; **wchodzić w ~ę** in Mode kommen; **wychodzić z ~y** aus der Mode kommen

model *m* Modell *n*

modelka *f* Model(l) *n*, Mannequin *n*; (*osoba pozująca do zdjęć*) Fotomodell *n*

modem *m inform.* Modem *m*

modlić się *imperf vi* beten

modlitwa *f* Gebet *n*

modn|y *adj* modisch, Mode-; (*nowoczesny*) modern; **~a fryzura** eine modische Frisur; **~y kolor** Modefarbe *f*

mokasyny *pl* Mokassins *pl*

mokka *f* Mokka *m*

moknąć *imperf vi* (vom Regen) nass werden

mokry *adj* nass

molo *n* Mole *f*
moment *m* Moment *m*; Augenblick *m*; **wyjść na ~** für einen Augenblick weggehen; **wrócę za ~** ich komme gleich zurück
monarchia *f* Monarchie *f*
monet|a *f* Münze *f*; **przyjmować coś za dobrą ~ę** etw. für bare Münze nehmen
mongolski *adj* mongolisch
Mongoł *m* Mongole *m*
Mongołka *f* Mongolin *f*
monitor *m* Bildschirm *m*
monolog *m* Monolog *m*
monopol *m* Monopol *n*
monstrum *n* Monster *n*, Ungeheuer *n*
montaż *m* Montage *f*
montować *imperf vt* montieren
montownia *f* Montagewerk *n*, Montagehalle *f*
moralność *f* Moral *f*
morderstwo *n* Mord *m*
mordować *imperf vt* (er)morden; (*męczyć się z czymś*) **~ się** sich quälen, sich abplagen (**z czymś** mit etw.)
morela *f* Aprikose *f*
morfina *f* Morphium *n*
morfologia *f* Morphologie *f*; **~ krwi** Blutbild *n*
morsk|i *adj* See-; Meeres-; **bitwa ~a** Seeschlacht *f*; **brzeg ~i** Meeresufer *n*, Seeufer *n*; **choroba ~a** Seekrankheit *f*; **podróż ~a** Schifsfahrt *f*; **woda ~a** Meerwasser *n*
mortadela *f* Mortadella *f*
morz|e *n* Meer *n*, See *f*; **na (pełnym) ~u** auf hoher See; **nad ~em** am Meer, an der See; **~em** auf dem Seeweg
mosiądz *m* Messing *n*
most *m* Brücke *f*
mostek *m* eine kleine Brücke, Steg *m*; *anat.* Brustbein *n*; *dent.* Brücke *f*
motel *m* Motel *n*
motocykl *m* Motorrad *n*
motor *m* Motor *m*
motorower *m* Motorfahrrad *n*, Mofa *n*
motorówka *f* Motorboot *n*
motoryzacja *f* Motorisierung *f*
motyl *m zool.* Schmetterling *m*
motyw *m* Motiv *n*; **~ przewodni** Leitmotiv *n*

mow|a *f* Rede *f*; Sprache *f*; *gram.* **~a zależna <niezależna>** die indirekte <direkte> Rede; **wygłosić ~ę** eine Rede halten; **~a potoczna** Umgangssprache *f*; *przen.* **stracił ~ę** es verschlug jmdm die Sprache

mozaika *f* Mosaik *n*

może *part* vielleicht

możliwość *f* Möglichkeit *f*; (*szansa*) Chance *f*; **~ wygranej** Gewinnchance *f*

możliwy *adj* möglich

móc *imperf vt* können; (*mieć pozwolenie*) dürfen; **mogę ci w tym pomóc** ich kann dir dabei helfen; **uczniowie mogą korzystać z biblioteki** die Schüler können die Bibliothek benutzen; **czy mogę usiąść?** darf ich mich setzen?; (*bezosobowo*) **można palić** man darf rauchen

mój *pron* mein; (*bez rzeczownika*) meiner

mól *m* Motte *f*

mówić *imperf vi* sprechen, reden; (*powiedzieć*) sagen; (*zwrot grzecznościowy*) **nie ma o czym ~!** keine Ursache!; (umieć) **~ po polsku** polnisch <Polnisch> sprechen; **~ od rzeczy** dummes Zeug reden

mózg *m* Gehirn *n*; *kulin.* (*móżdżek*) Hirn *n*

mrok *m* Abenddämmerung *f*; (*ciemność*) Dunkelheit *f*

mrozić *imperf vt* gefrieren lassen; (*chłodzić*) **~ wino** den Wein kalt stellen

mroźny *adj* frostig, eiskalt

mrówka *f zool.* Ameise *f*

mróz *m* Frost *m*

mruczeć *imperf vi* (*o kocie*) schnurren; (*marudzić*) murren; *imperf vt* (*cicho nucić*) brummen

mrugać *imperf vi* (*rów. porozumiewawczo*) zwinkern; (*szybko*) blinzeln; (*migotać*) flimmern; (*np. o kierunkowskazie*) blinken

msz|a *f* Messe *f*; **odprawiać ~ę** die Messe lesen <zelebrieren>

mścić *imperf vt* rächen; **~**

się na kimś sich an jmdm rächen
mucha *f zool.* Fliege *f*
mumia *f* Mumie *f*
mundur *m* Uniform *f*
mur *m* Mauer *f*; **przyprzeć kogoś do ~u** jmdn in die Enge treiben
Murzyn *m* Neger *m*
Murzynka *f* Negerin *f*
musical *m* Musical *n*
musieć *imperf vi* müssen; **ja muszę** ich muss
muszka *f zool.* (*owocówka*) Obstfliege *f*; (*celownik*) Visier *n*; (*np. do fraka*) Fliege *f*
muszla *f* Muschel *f*; **~ klozetowa** Klosettbecken *n*; **~ koncertowa** Amphitheater *n*
musztarda *f* Senf *m*
muza *f* Muse *f*
muzeum *n* Museum *n*
muzułmanin *m* Moslem *m*
muzyk *m* Musiker *m*
muzyka *f* Musik *f*; **~ poważna** ernste <klassische> Musik; **~ rozrywkowa** Unterhaltungsmusik *f*
my *pron* wir
myć *imperf vt* waschen; (*zęby*) putzen; (*podłogę*) aufwischen; (*naczynia*) abwaschen; **~ się** sich waschen; (*o zwierzętach*) sich putzen
mydelniczka *f* Seifenschale *f*
mydło *n* Seife *f*
myjka *f* Waschlappen *m*
myjnia *f* Waschanlage *f*
mylić *imperf vt* (*nie odróżniać*) verwechseln; **~ drogę** den Weg verfehlen; **pozory mylą** der Schein trügt; **~ się** sich irren; **~ się co do czegoś** sich täuschen <sich irren> in etw.
myln|y *adj* falsch, irrtümlich; **~e informacje** falsche Informationen
mysz *f zool., inform.* Maus *f*
myśl *f* Gedanke *m*; **być dobrej ~i** guter Dinge sein; **mieć coś na ~i** etw. meinen; **przychodzi mi na ~** mir kommt in den Sinn; **wymiana ~i** Gedankenaustausch *m*; **zebrać ~i** Gedanken sammeln; **~ przewodnia utworu** das Leitmotiv des Werkes

myśl|eć *imperf vi* denken; (*mniemać*) meinen; **co o tym ~isz?** was meinst du davon?; **~ę, że tak** ich glaube, ja; **o czym ~isz?** woran denkst du?; (*pamiętać*) **~ę o tobie** ich denke an dich

myśliwiec *m* Jagdflugzeug *n*

myśliwy *m* Jäger *m*; (*myśliwy-przyrodnik*) Weidmann *m*

myślnik *m* Gedankenstrich *m*

mżawka *f* Nieselregen *m*

N

na *praep* (*w płaszczyźnie poziomej*) auf; (*w płaszczyźnie pionowej*) an; **na dole** unten; **na dworze** draußen; **na wiosnę** im Frühling; **raz na miesiąc** einmal im Monat; **spieszyć na pomoc** zu Hilfe eilen; **czekać na list** auf einen Brief warten; **na zdrowie** zum Wohl; **na zawsze** für immer; **na stare lata** für das hohe Alter; **na górze** oben; **na końcu** am Ende; **na koniec** zum Schluss; **na piśmie** schriftlich; **na moją prośbę** auf meine Bitte; **na pamięć** auswendig; **na sprzedaż** zum Verkauf

nabiał *pl* Milchprodukte *pl*

nabierać *imperf vt zob.* **nabrać**

nabożeństwo *n* Gottesdienst *m*; (*skupienie*) Andacht *f*

nabój *m* Patrone *f*

nabór *m* Aufnahme *f*

nabrać *perf vt* schöpfen; **~ wody** Wasser schöpfen; **~ powietrza w płuca** Luft holen; *przen.* **~ kogoś** jmdn (he)reinlegen; **~ się** (he)reinfallen

nabyć *perf vt* **nabywać** *imperf vt* kaufen, erwerben; (*z trudem*) erstehen

nachylać *imperf vt* neigen; beugen; **~ się** sich beugen

nachylenie *n* Beugung *f*; (*rów.o terenie*) Neigung *f*

nachylić *perf vt zob.* **nachylać**

naciąg|ać *imperf vt* **naciągnąć** *perf vt* überziehen; (*o łuku*) (auf)spannen; **~any przykład** ein konstruiertes Beispiel; **~nąć na pieniądze** jmdm Geld entlocken; (*oszukać*) *jmdn neppen*; (*o herbacie*) ziehen

nacierać *imperf vt* (*wcierać*) einreiben; (*atakować*) angreifen

nacisk *m* Druck *m*; **kłaść ~** (etw.) unterstreichen, Wert (auf etw.) legen; **wywierać ~** Druck ausüben

naciskać *imperf vt*, **nacisnąć** *perf vt* drücken; **~ na coś** auf etw. drücken; *przen.* auf etw. pochen

nacjonalizm *m* Nationalismus *m*

naczelny *adj* Haupt-, Chef-, Ober-; **~ redaktor** Chefredakteur *m*; **~ dowódca** Oberkommandant *m*, Oberkommandierende(r) *m*

naczepa *f mot.* Sattelanhänger *m*

naczyni|e *n* Gefäß *n*; **~e gliniane** Tongefäß *n*; **~a kuchenne** Geschirr *n*; *anat.* **~e krwionośne** Blutgefäß *n*

nad *praep* über; **~ chmurami** über den Wolken; **~ brzegiem morza** an der Küste; **wrócić ~ ranem** am Morgen zurückkommen

nadać *zob.* **nadawać**

nadal *adv* weiter(hin), nach wie vor, immer noch

nadaremnie *adv* vergebens, umsonst

nadawać *imperf vt* (*o liście*) aufgeben; (*o radiu*) senden; (*tytuł, nazwę*) verleihen; **~ imię** einen Namen geben; (*chrzcić*) auf einen Namen taufen; **~ się do pracy** für die Arbeit taugen

nadawca *m* Absender *m*

nadbudówka *f* Überbau *m*

nadchodzi|ć *imperf vi* kommen, sich nähern; (*o zjawiskach w czasie*) *rów.* nahen; **~ zima** der Winter kommt <naht>

nadciśnienie *n med.*: **~ krwi** hoher Blutdruck
nadejście *n* Ankunft *f; (o porach roku) rów.* Einzug *m*
nadejść *perf vi zob.* **nadchodzić**
nadgarstek *m anat.* Handgelenk *n*
nadgraniczn|y *adj* Grenz-; **strefa ~a** Grenzzone *f*
nadjechać *perf vi*, **nadjeżdżać** *imperf vi* heranfahren, angefahren kommen; **~ konno** angeritten kommen, anreiten
nadlecieć *perf* angeflogen kommen, heranfliegen, herbeifliegen
nadliczbow|y *adj* überzählig; **godziny ~e** Überstunden *pl*
nadmiar *m* Übermaß *n*, Überschuss *m*, Überfluss *m* (**czegoś** an etw.)
nadmierny *adj* übermäßig; überschüssig
nadmorski *adj* Küsten-; **kraj ~** Küstenland *n*
nadobowiązkowy *adj* fakultativ, wahlfrei
nadpłacać *imperf vt*, **nadpłacić** *perf vt* überzahlen, überbezahlen
nadpłata *f* Überbezahlung *f*
nadprodukcja *f* Überproduktion *f*
nadprogramowy *adj* zusätzlich, außerplanmäßig
nadprzyrodzony *adj* übernatürlich; (*pozaziemski*) außerirdisch
nadrabiać *imperf vt*, **nadrobić** *perf vt* nacharbeiten, nachholen; **~ zaległości** einen Rückstand nacharbeiten
nadruk *m* Aufdruck *m*
nadużycie *n* Missbrauch *m*; (*finansowe*) Unterschlagung *f*
nadużywać *imperf vt*, **nadużyć** *perf vt* missbrauchen; **~ alkoholu** Alkohol missbrauchen; **~ czyjegoś zaufania** jmds Vertrauen missbrauchen
nadwaga *f* Übergewicht *n*
nadwerężać *imperf vt*, **nadwerężyć** *perf vt* überbeanspruchen
nadwozie *n* Karosserie *f*; (*zawieszenie*) Fahrgestell *n*, Chassis *n*
nadwrażliwość *f* Überempfindlichkeit *f*

nadwyżka *f* Überschuss *m* (**czegoś** an etw.); *por.* **nadmiar**

nadziej|a *f* Hoffnung *f*; **żywić ~ę** Hoffnung hegen; **~a na coś** Hoffnung auf etw.

nadzienie *n kulin.* Füllung *f*

nadzór *m* Aufsicht *f*, Überwachung *f*; **~ techniczny** die technische Überwachung

nadzwyczajn|y *adj* außergewöhnlich; außerordentlich; **wydanie ~e** Sonderausgabe *f*

nafta *f* Petroleum *n*; (*ropa naftowa*) Erdöl *n*

nagana *f* Tadel *m*; (*ostra*) Rüge *f*

nag|i *adj* nackt; (*goły, bosy*) bloß, entblößt; **~ie fakty** die nackten Tatsachen; **~a prawda** die nackte Wahrheit; **rozebrać się do ~a** sich ganz ausziehen, sich entkleiden

naglący *adj* dringend, eilig

nagle *adv* plötzlich, jäh, unerwartet

nagli|ć *imperf vt* (*ponaglać*) drängen (**do czegoś** auf etw.); **czas ~** die Zeit drängt

nagłówek *m* Überschrift *f*; (*w gazecie*) Schlagzeile *f*

nagł|y *adj* plötzlich, unerwartet, dringend; **w ~ym przypadku** im Notfall; **~y wyjazd** eine unerwartete Reise; **~a śmierć** ein unerwarteter < jäher> Tod

nago *adv*; *zob.* **nagi**

nagrać *perf vt*, **nagrywać** *imperf vt* (*na taśmie*) aufnehmen; **~ płytę** eine Schallplatte machen

nagranie *n* Aufnahme *f*

nagraniow|y *adj* Aufnahme-; **sesja ~a** Studiosession *f*; **studio ~e** Aufnahmestudio *n*

nagradzać *imperf vt*, **nagrodzić** *perf vt* belohnen; (*wyróżnić*) auszeichnen; **~ komuś stratę** für den Schaden aufkommen, den Schaden ersetzen

nagrobek *m* Grabstein *m*

nagrod|a *f* Preis *m*; (*wyróżnienie*) Auszeichnung

f; **~a główna** Hauptpreis *m*; **~a pocieszenia** Trostpreis *m*; **zdobyć ~ę** einen Preis gewinnen

naiwn|y *adj* naiv, treuherzig; **~e malarstwo** naive Malerei

najadać się *imperf vi zob.* **najeść się**

najazd *m* (*zbrojny*) Invasion *f*, Überfall *m*; (*np. turystów*) Andrang *m*, Zustrom *m*

nająć *perf vt* **najmować** *imperf vt* (*mieszkanie*) mieten; (*np. marynarzy*) anheuern; (*pogardliwie, np. o mordercy*) dingen

najbardziej *adv* am meisten, meist-; **~ uprzywilejowany** meistbegünstigt, am meisten begünstigt

najemnik *m* Söldner *m*; (*pracownik*) Tagelöhner *m*

najemn|y *adj* Lohn-; (*pogardliwie, np. o mordercy*) gedungen; **praca ~a** Lohnarbeit *f*

najeść się *perf vr* sich satt essen

najgorszy *adj* der schlechteste, der schlimmste

najlepszy *adj* der beste

najmniej *adj* am wenigsten; **co ~** zumindest, wenigstens, mindestens

najmniejszy *adj* der kleinste

najpierw *adv* zuerst, zunächst

najwięcej *adv* meist; **~ ludzi** die meisten Menschen <Leute>; **on dostał ~** er hat am meisten bekommen; **on dostał ~ głosów** er hat die meisten Stimmen erhalten

najwyżej *adv* am höchsten; (*w najlepszym razie*) im besten Fall, höchstens

najwyższy *adj* der höchste; **Sąd Najwyższy** der Oberste Gerichtshof; **~ czas** die höchste Zeit; *gram.* **stopień ~** Superlativ *m*

nakarmić *perf vt* abspeisen, sättigen; (*zapewnić pokarm*) ernähren); **~ dziecko** das Kind abspeisen; **~ niemowlę** (*piersią*) den Säugling stillen

nakaz *m* Aufforderung *f*; (*rozkaz*) Befehl *m*; **~ płatniczy** Zahlungsaufforderung *f*

naklejka *f* Aufkleber *m*; (*etykietka*) Etikett *n*

nakład *m* (*koszt*) Aufwand *m*; (*książki*) Auflage *f*

nakręc|ać *imperf vt*, **nakręc|ić** *perf vt* aufziehen; **~ić zegar <zabawkę mechaniczną>** die Uhr <das Spielzeug> aufziehen; **~ać koniunkturę** die Konjunktur beleben; **~ić film** einen Film drehen

nakrycie *n* (*narzuta*) Decke *f*; **~ głowy** Kopfbedeckung; (*zastawa*) Essbesteck *n*, Gedeck *n*

nakry|ć *perf vt*, **nakry|wać** *imperf vt* decken, bedecken; (*zakryć*) zudecken; **~ć do stołu** den Tisch decken; **~ć, ~wać głowę** den Kopf bedecken; *przen. pot.* **~ć kogoś na gorącym uczynku** jmdn auf frischer Tat ertappen <erwischen>

nalać *perf vt zob.* **nalewać**

nalegać *imperf vi* dringen, drängen; **~ na coś** auf etw. dringen <drängen>; **~ na kogoś** in jmdn dringen

nalepi|ać *imperf vi*, **nalepi|ć** *perf vi* aufkleben; **~ć znaczek na list** eine Briefmarke auf den Brief (auf)kleben

naleśnik *m* Eierkuchen *m*

nalewać *imperf vt* eingießen, einschenken, füllen

należ|eć *imperf vi* gehören, angehören; **te pieniądze ~ą do mnie** dieses Geld gehört mir; (*wchodzić w skład*) angehören; **~eć do partii** einer Partei angehören; *nieosob.* (*trzeba*) **~y zastanowić się nad tym** man soll es überlegen; **~eć się** (*przysługiwać komuś*) jmdm gebühren <zukommen>; **~y mu się szacunek** ihm gebührt Achtung; **~y mi się 100 marek** ich beanspruche 100 Mark

należność *f* Gebühr *f*, Betrag *m*; **~ za gaz** der Betrag für den Gasverbrauch

należn|y *adj* gebührend,

geziemend, zukommend, zustehend; **~y szacunek** die gebührende Achtung; **otrzymać ~y dodatek** die zustehende Zulage erhalten

nalot *m* (*powłoka*) Beschlag *m*; (*atak*) Flugangriff *m*

nałóg *m* Sucht *f*; **~ alkoholowy** die Sucht nach Alkohol

nam *pron* uns

namawi|ać *imperf vt* **namówi|ć** *perf vt* bereden, überreden; **~ać, ~ić** (*kogoś do czegoś*) jmdn zu etwas bereden <überreden>

namiętność *f* Leidenschaft *f*

namiot *m* Zelt *n*

namoczyć *perf vt* (*bieliznę*) einweichen; (*groch*) *rów*. quellen

namow|a *f* Zureden *n*, Überredung *f*; **ulec czyimś ~om** jmds Zureden <Überredung> nachgeben

namy|sł *m* Überlegung *f*, Bedacht *m*; **po ~śle** nach einer Überlegung; **bez ~słu** ohne Bedacht

namyślać się *imperf vi*, **namyślić się** *perf vi* sich überlegen (**nad czymś** etw.)

naoczny *adj* augenscheinlich; (*oczywisty*) offenbar, offensichtlich; **~ świadek** Augenzeuge *m*

naokoło *adv* ringsherum, ringsum, rundumher; **~ domu** rings um das Haus; **biegał ~** er lief ringsherum

napad *m* Überfall *m*, Angriff *m*; (*atak choroby*) Anfall *m*; **~ rabunkowy** Raubüberfall *m*; **~ gniewu** Wutanfall *m*

napada|ć *imperf vt*, **napaść** *perf vt* überfallen, angreifen; **~ć na kogoś** jmdn überfallen <angreifen>; **~ło śniegu** es ist viel Schnee gefallen

naparzać *imperf vt*, **naparzyć** *perf vt* aufbrühen, aufgießen; **~ ziół** Kräuter aufgießen <aufbrühen>

napaść *perf vt zob.* **napadać**

napełni|ać *imperf vt* **napełni|ć** *perf vt* füllen,

auffüllen; **~ać, ~ć kogoś radością** jmdn mit Freude erfüllen; **~ać, ~ć się** sich füllen; **klasa ~ała się uczniami** die Klasse füllte sich mit Schülern

na pewno *adv* bestimmt, gewiss, auf jeden Fall, sicherlich, sicher

napęd *m* Antrieb *m*; **~ elektryczny <spalinowy>** elektrischer Antrieb <Verbrennungsmotor *m*>; **~ na przednie <tylne> koła** Vorderradantrieb *m* <Hinterradantrieb *m*>

napić się *perf vi* trinken; **~ kawy** Kaffee trinken

napięcie *n* Spannung *f*; *elektr.* **wysokie ~** Hochspannung *f*

napis *m* Aufschrift *f*; (*wklęsły*) Inschrift *f*

napisać *perf vt* schreiben; (*zredagować*) verfassen; **~ list** einen Brief schreiben; **~ powieść <artykuł, reportaż>** einen Roman <einen Artikel, eine Reportage> schreiben <verfassen>

napiwek *m* Trinkgeld *n*

napój *m* Getränk *n*; *lit.* Trank *m*; **~ bezalkoholowy** ein alkoholfreies Getränk; **~ chłodzący** Erfrischungsgetränk *n*

napraw|a *f* Reparatur *f*; **oddać buty do ~y** die Schuhe zur Reparatur abgeben <die Schuhe reparieren lassen>

naprawdę *adv* wirklich, tätsächlich, in der Tat

naprawiać *imperf vt*, **naprawić** *perf vt* reparieren, ausbessern; **~ samochód** das Auto reparieren <reparieren lassen>

naprzeciw *adv praep* gegenüber; **mieszkać ~ kogoś** jmdm gegenüber wohnen; **wyjść komuś ~** jmdm entgegenkommen (*rów. przen.*)

na przekór *adv* zum Trotz; **~ komuś <czemuś>** jmdm <einer Sache> zum Trotz

na przełaj *adv* querfeldein

na przemian *adv* abwechselnd, wechselweise

naprzód *adv* vorwärts

na przykład *adv* zum Beispiel, beispielsweise

narad|a *f* Beratung *f*, Besprechung *f*; **odbywać ~ę** eine Beratung haben

naradzać się *imperf vi*, **naradzić się** *perf vi* sich beraten; **~ z kimś** sich mit jmdm beraten

naraz *adv* (*nagle*) plötzlich, auf einmal; (*jednocześnie*) gleichzeitig

narazić *perf vt*, **narażać** *imperf vt* gefährden, aufs Spiel setzen, in Gefahr bringen; **~ kogoś na niebezpieczeństwo** jmdn gefährden <in Gefahr bringen, einer Gefahr aussetzen>; **~ swoją opinię <reputację>** seinen Ruf aufs Spiel setzen; **~ kogoś na przykrości** jmdn Unannehmlichkeiten aussetzen; **~ się komuś** bei jmdm anecken; **~ się na pośmiewisko** sich dem Gelächter <dem Spott> aussetzen

narciarstwo *n* Skilaufen *n*, Skisport *m*; **~ wodne** Wasserski *n*

narciarz *m* Skiläufer *m*; (*skoczek*) Skispringer *m*

nareszcie *adv* endlich

narkoman *m* Rauschgiftsüchtige(r) *m*, Narkomane *m*; **~ka** Rauschgiftsüchtige *f*, Narkomanin *f*

narkomania *f* Rauschgiftsucht *f*

narkoza *f* Narkose *f*

narodowość *f* Nationalität *f*

narodow|y *adj* national; **mniejszość ~a** die nationale Minderheit; **hymn ~y** Nationalhymne *f*

narodzenie *n* Geburt *f*; **Boże Narodzenie** Weihnachten *n*, Weihnachtsfest *n*

narośl *f* Auswuchs *m*, Geschwulst *f*

narożnik *m* Ecke *f*; **~ domu** Hausecke *f*

naród *m* Volk *n*, Nation *f*; **~ polski <niemiecki>** das polnische <deutsche> Volk

nart|a *f* Ski *m*, Schi *m*; **~y** Schier *pl*; **jeździć na ~ach** Ski <Schi> laufen

narząd *m* Organ *n*

narzeczona *f* Verlobte *f*

narzeczony *m* Verlobte(r) *m*

narzekać *imperf vi* klagen, jammern; sich beklagen, sich beschweren; **~ na coś** über etwas klagen <jammern>; **~ na kogoś** sich über jmdn beklagen <beschweren>

narzekanie *n* Klagen *n*, Jammern *n*

narzędzi|e *n* Werkzeug *n*, Gerät *n*; **~e rzemieślnicze** Handwerkzeug *n*; **~a ogrodnicze** Gartengeräte *pl*; **~a chirurgiczne** chirurgische Instrumente *pl*

narzuta *f* Decke *f*; **~ na kanapę** Sofadecke *f*; **~ na łóżko** Bettdecke *f*

nasenny *adj* Schlaf-; **środek ~** Schlafmittel *n*

nasienie *n* Samen *m*; (*sperma*) *rów*. Sperma *n*

nasilenie *n* Verstärkung *f*, Steigerung *f*, Zunahme *f*

naskórek *m* Oberhaut *f*

nasta|ć *perf vi*, **nasta|wać** *imperf vi* kommen, anbrechen, eintreten; **~ło lato** der Sommer ist gekommen; **~je dzień** der Tag bricht an; **~ła ciemność** die Dunkelheit trat ein

nastawi|ć *perf vt* **nastawi|ać** *imperf vt* ansetzen; (*coś na ogniu*) aufs Feuer setzen; **~ć, ~ać ziemniaki** Kartoffeln aufsetzen <ansetzen>; **~ć, ~ać aparat fotograficzny budzik** den Fotoapparat <den Wecker> einstellen; *med*. **~ać, ~ić rękę** die Hand einrichten <einrenken>

nast|ąpić *perf vi*, **nast|ępować** *imperf vi* treten, folgen; (*dziać się*) geschehen; (*odbywać się*) stattfinden; **~ąpić, ~ępować komuś na nogę** jmdm auf den Fuß treten; **jedno nieszczęście ~epowało po drugim** ein Unglück folgte auf das andere; **to wydarzenie ~ąpiło później** dieses Ereignis geschah später; **~ąpił kryzys** eine Krise trat ein

następca *m* Nachfolger *m*; **~ tronu** Thronfolger *m*

następnie *adv* dann, daraufhin; (*w dalszej kolejności*) ferner

następn|y *adj* folgend, nächst; **~ej niedzieli** am folgenden <nächsten> Sonntag; **przejść do ~ej klasy** in die nächste Klasse versetzt werden

następować *imperf vi zob.* **nastąpić**

następując|y *adj* folgend, nachstehend; **jego list był ~ej treści** sein Brief hatte folgenden Inhalt

nastrasz|yć *perf vt* erschrecken; **~yć kogoś** jmdm Angst einjagen, jmdn erschrecken; **~ył się w ciemnym pokoju** er erschrak im dunklen Zimmer

nastr|oić *perf vt,* **nastr|ajać** *imperf vt* stimmen; *muz.* **~oić, ~ajać skrzypce** die Geige stimmen; **muzyka ~aja mnie zawsze pogodnie** die Musik stimmt mich immer heiter

nastr|ój *m* Stimmung *f*; **być w dobrym ~oju** in guter Stimmung <Laune> sein

nasypać *perf vt,* **nasypywać** *imperf vt* schütten, streuen

nasz *pron* unser; **w pierwszym wieku ~ej ery** *m* im ersten Jahrhundert unserer Zeitrechnung

naszyć *perf vt,* **naszywać** *imperf vt* aufnähen; **~ perły na sukienkę** Perlen auf das Kleid aufnähen

naszyjnik *m* Halskette *f*

naśladować *imperf vt* nachahmen

natchnienie *n* Eingebung *f*, Inspiration *f*

natęż|ać *imperf vt,* **natęż|yć** *perf vt* anspannen; anstrengen; **~ać, ~yć mięśnie** die Muskeln anspannen; **~ać, ~yć wzrok** die Augen anstrengen *f*; **~ać słuch** die Ohren spitzen

natężeni|e *n* Anspannung *f*, Anstrengung *f*; **~e sił** eine Anspannung der Kräfte; **pracować bez wielkiego ~a** ohne größere Anstrengung arbeiten; **~e dźwięku** Lautstärke *f*; *elektr*. **~e prądu** Stromstärke *f*

natężyć *perf vt zob.* **natężać**

natka *f* (*pietruszki*) Petersiliengrün *n*

nat|knąć się *perf*, **~ykać się** *imperf* stoßen; **~knąć się na kogoś <na coś>** auf jmdn <auf etw.> stoßen

natomiast *adv* dagegen, hingegen

natrafi|ć *perf vt*, **natrafi|ać** *imperf vt*: **~ć na kogoś <coś>** auf jmdn <etw.> stoßen; **~ć na ślad** auf die Spur kommen

natrętny *adj* aufdringlich, lästig; (*wścibski*) vorwitzig

natrysk *m* Dusche *f*

natrzeć *perf vt zob.* **nacierać** einreiben; **~ ciało maścią** den Körper mit einer Salbe einreiben

natur|a *f* (*przyroda*) Natur *f*; **malować <rysować> z ~y** nach der Natur zeichnen <malen>; **bogactwa ~y** Naturschätze *pl*; **martwa ~a** Stillleben *n*; (*charakter*) Natur *f*, Charakter *m*; **ludzka ~a** die menschliche Natur; **z ~y rzeczy** naturgemäß; **jest z ~y wrażliwy** er ist von der Natur aus empfindsam

naturalnie *adv* natürlich, selbstverständlich, freilich

naturalny *adj* natürlich; **przyrost ~** Geburtenzahl *f*, Geburtenziffer *f*

naturysta *m* Naturist *m*

natychmiast *adv* sofort, auf der Stelle

natychmiastowy *adj* sofortig, unverzüglich

nauczk|a *f* Denkzettel *m*; (*ostrzeżenie*) Warnung *f*; **niech to będzie dla ciebie ~ą** das soll dir ein Denkzettel sein

nauczyć *perf vt por.* **uczyć** beibringen (**kogoś czegoś** jmdm etw.); **~ się** lernen

nauczyciel *m* Lehrer *m*

nauczycielka *f* Lehrerin *f*

nauka *f* (*szkolna*) Unterricht *m*; (*kształcenie*) Ausbildung *f*; (*badania naukowe*) Wissenschaft *f*; **~ o roślinach** die Lehre über Pflanzen

naukowiec *m* Wissenschaftler *m*

naukowy *adj* wissenschaftlich; Wissenschafts-; (*badawczy*) Forschungs; **stopień ~** ein wissenschaftlicher Grad; **instytut ~** Forschungsinstitut *n*

naumyślnie *zob.* **umyślnie**

nawet *adv* sogar, selbst

nawias *m* Klammer *f*; **wziąć w ~** in Klammern setzen; **~em mówiąc** am Rande gesagt

nawiązać *perf vt,* **nawiązywać** *imperf vt* anknüpfen; **~ do czegoś** an etw. anknüpfen; **~ rozmowy <stosunki, kontakty>** Gespräche <Verbindungen, Kontakte> aufnehmen

nawierzchnia *f* (*drogi*) Straßenpflaster *n*, Fahrbahnbelag *m*; **~ asfaltowa** Asphaltdecke *f*

nawilżacz *m* Befeuchter *m*

nawlec *perf vt,* **nawlekać** *imperf vt* einfädeln; **~ igłę** die Nadel einfädeln

naw|óz *m* Dünger *m*, Düngemittel *n*; **~ozy azotowe** Stickstoffdünger *m*; **~óz naturalny** Dung *m*, natürlicher Dünger

nawrót *m* Rückkehr *f*; **~ choroby** der Rückfall einer Krankheit

nawyk *m* Gewohnheit *f*, Angewohnheit *f*; **zły ~** eine schlechte Angewohnheit <Gewohnheit>

nawzajem *adv* gegenseitig, einander; **dziękuję, ~!** danke, gleichfalls!

nazajutrz *adv* am nächsten Tag, am Tag darauf

nazbyt *adv* allzu, zu

nazwa *f* Name *m*; (*określenie*) Bezeichnung *f*

nazwać *perf vt zob.* **nazywać**

nazwisk|o *n* Name *m*; **pod przybranym ~iem** unter einem Decknamen

nazywa|ć *imperf vt* nennen, benennen; **~ć się** heißen; **jak się ~sz?** wie heißt du?

negatyw *m* Negativ *n*

nekrolog *m* Todesanzeige *f*

nektar *m chem.* Nektar *m*

neon *m* Neon *n*; (*oświetlenie*) Leuchtröhre *f*

ner|ka *f* Niere *f*; *med.* **za-**

palenie ~ek Nierenentzündung *f*

nerw *m* Nerv *m*; **mieć mocne ~y** starke Nerven haben; **to działa mi na ~y** das geht mir auf die Nerven

nerwica *f* Neurose *f*

nerwowy *adj.* nervös, Nerven-; **stałem się ~** ich wurde nervös; **system ~** Nervensystem *n*

netto *adj nieodm. handl.* netto, Netto-; **waga ~** Nettogewicht *n*

neutralny *adj* neutral

nędza *f* Elend *n*, Not *f*

nędzn|y *adj* elend; **~e życie** ein elendes <dürftiges> Leben; (*o ubraniu, o warunkach*) ärmlich, armselig; (*o zarobkach, o plonach*) kümmerlich

nic *pron* nichts; **~ podobnego** nichts dergleichen; (*nieprawda*) aber das stimmt nicht!; **~ z tego!** daraus wird nichts!; **~ mi do tego** das geht mich nichts an; **to ~** das macht nichts

niczyj *adj* niemandes

nić *f* Faden *m*

nie *part* nein; **jeszcze ~** noch nicht; **już ~** nicht mehr; **także ~** auch nicht; **o ~!** o nein!

niebezpieczeństwo *n* Gefahr *f*; **grozi mu ~ czegoś** er setzt sich der Gefahr aus, er läuft Gefahr, dass...

niebezpieczny *adj* gefährlich

niebieski *adj* blau

nieb|o *n* Himmel *m*; **na ~ie** am Himmel

niech *part*: **~ żyje pokój!** es lebe der Frieden!; *pot.* **~ ci będzie!** meinetwegen!

niechcący *adv* unabsichtlich, ohne Absicht

niechęć *f* Abneigung *f*; **czuć ~ do kogoś <do czegoś>** eine Abneigung gegen jmdn <gegen etw.> empfinden <haben>; **okazywać komuś ~** jmdm seine Abneigung zeigen

niechętnie *adv* ungern, nicht gern

niechętny *adj* abgeneigt, widerwillig, lustlos, widerstrebend

niechlujny *adj* schlampig, nachlässig, verwahrlost
nieciekawy *adj* uninteressant; (*nudny*) langweilig, fade
niecierpliwy *adj* ungeduldig
nieco *adv* etwas, ein wenig, ein bisschen; (*szczyptę*) eine Prise
nieczynn|y *adj* stillgelegt, außer Betrieb; **winda ~a** der Fahrstuhl ist außer Betrieb <stillgelegt>
nieczystości *pl* (*brud*) Schmutz *m*; (*odpadki*) Abfälle *pl*; (*śmieci*) Müll *m*, Kehricht *m*; *lit.* Unrat *m*; (*fekalia*) Fäkalien *pl*
nieczytelny *adj* unlesbar, unleserlich; **~ podpis** eine unlesbare Unterschrift; (*parafa*) Namenszug *m*
niedaleko *adv* nicht weit, unweit; (*w pobliżu*) in der Nähe
niedawno *adv* unlängst, neulich, vor kurzem, letztens
niedbały *adj* nachlässig, unordentlich
niedelikatny *adj* (*o kimś*) unfein; (*bez taktu*) taktlos
niedługi *adj* nicht lang; (*krótki*) kurz
niedługo *adv* bald, in kurzer Zeit, in Kürze
niedobór *m* Mangel *m*, Defizit *n*; **~ witamin** Vitaminmangel *m*, der Mangel an Vitaminen
niedobry *adj* nicht gut; (*zły*) schlecht; **~ znak** ein schlechtes Vorzeichen, ein schlechtes Omen
niedobrze *adv* nicht gut, unwohl, übel; **czuć się ~** sich unwohl fühlen; **robi mi się ~** es wird mir übel
niedojrzały *adj* unreif; (*niedoświadczony*) unerfahren; **~ artysta** ein unreifer Künstler
niedokładny *adj* ungenau; (*pobieżny*) flüchtig
niedołężny *adj* gebrechlich, hinfällig; (*ze starości*) altersschwach
niedopałek *m* Zigarettenstummel *m*; *pot.* (*pet*) Kippe *f*
niedopatrzenie *n* Versehen *n*; **przez ~** aus Versehen
niedostateczny *adj* unge-

nügend, unzureichend, mangelhaft; **stopień ~** die Note "ungenügend"

niedostatek *m* Not *f*, Entbehrung *f*, Bedürftigkeit; (*brak*) Mangel *m*

niedostępny *adj* unzugänglich, unerreichbar, verschlossen

niedoszły *adj* verhindert; **~ poeta** ein verhinderter Dichter

niedoświadczony *adj* unerfahren

niedozwolony *adj* nicht erlaubt, unerlaubt, untersagt; (*zabroniony*) verboten

niedrogi *adj* nicht teuer; (*tani*) billig, preiswert

niedrogo *adv* nicht teuer; *zob.* **niedrogi**

niedużo *adv* nicht viel; (*mało*) wenig

nieduży *adj* nicht groß; (*mały*) klein

niedyskretny *adj* indiskret

niedyspozycja *f* Unpässlichkeit *f*, Unwohlsein *n*

niedziela *f* Sonntag *m*

niedźwiedź *m* Bär *m*

nieekonomiczny *adj* unökonomisch

niegłupi *adj* nicht dumm

niegroźny *adj* ungefährlich, harmlos

niegrzeczny *adj* unartig; (*niewychowany*) ungezogen; (*nieuprzejmy*) unhöflich; (*szorstki*) schroff, brüsk, barsch

niehigieniczny *adj* unhygienisch

nieistotny *adj* unwesentlich

niejaki *pron* ein gewisser; **~ pan Baumann** ein gewisser Herr Baumann; **od ~ego czasu** seit einiger <einer gewissen> Zeit

niejako *adv* gleichsam, gewissermaßen, sozusagen

niejasny *adj* unklar; (*niezrozumiały*) unverständlich

niejeden *pron* mancher

niekiedy *adv* manchmal, dann und wann

niekorzystny *adj* ungünstig, unvorteilhaft, nachteilig

niektóry *adj* mancher

nielegalny *adj* illegal

nieletni *adj* minderjährig, unmündig, jugendlich; **~**

przestępca ein jugendlicher Verbrecher
nieliczn|y *adj* spärlich, nicht zahlreich, vereinzelt; **~e wyjątki** wenige Ausnahmen
nielogiczny *adj* unlogisch
nieludzki *adj* unmenschlich; *lit.* inhuman
nieład *m* Unordnung *f*, Durcheinander *n*
nieładny *adj* unschön; (*brzydki*) hässlich
niełatwy *adj* nicht leicht; (*trudny*) schwer; (*skomplikowany*) kompliziert
nie ma *imperf vi*: **to ~ sensu** das hat keinen Sinn; **~ o czym mówić** das ist nicht der Rede wert; (*jako reakcja na czyjeś podziękowanie*) **~ za co** gern geschehen, *pot.* nichts zu danken
niemało *adv* nicht wenig
Niemiec *m* Deutsche(r) *m*
niemiecki *adj* deutsch
Niemka *f* Deutsche *f*
niemłody *adj* nicht mehr jung, bei Jahren; (*stary*) alt
niemnący *adj* nicht knitterig, knitterfrei, knitterarm
niemniej *adj* dennoch, trotzdem
niemodny *adj* unmodisch, unmodern
niemoralny *adj* unmoralisch; (*nieprzyzwoity*) unanständig
niemowa *m, f* Stumme *m, f*, ein Stummer
niemowlę *n* Säugling *m*; (*pieszczotliwie*) Baby *n*
niemożliwy *adj* unmöglich; (*nierealny*) irreal
niemy *adj* stumm; **~ film** Stummfilm *m*
nienawidzić *imperf vt* hassen
nienawiść *f* Hass *m*
nienormalny *adj* nicht normal, anormal, abnorm, abnormal, ungewöhnlich
nieobecny *adj* abwesend; **być ~m** fehlen, abwesend sein
nieobowiązkowy *adj* nicht pflichtbewusst, fahrlässig; (*fakultatywny*) fakultativ, wahlfrei
nieoczekiwany *adj* unerwartet
nieodpłatny *adj* kostenlos, frei

nieodporny *adj* nicht widerstandsfähig; **~ na choroby** anfällig gegen Krankheiten
nieodpowiedni *adj* ungeeignet, unpassend
nieodpowiedzialny *adj* unverantwortlich, verantwortungslos
nieoficjalny *adj* inoffiziell
nieograniczon|y *adj* unbeschränkt, absolut, unbegrenzt; **~e zaufanie** unbegrenztes Vertrauen; **~e możliwości** unbegrenzte <unbeschränkte> Möglichkeiten
nieopanowany *adj* unbeherrscht; (*bez opamiętania*) zügellos
nieopłacalny *adj* unrentabel
nieosiągalny *adj* unerreichbar; (*ze względu na koszty*) unerschwinglich
nieostrożny *adj* unvorsichtig, unachtsam; (*nierozważny*) unbedacht
niepalący *m* Nichtraucher *m*
nieparzyst|y *adj* ungerade; unpaarig; **~a liczba** eine ungerade Zahl; **~y organ** ein unpaariges Organ
niepełnoletni *adj* minderjährig, unmündig
niepełnosprawny *adj* körperbehindert
niepełn|y *adj* nicht ganz voll, unvollständig; **~e zdanie** ein unvollständiger Satz
niepewny *adj* unsicher, verunsichert
niepłodny *adj* (*o kobiecie*) unfruchtbar; (*o mężczyźnie*) zeugungsunfähig
niepodległość *f* Unabhängigkeit *f*
niepodległy *adj* unabhängig
niepodobn|y *adj* unähnlich; **być ~ym do kogoś <czegoś>** jmdm <einer Sache> nicht ähnlich sein; **oni są do siebie ~i** sie sind einander unähnlich
niepogoda *f* Unwetter *n*
niepokoić *imperf vt* beunruhigen, ängstigen; **~ się** sich beunruhigen, sich sorgen; **~ się czymś** sich um etw. sorgen <ängstigen>

niepokój *m* Unruhe *f*, Beunruhigung *f*; (*zatroskanie*) Sorge *f*, Besorgnis *f*; **~ o kogoś <o coś>** Besorgnis um jmdn <über etw.>

niepoprawny *adj* unkorrekt, fehlerhaft

nieporadny *adj* unbeholfen, ungeschickt

nieporozumienie *n* Missverständnis *n*

nieporządek *m* Unordnung *f*, Durcheinander *n*

nieporządny *adj* unordentlich, unsorgfältig

nieposłuszny *adj* ungehorsam

niepotrzebny *adj* unnötig, entbehrlich

niepowodzenie *n* Misserfolg *m*, Scheitern *n*

niepozorny *adj* unscheinbar, unauffällig

niepraktyczny *adj* unpraktisch

nieprawda *f* Unwahrheit *f*

nieprawdopodobny *adj* unwahrscheinlich, unglaubwürdig

nieprawidłowy *adj* unrichtig, unkorrekt, inkorrekt

nieprawomocny *adj* nicht rechtskräftig; **wyrok jest ~** das Urteil ist nicht rechtskräftig

nieproszony *adj* ungebeten; **~ gość** ein ungebetener Gast

nieprzemakalny *adj* regendicht, wasserdicht; **płaszcz ~** Regenmantel *m*, regendichter Mantel

nieprzepisowy *adj* unvorschriftsmäßig, vorschriftswidrig

nieprzerwany *adj* ununterbrochen

nieprzydatny *adj* unbrauchbar, ungeeignet, nutzlos, untauglich

nieprzyjaciel *m* Feind *m*

nieprzyjazn|y *adj* feindlich, feindselig, unfreundlich; (*niekorzystny*) ungünstig; **~e nastawienie do kogoś** feindselige Einstellung zu jmdm; **~e okoliczności** ungünstige Umstände

nieprzyjemny *adj* unangenehm; (*kłopotliwy*) peinlich

nieprzytomny *adj* bewusstlos; ohnmächtig; (*roztargniony*) zerstreut

nieprzyzwoit|y *adj* unanständig, anstößig; (*obsceniczny*) obszön; (*bezwstydny*) schamlos; **opowiadać ~e historie** anstößige Geschichten erzählen; **~y dowcip** ein obszöner <unanständiger> Witz

niepunktualny *adj* unpünktlich

nieraz *adv* oftmals, öfters, ab und zu, manchmal

nierealny *adj* nicht real, irreal; (*nierealistyczny*) unrealistisch

nieregularny *adj* unregelmäßig; (*o kształtach*) *rów.* unebenmäßig

nierozsądny *adj* unvernünftig

nierozważny *adj* leichtsinning; (*o postępowaniu*) unbedacht, unüberlegt

nierówn|y *adj* ungleich, ungleichmäßig; (*o powierzchni*) uneben, holprig; **~a droga** ein unebener Weg; **~e pismo** ungleichmäßige Schrift

nieruchomość *f* Unbeweglichkeit *f*; (*o majątku*) Immobilie *f*, Immobilien *pl*; (*własność ziemska*) Grundbesitz *m*

nieruchomy *adj* unbeweglich, immobil; **~ majątek** Immobilien *pl*

nierząd *m* Unzucht *f*, Prostitution *f*

niesforny *adj* zuchtlos, widerspenstig

niesłowny *adj* wortbrüchig; (*niespolegliwy*) unverlässlich, unzuverlässig

niesłuszny *adj* unrecht, grundlos; (*niesprawiedliwy*) ungerecht

niesmaczn|y *adj* nicht schmackhaft; *lit.* nicht wohlschmeckend; (*nieapetyczny*) *rów. przen.* unappetitlich; (*bez smaku*) *rów. przen.* fade, geschmacklos

niesmak *m* (*po czymś*) *rów. przen.* schlechter Nachgeschmack *m*; *przen.* Unbehagen *n*, Missbehagen *n*, Abscheu *m*, Ekel *m*; **wywoływać u kogoś ~** *przen.* Unbehagen in

<bei> jmdm erwecken <hervorrufen>

niespodzianka *f* Überraschung *f*

niespodziewany *adj* unerwartet, überraschend

niespokojny *adj* unruhig; **~ duch** ein unruhiger Geist

niesprawiedliwie *adv* ungerecht, ungerechterweise

niesprawiedliwy *adj* ungerecht

niestety *adv* leider, bedauerlicherweise; **~ on nie wróci** er kommt <kehrt> leider nicht zurück; **~ nie mogę tego zrobić** ich kann es leider nicht machen

niestrawność *f* Verdauungsstörung *f*, Magenbeschwerden *pl*

nieszczególn|y *adj* nicht besonders gut; (*znośny*) leidlich; **~a pogoda** ein nicht besonders gutes Wetter

nieszczęście *n* Unglück *n*; (*pech*) Pech *n*; **na ~** zum Unglück; **na moje ~** zu meinem Unglück

nieszczęśliwy *adj* unglücklich; **~ wypadek** Unglücksfall *m*, Unfall *m*

nieszkodliwy *adj* unschädlich, harmlos; (*bezpieczny*) ungefährlich; **~ środek** ein unschädliches Mittel; **~ człowiek** (*przen. nieszkodliwy wariat*) eine harmlose Type

nieść *imperf vt* tragen; (*o kurach*) **~ jaja** Eier legen; *przen.* (*w odniesieniu do cierpienia*) **~ ulgę** Linderung <Milderung> bringen

nieśmiały *adj* schüchtern, scheu; (*zmieszany*) verlegen, befangen

nieświadomy *adj* unbewusst; (*mimowolny*) unabsichtlich

nietakt *m* Taktlosigkeit *f*

nietaktowny *adj* taktlos

nietłukący *adj* unzerbrechlich

nietolerancja *f* Intoleranz *f*

nietrzeźwy *adj* nicht nüchtern, betrunken; **w stanie ~m** in betrunkenem Zustand

nietypowy *adj* untypisch, unüblich

nieuczciwy adj unehrlich, unredlich; (*nieszczery*) unaufrichtig

nieudany *adj* misslungen, missraten; (*bez spodziewanego rezultatu*) erfolglos; (*o ludziach, zw. o dzieciach*) ungeraten, missraten

nieudolny *adj* ungeschickt, unbeholfen

nieuleczaln|y *adj* unheilbar; **~a choroba** eine unheilbare Krankheit

nieumyślny *adj* unabsichtlich; *prawn.* nicht vorsätzlich; (*przypadkowy*) zufällig

nieuniknięny *adj* unvermeidlich, unvermeidbar; (*konieczny*) notwendig, unerlässlich

nieurodzaj *m* Missernte *f*

nieuwag|a *f* Unachtsamkeit *f*, Versehen *n*; (*brak skupienia*) Unaufmerksamkeit *f*; **przez ~ę** aus Versehen

nieużyteczny *adj* unbrauchbar, nutzlos

nieważny *adj* unwichtig; (*np. dokument*) ungültig

niewątpliwie *adv* zweifellos, ohne Zweifel, zweifelsohne

niewdzięczny *adj* undankbar

niewiadoma *f mat.* Unbekannte *f*

niewiarygodny *adj* unglaubwürdig; (*nieprawdopodobny*) *rów.* unglaubhaft, unglaublich

niewidomy *adj* blind

niewiele *num adv* wenig

niewielki *adj* nicht groß; (*nieznaczny*) *rów.* gering; (*mały*) klein

niewierny *adj* untreu; (*niedokładny*) ungenau; **~ mąż** der untreue (Ehe)mann; **~ Tomasz** ein ungläubiger Thomas

niewinny *adj* unschuldig; (*nieskalany*) keusch; (*błahy*) harmlos

niewol|a *f* Gefangenschaft *f*; **wziąć kogoś do ~i** jmdn in Gefangenschaft nehmen; **dostać się do ~i** in Gefangenschaft geraten; (*niewolnictwo*) Sklaverei *f*

niewolnik *m* Sklave *m*

niewygoda *f* Unbequemlichkeit *f*; (*dyskomfort*

psychiczny) Unannehmlichkeiten *pl*

niewygodny *adj* unbequem

niewypał *m* *(wojsk.)* Blindgänger *m*; *przen.* Fehlschlag *m*

niezadowolenie *n* Unzufriedenheit *f*, Missfallen *n*, Unwille *m*; *(niedosyt, zły nastrój)* Unbehagen *n*, Verstimmung *f*

niezadowolony *adj* unzufrieden; **być ~m z czegoś** mit etw. unzufrieden sein

niezależny *adj* unabhängig; *(wolny)* frei

niezamężna *adj* unverheiratet, ledig

niezawodny *adj* *(spolegliwy)* zuverlässig; *(sprawdzony, wypróbowany)* bewährt

niezbędny *adj* unentbehrlich, unumgänglich; *(w odniesieniu do abstrakcji)* *rów.* unabdingbar, unerlässlich

niezbity *adj* unwiderlegbar; **~ dowód winy** der unwiderlegbare Schuldbeweis

niezbyt *adv* nicht zu; **~ przekonywający** nicht zu überzeugend

niezdatn|y *adj* untauglich, ungeeignet; **woda ~a do picia** kein Trinkwasser

niezdecydowany *adj* unschlüssig, unentschieden, zögernd; *(niepewny)* unsicher

niezdolny *adj* unfähig; **~ do pracy** arbeitsunfähig; *(bez uzdolnień)* unbegabt

niezdrowy *adj* ungesund

niezgoda *f* *(wrogość)* Zwietracht *f*, Zerwürfnis *n*, Unfriede *m*; *(brak jednomyślności)* Uneinigkeit *f*, Unstimmigkeit *f*

niezgrabny *adj* plump; *(o czynnościach, o zachowaniu)* ungeschickt, unbeholfen, ungewandt, ungelenk, linkisch

niezły *adj* nicht schlecht, ziemlich gut; *(korzystny)* günstig; **~ samochód** kein schlechtes Auto; **~ interes** ein gutes Geschäft

nieznajomy[1] *adj* unbekannt

nieznajom|y[2] *m* Unbekannte(r) *m*; **~a** Unbekannte *f*

nieznan|y *adj* unbekannt; **~i sprawcy** unbekannte Täter

nieznośny *adj* unerträglich

niezręczn|y *adj* ungeschickt; (*niestosowny*) unangemessen; **~a sytuacja** eine peinliche <prekäre> Situation

niezrozumiały *adj* unverständlich, unbegreiflich; (*niejasny*) unklar

niezwykły *adj* ungewöhnlich, ungewohnt; (*rzucający się w oczy*) auffällig

nieżyt *m med.* Katarrh *m*; **~ żołądka** Magenkatarrh *m*; **~ nosa** (*pot. katar*) Schnupfen *m*

nieżywy *adj* tot, leblos; (*bez oznak życia*) regungslos

nigdy *adv* nie, niemals

nigdzie *adv* nirgends, nirgend(s)wo; (*donikąd*) nirgend(wo)hin

nijaki *adj* fade, unbestimmt; *gram.* **rodzaj ~** Neutrum *n*, sächliches Geschlecht

nikotyna *f* Nikotin *n*

nikt *pron* niemand; **tu nikogo nie ma** hier ist niemand da; **nie mów tego nikomu** sage das (bitte) niemand(em); **zna się na tym jak ~** er versteht sich darauf wie kaum jemand anders; **~ inny** niemand anders

niski *adj* (*o wzroście, o rozmiarze*) klein; (*o głosie*) tief; (*o cenach*) niedrig

niszczyć *imperf vi* vernichten, zerstören; (*o odzieży*) abtragen; **~ się** sich abnutzen

nitka *f* Faden *m*

nizina *f* Niederung *f*; Tiefebene *f*, Tiefland *n*

niż[1] *conj* als; **była ładniejsza ~ siostra** sie war schöner als ihre Schwester; **wolę kawę ~ herbatę** ich ziehe Kaffee dem Tee vor; **zostało nie więcej ~ kilka minut** es sind uns nicht mehr als einige wenige Minuten übriggeblieben

niż[2] *m zob.* **nizina**; (*baryczny*) Tief(druckgebiet) *n*

niżej *adv comp* niedriger; (*na dole*) unten; **~ podpisany** der Unterzeichnete

niższy *adj comp* niedriger; (*o wzroście*) kleiner; (*niższy rangą*) untergeordnet, unterstellt

noc *f* Nacht *f*; **~ą, w ~y** nachts, des Nachts; **tej ~y** in dieser Nacht; **dziś w ~y** heute nacht(s); **całą ~** die ganze Nacht

nocleg *m* Übernachtung *f*; (*miejsce noclegu*) Nachtquartier *n*

nocnik *m* Nachttopf *m*

nocn|y *adj* Nacht-; **dyżur ~y** Nachtdienst *m*; **cisza ~a** Nachtruhe *f*; **~y lokal** Nachtlokal *n*

nocować *imperf vi* übernachten, nächtigen

noga *f* Bein *n*; (*stopa*) Fuß *m*; *przen.* **do góry ~mi** verkehrt, (*w nieładzie*) durcheinander

nogawka *f* Hosenbein *n*

noktowizor *m* Infrarotgerät *n*

nominacja *f* Ernennung *f*

nonsens *m* Unsinn *m*; (*bzdura*) Blödsinn *m*

non stop *adv* pausenlos, durchgehend, nonstop

norma *f* Norm *f*; (*reguła*) Regel *f*

normalny *adj* normal; (*prawidłowy*) normgerecht, regelrecht; (*zwykły*) üblich

Norweg *m* Norweger *m*

norweski *adj* norwegisch; (*język*) Norwegisch *n*

Norweżka *f* Norwegerin *f*

nos *m* Nase *f*; **zadarty ~** Stupsnase *f*; *przen.* **zadzierać ~a** hochnäsig sein; **mruczeć coś pod ~em** etw. in den Bart murmeln <brummen>

nosiciel *m* Träger *m*

nosić *imperf vt* tragen; (*o ubraniu*) *t.* anhaben; (*o czapce*) *t.* aufhaben; **~ się** (*ubierać się*) sich kleiden (**elegancko** elegant)

nosówka *f jęz.* Nasal(laut) *m*; *wet.* Staupe *f*

nostalgia *f* Heimweh *n*

nostryfikacja *f* Nostrifikation *f*, Nostrifizierung *f*

nosze *spl* Tragbahre *f*; (*dla chorych*) Krankentrage *f*

nośnik *m* Träger *m*; **~ in-**

formacji Informationsträger *m*
nośność *f techn.* Tragkraft *f*; (*ładowność*) *rów.* Ladegewicht *n*
notariusz *m* Notar *m*
notarialny *adj* notariell, notarisch; **dokument ~** eine notarielle Urkunde
notatka *f* Notiz *f*
notatnik *m* (*notes*) Notizbuch *n*
notować *imperf vt* notieren
nowalijk|a *f przen.* Neuheit *f*, Erstling *m*; *pl* **~i** Frühgemüse *n*
nowela *f* Kurzgeschichte *f*; *rów. prawn.* Novelle *f*
nowina *f* Neuigkeit *f*; (*wiadomość*) Nachricht *f*
nowobogacki *m* Neureiche(r) *m*
nowoczesny *adj* modern
nowomowa *f* Neusprache *f*
noworoczn|y *adj* Neujahrs-; **życzenia ~e** Neujahrsgrüße *pl*
nowość *f* Neuheit *f*
nowotwór *m med.* Geschwulst *f*, Tumor *m*; **~ złośliwy <łagodny>** eine bösartige <gutartige> Geschwulst
nowy *adj* neu; **Nowy Rok** Neujahr *n*
nożyczki *spl* Schere *f*
nożyk *m* ein kleines Messer; (*kieszonkowy*) Taschenmesser *n*; **~ do otwierania konserw** Büchsenöffner *m*; (*do golenia, żyletka*) Rasierklinge *f*
nów *m* Neumond *m*
nóż *m* Messer *n*; **mieć ~ na gardle** jmdm sitzt das Messer an der Kehle
nuda *f* Lang(e)weile *f*
nudności *spl* Übelkeit *f*; **dostaję ~** es wird mir übel
nudny *adj* langweilig
numer *m* Nummer *f*
numeracja *f* Nummerierung *f*
numerek *m* Marke *f*; (*w szatni*) Garderobenmarke *f*
numerować *imperf vt* nummerieren
nurek *m* Taucher *m*
nurkować *imperf vi* tauchen
nurt *m* Strömung *f*; (*o rzece*) *rów.* Strom *m*
nuta *f* Note *f*
nylon *m* Nylon *n*

O

o *praep* über, von, an, um; **pamiętaj o mnie** denke an mich; **mój brat jest o rok starszy** mein Bruder ist um ein Jahr älter; **o kim mówisz?** über wen <von wem> sprichst du?; **o czym mówisz?** worüber <wovon> sprichst du?

oaza *f* Oase *f*

oba, obaj, obie, oboje *num* beide, alle beide

obawa *f* Angst *f*, Furcht *f*; **~ przed czymś** Angst <Furcht> vor etw.

obawia|ć się *imperf vi* fürchten, befürchten, sich fürchten; **~ć się czegoś** sich vor etw. fürchten, <etw. fürchten/befürchten>; **~m się, że...** ich fürchte, dass...

obcas *m* Absatz *m*; *pot.* Hacke *f*

obcęgi *spl* Zange *f*

obchodzi|ć *imperf vt*: **~ć święto** ein Fest feiern <begehen>; **~ć prawo** Vorschriften umgehen; **~ć imieniny <urodziny>** den Namenstag <den Geburtstag> feiern; **to ciebie nic nie ~** das geht dich nichts an

obciąć *perf vt* abschneiden; *pot.* (*na egzaminie*) durchfallen lassen

obciążyć *perf vt* belasten; *techn. rów.* beanspruchen

obcinać *imperf vt zob.* **obciąć**; **~ wydatki** Ausgaben kürzen

obcisły *adj* eng(anliegend)

obcokrajowiec *m* Ausländer *m*, Fremde(r) *m*

obcy *adj* fremd

obecny *adj* anwesend; **być ~m na zebraniu** in der Versammlung dabeisein; **on jest ~** er ist da

obejmować *imperf vt* **~ kogoś** jmdn umarmen; (*zawierać*) enthalten, umfassen; **~ posadę** einen Posten antreten

obejrzeć *perf vt* besichtigen; *zob.* **oglądać**

obfity *adj* reichlich, üppig

obiad *m* Mittag(essen) *n*; **jeść ~** zu Mittag essen
obiecać *perf vt* versprechen
obiecywać *imperf vt zob.* **obiecać**
obieg *m* Umlauf *m*; **puszczać w ~** in Umlauf setzen; **wycofać z ~u** außer Kurs setzen
obiekt *m* Objekt *n*; (*przedmiot*) Gegenstand *m*
obiektyw *m* Objektiv *n*
obiektywny *adj* objektiv
obierać *imperf vt* schälen; **~ ziemniaki** Kartoffeln schälen
obietnica *f* Versprechen *n*
objaw *m* Anzeichen *n*; *med.* Symptom *n*; **~ choroby <zatrucia>** ein Symptom der Krankheit <der Vergiftung>
objazd *m* Rundfahrt *f*; (*artystyczny*) Tournee *f*; (*droga okrężna*) Umleitung *f*
objazdow|y *adj* Wander-; **wystawa ~a** Wanderausstellung *f*
objąć *perf vt zob.* **obejmować**
objechać *perf vt* bereisen; (*omijać*) umfahren
objeżdżać *imperf vt zob.* **objechać**
objętość *f* Umfang *m*; *fiz.* Volumen *n*
oblać *perf vt* begießen, übergießen, sprengen; *pot.* (*uczcić*) begießen; (*wkupić się*) einen guten Einstand geben; *pot.* **~ egzamin** in der Prüfung durchfallen
obliczać *imperf vt* berechnen, ausrechnen
obliczyć *perf vt zob.* **obliczać**
obligacje *pl* Wertpapiere *pl*
oblodzenie *n* Vereisung *f*; **~ drogi** Eisglätte *f*
obława *f* Razzia *f*; *łow.* Treibjagd *f*
obłąkany *adj* wahnsinnig, verrückt
obłęd *m* Wahnsinn *m*
obłok *m* Wolke *f*
obłuda *f* Heuchelei *f*
obmawiać *imperf vt* beklatschen; **~ kogoś** jmdn beklatschen; *prawn.* (*pomawiać kogoś*) böse Nachreden über jmdn verbreiten

obmówić *perf vt zob.* **obmawiać**
obmyślać *imperf vt* ersinnen, sich ausdenken; *pot.* aushecken
obmyślić *perf vt zob.* **obmyślać**
obniżać *imperf vt* heruntersetzen; **~ cenę** den Preis herabsetzen; **~ zarobki** die Löhne <die Gehälter> kürzen
obniżka *f* Herabsetzung *f*, Kürzung *f*; **~ cen** Preissenkung *f*
obniżyć *perf vt zob.* **obniżać**
obojczyk *m anat.* Schlüsselbein *n*
oboje *num* beide, alle beide; **~ rodzice** beide Eltern(teile)
obojętność *f* Gleichgültigkeit *f*, Teilnahmslosigkeit *f*, Interesselosigkeit *f*
obojętn|y *adj* gleichgültig; **to mi jest ~e** das ist mir egal
obok *praep* neben; **on stoi ~ swojej siostry** er steht neben seiner Schwester; *adv* nebenan; **stał tuż ~** er stand gleich nebenan
obowiąz|ek *m* Pflicht *f*; **spełniać swoje ~ki** seinen Pflichten nachkommen; **pełnić ~ki dyrektora** die Funktion eines Direktors ausüben <wahrnehmen>
obowiązkow|y *adj* Pflicht-; obligatorisch; **składka ~a** Pflichtbeitrag *m*; **lektura ~a** obligatorische Lektüre; (*sumienny*) pflichtbewusst
obowiązując|y *adj* geltend, gültig; (*prawomocny*) rechtskräftig; **~e przepisy** geltende Vorschriften
obowiązywać *imperf vt vi* gelten; *prawn.* in Kraft sein
obozować *imperf vi* lagern; (*w namiotach*) zelten
obozowisko *n* Lagerplatz *m*, Campingplatz *m*
obóz *m* Lager *n*; **~ dla jeńców <więźniów>** Gefangenenlager *n* <Häftlingslager *n*>; **rozbić ~** ein Lager aufschlagen

obracać *imperf vt* (um)-drehen, wenden
obrać *perf vt zob.* **obierać**
obradować *imperf vi* beraten; **~ nad czymś** über etw. beraten <verhandeln>
obraz *m* Bild *n*, Gemälde *n*
obraza *f* Beleidigung *f*
obrazek *m* ein kleines Bild; (*w książce*) Abbild *n*
obrazić *perf vt* beleidigen; **~ się** sich beleidigt fühlen
obrażeni|e *n* (*obraza*) Beleidigung *f*; **~a ciała** Körperverletzungen *pl*; **odnieść ~a** Körperverletzungen davontragen
obrączka *f* Ring *m*; **~ ślubna** Ehering *m*, Trauring *m*
obrona *f* Verteidigung *f*
obrońca *m* Verteidiger *m*; (*sądowy*) Rechtsanwalt *m*
obroża *f* Hundehalsband *n*
obrócić *perf vt zob.* **obracać**
obrót *m* Umdrehung *f*; (*handlowy*) Umsatz *m*; **przybrać dobry ~** eine gute Wende nehmen
obrus *m* Tischdecke *f*
obrzęd *m* Brauch *m*, Zeremonie *f*
obrzęk *m* (An)schwellung *f*
obrzydliwy *adj* ekelhaft, abscheulich, anwidernd
obrzydzenie *n* Ekel *m*
obsada *f* (*personel*) Personal *n*; *wojsk.* (*załoga*) Besatzung *f*; (*teatralna*) Besetzung *f*; (*oprawka*) Einfassung *f*
obserwacja *f* Beobachtung *f*
obserwator *m* Beobachter *m*
obserwować *imperf vt* beobachten, betrachten
obsłu|ga *f* Bedienung *f*; Service *m*; (*personel*) Bedienungsmannschaft *f*; **łatwy w ~dze** bedienungsfreundlich; (*poręczny*) handlich; **~ga klienta** Kundendienst *m*
obsługiwać *imperf vt* bedienen; **~ kogoś** jmdn bedienen; *lit.* jmdm aufwarten
obstalować *perf vt* bestellen
obstrukcja *f med.* Verstopfung *f*
obszar *m* Gebiet *n*

obszerny *adj* groß; (*o pomieszczeniach*) geräumig; (*o odzieży*) weit
obtarcie *n* Aufreibung *f*; (*o ciele*) Wundreibung *f*
obudowa *f techn*. Gehäuse *n*
oburącz *adv* beidhändig, mit beiden Händen
oburzać *imperf vt* empören; **~ się** sich empören, sich entrüsten; **~ się na kogoś <na coś>** sich über jmdn <wegen etw.> empören
oburzenie *n* Empörung *f*, Entrüstung *f*
obuwi|e *n* Schuhe *pl*; (*z określeniem rodzaju*) *rów*. Schuhwerk *n*; *pot*. Schuhzeug *n*; **~e męskie <damskie>** Herrenschuhe <Damenschuhe> *pl*; **~e sportowe** Sportschuhe *pl*; **naprawa ~a** Schuhreparatur *f*
obwieszczenie *n* Bekanntmachung *f*
obwodnica *f* Ringstraße *f*; (*objazd*) Umleitung *f*
obwoluta *f* Schutzumschlag *m*
obwód *m* Umfang *m*; **~ okręgu <koła>** Kreisumfang *m*; **~ wyborczy** Wahlbezirk *m*
oby *part*: **~ wyzdrowiał!** möge er wieder gesund werden!
obycie *n* Umgangsformen *pl*; (*kindersztuba*) Kinderstube *f*
obyczaj *m* Brauch *m*, Sitte *f*; **zwyczaje i ~e** Sitten und Bräuche
obydwaj *num* beide, alle beide
obywatel *m* Bürger *m*
obywatelstwo *n* Staatsangehörigkeit *f*; **przyjąć <nadać> ~ polskie** polnische Staatsangehörigkeit annehmen <verleihen>
ocaleć *perf vi* (*o ludziach*) mit dem Leben davonkommen; (*o rzeczach*) erhalten bleiben
ocalić *perf vt* (er)retten, (lebend) bergen; **~ komuś życie** jmdm das Leben retten
ocean *m* Ozean *m*, Weltmeer *n*
ocena *f* Bewertung *f*; (*wystawianie stopni*) Beno-

tung *f*, Zensierung *f*; **~ szkolna** Note *f*, Zensur *f*; (*wycena*) Schätzung *f*, Abschätzung *f*, Einschätzung *f*; **trafna ~** ein triftiges Urteil; (*wiążąca opinia*) Gutachten *n*
oceniać *imperf vt* bewerten, benoten, einschätzen, begutachten; *por.* **ocena**
ocenić *perf vt zob.* **oceniać**
ocet *m* Essig *m*
ochłod|a *f* Erfrischung *f*; **dla ~y** zur Erfrischung
ochłodzenie *n* Abkühlung *f*; **gwałtowne ~** eine rapide Abkühlung
ochłodzi|ć *perf vt* abkühlen; **~ć się** sich erfrischen; **~ło się** es wurde kühl
ochota *f* Lust *f*
ochotnik *m* Freiwillige(r) *m*; **zgłosić się na ~a** sich als Freiwilliger melden
ochraniać *imperf vt* schützen, schonen
ochrona *f* Schutz *m*; **~ przyrody** Naturschutz *m*
ochronić *perf vt zob.* **ochraniać**
ochronn|y *adj* Schutz-, Schon-; **szczepienia ~e** Schutzimpfung *f*; *łow.* **okres ~y** Schonzeit *f*
ociemnia|ły *adj* blind, sehbehindert; *m* Blinde(r) *m*, Sehbehinderte *m*; **~ła** *f* Blinde *f*, Sehbehinderte(r) *f*; **~li** Blinde(n) *pl*, Sehbehinderte(n) *pl*
ocieplenie *n* Erwärmung *f*
ocierać *imperf vt* abwischen; **~ pot z czoła** sich den Schweiß von der Stirn abwischen
ocleni|e *n* Verzollung *f*; (*opłata celna*) Zollgebühr *f*; **<nie> podlegający ~u** zollpflichtig <zollfrei>; **mieć coś do ~a** etw. zu verzollen haben
oczekiwać *imperf vi* erwarten; **~ kogoś <czegoś>** jmdn <etw.> erwarten
oczekiwani|e *n* Erwarten *n*, Erwartung *f*; **wbrew ~u** wider Erwarten
oczko *n* Masche *f*; (*lecące oczko*) Laufmasche *f*; (*oczko w rosole*) Fettauge *n*

oczyszczać *imperf vt* reinigen, säubern; **~ drogę ze śniegu** den Schnee vom Weg räumen, den Weg vom Schnee freilegen

oczyszczalnia *f* (*ścieków*) Kläranlage *f*

oczyścić *perf vt zob.* **oczyszczać**

oczywisty *adj* augenfällig, offensichtlich

oczywiście *adv* selbstverständlich, gewiss

od *praep* von; (*w odniesieniu do czasu*) ab, seit; *conj* als; **od małego** von klein auf; **od czasu do czasu** von Zeit zu Zeit; **list od mojego przyjaciela** der Brief von meinem Freund; **od dwóch dni** seit zwei Tagen; **od jutra** ab <seit> morgen; **on jest starszy od niej** er ist älter als sie; **pastylki od kaszlu** Hustentabletten *pl*

odbicie *n* Widerspiegelung *f*; **~ lustrzane** Spiegelbild *n*

odbić *perf vt* abschlagen; (*o świetle*) widerspiegeln; **~ piłkę** den Ball abschlagen

odbierać *imperf vt* (*otrzymać*) empfangen; (*pozbawiać*) wegnehmen; (*przyjść po kogoś, po coś*) abholen

odbijać *imperf vt zob.* **odbić**

odbiorca *m* Empfänger *m*; (*klient*) Kunde *m*

odbiornik *m* Radioempfänger *m*

odbiór *m* Empfang *m*, Abnahme *f*; **czysty ~** (*np. w radiu*) störungsfreier Empfang

odbitka *f* Abzug *m*, Kopie *f*

odblaskow|y *adj* Abglanz-; **światło ~e** Rückstrahler *m*, *pot.* Katzenauge *n*

odbudowa *f* Wiederaufbau *m*

odbudować *perf vt* wiederaufbauen, wiederherstellen

odbyć *perf vt* abhalten; **~ posiedzenie** eine Sitzung abhalten; **~ służbę wojskową** den Wehrdienst ableisten; **~ się** stattfinden; **koncert odbędzie się wieczorem**

das Konzert findet am Abend statt

odchodzić *imperf vi* weggehen; **~ na rentę** auf <in> Rente gehen, (*o urzędnikach państwowych*) in Pension gehen; *pot.* aufs Altenteil gehen

odchudzać się *imperf vi* Schlankheitskur machen

odciąć *perf vt* abschneiden

odcień *m* Farbton *m*, Schattierung *f*; *przen.* Nuance *f*

odcinać *imperf vt zob.* **odciąć**

odcinek *m* Abschnitt *m*; (*o drodze*) Strecke *f*

odcisk *m* Abdruck *m*; **~ palca** Fingerabdruck *m*; (*zgrubienie naskórka*) Hühnerauge *n*

odczuć *perf vt* empfinden, spüren

odczuwać *imperf vt zob.* **odczuć**

odczyt *m* Vortrag *m*, Referat *n*; **mieć ~ o czymś** einen Vortrag über etw. halten

oddać *perf vt* zurückgeben; **~ przysługę** einen Gefallen tun; **~ życie** sein Leben opfern; **~ się** sich widmen, (*rów. o kobiecie*) sich hingeben; **~ się jakiejś sprawie** sich einer Sache widmen <hingeben>

oddawać *imperf vt zob.* **oddać**

oddech *m* Atem *m*; **świeży ~** frischer Atem

oddychać *imperf vt* atmen

oddział *m* Abteilung *f*

oddziaływać *imperf vi* einwirken, beeinflussen; **~ na kogoś** auf jmdn einwirken, jmdn beeinflussen

oddzielny *adj* separat, gesondert; (*pojedynczy*) einzeln

odebrać *perf vt zob.* **odbierać**

odejmować *imperf vt* abrechnen, abnehmen; *mat.* subtrahieren, abziehen

odejmowanie *n* Abnehmen *n*; *mat.* Subtrahieren *n*

odejść *perf vi* weggehen

odesłać *perf vt* zurückschicken

odetchnąć *perf vi zob.* **oddychać**; **~ pełną piersią** aufatmen
odezwać się *perf vr* (*dać znak zycia*) von sich hören lassen; (*zabrać głos*) das Wort ergreifen; (*otworzyć usta*) den Mund aufmachen; **~ do kogoś** jmdn ansprechen <anreden>
odgadnąć *perf vt* erraten; **~ zagadkę** ein Rätsel lösen
odgałęzienie *n* Abzweigung *f*; Abgang *m*; *kol* Nebenlinie *f*
odgłos *m* Widerhall *m*, Echo *n*
odgrzać *perf vt* aufwärmen
odgrzewać *imperf vt zob.* **odgrzać**
odjazd *m* Abfahrt *f*; **~ pociągu** die Abfahrt des Zuges; (*wyjazd*) Abreise *f*
odjąć *perf vt zob.* **odejmować**
odjechać *perf vi* abfahren, abreisen; **~ do Warszawy** nach Warschau abfahren <abreisen>
odjeżdżać *imperf vi zob.* **odjechać**
odkąd *conj* seit(dem); **~ tu mieszkam** seit(dem) ich hier wohne; **~ żyję, nie słyszałem, żeby...** solange ich lebe, habe ich nicht gehört, dass...
odkładać *imperf vt* zurücklegen; (*pieniądze*) *rów.* sparen, *pot.* auf die hohe Kante legen
odkryć *perf vt* (*zdjąć pokrywę*) aufdecken; (*dokonać odkrycia*) entdecken; (*stworzyć nową teorię*) erfinden
odkrywać *imperf vt zob.* **odkryć**
odkurzacz *m* Staubsauger *m*
odkurzać *imperf vt* abstauben; (*odkurzaczem*) staubsaugen
odlatywać *imperf vi* abfliegen; (*odpadać*) abfallen; **samolot odleci za godzinę** das Flugzeug fliegt in einer Stunde ab
odlecieć *perf vi zob.* **odlatywać**
odległość *f* Entfernung *f*; **na ~** auf Distanz

odległ|y *adj* entfernt; **~e czasy** alte Zeiten
odlot *m* Abflug *m*
odłączyć *perf vt* (ab)trennen; **~ się** (*o czymś*) sich ablösen; **~ się od grupy** sich von der Gruppe trennen
odłożyć *perf vt zob.* **odkładać**
odmalować *perf vt* malen; (*ściany, meble*) streichen; (*malować kopiując*) abklatschen
odmawiać *imperf vt* absagen, verweigern; (*odradzać*) abraten; **~ modlitwę** ein Gebet sprechen
odmian|a *f* Abart *f*; (*czynność*) Veränderung *f*; (*zmiana stanu*) Verwandlung *f*; **dla ~y** zur Abwechslung; *gram.* Abwandlung *f*, Flexion *f*
odmieniać *imperf vt* (ver)ändern; *gram.* abwandeln, flektieren
odmowa *f* Absage *f*
odmówić *perf vt zob.* **odmawiać**
odmrażać *imperf vt* erfrieren; *zob.* **odmrozić**
odmrozić *perf vt* **~ sobie nogi** sich die Füße erfrieren
odmrożenie *n med.* Erfrierung *f*
odnawiać *imperf vt* erneuern, renovieren
odnieść *perf vt* zurückbringen; **~ wrażenie** den Eindruck gewinnen; **~ zwycięstwo** einen Sieg davontragen
odnoga *f* (*np. drogi*) Abzweigung *f*; **~ rzeki** Flussarm *m*; (*odnóżka*) Ableger *m*
odnosić *imperf vt zob.* **odnieść**
odnośnie *praep* bezüglich; **~ do czegoś** bezüglich einer Sache <in bezug auf etw.>
odnośnik *m* Verweis *m*, Anmerkungszeichen *n*; (*przypis*) Anmerkung *f*, (*u dołu strony*) Fußnote *f*
odnowa *f* Erneuerung *f*; **~ biologiczna** biologische Erneuerung, Fitnesstraining *n*
odnowić *perf vt zob.* **odnawiać**
odpady *spl* Abfälle *pl*; (*śmieci*) Müll *m*; **~ radio-**

aktywne radioaktiver Müll

odpis *m* Kopie *f*, Abschrift *f*; (*odliczenie*) Abschreibung *f*

odpisać *perf vi* abschreiben; **~ coś od kogoś** von jmdm etw. abschreiben; **~ na list** auf einen Brief antworten, einen Brief beantworten

odpisywać *imperf vi zob.* **odpisać**

odpłatnie *adv* gegen Entgelt, entgeltlich

odpłatność *f* Gebühr *f*; **~ częściowa** Teilgebühr *f*

odpłatny *adj* gebührenpflichtig

odpłynąć *perf vt* (*o wodzie*) abfließen; (*o statku*) ablegen; *przen.* abdampfen

odpływ *m* (*morski*) Ebbe *f*

odpływać *imperf vi zob.* **odpłynąć**

odpocząć *perf vi* sich erholen, sich ausruhen; (*w podróży*) Rast machen

odpoczynek *m* Erholung *f*; (*przerwa w pracy*) Ruhepause *f*; (*w czasie podróży*) Rast *f*

odpoczywać *imperf vi zob.* **odpocząć**

odporność *f* Widerstandsfähigkeit *f*

odporny *adj* unempfänglich, unempfindlich, immun; **~ na przeziębienie** widerstandsfähig <nicht anfällig> gegen Erkältung; **~ na wstrząsy** stoßsicher

odpowiadać *imperf vi* antworten, beantworten; **~ na coś** auf etw. antworten, etw. beantworten; **~ kryteriom** den Kriterien entsprechen; **~ na list** auf einen Brief antworten, einen Brief beantworten; **~ za coś** für etw. verantwortlich sein; **~ przed sądem** sich vor Gericht verantworten

odpowiedni *adj* entsprechend; (*nadający się*) geeignet

odpowiedzialnoś|ć *f* Verantwortung *f*; **~ć prawna <karna>** rechtliche Haftung <strafrechtliche Verantwortung>; **spółka z ograniczoną ~cią <z o.o.>** Gesellschaft mit beschränkter Haftung <GmbH>; **pociągnąć kogoś do ~ci** jmdn vor(s) Gericht laden

odpowiedzialny *adj* verantwortlich; (*wymagający odpowiedzialności*) verantwortungsvoll

odpowiedź *f* Antwort *f*; **~ na coś** die Antwort auf etw.

odprawa *f* Abfertigung *f*; **~ celna** Zollabfertigung *f*; (*odmowa*) Zurückweisung *f*; (*zebranie*) Besprechung *f*

odprężenie *n* Entspannung *f*

odprężyć się *perf* sich entspannen

odprowadzać *imperf vt* (*towarzyszyć*) begleiten; **~ na dworzec** zum Bahnhof bringen; **~ wodę** das Wasser abführen

odprowadzić *perf vt zob.* **odprowadzać**

odpukać *perf vt* abklopfen; **~ w niemalowane (drewno)!** unberufen (toi, toi, toi)!

odpust *m* (*jarmark*) Kirmes *f*

odpychający *adj* abstoßend; (*wstrętny*) widerlich

odra *f med.* Masern *spl*

odrabiać *imperf vt* (*odpracować*) abarbeiten; **~ lekcje** Schulaufgaben machen; (*nadrobić*) nachholen, nacharbeiten

odrobić *perf vt zob.* **odrabiać**

odradzać *imperf vt* abraten

odradzić *perf vt zob.* **odradzać**

od razu *adv* gleich, sofort; (*od ręki*) auf der Stelle; (*a prima vista*) auf Anhieb

odrębny *adj* getrennt, separat

odręczny *adj* (*napisany ręcznie*) handschriftlich; (*natychmiastowy*) sofortig

odrętwienie *n* Erstarrung *f*, Teilnahmslosigkeit *f*

odrobić *perf vt zob.* **odrabiać**

odrobina *f* Teilchen *n*, Stückchen *n*; (*szczypta*) Prise *f*

odrodzenie *n* Wiederbelebung *f*; *hist.* Renaissance *f*

odróżniać *imperf vt* unterscheiden, differenzieren

odróżnić *perf vt zob.* **odróżniać**

odróżnienie *n* Unterscheidung *f*, Differienzierung *f*

odruchowo *adv* instinktiv

odrzec *perf vi* erwidern

odrzucać *imperf vt* wegwerfen

odrzucić *perf vt zob.* **odrzucać**

odrzutowiec *m* Düsenflugzeug *n*, Jet *m*

odsetki *pl fin.* Zinsen *pl*; (*stopa procentowa*) Prozentsatz *m*

odsmażyć *perf vt* aufbraten

odstraszyć *perf vt* abschrecken, verscheuchen

odsunąć *perf vt* wegschieben, (zur Seite) rücken; **~ zasłonę** den Vorhang aufziehen

odsyłacz *m* Verweisungszeichen *n*; (*przypis*) Anmerkung *f*; *por.* **odnośnik**

odsyłać *imperf vt* zurückschicken; (*o źródłach informacji*) **~ do czegoś** auf etw. verweisen

odszkodowani|e *n* Entschädigung *f*, Schadenersatz *m*; **~a wojenne** Kriegsentschädigung *f*, Reparation *f*

odśnieżać *imperf vi* den Schnee räumen

odświeżać *imperft vt* erfrischen; (*odnowić*) erneuern

odświeżyć *perf vt zob.* **odświeżać**

odświętny *adj* festlich, feierlich; **~ garnitur** Festkleidung *f*; **ubrać się w ~ garnitur** die Festkleidung anziehen

odtąd *adv* seitdem, fortan

odurzając|y *adj* berauschend; (*znieczulający*) betäubend; **środki ~e** Rauschgift *n*

odurzenie *n* (*stan*) Rauschzustand *m*; **~ narkotyczne** Rauschgiftumnebelung *f*

odwag|a *f* Mut *m*; **nabrać ~i** Mut <sich ein Herz> fassen; **~a cywilna** Zivilcourage *f*

odważnie *adv* mutig; *por.* **odważny**

odważny *adj* mutig; (*dzielny, mężny*) tapfer; (*śmiały*) kühn

odważyć się *perf vr* wagen

odwdzięczyć się *perf vr* sich revanchieren, sich erkenntlich zeigen; *por.* **odwzajemniać się**

odwiedzać *imperf vt* besuchen; (*zwiedzać*) besichtigen

odwiedzić *perf vt zob.* **odwiedzać**

odwiedziny *spl* Besuch *m*

odwieść *perf vi* abbringen (**od czegoś** von etw.)

odwieźć *perf vt* fahren, bringen; **~ na dworzec** zum Bahnhof fahren <bringen>

odwilż *f* Tauwetter *n*; **jest ~** es taut

odwlec *perf vt* verzögern, aufschieben; **co się odwlecze, to nie uciecze** aufgeschoben ist nicht aufgehoben

odwlekać *imperf vt zob.* **odwlec**

odwołać *perf vt* (*ze stanowiska*) abberufen; **~ swoją wypowiedź** seine Aussage zurücknehmen; **~ się od wyroku** eine Berufung einlegen

odwoływać *imperf vt zob.* **odwołać**

odwozić *imperf vt zob.* **odwieźć**

odwracać *imperf vt* wenden; **~ kartkę** das Blatt wenden; **~ się** sich umwenden, sich umdrehen

odwrotnie *adv* umgekehrt

odwrócić *perf vt zob.* **odwracać**

odwr|ót *m* (*np. wojska*) Rückzug *m*; **na ~ocie kartki** auf der Rückseite

odwzajemniać się *imperf vr*: **~ za coś** sich für etw. revanchieren <erkenntlich zeigen>

odwzajemnić się *perf zob.* **odwzajemniać się**

odziedziczyć *perf vt* erben, ein Erbe antreten

odzież *f sing* Kleidung *f*; **~ ochronna** Schutzkleidung *f*

odznaczać się *imperf* (*wyróżniać się*) sich auszeichnen; (*być widocznym*) sich abzeichnen; **~ odwagą** sich durch Mut auszeichnen <hervortun>

odznaczyć *perf vt* auszeichnen; **~ kogoś orderem** jmdm einen Orden verleihen, jmdn mit einem Orden auszeichnen; **~ się czymś** sich durch etw. auszeichnen

odznaka *f* Abzeichen *n*

odzwyczajać *imperf vt* abgewöhnen (**kogoś od czegoś** jmdm etw.); **~ się od czegoś** sich etw. abgewöhnen; **~ się od palenia** sich das Rauchen abgewöhnen

odzyskać *perf vt* zurückgewinnen; *med.* **~ przytomność** wieder zur Besinnung < zu sich> kommen

odzywać się *imperf vr* sagen; **nie ~ ani słowem** kein einziges Wort sagen; *zob. rów.* **odezwać się**

odżywianie *n* Ernährung *f*

odżywka *f* Stärkungsmittel *n*, Nährpäparat *n*

ofensywa *f wojsk.* Offensive *f*; (*atak*) Angriff *m*

oferować *imperf vt* anbieten

oferta *f* Angebot *n*

ofiar|a *f* Opfer *n*; (*datek, podarunek*) Spende *f*; **paść ~ą** zum Opfer fallen

ofiarodawca *m* Spender *m*

ofiarować *imperf vt* spenden

oficer *m* Offizier *m*

oficjalny *adj* offiziell

ogień *m* Feuer *n*; **sztuczne ognie** Feuerwerk *n*

oglądać *imperf vt* betrachten, besichtigen; **~ się** sich umsehen; *pot.* sich umschauen

ogłaszać *imperf vt* bekanntgeben, bekanntmachen; **~ się** (*w gazecie*) ein Inserat aufgeben, inserieren

ogłosić *perf vt zob.* **ogłaszać**; **~ stan wyjątkowy** den Ausnahmezustand verhängen

ogłoszenie *n* Inserat *n*, Anzeige *f*; **dać ~** ein Inserat <eine Anzeige> aufgeben

ognisko *n* Feuer *n*; (*obozowe*) Lagerfeuer *n*

ogniwo *n* Glied *n*; *fiz.* **~ galwaniczne** Voltaelement *n*
ogolić *perf vt* rasieren; **~ się** sich rasieren
ogon *m* Schwanz *m*
ogon|ek *m* Schwänzchen *n*; **stać w ~ku po coś** nach etw. anstehen <Schlange stehen>
ogólny *adj* allgemein
ogórek *m* Gurke *f*
ograniczać *imperf vt* begrenzen, beschränken
ograniczenie *n* Beschränkung *f*, Begrenzung *f*
ogrodnik *m* Gärtner *m*
ogrodzenie *n* Umfriedung *f*; (*płot*) Zaun *m*
ogromny *adj* riesig
ogród *m* Garten *m*; **~ warzywny** Gemüsegarten *m*; **~ botaniczny** botanischer Garten; **~ zoologiczny** Zoo *m*
ogryzek *m* Kerngehäuse *n*; *pot.* Grutzen *m*, Griebs *m*
ogrzewanie *n* Heizung *f*; **centralne ~** Zentralheizung *f*
ogumienie *n* Bereifung *f*
ojciec *m* Vater *m*; **~ chrzestny** (Tauf)pate *m*
ojczym *m* Stiefvater *m*
ojczyzna *f* Heimat *f*, Vaterland *n*
okap *m* Vordach *n*, Wetterdach *n*; **~ kuchenny** Rauchfang *m*
okaz *m* Exemplar *n*; **wspaniały ~** Schaustück *n*
okazywać *perf vt* vorzeigen; **~ legitymację** den Ausweis vorzeigen; **~ szacunek** die Ehre erweisen
okaziciel *m* Inhaber *m*; **płatne na ~a** zahlbar an den Inhaber
okazja *f* Gelegenheit *f*; (*powód*) Anlass *m*
okiennica *f* Fensterladen *m*
oklaski *spl* Beifall *m*
okład *m* Umschlag *m*
okładka *f* (Schutz)umschlag *m*
okno *n* Fenster *n*; **~ wystawowe** Schaufenster *n*, Auslage *f*
oko *n* Auge *n*; (*na rosole*) Fettauge *n*; *przen.* **mieć coś na oku** etw. ins Auge fassen; **nie tracić czegoś z oczu** etw. nicht aus den Augen verlieren

okolica *f* Umgebung *f*, Gegend *f*
okolicznoś|ć *f* Umstand *m*; **zbieg ~ci** ein Zufall; **w tych ~ciach** unter diesen Umständen
około *praep* ungefähr, zirka (*skrót.* ca.)
okradać *imperf vt* bestehlen
okraść *perf vt zob.* **okradać**; **~ kogoś z czegoś** jmdm um etw. bestehlen
okrągły *adj* rund
okrążać *imperf vt* umkreisen
okrążyć *perf vt zob.* **okrążać**
okres *m* Periode *f*; (*miesiączka*) Regel *f*, Periode *f*; **~ próbny** Probezeit *f*
określać *imperf vt* bezeichnen; (*ustalać*) bestimmen
określić *perf vt zob.* **określać**
określony *adj* bestimmt
okręg *m* Bezirk *m*; **~ wyborczy** Wahlbezirk *m*
okręt *m* Schiff *n*; **~ wojenny** Kriegsschiff *n*
okrężn|y *adj* (*nie wprost*) indirekt; **ruch ~y** Umleitung *f*, Umweg *m*; **iść ~ą drogą** einen Bogen <einen Umweg> machen
okropny *adj* schrecklich, furchtbar
okrutny *adj* grausam
okrzyk *m* Ausruf *m*; **~ radości** Freudenruf *m*, Freudenschrei *m*, der Ausruf der Freude
okulary *spl* Brille *f*
okulista *m* Augenarzt *m*
okup *m* Lösegeld *n*
okupacja *f* Besatzung *f*, Okkupation *f*
olbrzym *m* Riese *m*
olej *m* Öl *n*; *mot.* **~ napędowy** Dieselöl *n*
olejn|y *adj* Öl-; **farba ~a** Ölfarbe *f*
olimpiada *f* Olympiade *f*, Olympische Spiele *pl*
oliwa *f* Speiseöl *n*; (*z oliwek*) Olivenöl *n*
oliwić *imperf vt* ölen
oliwka *f* (*kosmetyczna*) Pflegeöl *n*
ołów *m* Blei *n*
ołówek *m* Bleistift *m*
ołtarz *m* Altar *m*
omal *adv* beinahe, fast; **~ nie upadłem <upadłam>** ich wäre beinahe gefallen

omdlenie *n* Ohnmacht *f*
omen *m* Vorzeichen *n*, Omen *n*; **zły <dobry> ~** ein schlechtes <gutes> Vorzeichen
omijać *imperf vt* (*pojazdem*) umfahren; (*pieszo*) umgehen; **to mnie ominęło** das wurde mir nicht zuteil
ominąć *perf vt zob.* **omijać**
omlet *m* Omelette *f*
omylić się *perf vr* sich irren
omyłk|a *f* (*błąd*) Fehler *m*; **przez ~ę** aus Versehen
on *pron* er
ona *pron* sie
ondulacja *f* Ondulation *f*; **trwała ~** Dauerwelle *f*
one *pron* sie
oni *pron* sie
onkolog *m* Onkologe *m*
ono *pron* es
opad *m med.*: **~ krwi** Blutsenkung *f*; **~y atmosferyczne** Niederschläge *pl*
opadać *imperf vi* (*obniżać się*) sinken, sich senken; (*o liściach, owocach*) abfallen; (*o emocjach*) sich legen
opakowanie *n* Verpackung *f*; **jedno ~ pralinek** eine Packung Pralinen
opalać *imperf vt* (*o ogrzewaniu*) heizen; **~ się** sich sonnen
opalenizna *f* Bräunung *f*; (*oparzenie w wyniku opalania*) Sonnenbrand *m*
opał *m* Heizmaterial *n*, Heizstoff *m*
opanowa|ć *perf vt* beherrschen; (*pokonać*) überwinden; **~ć strach** die Angst überwinden <bewältigen>; **on ~ł język niemiecki** er beherrscht die deutsche Sprache
oparzenie *n* Verbrennung *f*, Brandwunde *f*
oparzyć *perf vt* verbrennen; **~ się** sich verbrennen
opaska *f* Band *n*
opatrunek *m* Verband *m*
opatrzyć *perf vt*: **~ ranę** die Wunde verbinden
opatrywać *imperf vt zob.* **opatrzyć**
opera *f* Oper *f*
operacj|a *f* Operation *f*; **poddać się ~i** sich einer

Operation unterziehen, sich operieren lassen

opieka *f* Betreuung *f*; **~ społeczna** Sozialfürsorge *f*

opiekacz *m* Röster *m*, Toaster *m*

opiekować się *imperf vr* betreuen (**kimś** jmdn)

opiekun *m* Betreuer *m*

opiekunka *f* Betreuerin *f*

opierać[1] *imperf vt* (*prać*) waschen

opierać[2] *imperf vt* stützen; **~ (się) na czymś** (sich) auf etw. stützen; **~ się o coś** sich an etw. anlehnen

opinia *f* Meinung *f*; **~ publiczna** die öffentliche Meinung; **~ światowa** Weltöffentlichkeit *f*

opis *m* Beschreibung *f*; (*przedstawienie*) Schilderung *f*

opisać *perf vt* beschreiben

opłacać *imperf vt* bezahlen

opłacić *perf vt zob.* **opłacać**

opłata *f* Bezahlung *f*; (*należność*) Gebühr *f*

opłat|ek *m* Oblate *f*; **dzielić się ~kiem** die Oblate teilen

opodatkowanie *n* Versteuerung *f*

opon|a *f* Reifen *m*; *med.* **~y mózgowe** Hirnhaut *f*

opowiadać *imperf vt* erzählen; **~ się za czymś** für etw. sein

opowiadanie *n* Erzählung *f*

opowiedzieć *perf vt zob.* **opowiadać**

opozycja *f* Opposition *f*

opór *m* Widerstand *m*; **stawiać ~** Widerstand leisten; **ruch oporu** Widerstandsbewegung *f*

opóźnienie *n* Verspätung *f*; (*w rozwoju*) Rückstand *m*

opracować *perf vt* bearbeiten; (*przygotować*) *rów.* aufbereiten

oprawa *f* (*entourage*) Umrahmung *f*; (*rama*) Rahmen *m*; **~ okularów** Brillenfassung *f*, Brillengestell *n*; **~ książki** Einband *m*

oprocentowanie *n* Verzinsung *f*; (*stopa procentowa*) Zinsfuß *m*, Zinssatz *m*

oprogramowanie *n* Programmierung *f*; *inform.* Software *f*

oprowadzać *imperf vt* herumführen

oprowadzić *perf vt zob.* **oprowadzać**

oprócz *praep* außer; **~ tego** außerdem

opryszczka *f med.* Herpes *m*; *pot.* Ausschlag *m*

oprzeć *perf vt zob.* **opierać**

optyk *m* Optiker *m*

optymista *m* Optimist *m*

opublikować *perf vt* veröffentlichen

opuchlizna *f* Schwellung *f*; (*lekka*) Anschwellung *f*

opuszczać *imperf vt* verlassen; (*przeoczyć*) übersehen, übergehen; **~ lekcje** den Unterricht versäumen <*pot.* schwänzen>; **~ cenę** den Preis senken <herabsetzen>

orać *imperf vt* pflügen

oranżada *f* Limonade *f*

orbita *f astr.* Umlaufbahn *f*, Orbit *m*

order *m* Orden *m*

ordynacja *f*: **~ wyborcza** Wahlordnung *f*

ordynarny *adj* vulgär, derb

orędzie *n* Botschaft *f*

organ *m* Organ *n*; *anat.* **~ mowy** Sprechorgan *n*; **~ władzy** Machtorgan *n*

organizacja *f* Organisation *f*

organizm *m* Organismus *m*

organizować *imperf vt* veranstalten, organisieren

organki *spl* Mundharmonika *f*

organy *spl* Orgel *f*

orientacja *f* Orientierung *f*

orientować się *imperf vr* Bescheid wissen; **~ w czymś** sich in etw. zurechtfinden, (*znać się na czymś*) sich auf etw. verstehen

orkiestra *f* Orchester *n*

orli *adj* Adler-; **~ nos** Adlernase *f*

Ormianin *m* Armenier *m*

Ormianka *f* Armenierin *f*

ormiański *adj* armenisch; **język ~** das Armenische

ornament *m* Ornament *n*, Verzierung *f*

orszak *m* Geleit *n*, Zug *m*; **~ weselny** Hochzeitszug *m*

ortografia *f* Rechtschreibung *f*
oryginalny *adj* original; (*specyficzny*) originell
orzech *m* Nuss *f*; **~ laskowy** Haselnuss *f*; **~ włoski** Walnuss *f*; **~ kokosowy** Kokosnuss *f*
orzeczenie *n* Entscheidung *f*; *gram.* Prädikat *n*; **~ sądowe** Gerichtsentscheid *m*, Gerichtsurteil *n*
orzeł *m* Adler *m*
orzeźwiający *adj* Erfrischungs-; **~ napój** Erfrischungsgetränk *n*
osa *f* Wespe *f*
osad *m* (*na dnie*) Bodensatz *m*; *geol.* Sediment *n*
osada *f* Siedlung *f*; *pot.* Flecken *m*
oset *m* Distel *f*
osiadać *imperf vi* (*na dnie*) sich absetzen; (*zapadać się*) sich senken
osiągać *imperf vt* erzielen, erreichen
osiągnąć *perf vt zob.* **osiągać**
osiąść *perf vi zob.* **osiadać**; **~ na mieliźnie** stranden
osiedlać *imperf vt* ansiedeln; **~ się** sich ansiedeln, sich niederlassen
osiedle *n* Siedlung *f*
osiedlić *perf vt zob.* **osiedlać**
osiem *num* acht
osiemdziesiąt *num* achtzig
osiemnasty *num* der achtzehnte
osiemnaście *num* achtzehn
osiemset *num* achthundert
osioł *m* Esel *m*
osiwieć *perf vi* grau werden, ergrauen
oskarżać *imperf vt* beschuldigen, bezichtigen; *praw.* anklagen; (**o kradzież** des Diebstahls)
oskarżenie *n* Beschuldigung *f*; *prawn.* Anklage *f*
oskarżony *m* Angeklagte *m*; **ława ~ch** Anklagebank *f*
oskarżyć *imperf vt zob.* **oskarżać**
osłabiać *imperf vt* (ab)schwächen
osłabić *perf vt zob.* **osłabiać**

osłabienie *n* Schwächung *f*; **~ wzroku** Sehschwäche *f*

osłodzić *perf vt* süßen; **~ herbatę <kawę>** den Tee <den Kaffee> süßen

osłona *f* Schutz *m*; **~ przed słońcem** Sonnenschutz *m*

osoba *f* Person *f*; **~ prawna** Rechtsperson *f*

osobistoś|ć *f* Persönlichkeit *f*; **ważne ~ci** Prominenz *f*

osobisty *adj* persönlich

osobno *adv* gesondert, getrennt

osobowość *f* Persönlichkeit *f*; **~ prawna** Rechtsfähigkeit *f*

osobowy *adj* Personen-; **pociąg ~** Personenzug *m*

ospa *f med.* Pocken *spl*, Blattern *spl*; **~ wietrzna** Windpocken *spl*

osprzęt *m* Zubehör *n*

ostateczny *adj* endgültig; **Sąd Ostateczny** das Jüngste Gericht

ostatni *adj* letzt...; **~ krzyk mody** der letzte Schrei (der Mode)

ostatnio *adv* letztens, neulich

ostrożny *adj* (*przezorny*) vorsichtig; (*uważny*) aufmerksam

ostry *adj* scharf

ostryga *f* Auster *f*

ostrze *n* Schneide *f*

ostrzec *perf vt* warnen; (**przed czymś** vor etw.)

ostrzegać *imperf vt zob.* **ostrzec**

ostrzegawczy *adj* Warn-; **sygnał ~** Warnsignal *n*

ostrzeżenie *f* Warnung *f*

ostrzyc *perf vt* scheren; **~ włosy** die Haare schneiden; **~ się u fryzjera** sich die Haare schneiden lassen

oswajać *imperf vt* (*o zwierzętach*) zähmen; **~ się** (*o zwierzętach*) zahm werden; **~ się z czymś** mit etw. vertraut werden

oswoić *perf vt zob.* **oswajać**

oszaleć *perf vi* verrückt werden; **~ z bólu** vor Schmerz rasend werden

oszczep *m* Speer *m*; (*konkurencja sportowa*) Speerwerfen *n*

oszczerstwo *n* Verleumdung *f*
oszczędnoś|ć *f* Sparsamkeit *f*; **kasa ~ci** Sparkasse *f*
oszczędny *adj* sparsam
oszczędzać *imperf vt* sparen; **~ się** sich schonen
oszukać *perf vt* betrügen; (*chytrze podejść*) hintergehen, irreführen
oszukiwać *imperf vi* betrügen; (*np. w kartach*) schummeln, mogeln; *imperf vt zob.* **oszukać**
oszust *m* Betrüger *m*, Schwindler *m*
oszustwo *n* Betrug *m*, Schwindel *m*
oś *f* Achse *f*; **oś Ziemi** Erdachse *f*; **oś współrzędnych** Koordinatenachse *f*; **oś odciętych <rzędnych>** Abszissenachse *f* <Ordinatenachse *f*>
oślepiać *imperf vt* blenden
ośmielać się *imperf* sich trauen
ośrodek *m* Zentrum *n*; **~ TV** TV-Sender *m*
oświadczać *imperf vi* erklären; **~ się komuś** sich jmdm erklären, jmdm eine Liebeserklärung machen
oświadczenie *n* Erklärung *f*; (*rządowe, urzędowe*) *rów.* Kommuniqué *n*
oświadczyć *perf vi zob.* **oświadczać**
oświata *f* Bildung *f*; (*dziedzina*) Bildungswesen *n*
oświecenie *n rów. hist.* Aufklärung *f*
oświetlenie *n* Beleuchtung *f*
otaczać *imperf vt* umgeben; (*obstawiać*) umstellen; **~ się czymś** sich mit etw. umgeben
otoczenie *n* (*okolica*) Umgebung *f*; (*środowisko ludzi*) Milieu *n*
otoczyć *perf vt zob.* **otaczać**
otruć *perf vt* vergiften
otrzeć *perf vt zob.* **ocierać**
otrzeźwić *perf vt* ernüchtern
otrzeźwieć *perf vi* nüchtern werden; (*odzyskać świadomość*) zum Bewusstsein <zur Besinnung> kommen

otrzymać *perf vt* bekommen, erhalten

otuch|a *f* Mut *m*; (*ufność*) Zuversicht *f*; **dodawać komuś ~y** jmdm Mut zusprechen; **nabierać ~y** Mut fassen, sich ein Herz fassen

otwarci|e *n* (*czynność i stan*) Öffnung *f*; (*czynność*) *rów*. Öffnen *n*, Aufmachen *n*; **~e wystawy** die Eröffnung der Ausstellung; **godziny ~a** Öffnungszeiten *pl*

otwarty *adj* offen, geöffnet; *pot.* auf; (*o wystawach, imprezach*) eröffnet

otwierać *imperf vt* öffnen, aufmachen; **~ butelkę <puszkę>** eine Flasche <Büchse> öffnen <aufmachen>; **~ wystawę <imprezę>** eine Ausstellung <eine Veranstaltung> eröffnen

otworzyć *perf vt zob.* **otwierać**

otwór *m* Öffnung *f*

owacj|a *f* Jubel *m*, Ovation *f*; **zgotować komuś ~ę** jmdn bejubeln

owad *m* Insekt *n*

owca *f* Schaf *n*

owdowieć *perf vi* verwitwen

owies *m* Hafer *m*

owoc *m* Frucht *f*; **~e** Obst *n*

owsianka *f* Haferbrei *m*

ozdabiać *imperf vt* schmücken, verzieren

ozdoba *f* Schmuck *m*, Zierat *m*, Zierde *f*

ozdobić *perf vt zob.* **ozdabiać**

ozim|y *adj* Winter-; **zboże ~e** Wintergetreide *n*

oznaczać *imperf vt* bezeichnen; (*znaczyć*) bedeuten

oznaczyć *perf vt zob.* **oznaczać**

oznajmiać *imperf vi* erklären, mitteilen; (*powiedzieć*) sagen; *lit.* bekanntgeben

oznajmić *perf vi zob.* **oznajmiać**

oznajmienie *n* Erklärung *f*, Mitteilung *f*

oznaka *f* Anzeichen *n*, Vorzeichen *n*; **~ choroby** ein Vorzeichen <Symptom> der Krankheit

ozon *m* Ozon *m*
ozór *m* Zunge *f*
ożenić się *perf vr* heiraten; **~ z kimś** jmdn heiraten
ożywienie *n* Belebung *f*, Aufschwung *m*

Ó

ósm|y *num* der achte; **jest godzina ~a** es ist acht Uhr
ówczesny *adj* damalig
ówcześnie *adv* damals

P

pach|a *f* Achselhöhle *f*; **pod ~ą** unter dem Arm
pachnący *adj* duftend, wohlriechend
pachnieć *imperf vi* duften
pachwina *f anat.* Leistenbeuge *f*
pacierz *m* Vaterunser *n*; **zmówić ~** das Vaterunser beten <sprechen>
pacjent *m* Patient *m*
pacyfista *m* Pazifist *m*
paczka *f* (*przesyłka*) Päckchen *n*, Paket *n*; *pot.* (*towarzystwo*) Gesellschaft *f*; **~ papierosów** eine Schachtel Zigaretten
padaczka *f med.* Fallsucht *f*, Epilepsie *f*
pada|ć *imperf vi* fallen; **~ deszcz <śnieg>** es regnet <schneit>; **~ć ofiarą** zum Opfer fallen
pagórek *m* Hügel *m*
pająk *m* Spinne *f*
pakować *imperf vt* (ein)packen; **~ się** (seine Siebensachen) packen
palacz *m* Heizer *m*; (*palący papierosy*) Raucher *m*
palarnia *f* Raucherecke *f*
palący *m* Raucher *m*; **dla ~ch** für Raucher
palec *m* Finger *m*; (*nogi*) Zehe *f*
palić *imperf vt vi* (ver)brennen; **~ papierosy** rauchen

paliwo *n* Brennstoff *m*; **~ jądrowe** Kernbrennstoff *m*
palma *f* Palme *f*
palnik *m* Brenner *m*
palto *n* Mantel *m*
pałac *m* Palast *m*, Palais *n*
pałka *f* Knüppel *m*; **~ gumowa** Gummiknüppel *m*
pamiątka *f* Andenken *n*, Souvenir *n*
pamięć *f* Gedächtnis *n*; *inform.* Speicher *m*
pamięta|ć *imperf vi*: **~ć coś** etw. im Gedächtnis behalten, (*znać na pamięć*) etw. auswendig können; (*myśleć*) **~ć o kimś <o czymś>** an jmdn <an etw.> denken; **nie ~m tego** ich kann mich daran nicht erinnern
pamiętnik *m* Stammbuch *n*; (*dziennik*) Tagebuch *n*
pan *m* Herr *m*; (*właściciel psa*) Herrchen *n*; **~ Kowalski** Herr Kowalski; **~ młody** Bräutigam *m*; **proszę ~a!** Herr (+ *nazwisko*)!
pani *f* Frau *f*; (*właścicielka psa*) Frauchen *n*; **~ Kowalska** Frau Kowalski; **proszę ~!** Frau (+ *nazwisko*)!
panienka *f* Fräulein *n*; (*podlotek*) Backfisch *m*
panierować *imperf vt* panieren
panika *f* Panik *f*
panna *f* Fräulein *n*; (*stan cywilny*) ledig; **stara ~** alte Jungfer *f*; **~ młoda** Braut *f*
panorama *f* Panorama *n*
panować *imperf vi* herrschen; (*ogarniać*) beherrschen
pantera *f* Panther *m*
papryka *f* Paprika *m*
papuga *f* Papagei *m*
para[1] *f* (*wodna*) Dampf *m*
para[2] Paar *f* (*np. butów*); **~ małżeńska** Ehepaar *n*
parafia *f* Pfarrgemeinde *f*
paraliż *m* Lähmung *f*
parametr *m tech.* Parameter *m*
parapet *m* Fensterbrett *n*
parasol *m* Regenschirm *m*
parawan *m* Wandschirm *m*, Stellwand *f*
park *m* Park *m*; **~ narodowy** Nationalpark *m*

parkiet *m* Parkett *n*
parkować *imperf vt, vi* parken
parkowanie *n* Parken *n*; **~ zabronione** Parken (ist) verboten
parlament *m* Parlament *n*; (*w Polsce*) der Sejm
parmezan *m* Parmesan(käse) *m*
parn|y *adj* schwül; **jest ~o** es ist schwül
parodia *f* Parodie *f*
parówka *f* Bockwurst *f*
parter *m* Erdgeschoss *n*
partia *f* (*polityczna*) Partei *f*; (*np. szachów*) Partie *f*
partner *m* Partner *m*; **~ życiowy** Ehepartner *m*
partnerstwo *n* Partnerschaft *f*
parzyst|y *adj* paarig; **liczby ~e** gerade Zahlen
pas *m* Gürtel *m*; **zapiąć ~** (*w samochodzie*) sich anschnallen; **~ startowy** Startbahn *f*
pasaż *m* Fußgängerzone *f*
pasażer *m* Passagier *m*; Fahrgast *m*; **~ na gapę** Schwarzfahrer *m*; (*ukryty*) blinder Passagier
pasażerski *adj* Passagier-; **statek ~** Passagierschiff *n*
pasek *m* (*np. do spodni*) Gürtel *m*; (*kreska*) Strich *m*; (*opaska na rękę*) Armband *n*
paser *m* Hehler *m*
pasierb *m* Stiefsohn *m*
pasierbica *f* Stieftochter *f*
pasj|a *f* Leidenschaft *f*; **wpadać w ~ę** in Wut geraten
pasować *imperf vi* passen, passend sein; (*w kartach*) passen
pasta *f* Paste *f*; **~ do zębów** Zahnpaste *f*; **~ pomidorowa** Tomatenmark *n*
pastor *m* Pastor *m*
pastorałka *f rel.* Weihnachtslied *n*
pastwisko *n* Weide *f*; (*łąka*) Wiese *f*
pastylka *f* Pastille *f*; (*tabletka*) Pille *f*, Tablette *f*
pasza *f* Futter *n*
paszport *m* (Reise)pass *m*
pasztet *m* Pastete *f*
paść[1] *imperf vi zob.* **padać**
paść[2] *imperf vt* füttern; (*na łące*) weiden
patelnia *f* Stielpfanne *f*

patent *m* Patent *n*
patriota *m* Patriot *m*
patriotyzm *m* Patriotismus *m*
patrol *m* (Polizei)streife *f*
patronat *m* Schirmherrschaft *f*
patrzeć *imperf vi* schauen, blicken (**na kogoś** auf jmdn); **~ przez okno** zum Fenster hinausschauen, aus dem Fenster schauen
patyk *m* Hölzchen *n*
pauza *f* Pause *f*
paw *m* Pfau *m*
pawilon *m* Pavillon *m*; **~ handlowy** Kaufhalle *f*
paznokieć *m* Fingernagel *m*
pazur *m* Kralle *f*
październik *m* Oktober *m*
pączek *m* (*ciastko*) Pfannkuchen *m*, Krapfen *m*; (*na drzewie*) Knospe *f*
pchać *imperf vt* schieben; (*o drzwiach*) drücken
pchła *f* Floh *m*
pchnąć *perf vt zob.* **pchać**
pech *m* Pech *n*
pechowiec Pechvogel *m*
pedał *m* Pedal *n*; (*pot. homoseksualista*) Schwule *m*
pediatra *m* Kinderarzt *m*
pejzaż *m* Landschaft *f*
pełnić *imperf vt*: **~ obowiązki** (*zastępować kogoś*) jmds Stellvertreter sein; **~ swoje obowiązki** seinen Pflichten nachkommen; **~ funkcję** eine Funktion wahrnehmen; **~ urząd** *rów.* eine Dienststelle innehaben
pełno *adv* viel; **~ ludzi** überall Leute
pełnoletni *adj* volljährig, mündig *m*
pełnoletność *f* Volljährigkeit *f*
pełnomocnictwo *n* Vollmacht *f*
pełnomocnik *m* Bevollmächtigte *m*
pełnoprawny *adj prawn.* rechtsfähig; (*uprawniony*) vollberechtigt
pełnowartościowy *adj* vollwertig
pełn|y *adj* voll; **sala jest ~a** der Saal ist voll; **na ~ym morzu** auf hoher See
penicylina *f* Penizillin *n*
penis *m anat.* das männliche Glied, Penis *m*
pensja *f* Gehalt *n*

pensjonat *m* Pension *f*
perfumeria *f* Parfümerie *f*
perfumy *spl* Parfüm *n*
perkusja *f* Schlagzeug *n*
perła *f* Perle *f*
peron *m* Bahnsteig *m*
Pers *m* Perser *m*
perski *adj* persisch
personel *m* Personal *n*, Belegschaft *f*; (*załoga np. samolotu*) Besatzung *f*
perspektyw|a *f* Perspektive *f*, Aussicht *f*; **dobre ~y** gute Perspektiven <Aussichten>
perswadować *imperf vi* persuadieren, überreden (**komuś coś** jmdn zu etw.); zureden (**komuś coś** jmdm dass)
pertraktacje *pl* Verhandlungen *pl*
peruka *f* Perücke *f*
peryferie *spl rów. przen.* Peripherie *f*, Randzone *f*
perypetie *spl* Abenteuer *n*
pestka *f* Kern *m*; (*jedna w owocu*) Stein *m*
pesymistyczny *adj* pessimistisch
pewien *adj* ein; (*niejaki*) gewiss; **~ nauczyciel** ein Lehrer; **mam pewną satysfakcję** ich habe eine gewisse Genugtuung; *zob.* **pewny**
pewno *adv* wahrscheinlich; **~ się spóźni** wahrscheinlich kommt er später
pewność *f* Sicherheit *f*; **mam ~** ich bin überzeugt <sicher>
pewny *adj* sicher; **~ siebie** selbstsicher
pęcherz *m* Blase *f*
pęczek *m* Bund *n*; (*zawiniątko*) Bündel *n*; **~ rzodkiewek** ein Bund Radieschen
pędzel *m* Pinsel *m*; **~ek do golenia** Rasierpinsel *m*
pędzić *imperf vt* (*poganiać*) treiben, vorantreiben; (*biec*) rennen
pęk *m* Bündel *n*, Bund *n* (*por.* **pęczek**); **~ kluczy** Schlüsselbund *n*
pękać *imperf vi* platzen; (*z hukiem*) zerknallen; **~ ze śmiechu** vor Lachen bersten <platzen>
pępek *m* Nabel *m*
pętelka *f* Schlinge *f*
piach *m* Sand *m*
piana *f* Schaum *m*

pianino *n* Klavier *n*
pianista *m* Pianist *m*
piaskownica *f* Sandkasten *m*
piątek *m* Freitag *m*; **Wielki Piątek** Karfreitag *m*
piąt|y *num* der fünfte; **jest godzina ~a** es ist fünf Uhr
pici|e *n* (*czynność*) Trinken *n*; (*napój*) Getränk *n*; **woda do ~a** Trinkwasser *n*
pić *imperf vt* trinken; **chce mi się ~** ich bin durstig, ich habe Durst
piec[1] *imperf vt* backen; **~ się** backen;
piec[2] *m* Ofen *m*
piechota *f* Infanterie *f*, *pot.* Fußvolk *n*
pieczarka *f* Champignon *m*
pieczeń *f* Braten *m*; **~ wołowa** Rinderbraten *m*; **~ cielęca** Kalbsbraten *m*; **~ wieprzowa** Schweinebraten *m*
pieczywo *n sing* Backwaren *pl*; (*chleb*) Brot *n*
piegi *pl* Sommersprossen *pl*
piegowaty *adj* sommersprossig
piekarnia *f* Bäckerei *f*
piekarnik *m* Backröhre *f*, Backofen *m*
piekło *n* Hölle *f*
pielęgnacja *f sing* Pflege *f*
pielęgniarka *f* Krankenschwester *f*
pielęgnować *imperf vt* pflegen; **~ ogród** den Garten pflegen; **~ chorego** den Kranken pflegen <betreuen>
pielgrzymka *f* Wallfahrt *f*
pielucha *f* Windel *f*
pieniądze *pl* Geld *n*; **drobne ~** Kleingeld *n*; **rozmienić ~** Geld wechseln
pieprz *m* Pfeffer *m*
piernik *m* Lebkuchen *m*, Pfefferkuchen *m*
piero|gi *pl* Teigtaschen *pl*; Piroggen *pl*; **~żki** (*uszka*) Maultaschen *pl*
pier|ś *f* Brust *f*; *poet. rów.* Busen *m*; **~ś z kury** Hähnchenbrust *f*; **~si kobiece** Brüste *pl*; (*emocjonalnie*) Busen *m*
pierścionek *m* Ring *m*
pierwotny *adj* ursprünglich
pierwowzór *m* Urbild *n*, Prototyp *m*

pierwszeństwo *n* Vorrecht *n*
pierwszorzędny *adj* vorrangig
pierwsz|y *num* der erste; **~ego stycznia** am ersten Januar; **~a pomoc** Erste Hilfe; **~y lepszy** der erste beste, der erstbeste; **jest godzina ~a** es ist ein Uhr; **po ~e** erstens
pierze *n sing* Federn *pl*; (*upierzenie*) Gefieder *n*
pies *m* Hund *m*
pieszczota *f* Schmusen *n*; *lit.* Liebkosung *f*
pieszo *adv* zu Fuß
pieszy *m* Fußgänger *m*; **przejście dla ~ch** Fußgängerübergang *m*; **wydzielony teren dla ~ch** Fußgängerzone *f*
pieścić *imperf vt* schmusen, *lit.* liebkosen; (*rozpieszczać*) verwöhnen
pieśniarz *m* Sänger *m*
pieśń *f* Lied *n*, Gesang *m*
pietruszka *f* Petersilie *f*
pięć *num* fünf
pięćdziesiąt *num* fünfzig
pięćdziesiąty *num* der fünfzigste
pięćset *num* fünfhundert
piękno *n* Schönheit *f*
piękn|y *adj* schön; **literatura ~a** die schöngeistige <belletristische> Literatur; **jest ~ a pogoda** es ist ein schönes Wetter, es ist heiter
pięściarz *m* Boxer *m*
pięść *f* Faust *f*
pięta *f* Ferse *f*; **~ achillesowa** Achillesferse *f*
piętnasty *num* der fünfzehnte
piętnaście *num* fünfzehn
piętro *n* Stockwerk *n*
pigułka *f* Pille *f*, Tablette *f*
pijak *m* Trinker *m*, Säufer *m*
pijany *adj* betrunken; *przen.* trunken
pik *m* (*w kartach*) Pik *n*
pikantny *adj* scharf; pikant
pilnik *m* Feile *f*
pilnować *imperf vt* bewachen; **~ się** auf der Hut sein
pilny *adj* (*o uczniu*) fleißig; (*nie cierpiący zwłoki*) dringend
pilot *m* Pilot *m*; (*przewod-*

nik) Führer *m*; (*w portach, na rajdach*) Lotse *m*
piła *f* Säge *f*
piłka *f* Ball *m*; **~ nożna** Fußball *m*; (*do cięcia*) (Laub)säge *f*
piłkarz *m* Fußballspieler *m*
pinezka *f* Reißzwecke *f*
ping-pong *m sing* Tischtennis *n*
pionek *m* (*w szachach*) Bauer *m*; (*w warcabach*) Stein *m*
pionier *m* Bahnbrecher *m*, Pionier *m*
pionowy *adj* senkrecht, vertikal
piorun *m* Blitz *m*; **uderzenie ~a** Blitzschlag *m*; **rażony ~em** vom Blitz getroffen
piorunochron *m* Blitzableiter *m*
piosenka *f* Lied *n*; (*szlagier*) Schlager *m*
piosenkarka *f* Schlagersängerin *f*
piosenkarz *m* Schlagersänger *m*
piórnik *m* Federmäppchen *n*
pióro *n* Feder *f*; **wieczne ~** Füller *m*
piramida *f* Pyramide *f*
pirack|i *adj* Piraten-; **~a radiostacja** Piratensender *m*
pirat *m* Seeräuber *m*; **~ drogowy** Straßenrowdy *m*, Verkehrssünder *m*
pisać *imperf vt* schreiben; **~ długopisem** mit dem Kugelschreiber schreiben; **~ na maszynie** auf <mit> der (Schreib)maschine schreiben; **jak się pisze to słowo?** wie schreibt man dieses Wort?
pisak *m* Faserstift *m*, Filzstift *m*
pisanka *f* Osterei *n*
pisarz *m* Schriftsteller *m*
pisemny *adj* schriftlich; **egzamin ~** eine schriftliche Prüfung
pisk *m* Quietschen *n*, Gequietsche *n*, Kreischen *n*, Gekreisch *n*
pismo *n* Schrift *f*; (*tekst*) Schreiben *n*; **Pismo Święte** die Heilige Schrift, Bibel *f*
pisownia *f* Rechtschreibung *f*
pistolet *m* Pistole *f*

piszczeć *imperf vi* quietschen, kreischen
piśmienn|y *adj* (*umiejący pisać*) schreibkundig; (*potrzebny do pisania*) Schreib-; **materiały ~e** Schreibwaren *pl*
pitn|y *adj* trinkbar, Trink-; **woda ~a** Trinkwasser *n*
piwiarnia *f* Bierstube *f*
piwnica *f* Keller *m*
piwo *n* Bier *n*; **~ jasne** Hellbier *n*; **~ z beczki** Fassbier *n*
pizza *f* Pizza *f*
piżama *f* Pyjama *m*, Schlafanzug *m*
plac *m* Platz *m*
plac|ek *m* Kuchen *m*; **~ki ziemniaczane** Kartoffelpuffer *pl*
plakat *m* Plakat *n*
plama *f* Fleck *m*, Flecken *m*
plan *m* Plan *m*; **na pierwszym ~ie** im Vordergrund; **na dalszym ~ie** im Hintergrund; **~ miasta** Stadtplan *m*
planeta *f* Planet *m*
planować *imperf vt* planen
planowy *adj* Plan-; **~ przyjazd** (fahr)planmäßige Ankunft
plaster *m* (Haft)pflaster *n*; **~ miodu** Bienenwabe *f*, Honigwabe *f*
plasterek *m* (*wędliny, cytryny*) Scheibe *f*
plaż|a *f* Strand *m*; **na ~y** am Strand
plebiscyt *m* Volksabstimmung *f*
plecak *m* Ranzen *m*, Rucksack *m*
plec|y *spl* Rücken *m*; **za ~ami** hinter dem Rücken; *przen.*, *pot.* **mieć ~y** Rückendeckung haben
plene|r *m* Freie *n*; **w ~rze** im Freien
pleśń *f* Schimmel *m*, Schimmelpilz *m*
plik *m* Bündel *n*
plomba *f* Plombe *f*
plon *m* Ertrag *m*; *przen. rów.* Ergebnis *n*
plotka *f* Gerücht *n*
pluć *imperf vi* spucken
pluralizm *m* Pluralismus *m*
plus *m* Plus *n*; (*zaleta*) *rów.* Vorteil *m*, Pluspunkt *m*
płac|a *f* Gehalt *n*; (*pracowników fizycznych*) Lohn

m; **lista ~** Lohnliste *f*, Gehaltsliste *f*

płacić *imperf vi* (be)zahlen; **~ gotówką** mit Bargeld bezahlen, in bar bezahlen; **~ z góry** vorauszahlen, im voraus bezahlen

płacz *m* Weinen *n*; **wybuchnąć ~em** in Tränen ausbrechen

płakać *imperf vi* weinen

płaski *adj* flach

płaszcz *m* Mantel *m*; **~ od deszczu** Regenmantel *m*; **~ kąpielowy** Bademantel *m*

płaszczyzna *f* Ebene *f*

płatnoś|ć *f* Zahlbarkeit *f*; **~ć natychmiastowa** sofortige Zahlung <Zahlbarkeit>; **termin ~ci** Zahlungstermin *m*, Fälligkeitstermin *m*

płatny *adj* zahlbar; (*odpłatny*) kostenpflichtig; *bank*. **~ za okazaniem** zahlbar bei Sicht

płeć *f* Geschlecht *n*; **~ piękna** das schöne Geschlecht

płetwa *f* Flosse *f*

płetwonurek *m* Taucher *m*

płomień *m* Flamme *f*; **~ miłości** Liebesfeuer *n*

płonąć *imperf vi* brennen; (*wysokim płomieniem*) lodern; *przen. rów.* (auf)flammen

płonica *f med.* Scharlach *m*

płot *m* Zaun *m*; *por.* **ogrodzenie**

płótno *n* Leinwand *f*, Leinen *n*

płuc|a *pl med.* Lunge *f*; **zapalenie ~** Lungenentzündung *f*

pług *m* Pflug *m*; **~ śnieżny** Schneepflug *m*

płukać *imperf vt* spülen; **~ gardło** gurgeln

płycizna *f* eine seichte Stelle, Sandbank *f*; *przen.* Oberflächlichkeit *f*

płyn *m* Flüssigkeit *f*; **~ do włosów** Haarwasser *n*

płynąć *imperf vi* schwimmen; (*o transporcie wodnym*) fahren; (*o wodzie*) fließen; **~ kajakiem** paddeln

płynn|y *adj* (*o cieczy*) flüssig; **mówić ~ie** fließend sprechen

płyta *f* Platte *f*; **~ gramofonowa** Schallplatte *f*; **~**

kompaktowa CD-Platte *f* (*skr.* CD *f*)
płytk|a *f* Fliese *f*; **kłaść ~i ceramiczne** Fliesen legen
płytki *adj* seicht, flach; **~ talerz** ein flacher Teller
pływać *imperf vi zob.* **płynąć**
pływak *m* Schwimmer *m*; *tech.* Schwimmkörper *m*
pływalnia *f* Schwimmbad *n*
po *praep* nach; **po pracy** nach der Arbeit; **po dwóch godzinach** nach zwei Stunden; **jest dziesięć minut po siódmej** es ist zehn Minuten nach sieben (Uhr); **po co stoisz?** (*co chcesz kupić*) wonach stehst du an?; **po kolei** der Reihe nach <nacheinander>; **po pierwsze** erstens; **po raz pierwszy** zum erstenmal; **mówić po niemiecku** deutsch <(*generalizująco*) Deutsch> sprechen
pobawić się *imperf vr* (ein bisschen) spielen
pobić *perf vt* (zusammen)-schlagen; (*w zawodach*) bezwingen; **~ rekord** einen Rekord schlagen, (*ustanowić nowy rekord*) einen neuen Rekord aufstellen
pobliski *adj* nahe gelegen
pobocze *n* Straßenbankett *n*
pobór *m* Einberufung *f*; **~ do wojska** die Einberufung zum Wehrdienst; **~ mocy** Energieverbrauch *m*
pobudka *f* (Auf)wecken *n*; *wojsk.* Wecksignal *n*; *przen.* Beweggrund *m*
pobyt *m* Aufenthalt *m*; **miejsce stałego ~u** ständiger Aufenthaltsort
pocałować *perf vt* küssen; *zob. rów.* **całować**
pochlebiać *imperf vi* schmeicheln
pochlebstwo *n* Schmeichelei *f*
pochłaniać *imperf vt* absorbieren
pochłonąć *perf vt zob.* **pochłaniać**
pochmurny *adj* wolkig; (*ponury*) trübe
pochodzenie *n* Herkunft *f*
pochować *perf vt* (*pogrzebać*) bestatten, beerdi-

gen; *lit.* beisetzen; *zob. rów.* **chować**

pochwa *f* Scheide *f* (*rów. anat.*); (*kabura*) Halfter *f*

pochwała *f* Lob *n*

pochylać się *imperf vr* sich beugen

pochyły *adj* geneigt

pociąg *m* Zug *m*; **~ do Berlina** der Zug nach Berlin; *przen.* **~ do czegoś** ein Hang zu etw.

pociągać *imperf vt* ziehen

pociągnąć *perf vt zob.* **pociągać**

pocić się *imperf* schwitzen

pociecha *f* Trost *m*

po ciemku *adv* im Dunkeln

pocieszać *imperf vt* trösten

pocieszyć *perf vt zob.* **pocieszać**

pocisk *m* Geschoss *n*

po co *adv* wozu, warum; **~ to robisz?** weshalb machst du das?; **~ to wszystko?** wozu das alles?

począt|ek *m* Anfang *m*; (*o czasie*) *rów.* Beginn *m*; **na ~ek** zu Beginn <zum Auftakt>; **na ~ku** am Anfang

początkujący *m* Anfänger *m*

poczekalnia *f* Warteraum *m*

poczekani|e *n*: **na ~u** auf der Stelle; sofort

poczęstować *perf vt* anbieten; **~ kogoś czymś** jmdm etw. anbieten; **proszę się ~** bitte, bedienen Sie sich <greifen Sie zu>

poczęstunek *m* Bewirtung *f*

poczta *f* Postamt *n*; (*przesyłki*) Post *f*; **~ lotnicza** Luftpost *f*

pocztow|y *adj* Post-; **opłata ~a** Postgebühr *f*; **znaczek ~y** Briefmarke *f*

pocztówka *f* Postkarte *f*

poczuć *perf vt* spüren; **~ smak** den Geschmack wahrnehmen; (*rozkoszować się*) den Geschmack genießen; **~ sympatię** Sympathie empfinden; **~ się źle** sich unwohl fühlen

poczwórny *adj* vierfach

poczytać *imperf vt zob.* **czytać**

pod *praep* unter; **~ drzwiami** vor der Tür; **~ nazwiskiem <nazwą>** unter dem Namen; **~ Warszawą** bei Warschau; **~ wieczór** gegen Abend; **~ tym warunkiem** unter dieser Bedingung

podać *perf vi* angeben; **~ numer telefonu** die Telefonnummer angeben; **~ do stołu** auftischen; **~ rękę** die Hand reichen; **~ leki** Arzneimittel verabreichen; **~ w wątpliwość** bezweifeln

podanie *n* (*pisemne*) Eingabe; *sport.* Pass *m*; **~ faktów** die Angabe von Tatsachen; **złożyć ~** eine Eingabe einreichen

podatek *m* Steuer *f*

podatkow|y *adj* Steuer-; **skala ~a** Steuerskala *f*

podatnik *m* Steuerzahler *m*

podawać *imperf vt zob.* **podać**; **~ dziecko do chrztu** das Kind aus der Taufe heben

podaż *f* Angebot *n*

podbródek *m* Kinn *n*; **obwisły ~** Doppelkinn *n*

podbrzusze *n anat.* Unterleib *m*

podczas *praep* während; **~ wojny** während des Krieges; **~ gdy** während, indem

poddać *perf vt* (*miasto*) übergeben; **~ próbie** einer Probe unterziehen; **~ się** sich ergeben

poddasze *n* Dachkammer *f*; (*strych*) Dachboden *m*

podejmować *imperf vt* unternehmen; **~ wysiłki** Bemühungen unternehmen; **~ gości** Gäste aufnehmen; **~ pieniądze z konta** Geld vom Konto abheben; **~ się** sich bereit erklären

podejrzany[1] *adj* (*budzący podejrzenia, wątpliwy*) zweifelhaft, suspekt, verdächtig

podejrzany[2] *m prawn.* Verdächtige *m*

podejrzenie *n* Verdacht *m*

podejrzewać *imperf vt* verdächtigen; **~ kogoś o coś** jmdn einer Sache verdächtigen

podeszwa *f* Sohle *f*

podjąć *perf vt zob.* **podejmować**
podjechać *perf vi* heranfahren; **~ pod dom** vor dem Haus vorfahren
podjeżdżać *imperf vi zob.* **podjechać**
podkolanówki *spl* Kniestrümpfe *pl*
podkoszulek *m* Unterhemd *n*
podkowa *f* Hufeisen *n*
podkreślać *imperf vt* unterstreichen
podkultura *f* Subkultur *f*; **~ młodzieżowa** die Subkultur der Jugend
podlega|ć *imperf vi* unterliegen; **to nie ~ dyskusji** das unterliegt keinem Zweifel
podlotek *m* Backfisch *m*
podłoga *f* Fußboden *m*
podmiejski *adj* Vorstadt-; **osiedle ~e** Vorstadtsiedlung *f*
podmiot *m gram.* Subjekt *n*
podniebienie *n* Gaumen *m*
podniecać *imperf vt* erregen; *przen. rów.* reizen
podniecić *perf vt zob.* **podniecać**
podnieść *perf vt* aufheben; **~ się** aufstehen
podnosić *imperf vt zob.* **podnieść**
podobać się *imperf vr* gefallen
podobieństwo *n* Ähnlichkeit *f*
podobnie *adv* ähnlich; **~ jak...** ähnlich wie...
podobno *adv* angeblich
podobny *adj* ähnlich; **być ~m do kogoś** jmdm ähnlich sein, jmdm ähneln
podołać *perf vi* bewältigen; **~ czemuś** etw. bewältigen, einer Sache gerecht werden
podopieczny *m* Schützling *m*; *prawn.* Schutzbefohlene *m*
podpalić *perf vt* anzünden; (*spowodować pożar*) in Brand setzen
podpaska *f* Damenbinde *f*
podpis *m* Unterschrift *f*; **złożyć ~** unterschreiben
podpisa|ć *perf vt* unterschreiben; *lit.* unterzeichnen; **niżej ~ny** der Unterzeichnete; **~ć się** unterschreiben
podrabiać *imperf vt* nach-

machen; **~ pieniądze** Geld fälschen
podręcznik *m* Handbuch *n*
podręczny *adj* Hand-; **~ bagaż** Handgepäck *n*
podrobić *perf vt zob.* **podrabiać**
podroby *spl* Innereien *spl*
podroż|eć *perf vi* teurer werden; **~ała żywność** Lebensmittel wurden teurer
podróż *f* Reise *f*; **~ poślubna** Hochzeitsreise *f*; **odbywać ~** eine Reise unternehmen; **stres przed ~ą** Reisefieber *n*; **szczęśliwej ~y!** glückliche Reise!
podróżn|y *adj* Reise-; **walizka ~a** Reisekoffer *m*;
podróżny *m* Reisende *m*
podróżować *imperf vi* reisen
podrzeć *perf vt* (zer)reißen; *zob.* **drzeć**
podskakiwać *imperf vi zob.* **skakać**
podstaw|a *f* Grundlage *f*; **na tej ~ie** auf dieser Grundlage
podstawić *perf vt* (*wstawić*) einsetzen; (*zamienić*) ersetzen
podstawow|y *adj* Grund-; **szkoła ~a** Grundschule *f* (*od piątej klasy*) Hauptschule *f*
podstemplować *perf vt* abstempeln
podstęp *m* Hinterlist *f*; (*zasadzka*) Hinterhalt *m*
podsumować *perf vt* (*np. dyskusję*) zusammenfassen; (*liczby, wyniki*) zusammenzählen; *mat.* addieren
podszewk|a *f* Futter *n*; (*materiał na podszewkę*) Futterstoff *m*; **bez ~i** ungefüttert
podświadomy *adj* unterbewusst; (*bezwiedny*) unbewusst
podtrzymywać *imperf vt* unterstützen; **~ kogoś na duchu** jmdm Mut zusprechen; **~ kontakty** Kontakte unterhalten <aufrechterhalten>
poduszka *f* Kissen *n*
podwijać *imperf vt* (*np. o rękawach*) aufkrempeln, hochkrempeln

podwinąć *perf vt zob.* **podwijać**

podwładny *m* Untergebene *m*; (*współpracownik*) Mitarbeiter *m*

podwodn|y *adj* Unterwasser-; **prace ~e** Unterwasserarbeiten *pl*; **łódź ~a** Unterseeboot *n* <U--Boot *n*>

podwozie *m* Fahrgestell *n*

podwójn|y *adj* doppelt, Doppel-; **~e okno** Doppelfenster *n*; **~a gra** Doppelspiel *n*

podwórz|e *n* (*utwardzone*) Hof *m*; (*trawiaste*) Garten *m*; **na ~u** im Hof

podwyżka *f* (*cen*) Preiserhöhung *f*; **~ uposażeń** Gehaltserhöhung *f*, (*w pracy na akord*) Lohnerhöhung *f*

podwyższać *imperf vt* erhöhen; **~ zarobki** Gehälter <Löhne> erhöhen; *por.* **podwyżka**

podział *m* Einteilung *f*, Teilung *f*; **~ pracy** Arbeitsteilung *f*; **~ godzin** Stundenplan *m*; **~ administracyjny** Verwaltungsordnung *f*

podziałka *f* Skala *f*, Maßstab *m*

podzielić *perf vt zob.* **dzielić**

podziemn|y *adj* unterirdisch; **kolej ~a** Untergrundbahn *f*, U-Bahn *f*; *przen.* (*nielegalny*) Untergrund-; **organizacja ~a** Untergrundorganisation *f*

podziękować *perf vi zob.* **dziękować**

podziękowanie *n* Dank *m*; (*pisemne*) Danksagung *f*

podziw *m* Bewunderung *f*

podziwiać *imperf vt* bewundern

podzwrotnikowy *adj* subtropisch

poeta *m* Dichter *m*

poezja *f* Dichtung *f*, Poesie *f*

pogarda *f* Verachtung *f*

pogarszać *imperf vt* verschlechtern

pogawędka *f* Plauderei *f*; *lit.* Geplauder *n*

pogląd *m* Meinung *f*

pogniewać się *perf vr*: **~ na kogoś** jmdm böse sein

pogoda *f* Wetter *n*; **~ ducha** Frohsinn *m*, Heiterkeit *f*

pogodzić *perf vt* versöhnen, aussöhnen; **~ się** sich versöhnen

pogoń *f* (*tropienie*) Verfolgung *f*, Jagd *f*; *przen.* **~ za czymś** die Jagd nach etw.

pogorszyć *perf vt zob.* **pogarszać**; **~ się w czymś** in etw. nachlassen

pogotowi|e *n* Bereitschaft *f*; **być w ~u** in Bereitschaft sein; **~e ratunkowe** Notarzt *m*; (*karetka*) Notarztwagen *m*

pogranicze *n* Grenzgebiet *n*

pogrzeb *m* Bestattung *f*, Beerdigung *f*; *lit.* Beisetzung *f*

pogrzebać *perf vt* beerdigen, bestatten, beisetzen; *zob. rów.* **grzebać**

pojawić się *perf* erscheinen

pojazd *m* Fahrzeug *n*; *lit.* Gefährt *n*

pojechać *perf vi* hinfahren; *zob.* **jechać**

pojedynczy *adj* einzeln

pojemnik *m* Behälter *m*; **~ na śmieci** Mülltonne *f* (*kosz na śmieci*), Mülleimer *m*

pojemność *f* Fassungsvermögen *n*, Kapazität *f*; **~ silnika** Hubraum *m*

pojezierze *n* Seenplatte *f*

pojęcie *n* Begriff *m*; **to przechodzi ludzkie ~** das geht über alle Begriffe

pojutrze *adv* übermorgen

pokarm *m* Nahrung *f*

pokaz *m* Schau *f*, Vorführung *f*; **na ~** zur Schau; (*na schwał*) zum Sehenlassen

pokazać *perf vt* zeigen; *techn.* anzeigen; (*wskazywać*) hinweisen; **~ się** erscheinen

pokazywać *imperf vt zob.* **pokazać**

poker *m* Poker *n*, *m*

pokła|d *m* Bord *n*; **na ~dzie** an Bord

pokłócić *perf vt* entzweien, Unfrieden stiften; **~ się** sich zerstreiten, sich verzanken

pokochać *perf vt* lieb gewinnen

pokojówka *f* Zimmermädchen *n*; *dawn.* Zofe *f*

pokolenie *n* Generation *f*, Geschlecht *n*

pokonać *perf vt* bezwingen, schlagen; **~ odległość 20 km** eine Strecke von 20 km zurücklegen; **~ trudności** Schwierigkeiten überwinden

pokorny *adj* demütig

pokój *m* (*mieszkalny*) Zimmer *n*; (*spokój*) Frieden *m*

pokrewieństwo *n* Verwandtschaft *f*

pokroić *perf vt* aufschneiden; *zob. rów.* **kroić**

pokryć *perf vt* decken, zudecken; **~ dach dachówką** das Dach mit Ziegeln decken; **~ długi** Schulden bezahlen <begleichen>

po kryjomu *adv* insgeheim

pokrywać *imperf vt zob.* **pokryć**

pokrywka *f* Deckel *m*

pokrzyżować *perf vt* durchkreuzen; **~ czyjeś plany** jmds Pläne durchkreuzen

pokus|a *f* Versuchung *f*; **ulec ~ie** einer Versuchung erliegen

pokwitowanie *n* Quittung *f*

Polak *m* Pole *m*

polana *f* Waldlichtung *f*

pole *n* Feld *n*; *sport.* **~ karne** Strafraum *m*

polec|ać *imperf vt* empfehlen; **list ~ony** Einschreibebrief *m*

polecieć *perf vi* (hin)fliegen; *zob. rów.* **lecieć**

polegać *imperf vi* (*zawierzyć*) sich verlassen (**na kimś <na czymś>** auf jmdn <auf etw.>); (*bazować*) beruhen (**na czymś** auf etw.)

polepszać *imperf vt* verbessern

polędwica *f* Lendenfleisch *n*; **~ wędzona** Lachsschinken *m*

policj|a *f* Polizei *f*; **posterunek ~i** Polizeiwache *f*

policjant *m* Polizist *m*

policzek *m* Wange *f*; **wymierzyć komuś ~** jmdn ohrfeigen, jmdm eine Ohrfeige verpassen

policzyć *perf vt* (*sprawdzić ilość*) zählen; (*obli-*

czyć) zusammenrechnen, zusammenzählen; *zob. rów.* **liczyć**

polisa *f* Versicherungspolice *f*

politechnika *f* technische Hochschule, technische Universität

polityczny *adj* politisch; **ustrój ~** die politische Staatsform

polityka *f* Politik *f*

Polka *f* Polin *f*

polka *f* (*taniec*) Polka *f*

polować *imperf vi* jagen

polowanie *n* Jagd *f*

polski *adj* polnisch

polszczyzna *f* das Polnische; **dzisiejsza ~** das heutige Polnisch

polubić *perf vt* lieb gewinnen, *zob.* **lubić**

połączenie *n* Verbindung *f*; **bezpośrednie ~ autobusowe <kolejowe> z Berlinem** eine direkte Busverbindung <Zugverbindung> nach Berlin

połączyć *perf vt* verbinden; **~ się z kimś** (*telefonicznie*) mit jmdm telefonieren, jmdn anrufen

połknąć *perf vt* (ver)-schlucken

połow|a *f* Hälfte *f*; **za ~ę ceny** zum halben Preis; **w ~ie drogi** auf halbem Wege

położeni|e *n* Lage *f*; **w trudnym ~u** in schwieriger Lage

położna *f* Hebamme *f*

położyć *perf vt* legen; **~ się** sich legen

południe *n* Mittag *m*; (*strona świata*) Süden *m*; **w ~** zur Mittagszeit

południk *m* Meridian *m*

południowo-wschodni *adj* südöstlich

południowo-zachodni *adj* südwestlich

południow|y *adj* (*o stronie świata*) südlich; (*o porze dnia*) **godzina ~a** Mittagsstunde *f*

połykać *imperf vt zob.* **połknąć**

pomagać *imperf vi* helfen

pomału *adv* langsam

pomarańcza *f* Orange *f*, Apfelsine *f*

pomidor *m* Tomate *f*

pomiędzy *praep* zwischen; *zob. rów.* **między**

pomijać *imperf vt* (*abstrahować*) absehen; **~ coś** von etw. absehen; (*nie zauważyć*) übersehen; (*przejść obok*) übergehen
pominąć *perf vt zob.* **pomijać**
pomnik *m* Denkmal *n*
pomoc *f* Hilfe *f*
pomocnicz|y *adj* Hilfs-; **materiały ~e** Hilfsmaterialien *pl*
pomocnik *m* Helfer *m*
pomóc *perf vi zob.* **pomagać**
pomp|a *f* Pumpe *f*; **~ka** (*np. rowerowa*) Luftpumpe *f*
pomylić się *perf* sich irren; (*łudzić się*) sich täuschen; **~ w czytaniu** sich verlesen; **~ w liczeniu** sich verrechnen
pomyłka *m* Irrtum *m*; (*błąd*) Fehler *m*
pomysł *m* Idee *f*; **wpaść na ~** auf eine Idee kommen
pomyśl|eć *perf vi* denken **~eć o czymś** an etwas denken; **~, zanim odpowiesz** überlege es, bevor du antwortest
pomyślność *f* Wohl *n*; (*toast*) **za ~!** zum Wohl!
ponad *praep* über
poniedziałek *m* Montag *m*
ponieść *perf vt*: **~ klęskę** eine Niederlage davontragen <erleiden>; **~ śmierć** umkommen
ponieważ *conj* weil, denn
poniżej *praep* unten; **~ swoich możliwości** unter seinem Niveau
ponosić *imperf vt zob.* **ponieść**; *zob. rów.* **nosić**
ponownie *adv* wieder; (*na nowo*) aufs Neue
ponury *adj* düster, trübe, finster; (*o człowieku*) *rów.* mürrisch
pończochy *pl* Strümpfe *pl*
po omacku *adv* tappend, tastend; **iść ~** sich durchtasten
poparcie *n* Unterstützung *f*
poparzyć *perf vt* verbrennen; **~ się** sich verbrennen
popatrzeć *perf vi zob.* **patrzeć**
popełnić *perf vt*: **~ błąd** einen Fehler machen <*lit.* begehen>; **~ samobójstwo** Selbstmord begehen

popęd *m*: **~ płciowy** Geschlechtstrieb *m*
Popielec *m* Aschermittwoch *m*
popielniczka *f* Aschenbecher *m*; *pot.* Ascher *m*
popierać *imperf vt* unterstützen
popiół *m* Asche *f*
popisać się *perf* (*dobrze wypaść*) gut abschneiden
popisywać się *imperf vr*: **~ czymś** mit etw. angeben; *zob. rów.* **popisać się**
poplamić *perf vt* beflecken, beschmutzen; **~ się** sich beflecken, sich beschmutzen, sich besudeln
popłoch *m* Panik *f*
popołudnie *n* Nachmittag *m*
poprawa *f* Verbesserung *f*; (*zdrowia*) Besserung *f*
poprawić *perf vt* verbessern; (*tekst*) *rów.* korrigieren; (*naprawić*) ausbessern
poprawka *f* Nachprüfung *f*; (*korekta*) Korrektur *f*, Berichtigung *f*; *pot.* **~ z fizyki** eine Nachprüfung in der Physik
poprawny *adj* richtig, korrekt
po prostu *adv* einfach, schlechthin
poprzeczka *f* Querlatte *f*
poprzeć *perf vt zob.* **popierać**
poprzedni *adj* vorig; (*były*) ehemalig
poprzednik *m* Vorgänger *m*; (*przedmówca*) Vorredner *m*
poprzedzać *imperf vt*: **~ coś** einer Sache vorangehen; (*w czasie*) *rów.* vorausgehen
popsuć *perf vt pot.* kaputtmachen
popularnonaukowy *adj* populärwissenschaftlich
popularny *adj* bekannt, populär
popyt *m* Nachfrage *f*
por[1] *m* (*w skórze*) Pore *f*
por[2] (*warzywo*) Porree *m*
por|a *f* **~a dnia** Tageszeit *f*; **~a roku** Jahreszeit *f*; **~a obiadowa** Mittagszeit *f*; **do tej ~y** bisher; **o właściwej ~ze** rechtzeitig

porad|a *f* Rat(schlag) *m*; **~a lekarska** ärztliche Beratung; **udzielić ~y** einen Rat geben

poradnia *f* Beratungsstelle *f*; **~ lekarska** (*gabinet*) Arztpraxis *f*; (*poliklinika*) Poliklinik *f*

poradzić *perf vi*: **~ coś komuś** jmdm zu etw. raten; **~ sobie** zurechtkommen (**z czymś** mit etw.); **nic na to nie mogę ~** ich kann nichts dafür

poranek *m* Morgen *m*

porażenie *n* Lähmung *f*; **~ słoneczne** Sonnenstich *m*

porażka *f* Niederlage *f*

porcelana *f* Porzellan *n*

porcja *f* Portion *f*

poręcz *f* (*schodów*) Handlauf *m*, (*wraz z konstrukcją nośną*) Geländer *n*; (*krzesła*) Lehne *f*

poręczenie *n* Bürgschaft *f*

poręczyć *perf vi*: **~ za kogoś** für jmdn bürgen

poronienie *n* Fehlgeburt *f*

porozmawiać *perf vi zob.* **rozmawiać**

porozumieć się *perf vr* sich verständigen; (*nawiązać kontakt*) sich in Verbindung setzen; (*ustalić coś*) sich über <auf> etw. einigen

porozumiewać się *imperf zob.* **porozumieć się**

porozumienie *n* Verständigung *f*, Einigung *f*; (*międzypaństwowe*) Abkommen *n*

poród *m* Geburt *f*

porównać *perf vt* vergleichen

porównywać *imperf vt zob.* **porównać**

port *m* Hafen *m*; **~ lotniczy** Flughafen *m*

portfel *m* Brieftasche *f*

portier *m* Pförtner *m*

portiernia *f* Pforte *f*; (*pomieszczenie*) Pförtnerloge *f*

portmonetka *f* Geldtasche *f*, Portemonnaie *n*; *lit.* Geldbörse *f*

portret *n* Porträt *n*

Portugalczyk *n* Portugiese *m*

Portugalka *f* Portugiesin *f*

portugalski *adj* portugiesisch

porucznik *m* Oberleutnant *m*

poruszać *imperf vt* bewegen; **~ się** sich bewegen
porwać *perf vt* wegreißen; (*uprowadzić*) entführen
porywacz *m* Entführer *m*
porywać *imperf vt zob.* **porwać**
porząd|ek *m* Ordnung *f*; **~ek dnia** Tagesordnung *f*; **w ~ku** in Ordnung
porządkować *imperf vt* ordnen; (*sprzątać*) aufräumen
porządny *adj* ordentlich; (*przyzwoity*) anständig
porzeczka *f* Johannisbeere *f*
porzucać *imperf vt*, **porzucić** *perf vt* verlassen; aufgeben; **~ szkołę** die Schule aufgeben; **~ rodzinę** die Familie verlassen
posad|a *f* Stelle *f*, Posten *m*; **stracić ~ę** die Stelle <den Posten> verlieren
posadzka *f* Estrich *m*
posąg *m* Standbild *n*; (*pomnik*) Denkmal *n*
poseł *m* Abgeordnete *m*
posiadać *imperf vt* besitzen
posiadłość *f* Besitz *m*; (*ziemska*) Landgut *n*
posiłek *m* Mahlzeit *f*
posłać[1] *perf vt* schicken, senden; **~ po lekarza** einen Arzt holen;
posłać[2] *perf*: **~ łóżko** das Bett machen
posłuchać *perf vi* hören; **~ muzyki** Musik (an)hören; **~ rady** einem Rat folgen
posłuszny *adj* gehorsam
posmarować *perf vt* schmieren; **~ chleb masłem** Brot mit Butter bestreichen
posolić *perf vt* salzen
pospolity *adj* gewöhnlich; (*rów. w sensie negatywnym*) gemein
posprzątać *perf vt vi* aufräumen
post *m* Fastenzeit *f*; (*poszczenie*) Fasten *n*
posta|ć *f* Gestalt *f*, Person *f*; **w ~ci** in Form
postanawiać *imperf vi* beschließen
postanowić *perf vi zob.* **postanawiać**
postanowienie *n* Beschluss *m*, Entschluss *m*; (*decyzja*) Entscheidung *f*; (*urzędowe*) Anordnung *f*

postarać się *perf vr* versuchen, sich bemühen

postawa *f* Haltung *f*

postawić *perf vt* (auf)stellen; **~ horoskop <diagnozę>** das Horoskop <eine Diagnose> stellen; **~ obiad** ein Mittagessen spendieren; **~ dom** ein Haus bauen; **~ na coś** auf etw. setzen

postęp *m* Fortschritt *m*

postępować *imperf vi* handeln, sich benehmen; (*wzmagać się*) zunehmen; **~ z kimś <z czymś>** mit jmdm <mit etw.> umgehen

postój *m* Rast *f*; (*miejsce*) Rastplatz *m*; **~ taksówek** Taxistand *m*

posunąć *perf vt* rücken, schieben

posuwać *imperf vt zob.* **posunąć**

posyłać *imperf vt zob.* **posłać**

poszewka *f* Bezug *m*; **~ na poduszkę** Kissenbezug *m*; **~ na kołdrę** Deckbettbezug *m*

poszukać *perf vt zob.* **szukać**

poszukiwać *imperf vt zob.* **szukać**

poszwa *f zob.* **poszewka**

pościel *f* Bettwäsche *f*

pościg *m* Verfolgung *f*

pośladek *m* Hintern *m*, Gesäß *n*; *pot.* Popo *m*

poślizg *m* (*upadek*) Ausrutschen *n*; (*w czasie*) Aufschub *m*; **wpaść w ~** ins Rutschen <Schleudern> geraten

poślubić *perf vt* heiraten

pośpiech *m sing* Eile *f*; (*zagonienie*) Hektik *f*; **bez ~u** ohne Eile

pośpieszny *adj* schnell; (*pobieżny*) flüchtig; **pociąg ~** Schnellzug *m*

pośredni *adj* mittelbar

pośrednictw|o *n* Vermittlung *f*; **za ~em** durch Vermittlung

pośrednik *m* Vermittler *m*; (*bezinteresowny*) *rów.* Mittler *m*

pośrodku *adv* in der Mitte; *praep* mitten in

pośród *praep* unter; **~ znajomych** unter Bekannten

poświadczać *imperf vt* (*urzędowo*) bescheinigen; (*potwierdzić*) bestätigen

poświadczenie *n* Bescheinigung *f*, Bestätigung *f*
poświadczyć *perf vt zob.* **poświadczać**
poświęcać *imperf vt* widmen; **~ się** sich widmen; *zob. t.* **poświęcić**
poświęcenie *n* Weihe *f*; (*zwł. nieruchomości*) *rów.* Einweihung *f*; (*oddanie się czemuś*) Hingabe *f*
poświęcić *perf vt rel.* (ein)weihen; *por.* **poświęcenie** *zob.* **poświęcać**
potańczyć *imperf vi zob.* **tańczyć**
potem *adv* dann, danach
potęg|a *f* Macht *f*; *mat.* Potenz *f*; (*wykładnik potęgi*) Hochzahl *f*; **dwa do ~i trzeciej** zwei hoch drei
potępiać *imperf vt* verurteilen, missbilligen
potężny *adj* (über)groß, riesengroß; (*rów. o sile*) gewaltig
potknąć się *perf vr*: **~ o coś** über etw. stolpern
potoczny *adj* (*o języku*) umgangssprachlich; (*zwykły*) üblich
potok *m* Bach *m*; **~ słów** Wortschwall *m*
potomek *m* Nachkomme *m*
potomstwo *n* Nachkommenschaft *f*
potop *m rel.* Sintflut *f*
potrafić *imperf vt* können
potraw|a *f* Gericht *n*, Speise *f*; **spis ~** Speisekarte *f*
potrącać *imperf vt* streifen; (*odjąć*) abziehen
potrącić *perf vt zob.* **potrącać**
po trochu *adv* (*stopniowo*) allmählich; (*po kawałku*) stückweise
potrzask *m* Falle *f*; **wpaść w ~** in eine Falle gehen
potrzeb|a[1] *f* Bedürfnis *n*; (*naturalna*) Notdurft *f*; **w razie ~y** notfalls, nach Bedarf
potrzeba[2] *imperf vi nieodm.*: **~ czasu** man braucht Zeit
potrzebować *imperf vt* brauchen
potwierdzać *imperf vt* bestätigen
potwierdzić *perf vt zob.* **potwierdzać**
potwór *m* Monstrum *n*, Ungetüm *n*
poufny *adj* vertraulich

powag|a *f* Ernst *m*; **zachować ~ę** den Ernst bewahren
poważać *imperf vt* achten
poważn|y *adj* ernst; **~a choroba** eine schwere Krankheit; **muzyka ~a** ernste Musik
powiat *m* Kreis *m*
powidła *spl* Konfitüre *f*
powiedzenie *n* Spruch *m*; (*wyrażenie*) Redensart *f*
powie|dzieć *imperf vt* sagen; **że tak ~m** sozusagen
powieka *f* (Augen)lid *n*
powielacz *m* Kopiergerät *n*
powielać *imperf vt* vervielfältigen, kopieren; (*robić kserokopie*) xerokopieren
powielić *perf vt zob.* **powielać**
powierzchnia *f* Fläche *f*
powiesić *perf vt* (auf)hängen; **~ się** sich aufhängen, sich erhängen
powieściopisarz *m* Schriftsteller *m*
powieść *f* Roman *m*
powietrz|e *n* Luft *f*; **wysadzić w ~e** sprengen; **na wolnym ~u** im Freien
powiększyć *perf vt* vergrößern; **~ się** sich vergrößern, (*przybierać*) zunehmen
powinien *imperf vi*: **on ~ zostać** er soll <sollte> bleiben; (*w przeszłości*) er hätte bleiben sollen
powitanie *n* Begrüßung *f*
powodować *imperf vt* verursachen
powodzenie *n* Erfolg *m*
powoli *adv* langsam
powołać *perf vt*: **~ rząd** die Regierung berufen; *prawn.* **~ kogoś na świadka** jmdn als Zeugen vorladen; **~ do wojska** zum Militär <zum Wehrdienst> einberufen; **~ się na kogoś** sich auf jmdn berufen
powoływać *imperf vt zob.* **powołać**
powonienie *n* Geruch *m*
powód *m* Grund *m*, Ursache *f*; **bez żadnego ~u** ohne jeden Grund
powódź *f* Hochwasser *n*; (*zalanie*) Überschwemmung *f*

powrotn|y *adj* Rück-; **podróż ~a** Rückreise *f*

powr|ót *m* Rückkehr *f*; **tam i z ~otem** hin und zurück

powstać *perf vi* (*wstać*) aufstehen; (*wyniknąć, zrodzić się*) entstehen; (*przeciw komuś*) sich auflehnen, sich erheben

powstanie *n* Entstehung *f*, (*wstawanie*) Aufstehen *n*; (*rewolucja*) Aufstand *m*

powstawać *imperf vi zob.* **powstać**

powszechn|y *adj* allgemein; **~e uznanie** allgemeine Anerkennung; **historia <literatura> ~a** Weltgeschichte <Weltliteratur> *f*; **artykuły ~ego użytku** Artikel des täglichen Gebrauchs, Konsumgüter *pl*

powszedni *adj* täglich, üblich; **chleb ~** unser tägliches Brot; **dzień ~** Wochentag *m*, Werktag *m*

powtarzać *imperf vt* wiederholen; **~ się** sich wiederholen

powtórny *adj* wiederholt, erneut

powtórzyć *perf vt zob.* **powtarzać**

powyżej *adv* oben; *praep* oberhalb, über; **temperatura ~ zera** Temperatur über Null (Grad); **dzieci ~ siedmiu lat** Kinder ab sieben Jahre(n)

poza *praep* außerhalb; **~ tym** außerdem

pozbawić *perf vt* (*zabrać*) wegnehmen; (*o prawach*) *rów.* aberkennen; (*coś niesłusznie*) vorenthalten; (**kogoś czegoś** jmdm etw.); **~ życia** töten, umbringen

pozbyć się *perf vr*: **~ czegoś** etw. loswerden

pozdrawiać *imperf vt* (be)-grüßen

pozdr|owić *perf vt zob.* **pozdrawiać**; **~ów go ode mnie** bestelle ihm Grüße von mir

pozdrowienie *n* Gruß *m*, Begrüßung *f*

poziom *m* Niveau *n*; (*płaszczyzna*) Ebene *f*; **nad ~em morza** über dem Meeresspiegel *m*; **~ życia** Lebensstandard *m*;

stać na wysokim ~ie auf hohem Niveau stehen
poziomka *f* Walderdbeere *f*
poziomy *adj* waagerecht, horizontal
poznać *perf vt* kennenlernen; **~ kogoś po głosie** jmdn an der Stimme erkennen; **~ kogoś z kimś** jmdn mit jmdm bekannt machen; **~ się na czymś** (*doceniać coś*) etw. zu schätzen wissen; (*przejrzeć czyjeś zamiary*) etw. durchschauen
poznanie *n* Kennenlernen *n*; (*rozpoznawanie*) Erkennen *n*, Erkennung *f*; *filoz*. Erkenntnis *f*
poznawać *imperf vt zob*. **poznać**
pozorny *adj* scheinbar
pozosta|ć *perf vi* bleiben; **nic więcej mi nie ~je, jak...** es bleibt mir nichts anderes übrig, als...
pozostawać *imperf vi zob*. **pozostać**
pozostawiać *imperf vt* lassen, hinterlassen; (*przez zapomnienie*) liegenlassen, stehenlassen
pozostawić *perf vt zob*. **pozostawiać**
pozować *imperf vi* Modell stehen
pozwalać *imperf vi* erlauben; **~ sobie** sich erlauben; (*w sensie negatywnym*) sich unterstehen
pozwolenie *n* Erlaubnis *f*
pozwolić *perf vi zob*. **pozwalać**
pozycja *f* Stellung *f*, Position *f*
pozytywny *adj* positiv; **wynik ~** ein positives Ergebnis
pożar *m* Brand *m*
pożegnać *perf vt* verabschieden; **~ się z kimś** sich von jmdm verabschieden
pożegnanie *n* Abschied *m*
pożyczać *imperf vt* leihen; (*zwł. o pieniądzach*) *rów*. borgen
pożyczka *f* (*od kogoś*) *rów*. *przen*. Anleihe *f*; *pot*. (*od kogoś*) Pump *m*; (*dla kogoś*) Darlehen *n*
pożyteczny *adj* nützlich
pożytek *m* Nutzen *m*; **odnosić ~** Nutzen davontragen <haben>

pójść *perf vi* hingehen; *zob. rów.* **iść**

pół *num* halb; **~ do drugiej** es ist halb zwei; **raz na ~ roku** halbjährlich

półbuty *spl* Halbschuhe *pl*

półetat *m* eine halbe (Plan)-stelle *f*

półfinał *m* Halbfinale *n*

półka *f* Regal *n*, Fach *n*; **~ na książki** Bücherregal *n*

półksiężyc *m* Halbmond *m*

półkula *f* Halbkugel *f*; *geogr. rów.* Hemisphäre *f*; *anat.* **~ mózgowa** Hemisphäre *f*

północ *f* Mitternacht *f*; *geogr.* Norden *m*; **na ~ od Warszawy** nördlich von Warschau

północno-wschodni *adj* nordöstlich

północno-zachodni *adj* nordwestlich

północny *adj* nördlich

półrocze *n* Halbjahr *n*

półszlachetny *adj* halbedel

półtor|a *num* anderthalb, eineinhalb; **~a kilometra** anderthalb Kilometer; **~ej godzlny** anderthalb Stunden

półwysep *m* Halbinsel *f*

później *adv* später; (*potem*) dann

późny spät

prac|a *f* Arbeit *f*; **~a akordowa** Akkordarbeit *f*, die Arbeit im Akkord; **warunki ~y** Arbeitsbedingungen *pl*; **bez ~y** ohne Arbeit, arbeitslos

pracodawca *m* Arbeitgeber *m*

pracować *imperf vi* arbeiten; **~ dorywczo** gelegentlich arbeiten; **~ wydajnie** ergiebig arbeiten; **~ na akord** im Stücklohn <im Akkordlohn> arbeiten

pracownia *f* Werkstatt *f*; (*pokój do pracy*) Arbeitszimmer *n*; **~ artystyczna** Atelier *n*

pracownik *m* Arbeiter *m*

prać *imperf vt* waschen; **~ chemicznie** chemisch reinigen

pragnąć *imperf vt* wollen, begehren; **~ czegoś** etw. begehren; nach etw. streben

pragnienie *n* (*o piciu*) Durst *m*; (*pożądanie*) Verlangen *n*, Begehren *n*; (*potrzeba*) Bedürfnis *n*

praktyczny *adj* praktisch; **~ prezent** ein praktisches <(*przydatny*) brauchbares> Geschenk

praktyka *f* Praktikum *n*; **~ lekarska** Arztpraxis *f*

pralka *f* Waschmaschine *f*

pralnia *f* Waschraum *m*; (*zakład*) Reinigungsanstalt *f*, Reinigung *f*

pranie *n* Wäsche *f*

prasa *f* (Tages)presse *f*

prasować *imperf vt* bügeln; *pot.* plätten

prasownica *f* Bügelbrett *n*

prawda *f* Wahrheit *f*; **to ~** das ist wahr

prawdopodobny *adj* wahrscheinlich

prawdziwy *adj* wahr; (*oryginalny*) echt

prawica *f polit.* Rechtskräfte *pl*, Rechtsparteien *pl*; (*prawa ręka*) die rechte Hand

prawidłowy *adj* richtig, normgerecht

prawie *adv* fast; **~ nigdy** fast nie

prawnik *m* Jurist *m*

prawn|y *adj* gesetzlich; (*legalny*) legal; **osoba ~a** Rechtsperson *f*

praw|o *n* Recht *n*; (*np. fizyki*) Gesetz *n*; **mieć ~a wyborcze** wahlberechtigt sein; **mieć ~o do czegoś** Recht auf etw. haben; **~o jazdy** Führerschein *m*; **studiować ~o** Jura studieren

prawosławny *adj* orthodox

prawostronny *adj*: **ruch ~** Rechtsverkehr *m*

praw|y *adj* recht; **po ~ej stronie** auf der rechten Seite; **na ~o** rechts; (*o kierunku*) nach rechts

prąd *m* Strom *m*; **~ stały** Gleichstrom *m*, **~ zmienny** Wechselstrom *m*

prądnica *f* Lichtmaschine *f*; (*dynamo*) Dynamo *m*

precz! *int* weg!

premia *f* Leistungsprämie *f*

premier *m* Premierminister *m*, Ministerpräsident *m*

premiera *f* Premiere *f*

prenumerata *f* Abonnement *n*, Subskription *f*
prenumerować *imperf vt* abonnieren
preparat *n* Präparat *n*
prestiż *m* Prestige *n*, Ansehen *n*
pretekst *m* Vorwand *m*, Deckmantel *m*; **pod ~em** unter dem Deckmantel
pretensj|a *f* Anspruch *m*; (*nieuzasadnione pretensje*) Anmaßung *f*; **zgłaszać ~e do czegoś** Anspruch auf etw. erheben; **mieć ~e o coś** Vorwürfe wegen etw. machen
prezent *m* Geschenk *n*
prezentacja *f* Vorführung *f*
prezerwatywa *f* Präservativ *n*, Kondom *n, m*; *pot.* Schutzgummi *m*
prezes *m* Vorsitzende(r) *m*
prezydent *m* Präsident *m*
prędko *adv* schnell
prędzej *adv comp* schneller; **czym ~** möglichst schnell
problem *m* Problem *n*
problematyka *f* Problematik *f*
procedura *f* Prozedur *f*
procent *m* Prozent *n*, (*udział procentowy*) Prozentsatz *m*; **na pięć ~** auf fünf Prozent; **duży ~ uczniów** ein großer Prozentsatz der Schüler
proces *m* Prozess *m*; **~ karny** (Straf)prozess *m*; **wytoczyć komuś ~** jmdn vor(s) Gericht laden
procesja *f* (*w kościele*) Prozession *f*
producent *m* Produzent *m*, Hersteller *m*
produkcj|a *f* Produktion *f*, Herstellung *f*; **film ~i polskiej** ein polnischer Film; **zwiększyć ~ę** die Produktion steigern
produkować *imperf vt* produzieren, erzeugen, herstellen
produkt *m* Produkt *n*, Erzeugnis *n*; **~y spożywcze** Lebensmittel *pl*
profesor *m* Professor *m*
profil *m* Profil *n*
profilaktyka *f* Vorbeugung *f*, Prophylaxe *f*
prognoza *f* Vorhersage *f*, Prognose *f*; **~ pogody** Wettervorhersage *f*
program *m* Programm *n*;

~ studiów Studienprogramm *n*
projekt *m* Projekt *n*, Entwurf *m*
projektant *m* Projektant *m*; **~ mody** Modeprojektant *m*
prom *m* Fähre *f*; (*morski*) Fährschiff *n*
promieniotwórczość *f* Radioaktivität *f*
promie|ń *m* Strahl *m*; **~nie słoneczne** Sonnenstrahlen *pl*; **~nie Roentgena** X-Strahlen *pl*, Röntgenstrahlen *pl*
propaganda *f* Propaganda *f*
proponować *imperf vt* vorschlagen; (*polecać*) empfehlen
propozycja *f* Vorschlag *m*
prosić *imperf vi* bitten; **~ o coś** um etw. bitten
prospekt *m* Prospekt *m*
prosto *adv* geradeaus; **jechać ~** geradeaus fahren; **chleb ~ z piekarni** Brot direkt von der Bäckerei, ofenfrisches Brot
prostokąt *m* Rechteck *n*; (*czworobok*) Viereck *n*
prost|y *adj* gerade; **linia ~a** Gerade *f*
prostytutka *f* Prostituierte *f*; *pot.* Dirne *f*; *wulg.* Nutte *f*, Hure *f*
proszek *m* Pulver *n*; **~ do prania** Waschpulver *n*
prośba *f* Bitte *f*; **~ o coś** eine Bitte um etw.
protestancki *adj* protestantisch
protestant *m* Protestant *m*
protestować *imperf vi* protestieren
proteza *f* Prothese *f*; **~ dentystyczna** das künstliche Gebiss
protokół *m* Protokoll *n*
prototyp *m* Prototyp *m*
prowadzić *imperf vt* führen; **~ auto** ein Auto fahren, am Steuer sitzen; **~ rozmowę** ein Gespräch führen
próba *f* Versuch *m*, Experiment *n*; (*w teatrze*) Probe *f*
próbować *imperf vt* versuchen, probieren; *kulin.* probieren, kosten; (*robić próbę w teatrze*) proben; *przen.* **~ szczęścia** sein

Glück versuchen <probieren>
próchnica *f med.* Karies *f*
próg *m* Schwelle *f*; **zaraz na progu** gleich an der Schwelle
prószy|ć *imperf vi* streuen; **śnieg ~** es schneit
próżnia *f* Vakuum *n*, Leere *f*
próżniak *m* Faulenzer *m*, Müßiggänger *m*
próżno *adv*: **na ~** umsonst
próżny *adj* leer; (*daremny*) vergeblich, zwecklos
prymitywny *adj* primitiv
pryszcz *m* Pickel *m*
prysznic *m* Dusche *f*
prywatny *adj* privat, eigen
przebaczać *imperf vt* vergeben
przebaczyć *perf vt zob.* **przebaczać**
przebieg *m*: **~ choroby** der Verlauf der Krankheit; *mot.* **~ kilometrów** Kilometerzahl *f*
przebierać *imperf vt* (*wybierać*) (aus)wählen; (*dziecko*) umziehen; **~ się** sich umziehen, (*na bal maskowy*) sich verkleiden
przebieralnia *f* Umkleideraum *m*
przeb|ój *m* Schlager *m*; **lista ~ojów** Schlagerliste *f*
przebrać *perf vt zob.* **przebierać**
przebywać *imperf vi* sich aufhalten
przecena *f* Preissenkung *f*
przechodzić *imperf vi* hinübergehen; (*w kierunku mówiącego*) herübergehen; **~ chorobę** einer Krankheit standhalten; *zob. rów.* **przejść**
przechodzień *m* Passant *m*, Fußgänger *m*
przechowalnia *f*: **~ bagażu** Gepäckaufbewahrung *f*
przechylić *perf vt* neigen; **~ się** sich neigen
przeciąć *perf vt* durchschneiden
przeciąg *m* Luftzug *m*
przeciekać *imperf vi* (*o wodzie*) durchsickern; (*o łodzi*) lecken; (*o zbiorniku, o dachu*) laufen
przecier *m* Mus *n*; **~ jabłkowy** Apfelmus *n*
przecież *part* doch, ja

przeciętnie *adv* durchschnittlich
przeciętny *adj* durchschnittlich
przecinać *imperf vt zob.* **przeciąć**
przecinek *m* Komma *n*
przeciw *praep* gegen; **tabletki ~ grypie** Tabletten gegen Grippe
przeciwbólow|y *adj* schmerzlindernd; **środki ~e** schmerzlindernde Mittel
przeciwieństw|o *n* Gegenteil *n*; **w ~ie do czegoś** im Gegensatz zu etw.
przeciwko *praep zob.* **przeciw**
przeciwnie *adv* im Gegenteil
przeciwnik *m* Gegner *m*; **~ polityczny** der politische Gegner
przeciwny *adj*: **~ kierunek** die entgegengesetzte Richtung; **jestem ~** ich bin dagegen; **~ obóz** das gegnerische Lager
przeciwstawiać *imperf vi* entgegenstellen; **~ się** sich widersetzen, sich entgegenstellen
przeciwstawić *vt perf zob.* **przeciwstawiać**
przeczenie *n* Negation *f*, Verneinung *f*
przecznica *f* Querstraße *f*
przeczucie *n* Vorahnung *f*
przeczuć *imperf vt* (vor)-ahnen
przeczuwać *imperf vt zob.* **przeczuć**
przeczytać *perf vt* (durch)-lesen; *zob.* **czytać**
przed *praep* vor; **~ tygodniem** vor einer Woche; **~ domem** vor dem Haus
przedawkować *perf vt* eine Überdosis nehmen, überdosieren
przedawnienie *n* Verjährung *f*
przede *praep*: **~ wszystkim** vor allem
przedimek *m gram.* Artikel *m*
przedłużacz *m* Verlängerungsschnur *f*, Verlängerungsstück *n*
przedłużać *imperf vt* verlängern; **~ paszport <wizę>** den Pass <das Visum> verlängern lassen; **~ urlop** den Urlaub verlängern

przedmieście *n* Vorstadt *f*
przedmiot *m* Gegenstand *m*
przedmowa *f* Vorwort *n*
przedni *adj* vorder; **~e zęby** vordere Zähne; (*wyborny*) (aus)erlesen
przedostatni *adj* der vorletzte; **~ego dnia** am vorletzten Tag
przedpłata *f* (*zaliczka*) Anzahlung *f*
przedpokój *m* Vorzimmer *n*
przedpołudnie *n* Vormittag *m*
przedramię *n* Unterarm *m*
przedrostek *m gram.* Präfix *n*
przedruk *m* Abdruck *m*
przedsiębiorca *m* Unternehmer *m*; **~ budowlany** Bauunternehmer
przedsiębiorstwo *n* Unternehmen *n*, Betrieb *m*
przedsięwzięcie *n* Vorhaben *n*
przedsionek *m anat.*: **~ serca** Vorkammer *f*
przedsprzedaż *f* Vorverkauf *m*
przedstawiać *imperf vt* (*kogoś*) vorstellen; (*sprawę*) darstellen; (*na scenie*) aufführen; **~ się** sich vorstellen
przedstawiciel *m* Vertreter *m*
przedstawicielstwo *n* Vertretung *f*; **~ handlowe** Handelsvertretung *f*
przedstawić *perf vt zob.* **przedstawiać**
przedstawienie *n* (*kogoś*) Vorstellung *f*; (*opis*) Darstellung *f*; (*w teatrze*) Aufführung *f*
przedszkole *n* Kindergarten *m*
przedtem *adv* vorher
przedwczesny *adj* vorzeitig
przedwczoraj *adv* vorgestern
przedwiośnie *n* Vorfrühling *m*
przedwojenn|y *adj* Vorkriegs-; **czasy ~e** Vorkriegszeit *f*
przedwyborcz|y *adj*: **spotkanie ~e** Wahltreffen *n*
przedział *m* (*kolejowy*) Abteil *n*; **~ dla niepalących** Nichtraucherabteil *n*
przedziałek *m* Scheitel *m*
przegląd *m* Übersicht *f*; **~ prasy** Presseschau *f*

przeglądać *imperf vt* ansehen, durchsehen; *lit.* anschauen; (*sprawdzać*) überprüfen; **~ się w lustrze** in den Spiegel sehen <schauen>
przegrać *perf vt*: **~ zakład** eine Wette verlieren; (*nagrać*) aufnehmen; **~ coś na taśmę** etw. auf das Tonband aufnehmen
przegrywać *imperf vt zob.* **przegrać**
przegub *m* Gelenk *n*; **~ ręki** Handgelenk *n*
przejaśniać się *imperf vr* (*o pogodzie*) sich aufheitern
przejazd *m* Durchfahrt *f*; **jestem tu ~em** ich bin hier auf der Durchreise
przejąć *perf vt* übernehmen; **~ się czymś** sich etw. zu Herzen nehmen
przejechać *perf vi* (durch)-fahren; **~ przez las** durch den Wald (durch)fahren; **~ przez Warszawę** durch, (*obwodnicą*) über Warschau fahren; **~ cały kraj** das ganze Land durchfahren, durch das ganze Land (durch)-fahren
przejmować *imperf vt zob.* **przejąć**
przejrzeć *perf vt zob.* **przeglądać**; *przen.* **~ kogoś na wylot** jmdn durchschauen
przejście *n* Duchgang *m*; **~ graniczne** Grenzübergang *m*
przejść *perf vi zob.* **przechodzić**; **~ na rentę** auf die Rente <*pot.* aufs Altenteil> gehen; **~ przez ulicę** die Straße überqueren; **~ się** spazierengehen
przekaz *m*: **~ pieniężny** Postanweisung *f*
przekazać *perf vt* übergeben, überreichen; **~ pieniądze (pocztą)** Geld anweisen <überweisen>; **~ pozdrowienia** Grüße bestellen; (*o informacji*) **~ komuś coś** jmdm etw. ausrichten
przekazywać *imperf vt zob.* **przekazać**
przekąska *f* Imbiss *m*
przeklinać *imperf vi, vt* fluchen; **~ kogoś** jmdn

verfluchen <verwünschen>
przekład *m* Übersetzung *f*
przekładać *imperf vt* (*tłumaczyć*) übersetzen; (*na inny termin, na inne miejsce*) verlegen
przekłuć *perf vt* durchstechen
przekłuwać *imperf vt zob.* **przekłuć**
przekonać *perf vt* überzeugen
przekonywać *imperf vt zob.* **przekonać**
przekreślać *imperf vt* (durch)streichen; **~ czyjeś plany** jmds Pläne durchkreuzen
przekreślić *perf vt zob.* **przekreślać**
przekrój *m*: **~ poprzeczny** Querschnitt *m*; **~ podłużny** Längsschnitt *m*
przekształcać *imperf vt* verwandeln, umformen; **~ się** sich verwandeln
przekształcić *perf vt zob.* **przekształcać**
przekupić *perf vt* bestechen
przekwalifikować się *perf vr* sich umqualifizieren
przelew *m* (*pieniędzy*) Geldtransfer *m*
przelicznik *m* (*bankowy*) Wechselkurs *m*
przeliczyć *perf vt* (*pieniądze*) nachzählen
przeliterować *perf vt* buchstabieren
przelotn|y *adj* flüchtig; **~a znajomość** eine flüchtige Bekanntschaft
przelotnie *adv* vorübergehend
przełączyć *perf vt* umschalten
przełęcz *f* Gebirgspass *m*, Engpass *m*
przełknąć *perf vt* verschlucken
przełom *m* Durchbruch *m*
przełomowy *adj* entscheidend
przełożony *m* Vorgesetzte *m*
przełożyć *perf vt zob.* **przekładać**
przełyk *m* Speiseröhre *f*
przemawiać *imperf vi* eine Ansprache halten
przemęczenie *n* Ermüdung *f*
przemiana *f* Verwandlung

f; Änderung *f*; **~ materii** Stoffwechsel *m*
przemijać *imperf vi* vergehen
przeminąć *perf vi zob.* **przemijać**
przemoc *f* Gewalt *f*
przemoczyć *perf vt* durchnässen
przemoknąć *perf vi* nass werden
przemówienie *n* Ansprache *f*
przemycać *imperf vt* schmuggeln
przemycić *perf vt zob.* **przemycać**
przemysł *m* Industrie *f*
przemyt *m* Schmuggel *m*
przenieść *perf vt* (*na inny termin, na inne miejsce*) verlegen; **~ się** (*zmienić mieszkanie, siedzibę*) umziehen; **~ się do innej grupy** in eine andere Gruppe überwechseln
przenocować *perf vi* übernachten; **~ kogoś** jmdn beherbergen
przenosić *imperf vt zob.* **przenieść**
przenośny *adj* tragbar, mobil
przeoczyć *perf vt* übersehen
przepaść[1] *f* Kluft *f*
przepaść[2] *perf vi* verschwinden; **~ bez wieści** spurlos verschwinden; **~ na egzaminie** in der Prüfung durchfallen
przepić *vt* (*stracić*) verzechen
przepijać *imperf vt zob.* **przepić**
przepis *m* (*zarządzenie*) Vorschrift *f*; (*receptura*) Rezept *n*; **~y drogowe** Verkehrsvorschriften *pl*
przepisać (*odpisać*) abschreiben; (*na nowo*) umschreiben; **~ lekarstwo** eine Arznei verschreiben
przepisywać *imperf vt zob.* **przepisać**
przepona *f* Zwerchfell *n*
przeprasza|ć *imperf vt* um Verzeihung <Entschuldigung> bitten; **~m!** Entschuldigung!, entschuldigen Sie bitte!
przeprosić *perf vt zob.* **przepraszać**
przeprowadzać *imperf vt* (*wdrożyć*) durchführen; **~ sprawę rozwodową** ei-

nen Scheidungsprozess durchführen; **~ się** umziehen

przeprowadzić *perf vt zob.* **przeprowadzać**

przeprowadzka *f* Umzug *m*

przepuklina *f med.* Leistenbruch *m*

przepustka *f* (*dokument*) Passierschein *m*

przerabiać *imperf vt* (*na lekcji*) durchnehmen; (*przetwarzać*) verarbeiten; **~ płaszcz** den Mantel ändern

przerażać *imperf vt* erschrecken

przerazi|ć *perf vt zob.* **przerażać**; **~ć się** erschreken; **~łem się na ten widok** ich erschrak bei diesem Anblick; **to mnie ~ło** das erschreckte mich

przerobić *perf vt zob.* **przerabiać**

przerwa *f* Pause *f*

przerwać *perf vt* (*rozerwać*) zerreißen; **~ komuś** jmdn unterbrechen; **~ tamę <front>** den Damm <die Front> durchbrechen; **~ studia <milczenie>** das Studium <das Schweigen> unterbrechen; **~ się** (*np. o rozmowie telefonicznej*) unterbrochen werden

przerywać *imperf vt zob.* **przerwać**

przerzut *m med.* Metastase *f*; *sport.* (*podanie w piłce nożnej*) Pass *m*; (*w gimnastyce*) Überschlag *m*

przesad|a *f* Übertreibung *f*; **bez ~y!** nicht übertreiben!

przesadzać *imperf vt* (*o roślinach*) umpflanzen, verpflanzen; (*przeliczyć się*) übertreiben

przesadzić *perf vt zob.* **przesadzać**

przesąd *m* Vorurteil *n*, Aberglaube *m*

przesądny abergläubisch

przesiadać się *imperf vr* umsteigen

przesiadka *f* Umsteigen *n*

przesiąść się *perf vr zob.* **przesiadać się**

przesłać *perf vt* schicken; **~ komuś pozdrowienia** jmdm Grüße bestellen

przesłuchać *perf vt* verhören; **~ przestępcę** den Verbrecher verhören; **~**

taśmę (sich) das Tonband anhören
przesłuchiwać *imperf vt zob.* **przesłuchać**
przespać się sich einen kleinen Schlaf gönnen
przesta|ć *perf vi* (*nie kontynuować*) aufhören; **deszcz ~ł padać** der Regen hörte auf
przestawiać *imperf vt* umstellen; **~ się na coś** sich auf etw. umstellen
przestarzały *adj* veraltet
przestępca *m* Verbrecher *m*
przestraszy|ć *perf vt* erschrecken; **~łeś mnie** du hast mich erschreckt; **~ć się** erschrecken
przestrzegać *imperf vt* (*ostrzegać*) warnen; (*upominać*) mahnen; **~ tajemnicy** das Geheimnis wahren; **~ przepisów** Vorschriften befolgen, sich an die Vorschriften halten
przestrzeń *f* Raum *m*; **~ powietrzna** Luftraum *m*; **~ kosmiczna** Weltraum *m*
przesunąć *perf vt* (ver)schieben, rücken; **~ się** rücken; **proszę się ~ do przodu** bitte nach vorne rücken
przesuwać *imperf vt zob.* **przesunąć**
przesyłać *imperf vt zob.* **przesłać**
przesyłka *f* (*pocztowa*) Postsendung *f*; **~ polecona** Einschreiben *n*; (*list polecony*) Einschreibebrief *m*
przeszczep *m* Transplantation *f*
przeszkadzać *imperf vi* stören; **~ komuś** jmdn stören; (*utrudniać*) (ver)hindern; **komuś w czymś ~** jmdn an etw. (ver)hindern
przeszk|oda *f* Hindernis *n*; **bez ~ód** unbehindert, problemlos; *sport.* **bieg z ~odami** Hürdenlauf *m*
przeszkodzić *perf. vi zob.* **przeszkadzać**
przeszłość *f* Vergangenheit *f*
prześcieradło *n* (Bett)laken *n*
prześladować *perf vt* verfolgen, bedrängen

prześwietlenie *n med.* Röntgen *n*; *fot.* Überbelichtung *f*; **pójść na ~** zum Röntgen gehen, sich röntgen lassen

prześwietlić *perf vt* röntgen; **~ się** sich röntgen lassen; *fot.* überbelichten

przetarg *m* Auktion *f*, Versteigerung *f*; **ogłoszenie o ~u** die Ausschreibung einer Auktion <einer Versteigerung>; **~ nieograniczony** eine öffentliche Versteigerung

przeterminowany *adj*: **towar ~** Ware mit abgelaufenem Verbrauchstermin

przetłumaczyć *perf vt* übersetzen; **~ z języka niemieckiego na polski** aus dem Deutschen ins Polnische übersetzen

przetrwać *perf vt* überdauern, überstehen

przetwarzać *imperf vt* verarbeiten; (*przemieniać*) verwandeln; *inform.* **~ dane** Daten verarbeiten

przetworzyć *perf vt zob.* **przetwarzać**

przetwórnia *f* Verarbeitungsbetrieb *m*; **~ owoców** ein obstverarbeitender Betrieb

przewag|a *f* Überlegenheit *f* (*równ. przen.*); (*o sile militarnej*) Übermacht *f*; *sport.* Vorsprung *m*; **zdobyć ~ę nad kimś** die Oberhand über jmdn gewinnen

przeważnie *adv* meist(ens), vornehmlich

przewidywać *imperf vt* voraussehen; (*przypuszczać*) vermuten; (*planować*) vorsehen; **~ pogodę** das Wetter vorhersagen

przewidzieć *perf vt zob.* **przewidywać**

przewietrzyć *perf vt* lüften; **~ się** *pot.* sich die Füße <Beine> vertreten

przewiewny *adj* (*o pomieszczeniu*) luftig; (*o ubiorze*) luftdurchlässig

przewijać *imperf vt* umspulen; **~ taśmę <kasetę>** das Tonband <die Kassette> umspulen; **~ dziecko** das Kind trockenlegen

przewodniczący *m* Vorsitzende *m*

przewodniczyć *imperf vi* leiten; **~ czemuś** etw. leiten

przewodnik *m* Führer *m*; **~ wycieczki** Fremdenführer *m*; **~ językowy** Sprachführer *m*; *elektr.* **~ ciepła** Wärmeleiter *m*

przewoźnik *m* Transportunternehmer *m*; (*przedsiębiorstwo*) Transportunternehmen *n*

przewód *m* Leitung *f*; (*elektryczny*) Leitungskabel *n*; (*kanalizacyjny*) Abflussrohr *n*

przewóz *m* Transport *m*

przewracać *imperf vt* umstoßen; **~ się** (um)fallen, (um)stürzen

przewrócić *perf vt zob.* **przewracać**

przewyższać *imperf vt* (*ze względu na wysokość*) überragen; (*przekraczać*) übersteigen; **~ coś** <kogoś> etw. <jmdn> überragen; (*o dokonaniach*) übertreffen, überbieten

przewyższyć *perf vt zob.* **przewyższać**

przez *praep* durch, über, von; **~ cały rok** über das ganze Jahr; das ganze Jahr lang; **~ nieuwagę** durch Übersehen <Versehen>

przeziębić się *perf vr* sich erkälten, sich Erkältung zuziehen

przeziębienie *n* Erkältung *f*, Unterkühlung *f*

przeziębiony *adj* erkältet

przeznaczać *imperf vt* bestimmen

przeznaczenie *n* Bestimmung *f*; (*los*) Schicksal *n*; (*fatum*) Verhängnis *n* (*opatrzność*) Vorsehung *f*

przeznaczyć *perf vt zob.* **przeznaczać**; **~ coś na sprzedaż** etw. für den Verkauf bestimmen

przezrocze *n* Dia(positiv) *n*

przezroczysty *adj* durchsichtig, transparent; (*o powietrzu*) klar

przezwisko *n* Spitzname *m*

przezwyciężyć *imperf vt* überwinden; **~ strach** die Angst überwinden

przeżegnać *perf vt* bekreuzen; **~ się** sich bekreuzigen

przeżyć *perf vt* (*kogoś*)

überleben; **~ przygodę** ein Abenteuer erleben
przeżytek *m* Relikt *n*, Rudiment *n*, Überbleibsel *n*
przodek *m* (*w rodzinie*) Vorfahr(e) *m*
przód *m* Vorderseite *f*, Vorderteil *m*; **iść przodem** vorgehen
przy *praep* bei, an; **mieszkam ~ tej ulicy** ich wohne in dieser Straße; **wypadek ~ pracy** Arbeitsunfall *m*; **rozmowa ~ stole** Tischgespräch *n*; **~ tej okazji** bei dieser Gelegenheit
przybliżenie *n* Annäherung *f*
przyby|ć *perf vi* (an)kommen; **~ć do Warszawy** nach Warschau kommen, in Warschau ankommen; **~ć do kogoś** zu jmdm kommen; **~ło jej 5 kg** sie hat 5 Kilo zugenommen
przybywać *imperf vi zob.* **przybyć**
przychodnia *f* Poliklinik *f*
przychodzić *imperf vi* kommen; **~ w odwiedziny** zu Besuch kommen; **przyszło mi na myśl** ich bin auf den Gedanken gekommen
przychód *m* Einkommen *n*
przycisk *m* Knopf *m*
przyciskać *imperf vt* drücken
przycisnąć *perf vt zob.* **przyciskać**
przyczepa *f* Anhänger *m*; (*przy motocyklu*) Beiwagen *m*; **~ kempingowa** Wohnwagen *m*
przyczepiać *imperf vt* anhängen; (*spinaczem*) anheften; (*przywiązać*) anbinden
przyczepić *perf vt zob.* **przyczepiać**
przyczyn|a *f* Ursache *f*, Grund *m*; **z tej ~y** aus diesem Grund(e)
przyda|ć się *perf vr;* nutzen können; **to mi się ~** das werde ich gut brauchen <nutzen> können
przydawać się *imperf vr zob.* **przydać się**
przydzielać *imperf vt* zuteilen
przydzielić *perf vt zob.* **przydzielać**
przyglądać się *imperf vr*

~ czemuś sich etw. ansehen, etw. anstarren

przygnębienie *n* Niedergeschlagenheit *f*, Depression *f*

przygoda *f* Abenteuer *n*; (*przeżycie*) Erlebnis *n*

przygotować *perf vt* vorbereiten; (*o potrawach*) zubereiten; (*opracować*) aufbereiten; **~ się do egzaminu** sich auf eine Prüfung vorbereiten

przygotowywać *imperf vt zob.* **przygotować**

przygraniczny *adj* Grenz-; **teren ~** Grenzgebiet *n*

przyimek *m gram.* Präposition *f*

przyjaciel *m* Freund *m*

przyjacielski *adj* freundlich, freundschaftlich

przyjaciółka *f* Freundin *f*

przyjazd *m* Ankunft *f*, Anreise *f*

przyjazny *adj* freundlich

przyjaźnić się *imperf vr* befreundet sein; **~ z kimś** mit jmdm befreundet sein

przyjaźń *f* Freundschaft *f*

przyjąć *perf vt* annehmen; **~ prezent <warunki pracy>** das Geschenk <Arbeitsbedingungen> annehmen <akzeptieren>; **~ kogoś** jmdn aufnehmen; **~ kogoś do pracy** jmdn anstellen <einstellen>; **~ się** (*o roślinach*) aufgehen

przyjechać *perf vi* kommen, ankommen, angefahren kommen

przyjeżdżać *imperf vi zob.* **przyjechać**

przyjęcie *n* Aufnahme *f*; (*spotkanie towarzyskie*) Empfang *m*; (*akceptacja, założenie*) Annahme *f*

przyjmować *imperf vt zob.* **przyjąć**

przyjrzeć się *perf vr zob.* **przyglądać się**

przyjść *perf vi zob.* **przychodzić**

przykład *m* Beispiel *n*

przykro *adv*: **jest mi ~** es tut mir leid, ich bedaure

przykrość *f* Unannehmlichkeit *f*; Ärger *m*

przykr|y *adj* unangenehm; **~a rozmowa** ein unangenehmes Gespräch

przykryć *perf vt* zudecken; **~ się** sich zudecken

przykrywać *imperf vt zob.* **przykryć**
przylądek *m* Kap *n*
przylepiać *imperf vt* ankleben; aufkleben
przylepić *perf vt zob.* **przylepiać**
przylepiec *m* Pflaster *n*
przylot *m* Ankunft *f*; (*lądowanie*) Landung *f*
przyłączać *imperf vt* anschließen; **~ się** sich anschließen; **~ się do towarzystwa** sich der Gesellschaft anschließen
przyłączyć *perf vt zob.* **przyłączać**
przymiarka *f* (*u krawca*) Anprobe *f*
przymierzać *imperf vt* anprobieren
przymierzyć *perf vt zob.* **przymierzać**
przymiotnik *m gram.* Adjektiv *n*
przymrozek *m* Bodenfrost *m*
przymus *m* Zwang *m*
przynajmniej *adv* mindestens
przynęta *f* Köder *m*; (*wabik*) Lockmittel *n*
przynieść *perf vt* (*ze sobą*) mitbringen, bringen; (*skądś*) holen; **~ pożytek** Nutzen (ein)bringen
przypadek *m* Zufall *m*; *gram.* Kasus *m*, Fall *m*
przypadkiem *adv* zufällig
przypalić *perf vt* anbrennen; **~ mięso** das Fleisch anbrennen; **~ papierosa** die Zigarette anzünden; (*osmalić*) (an)sengen
przypiąć *perf vt* (*zatknąć*) anstecken; (*za pomocą spinacza*) anheften; (*za pomocą sprzączki*) anschnallen
przypilnować *perf vi* beaufsichtigen, aufpassen; **~ czegoś** auf etw. aufpassen, etw. beaufsichtigen
przypływ *m* Flut *f*; **~ i odpływ** Flut und Ebbe, Gezeiten *pl*, Tide *f*
przypominać *imperf vi* erinnern; **~ komuś coś** jmdn. an etw. erinnern; **~ coś sobie** sich an etw. erinnern
przypomnieć *perf vi zob.* **przypominać**
przypomnienie *n* Erinnerung *f*; (*upomnienie*) Mahnung *f*

przyprawa *f* Gewürz *n*, Würze *f*
przypuszczać *imperf vt* vermuten, annehmen
przyrod|a *f* Natur *f*; **pomnik ~y** Naturdenkmal *n*
przyrodni *adj* Stief-; **~ brat** Stiefbruder *m*
przyrząd *m* Gerät *n*
przyrządzać *imperf vt* zubereiten; **~ potrawę** eine Speise zubereiten
przyrządzić *perf vt zob.* **przyrządzać**
przyrzec *perf vt* zusagen, versprechen
przyrzeczenie *n* Zusage *f*, Versprechen *n*
przyrzekać *imperf vt zob.* **przyrzec**
przysiąc *perf vt* schwören; (*ślubować*) geloben
przysięg|a *f* Eid *m*, Schwur *m*; (*ślubowanie*) Gelöbnis *n*; **składać ~ę** einen Schwur <Eid> ablegen; **pod ~ą** unter Eid
przysięgać *imperf vt zob.* **przysiąc**
przysłać *perf vt* schicken; *lit.* senden; (*o rzeczach*) *rów.* zukommen lassen
przysłowie *n* Sprichwort *n*
przysłówek *m gram.* Adverb *n*
przysług|a *f* Gefallen *m*; **oddać ~ę** einen Gefallen tun
przysmak *m* Leckerbissen *m*, Delikatesse *f*; *lit.* Gaumenfreude *f*
przyspieszenie *n* Beschleunigung *f*
przystan|ek *m* Haltestelle *f*; **dwa ~ki dalej** zwei Stationen weiter
przystań *f* Anlegestelle *f*, Anlegeplatz *m*; *przen.* Zufluchtsort *m*
przystawka *f* (*potrawa*) Vorspeise *f*; *techn.* Ansatzstück *n*
przystojny *adj* gutaussehend, (*wysoki*) stattlich
przystosować się *perf vr* sich anpassen
przysunąć (się) *perf vt* (*vr*) heranrücken, näherrücken; **~ do czegoś <kogoś>** an etw. <an jmdn> näherrücken
przysuwać (się) *imperf vt* (*vr*) *zob.* **przysunąć (się)**
przyszłoś|ć *f* Zukunft *f*;

na ~ć künftig; **w ~ci** in (der) Zukunft
przyszły *adj* (zu)künftig; **w ~m tygodniu** nächste Woche, in der nächsten Woche
przyszyć *perf vt* annähen
przyszywać *imperf vt zob.* **przyszyć**
przytomność *f* Bewusstsein *n*; **~ umysłu** Geistesgegenwart *f*; **stracić ~** ohnmächtig <bewusstlos> werden; **odzyskać ~** zum Bewusstsein <zur Besinnung> kommen
przytomny *adj* bewusst, bei Bewusstsein; (*opanowany*) geistesgegenwärtig
przytulić *perf vt* drücken; **~ do piersi** an die Brust drücken; **~ się** sich kuscheln, sich anschmiegen
przywiązać *perf vt* (an)binden; **~ do czegoś** an etw. (an)binden; **~ się** sich gewöhnen (**do czegoś <do kogoś>** an etw. <an jmdn>)
przywiązywać *imperf vt zob.* **przywiązać**
przywilej *m* Vorrecht *n*, Privileg *n*
przywitać *perf vt* begrüßen; **~ się** sich grüßen; (*uścisnąć sobie ręce*) sich die Hände drücken
przywódca *m* Chef *m*; (*głowa, np. Kościoła*) Oberhaupt *n*
przywóz *m* (*import*) Einfuhr *f*, Import *m*; (*dostawa*) Lieferung *f*
przyznać *perf vt* zugeben (**że** dass); **~ nagrodę** einen Preis zuerkennen; (*nadać*) verleihen; **~ odznaczenie** einen Orden verleihen; **~ się do czegoś** etw. gestehen, sich zu etw. bekennen
przyznawać *imperf vt zob.* **przyznać**
przyzwoity *adj* anständig, ordentlich
przyzwyczaić *perf vt* gewöhnen (**do czegoś** an etw.); **~ się** sich gewöhnen
przyzwyczajać *imperf vt zob.* **przyzwyczaić**
przyzwyczajenie *n* Gewohnheit *f*
pseudonim *m* Deckna-

me *m*; (*przezwisko*) Spitzname *m*; ~ **artystyczny** Künstlername *m*
psota *f* Streich *m*
pstrąg *m* Forelle *f*
psuć *imperf vt* verderben; (*o mechanizmach*) *pot.* kaputtmachen; ~ **nastrój** die Stimmung, verderben; ~ **się** (*o dobrach konsumpcyjnych*) verderben; (*o mechanizmach*) kaputtgehen; (*odmówić posłuszeństwa*) versagen
psychiczn|y *adj* psychisch; **choroba ~a** Geisteskrankheit *f*
psychologia *f* Psychologie *f*
psychopata *m* Psychopath *m*; Geistesgestörte *m*
psychoterapia *f* Psychotherapie *f*
pszczoła *f* Biene *f*
pszenica *f* Weizen *m*
ptak *m* Vogel *m*; *przen.* **niebieski** ~ Tagedieb *m*; **z lotu ~a** aus der Vogelperspektive
publicystyka *f* Publizistik *f*
publicznie *adv* öffentlich
publiczność *f* Publikum *n*
publiczn|y *adj* öffentlich; **opinia ~a** die öffentliche Meinung
publikatory *pl* Medien *pl*
puchar *m* Pokal *m*; ~ **przechodni** Wanderpokal *m*
puchnąć *imperf vi* anschwellen
pucz *m* Putsch *m*, Staatsstreich *m*
pudel *m* Pudel *m*
pudełko *n* Schachtel *f*
puder *m* Puder *m*
puderniczka *f* Puderdose *f*
puenta *f* Pointe *f*; (*wniosek*) Schluss *m*, Schlussfolgerung *f*
pukać *imperf vi* klopfen; ~ **do drzwi** an die Tür klopfen
pulower *m* Pullover *m*; (*bez rękawów*) Pullunder *m*
puls *m* Puls *m*, Pulsschlag *m*; **mierzyć ~** den Puls fühlen <prüfen>
pułapk|a *f* Falle *f*; **wpaść w ~ę** in eine Falle gehen
pułkownik *m* Oberst *m*
punkt *m* Punkt *m*; ~ **widzenia** Gesichtspunkt *m*; ~ **wyjścia** Ausgangspunkt *m*; **słaby <mocny> ~** ein wunder <fes-

ter> Punkt; ~ **skupu** Annahmestelle *f*; ~ **karny** Strafpunkt *m*
punktacja *f* Punktwertung *f*
punktualnie *adv* pünktlich
punktualny *adj* pünktlich
pusty *adj* leer
pustynia *f* Wüste *f*
puszcza *f* Urwald *m*
puszczać *imperf vt* (*z rąk*) loslassen, freilassen; ~ **w ruch** in Bewegung setzen; ~ **na wolność** freilassen
puszka *f* Büchse *f*; ~ **konserw** Konservenbüchse *f*; ~ **na datki** Sammelbüchse *f*
puścić *perf vt zob.* **puszczać**
puzon *m* Posaune *f*
pycha *f* Überheblichkeit *f*; Hochmut *m*; ~! prima!
pył *m* Staub *m*
pysk *m* Maul *n*; *wulg. rów.* Fresse *f*
pyszny *adj* überheblich, hochmütig; (*wyborny*) vorzüglich, prima
pytać *imperf vt* fragen; ~ **o coś** nach etw. fragen
pytanie *n* Frage *f*; **powstaje** ~ es erhebt sich die Frage; **podchwytliwe** ~ Fangfrage *f*; **odpowiadać na** ~ auf die Frage antworten

R

rabat *m* Rabatt *m*, Preisnachlass *m*
rabować *imperf vt* rauben
rabunek *m* Raub *m*
rachunek *m* Rechnung *f*; ~ **ekonomiczny** Kalkulation *f*; **zapłacić** ~ die Rechnung begleichen
racj|a *f*: **mieć ~ę** recht haben; **nie mieć ~i** nicht recht haben, unrecht haben; **mieć swoje ~e** seine (guten) Gründe haben
racjonaln|y *adj* rational; **~e argumenty** triftige Argumente; **~e odżywianie** gesunde Ernährung

raczej *adv* eher, vielmehr
rad|a *f* (*porada*) Rat(schlag) *m*; (*zespół*) Rat *m*; **udzielić ~y** einen Rat geben <erteilen>; **~a nadzorcza** Aufsichtsrat *f*; **dać sobie ~ę** mit etw. zurechtkommen, mit etw. fertigwerden
radar *m* Radar *n*
radca *m* Rat *m*; **~ prawny** Rechtsberater *m*; **~ handlowy** (*ambasady*) Handelsattaché *m*
radio *m* Radio *n*, Rundfunk *m*; **nadawać przez ~** im Rundfunk <Radio> senden
radioodbiornik *m* Radioapparat *m*, Rundfunkempfänger *m*
radiosłuchacz *m* Radiohörer *m*, Rundfunkhörer *f*
radiostacja *f* Rundfunkstation *f*, Rundfunksender *m*
radiowóz *m* Streifenwagen *m*, Polizeiwagen *m*
radny *m* (*miejski*) Stadtverordnete *m*, Stadtrat *m*; (*gminny*) Gemeinderat *m*
radosny *adj* fröhlich
radoś|ć *f* Freude *f*; **nie posiadać się z ~ci** vor Freude außer sich sein; *pot.* aus dem Häuschen sein; **sprawić komuś ~ć** jmdm Freude bereiten
radzić *imperf vt* raten; **~ coś** zu etw. raten; **~ nad czymś** über etw. beraten; **~ sobie** mit etw. zurechtkommen <sich zu helfen wissen>
raj *m* Paradies *n*
rajd *m* (*samochodowy*) Rallye *f*
rajstopy *spl* Strumpfhose *f*
rak *m zool., med.* Krebs *m*
rakieta *f* Rakete *f*; *sport.* Rakett *n*; Schläger *m* **~ tenisowa** Tennisschläger *m*
ram|a *f* Rahmen *m*; **~a okienna** Fensterrahmen *m*; **oprawić w ~y** einrahmen; *przen.* **w ~ach czegoś** im Rahmen
rami|ę *m* Arm *m*; (*bark*) Schulter *f*; **wzruszać ~onami** mit den Achseln zucken
ran|a *f* Wunde *f*, Verletzung *f*; **odnieść ~y** Verletzungen davontragen;

opatrzyć ~ę eine Wunde verbinden

randk|a *f* Stelldichein *n*; **umówić się na ~ę** sich ein Stelldichein geben

ran|ek *m* Morgen *m*; **wstać ~kiem** früh morgens aufstehen

ran|ga *f* Rang *m*; **w ~dze generała** im Rang eines Generals; **pisarz wysokiej ~gi** ein Schriftsteller von hohem Rang

ranić *imperf vt* verletzen; (*zwł. na wojnie*) *rów.* verwunden; **~ kogoś śmiertelnie** jmdn tödlich verletzen; **~ nożem** mit dem Messer verletzen

ranking *m* Rangordnung *f*, Rangliste *f*

ranny *adj* verletzt; (*zwł. na wojnie*) verwundet

rano *adv* (früh)morgens; **dziś ~** heute morgen; **co ~** jeden Morgen

raport *m* Rapport *m*, Bericht *m*

rasa *f* Rasse *f*; **~ psów** Hunderasse *f*

rasizm *m* Rassismus *m*

rasowy *adj* reinrassig, Rasse-; **~ pies** Rassehund *m*; *przen.* **~ aktor** ein hervorragender Schauspieler *m*

rat|a *f* Rate *f*; **na ~y** auf Raten(zahlung); (*składka ubezpieczeniowa*) Prämie *f*

ratować *imperf vt* retten; **~ się ucieczką** die Flucht ergreifen

ratownik *m* Retter *m*; (*na pływalni*) Rettungsschwimmer *m*

ratunek *m* Rettung *f*; **wołać o ~** um Hilfe rufen <schreien>

ratusz *m* Rathaus *n*

raz *m* (*cios*) Schlag *m*; *num.* (*przy liczeniu*) eins; (*kiedyś*) einmal; **po ~ pierwszy** zum erstenmal; **w najlepszym ~ie** bestenfalls; **w przeciwnym ~ie** sonst

razem *adv* zusammen

razowiec *m* Vollkornbrot *n*

rączka *f* Händchen *n*, (*rękojeść*) Griff *m*, Stiel *m*

rdza *f* Rost *m*

reakcja *f* Reaktion *f*; **~ chemiczna** eine chemische Reaktion; **~ psy-**

chiczna eine psychische Reaktion
reaktor *m* Reaktor *m*; **~ jądrowy** Kernreaktor *m*
realizować *imperf vt* realisieren; **~ czek** einen Scheck einlösen
realn|y *adj* real; **~a wartość** Realwert *m*
reanimacja *f* Reanimation *f*, Wiederbelebung *f*;
rebus *m* Rebus *m*, *n*; Bilderrätsel *n*
recenzja *f* Rezension *f*; (*opinia*) Gutachten *n*
recepcja *f rów. przen.* Rezeption *f*, Aufnahme *f*
recepcjonista *m* Rezeptionist *m*
recepta *f* Rezept *n*
redagować *imperf vt* redigieren; **~ gazetę** eine Zeitung redigieren; **~ pismo <list, podanie>** ein Schreiben <einen Brief, eine Eingabe> verfassen
redakcj|a *f* Redaktion *f*; **pod czyjąś ~ą** herausgegeben von..., (*w skrócie*) hrsg. von...
redaktor *m* Redakteur *m*; **~ naczelny** Chefredakteur *m*
redukcja *f* Reduktion *f*, Abbau *m*; **~ miejsc pracy** Stellenabbau *m*, Personalabbau *m*
referat *m* Referat *n*, Vortrag *m*; **wygłosić ~** einen Vortrag <ein Referat> halten
referencje *pl* Empfehlungen *pl*
referendum *n* Volksabstimmung *f*, Volksentscheid *m*, Referendum *n*
refleks *m*: **mieć ~** gute Reflexe haben, reaktionsschnell sein, (*w reakcji słownej*) schlagfertig sein
reflektor *m* Scheinwerfer *m*
reforma *f* Reform *f*; **~ gospodarcza** Wirtschaftsreform *f*; **~ szkolnictwa** Schulreform *f*
reformować *imperf vt* reformieren
refren *m* Kehrreim *m*, Refrain *m*
refundować *imperf vt* zurückerstatten
regał *m* Regal *n*
region *f* Region *f*, Gebiet *n*
regulamin *m* Reglement

n, Ordnung *f*; **~ gry** Spielregeln *pl*
regularny *adj* regelmäßig; **~ tryb życia** eine geregelte Lebensweise
regulator *m* Regler *m*; *pot.* **na cały ~** mit voller Lautstärke
regulować *imperf vt* regulieren; **~ zegarek** die Uhr einstellen; **~ ruch uliczny** den Verkehr regeln <lenken>; **~ rachunki** Rechnungen begleichen
reguł|a *f* Regel *f*; **z ~y** in der Regel
rehabilitacja *f med.* Rehabilitation *f*
rejestr *m* Register *n*; **wciągnąć do ~u** ins Register eintragen
rejestracja *f* Registrierung *f*; (*np. w przychodni*) Aufnahme *f*
rejestracyjn|y *adj*: **tablica ~a** Nummernschild *n*
rejestrować *imperf vt* registrieren
rejon *m* Bezirk *m*
rejonizacja *f* Standortverteilung *f*
rejs *m* Schiffsfahrt *f*
rekin *m zool.* Haifisch *m*
reklama *f* Werbung *f*, Reklame *f*
reklamacj|a *f* Beanstandung *f*; **wnieść ~ę** eine Beanstandung erheben, etw. beanstanden
reklamować *imperf vt* beanstanden, reklamieren; (*o reklamie*) **~ coś** für etw. werben
reklamowy *adj* Reklame-; **artykuł ~** Werbeartikel *m*; **plakat ~** Werbeplakat *n*
reklamówka *f* (*siatka*) Plastikbeutel *n*; *pot.* Plastenbeutel *m*
rekompensata *f* Rückvergütung *f*; (*odszkodowanie*) Entschädigung *f*
rekonstrukcja *f* Rekonstruktion *f*, Wiederaufbau *m*; **~ zabytkowej budowli** der Wiederaufbau eines Baudenkmals
rekonwalescencja *f* Rekonvaleszenz *f*
rekord *m* Rekord *m*; **pobić <ustanowić> ~** einen Rekord schlagen <aufstellen>
rekreacja *f* Erholung *f*

rekrutacja *f* (*w szkolnictwie*) Aufnahmeverfahren *n*, Aufnahme *f*; *wojsk.* Anwerbung *f*; (*wcielenie do wojska*) Einberufung *f*

rektor *m* Rektor *m*

relacja *f* Relation *f*, Beziehung *f*; (*sprawozdanie*) Bericht *m*

relaks *m* Entspannung *f*

religia *f* Religion *f*; (*wiara*) Glauben *m*; (*wyznanie*) Konfession *f*

religijn|y *adj* religiös; (*wierzący*) gläubig; (*pobożny*) fromm; **uroczystość ~a** Kirchenfeier *f*; **tolerancja ~a** (Glaubens)toleranz *f*

remanent *m* Inventur *f*

remis *m* *sport.* Unentschieden *n*, unentschieden *adj*

remont *m* (Wieder)instandsetzung *f* Renovierung *f*; **~ generalny** (*np. silnika*) Generalüberholung *f*

rencista *m* Rentner *m*

renesans *m* *hist.* Renaissance *f*; *przen. rów.* Wiedergeburt *f*

renifer *m* Ren(tier) *n*

ren|ta *f* Rente *f*; **~ta inwalidzka** Invalidenrente *f*; **iść na ~tę** in <auf> Rente gehen, *pot.* aufs Altenteil gehen; **być na ~cie** in <auf> Rente sein, Rentner sein

rentgen *m* (*badanie*) Röntgenuntersuchung *f*

rentowny *adj* rentabel

reorganizacja *f* Reorganisation *f*, Neuordnung *f*

repatriant *m* Heimkehrer *m*, Repatriant *m*

reperacja *f* Reparatur *f*, Ausbesserung *f*

reperować *imperf vt* reparieren, ausbessern

repertuar *m* Spielplan *m*, Repertoire *n*

replika *f* (*odpowiedź*) Replik *f*, Erwiderung *f*; (*kopia dzieła*) Replikat *n*, Replik *f*, Kopie *f*

reportaż *m* Reportage *f*; Tatsachenbericht *m*

reporter *m* Reporter *m*, Berichterstatter *m*

represje *pl* Repressalien *pl*

reprezentacja *f* Vertretung *f*; (*drużyna*) Mannschaft *f*; *sport* **~ narodowa <młodzieżowa>** Nationalmannschaft *f* <Nachwuchsmannschaft *f*>

reprezentować *imperf vt* (*zastępować*) vertreten

reprodukcja *f* Kopie *f*

reprywatyzacja *f* Reprivatisierung *f*

republika *f* Republik *f*

reputacj|a *f* Ruf *m*; **mieć złą ~ę** einen schlechten Ruf haben, im schlechten Ruf stehen

resor *m* Feder *f*, Stahlfeder *f*; **~y** Federung *f*; (*teleskop*) Federbein *n*

resort *m* Amtsbereich *m*, Ressort *n*; **~ kultury** Kulturressort *n*, Kultur(amts)bereich *m*

restauracja *f* (*lokal*) Restaurant *n*; (*odnowienie*; *przywrócenie*) Restauration *f*

restrukturyzacja *f* Restrukturierung *f*

reszka *f* Avers *m*; **orzeł czy ~?** Kopf oder Schrift?

reszta *f* Rest *m*; (*pozostałość*) Überbleibsel *n*; (*do wydania*) Wechselgeld *n*

retransmisja *f* (*w radiu, w telewizji*) Nachübertragung *f*

retro *n nieodm*. Retro *f*

reumatyzm *m* Rheuma *n*

rewaluacja *f* Aufwertung *f*; *ekon*. Revalvation *f*; **~ złotego** die Revalvation des Zloty

rewanż *m* Vergeltung *f*; *sport* Revanche *f*

rewanżowy *adj*: **mecz ~** Rückspiel *n*, Revanchespiel *n*

rewelacja *f* Sensation *f*

rewia *f* Revue *f*, Schau *f*

rewizj|a *f* Durchsuchung *f*; (*w sądzie*) Berufung *f*; **~a osobista** Leibesvisitation *f*; **wnieść ~ę** Berufung einlegen

rewolucja *f* Revolution *f*

rewolwer *m* Pistole *f*, Revolver *m*

rezerw|a *f* (*zapas*) Vorrat *m*, Reserven *pl* (**czegoś** an etw.); (*powściągliwość*) Zurückhaltung *f*; *wojsk*. Reserve *f*; **z ~ą** zurückhaltend

rezerwacja *f* Vorbestellung *f*, Reservierung *f*

rezerwat *m* Schutzgebiet *n*, Reservat *n*

rezerwować *imperf vt* vorbestellen

rezultat *m* Ergebnis *n*, Resultat *n*
rezydencja *f* Residenz *f*
rezygnacja *f* Verzicht *m* (**z czegoś** auf etw.); (*apatia*) Resignation *f*; *med.* Apathie *f*
rezygnować *imperf vi*: verzichten; **~ z czegoś** auf etw. verzichten
reżym *m* Regime *n*
reżyser *m* Regisseur *m*; *pot.* Filmemacher *m*
reżyseria *f* Regie *f*
reżyserować *imperf vt* die Regie führen
ręcznie *adv* mit der Hand
ręcznik *m* Handtuch *n*
ręczn|y *adj* Hand-; **hamulec ~y** Handbremse *f*; **robota ~a** Handarbeit *f*
ręk|a *f* Hand *f*; **na własną ~ę** auf eigene Faust; **iść pod ~ę** Arm in Arm gehen; **wziąć kogoś pod ~ę** jmdn <sich bei jmdm> einhaken; *pot.* jmdn unterhaken; **od ~i** auf der Stelle, sofort; **wziąć dziecko na ręce** das Kind auf den Arm nehmen; **prosić o ~ę** sich erklären; *lit.* um die Hand anhalten
rękaw *m* Ärmel *m*
rękawiczki *pl* Handschuhe *pl*
rękodzieło *n* Kunsthandwerk *n*
rękopis *m* Handschrift *f*
robactwo *n* Ungeziefer *n*
robaczywy *adj* madig
robak *m* Wurm *m*; (*w żywności*) Made *f*
rober *m* (*w kartach*) Robber *m*
robi|ć *imperf vt* machen; **~ się ciemno <zimno>** es wird dunkel <kalt>; **~ć obiad** das Mittag(essen) zubereiten; **~ć duże pieniądze** das große Geld machen <schlagen>; **~ć porządki** Ordnung machen; **~ć dobrą minę do złej gry** gute Miene zum bösen Spiel machen
robocizna *f* Arbeitskosten *pl*
robocz|y *adj* Arbeits-; **~e ubranie** Arbeitskleidung *f*; **dzień ~y** Arbeitstag *m*, Werktag *m*
robot *m* Roboter *m*

robot|a *f* Arbeit *f*; **nie mieć nic do ~y** nichts zu tun haben
robotnik *m* Arbeiter *m*
rock *m muz.* Rockmusik *f*
rocznica *f* Jahrestag *m*
roczn|y *adj* Jahres-; **~e stypendium** Jahresstipendium *n*; **bilans ~y** Jahresbilanz *f*
rodak *m* Landsmann *m*
rodowity *adj* gebürtig; **~ Niemiec** ein gebürtiger Deutscher
rodzaj *m* Art *f*; *biol.* Gattung *f*; *gram.* Genus *n*, Geschlecht *n*; **~ ludzki** Menschengeschlecht *n*; **jedyny w swoim ~u** eigenartig
rodzajnik *m* Artikel *m*
rodzeństwo *n* Geschwister *n*
rodzice *spl* Eltern *spl*
rodzi|ć *imperf vt* gebären; **~ć się** geboren werden; (*powstawać*) entstehen; **~ się pytanie** es erhebt sich die Frage
rodzina *f* Familie *f*
rodzynek *m* Rosine *f*
rogalik *m* Hörnchen *n*; (*precelek*) Brezel *f*
rok *m* Jahr *n*; **w zeszłym ~u** voriges Jahr; **w przyszłym ~u** nächstes Jahr; **w ~u bieżącym** im laufenden Jahr; **~ szkolny** Schuljahr *n*; **Nowy Rok** Neujahr *n*; **do siego ~u!** glückliches Neujahr!
rola[1] *f* (*ziemia uprawna*) Acker(boden) *m*
rol|a[2] *f teatr.* Rolle *f*; **główna ~a** Hauptrolle *f*; **odgrywać ~ę** eine Rolle spielen
rolada *f* Roulade *f*
roleta *f* Rolladen *m*
rolka *f*: **~ papieru** Papierrolle *f*
rolki *pl* (*łyżworolki*) Rollschuhe *spl*
rolnictwo *n* Landwirtschaft *f*
rolnik *m* Landwirt *m*, Bauer *m*
rolny *adj* landwirtschaftlich
romans *m* Liebesabenteuer *n*, Liebesaffäre *f*; (*przygoda miłosna*) Liebelei *f*; (*książka*) Liebesroman *m*
romantyzm *m hist.* Romantik *f*

rondel *m* Kasserolle *f*, Schmortopf *m*
rondo *n* (Straßen)ring *m*; *muz.* Rondo *n*
ropa *f* Erdöl *n*; (*olej napędowy*) Dieselöl *n*; *med.* Eiter *m*
ropień *m med.* Eiterbeule *f*, Abszess *m*
ropniak *m pot.* Diesel(motor) *m*
ropucha *f* Kröte *f*
rosa *f* Tau *m*
Rosjanin *m* Russe *m*
Rosjanka *f* Russin *f*
rosnąć *imperf vi* wachsen; **~ w oczach** zusehends wachsen
rosół *m* (Fleisch)brühe *f*
rostbef *m kulin.* Rost(rinder)braten *m*
rosyjsk|i *adj* russisch; **język ~i** das Russische; **mówić po ~u** Russisch sprechen
rower *m* (Fahr)rad *n*
rowerzysta *m* Radfahrer *m*
rozbić *perf vt* zerschlagen, zerbrechen; **~ szybę** eine (Fenster)scheibe zerbrechen <zerschlagen>; **~ samochód** ein Auto kaputtfahren; **~ się** (*np. o szybie*) zerbrechen; **~ się samochodem** mit dem Auto verunglücken
rozbierać *imperf vt* ausziehen; (*na części*) zerlegen; **~ się** sich ausziehen
rozbijać *imperf vt zob.* **rozbić**
rozbiórka *f* (*burzenie*) Abriss *m*
rozbrojenie *n* Abrüstung *f*
rozchodzić się *imperf vr* auseinandergehen; (*rozwodzić się*) sich scheiden lassen
rozcieńczać *imperf vt* verdünnen
rozcieńczyć *perf vt zob.* **rozcieńczać**
rozczarować *perf vt* enttäuschen
rozczarowanie *n* Enttäuschung *f*
rozdać *perf vt* verteilen
rozdawać *imperf vt zob.* **rozdać**
rozdział *m* (*w książce*) Kapitel *n*
rozdzielać *imperf vt* verteilen; (*majątek*) aufteilen; (*rozłączać*) trennen

rozdzielić *perf vt zob.* **rozdzielać**
rozdzierać *imperf vt* zerreißen
rozebrać *perf vt zob.* **rozbierać**
rozedrzeć *perf vt zob.* **rozdzierać**
rozejm *m* Waffenstillstand *m*
rozejrzeć się *perf vr* sich umschauen
rozejść się *perf vr zob.* **rozchodzić się**
rozerwać się *perf vr* reißen; (*odprężyć się*) sich entspannen
rozgałęziacz *m elektr.* Gabelschaltung *f*
rozglądać się *imperf vr zob.* **rozejrzeć się**
rozgłośnia *f* (Rundfunk)-sender *m*, (Radio)sender *m*
rozgniatać *imperf vt* zerdrücken, zerquetschen
rozgnieść *perf vt zob.* **rozgniatać**
rozgniewać się *perf vr* zornig <böse> werden; **~ na kogoś** jmdm böse werden
rozgrzać się *perf vr* sich erwärmen
rozgrzewać się *imperf vr zob.* **rogrzać się**
rozgrzewka *f sport* Erwärmung *f*
rozjaśniać *imperf vt* aufhellen; **~ się** (*o pogodzie*) sich aufheitern
rozjaśnić *perf vt zob.* **rozjaśniać**
rozkaz *m* Befehl *m*
rozkazać *perf vt* befehlen
rozkazywać *imperf vt zob.* **rozkazać**
rozkład *m*: **~ zajęć** Stundenplan *m*; **~ jazdy** Fahrplan *m*; *przen.* **~ małżeństwa** der Zerfall der Ehe
rozkładać *imperf vt*: **~ obrus** eine Tischdecke auflegen; **~ obóz** ein Lager aufschlagen; **~ kanapę** das Sofa aufklappen
rozkodować *perf vt* dekodieren
rozkosz *f* Wollust *f*, Wonne *f*
rozkwit *m* Blüte *f*; (*proces*) Aufblühen *n*
rozlać *perf vt* (*niechcący*) verschütten; (*do naczyń*) einfüllen

rozlewać *imperf vt zob.* **rozlać**
rozliczać się *imperf vr* abrechnen; **~ się z wierzycielami** mit Gläubigern abrechnen
rozliczyć się *perf vr zob.* **rozliczać się**
rozluźnić *perf vt* lockern; **~ się** sich auflockern
rozłam *m* Spaltung *f*
rozłączać *imperf vt* (*o prądzie*) ausschalten; **~ się** (*o rozmowie telefonicznej*) abbrechen
rozłączyć *perf vt zob.* **rozłączać**
rozłożyć *perf vt zob.* **rozkładać**
rozmawiać *imperf vi* sprechen
rozmiar *m* Größe *f*
rozmieniać *imperf vt* (*o pieniądzach*) wechseln
rozmienić *perf vt zob.* **rozmieniać**
rozmieszczać *imperf vt* unterbringen
rozmieścić *perf vt zob.* **rozmieszczać**
rozmnażać się *imperf vr* sich vermehren
rozmowa *f* Gespräch *n*; **~ telefoniczna** Telefongespräch *n*; **~ zamiejscowa <miejscowa>** Ferngespräch *n* <Ortsgespräch *n*>
rozmówca *m* Gesprächspartner *m*
rozmówki *pl* Gesprächsbuch *n*; **~ polsko-niemieckie** ein polnisch-deutsches Gesprächsbuch
rozmrażać *imperf vt* abtauen; **~ lodówkę** den Kühlschrank abtauen
rozmyślać *imperf vi* nachdenken (**nad czymś** über etw.)
rozmyślić się *perf vr* sich umdenken, sich anders besinnen
rozmyślnie *adv* absichtlich
rozmyślny *adj* absichtlich
rozpacz *f* Verzweiflung *f*; **doprowadzić do (czarnej) ~y** zur (hellen) Verzweiflung bringen
rozpaczać *imperf vi* jammern
rozpaczliwy *adj* verzweiflungsvoll, jämmerlich
rozpada|ć się *imperf vi* zerfallen; (*o deszczu*) sich einregnen; **~ło się** es hat sich eingeregnet

rozpakować *perf vt* (*np. walizkę*) auspacken; **~ się** auspacken

rozpalać *imperf vt rów. przen.* entfachen, anfachen

rozpalić *perf vt zob.* **rozpalać**

rozpaść się *perf vr zob.* **rozpadać się**

rozpatrzyć *perf vt*: **~ skargę** eine Beschwerde prüfen

rozpęd *m* Schwung *m*; (*rozbieg*) Anlauf *m*

rozpędzić *perf vt* vertreiben; **~ gapiów** die Gaffer vertreiben; **~ się** (*wziąć rozbieg*) einen Anlauf nehmen; (*osiągnąć dużą szybkość*) in Schwung sein

rozpętać *perf vt*: **~ spór** einen Streit anzetteln

rozpiąć *perf vt* (*o guzikach*) aufknöpfen; (*o zamku błyskawicznym*) aufziehen; (*o żaglach*) aufspannen

rozpinać *imperf vt zob.* **rozpiąć**

rozplątać *perf vt* aufknüpfen, auflösen

rozpłakać się *perf vr* in Tränen ausbrechen

rozpocząć *perf vt* beginnen, anfangen

rozpoczynać *imperf vt zob.* **rozpocząć**

rozpogodzi|ć się *perf vr* sich aufheitern; **~ło się** es hat sich aufgeheitert

rozporek *m* Schlitz *m*

rozporządzenie *n* Anordnung *f*; **wydać ~** eine Anordnung erlassen

rozpoznać *perf vt* (wieder)-erkennen

rozpoznawać *imperf vt zob.* **rozpoznać**; *prawn.* **~ sprawę** über etw. verhandeln

rozpoznawczy *adj* Erkennungs-, Kenn-; **znak ~** Erkennungszeichen *n*, Kennzeichen *n*

rozpracować *perf vt* (*dokładnie opracować*) ausarbeiten; (*dochodzić prawdy*) aufklären; (*przejrzeć kogoś*) jmdn durchschauen, jmdm auf die Schliche kommen

rozprawa *f* (*sądowa*) Verhandlung *f*; (*naukowa*) Abhandlung *f*; **~ doktorska** Dissertation *f*

rozprawiać *imperf vi* ausführen (**o czymś** etw.); (*rozwodzić się nad czymś*) sich über etw. auslassen

rozprawić się *perf vr*: **~ z przeciwnikiem** den Gegner bezwingen

rozprostować *perf vt*: **~ nogi** sich die Füße <Beine> vertreten

rozpusta *f* Unzucht *f*; *żart.* Übermut *m*

rozpuszczać *imperf vt* (*tłuszcz*) zerlassen; (*włosy*) auflösen; (*rozpieszczać*) verwöhnen, verziehen; (*zwalniać*) entlassen; **~ się** (*w cieczy*) sich auflösen

rozpuszczalnik *m* Lösungsmittel *n*

rozpuścić *perf vt zob.* **rozpuszczać**

rozpylacz *m* (*np. do perfum*) Zerstäuber *m*

rozrachunek *m ekon.* Abrechnung *f*

rozróżniać *imperf vt* unterscheiden, differenzieren

rozróżnić *perf vt zob.* **rozróżniać**

rozruch *m techn.* Inbetriebnahme *f*

rozruchy *pl* (*zamieszki*) Unruhen *spl*

rozruszać *imperf vt techn.* (*o urządzeniach*) in Betrieb nehmen <setzen>; (*ożywiać, dodawać animuszu*) aufmuntern; **~ zdrętwiałe nogi** sich die Füße <Beine> vertreten; **~ się** (*nabrać wigoru*) munter werden, in Schwung kommen

rozrusznik *m* (*samochodowy*) Anlasser *m*, Starter *m*; (*dźwignia motocykla*) Kickstarter *m*

rozrzucać *imperf vt* auseinanderwerfen, verstreuen; **~ ulotki** Flugblätter (umher)werfen

rozrzutny *adj* verschwenderisch

rozsądek *m* Vernunft *f*; **zdrowy ~** gesunder Menschenverstand

rozsądny *adj* vernünftig

rozstać się *perf vr* sich trennen; (*pożegnać się z kimś*) sich von jmdm verabschieden <Abschied nehmen>; **~ się** (*rozwieść się*) **z mężem <z żoną>** sich von ihrem Mann

<von seiner Frau> scheiden lassen

rozstanie *m* Trennung *f*, (*pożegnanie*) Abschied *m*; (*rozwód*) Scheidung *f*

rozstaw *m*: *techn.* **~ kół** Spurweite *f*

rozstawać się *imperf vr zob.* **rozstać się**

rozstrój *m*: **~ żołądka** Magenverstimmung *f*

rozstrzygać *imperf vt* entscheiden; **~ spór** einen Streit entscheiden

rozstrzygnąć *perf vt zob.* **rozstrzygać**

rozszerzać *imperf vt* erweitern; (*w odniesieniu do szerokości*) verbreitern, breiter machen; **~ się** (*o rozciągliwości*) sich ausdehnen; (*rozprzestrzeniać się*) sich ausbreiten, sich verbreiten; (*nasilać się*) zunehmen

rozszerzyć *perf vt zob.* **rozszerzać**

rozśmieszać *imperf vt* zum Lachen bringen, erheitern

roztargniony *adj* zerstreut

roztropny *adj* (*przezorny*) umsichtig; (*rozważny*) besonnen; (*rozumny*) vernünftig, gescheit

roztwór *m chem.* Lösung *f*

roztyć się *perf vr* dick(leibig) werden

rozum *m* Verstand *m*; **zdrowy ~** gesunder Menschenverstand *m*; **człowiek wielkiego ~u** ein Mensch von großem Format; *przen.* **pójść po ~ do głowy** sich auf sich selbst besinnen

rozumie|ć *imperf vt* verstehen; **on nie ~ po niemiecku** er kann <versteht> nicht Deutsch; **~ć się** sich verstehen; *pot.* **~ć się na czymś** sich auf etw. verstehen

rozumny *adj* vernünftig

rozwag|a *f* Umsicht *f*; **z ~ą** mit Bedacht

rozważać *imperf vt* erwägen, überlegen; (*na wadze*) auswiegen

rozwiązać *perf vt* (*o organizacji*) auflösen; (*rozsupłać*) *rów.* aufbinden; (*o zadaniach*) lösen; **~ zagadkę** ein Rätsel lösen <erraten>

rozwiązanie *m* Auflösung *f*; Aufbinden *n*; Lösung *f*; *por.* **rozwiązać**
rozwiązywać *imperf vt zob.* **rozwiązać**
rozwiedziona *f* Geschiedene *f*; *adj* geschieden
rozwiedziony *m* Geschiedene *m*; *adj* geschieden
rozwieść się *perf vr* sich scheiden lassen
rozwijać *imperf vt* (*z papieru*) auswickeln; (*działalność*) entwickeln, entfalten; **~ się** sich entwickeln
rozwinąć *perf vi zob.* **rozwijać**
rozwodnik *m* Geschiedene *m*, ein geschiedener Mann
rozwodzić się *imperf vr* sich scheiden lassen (**z kimś** von jmdm); **~ się nad czymś** sich über etw. auslassen
rozwolnienie *n med.* Durchfall *m*, Diarrhöe *f*
rozwód *m* Scheidung *f*; **wziąć z kimś ~** sich von jmdm scheiden lassen
rozwódka *f* Geschiedene *f*, eine geschiedene Frau
rozwój *m* Entwicklung *f*; **~ fizyczny <umysłowy>** die körperliche <geistige> Entwicklung
rożen *m* (Brat)rost *m*, Grill *m*; **piec na ~nie** grillen; **kurczak z ~na** Grillhähnchen *n*
ród *m* Geschlecht *n*; **~ ludzki** Menschengeschlecht *n*
róg *m* (*zwierzęcy*; *instrument muzyczny*) Horn *n*; **na rogu (ulicy)** an der Ecke; **za rogiem** um die Ecke
rów *m* Graben *m*
równać się *imperf vr mat.* gleich sein; **dwa razy dwa ~ się cztery** zwei mal zwei ist (gleich) vier
również *adv* auch, ebenfalls; **jak ~** sowie; **tak... jak ~** sowohl... als auch
równik *m geogr.* Äquator *m*
równina *f* Ebene *f*, Flachland *n*
równo *adv* (*równomiernie*) gleichmäßig; **to kosztowało ~ sto marek** das kostete genau hundert Mark
równoległy *adj* parallel

równoleżnik *m geogr.* Breitenkreis *m*

równorzędn|y *adj* (*w odniesieniu do wartości*) gleichwertig; (*w odniesieniu do rangi*) gleichrangig; (*równoprawny*) gleichberechtigt; **~i partnerzy** gleichberechtigte Partner

równość *f* Gleichheit *f*; **~ wobec prawa** Rechtsgleichheit *f*

równouprawnienie *n* Gleichberechtigung *f*; **~ kobiet <płci>** die Gleichberechtigung der Frauen <der Geschlechter>

równowag|a *f* Gleichgewicht *n*; **stracić ~ę** das Gleichgewicht verlieren; **odzyskać ~ę** das Gleichgewicht wiedererlangen <wiederfinden>; **wyprowadzić kogoś z ~i** jmdn aus der Fassung <aus dem Gleichgewicht> bringen

równy *adj* (*jednakowy*) gleich; (*gładki*) glatt; **jesteśmy w ~m wieku** wir sind im gleichen Alter <gleichaltrig>

róża *f* Rose *f*

różaniec *m* Rosenkranz *m*

różdżkarz *m* Rutengänger *m*

różnica *f* Unterschied *m*; *mat.* Differenz *f*; **~ zdań** Meinungsverschiedenheit *f*

różnić się *imperf vr* sich unterscheiden, differieren; **~ się pod względem wymowy** sich bezüglich der Aussprache unterscheiden; **~ się zdecydowanie od innych** sich von anderen deutlich unterscheiden

różnorodny *adj* verschiedenartig, mannigfaltig

różn|y *adj* (*rozmaity*) verschieden; **osoby ~ej płci** Personen beider Geschlechter; **osoby ~ych wyznań** Personen <Menschen> verschiedener Konfessionen

różowy *adj* rosarot

rubel *m* Rubel *m*

rubin *m* Rubin *m*

rubryka *f* Rubrik *f*; **~ ogłoszeń** Anzeigenteil *m*

ruch *m* Bewegung *f*; **stać bez ~u** regungslos (da)-

stehen; **~ uliczny** Straßenverkehr *m*; **~ oporu** Widerstandsbewegung *f*

ruchliw|y *adj* (*żwawy*) beweglich; (*uczęszczany*) rege; **~a ulica** eine Straße mit regem Verkehr <Betrieb>

ruchom|y *adj* beweglich; *techn.* mobil; **~e schody** Rolltreppe *f*

ruda *f* Erz *n*; **~ żelaza** Eisenerz *n*

rudy *adj* (fuchs)rot; (*o włosach*) rothaarig

ruina *f* Ruine *f*, Verfall *m*; **~ gospodarcza** wirtschaftlicher Ruin

ruiny *pl* Ruinen *spl*, Trümmer *pl*

ruletka *f* Roulett *n*

rum *m* Rum *m*

rumianek *m* Kamille *f*; (*napar*) Kamillentee *m*

Rumun *m* Rumäne *m*

Rumunka *f* Rumänin *f*

rumuński *adj* rumänisch

runąć *perf vi* (*zawalić się*) zusammenfallen; (*o samolocie*) abstürzen

runda *f* Runde *f*; **~ honorowa** Ehrenrunde *f*; **~ eliminacyjna** Vorrunde *f*

rura *f* Rohr *n*; **~ wydechowa** Auspuffrohr *n*, Abgassrohr *n*

rurociąg *m* Rohrleitung *f*, Pipeline *f*

ruszać *imperf vt* (*dotykać*) anfassen; (*poruszać*) bewegen; (*wyruszać w drogę*) aufbrechen

ruszt *m* (Brat)rost *m*

ruszyć *perf vt zob.* **ruszać**

rwać *imperf vt* (*owoce, kwiaty*) pflücken; **~ zęby** (*u dentysty*) die Zähne ziehen lassen; **~ się** reißen; **~ się do czegoś** darauf brennen, etw. zu tun

ryb|a *f* Fisch *m*; **łowić ~y** Fische fangen; (*na wędkę*) angeln

rybak *m* Fischer *m*; (*wędkarz*) Angler *m*

ryczałt *m* Pauschale *f*

rynek *m* Markt *m*; **wolny ~** der freie Markt; **czarny ~** der Schwarzmarkt

rynna *f* (Dach)rinne *f*, Traufe *f*

rynsztok *m* Rinnstein *m*

rys *m* (*zarys*) Abriss *m*; (*cecha*) Zug *m*; **~ charakteru** Charakterzug *m*

rysa *f* Riss *m*, Ritze *f*

rysopis *m* eine kurze Personenbeschreibung

rysować *imperf vt* zeichnen; (*robić rysy*) (zer)-kratzen

rysunek *m* Zeichnung *f*; **~ techniczny** eine technische Zeichnung, (*czynność*) technisches Zeichnen

rysunkowy *adj* Zeichen-; **blok ~** Zeichenblock *m*; **film ~** Zeichen(trick)-film *m*

rytm *m* Rhythmus *m*

rywal *m* Rivale *m*

rywalizować *imperf vi* rivalisieren, wetteifern (**o coś** um etw.)

rywalka *f* Rivalin *f*

ryzyko *n* Risiko *n*; **na własne ~** auf eigene Gefahr, auf eigenes Risiko

ryzykować *imperf vi* riskieren; **~ życie** sein Leben riskieren

ryż *m* Reis *m*

rzadk|i *adj* (*rzadko spotykany*) selten; (*o cieczy niegęsty*) dünnflüssig; **~ie włosy** schütteres Haar; **~a okazja** eine günstige Gelegenheit *f*

rzadko *adv* (*nieczęsto*) selten

rząd[1] *m* (*szereg*) Reihe *f*

rząd[2] *m* (*władza*) Regierung *f*

rządzić *imperf vi* regieren; **~ państwem** den Staat regieren

rzecz *f* Sache *f*; **~ wartościowa** Wertsache *f*; **~y używane** Gebrauchtsachen *spl*

rzecznik *m*: **~ (prasowy) rządu** Regierungssprecher *m*

rzeczownik *m gram.* Substantiv *n*, Nomen *n*

rzeczow|y *adj* sachlich; **~a dyskusja** eine sachliche <substanzhaltige> Diskussion

rzeczpospolita *f* Republik *f*

rzeczywistość *f* Wirklichkeit *f*; **~ wirtualna** virtuelle Wirklichkeit

rzeczywist|y *adj* real, Real-; **~a wartość** Realwert *m*

rzek|a *f* Fluss *m*; **w górę <w dół> ~i** stromauf <stromab>

rzekomo *adv* angeblich
rzekomy *adj* angeblich, vermeintlich; **~ bohater** der angebliche <vermeintliche> Held
rzemieślnik *m* Handwerker *m*
rzemiosło *n* Handwerk *n*; **~ artystyczne** Kunsthandwerk *n*
rzemyk *m* Riemen *m*
rzetelny *adj* (*uczciwy*) redlich, rechtschaffen
rzeźba *f* Skulptur *f*; (*dziedzina sztuki*) *rów.* Bildhauerei *f*; (*posąg*) Standbild *n*
rzeźbiarz *m* Bildhauer *m*
rzeźbić *imperf vt*: **~ w kamieniu** in Stein hauen; **~ w drzewie** in Holz schnitzen
rzeźnik *m* Fleischer *m*, Metzger *m*
rzęsa *f* Wimper *f*
rzodkiewka *f* Radieschen *n*
rzucać *imperf vt* werfen; **~ piłkę** den Ball werfen; **~ palenie** das Rauchen aufgeben, sich das Rauchen abgewöhnen; **~ rodzinę** die Familie verlassen <im Stich lassen>; **~ się do wody** sich ins Wasser stürzen; *pot.* **~ się na jedzenie** über das Essen herfallen
rzut *m* Wurf *m*; **na pierwszy ~ oka** auf den ersten Blick; *sport.* **~ karny** Strafstoß *m*; **~ rożny** Eckball *m*, Eckstoß *m*
rzygać *imperf vi* sich übergeben, sich erbrechen; (*wulgarnie*) kotzen
rzymskokatolicki *adj* römisch-katholisch; **wyznanie ~e** römisch-katholische Konfession

S

sad *m* Obstgarten *m*
sadz|ić *imperf vt* pflanzen; (*uprawiać*) anbauen; **jajko ~one** Spiegelei *n*
sadzonka *f* Setzlinge *pl*
sakrament *m* Sakrament *n*; **~ chrztu** das Sakrament der Taufe

saksofon *m* Saxophon *n*
saksy *pl pot.* Arbeitstouristik *f*; **jeździć na ~** Arbeitstouristik treiben
sala *f* Saal *m*; **~ wykładowa** Hörsaal *m*
salami *n nieodm.* Salami(wurst) *f*
salaterka *f* Salatschüssel *f*
salceson *m* Schwartenwurst *f*, Presswurst *f*
saldo *n* Saldobetrag *m*
salon *m*: **~ mody** Modesalon *m*
sałata *f* (Kopf)salat *m*, Grünsalat *m*
sałatka *f* Gemüsesalat *m*
sam *adv* (*samotnie*) allein; (*samodzielnie*) selbst; **na ~ym końcu** am (letzen) Ende; **tak ~o** genauso; **rozmowa ~ na ~** ein Gespräch unter vier Augen
samica *f* Weibchen *n*
samiec *m* Männchen *n*
samobójstwo *n* Selbstmord *m*; **popełnić ~** Selbstmord begehen, sich das Leben nehmen
samochód *m* Auto *n*; **~ osobowy** Personenauto *n*, Pkw *m*; **~ ciężarowy** Lastauto *n*, Lkw *m*
samodzielny *adj* selbständig
samogłoska *f* Vokal *m*, Sebstlaut *m*; **~ nosowa** Nasallaut *m*
samolot *m* Flugzeug *n*; **~ pasażerski** Passagierflugzeug *n*; **~ odrzutowy** Düsenflugzeug *n*, Jet *m*; **lecieć ~em** mit dem Flugzeug fliegen
samoobsługowy *adj* Selbsbediennugs-; **sklep ~** Selbstbediennungsladen *m*
samoprzylepny *adj* selbsthaftend, selbstklebend
samorząd *m* Selbstverwaltung *f*
samotność *f* Einsamkeit *f*
samotny *adj* einsam
sanatorium *n* Sanatorium *n*
sandały *pl* Sandalen *pl*
sandwicz *m* Sandwich *n*
sanie *spl* Schlitten *m*
sanitarka *f* Notarztwagen *m*
sardynka *f* Sardine *f*
sarna *f* Reh *n*
satelita *m* Satellit *m*, Trabant *m*; **sztuczny ~** ein künstlicher Satellit *m*

satelitarn|y *adj* Satelliten-; **telewizja ~a** Satellitenfernsehen *n*
satysfakcj|a *f* Genugtuung *f*; **sprawiać komuś ~ę** jmdn zufriedenstellen
sąd *m* (*instytucja*) Gericht *n*; (*wyrok*) Urteil *n*; (*opinia*) Meinung *f*
sądzi|ć *imperf vt, vi* (*osądzać*) richten; (*twierdzić*) meinen, glauben; **co o tym ~sz?** was meinst du dazu?
sąsiad *m* Nachbar *m*
sąsiadka *f* Nachbarin *f*
sąsiedztwo *n sing* Nachbarschaft *f*
scena *f* (*w teatrze*) Bühne *f*; (*epizod*) Szene *f*
scenariusz *m* (*filmowy*) Drehbuch *n*; *przen.* Szenario *n*
schab *m* (*z kością*) Kotelett *n*; (*bez kości*) Schnitzel *n*
schludny *adj* sauber
schnąć *imperf vi* trocknen
schody *spl* Treppe *f*; **~ ruchome** Rolltreppe *f*
schodzić *imperf vi* herunterkommen, heruntersteigen; **~ do piwnicy** in den Keller (hinunter)gehen
schować *perf vt* verstecken; *zob.* **chować**
schowek *m* Vesteck *n*, Geheimfach *n*
schron *m* Bunker *m*
schronić się *perf vr* sich verbergen, Zuflucht finden
schronisko *n*: **~ młodzieżowe** (Jugend)herberge *f*; **~ dla bezdomnych** Obdachlosenheim *n*
schudnąć *perf vi* abnehmen
schwycić *perf vt* fangen; **~ piłkę** den Ball fangen
schwytać *imperf vt zob.* **chwytać**; **~ zbiega** den Flüchtling stellen <ergreifen>
schylać się *imperf vr* sich bücken, sich neigen
scyzoryk *m* Taschenmesser *n*
seans *m*: **~ filmowy** Filmvorführung *f*
sedno *n* Kern *m* (der Sache), der springende

Punkt; **trafić w ~** den Kern (der Sache) treffen

segment *m* (*budynek*) Reihenhaus *n*; (*mebel*) Schrankwand *f*

sejm *m* Parlament *n*; (*w Polsce*) der Sejm

sekcja *f*: **~ piłki nożnej** Fußballsektion *f*; **~ zwłok** Leichenöffnung *f*

sekret *m* Geheimnis *n*; **zdradzić komuś ~** jmdm ein Geheimnis verraten <preisgeben>

sekretariat *m* Sekretariat *n*

sekretarka *f* Sekretärin *f*

sekretarz *m* Sekretär *m*

seks *m* Sex *m*

seksualn|y *adj* sexuell, Sexual-; **wychowanie ~e** Sexualerziehung *f*

sekta *f* Sekte *f*; **~ religijna** Religionssekte *f*

sektor *m* Sektor *m*

sekunda *f* Sekunde *f*

sekundnik *m* Sekundenzeiger *m*

selekcja *f* Selektion *f*, Auswahl *f*

seler *m* Sellerie *m*

semestr *m* Semester *n*

seminarium *n* Seminar *n*; **~ magisterskie** Magisterseminar *n*; **~ duchowne** Priesterseminar *n*

sen *m* Schlaf *m*; (*majaki senne*) Traum *m*; **środek na ~** Schlafmittel *n*; **koszmarny ~** Alptraum *m*

senat *m* Senat *m*

senator *m* Senator *m*

senior *m* Senior *m*

senny *adj* schläfrig; (*o miejscowości*) verträumt

sens *m* Sinn *m*; **mieć ~** einen Sinn haben; **to jest bez ~u** das ist sinnlos; **w tym ~ie** in diesem Sinne

sensacyjny *adj* sensationell; **film ~** Actionfilm *m*

separacja *f* Trennung *f*, Separation *f*

separatka *f* (*w więzieniu*) Isolierzelle *f*

ser *m* Käse *m*; **~ owczy** Schafskäse *m*; **~ topiony** Schmelzkäse *m*

serc|e *n* Herz *n*; *zwł. iron.* **przyjaciel od ~a** Busenfreund *m*

serdeczn|y *adj* herzlich; **~e pozdrowienia** herzliche Grüße

serdelek *m* Würstchen *n*

serek *m*: ~ **twarogowy** Quark(käse) *m*
seria *f* Serie *f*, Reihe *f*; ~ **wydawnicza** Bücherreihe *f*
serial *m* Fernsehfolge *f*
serio *adv* ernst
sernik *m* Quarkkuchen *m*
serw *m sport* Aufschlag *m*
serwetka *f* (*z papieru*) Serviette *f*
serwis *m* (*stołowy*) Service *n*; (*obsługa*) Service *m*, Bedienung *f*
serwować *imperf vt* (*podawać do stołu*) servieren; *lit.* auftragen, auftischen; *sport* aufschlagen
seryjn|y *adj* serienmäßig; **produkcja ~a** serienmäßige Produktion
sesja *f* Tagung *f*
set *m sport*. Satz *m*
setny *num* der hundertste
sex *m zob*. **seks**
sex-shop *m* Sex-shop *n*
sezon *m* Saison *f*; ~ **ogórkowy** Sauregurkensaison *f*, Sauregurkenzeit *f*; *sport*. ~ **rozgrywek** Spielzeit *f*
sędzia *m* Richter *m*; (*sportowy*) Schiedsrichter *m*
sędziować *imperf vi* schiedsrichtern
sęk *m* Ast *m*; *przen*. **w tym ~** da liegt der Hund begraben
siać *imperf vt* säen
siadać *imperf vi* sich setzen; ~ **do stołu** sich an den Tisch setzen; ~ **na konia** das Pferd besteigen
siano *n* Heu *n*
siarka *f* Schwefel *m*
siatka *f* Netz *n*; ~ **ogrodzeniowa** Maschendraht *m*; ~ **na zakupy** Einkaufsnetz *n*; ~ **geograficzna** Gradnetz *n*
siatkówka *f* Volleyball *m*; *med*. (*oka*) Netzhaut *f*
siąść *perf vi zob*. **siadać**
siebie *pron* sich selbst; **blisko ~** (dicht) nebeneinander; **mam do ~ żal** ich bin mir selbst böse
sieć *f* Netz *n*
siedem *num* sieben
siedemdziesiąt *num* siebzig
siedemdziesiąty *num* der siebzigste

siedemnasty *num* der siebzehnte

siedemnaście *num* siebzehn

siedząc|y *adj* sitzend; **miejsce \~e** Sitzplatz *m*

siedzenie *n* Sitz *m*; **\~ przednie <tylne>** Vordersitz *m* <Rücksitz *m*>

siedziba *f* Sitz *m*; **\~ władz** der Sitz der Verwaltung

siedzieć *imperf vi* sitzen; **\~ w domu** zu Hause bleiben; **\~ w więzieniu** im Gefängnis sitzen

sierota *m, f* Waisenkind *n*

sierpień *m* August *m*

sierść *f* Haar *m*

się *pron* sich; **nie bój \~!** (hab) keine Angst!

sięga|ć *imperf vi* (*ręką po coś*) nach etw. greifen <langen>; **\~ć do kieszeni** in die Tasche greifen; **woda \~ła mu do pasa** das Wasser reichte ihm bis zum Gürtel

sięgnąć *perf vi zob.* **sięgać**

sikać *imperf vi* auf der Toilette sein; *wulg.* pissen; *żart.* pinkeln; (*w stosunku do dzieci*) *pot.* Pipi machen; (*o zwierzętach*) urinieren

sikorka *f zool.* Meise *f*

silnik *m* Motor *m*

silny *adj* (*o sile*) stark, kräftig; (*intensywny*) intensiv, stark; (*o budowie (ciała)*) robust

sił|a *f* Kraft *f*; **być u kresu \~** am Ende siner Kräfte sein; **z całej \~y** mit voller Kraft; **być w sile wieku** in den besten Jahren sein

siłownia *f* (*salon*) Fitnessklub *m*; (*zakład energetyczny*) Kraftwerk *n*

siniak *m* ein blauer Fleck

siny *adj* blau; **\~ nos** eine blaue Nase

siodło *n* Sattel *m*

siostra *f* Schwester *f*; (*pielęgniarka*) Krankenschwester *f*; **\~ cioteczna** Cousine *f*; **\~ zakonna** Nonne *f*

siostrzenica *f* Nichte *f*

siostrzeniec *m* Neffe *m*

siódemka *f* Sieben *f*

siódm|y *num* der sieb(en)te; **jest godzina \~a** es ist sieben Uhr

sitko *n* (kleines) Sieb *n*

sito *n* Sieb *n*
siwy *adj* grau
sjesta *f* Mittagsruhe *f*
skafander *m*: **~ nurka** Taucheranzug *m*
skakać *imperf vi* springen; **~ ze spadochronem** mit dem Fallschirm springen; **~ w dal <wzwyż>** weitspringen <hochspringen>; **ceny skaczą** die Preise sind nicht stabil
skakanka *f* Springseil *n*
skala *f* Maßstab *m*; Skala *f*
skaleczyć się *perf vi* sich verletzen
skała *f* Fels(en) *m*
skandal *m* Skandal *m*; **wywołać ~** Aufsehen erregen
skandynawski *adj* skandinavisch
skansen *m* Skansen *n*, Freilichtmuseum *n*
skarb *m* Schatz *m*
skarbonka *f* Sparbüchse *f*; (*do kwesty*) Sammelbüchse *f*
skarbow|y *adj*: **znaczek ~y** Stempelmarke *f*; **opłata ~a** Steuergebühr *f*
skarga *f* Beschwerde *f*, Klage *f*
skarpetki *pl* Socken *pl*
skarżyć *imperf vt* (*w sądzie*) anklagen, vor(s) Gericht laden; (*na kolegów*) (ver)petzen (**na kogoś** jmdn); **~ się na bóle** sich über seine Schmerzen klagen
skazać *perf vt* verurteilen; **~ na karę więzienia w zawieszeniu** zur Freiheitsstrafe auf Bewährung verurteilen
skąd *pron adv* woher; **~ się tu wziąłeś?** wie hast du dich hier eingefunden? **~ ci to przyszło do głowy?** wie kommst du denn darauf?; **wracaj, ~ przyszedłeś** geh zurück, wo du hergekommen bist; **ależ ~!** aber wo!
skąpy *adj* knauserig, geizig
skierowanie *n* Einweisung *f*; **~ na badania <leczenie>** eine Einweisung zur Untersuchung <zur ärztlichen Behandlung>
sklep *m* Laden *m*; **~ spo-**

żywczy Lebensmittelladen *m*; Lebensmittelgeschäft *n*; **~ samoobsługowy** Selbsbedienungsladen *m*
skład *m* Lager *n*; **~ zapasów** Vorratslager *n*; **~ rupieci** Rumpelkammer *f*; **Skład apostolski** das Apostolische Glaubensbekenntnis
składa|ć *imperf vt* (*co było rozłożone*) zusammenlegen; **~ć pieniądze na coś** Geld für etw. sparen; **~ć parasol** den Regenschirm zuklappen; **~ć życzenia** seine Wünsche aussprechen; **~ć podanie** eine Eingabe einreichen; **film ~ się z dwóch części** der Film besteht aus zwei Teilen; **~ć się na prezent** zum Geschenk beisteuern
składka *f* Beitrag *m*
składnia *f gram* Syntax *f*; (*nauka*) *rów.* Satzlehre *f*
składnik *m* Bestandteil *m*
skłonności *pl* Neigung *f* (**do czegoś** zu etw.)
skocznia *f sport* Sprungschanze *f*
skoczyć *perf vi zob.* **skakać**
skok *m* Sprung *m*; **~ do wody** ein Sprung ins Wasser; **~ w dal** Weitsprung *m*; **~ wzwyż** Hochsprung *m*
skomplikowany *adj* kompliziert
skończyć *perf vt* beenden; (*uporać się z czymś*) mit etw. fertig werden; **~ studia** das Studium absolvieren; **~ 18 lat** 18 Jahre alt werden; *pot.* **~ z paleniem** mit dem Rauchen aufhören
skorpion *m* Skorpion *m*
skorupa *f*: **~ jajka <orzecha>** Eischale <Nussschale> *f*; *geol.* **~ ziemska** Erdkruste *f*
skos *m*: **na ~** schrägüber
skośn|y *adj*: **linia ~a** Schräglinie *f*; **~e oczy** Schlitzaugen *pl*
skóra *f* Haut *f*; (*surowiec*) Leder *n*; **sztuczna ~** Kunstleder *n*
skórka *f* (*na jarzynach, owocach*) Schale *f*; (*na wędlinach*) Pelle *f*; **~ chleba** Brotrinde *f*;

przen. **gęsia ~** Gänsehaut *f*
skórzan|y *adj* ledern, Leder-; **kurtka ~a** Lederjacke *f*
skracać *imperf vt* (ver)kürzen; *mat.* **~ ułamek** eine Bruchzahl reduzieren
skreślić *perf vt* (durch)streichen; **niepotrzebne ~!** Unzutreffendes bitte streichen!
skręcać *imperf vi* einbiegen, abbiegen (**w lewo <w prawo>** nach links <nach rechts>)
skręcić *perf vi zob.* **skręcać**; **~ nogę (w kostce)** sich den Fuß (im Knöchel) verrenken <verstauchen>
skrępowany *adj* gefesselt; *przen.* verlegen
skręt *m*: **~ tułowia** eine Drehung des Oberkörpers; *pot.* (*papieros*) Drehburger *m*
skrobanka *f pot.* Abtreibung *f*
skromny *adj* bescheiden; (*cnotliwy*) sittsam
skroń *f* Schläfe *f*
skrócić *perf vt zob.* **skracać**
skró|t *m* Kurzfassung *f*; **w telegraficznym ~cie** im Telegrammstil
skrytka *f* Post(schließ)fach *n*
skrzela *pl* Kiemen *pl*
skrzep *m*: **~ krwi** Blutgerinnsel *n*
skrzydło *n* Flügel *m*
skrzynia *f* Kasten *m*, Kiste *f*; **~ biegów** Schaltgetriebe *n*
skrzynka *f*: **~ pocztowa** Briefkasten *m*
skrzypce *spl* Geige *f*
skrzypieć *imperf vi* (*o drzewie*) knarren; (*o śniegu*) knirschen
skrzypnąć *perf vi zob.* **skrzypieć**
skrzywienie *n*: **~ kręgosłupa** Rückgratverkrümmung *f*
skrzyżowanie *n* (*dróg*) Kreuzung *f*; (*rąk, nóg*) Verschränkung *f*
skup *m* Ankauf *m*; (*punkt skupu*) Annahmestelle *f*
skurcz *m* Krampf *m*
skurczyć się *perf vr* (zusammen)schrumpfen, (*o*

materiałach) rów. zusammengehen, eingehen
skuteczny *adj* wirksam
skut|ek *m* Folge *f*; **bez ~ku** erfolglos; **na ~ek tego** infolgedessen
skuter *m* Motorroller *m*
skwer *m* Grünanlage *f*
slogan *m*: **~ reklamowy** Werbeslogan *m*
słab|y *adj* schwach; **mieć ~ą głowę do matematyki** für die Mathematik nicht begabt sein; **mieć ~ą pamięć** kein gutes Gedächtnis haben
słać *imperf vt* schicken *zob.* **posłać**
sława *f* Ruhm *m*, ein guter Ruf
sławny *adj* berühmt
słodk|i *adj* süß; **~a woda** Süßwasser *n*; **~i uśmiech** ein süßes Lächeln
słodycze *pl* Süßigkeiten *pl*
słodzić *imperf vt* süßen
słon|y *adj* salzig; *przen.* **~e ceny** gesalzene Preise
słoń *m* Elefant *m*
słońce *n* Sonne *f*
słowacki *adj* slowakisch
Słowaczka *f* Slowakin *f*
Słowak *m* Slowake *m*
Słoweniec *m* Slowene *m*
Słowenka *f* Slowenin *f*
słoweński *adj* slowenisch
Słowianin *m* Slawe *m*
Słowianka *f* Slawin *f*
słowiański *adj* slawisch
słowik *m* Nachtigall *f*
słownictwo *n* Wortschatz *m*
słownie *adv* in Worten
słownik *m* Wörterbuch *n*, Lexikon *n*
słowny *adj (dotyczący słów)* verbal; *(dotrzymujący obietnicy)* glaubwürdig
słow|o *n* Wort *n*; **dotrzymać ~a** sein Wort halten; **~em** mit einem Wort; **~o w ~o** Wort für Wort
słój *m* Einmachglas *n*, Weckglas *n*; *(w drzewie)* Maser *f*
słuch *m* Gehör *n*; **nie mieć ~u** kein musikalisches Ohr haben; **zamienić się w ~** ganz Ohr werden; **mieć zaburzenia ~u** schwerhörig sein
słuchacz *m* Zuhörer *m*; *(na uczelni)* Student *m*
słuchać *imperf vt* hören; **~ koncertu** (sich) das

Konzert (an)hören; **~ się rodziców** auf die Eltern hören
słuchawka *f* Hörer *m*
słuchawki *pl* Kopfhörer *m*
słup *m* (*telegraficzny*) Mast *m*; (*ogrodzeniowy*) Pfahl *m*
słuszny *adj* (*odpowiadający prawdzie*) richtig, wahr; (*uprawniony*) berechtigt
służba *f* Dienst *m*; *hist.* Dienerschaft *f*; **~ zdrowia** Gesundheitswesen *n*; **~ zastępcza** (*w wojsku*) Ersatzdienst *m*
służbow|y *adj* dienstlich, Dienst-; **stanowisko ~e** Dienststelle *f*
służyć *imperf vi*: **~ w wojsku** den Wehrdienst <den Militärdienst> (ab)leisten; **~ krajowi** seinem Land dienen
słychać *imperf vi*: **co ~?** was gibt es Neues?
słynny *adj* berühmt
słyszeć *imperf vt* hören; **nie chcę o tym ~!** ich will nichts davon hören!
smaczny *adj* schmackhaft
smak *m* Geschmack *m*; **przyprawić potrawę do ~u** die Speise (nach dem Geschmack) abschmecken; **mieć dobry ~ (estetyczny)** einen feinen Sinn (für alles Schöne) haben
smak|ować *imperf vi*: **jak ci ~uje?** wie schmeckt es dir?
smalec *m* Schmalz *n*
smar *m* Schmierfett *n*
smarować *imperf vt* schmieren
smażalnia *f*: **~ ryb** Fischbratküche *f*, Fischbraterei *f*
smażyć *imperf vt* braten; *pot.* **~ się na słońcu** in der Sonne schmoren
smoczek *m* Schnuller *m*
smoking *m* Smoking *m*
smród *m* Gestank *m*
smukły *adj* schlank
smutek *m* Traurigkeit *f*
smutny *adj* traurig
smycz *f* (Hunde)leine *f*, (*dla kilku psów*) Koppel *f*
smyczek *m* Geigenbogen *m*
smykałk|a *f*: **mieć ~ę do**

czegoś eine Ader <Talent> für etw. haben
snajper *m* Scharfschütze *m*
snob *m* Snob *m*
snobizm *m* Snobismus *m*
sobie *pron zob.* **siebie**; **przy ~** bei sich; **zrób ~ kawę!** bereite dir Kaffee zu!; **tak ~** einigermaßen
sobota *f* Sonnabend *m*, Samstag *m*
sobowtór *m* Doppelgänger *m*
socjaldemokracja *f* Sozialdemokratie *f*
socjalizm *m* Sozialismus *m*
soczewk|a *f* Linse *f*; **~i kontaktowe** Kontaktlinsen *pl*
soczysty *adj* saftig
soda *f* Soda *f*; **~ oczyszczona** Natron *n*
sodow|y *adj* Soda-; **woda ~a** Sodawasser *n*
sojusz *m* Bündnis *n*
sojusznik *m* Verbündete *m*, *wojsk. t.* Alliierte *m*
sok *m* Saft *m*; (*napój*) Trinksaft *m*, Saftgetränk *n*
solarium *n* Solarium *n*
solenizant *m* Namenstagskind *n*
solić *imperf vt* salzen
solidarność *f* Solidarität *f*
solidny *adj* zuverlässig, gediegen; (*o rzeczach*) haltbar, robust, fest
solniczka *f* Salzstreuer *m*
solówka *f pot.* Solopartie *f*
sonda *f* (*np. uliczna*) Umfrage *f*; **~ kosmiczna** Weltraumsonde *f*
sondaż *m* Umfrage *f*, Meinungsforschung *f*
sos *m* Soße *f*; *pot.* **być nie w ~ie** schlecht gelaunt sein
sosna *f* Kiefer *f*, Föhre *f*
sowa *f* Eule *f*
sól *f* Salz *n*
spacer *m* Spaziergang *m*
spacerować *imperf vi* spazierengehen
spać *imperf vi* schlafen; **chce mi się ~** ich bin schläfrig; **iść ~** zu Bett gehen
spadać *imperf vi* fallen
spadek *m* (*scheda*) Erbe *n*; (*różnica wartości*) Gefälle *n*; (*stromy uskok*) Abhang *m*, Absturz *m*, (*łagodny*) Senkung *f*; **~ temperatury** Temperaturabfall *m*

spadochron *m* Fallschirm *m*
spaghetti *n nieodm* Spaghetti *pl*
spakowa|ć *perf vt* (ein)packen; **już się ~łem** ich habe schon gepackt
spal|ić *perf vt* verbrennen; **~ić sobie skórę na słońcu** sich die Haut in der Sonne verbrennen; *sport* **~ony skok** ein ungültiger Sprung; *sport* **być na ~onym** in der Abseitsstellung sein
spaliny *pl* Abgase *pl*
sparzyć *perf vt*: **~ mięso** das Fleisch abbrühen; **~ sobie palce** sich die Finger verbrennen
spa|ść *perf vi zob.* **spadać**; **~ść z drzewa** vom Baum (herunter)fallen; **jakby ~dł z księżyca** er war wie aus allen Wolken gefallen; **temperatura ~dła do zera** die Temperatur ist bis auf Null Grad gefallen
specjalista *m* Spezialist *m*, Fachmann *m*
specjalizacja *f* Spezialisierung *f*, Profilierung *f*
specjalizować się *imperf vr* sich spezialisieren (**w czymś** auf etw.)
specjalność *f* Fachgebiet *n*
specjalny *adj* speziell, besonder
spektakl *m* (*teatralny*) Theateraufführung *f*; (*filmowy*) Filmvorführung *f*
spekulować *imperf vi* spekulieren
spełniać *imperf vt*: **~ warunki** die Bedingungen erfüllen, den Bedingungen entsprechen; **~ się** in Erfüllung gehen
spełnić *perf vt zob.* **spełniać**
spędzać *imperf vt* verbringen; **~ wakacje nad morzem <jeziorem>** die Ferien an der See <am See> verbringen
spędzić *perf vt zob.* **spędzać**
spierać się *imperf vr*: **~ z kimś** mit jmdm streiten
spięcie *n elektr.*: **krótkie ~** Kurzschluss *m*
spiker *m* Ansager *m*
spikerka *f* Ansagerin *f*

spinacz *m* Heftklammer *f*
spinka *f*: **~ do włosów** Haarspange *f*, Haarklammer *f*; **~ do mankietów** Manschettenknopf *m*
spirala *f* Spirale *f*, Schneckenlinie *f*
spirytus *m* Spiritus *m*, *pot.* Sprit *m*
spis *m* Verzeichnis *n*; **~ alfabetyczny** alphabetisches Verzeichnis; **~ treści** Inhaltsverzeichnis *n*; **~ potraw** Speisekarte *f*; **~ ludności** Volkszählung *f*
spisek *m* Verschwörung *f*
spiżarnia *f* Vorratskammer *f*
splajtować *perf vi* Pleite <Konkurs> machen
spleśniały *adj* verschimmelt, schimmelig
spłacać *imperf vt* (in Raten) abzahlen; **~ długi** Schulden abzahlen
spłacić *perf vt zob.* **spłacać**
spłata *f* Abzahlung *f*; **~ rat kredytu** Ratenzahlung *f*
spływ *m sport.*: **~ kajakowy** Wildflussfahrt *f*
spocony *adj* verschwitzt
spod *praep*: **~ stołu** unter dem Tisch hervor
spodeczek *m* Untertasse *f*, Untersetzer *m*
spodenki *spl* eine kurze Hose; **~ do kolan** Kniehose *f*; **~ gimnastyczne** Turnhose *f*
spodnie *spl* Hose *f*
spodziewa|ć się *imperf vr* **~ć się czegoś** etw. erhoffen <auf etw. hoffen>; **kto by się ~ł!** wer hätte es gedacht!; **~ć się dziecka** ein Kind erwarten
spojówka *f anat.* Bindehaut *f*
spojrzenie *n* Blick *m*
spokojnie *adv* ruhig, gelassen
spokojny *adj* ruhig
spokój *m* Ruhe *f*; (*cisza*) Stille *f*; **daj ~!** lass das (sein)!; **daj mi ~!** lass mich in Ruhe!; **proszę o ~!** bitte um Ruhe!
społeczeństwo *n* Gesellschaft *f*
społecznie *adv*: **pracować ~** unentgeltlich arbeiten

społeczność *f* Gemeinschaft *f*
społeczn|y *adj*: **pochodzenie ~e** die soziale Abstammung; **margines ~y** die soziale Peripherie; **praca ~a** unentgeltliche Arbeit
spomiędzy *praep*: **~ drzew wyjrzało słońce** unter den Bäumen lugte die Sonne hervor
sponsor *m* Sponsor *m*
sponsorować *imperf vt* sponsonieren, finanzielle Beihilfe leisten
spontaniczny *adj* spontan
sporo *adv* ziemlich viel
sport *m* Sport *m*; **~ wyczynowy** Leistungssport *m*; **~y zimowe** Wintersportart *m*; **uprawiać ~** Sport treiben; (*zawodowo*) beruflich Sport betreiben
sportowiec *m* Sportler *m*
sportowy *adj* sportlich, Sport-; **samochód ~** Sportwagen *m*
sposób *m*: **w ten ~** auf diese (Art und) Weise; **~ myślenia** Denkweise *f*
spostrzec *perf vt* bemerken; (*ujrzeć*) *rów.* erblicken
spostrzegać *imperf vt zob.* **spostrzec**
spośród *praep*: **wybrano ich ~ młodych ludzi** man hat sie unter jungen Menschen ausgesucht
spotkać *perf vt* treffen; **~ kogoś** jmdn (an)treffen, jmdm begegnen
spotkanie *n* Treffen *n*, Begegnung *f*; *sport* **~ międzynarodowe** Länderkampf *m* <(*o meczach*) *rów.* Länderspiel *n*>
spotykać *imperf vt zob.* **spotkać**
spowiadać się *imperf vr* beichten
spowiedź *f* Beichte *f*
spowodować *perf vt* verursachen; **~ wypadek** einen Unfall verursachen
spożycie *n* Verbrauch *m*
spożywcz|y *adj* Speise-; **artykuły ~e** Lebensmittel *pl*
spód *m* Unterseite *f*; **u spodu, pod spodem** unten
spódnica *f* Rock *m*

spódniczka *f* Röckchen *n*
spójnik *m gram.* Konjunktion *f*
spółdzielnia *f* Genossenschaft *f*
spółgłoska *f* Konsonant *m*, Mitlaut *m*
spółka *f*: **~ akcyjna** Aktiengesellschaft *f*; **~ z ograniczoną odpowiedzialnością** Gesellschaft mit beschränkter Haftung <(*skr.*) GmbH>
spór *m* Streit *m*
spóźniać się *imperf vr* sich verspäten; (*o zegarku*) nachgehen
spóźnić się *perf vr zob.* **spóźniać się**; **~ się na pociąg** den Zug verpassen
spóźnienie *n* Verspätung *f*
spragniony *adj* (*odczuwający pragnienie*) durstig
spraw|a *f* Sache *f*; (*problem*) *rów.* Angelegenheit *f*, Problem *n*; **załatwić ~ę** etw. erledigen; **zdawać sobie z czegoś ~ę** sich einer Sache bewusst werden, sich über etw. im klaren sein
sprawdzać *imperf vt* (nach)prüfen
sprawdzian *m* Überprüfung *f*; (*pisemny w szkole*) Klausur *f*, Klassenarbeit *f*
sprawdzić *perf vt zob.* **sprawdzać**
sprawiedliwość *f* Gerechtigkeit *f*
sprawiedliwy *adj* gerecht
sprawność *f*: **~ fizyczna** körperliche Leistungsfähigkeit *f*; (*zręczność*) Gewandtheit *f*
sprawny *adj* (*zręczny*) gewandt; (*o pojazdach*) **~ technicznie** TÜV-geprüft; **~ fizycznie** körperlich leistungsfähig, fit
sprawozdanie *n* Bericht *m*; (*czynność*) Berichterstattung *f*
sprawozdawca *m* Berichterstatter *m*
spray *m* Spray *m, n*, Zerstäuber *m*; **lakier do włosów w ~u** der Haarlack im Zerstäuber <im Spray>
sprężyna *f* Feder *f*
sprowadzać *imperf vt* (*towary*) beziehen; (*importować*) importieren, einführen; **~ pomoc** die

Hilfe herbeiführen; **~ do wspólnego mianownika** auf einen gemeinsamen Nenner bringen; **~ się do nowego domu** in ein neues Haus einziehen

sprowadzić *perf vt zob.* **sprowadzać**

spróbować *perf vt* (*skosztować*) kosten; (*usiłować*) versuchen

sprytny *adj* schlau

sprzączka *f* Schnalle *f*

sprzątaczka *f* Raumpflegerin *f*; *pot.* Putzfrau *f*

sprzątać *imperf vt* sauber machen; (*o większym sprzątaniu*) aufräumen; **~ pokój <stół>** das Zimmer <den Tisch> aufräumen

sprzątnąć *perf vt zob.* **sprzątać; ~ ze stołu** den Tisch aufräumen

sprzeciwiać się *perf vr*: **~ się czemuś** sich einer Sache widersetzen <entgegensetzen>

sprzeczka *f* (Wort)streit *m*; (*poróżnienie*) Zwist *m*

sprzed *praep* (*o czasie*) aus der Zeit vor...; **~ drugiej wojny światowej** aus der Zeit vor dem zweiten Weltkrieg; (*o miejscu*) vor etw. weg; **wyruszać ~ domu** vor dem Haus weggehen; **ukraść ~ domu** vor dem Haus wegstehlen

sprzedać *perf vt* verkaufen

sprzedawać *imperf vt zob.* **sprzedać**

sprzedawca *m* Verkäufer *m*

sprzedawczyni *f* Verkäuferin *f*

sprzedaż *f* Verkauf *m*; (*zbyt*) Absatz *m*; (*rozprowadzenie*) Vertrieb *m*; **~ detaliczna <hurtowa>** Einzelverkauf *m* <Großhandel *m*>

sprzęgło *m* Kupplung *f*; **włączyć ~** die Kupplung betätigen; **wyłączyć ~** die Kupplung loslassen

sprzęt *m* Gerät *n*, Geräte *pl*; **~ domowy** Hausrat *m*; **~ gospodarstwa domowego** Haushaltsgeräte *pl*; **~ elektryczny** Elektrogeräte *pl*; **~ sportowy** Sportgeräte *pl*

sprzymierzeniec *m* Verbündete *m*; (*aliant*) Al-

liierte *m*; **~ człowieka** Nützling *m*
spuchnięty *adj* angeschwollen
spuszczać *imperf vt* (*opuszczać na dół*) herablassen, hinablassen; **~ głowę** den Kopf senken <hängen lassen>; **~ psa** den Hund loslassen; *pot.* **~ cenę o 5 euro** den Preis um fünf Euro senken, fünf Euro vom Preis ablassen
srebrny *adj* silbern, Silber-; **~ medal** Silbermedaille *f*
srebro *n* Silber *n*
ssak *m* Säugetier *n*
ssanie *n* (An)saugen *n*; (*urządzenie w silniku*) Ansaugvorrichtung *f*
stacja *f* (*kolejowa*) Bahnhof *m*; **~ benzynowa** Tankstelle *f*; *inform.* **~ dysków** (Disketten)laufwerk *n*
stać *imperf vi* stehen; **~ na czele** an der Spitze stehen; **~ mnie na to** ich kann mir das leisten
sta|ć się *perf vr*: **co się z nią ~ło?** was ist mit ihr passiert <geschehen, *pot.* los>?
stadion *m* Stadion *n*
stadium *n* Stadium *n*
stado *n* Herde *f*
stajnia *f* (Pferde)stall *m*
stal *f* Stahl *m*
stale *adv* immer, ständig
sta|ły *adj* ständig, Stamm-; **~li goście** Stammgäste *pl*; **~łe ceny** feste Preise *pl*; **~li mieszkańcy** Einwohner *pl*; **na ~łe** für immer, lebenslänglich
stamtąd *adv* (von) daher
stan *m* (*położenie, sytuacja*) Zustand *m*; (*ilość*) Bestand *m*; **~ wojenny <wyjątkowy>** Kriegszustand *m* <Ausnahmezustand *m*>; **~ konta** Kontostand *m*; **~ pogody** Wetterlage *f*; **urząd ~u cywilnego** Standesamt *n*; **być w ~ie coś zrobić** imstande sein etw. zu tun
staną|ć *perf vi* (*stawić się*) sich stellen; (*zatrzymać się*) halten; (*wstać*) aufstehen; *przen.* **~ć na nogi** auf die Beine kom-

men; **samochód ~ł** das Auto hielt
standard *m* Standard *m*
stanik *m* (*biustonosz*) Büstenhalter *m*, *pot.* BH *m*
stanowisko *n* (*zdanie, opinia*) Stellung(nahme) *f*; (*miejsce pracy*) (Arbeits)stelle *f*, Posten *m*; **~ kierownicze** eine leitende Stelle
starać się *imperf vr* (*zadawać sobie trud*) sich anstrengen, sein Bestes tun; **~ się o coś** sich um etw. bemühen, nach etw. streben; **~ się o pracę** sich um eine Arbeitsstelle bewerben, nach einer Arbeit suchen
starcza|ć *imperf vi* (aus)-reichen, *pot.* langen; **pensja <zarobek> ~ na wszystko** das Gehalt <der Lohn> reicht für alles (aus); **to mi ~** ich komme damit aus, das reicht mir (aus)
staroci|e *pl* Rumpel *m*, Gerümpel *n*; *pot.* **targ ~** Flohmarkt *m*
starość *f* das (hohe) Alter
starożytny *adj* altertümlich
Starówka *f* Altstadt *f*
start *m*: **~ samolotu** Abflug *m*
startować *imperf vi* starten; **~ w zawodach** zum Wettkampf antreten
star|y *adj* alt; **~y kawaler** ein alter Junggeselle; **~a panna** eine alte Jungfer; **wszystko po ~emu** es bleibt beim Alten
statek *m* Schiff *n*; **~ handlowy** Handelsschiff *n*; **~ kosmiczny** Weltraumschiff *n*
statut *m* Statut *n*, Satzung *f*; **zgodny ze ~em** satzungsgemäß, statutengemäß
statyw *m* Stativ *n*, Gestell *n*
staw *m* Teich *m*
stawać *imperf vi zob.* **stanąć**
stawać się *imperf vr zob.* **stać się**
stawiać *imperf vt* stellen; *pot.* (*fundować*) spendieren; **~ coś na stole** etw. auf den Tisch stellen;

(*budować*) bauen; **~ pasjansa** eine Patience legen
stawka *f* Einsatz *m*; (*taryfa*) Tarif *m*
staż *m* (*okres próbny*) Probezeit *f*; **~ pracy** Berufspraxis *f*
stąd *adv* von hier; **~ dotąd** von hier bis dahin <dort>; **ni ~ ni zowąd** mir nichts dir nichts
stelaż *m* Stellage *f*
stempel *m* Stempel *m*; **~ pocztowy** Poststempel *m*
stemplować *imperf vt* (ab)stempeln; (*prosić o stempel*) (ab)stempeln lassen
ster *m* Steuer *n*
stereofoniczn|y *adj* stereophon(isch), Stereo-; **wieża ~a** Stereoanlage *f*
sternik *m* Steuermann *m*
sterować *imperf vi* steuern
sterylizować *imperf vt* sterilisieren
sterylny *adj* steril
steward *m* Steward *m*
stewardesa *f* Stewardess *f*
stęchły *adj* muffig, moderig
stłuc *perf vt* zerbrechen
sto *num* hundert
stocznia *f* Werft *f*
stoisko *n* Verkaufsstand *m*; **~ z owocami** Obststand *m*
stolec *m med.* Stuhlgang *m*
stolica *f* Hauptstadt *f*; **Stolica Apostolska** der Heilige Stuhl
stolik *m* (kleiner) Tisch *m*, Tischlein *n*
stolnica *f* Küchenbrett *n*
stołek *m* Schemel *m*; (*wysoki*) Hocker *m*
stołówka *f* (*w koszarach, fabryce*) Kantine *f*; (*dla studentów, uczniów*) Mensa *f*
stopa *f* Fuß *m*; **~ procentowa** Zinssatz *m*, **~ życiowa** Lebensstandard *m*
stop|ień *m* (*o schodach*) Stufe *f*; (*jednostka miary*) Grad *m*; (*ocena szkolna*) Note *f*, Zensur *f*; **w wysokim ~niu** in hohem Grade <Maße>
stopniowo *adv* allmählich, schrittweise
stosować *imperf vt* anwenden; **~ nowe metody** neue Methoden an-

wenden; **~ się do czegoś** sich nach etw. ausrichten, (*trzymać się czegoś*) sich an etw. halten

stosowny *adj* angemessen; (*odpowiedni*) entsprechend

stosunek *m* Relation *f*, Verhältnis *n*; (*postawa*) Stellung *f*; **~ płciowy** Geschlechtsverkehr *m*;

stosunki *pl* (*kontakty*) Beziehungen *pl*; **~ handlowe** Handelsbeziehungen *pl*; **~ towarzyskie** freundschaftliche Beziehungen *pl*

stowarzyszenie *n* Gesellschaft *f*, Verband *m*

stół *m* Tisch *m*; **podać do stołu** aufdecken; **siadać do stołu** sich an den Tisch setzen

strach *m* Angst *f*, (*obawa*) Furcht *f*

stracić *perf vt* (*zgubić*) verlieren; (*wykonać wyrok śmierci*) hinrichten; *przen.* **~ głowę <panowanie>** den Kopf <die Fassung> verlieren

strajk *m* Streik *m*; **~ głodowy <generalny>** Hungerstreik *m* <Generalstreik *m*>

strajkować *imperf vi* streiken

straszak *m* (*pistolet*) Schreckschusspistole *f*

straszny *adj* schrecklich, furchtbar

straszy|ć *imperf vt* spuken; **tu ~** es spukt hier; (*napędzić strachu*) Angst einflößen

strat|a *f* Verlust *m*; **ponieść ~ę** einen Verlust hinnehmen <erleiden>

straż *f*: **~ graniczna** Grenzschutz *m*; **~ pożarna** Feuerwehr *f*

strażak *m* Feuerwehrmann *m*

strażnik *m* Aufseher *m*, Wächter *m*

strefa *f* Zone *f*, Gebiet *n*; **~ klimatyczna** Klimazone *f*; **~ umiarkowana** eine gemäßigte Zone; **~ przygraniczna** Grenzzone *f*

stres *m* Stress *m*; (*frustracja*) Frust *m*

streszczać *imperf vt* zu-

sammenfassen, resümieren
streszczenie *n* Zusammenfassung *f*, Resümee *n*
streścić *perf vt zob.* **streszczać**
striptiz *m* Striptease *m, n*
stroić *imperf vt* schmücken; (*instrumenty muzyczne*) stimmen; (*ubierać*) schön kleiden; *przen.* **~ żarty** spaßen, ulken; *przen.* **~ miny** Gesichter schneiden; **~ się** sich schön kleiden
stromy *adj* steil
stron|a *f* (*stronica*) Seite *f*; **~y świata** Himmelsrichtungen *pl*; *gram.* das Genus verbi; *gram.* **~a czynna <bierna>** Aktiv *n* <Passiv *n*>
stronnictwo *n* Anhängerschaft *f*; (*partia*) Partei *f*
strój *m* Kleidung *f*, Anzug *m*; **~ ludowy** Volkstracht *f*; **~ galowy** Festkleidung *f*
stróż *m* Wächter *m*, Aufseher *m*; (*dozorca domu*) Hausmeister *m*
struktura *f* Struktur *f*; **~ społeczna** Gesellschaftsstruktur *f*
strumień *m*, **strumyk** *m* (*rzeczka*) Bach *m*
strumyczek *m*, **strumyk** *m* Bächlein *n*
strun|a *f* Saite *f*; **~y głosowe** Stimmbänder *pl*
strych *m* Dachboden *m*, Dachgeschoss *n*
stryj *m* Onkel *m*
strzał *m* Schuss *m*
strzała *f* Pfeil *m*
strzałka *f* Pfeil *m*
strzec *imperf vt* (be)hüten, (be)schützen; (*pilnować*) bewachen; **~ się czegoś <kogoś>** sich vor etw. <vor jmdm> hüten
strzel|ać *imperf vi* schießen; **co mu ~iło do głowy?** was hat er sich denn in den Kopf gesetzt?
strzelba *f* Schusswaffe *f*; (*karabin*) Gewehr *n*
strzelec *m* Schütze *m*
strzyc *imperf vt* scheren; (*włosy*) schneiden, (*skrócić*) stutzen; **~ się** (*u fryzjera*) sich die Haare schneiden lassen

strzykawka *f* Spritze *f*
student *m* Student *m*
studentka *f* Studentin *f*
studia *spl* Studium *n*; **~ dzienne <zaoczne>** Direktstudium *n* <Fernstudium *n*>
studio *n* Studio *n*; **~ filmowe** Filmstudio *n*
studiować *imperf vt* studieren
studium *n* (*rozprawa*) Studie *f*; (*szkoła*) **~ zawodowe** Fachstudium *n*, Kolleg *n*
studnia *f* Brunnen *m*
stulecie *n* Jahrhundert *n*; (*jubileusz*) das hundertjährige Jubiläum
stworzenie *n* (*istota*) Geschöpf *n*, (Lebe)wesen *n*
stworzyć *perf vt* schaffen; *lit.* erschaffen
stwórca *m* Schöpfer *m*
styczeń *m* Januar *m*
styl *m* Stil *m*
stypendium *n* Stipendium *n*
styropian *m* Styropor *n*
subkonto *n* Subkonto *n*
subkultura *f* Subkultur *f*
sublokator *m* Untermieter *m*
subskrypcja *f* Subskription *f*
substancja *f* Substanz *f*
subtelny *adj* subtil
suchy *adj* trocken; (*zeschły*) dürr; **~ prowiant** Marschverpflegung *f*
sufit *m* Decke *f*
sugerować *imperf vt* nahelegen, suggerieren
sugestia *f* Suggestion *f*
suka *f zool.* Hündin *f*
sukces *m* Erfolg *m*; **odnieść ~** Erfolg haben
sukienka *f* Kleid *n*
suma *f* Summe *f*; (*kwota*) Betrag *m*; **okrągła ~** eine runde Summe *f*
sumieni|e *n* Gewissen *n*; **wyrzuty ~a** ein schlechtes Gewissen, Gewissensbisse *pl*; **mieć coś na ~u** etw. auf dem Gewissen <Kerbholz> haben
super *adv pot.* super
supergwiazda *f* Superstar *m*
suplement *n* Supplement *n*, Beilage *f*
surowy *adj* (*niegotowany*) roh, ungekocht; (*cecha charakteru*) streng

surówka *f* (*sałatka*) Rohkost *f*; (*w hutnictwie*) Roheisen *n*

susza *f* (*okres*) Trockenzeit *f*; (*zjawisko*) Dürre *f*

suszarka *f* (*do włosów*) Haartrockner *m*, Fön *m*

suszyć *imperf vt* trocknen

suterena *f* Kellergeschoss *n*, Kellerwohnung *f*

suwak *m* Reißverschluss *m*

sweter *m* Strickjacke *f*, Pullover *m*

swędzi|ć *imperf vi* jucken, *pot.* kribbeln; **~** es juckt

swoboda *f* (*wolność*) Freiheit *f*; (*zakres działania*) *rów.* Spielraum *m*

swój *pron* (*w zależności od osoby*) mein, dein, sein, unser, euer, ihr; **wyjść na swoje** auf seine Kosten kommen, (*czyimś kosztem*) sein Schäfchen ins trockene bringen; **w swoim imieniu** in seinem eigenen Namen; **po swojemu** auf seine eigene Art

sygnalizacja *f*: **~ uliczna** Verkehrsampeln *pl*

sygnał *m* Signal *n*; **~ alarmowy** Alarmsignal *n*; **~ odjazdu** Abfahrt(s)signal *n*

sylaba *f* Silbe *f*

sylwester *m* Silvesterabend *m*

sylwetka *f* Silhouette *f*, Schattenbild *n*

symbol *m* Symbol *n*; **~ chemiczny** ein chemisches Symbol

symetryczny *adj* symmetrisch

symfonia *f* Sinfonie *f*

sympati|a *f* Sympathie *f*, Zuneigung *f*; (*przyjaciel* <*przyjaciółka*>) Freund *m* <Freundin *f*>; **czuć do kogoś ~ę** für jmdm Sympathie empfinden, zu jmdm Zuneigung empfinden

sympatyczny *adj* sympathisch

sympatyk *m* Sympathisant *m*

symulacja *f* Simulation *f*; (*udawanie*) Vortäuschung *f*

symulować *imperf vt* simulieren; (*udawać*) vortäuschen

syn *m* Sohn *m*

synagoga *f* Synagoge *f*
syndrom *m* Syndrom *n*
synonim *m* Synonym *n*
synowa *f* Schwiegertochter *f*
syp|ać *imperf vt* schütten, streuen; *pot.* (*wydać*) auspacken; **śnieg ~ie** es schneit
sypialnia *f* Schlafzimmer *n*
sypialny *adj* Schlaf-; **wagon ~** Schlafwagen *m*
syrena *f* Sirene *f*; **~ alarmowa** Alarmsirene *f*
syrop *m* Sirup *m*, Saft *m*; **~ od kaszlu** Hustensaft *m*
Syryjczyk *m* Syrier <Syrer> *m*
Syryjka *f* Syrierin <Syrerin> *f*
syryjski *adj* syrisch
system *m* System *n*; **~ planetarny** Planetensystem *m*; **~ polityczny** politisches System; *inform.* **~ binarny** binäres System
sytuacja *f* Situation *f*; *przen.* **napięta ~** gespannte Situation
sytuowany *adj* situiert; **dobrze ~** gut situiert
szachownica *f* Schachbrett *n*
szachy *spl* Schachspiel *n*
szacunek *m* (*oszacowanie*) Schätzung *f*; (*poszanowanie*) Achtung *f*
szafa *f* Schrank *m*; (*na ubranie*) (Kleider)schrank *m*; (*na książki*) Bücherschrank *m*; **~ pancerna** Panzerschrank *m*
szafka *f* Schränkchen *n*; (*wisząca*) Hängeschrank *m*
szajka *f* Bande *f*, Gang *f*; **~ złodziejska <bandycka>** Diebesbande *f* <Verbrecherbande *f*>
szal *m* Schal *m*
szale|ć *imperf vi* toben, rasen; **~ć za kimś** nach jmdm verrückt sein, in jmdn vernarrt sein; *przen.* **grypa ~je** die Grippe geht um
szaleniec *n* Wahnsinnige *m*
szaleństwo *n* Wahnsinn *m*
szalony *adj* wahnsinnig, verrückt; *pot.* (*nadzwyczajny*) rasend; **mieć ~ apetyt** einen unbändigen Appetit haben
szał *m* Wahn *m*, Wahnsinn *m*; **atak ~u** Wahn-

anfall *m*; **wpaść w ~** in Wut geraten

szampan *m* Champagner *m*, Sekt *m*

szanować *imperf vt* schätzen, achten, ehren; (*zdrowie <książki>*) schonen

szanown|y *adj* geehrt, verehrt; (*nagłówek listu*) **Szanowna Pani <Szanowny Panie>** (Sehr) Geehrte Frau <(Sehr) Geehrter Herr>

szansa *f* Chance *f*

szantaż *m* Erpressung *f*

szarpać *imperf vt*, **szarpnąć** *perf vt* reißen, zerren

szatan *m* Satan *m; (diabeł)* Teufel *m*

szatnia *f* Garderobe *f*, Kleiderablage *f*

szatyn *m* Dunkelhaarige(r) *m*

szatynka *f* Dunkelhaarige *f*

szczątki *pl* Überreste *pl*, Überbleibsel *n*; (*zwłoki*) die sterblichen Überreste; **~ rozbitego samolotu** die Überreste eines abgestürzten Flugzeugs

szczebel *m* Stufe *f*; (*w drabinie*) Leitersprosse *f*

szczególnie *adv* besonders, **~ ważny** besonders wichtig

szczególny *adj* besonder-, eigenartig

szczegół *m* Detail *n*, Einzelheit *f*

szczekać *imperf vi* bellen

szczelny *adj* dicht

szczeniak *m* (*szczenię*) Welpe *m*; *żart. lub pogard.* (*o kimś młodym*) Rotzjunge *m*, Rotzbengel *m*

szczepić *imperf vt med.* impfen

szczepienie *n* Impfung *f*; **~ ochronne** Schutzimpfung *f*

szczer|y *adj* offenherzig, freimütig; (*o kruszcu*) **~e złoto** echtes <gediegenes> Gold

szczęka *f anat.* Kiefer *m*; **sztuczna ~** Zahnprothese *f*

szczęście *n* (*pomyślność*) Glück *n*; **mieć ~** Glück haben; **~ rodzinne** Familienglück *n*; **spotkało mnie ~** ich hatte Glück; (*przypadek*) **mieć ~ w**

grze Glück im Spiel haben; **~ w nieszczęściu** Glück im Unglück

szczęśliw|y *adj* glücklich; **~ej drogi** glückliche Reise

szczoteczka *f* Bürste *f*; (*do zębów*) Zahnbürste *f*

szczotka *f* Bürste *f*

szczupak *m zool.* Hecht *m*

szczupły *adj* schlank

szczur *m zool.* Ratte *f*; *żart.* **~ lądowy** Landratte *f*

szczyp|ać *imperf vt* kneifen, zwicken; *przen.* **dym ~ie mnie w oczy** der Rauch beißt mir in die Augen

szczypce *spl* Zange *f*

szczypiorek *m* Schnittlauch *m*

szczypta *f* Priese *f*; **~ soli** eine Priese Salz

szczy|t *m* Gipfel *m*; **godziny ~tu** Spitzenzeit *f*; **spotkanie na ~cie** Gipfeltreffen *n*

szef *m* Chef *m*

szefowa *f* Chefin *f*

szelki *pl* Hosenträger *pl*

szept *m* Flüstern *n*, Geflüster *n*

szeptać *imperf vt* flüstern

szereg *m* (*rząd*) Reihe *f*; *sing* (*wiele*) eine Reihe von...; **stanąć w ~u** sich in eine Reihe stellen; **~ osób** eine Reihe <Anzahl> von Menschen; **od ~u dni leje** es gießt in Strömen seit mehreren Tagen; **w ~u przypadków naruszono przepisy** in einer Reihe von Fällen hat man gegen die Vorschriften verstoßen

szeregowiec *m* ein einfacher Soldat

szermierka *f sing* Fechtkunst *f*, Fechten *n*

szeroki *adj* breit; **~ w biodrach** breit in den Hüften; **~ świat** die weite Welt; **mieć ~ gest** großzügig <freigebig> sein

szerokość *f* Breite *f*; *geogr.* **~ geograficzna** die geographische Breite

szesnastka *f* Sechzehn *f*

szesnast|y *num* der sechzehnte; **jest godzina ~a** es ist sechzehn Uhr

sześcienny *adj* Kubik-; **centymetr ~** Kubikzentimeter *m*, *n*

sześć *num* sechs

sześćdziesiąt *num* sechzig

sześćdziesiąty *num* der sechzigste

sześćset *num* sechshundert

szew *m* Naht *f*

szewc *m* Schuster *m*, Schuhmacher *m*

szkic *m* Skizze *f*; **~ terenu** eine topographische Skizze, die Skizze einer Örtlichkeit; **~ literacki** eine literarische Skizze

szkielet *m anat.* Skelett *n; pot.* Gerippe *f*

szklanka *f* Glas *n*; **~ do herbaty** Teeglas *n*; **~ herbaty <soku>** ein Glas Tee <Saft>

szklarnia *f* Gewächshaus *n*, Treibhaus *n*

szklarz *m* Glaser *m*

szkł|o *n* Glas *n*; **~o żaroodporne <kuloodporne>** feuerfestes <kugelsicheres> Glas; **~o hartowane** gehärtetes Glas; **~a kontaktowe** Kontaktlinsen *pl*

szkock|i *adj* schottisch, Schotten-; **~a krata** Schotten *m*

szkod|a *f* (*strata*) Schaden *m*, Verlust *m*; *adv* (*przykro*) **~a, że...** schade, dass...; **~a o tym mówić** es hat keinen Sinn, darüber zu sprechen; es ist nicht der Rede wert; **ponieść ~ę** Schaden erleiden <davontragen>; **wyrządzić komuś ~ę** jmdm einen Schaden anrichten; **jaka ~a!** wie schade!

szkodliwy *adj* schädlich; **~ wpływ otoczenia** schädlicher Einfluss der Umgebung

szkodnik *m* Schädling *m*

szkodzi|ć *imperf vi* schaden; **palenie papierosów ~ zdrowiu** das Rauchen von Zigaretten schadet der Gesundheit; **nie ~!** es macht nichts!

szkolenie *n* Schulung *f*; **~ zawodowe** Berufsweiterbildung *f*

szkolić *imperf vt* schulen, unterrichten

szko|ła *f* Schule *f*; **~ła podstawowa** Grundschule *f*, (*w Niemczech od piątej klasy*) Haupt-

schule *f*; **~ła średnia** Oberschule *f*; **~ła prywatna** Privatschule *f*; **chodzić do ~ły** zur Schule <in die Schule> gehen, die Schule besuchen
Szkot *m* Schotte *m*
Szkotka *f* Schottin *f*
szlachetny *adj* edel (*prawy*) *rów.* großherzig
szlafrok *m* Schlafrock *m*, Morgenmantel *m*, Bademantel *m*
szlagier *m* Schlager *m*; *pot.* (*piosenka*) **modne ~y** moderne Schlager
szlak *m* (*droga*) Weg *m*; **~ turystyczny** Wanderweg *m*
szmata *f* Lappen *m*
szminka *f* Lippenstift *m*
szmira *f* Kitsch *m*, Schmarren *m*
sznur *m* Schnur *f*; **~ pereł <korali>** Perlenschnur *f* <Korallenkette *f*>
sznurek *m* Schnur *f*
sznurowadło *n* Schnürband *n*, Schuhband *n*, Schnürsenkel *m*
sznycel *m* *kulin.* Schnitzel *n*
szofer *m* Fahrer *m*, Schofför *m*
szok *m* Schock *m*; **doznać ~u** einen Schock bekommen
szopa *f* Schuppen *m*
szopka *f* (*w kościele*) Krippe *f*, Weihnachtskrippe *f*; (*przedstawienie*) Krippenspiel *n*
szorty *s pl* Shorts *pl*
szosa *f* Landstraße *f*, Chaussee *f*
szóstka *f* Sechs *f*
szóst|y *num* der sechste; **jest godzina ~a** es ist sechs Uhr
szpalta *f* Spalte *f*
szpara *f* (*otwór*) Spalt *m*; (*szczelina*) Ritze *f*
szparag *m* Spargel *m*
szpieg *m* Spion *m*, Agent *m*
szpiegować *imperf vt* spionieren; **~ kogoś** jmdn ausspionieren
szpilka *f* Stecknadel *f*
szpinak *m* Spinat *m*
szpital *m* Krankenhaus *n*; **~ kliniczny** Klinik *f*
szprotk|a *f* Sprotte *f*; **~i w oleju** Sprotten in Öl
szrama *f* Schramme *f*

szron *m* Reif *m*; (*na szybach*) Eisblumen *pl*
sztab *m* Stab *m*
sztafeta *f* Staffel *f*; (*bieg*) Staffellauf *m*
sztandar *m* Fahne *f*; (*proporzec*) Banner *n*
sztorm *m* Seesturm *m*, Sturmwind *m*
sztruks *m* Kord *m*; **~y** Kordhose *f*
sztućce *spl* Besteck *n*
sztuczn|y *adj* künstlich, Kunst-; **~y miód** Kunsthonig *m*; **~e światło** künstliches Licht; **~e ognie** Feuerwerk *n*; **~e oddychanie** künstliche Beatmung; **~e serce** ein künstliches Herz; **~a nerka** eine künstliche Niere; **~e tworzywo** Kunststoff *m*; **~y śmiech** ein gekünsteltes Lächen
sztuk|a *f* Kunst *f*; (*teatralna*) Theaterstück *n*; (*jednostka miary*) Stück *n*; **dwie ~i** zwei Stück; **dzieło ~i** Kunstwerk *n*; **~a życia** die Kunst des Lebens
szturm *m* Sturm *m*, Sturmangriff *m*; **przypuścić ~** stürmen (*rów. przen.*)
sztyf|t *m* Stift *m*; **dezodorant w ~cie** Deostift *m*
sztywny *adj* steif, starr
szuflada *f* Schublade *f*
szukać *imperf vt* suchen; **~ kogoś <czegoś>** jmdn <etw.> suchen
szum *m* Geräusch *n*
szwagier *m* Schwager *m*
szwagierka *f* Schwägerin *f*
Szwajcar *m* Schweizer *m*
Szwajcarka *f* Schweizerin *f*
szwajcarski *adj* schweizerisch; Schweizer; **ser ~** Schweizer Käse
Szwed *m* Schwede *m*
Szwedka *f* Schwedin *f*
szwedzki *adj* schwedisch
szyb|a *f* Fensterscheibe *f*; (*w samochodzie*) **~a przednia <boczna, tylna>** Windschutzscheibe <Seitenscheibe, Heckscheibe> *f*; **wybić ~ę** die Scheibe einschlagen
szybk|i *adj* schnell, rasch; **~a kolej miejska** Schnellbahn *f*, S-Bahn *f*
szybkoś|ć *f* Schnelligkeit *f*; (*o poruszaniu się*) Geschwindigkeit *f*; **na-**

bierać ~ci an Geschwindigkeit gewinnen
szybowiec *m* Segelflugzeug *n*, Gleiter *m*
szyć *imperf vt* nähen
szyfr *m* Kode *m*
szyj|a *f* Hals *m*; **pędzić na łeb, na ~ę** Hals über Kopf laufen
szykować *imperf vt* bereiten, vorbereiten; **~ się** sich anschicken; **~ się do wyjścia <wyjazdu>** sich zum Fortgehen <zur Reise> anschicken
szyld *m* Schild *n*
szyling *m* Schilling *m*
szyna *f* Schiene *f*
szynka *f* Schinken *m*
szyszka *f* Zapfen *m*

Ś

ściana *f* Wand *f*; *pot.* **w czterech ~ch** in den vier Wänden
ściąć *perf vt zob.* **ścinać**
ściągać, ściągnąć *perf vt* zusammenziehen; (*w dół*) herunterziehen
ściemniać się *imperf vr*, **ściemnić się** *perf vr* dunkel <finster> werden
ścierka *f* Lappen *m*
ścieżka *f* Pfad *m*, Weg *m*, Steg *m*; **~ dźwiękowa** Tonspur *f*
ścięgno *n anat.* Sehne *f*
ścigać *imperf vt* verfolgen; **~ się** um die Wette rennen
ścinać *imperf vt* abschneiden; **~ drzewa** Bäume fällen; *sport* **~ piłkę** den Ball schneiden; **~ włosy** (*u fryzjera*) sich die Haare (ab)schneiden lassen
ściska|ć *imperf vt* **ścisną|ć** *perf vt* drücken, zusammendrücken; (*obejmować kogoś*) umarmen; **żal serce ściska** Wehmut und Traurigkeit drücken jmdm das Herz; **~ć czyjąś rękę** jmds Hand drücken; **~ć się** (*opasywać się*) sich gürten, sich einschnüren; (*tłoczyć się*) sich zusammendrängen
ślad *m* Spur *f*; (*trop*) Fähr-

te *f*; **~y stóp** Fußspuren *pl*, Fußstapfen *pl*; **przepaść bez ~u** spurlos verschwinden; **iść w czyjeś ~y** in jmds Fußstapfen treten

Ślązaczka *f* Schlesierin *f*

Ślązak *m* Schlesier *m*

śledzić *imperf vt* (*obserwować*) ausspähen; (*tropić*) aufspüren; **~ rozwój wypadków** die Entwicklung der Ereignisse verfolgen

śledztwo *n* die polizeiliche Untersuchung

śledź *m* Hering *m*

ślep|y *adj* blind; *anat.* **~a kiszka** Blinddarm *m*; **~y zaułek** Sackgasse *f*

śliczny *adj* wunderschön, hübsch

ślimak *m* Schnecke *f*

ślina *f* Speichel *m*

śliski *adj* glatt, schlüpfrig

śliwk|a *f* Pflaume *f*; (*drzewo*) Pflaumenbaum *m*; **suszone ~i** gedörrte <getrocknete> Pflaumen

ślizgać się *imperf vi* (*tracić równowagę*) rutschen; (*po lodzie*) *rów.* schlittern

ślizgawka *f* Eisbahn *f*, Schlitterbahn *f*; *pot.* Rutschbahn *f*

ślub *m* Trauung *f*, Eheschließung *f*; **~ cywilny <kościelny>** standesamtliche <kirchliche> Trauung; **rocznica ~u** Hochzeitstag *m*; **brać ~** sich trauen lassen; (*pobierać się*) heiraten

ślubn|y *adj* Trau-; Ehe-; ehelich; **~a przysięga** Traueid *n*; **~y pierścionek** Trauring *m* <Ehering *m*>; **~a córka <syn>** die eheliche Tochter <der eheliche Sohn>; **~a suknia** Brautkleid *n*

ślusarz *m* Schlosser *m*

śluzówka *f anat.* Schleimhaut *f*

śmiać się *imperf vi* lachen; **~ się z czegoś** über etw. lachen; **chce mi się z tego ~** ich könnte darüber lachen; **~ się przez łzy** durch Tränen lachen

śmiały *adj* kühn, mutig; **~ pomysł** eine kühne Idee

śmiech *n* Lachen *n*; **wybuchnąć ~em** in lautes

Lachen ausbrechen; **pękać ze ~u** sich vor Lachen ausschütten, vor Lachen platzen

śmiecie *pl* Müll *m*, Abfälle *pl*

śmi|eć *imperf vi* (*ośmielić się*) wagen, sich trauen; **on nie będzie ~ał tego zrobić** er wird nicht wagen, es zu tun

śmier|ć *m* Tod *m*; **wyrok ~ci** Todesurteil *n*; **~ć tragiczna <naturalna, kliniczna>** ein tragischer <natürlicher, klinischer> Tod

śmierdzi|eć *imperf vi* stinken, übel riechen; **~eć czymś** nach etw. riechen <stinken>; *pot.* **~ tu** hier riecht <stinkt> es

śmierteln|y *adj* Sterbe-, Todes-, tödlich; **~a choroba** eine tödliche Krankheit; **~y wypadek** ein tödlicher Unfall; **~e niebezpieczeństwo** Todesgefahr *f*; *lit.* Todesnot *f*; **~y strach** Todesangst *f*; **~y wróg** Todesfeind *m*

śmieszny *adj* lächerlich, drollig, komisch; **nie bądź ~** mach dich nicht lächerlich

śmietana *f* Sahne *f*; (*regionalnie*) Rahm *m*

śmietankowy *adj* sahnig, cremig

śmietnik *m* (*wydzielone pomieszczenie*) Müllraum *m*; (*zsyp*) Müllschlucker *m*; (*wysypisko*) Müllabladeplatz *m*, Müllkippe *f*; (*urzędowo*) Mülldeponie *f*

śmigłowiec *m* Hubschrauber *m*

śniadanie *n* Frühstück *n*; **jeść ~** frühstücken

śni|ć *imperf vi* träumen (**o czymś** von etw.); **~ło mi się, że fruwam** ich habe geträumt, dass ich fliege

śnieg *m* Schnee *m*; **pada ~** es schneit

śnieżyca *f* Schneegestöber *n*; (*zawierucha*) Schneesturm *m*

śpiesz|yć się *imperf vr* sich beeilen, es eilig haben; **~ę się na pociąg** ich eile zum Zug; **~y mi się** ich habe es eilig, ich bin in Eile; **zegarek się ~y** die Uhr geht vor

śpiew *m* Gesang *m*; **~ solowy <chóralny>** Sologesang *m* <Chorgesang *m*>

śpiewaczka *f* Sängerin *f*

śpiewak *m* Sänger *m*

śpioch *m* Langschläfer *m*

śpiwór *m* Schlafsack *m*

średni *adj* (der) mittlere (*przeciętny*) durchschnittlich; **on jest ~ego wzrostu** er ist mittelgroß; **szkoła ~a** Obrerschule *f*; **~a wartość** Durchschnittswert *m*

średnio *adv* (*przeciętnie*) durchschnittlich; (*nieźle, miernie*) mittelmäßig, einigermaßen

średniowiecze *n* Mittelalter *n*

środa *f* Mittwoch *m*

środ|ek *m* Mitte *f*, Mittelpunkt *m*, Zentrum *n*; (*sposób, lekarstwo*) Mittel *n*; (*środek zaradczy*) Maßnahme *f*; **złoty ~ek** die goldene Mitte; **~ek lokomocji** Verkehrsmittel *n*; **~ki ostrożności** Vorsichtsmaßnahmen *pl*, Vorsichtsmaßregeln *pl*; **zapewnić ~ki do życia** den Lebensunterhalt sichern

środkow|y *adj* mittlere; zentral; Mittel-; Zentral-; **~a ściana** die mittlere Wand; *anat.* **ucho ~e** Mittelohr *n*; **Afryka Środkowa** Zentralafrika *n*

środowisk|o *n* Umgebung *f*, Umwelt *f*, Milieu *n*; **ochrona ~a** Umweltschutz *m*

śródmieście *n* Stadtzentrum *n*, Stadtmitte *f*

śródziemn|y *adj* mittelländisch; **Morze Śródziemne** das Mittelmeer, das Mittelländische Meer

śruba *f* Schraube *f*

śrubokręt *m* Schraubenzieher *m*

świadczeni|e *n* Leistung *f*; Unterstützung *f*; **~a społeczne** Sozialleistungen *pl*, (*pomoc społeczna*) Sozialhilfe *f*

świadectwo *n* Zeugnis *n*, Bescheinigung *f*, Urkunde *f*, Schein *m*; (*szkolne*) Schulzeugnis *n*; **~ dojrzałości** Reifezeugnis *n*; **~**

urodzenia <zgonu> Geburtsurkunde <Sterbeurkunde> *f*
świad|ek *m* Zeuge *m*; **~ek naoczny** Augenzeuge *m*; **~ek na ślubie** Trauzeuge *m*; **być ~kiem wypadku** Zeuge des Unfalls sein
świadomość *f* Bewusstsein *n*
świat *m* Welt *f*; **tamten ~** Jenseits *n*; **przyjść na ~** auf die Welt <zur Welt> kommen; **pójść w ~** in die Welt ziehen
światł|o *n* Licht *n*; (*w ruchu drogowym*) **~a sygnalizacyjne** Verkehrsampeln *pl*; (*pulsacyjne*) Blinklichter *pl*; **~o dzienne** Tageslicht *n*; **~o księżyca** Mondlicht *n*; **~o słoneczne** Sonnenlicht *n*, Sonnenschein *m*; *mot.* **~a drogowe <długie>** Fernlichter *pl*; **~a mijania <krótkie>** Abblendlichter *pl*; **~a pozycyjne** Standlichter *pl*
światopogląd *m* Weltanschauung *f*
świąteczn|y *adj* festlich; Fest-; (*odświętny*) feierlich; **~e ubranie** Festkleidung *f*; **~y dzień** Feiertag *m*, Festtag *m*, feierlicher Tag; **~y nastrój** Feiertagsstimmung *f*, Feststimmung *f*
świątynia *f* Tempel *m*
świder *m* Bohrer *m*
świeca *f* Kerze *f*; *mot.* **~ zapłonowa** Zündkerze *f*
świeci|ć *imperf vi* leuchten; scheinen; **~ słońce** die Sonne scheint; **~ć latarką** mit der Taschenlampe leuchten; **~ się światło** das Licht brennt
świecki *adj* weltlich; **człowiek ~** Laie *m*
świerk *m* Fichte *f*
świerszcz *m* Grille *f; pot,* Zirpe *f*
świetny *adj* glänzend, herrlich; *pot.* prima
śwież|y *adj* frisch; **~e bułki** frische Brötchen
święc|ić *imperf vi* (*świętować*) feiern; (*obchodzić*) begehen; **~ić urodziny** den Geburtstag feiern; *rel.* (*poświęcić*) weihen; **~one jajko** ein

geweihtes Osterei; **woda ~ona** Weihwasser *n*

święt|o *n* Feiertag *m*, Festtag *m*; **~o państwowe** Nationalfeiertag *m*; **~o kościelne** ein kirchlicher Feiertag <Festtag>; **~a Bożego Narodzenia** Weihnachten *n*; **~a wielkanocne** Ostern *n*; **Święto Zmarłych <Wszystkich Świętych>** Allerheiligen *n*

świętoś|ć *f* Heiligkeit *f*; (*coś otaczane szacunkiem*) Heiligtum *n*; **przysięgać na wszystkie ~ci** bei Gott schwören

święt|y *adj* heilig; (*przed imieniem*) **~y Piotr** der Heilige Petrus; **~a Maria** die Heilige (Jungfrau) Maria; **~y Mikołaj** der Heilige Nikolaus; **Ziemia Święta** das Heilige Land; **Pismo Święte** die Heilige Schrift; *pot.* **daj mi ~y spokój!** lass mich in Ruhe!

świnia *f* Schwein *n*

świnka *f med.* Mumps *m*; *pot.* Ziegenpeter *m*; *zool.* **~ morska** Meerschweinchen *n*

świństwo *n* Schweinerei *f*; (*podłość*) Gemeinheit *f*

świ|t *m* Tagesanbruch *m*; Morgendämmerung *f*; **o ~cie** bei Tagesanbruch

T

ta *pron* diese

tabela *f* Tabelle *f*, Tafel *f*

tabletka *f* Tablette *f*, Pille *f*

tablica *f* Tafel *f*; (*szyld*) Schild *n*; **~ informacyjna** Informationstafel *f*; *mot.* **~ rejestracyjna** Nummernschild *n*; **~ pamiątkowa** Gedenktafel *f*; **~ rozdzielcza** Schaltbrett *n*

tabliczka *f* Tafel *f*; **~ czekolady** eine Tafel Schokolade; **~ mnożenia** Einmaleins *n*

taboret *n* Schemel *m*; (*wysoki*) Hocker *m*

tabu *n nieodm.* Tabu *n*

taca *f* Tablett *n*
tajemnic|a *f* Geheimnis *n*; **mówię ci to w ~y** ich sage es dir insgeheim <(*poufnie*) vertraulich>; **~a służbowa** Dienstgeheimnis *n*; **~a lekarska <zawodowa>** Schweigepflicht *f*
tak *part* ja; *adv* (*w ten sposób*) so; **~ zwany** der sogenannte <(*skr.*) der sog.>; **i ~ dalej** und so weiter; **~ się składa, że...** es trifft <fügt> sich so, dass...
taksówk|a *f* Taxi *n*; **zamówić ~ę** ein Taxi bestellen
taktyka *f* Taktik *f*; **~ obronna** Verteidigungstaktik, (*strategia*) Verteidigungsstrategie *f*
także *adv* auch, ebenfalls; **~ nie** auch nicht, ebenfalls nicht; **ja ~ pójdę z wami** ich gehe auch mit (euch)
talent *m* Talent *n*, Begabung *f*; **~ do języków obcych** Sprachbegabung *f*; **młode ~y** junge Talente
talerz *m* Teller *m*; **~ głęboki <płytki>** ein tiefer <flacher> Teller; (*UFO*) **latające ~e** fliegende Untertassen *pl*
talia *f* (*pas*) Taille *f*; **~ kart** ein Spiel Karten
talizman *m* Talisman *m*
talon *m* Gutschein *m*
tam *pron* dort, da; **kto ~?** wer ist da?; **~ i z powrotem** hin und zurück
tama *f* Damm *m*
tamować *imperf vt* hemmen, behindern; **~ ruch** den Verkehr behindern <stauen>; **~ krew** das Blut <die Blutung> stillen
tampon *m* Tampon *m*; **~ z waty** Wattebausch *m*
tamt|en *pron* jener; **w ~ym roku** im vergangen Jahr; **~en świat** Jenseits *n*
tamtędy *adv* da lang
tancerka *f* Tänzerin *f*
tancerz *m* Tänzer *m*
tandeta *f* Plunder *m*, Trödel *m*
tani *adj* billig, preisgünstig, preiswert
taniec *m* Tanz *m*

tanio *adv* billig, preiswert, preisgünstig
tankować *imperf vt* tanken
tankowanie *n* Tanken *n*
tańczyć *imperf vt* tanzen
tapczan *m* Couch *f*, Sofa *n*
tapeta *f* Tapete *f*
tarapat|y *spl* Not *f*, Klemme *f*; **wpaść w ~y** in Not geraten; **być w ~ach** sich in Not <in der Klemme > befinden
tarczyca *f anat.* Schilddrüse *f*
targ *m* Markt *m*; **~ owocowo-warzywny** Obst- und Gemüsemarkt *m*
targi *spl*: **~ międzynarodowe** eine internationale Messe; **~ krajowe** eine Messe für regionale Aussteller; **~ książki** Buchmesse *f*
targować się *imperf vr* handeln, feilschen (**o coś** um etw.)
targowisko *n* Marktplatz *m*, Markt *m*
targow|y *adj* Markt-; **dzień ~y** Markttag *m*; **hala ~a** Markthalle *f*
tarka *f* Raspel *f*; *pot.* Reibe *f*
taryfa *f* Tarif *m*; **~ pocztowa** Posttarif *m*; **~ ulgowa <normalna>** ermäßigter Tarif <Normaltarif *m*>; **~ nocna** Nachttarif *m*
tasiemka *f* Band *n*
taśma *f* Band *n*, Streifen *m*; **~ filmowa** Filmstreifen *m*; **~ izolacyjna** Isolierband *n*; **~ klejąca** Klebeband *n*; *techn.* **~ produkcyjna** Fließband *n*
tatar *m kulin.* Tatar *n*
taternictwo *n sing* Bergsteigen *n*
tatuaż *m* Tätowierung *f*
tatuś *m* Vati *m*, Papa *m*, Papi *m*
tchórz *m* Feigling *m*; *zool.* Iltis *m*
team [tim] *m* Team *n*; *sport.* Mannschaft *f*
teatr *m* Theater *n*; **~ muzyczny** Musikalische Komödie, Operette *f*; **Teatr Wielki** Opernhaus *n*, Oper *f*
teatraln|y *adj* Theater-; **sztuka ~a** Theaterstück *n*; **dekoracje ~e** Bühnen-

dekoration *f*, Bühnenausstattung *f*, Bühnenbild *n*
techniczny *adj* technisch; **rysunek ~** technische Zeichnung
technik|a *f* Technik *f*, **nowoczesna ~a** moderne Technik; **~a drukarska** Druckverfahren *n*, Drucktechnik *f*; **osiągnięcia ~i** die Errungenschaften der Technik
technologia *f* Technologie *f*
teczka *f* Tasche *f*; (*biurowa*) (Akten)mappe *f*; (*aktówka*) Aktentasche *f*
tekst *m* Text *m*
tekstyln|y *adj* Textil-; **wyroby ~e** Textilwaren *pl*
tektura *f* Pappe *f*
telefon *m* Telefon *n*; (*aparat*) *rów*. Telefonapparat *m*; (*rozmowa*) *rów*. Anruf *m*, **przez ~** telefonisch; **~ komórkowy** Mobiltelefon *n*, *pot*. Handy *n*; **~ bezpośredni <wewnętrzny>** Durchwahl(nummer) *f* <Apparat *m*>; **~ jest zajęty** die Nummer ist besetzt; **~ nie odpowiada** es meldet sich niemand, niemand meldet sich
telefoniczn|y *adj* telefonisch; Telefon-; **rozmowa ~a** Telefongespräch *n*; **międzymiastowa <międzynarodowa> rozmowa ~a** Ferngespräch *n*; **automat ~y** Telefonautomat *m*; **centrala ~a** Telefonzentrale *f*
telefonować *imperf vi* (*do kogoś*) jmdn anrufen; (*rozmawiać z kimś*) mit jmdm telefonieren
telegazeta *f* Teletext *m*
telegraf *m* Telegraph *n*
telegram *m* Telegramm *n*
telekomunikacja *f sing* Fernmeldewesen *n*, Telekommunikation *f* <(*skr.*) Telekom *f*>
telepatia *f* Telepathie *f*
telereklama *f* TV-Werbung *f*
teleskop *m* Teleskop *n*
teleturniej *m* Gameshow *f*
telewidz *m* Fernsehzuschauer *m*
telewizj|a *f* Fernsehen *n*, TV *n*; **~a satelitarna** Sa-

tellitenfernsehen *n*; **oglądać ~ę** fernsehen
telewizor *m* Fernseher *m*, Fernsehapparat *m*
temat *m* Thema *n*
temblak *m* Schlinge *f*, Binde *f*
temperament *m* Temperament *n*
temperatur|a *f* Temperatur *f*; **mierzyć ~ę** die Temperatur messen; **~a dodatnia <ujemna>** Plustemperatur <Minustemperatur> *f*; (*gorączka*) Fieber *n*
tempo *m* Tempo *n*; *przen.* **żółwie ~** Schneckentempo *n*
temu *pron*: **rok ~** ein Jahr her; **to było dawno ~** es war lange her
ten *pron* dieser; **~ sam pokój co zawsze** dasselbe Zimmer wie immer; **napisz coś na ~ temat** schreibe etw. zu diesem Thema; **~ kotlet mi nie smakuje** dieses Kotelett schmeckt mir nicht
tenis *m sing* Tennis *n*; **grać w ~a** Tennis spielen
tenisówki *pl* Turnschuhe *pl*
tenor *m* Tenor *m*
teologia *f sing* Theologie *f*
teoria *f* Theorie *f*
terakota *f sing* (*płytki podłogowe*) Fliesen *pl*; (*podłoga z płytek*) ein gefliester Fußboden
terapia *f* Therapie *f*; **~ grupowa** Gruppentherapie *f*
teraz *adv* jetzt
teraźniejszy *adj* gegenwärtig; **czas ~** Gegenwart *f*; *gram.* Präsens *n*
teren *m* Gelände *n*, Gebiet *n*; *pot.* **być w ~ie** (*poza domem*) auswärts sein
termin *m* Termin *m*, (*okres*) Frist *f*; **~ ważności <przydatności do spożycia>** Haltbarkeitstermin *m*; **~ upływa 1.06.2004** das Verfallsdatum ist der 1.06.2004; **zrobić coś w ~ie** etw. termingemäß <termingerecht> machen
terminarz *m* (*kalendarz*) Terminkalender *m*
terminowo *adv* termingemäß, fristgemäß, fristgerecht

termofor *m* Wärmflasche *f*
termojądrow|y *adj* thermonuklear; **reakcja ~a** thermonukleare Reaktion
termometr *m* Thermometer *n*
termos *m* Thermosflasche *f*
termostat *m* Thermostat *m*
terror *m* Terror *m*
terrorysta *f* Terrorist *m*
terroryzm *m* Terrorismus *m*
terroryzować *imperf vt* terrorisieren
terytorium *n* Gebiet *n*, Territorium *n*
test *m* Test *m*
testament *m* Testament *n*; *rel.* **Stary <Nowy> Testament** das Alte <das Neue> Testament
testować *imperf vt* testen
teściowa *f* Schwiegermutter *f*
teść *m* Schwiegervater *m*
też *part* auch, ebenfalls; **~ nie** auch <ebenfalls> nicht
tęcza *f* Regenbogen *m*
tęczówka *f* Regenbogenhaut *f*
tędy *adv* hier lang; **~ prowadzi droga** der Weg führt hier lang
tęg|i *adj* dick, kräftig; (*o kobietach*) *rów.* mollig; **~a głowa** ein kluger Kopf <Mensch>
tępy *adj* (*o narzędziu*) stumpf; (*o człowieku*) *rów.* stumpfsinnig
tęsknić *imperf vi* sich sehnen; **~ za czymś <kimś>** sich nach etw. <nach jmdm> sehnen; **~ za domem <za krajem>** Heimweh haben
tęsknota *f* Sehnsucht *f*
tętnica *f* Schlagader *f*
tętno *n* Puls *m*, Pulsschlag *m*
tkanina *f* Gewebe *n*, Stoff *m*
tlen *m* Sauerstoff *m*
tlenowy *adj* Sauerstoff-; **aparat ~** Sauerstoffapparat *m*
tlić się *imperf vr* (*żarzyć się*) glimmen; (*bez płomienia*) schwelen
tło *n* Hintergrund *m*
tłocz|yć się *imperf vr* sich drängen; **ludzie ~ą się** die Menschen drängen sich

tłok *m* Gedränge *n*; *techn.* Kolben *m*

tłuc *imperf vt* (*rozbijać np. szyby, naczynia*) (zer)schlagen; **~ orzechy** Nüsse knacken; **~ się** brechen, zerbrechen; **~ się po świecie** sich in der Welt herumtreiben

tłum *m* Menschenmasse *f*, Menschenmenge *f*

tłumacz *m* (*tekstu*) Übersetzer *m*; (*wypowiedzi*) Dolmetscher *m*; **~ przysięgły** ein beeidigter Dolmetscher

tłumaczenie *m* (*tekstu*) Übersetzung *f*; (*wypowiedzi*) Dolmetschen *n*; (*wyjaśnianie*) Erläuterung *f*, Erklärung *f*, (*tekstu*) *rów.* Auslegung *f*

tłumaczyć *imperf vt* übersetzen; (*wypowiedzi ustne*) dolmetschen; **~ z polskiego na angielski** aus dem Polnischen ins Englische übersetzen <dolmetschen>; (*wyjaśniać*) erläutern, erklären; (*o tekście*) *rów.* auslegen; **~ się** sich rechtfertigen

tłumić *imperf vt* (*ogień*) das Feuer ersticken, (*gasić*) löschen; **~ bunt <powstanie>** einen Aufruhr <Aufstand> unterdrücken <ersticken>; **~ (swój) gniew <płacz>** seinen Ärger <Zorn> unterdrücken <verhalten>

tłumik *m* *muz.* Dämpfer *m*; *techn.* Schalldämpfer *m*; *mot.* Auspuff *m*

tłust|y *adj* fettig; (*gruby, otyły*) dick, beleibt, fett; **~a plama** ein fettiger Fleck; **~e mięso <jedzenie>** fett(ig)es Fleisch <Essen *n*>; **~y druk** Fettdruck *m*; **~y czwartek** fetter Donnerstag

tłuszcz *m* Fett *n*; **~ roślinny <zwierzęcy>** Pflanzenfett <Tierfett> *n*

to *pron* das, dies; **mniejsza o to** lassen wir das (dahingestellt sein); **to znaczy...** das bedeutet...; **co to za jeden?** wer ist denn das?; **jak to, już wychodzicie?** wieso, geht ihr schon?; **jak to się nazywa?** wie heißt das?; **kto to jest?** wer ist das?;

chcesz, to idź wenn du willst, dann geh
toaleta *f* Toillete *f*, WC *n*
toaletow|y *adj* Toiletten-; **papier ~y** Toilettenpapier *n*; **przybory ~e** Waschzeug *n*
toast *m* Toast *m*; **wznieść ~ za czyjeś zdrowie** einen Toast <Trinkspruch> auf jmdn ausbringen
toksyczny *adj* toxisch
tolerancja *f sing* Toleranz *f*; **~ religijna** Religionstoleranz *f*
tom *m* Band *m*; **powieść w dwóch ~ach** Roman in zwei Bänden
tomograf *m* Tomograph *m*
tomografia *f* Tomographie *f*; **~ komputerowa** Computertomographie *f*
ton *m* Ton *m*, Klang *m*
tona *f* Tonne *f*
tonacja *f muz.* Tonart *f*
tonąć *imperf vi* ertrinken; (*o okręcie*) versinken, untergehen; *pot.* **~ w długach** in Schulden stecken
tonik *m* Tonic *m*
topić[1] (*utopić*) *imperf vt* ertränken, (*o statkach*) versenken; **~ się** ertrinken, (*o samobójstwie*) sich ertränken
topi|ć[2] *imperf vt* (*zamieniać w stan ciekły*) schmelzen **~ się** schmelzen; (*o tłuszczach jadalnych*) zergehen; **masło się ~** die Butter zergeht
tor *m* (*trasa*) Bahn *f*, Weg *m*; **~ pocisku** Geschossbahn *f*; **~ kolejowy** Gleis *n*; **boczny ~** Nebengleis *n*; *sport.* **~ wyścigowy** Rennbahn *f*; **~ przeszkód** Hindernisbahn *f*
torba *f* Tasche *f*; **~ na zakupy** Einkaufstasche *f*
torebka *f* Handtasche *f*
tornister *m* Ranzen *m*; (*szkolny*) Schulranzen *m*, Schultasche *f*
torsje *spl* Erbrechen *n*
tort *m* Torte *f*; **~ urodzinowy** Geburtstagstorte *f*
torturować *imperf vt* foltern; *przen.* (*dręczyć*) peinigen
totaln|y *adj* total; **~a klęska** totale Niederlage
towar *m* Ware *f*,
towarowy *adj* Waren-; **bon ~** Gutschein *m*; **dom**

~ Warenhaus *n*; **znak ~** Warenzeichen *n*; **pociąg ~** Güterzug *m*

towarzystwo *n* Gesellschaft *f*; **wpaść w złe ~** in schlechte Gesellschaft geraten; (*spółka*) Gesellschaft *f*

towarzyszyć *imperf vi* begleiten (**komuś** jmdn)

tożsamoś|ć *f* Identität *f*; **dowód ~ci** Ausweis *m*

tracić *imperf vt* verlieren; **~ pamięć <słuch, głowę, czas>** das Gedächtnis <das Gehör, den Kopf, die Zeit> verlieren; **~ panowanie nad sobą** die Selbstbeherrschung verlieren

tradycja *f* Tradition *f*

trafiać *imperf vt*, **trafić** *perf vt* treffen; (*znajdować drogę*) sich zurechtfinden, den Weg finden; *sport* **~ do celu <w bramkę>** einen Treffer haben <erzielen>; *przen.* **~ w dziesiątkę** ins Schwarze treffen

trafienie *n* (*w grze liczbowej*) Treffer *m*

tragedia *f* Tragödie *f*

traktat *m* (*układ*) Vertrag *m*, Abkommen *n*; **~ pokojowy** Friedensvertrag *m*, Friedensabkommen *n*

traktor *m* Traktor *m*

traktować *imperf vt* behandeln; **~ kogoś dobrze <źle>** jmdn gut <schlecht> behandeln

trampki *pl* Sportschuhe *pl*

tramwaj *m* Straßenbahn *f*; **jechać ~em** mit der Straßenbahn fahren

transakcja *f* Geschäft *n*; Transaktion *f*

transfer *m ekon.* Transfer *m*, Überweisung *f*

transfuzja *f med.* Blutübertragung *f*, Transfusion *f*, Bluttransfusion *f*

transkrypcja *f* Transkription *f*; **~ fonetyczna** phonetische Umschrift

transmisja *f* Übertragung *f*; **~ radiowa <telewizyjna>** Rundfunkübertragung *f* <Fernsehübertragung> *f*

transparent *m* Transparent *n*, Spruchband *n*

transplantacja *f med.* Transplantation *f*, Verpflanzug *f*; **~ serca**

<nerki, wątroby> Herztransplatation <Nierentransplatation, Lebertransplantation> *f*

transport *m* Transport *m*; **środki ~u** Transportmittel *pl*

transportować *imperf vt* transportieren, befördern; **~ towary** Güter befördern <transportieren>

tranzyt *m* Transit *m*

trasa *f* Strecke *f*, Route *f*; **~ podróży <wycieczki>** Reiseroute *f*; **~ autobusowa** Busstrecke *f*; **ruchliwa ~** eine Strecke mit regem Betrieb

trawa *f* Gras *n*; **~ morska** Seegras *n*

trawić *imperf vt* verdauen; **źle ~ pokarm** Speisen <das Essen> schlecht verdauen

trawnik *m* Rasen *m*, Grünanlage *f*

trąb|a *f muz.* Tuba *f*; (*słonia*) Rüssel *m*; **~a powietrzna** Wirbelwind *m*, Windhose *f*

trąbka *f muz.* Trompete *f*

trefl *m* (*w kartach*) Kreuz *n*, Treff *n*

trener *m* Trainer *m*

trening *m* Training *n*

trenować *imperf vt* trainieren

treść *f* Inhalt *m*

trochę *adv* etwas, ein bisschen, ein wenig; **pożycz mi ~ pieniędzy** borge mir etwas Geld

tropik *m* (*tkanina*) Tropical *m*; **~i** (*strefa podzwrotnikowa*) Tropen *spl*

troska *f* Sorge *f*, Kummer *m*; **~ o kogoś <o coś>** die Sorge um jmdn <um etw.>; **~ o byt** Lebensunterhaltssorgen *pl*

troszczyć się *imperf vr* (*dbać*) sorgen (**o kogoś <o coś>** für jmdn <für etw.>); sich kümmern (**o kogoś <o coś>** um jmdn <um etw.>

trójka *f* Drei *f*

trójkąt *m* Dreieck *n*; **~ prostokątny** ein rechtwinkliges Dreieck

trucizna *f* Gift *n*

trudno *adv* schwer; **~ to zrozumieć** es ist schwer, das zu verstehen

trudności *pl* Schwierigkeiten *pl*; **~ finansowe** finanzielle Schwierigkeiten
trudn|y *adj* schwer, schwierig; **początki są ~e** aller Anfang ist schwer; **mieć ~y charakter** einen schwierigen Charakter haben
trujący *adj* giftig; **~ grzyb** ein giftiger Pilz
trumna *f* Sarg *m*
trup *m* Leiche *f*; (*zmarły*) Tote *m*; (*zmarła*) Tote *f*
truskawka *f* Erdbeere *f*
trwa|ć *imperf vi* dauern, andauern; **podróż ~ła całą noc** die Reise <die Fahrt> dauerte die ganze Nacht
trwały *adj* Dauer-; stabil; **~a ondulacja** Dauerwelle *f*
trybun|a *f* Tribüne *f*; *sport* **~y** Tribüne *f*
trybunał *m* (*sąd*) Tribunal *n*, Gerichtshof *m*
trzask *m* Knall *m*, Krach *m*
trzaskać *imperf vi*, **trzasnąć** *perf vi* (zu)knallen; **~ drzwiami** die Tür zuknallen <zuschlagen>
trząść *imperf vt* schütteln; (*kimś*) *rów.* rütteln; (*o środkach lokomocji*) holpern; **~ się z zimna** vor Kälte zittern
trzeba (*należy*) man muss; **~ to było zrobić już dawno** man hätte es schon längst machen müssen; **~ na to dużo pieniędzy** man braucht dafür viel Geld <es ist dafür viel Geld nötig>
trzeć *imperf vt* reiben; **~ oczy** sich die Augen reiben; **~ ser <ziemniaki>** Käse <Kartoffeln> reiben
trzepać *imperf vt* klopfen; **~ dywan** den Teppich klopfen
trzeźwy *adj* nüchtern
trzęsienie *n* Beben *n*; **~ ziemi** Erdbeben *n*
trzonek *m* Griff *m*, Stiel *m*; **~ noża** Messergriff *m*
trzonowy *adj* Backen-; **ząb ~** Backenzahn *m*
trzustka *f anat.* Bauchspeicheldrüse *f*

trzy *num* drei; **~ czwarte** dreiviertel
trzydziesty *num* der dreißigste
trzydzieści *num* dreißig
trzyma|ć *imperf vt* halten; **~ć dziecko za rękę** das Kind an der Hand halten; *pot.* **~ć kogoś za słowo** jmdn beim Wort nehmen; **~ć dziecko do chrztu** das Kind über die Taufe halten; **~ć się** sich festhalten; **~ć się poręczy** sich am Handlauf festhalten; **~ć się dobrze** sich gut halten; *pot.* **~j się!** mach's gut!
trzynasty *num* der dreizehnte
trzynaście *num* dreizehn
trzysta *num* dreihundert
tu *adv* hier, da; **co tu się dzieje?** was ist hier los?; was geht hier vor?; **chodź tu!** komm her!
tubka *f* Tube *f*
tulipan *m* Tulpe *f*
tułów *m* Rumpf *m*
tunel *m* Tunnel *m*
tuńczyk *m* Thunfisch *m*
tupać *imperf vi* trampeln (*w Niemczech rów. jako aplauz w teatrze*); **~ nogami** (mit den Füßen) trampeln
tupet *m* Dreistigkeit *f*; **ona ma ~** sie ist dreist
tura *f* Gang *m*, Rundgang *m*; **druga ~ wyborów** der zweite Wahlgang
turban *m* Turban *m*
Turczynka *f* Türkin *f*
turecki *adj* türkisch
Turek *m* Türke *m*
turniej *m* Turnier *n*, Kampfspiel *n*, Kampf *m*; **~ szachowy** Schachturnier *n*
turysta *m* Tourist *m*
turystka *f* Touristin *f*
turystyczny *adj* Touristen; **sprzęt ~** Freizeitzubehör *n*, Reisezubehör *n*; **sezon ~** Touristensaison *f*
turystyka *f sing* Touristik *f*; Touristenverkehr *m*; **~ piesza** Wandern *n*; **~ indywidualna** individueller Touristenverkehr
tusz *m* Tusche *f*; **~ do rzęs** Wimperntusche *f*
tusza *f sing* Körperfülle *f*, Beleibtheit *f*
tutaj *adv* hier, da; *por.* **tu**
tuzin *m* Dutzend *n*

tuż *adv* dicht, nahe; **~ za domem** direkt hinter dem Haus; **stał ~ za nim** er stand dicht hinter ihm; **~ przed feriami** kurz vor den Ferien
twa *pron* deine
twardo *adv* hart
tward|y *adj* hart; **~y sen** ein fester Schlaf; *przen.* **~e serce** ein hartes Herz; *przen.* **mieć ~e życie** ein hartes Leben haben
twaróg *m* Quark *m*
twarz *f* Gesicht *n*; **wyraz ~y** Gesichtsausdruck *m*
twierdzić *imperf vi* behaupten
twoja *pron* deine; *por.* **twój**
tworzyć *imperf vt* bilden; (*o twórczości artystycznej*) schaffen; **~ przykłady** Beispiele bilden; **~ nowe dzieło** ein neues Werk schaffen; **~ się** sich bilden; (*powstawać*) entstehen
tworzywo *n* Stoff *m*; Material *n*; **~ sztuczne** Kunststoff *m*
twój *pron* dein
twórca *m* (*jakiejś teorii*) Begründer *m;* (*np. wybitnych dzieł sztuki; rów. Stwórca*) Schöpfer *m*; (*założyciel*) Gründer *m*
twórczość *f* Schaffen *n*
ty *pron* du
tyć *imperf vi* zunehmen, dick werden
tydzień *m* Woche *f*; **dwa tygodnie** zwei Wochen lang; **za ~** in einer Woche; **od dziś za ~** heute in einer Woche
tyfus *m med.* Typhus *m*
tygodnik *m* Wochenzeitung *f*; **~ ilustrowany** Illustrierte *f*, eine illustrierte Wochenzeitschrift
tygrys *m zool.* Tiger *m*
tyle *pron, num* soviel; **drugie ~** doppelt soviel
tylko *part* nur; **~ co** soeben; **~ co odjechał** er ist soeben weggefahren; **~ pamiętaj, ja o niczym nie wiem** beachte nur, nach außen hin weiß ich von nichts
tyln|y *adj* der hintere,

Hinter-; Rück-; **~e światło samochodu** Rücklicht *n*; **~e koła** Hinterräder *pl*; **~a ściana szafy** die Rückseite des Schrankes

tył *m* der hintere Teil; **obrócić się ~em do kogoś** jmdm den Rücken zuwenden; **do ~u** rückwärts; **z ~u** hinten, (skąd) von hinten; **wejść od ~u** (*tylnymi drzwiami*) durch die Hintertür hereinkommen

tym *pron part* um so, desto; **~ więcej** desto mehr; um so mehr; **im więcej, ~ lepiej** je mehr desto <um so> besser; **~ razem** dieses Mal, diesmal; **w ~ miejscu** an diesem Ort; an dieser Stelle; **~ bardziej, że...** zumal, dass...

tymczasem *adv* inzwischen, mittlerweile

tymczasow|y *adj* vorläufig, vorübergehend; **~e zajęcie** eine vorübergehende Tätigkeit <Beschäftigung>; **~e zameldowanie** die vorläufige Anmeldung; **~y pobyt** der einstweilige Aufenthalt

tynk *m* Putz *m*, Verputz *m*

typ *m* Typ *m*, Modell *n*; **~ samochodu** Autotyp *m*; **dziewczyna nie w jego ~ie** das Mädchen ist nicht sein Typ; *pot.* **podejrzany ~** ein verdächtiger Typ

typow|y *adj* typisch; **~y błąd** ein typischer Fehler; **to jest dla nich ~e** das ist typisch für sie

tysiąc *m* Tausend *n*; **dwa ~e** zwei tausend; **kilka tysięcy** einige Tausend(e); **~e ludzi** Tausende von Menschen

tysięczny *num* der tausendste

tytoń *m* Tabak *m*

tytuł *m* Titel *m*; **~ książki <filmu>** der Titel des Buches <des Filmes>; **~ doktora <profesora>** Doktortitel *m* <der Titel eines Professors>; **~ własności** Eigentumsrecht *n*; **z ~u odszkodowania** als Entschädigung; **z jakiego ~u?** mit welchem Recht?

U

u *praep* bei, an; **u nas w kraju** hierzulande; **u dołu** unten; **u góry** oben; **mieszkać u rodziców** bei den Eltern wohnen

ubezpieczać *imperf vt*, **ubezpieczyć** *perf vt* versichern; **~ mieszkanie od kradzieży** die Wohnung gegen Diebstahl versichern; **~ samochód** das Auto versichern; **~ się na życie** eine Lebensversicherung abschließen

ubezpieczenie *n* Versicherung *f*; **~ chorobowe** Krankenversicherung *f*; **~ na życie** Lebensversicherung *f*

ubiegły *adj* vergangen, vorig; **w ~m roku** im vergangenen <im vorigen> Jahr

ubierać *imperf vt* anziehen, kleiden; **~ się** sich anziehen, sich kleiden; **~ choinkę** den Weihnachtsbaum schmücken

ubogi *adj* arm; *rów. przen.* ärmlich; **~ język** eine dürftige Sprache; **~ styl** ein holpriger Stil

ubrać *perf vt zob.* **ubierać** *imperf vt*

ubranie *n* Kleidung *f*

ucho *n* Ohr *n*; (*uchwyt*) Henkel *m*; (*igły*) Nadelöhr *n*; *pot.* **nadstawiać ~a, nadstawić uszu** die Ohren spitzen; **puszczać mimo uszu** zum einen Ohr herein, zum anderen wieder hinausgehen lassen; **zakochać się po uszy** bis über die Ohren verliebt sein

uchodźc|a *m* Flüchtling *m*; **~y polityczni** politische Flüchtlinge; **~y wojenni** Kriegsflüchtlinge *pl*

uchwała *f* Beschluss *m*

uchwyt *m* Griff *m*

uciąć *perf vt* (*odciąć*) abschneiden; **~ dyskusję** die Diskussion abbrechen; *pot.* **~ sobie drzemkę** ein Schläfchen machen

uciec *perf vi zob.* **uciekać** *imperf vi*

ucieczk|a *f* Flucht *f*; **rzucić się do ~i** die Flucht ergreifen; **ratować się ~ą** sich durch die Flucht retten

ucieka|ć *imperf vi* fliehen, flüchten, weglaufen; **~ć z domu** aus dem Haus fliehen; **~ć przed deszczem** vor dem Regen fliehen <weglaufen>; **czas ~** die Zeit vergeht

ucierać *imperf vt zob.* **utrzeć** *perf vt*

uciesz|yć *perf vt* freuen, erfreuen; (*sprawić radość*) Freude bereiten; **ten list nie ~y go zbytnio** dieser Brief wird ihn nicht allzu sehr freuen; **~yć się z czegoś** sich über etw. freuen; **~yć się dobrą wiadomością** sich über die gute Nachricht freuen

ucisz|ać *imperf vt*, **ucisz|yć** *perf vt* beruhigen; **~ać się, ~yć się** sich beruhigen, still werden

uczcić *perf vt* (*oddać cześć*) ehren; (*świętować*) feiern, festlich begehen; **~ czyjąś pamięć** jmds Andenken ehren

uczciwy *adj* ehrlich

uczelnia *f* Hochschule *f*, Universität *f*

uczennica *f* Schülerin *f*

uczeń *m* Schüler *m*

uczesać *perf vt* kämmen; **~ się** sich kämmen

uczesanie *n* Frisur *f*; Haartracht *f*; **poprawić ~** sich die Haare zurechtmachen

uczestniczyć *imperf vi* teilnehmen; (*mieć swój udział*) sich beteiligen; **~ w akcji** sich an einer Aktion beteiligen; **~ w posiedzeniu** an der Sitzung teilnehmen

uczestnik *m* Teilnehmer *m*

uczęszczać *imperf vi* besuchen; **~ do szkoły <na zajęcia>** die Schule <die Veranstaltungen> besuchen

uczony[1] *adj* gelehrt

uczony[2] *m* Gelehrte *m*, Wissenschafftler *m*

uczta *f* Empfang *m*; (*wieczorna*) *rów.* Dinner *n*, Gastmahl *n*

uczuci|e *n* Gefühl *n*; **nieprzyjemne ~e** ein unangenehmes Gefühl, Unbehagen *n*; **opanować swoje ~a** seine Gefühle zügeln; **~e radości** das Gefühl der Freude; **~a macierzyńskie** Mutterliebe *f*; **zapłonąć do kogoś ~em** zu jmdm <für jmdn> in Liebe entbrennen

uczulenie *n* (*alergia*) Allergie *f*; **~ na proszki do prania** Allergie gegen Waschmittel

uczy|ć *imperf vt* unterrichten (**kogoś czegoś** jmdn in etw.); lehren (**kogoś czegoś** jmdn etw.); **on ~ (nas) historii i francuskiego** er unterrichtet (uns in) Geschichte und Französisch; **matka ~ dziecko czytać** die Mutter bringt dem Kind das Lesen bei

uda|ć *perf vt*, **uda|wać** *imperf vt* (*symulować*) vormachen, vorspielen; **~wać chorego** sich krank stellen; **~wać niewiniątko** einen Unschuldsengel spielen

uda|ć się *perf vr* gelingen; *pot.* klappen; (*pójść*) sich begeben; **wycieczka ~ła się** der Ausflug war sehr gelungen; **operacja nie ~ła się** die Operation ist missglückt; **próba nie ~ła się** der Versuch ist misslungen, der Versuch scheiterte

udan|y *adj* (*pomyślny*) gelungen, gut geraten; **~e spotkanie <~y wieczór>** ein gelungenes Treffen <ein gelungener Abend>

udar *m med.* **~ słoneczny** Sonnenstich *m*; **~ mózgu** Gehirnschlag *m* <Schlaganfall *m*>

uderz|ać *imperf vt*, **uderz|yć** *perf vt* schlagen, stoßen, einen Stoß versetzen; **~yć w twarz** ins Gesicht schlagen; **~ać głową w ścianę** mit dem Kopf gegen die Wand stoßen; **krew ~yła mi do głowy** das Blut stieg mir zu Kopf; **~yć się** sich stoßen (**w głowę** am Kopf)

uderzenie *m* Schlag *m*, Stoß *m*; **~ w twarz** ein Schlag ins Gesicht; **~ fali** Wellenstoß *m*

udko *n* (*kurze*) Schenkel *m*

udo *n* Schenkel *m*; (*kulin.*) Keule *f*

udow|adniać *imperf vt*, **udow|odnić** *perf vt* beweisen, nachweisen, unter Beweis stellen

udusi|ć *perf vt* (*przez odcięcie dopływu powietrza*) ersticken; (*przez zaciśnięcie tchawicy*) erwürgen; *kulin.* (*potrawę*) dünsten, schmoren; **on ~ł się** er erstickte

udział *m* (*czynność*) Beteiligung *f*, Teilnahme *f*; (*przypadająca część*) Anteil *m*; **brać w czymś ~** an einer Sache teilnehmen, sich an etw. beteiligen; **~ w konkursie** die Teilnahme am Preisausschreiben; **mieć ~ w spółce** an einem Unternehmen beteiligt sein

udziel|ać *imperf vt*, **udziel|ić** *perf vt*: **~ać pomocy** Hilfe leisten <erteilen>; **~ać kredytu** Kredit gewähren <bewilligen>; **~ać gościny** Gastfreundschaft gewähren; **~ać rad** Ratschläge geben <erteilen>; **~ać się towarzysko** gesellschaftliche Kontakte pflegen

ufać *imperf vi*: **~ komuś** jmdm vertrauen

ufarbować *perf vt* färben; **~ sobie włosy na rudo** (*u fryzjera*) sich die Haare rot färben lassen

ufo *n nieodm.* Ufo *n*

ufundować *perf vt* stiften; **~ stypendium** ein Stipendium stiften

ugasić *perf vt* löschen, auslöschen; **~ ogień** das Feuer auslöschen; **~ pragnienie** den Durst stillen

ugod|a *f* Übereinkunft *f*, Abmachung *f*; *prawn.* Vergleich *m*; **zawrzeć ~ę** einen Vergleich schließen, eine Übereinkunft treffen

ugościć *perf vt* bewirten, gastfreundlich empfangen <aufnehmen>

ugotować *perf vt* kochen;

~ obiad das Mittagessen kochen

ują|ć *perf vt*, **ujmować** *imperf vt* (*chwycić*) fassen, ergreifen; **~ć kogoś za <pod> rękę** jmdn bei der Hand <unter den Arm> nehmen; (*zjednać*) **~ć sobie kogoś** jmdn für sich gewinnen; **~ł mnie swoją życzliwością** seine Freundlichkeit hat es mir angetan; (*odjąć*) abnehmen; (*zmniejszyć*) vermindern; **~ć sobie lat** sich ein paar Jahre abnehmen; **~ć się za kimś** sich für jmdn einsetzen; **~ć złodzieja** einen Dieb fassen <stellen>

ujemn|y *adj* negativ, schlecht; **mieć ~y wpływ na kogoś** auf jmdn einen negativen Einfluss haben <ausüben>; **~a temperatura** Minustemperatur *f*

ujęcie *n* (*sformułowanie*) Fassung *f*, Auffassung *f*; **~ wody** Wasserentnahme *f*; **~ złodzieja** die Festnahme eines Diebes

ukarać *perf vt* strafen, bestrafen; **~ kogoś grzywną** jmdm eine Geldbuße <Geldstrafe> auferlegen

ukąsić *perf vt* beißen; (*użądlić*) stechen

ukąszenie *n* Biss *m*; (*użądlenie*) Stich *m*

układ *m* (*umowa*) Vertrag *m*, Abkommen *n*; (*pertraktacje*) Verhandlungen *pl*; (*rozmieszczenie*) Anlage *f*, Plan *m*; **zawrzeć ~** einen Vertrag schließen, ein Übereinkommen treffen; **zerwać ~** einen Vertrag brechen; **wchodzić w ~y** Kontakte <Beziehungen> knüpfen <aufnehmen>; **~ alfabetyczny** die alphabetische Reihenfolge

układać *imperf vt* zurechtlegen, ordnen; **~ dziecko do snu** das Kind ins Bett legen; **~ sobie życie** sich das Leben einrichten; **~ plan** einen Plan entwerfen

ukłon *m* Verbeugung *f*, Gruß *m*; **przekazywać ~y dla kogoś** jmdm Grüße ausrichten <bestellen>

ukłonić się *perf vr*: **~ się komuś** (*pozdrowić kogoś*) jmdn grüßen

ukłuć *perf vt* stechen; **~ się** sich stechen

ukochany *adj* geliebt, lieb

ukos *m* Schräge *f*; **na ~** schrägüber

ukośn|y *adj* schräg, schief, Schräg-; **~e cięcie** Schrägschnitt *m*

Ukrainiec *m* Ukrainer *m*

Ukrainka *f* Ukrainerin *f*

ukraiński *adj* ukrainisch

ukraść *perf vt* stehlen, klauen

ukry|ć *perf vt*, **ukry|wać** *imperf vt* verstecken, verbergen; (*udzielić schronienia*) *rów.* Zuflucht geben <bieten>; **~ć, ~wać się** sich verstecken, sich versteckt halten

ul *m* Bienenstock *m*, Bienenkorb *m*

ule|c *perf vi*, **ule|gać** *imperf vi* (*poddać się*) unterliegen; (*iść na kompromis*) nachgeben; **~c czyjemuś wpływowi** sich von jmdm beeinflussen lassen; **~c pokusie** einer Versuchung erliegen

ulepszać *imperf vt*, **ulepszyć** *perf vt* verbessern; (*uszlachetnić*) veredeln; (*udoskonalić*) vervollkommnen

ulewa *f* Regenschauer *m*, Platzregen *m*

ulg|a *f* (*odprężenie*) *sing* Erleichterung *f*, Entspannung *f*; (*w bólu*) Linderung *f*; (*zniżka*) Ermäßigung *f*; **sprawić ~ę** Linderung verschaffen; **korzystać z ~i** (*ze zniżki*) eine Ermäßigung haben

ulgow|y *adj* Vorzugs-; mit Ermäßigung; **taryfa ~a** Vorzugstarif *m*; **bilet ~y** eine Fahrkarte mit Ermäßigung

ulic|a *f* Straße *f*; **iść ~ą** die Straße entlanggehen; **~a boczna** Seitenstraße *f*; (*przecznica*) Querstraße *f*; **przy ~y Narutowicza** in der Narutowiczastraße; **okna od ~y** die Fenster zur Straße

ulotka *f* Flugblatt *n*

ultrasonograf *m* Ultrasonoskop *n*
ultrasonografia *f* Ultrasonographie *f*
ulubienica *f* Günstling *m*, Liebste *f*; **~ publiczności** Publikumsliebling *m*
ulubieniec *m* Günstling *m*; *zob. rów.* **ulubienica**
ulubion|y *adj* beliebt, Lieblings-; **~a potrawa** Lieblingsspeise *f*, Lieblingsgericht *n*
ułamek *m mat.* Bruchzahl *f*; **~ dziesiętny** Dezimalbruch *m*; (*kawałek*) Bruchteil *m*, Bruchstück *n*
ułatwić *perf vt*, **ułatwiać** *imperf vt* erleichtern
ułożyć *perf vt zob.* **układać** *imperf vt*
umawiać się *imperf vr*, sich verabreden; **~ się z kimś o drugiej** sich mit jmdm um zwei Uhr verabreden; **~ co do ceny** über den Preis einig werden, sich auf den Preis einigen
umiar *m* Maß *n*, Mäßigung *f*; **zachować ~** Maß halten, Mäßigung üben; **z ~em** mit <in> Maßen
umie|ć *imperf vt* können; wissen; verstehen; **~ć coś na pamięć** etw. auswendig können; **~ć po francusku <włosku>** Französisch <Italienisch> können; **on jeszcze nie ~ czytać i pisać** er kann weder lesen noch schreiben; **~ć się z czymś obchodzić** mit etw. umzugehen wissen
umierać *imperf vi zob.* **umrzeć** sterben; *przen.* **~ z ciekawości <ze strachu>** vor Neugier <vor Angst> platzen
umieszczać *imperf vt*, **umieścić** *perf vt* (*lokować*) unterbringen; **~ gości** Gäste unterbringen; **~ oszczędności w kasie oszczędnościowej** Ersparnisse in der Sparkasse anlegen
umocować *perf vt* befestigen, festmachen; **~ półkę na ścianie** das Regal an der Wand befestigen
umorzyć *perf vt* tilgen; **~ długi** eine Schuld tilgen <löschen>; **~ śledztwo**

die Untersuchung einstellen

umow|a *f* Vertrag *m*, Vereinbarung *f*, Abkommen *n*; **~a o pracę** Arbeitsvertrag *m*; **zawrzeć <zerwać> ~ę** einen Vertrag schließen <brechen>; **zgodnie z ~ą** laut Vertrag

umown|y *adj* vereinbart; **kara ~a** Konventionalstrafe *f*

umożliwiać *imperf vt*, **umożliwić** *perf vt* ermöglichen, möglich machen; **~ komuś studia** jmdm das Studieren ermöglichen

umówić się *perf vr zob.* **umawiać się**

umrzeć *perf vi* sterben; **~ śmiercią naturalną** eines natürlichen Todes sterben; **~ na serce** am Herzversagen sterben; **~ nagle** eines plötzlichen Todes sterben

umyć *perf vt por.* **myć** *imperf vt*

umy|sł *m* Geist *m*; Sinn *m*; **stracić <zachować> przytomność ~słu** die Geistesgegenwart verlieren <bewahren>; **chory na ~śle** geisteskrank; **zdrowy na ~śle** bei gutem Verstand sein

umysłow|y *adj* geistig; **praca ~a** geistige Arbeit; **pracownik ~y** Angestellte *m*, Beamte *m*

umyślnie *adv* absichtlich, mit Absicht

umywalka *f* Waschbecken *n*

unia *f* Union *f*, Vereinigung *f*

unieść *perf vt* heben, hochheben; (*lekko*) anheben; **~ się** (*podnieść się*) sich aufrichten; (*wzlecieć w górę*) aufsteigen; **~ się gniewem** in Zorn geraten

unieważniać *imperf vt*, **unieważnić** *perf vt* annullieren, aufheben, rückgängig machen, ungültig machen, für ungültig erklären; **~ zamówienie** die Bestellung zurücknehmen; **~ małżeństwo** die Ehe für ungültig erklären; **~ wyrok** das Urteil annullieren

unieważnienie *n prawn.*

Annullierung *f*; ~ **małżeństwa** die Annullierung der Ehe; ~ **wyroku** die Annullierung des Urteils

uniewinniać *imperf vt*, **uniewinnić** *imperf vt prawn.* freisprechen, für unschuldig erklären

unikać *imperf vt*, **uniknąć** *perf vt* ausweichen, meiden; (*czegoś*) vermeiden, ~ **kogoś** jmdn meiden, jmdm ausweichen; ~ **rozgłosu** das Aufsehen vermeiden

unikat *n* Unikum *m*, Einzelstück *n*, einziges Exemplar

uniwersalny *adj* universell; (*ogólny*) allgemein; (*wszechstronny*) vielseitig

uniwersytet *m* Universität *f*

unosić *imperf vt zob.* **unieść**

upadać *imperf vi* fallen, stürzen, herunterfallen; *przen.* ~ **na duchu** den Mut verlieren; ~ **ze zmęczenia** vor Müdigkeit umfallen

upadek *m* Sturz *m*, Absturz *m*, Fall *m*; ~ **gospodarczy** der wirtschaftliche Zusammenbruch

upaln|y *adj* heiß; **~e lato** ein heißer Sommer

upał *m* Hitze *f*

uparty *adj* hartnäckig, stur, trotzig

upaść *perf vi zob.* **upadać** *imperf vi*

upewniać *imperf vt*, **upewnić** *perf vt*: ~ **się** sich vergewissern

upić się *perf*, **upijać się** *imperf* sich betrinken, (*lekko*) sich berauschen

upierać się *imperf vr* beharren, bestehen **(przy czymś** auf etw.); ~ **przy swoim zdaniu** an seiner Meinung festhalten, auf seiner Meinung bestehen

upły|nąć *perf vi*, **upły|wać** *imperf vi* (*o czasie*) vergehen; (*o terminie*) ablaufen; **czas ~wa** die Zeit vergeht; **termin ~nął** der Termin ist abgelaufen

upokarzać *imperf vt*; **upokorzyć** *perf vt*: ~ **kogoś** jmdn demütigen

upominać *imperf vt*, **upomnieć** *perf vt* mahnen; warnen; **~ się o coś** nach etw. verlangen

upomin|ek *m* Andenken *n*, Souvenir *n*; **dać coś w ~ku** etw. als Andenken geben <schenken>

upomnienie *n* Mahnung *f*; (*ostrzeżenie*) Warnung *f*; **~ w sprawie zwrotu książki** die (Er)mahnung wegen der Rückgabe eines Buches

upoważniać *imperf vt*, **upoważnić** *perf vt* bevollmächtigen, berechtigen

upoważnieni|e *n* Bevollmächtigung *f*; (*pełnomocnictwo*) Vollmacht *f*; (*pozwolenie*) Genehmigung *f*; **bez ~a** unbefugt

up|ór *m sing* Eigensinn *m*, Hartnäckigkeit *f*; **napotkać czyjś ~ór** auf jmds Hartnäckigkeit stoßen; **z ~orem** mit Hartnäckigkeit

upraszczać *imperf vt*, **uprościć** *perf vt* vereinfachen, einfacher machen

uprawa *f* Kultur *f*, Anbau *m*; **~ roślin <zbóż>** Pflanzenbau *m* <Getreideanbau *m*, Getreidebau *m*>

uprawiać *imperf vt* (*pole*) das Feld bestellen; **~ gimnastykę <sport>** Gymnastik <Sport> treiben

uprzedz|ać *imperf vt*, **uprzedz|ić** *perf vt* (*ostrzegać*) warnen, (er)mahnen; (*ubiec*) **~ić kogoś** jmdm zuvorkommen; **~ać czyjeś życzenia** jmds Wünschen zuvorkommen

uprzejmość *f* Höflichkeit *f*, Freundlichkeit *f*; **okazywać ~** Höflichkeit <Freundlichkeit> zeigen

uprzejmy *adj* höflich, freundlich; **~ gest** eine höfliche <freundliche> Geste

upuszczać *perf vt*, **upuścić** *imperf vt* fallen lassen; **~ coś na ziemię** etw. fallen lassen

uratować *perf vt* retten; **~ komuś życie** jmdm das Leben retten; **~ się** sich retten

uraz *m* (*fizyczny*) Verletzung *f*; *med.* (*uraz psychiczny*) Trauma *n*; (*uprzedzenie*) Voreingenommenheit *f*, Befangenheit *f*

urlop *m* Urlaub *m*; **~ macierzyński** Mutterschaftsurlaub *m*; **~ zdrowotny** Genesungsurlaub *m*; **na ~ie** im Urlaub; **spędzić ~ nad morzem** den Urlaub an der See verbringen; **wyjechać na ~** in <auf> Urlaub fahren

uroczystość *f* Feier *f*, Fest *n*; **obchodzić ~ pięćdziesięciolecia** das 50 jährige Jubiläum feiern

uroda *f* Schönheit *f*

urodzaj *m* gute Ernte

urodzeni|e *n* (*narodziny*) Geburt *f*; **data <miejsce> ~a** Geburtsdatum *n* <Geburtsort *m*>; **świadectwo ~a** Geburtsurkunde *f*; **warszawiak z ~a** ein gebürtiger Warschauer

urodzi|ć *perf vt* gebären, zur Welt bringen; **~ć się** geboren werden; **~łem się w 1952 r.** ich wurde 1952 geboren

urodziny *spl* Geburtstag *m*

urok *m* (*powab*) Reiz *m*, Anmut *f*; (*magiczny wpływ*) Bann *m*; **ona jest pełna ~u** sie ist sehr anmutig; **jestem pod jej ~iem** ich stehe unter ihrem Bann

uros|nąć *perf vi* wachsen, groß werden, aufwachsen; **dzieci ~ły** die Kinder sind groß geworden; **ciasto ~ło** der Kuchen ging (gut) auf; **długi ~ły** die Schulden sind angewachsen

uruchamiać *imperf vt*, **uruchomić** *perf vt* (*np. fabrykę*) in Betrieb setzen; **~ silnik** (*odpalić*) den Motor anlassen

urwa|ć *perf vt*, **urywać** *imperf vt* (ab)reißen, (ab)pflücken; **~ć kwiatek** eine Blume pflücken; **~ć kawałek papieru** ein Stück Papier abreißen; **~ć się** (ab)reißen, springen; **~ł się guzik** der Knopf ist abgerissen; **struna się ~ła** die Saite ist gesprungen

urząd *m* Amt *n*, Behörde

f; ~ **finansowy** Finanzamt *n*; ~ **pocztowy** Postamt *n*; ~ **stanu cywilnego** Standesamt *n*

urządzać *imperf vt zob.* **urządzić** *perf vt*

urządzenie *n* Einrichtung *f*, Anlage *f*; (*przyrząd*) Gerät *n*; ~ **mieszkania** die Einrichtung der Wohnung; ~ **alarmowe** Alarmanlage *f*

urządzić *perf vt* einrichten; ~ **dom** das Haus einrichten; ~ **przyjęcie** einen Empfang ausrichten, eine Party organisieren

urzędnik *m* Angestellte *m*, Beamte *m*

usiąść *perf vi* sich setzen

usług|a *f* Dienstleistung *f*; Service *m*; **oddał znaczne ~i** er leistete bedeutende Dienste; **korzystać z czyichś ~** jmds Dienste nutzen; **ofiarować swoje ~i** jmdm seine Dienste anbieten, jmdm zur Verfügung stehen

usługiwać *imperf vt* jmdn bedienen; ~ **gościom** die Gäste bedienen

usnąć *perf vi* einschlafen; **nie móc ~** nicht einschlafen können

uspok|ajać *imperf vt*, **uspokoić** *perf vt* beruhigen; **~ajać się** sich beruhigen, (*o ciszy*) *rów.* still werden; **~ój się!** beruhige dich!; **burza ~oiła się** der Sturm hat sich gelegt

usprawiedliwi|ać *imperf vt*, **usprawiedliwić** *perf vt* rechtfertigen, entschuldigen; **czym ~sz swoje zachowanie?** womit wirst du dein Benehmen rechtfertigen?; **~ć swoją nieobecność** seine Abwesenheit entschuldigen

usprawiedliwienie *n* Entschuldigung *f*, Rechtfertigung *f*; ~ **lekarskie** eine ärztliche Bescheinigung <Attest *n*>

usta *spl* Mund *m*; (*wargi*) Lippen *pl*; **delikatne ~** feine Lippen

ustalać *imperf vt*, **ustalić** *perf vt* (*wyznaczyć*) festsetzen; (*stwierdzić*) feststellen; ~ **termin wyjaz-**

du den Abreisetermin festsetzen <festlegen>; **~ warunki pracy <płacy>** Arbeitsbedingungen festlegen <bestimmen>; **~ ojcostwo** die Vaterschaft feststellen

ustaw|a *f* Gesetz *n*; **projekt ~y** Gesetzesvorlage *f*, Gesetzentwurf *m*; **wydać ~ę** das Gesetz verabschieden <erlassen>

ustawiać *imperf vt*, **ustawić** *perf vt* aufstellen, stellen; **~ się** (*w kolejce*) sich anstellen (**po coś** nach etw.); **~ się w dwuszeregu** in Zweierreihe antreten; **~ się dobrze <źle> w życiu** sich im Leben gut <schlecht> einrichten

ustąpić *perf vi* (*odejść*) zurücktreten, sich zurückziehen; **~ komuś z drogi** jmdm ausweichen; **~ ze stanowiska** das Amt niederlegen; **~ młodszemu bratu** dem jüngeren Bruder nachgeben; **~ komuś miejsca** jmdm seinen Platz anbieten

usterk|a *f* Fehler *m*, Mangel *m*; **poprawić ~i** die Fehler korrigieren

ustęp|ować *imperf vi* zurücktreten, sich zurückziehen; **~ować komuś w zręczności <zdolnościami>** jmdm in der Geschicklichkeit <in der Begabung> nachstehen; **on mu w niczym nie ~uje** er steht ihm in nichts nach

ustępstw|o *m* Zugeständnis *n*; **zgodzić się <pójść, iść> na ~a** Zugeständnisse machen

ustn|y *adj* mündlich; **egzamin ~y** eine mündliche Prüfung; *anat.* **jama ~a** Mundhöhle *f*

ustrój *m* (*system polityczny*) die politische Gesellschaftsordnung

usunąć *perf vt*, **usuwać** *imperf vt* beseitigen, entfernen, wegschaffen, wegräumen; **~ kogoś ze stanowiska** jmdn absetzen, jmdn des Amtes entheben

usypiać *imperf vt* einschläfern; **~ dziecko** das Kind in den Schlaf wiegen; **~ chore psy** kranke Hunde einschläfern

uszczelk|a *f techn.* Dichtung *f*, **wymienić ~ę** eine Dichtung wechseln

uszczelniać *imperf vt*, **uszczelnić** *perf vt* abdichten, **~ okna na zimę** die Fenster für den Winter abdichten

uszka *pl kulin.* (*do barszczu*) Tortellini *pl*

uszkodzi|ć *perf vt* beschädigen; **samochód ~ł mur** ein Auto beschädigte die Mauer

uścisk *m* (*objęcie*) Umarmung *f*; **~ dłoni** Händedruck *m*

uśmiech *m* Lächeln *n*; **radosny ~** fröhliches Lächeln

uśmiechać się *imperf vr* **uśmiechnąć się** *perf vi* lächeln; **~ do kogoś** jmdm zulächeln, jmdn anlächeln

uświadamiać *imperf vt*, **uświadomić** aufklären (**kogoś o czymś** jmdn über etw.); **~ sobie** sich über etw. klar werden; **~ sobie niebezpieczeństwo <całą prawdę>** sich über die Gefahr <die ganze Wahrheit> klar werden

utalentowany *adj* begabt, talentiert

utart|y *adj* (*powszechny*) gewöhnlich; **iść ~ą drogą** den gebahnten Weg gehen; **~y zwrot** Redensart *f*

utkn|ąć *pert vi* steckenbleiben, liegenbleiben, festsitzen; **statek ~ął na mieliźnie** das Schiff ist auf eine Sandbank aufgelaufen; **samochód ~ął w korku ulicznym** das Auto ist im Stau steckengeblieben; **rozmowa ~ęła** das Gespräch stockte

utoną|ć *perf vi* ertrinken; **człowiek ~ł** der Mensch ist ertrunken

utopi|ć *perf vt* ertränken; **~ć człowieka** einen Menschen ertränken; (*utonąć*) **~ć się** ertrinken; (*popełnić samobójstwo*) sich ertränken

utrzeć *perf vt* reiben; **~**

marchew <ser> Möhren <Käse> reiben

utrzym|ać *perf vt*, **utrzymywać** *imperf vt* aufrechterhalten; (*twierdzić*) behaupten; **~ywać stosunki** Kontakte zu jmdm pflegen; **~ywać korespondencję z kimś** mit jmdm im Briefwechsel stehen <korrespondieren>; **on ~uje się tylko ze swojej pracy <pensji>** er lebt nur von seiner Arbeit <von seinem Gehalt>

utrzymani|e *n sing* Unterhalt *m*; **zarabiać na ~e jako ślusarz** seinen (Lebens)unterhalt als Schlosser verdienen; **być na ~u rodziców** von den Eltern unterhalten werden; **mieć dziecko na ~u** für den (Lebens)unterhalt eines Kindes sorgen müssen; **środki ~a** Lebensunterhaltsmittel *pl*

utworzyć *perf vt* bilden, schaffen, gründen; **~ spółkę <fundację>** eine Gesellschaft <Stiftung> gründen

utwór *m* Werk *n*; *muz. rów.* Musikstück *n*

utyć *perf vi* zunehmen, dick werden

uwag|a *f* (*spostrzeżenie*) Bemerkung *f*; **brać <wziąć> coś pod ~ę** etw. in Betracht ziehen; **zwracać komuś na coś ~ę** jmdn auf etw. aufmerksam machen, jmdn auf etw. hinweisen; **nie zwracać na coś ~i** etw. nicht beachten <unbeachtet lassen>; **to uszło <nie uszło> mojej ~i** das habe ich nicht beachtet <das ist meiner Aufmerksamkeit nicht entgangen>; **to zasługuje na ~ę** das ist beachtenswert; **~a, samochód!** Vorsicht, (ein) Auto!; **robić ~i krytyczne** kritische Bemerkungen machen

uwalniać *imperf vt*, **uwolnić** *perf vt* befreien, freilassen; **~ więźnia** den Häftling freilassen; **uwolniono go od zarzutów** er wurde freigesprochen; **~ się od kogoś <od cze-**

goś> (*pozbyć się*) jmdn <etw.> loswerden

uważa|ć[1] *imperf vi* (*być skupionym*) aufpassen; **~ć na coś** auf etw. achten; **~j na siebie!** nimm dich in acht!; **~ć na lekcjach** in der Schule aufpassen; **~j, żebyś nie zgubił pieniędzy** pass auf, dass du das Geld nicht verlierst

uważa|ć[2] *imperf vt*: **~ć kogoś za przyjaciela** jmdn für einen Freund halten, jmdn als einen Freund ansehen; **~m, że...** ich meine, dass..., ich bin der Meinung, dass...; **~ć się za pechowca** sich für einen Pechvogel halten

uważn|y *adj* aufmerksam; (*skupiony*) andächtig; **~y słuchacz <widz>** ein aufmerksamer Hörer <Zuschauer>; **~e spojrzenie** ein aufmerksamer <scharfer> Blick

uwielbiać *imperf vt* verehren, anbeten; **~ kogoś** jmdn verehren, für jmdn schwärmen

uwłaszczenie *n* Eigentumsverleihung *f*

uwłaszczyć *perf vt* verleihen; **~ kogoś** jmdm das Eigentumsrecht verleihen; **~ społeczeństwo** der Gesellschaft die Teilhaberschaft verleihen

uwzględniać *imperf vt*, **uwzględnić** *perf vt* berücksichtigen

uzależniać *imperf vt*, **uzależnić** *perf vt* abhängig machen; **~ się od czegoś <kogoś>** von etw. <von jmdm> abhängig werden; **~ się od alkoholu <narkotyków>** alkoholsüchtig <rauschgiftsüchtig> werden

uzależnienie *n* Abhängigkeit *f*; Unterwerfung *f*; (*nałóg*) Sucht *f*

uzależniony *adj* abhängig

uzdolniony *adj* begabt, talentiert

uzdrawiać *imperf vt*, **uzdrowić** *perf vt* heilen

uzdrowiciel *m* Heilpraktiker *m*

uzdrowisko *n* Kurort *m*; (*zdrojowisko*) Heilbad *n*

uziemienie *n* Erdung *f*

uznać *perf vt*, **uznawać** *imperf vt* anerkennen; **~ kogoś za winnego** jmdn für schuldig erklären; **~ swój błąd** seinen Fehler einsehen; *prawn.* **~ dziecko** das Kind anerkennen

uzupełniać *imperf vt*, **uzupełnić** *perf vt* ergänzen, vervollständigen; **~ wiedzę <wykształcenie>** sich weiterbilden

użyci|e *n* Gebrauch *m*, Anwendung *f*, Benutzung *f*; **instrukcja ~a** Gebrauchsanweisung *f*; **wychodzić z ~a** außer Gebrauch kommen

użyć *perf vt*, **używać** *imperf vt* (*posługiwać się*) anwenden, verwenden, gebrauchen, benutzen; **~ tylko długopisu** nur den Kugelschreiber benutzen, sich nur des Kugelschreibers bedienen; **~ lekarstw** Medikamente (ein)nehmen; **~ kremu <pudru>** Creme <Puder> gebrauchen; **~ oleju do smażenia** zum Braten Öl verwenden; **~ życia** das Leben genießen

użyteczn|y *adj* nützlich, brauchbar; **~a praca** eine nützliche Arbeit

użytkownik *m* Benutzer *m*

użytkow|y *adj* Nutz-; Gebrauchs-; **powierzchnia ~a** Nutzfläche *f*; **przedmioty ~e** Gebrauchsgüter *pl*; **grafika ~a** Gebrauchsgraphik *f*

używan|y *adj* gebraucht, benutzt; **rzeczy ~e** gebrauchte Waren, Gebrauchtwaren *pl*; **sklep z rzeczami ~ymi** Gebrauchtwarengeschäft *n*; **to jest powszechnie ~e** das ist allgemein gebräuchlich; (*o zwyczaju*) das ist gang und gäbe

V

vademecum *n nieodm.* Vademekum *n*; **~ lekarza** das Vademekum des Arztes

veto *n* Veto *n*; **postawić ~** ein Veto einlegen

vis-à-vis *adv* vis-à-vis, gegenüber; **mieszkać ~** vis-à-vis wohnen

W

w, we *praep* in, an, zu, auf; **w Anglii** in England; **w ogrodzie** im Garten; **w domu** zu Hause; **w dzień** am Tag; **w nocy** in der Nacht; **w środę** am Mittwoch; **grać w karty** Karten spielen; **jechać w góry** ins Gebirge fahren; **w południe** gegen Mittag, in der Mittagszeit; **we dwoje** zu zweit; **w tych dniach** in diesen Tagen; **w podróży** auf der Reise

wada *f* Nachteil *m*, Fehler *m*; **~ wrodzona** Geburtsfehler *m*; *med.* **~ serca** Herzfehler *m*

wafel *m* Waffel *f*

wag|a *f* (*ciężar*) Gewicht *n*; **~a netto <brutto>** Nettogewicht <Bruttogewicht> *n*; **tracić na wadze** an Gewicht verlieren; (*znaczenie*) *rów*. Wert *m*, Bedeutung *f*; **przykładać do czegoś ~ę** auf etw. Gewicht <Wert> legen; **wydarzenie wielkiej ~i** ein Ereignis von großer Bedeutung

wagon *m* (*kolejowy*) Wagen *m*, (*towarowy*) Waggon *m*; **~ towarowy** Waggon *m*, Güterwagen *m*; **~ restauracyjny** Speisewagen *m*; **~ sypialny** Schlafwagen *m*; **~ z miejscami do leżenia** Liegewagen *m*

waha|ć się *imperf* (*nie móc się zdecydować*) schwanken, unentschlossen sein, zögern; **~ć się, czy jechać na wycieczkę** er zögert mit dem Aufsflug; **nie ~ł się, co wybrać** er zögerte nicht mit der Wahl; **temperatura ~ła się od 10° do 15°C** die Temperatur schwankte zwischen 10° und 15°C

wakacje *spl* Ferien *s pl*
walc *m* Walzer *m*
walczyć *imperf vt* kämpfen; **~ z wrogiem** gegen den Feind kämpfen; **~ o tytuł mistrza** um den Meistertitel kämpfen; **~ o wolność** um die Freiheit kämpfen
wali|ć *imperf vt pot.* (*uderzać*) schlagen; **~ć młotkiem** mit dem Hammer schlagen; **serce ~ w piersi** das Herz schlägt in der Brust; (*rozpadać się*) **~ć się w gruzy** in Trümmer zusammenstürzen
walizk|a *f* Koffer *m*; **spakować ~ę** den Koffer packen
walka *f* Kampf *m*; **~ zbrojna** Waffenkampf *m*; *sport.* **~ bokserska** Boxkampf *m*; **~ z przestępczością** der Kampf gegen die Kriminalität
waloryzacja *f* Aufwertung *f*; **~ emerytur <płac>** die Aufwertung der Renten <Lohnerhöhung *f*>
walut|a *f* Währung *f*, Valuta *f*; **~a obca** fremde Währung; **wymiana ~** Geldwechsel *m*
walutow|y *adj* Währungs-; **kurs ~y** Devisenkurs *m*, Wechselkurs *m*; **reforma ~a** Währungsreform *f*; **transakcje ~e** Devisentransaktionen *pl*
wał|ek *m* (*do ciasta*) Teigrolle *f*, Nudelholz *n*; **~ki do włosów** Lockenwickler *pl*
wanna *f* Wanne *f*
wapno *n* Kalk *m*
warcaby *spl* Damespiel *n*
warga *f* Lippe *f*
wariat *m* Wahnsinnige *m*, Irre *m*; *pot., rów. przen.* Verrückte *m*; **udawać ~a** (*głupiego*) sich dumm stellen
wari|ować *imperf vi*: **dzieci ~ują** die Kinder toben <toben sich aus>; *pot.* **~ować za kimś** nach jmdm verrückt sein
warkocz *m* Zopf *m*
warstwa *f* Schicht *f*; (*cienka na powierzchni czegoś*) *rów.* Film *m*; **~ społeczna** Gesellschaftsschicht *f*

warszawianin *m* Warschauer *m*

warsztat *m* Werkstatt *f*; **~ samochodowy** Autowerkstatt *f*

wart *adj* wert; **on nie jest tego ~** er ist es nicht wert; **(ten) samochód jest niewiele ~** der Wagen ist nicht viel wert; **coś nie jest ~e zachodu** etw. lohnt sich nicht; **śmiechu ~e** das ist ja lächerlich; **gra ~a świeczki** es steht viel auf dem Spiel

war|ta *f* Wache *f*; *lit. rów.* Wacht *f*; **zmiana ~t** Wachablösung *f*; **stać na ~cie** Wachdienst haben, *wojsk.* (auf) Wache stehen

warto *adv* es lohnt sich; **nie ~ tego czytać** das ist nicht lesenswert; **~ było się trudzić** die Mühe lohnte sich

wartościow|y *adj* wertvoll, Wert-; **papiery ~e** Wertpapiere *pl*; **~y człowiek** ein wertvoller Mensch

wartoś|ć *f* Wert *m*; **~ć majątku** der Wert des Vermögens; **towar dużej ~ci** die Ware von hohem Wert; **~ć artystyczna** der künstlerische Wert; **~ć lecznicza ziół** die Heilkraft der Kräuter; **mieć poczucie własnej ~ci** Selbstwertgefühl haben

warun|ek *m* Bedingung *f*, Voraussetzung *f*; **pod ~kiem, że** unter der Bedingung <Voraussetzung>, dass...; **stawiać komuś ~ki** an jmdn Forderungen stellen; **~ki klimatyczne** die klimatischen Bedingungen; **~ki życiowe** Lebensverhältnisse *pl*, Lebensbedingungen *pl*; **żyć w ~kach naturalnych** in natürlicher Umbegung leben

warzywa *pl* Gemüse *n*

wasz *pron* euer

wata *f sing* Watte *f*

wazelina *f* Vaseline *f*, Vaselin *n*

wazon *m* Vase *f*

ważniak *m pot.* Wichtigtuer *m*

ważnoś|ć *f* (*doniosłość*) Bedeutsamkeit *f*, Tragweite *f*; **~ć paszportu** die Gültigkeit des Passes; **data ~ci** Verfallsdatum *n*; **stracić ~ć** seine Gültigkeit verlieren

ważn|y *adj* wichtig, bedeutend, bedeutsam; **~e powody** wichtige Gründe; (*nieprzedawniony*) **~y dokument** ein gültiges Dokument; **~a figura <osobistość>** eine wichtige Figur <Persönlichkeit>

ważyć *imperf vt* (*na wadze*) wiegen; *przen.* **~ słowa** genau die Worte wägen

wąchać *imperf vt* riechen; (*o zwierzętach*) *rów.* schnuppern

wąsy *pl* Schnurrbart *m*

wąsk|i *adj* schmal; **~a specjalizacja** eine enge Spezialisierung; *przen.* **~ie gardło** Engpass *m*

wątpi|ć *imperf vi* zweifeln; **~ć w coś** etw. bezweifeln, an etw. zweifeln; **~ć w czyjąś prawdomówność <szczerość>** an jmds Glaubwürdigkeit <Ehrlichkeit> zweifeln; **nie ~ę, że przyjdziesz na czas** ich zweifle nicht daran, dass du rechtzeitig kommst

wątpliw|y *adj* zweifelhaft, fraglich, bedenklich; **coś jest ~ej jakości** etw. ist von fragwürdiger Qualität

wątroba *f* Leber *f*; *kulin.* **smażona <duszona> ~** gebratene <gedünstete> Leber

wąż *m* Schlange *f*; (*szlauch*) Schlauch *m*

wbić *perf vt*, **wbijać** *imperf vt* einschlagen; **~ gwóźdź w ścianę** den Nagel in die Wand einschlagen; **~ jajko** ein Ei einrühren

wcale *adv*: **~ nie** gar nicht, überhaupt nicht; **~ mi się to nie podoba** das gefällt mir ganz und gar nicht; **~ nieźle** gar nicht schlecht

wchodzić *imperf vt* (*do pomieszczenia*) hineingehen, hereingehen, hineinkommen, hereinkommen; **~ na górę** hinaufgehen; (*na szczyt góry*) den Berg besteigen, auf den Berg hinaufsteigen; **~ na schody** die Treppe hinaufgehen <heraufgehen>; *pot.* **~ komuś w drogę** jmdm in den Weg treten; **~ w czyjeś położenie** sich in jmds Lage versetzen; **~ w grę** in Frage kommen; **~ w skład czegoś** (*o kimś*) einer Gruppe angehören; (*o czymś*) in etw. enthalten sein

wciąg|ać *imperf vt*, **wciągnąć** *perf vt*; (*do góry*) hinaufziehen; **~nąć brzuch** den Bauch einziehen; **~nąć powietrze** die Luft einziehen, (*wdychać*) einatmen; **~nąć rękawiczki** Handschuhe anziehen; **ta książka mnie ~a** das Buch packt mich

wciąż *adv* immer, immerzu, immerfort **~ jedno i to samo** immer ein und dasselbe; **~ jeszcze** immer noch; **~ jeszcze tego nie wiem** ich weiß es immer noch nicht

wczasy *s pl* Erholungsaufenthalt *m*; **~ lecznicze** Erholungskur *f*

wczesn|y *adj* zeitig, früh, frühzeitig; **we ~ym dzieciństwie** in der frühen Kindheit; **~e doświadczenie** frühzeitige Erfahrungen

wcześnie *adv* früh, zeitig, frühzeitig

wczoraj *adv* gestern

wdech *m* Einatmung *f*

wdowa *f* Witwe *f*

wdowiec *m* Witwer *m*

wdzięcznoś|ć *f* Dankbarkeit *f*; **dowód ~ci** der Ausdruck der Dankbarkeit

wdzięczny *adj* dankbar; **być ~m** dankbar sein (**za coś** für etw.)

wdzięk *m* Scharm *m*, Anmut *f*; **ona ma ~** sie ist reizend, sie hat Scharm, sie ist anmutsvoll

według *praep* nach, laut, gemäß; **~ planu** laut Plan; **~ przepisów** laut <gemäß> Vorschriften, vorschriftsgemäß, vorschriftsmäßig; **~ mnie** meiner Meinung nach; **~ wszelkiego prawdopodo-**

bieństwa aller Wahrscheinlichkeit nach
wegetacja *f (ubogie życie)* Vegetieren *n*; *bot. rów.* Vegetation *f*
weekend *m* Wochenende *n*
wegetarianin *m* Vegetarier *m*
wegetarianizm *m* Vegetarismus *m*
wejście *n* Eingang *m*; **główne ~** Haupteingang *m*; **~ płatne <bezpłatne>** Eintritt gegen Entgelt <frei>
wejść *perf vi por.* **wchodzić**; **~ w modę** (zur) Mode werden; *przen.* **~ w życie** in Kraft treten; *sport.* **~ do finału** das Finale erreichen, ins Finale vordringen; *(o towarze)* **~ na rynek** auf den Markt kommen
weksel *m* Wechsel *m*, Wechselbrief *m*; **wystawić ~** einen Wechsel ausstellen; **żyrować ~** für einen Wechsel bürgen
welon *m (ślubny)* Brautschleier *m*
wełna *f* Wolle *f*; **czysta ~** reine Wolle
wentyl *m* Ventil *n;* **~ bezpieczeństwa** Sicherheitsventil *n*
wentylator *m* Ventilator *m*, Lüfter *m*
wermut *m* Wermut *m*
wersalka *f* Sofa *n*
wersja *f* Fassung *f*, Version *f*; **~ oficjalna** die offizielle Version <Fassung>; **filmowa ~ powieści** die Verfilmung eines Romans
wesele *n* Hochzeit *f*; **srebrne ~** silberne Hochzeit
wesoł|y *adj* lustig, froh; **~a piosenka** ein frohes Lied; **~y nastrój** lustige <fröhliche> Stimmung; **~ych świąt Bożego Narodzenia <Wielkanocy>!** Frohes Weihnachten <Ostern>!
westchnąć *perf vi*, **wzdychać** *imperf vi* seufzen; **~ z ulgą** erleichtert aufatmen
western *m* Western *m*
wesz *f* Laus *f*
weteran *m* Veteran *m*
weterynarz *m* Tierarzt *m*, Veterinär(arzt) *m*

wewnątrz *adv* innen, drin; *praep* innerhalb; **do ~** nach innen; **od ~** von innen; **on jest ~** er ist drin

wewnętrzn|y *adj* inner; (*w odniesieniu do psychiki*) innerlich; **narządy ~e** innere Organe

wezwać *perf vt zob.* **wzywać; ~ karetkę <pogotowie>** den Notarzt rufen <den Krankenwagen> rufen

wezwanie *n* (*sądowe*) Vorladung *f*; (*odezwa*) Aufruf *m*

węch *m sing* Geruch *m*; (*zmysł powonienia*) Geruchssinn *m*; (*u zwierząt*) *rów*. Witterung *f*

wędk|a *f* Angel *f*; **łowić ryby na ~ę** angeln

wędkarz *m* Angler *m*

wędlina *f* (*kiełbasa*) Wurst *f*; *handl*. Wurstwaren *pl*.; (*wędzone mięso*) Rauchfleisch *n*, Geräucherte *n*

wędrown|y *adj* Zug-, Wander-, **~e ptaki** Zugvögel *pl*

wędrówk|a *f* Wanderung *f*; **wybrać się na ~ę** eine Wanderung machen, (*w poszukiwaniu pożywienia*) *rów*. auf Wanderschaft gehen

węg|iel *m sing* Kohle *f*; **palić ~lem** mit Kohle(n) heizen; *chem*. **dwutlenek ~la** Kohlendioxid *n*; **~iel drzewny** Holzkohle *f*; **~iel kamienny <brunatny>** Steinkohle *f* <Braunkohle *f*>

Węgier *m* Ungar *m*

Węgierka *f* Ungarin *f*

węgorz *m zool*. Aal *m*

węzeł *m* Knoten *m*; (*kolejowy*) Eisenbahnknotenpunkt *m*

wiadomo *nieosob*: **nic nie ~** es ist nichts bekannt, man weiß nichts; **o ile mi ~...** soviel ich weiß..., meines Wissens...

wiadomoś|ć *f* Nachricht *f*, Mitteilung *f*, Information *f*; **~ci** Nachrichten *pl*; **~ci telewizyjne** Fernsehnachrichten *pl*; **dobra ~ć** eine gute Nachricht

wiadro *n* Eimer *m*

wiadukt *m* Brücke *f*

wiar|a *f* Glaube *m*; **~a w Boga** der Glaube an

Gott; **~a we własne siły** das Vertrauen auf <in> eigene Kräfte; **nie do ~y!** kaum zu glauben!

wiatr *m* Wind *m*; **pod ~** gegen den Wind

wiatrak *m* Windrad *n*; (*młyn*) Windmühle *f*; (*wentylator*) Lüfter *m*, Ventilator *m*; (*zabawka*) Windrädchen *n*

wiatrówka *f* (*strzelba*) Luftgewehr *n*; *pot.* (*med. wietrzna ospa*) Windpocken *pl*

wiązać *imperf vt* binden, zusammenbinden, verbinden; **~ krawat** die Krawatte knüpfen; *przen.* **~ koniec z końcem** von der Hand in den Mund leben, mit dem Geld kaum auskommen

wiązanka *f* (*kwiatów*) Blumenstrauß *m*, Blumengebinde *n*; **~ ślubna** Brautstrauß *m*

wichura *f* Sturm *m*; (*huragan, cyklon*) Hurrikan *m*, Wirbelsturm *m*

widać (*można zobaczyć*) man sieht; **jak ~** wie man sieht; **~ po nim, że...** man merkt <sieht> ihm an, dass...; *pot.* **~ nie mógł dzisiaj przyjść** offensichtlich konnte er heute nicht kommen

widelec *m* Gabel *f*

widełki *spl* (*rowerowe, telefoniczne*) Gabel *f*

wideo *n nieodm.* Video *n*; **kamera ~** *f* Videokamera *f*

wideokaseta *f* Videokassette *f*

wideoteka *f* Videothek *f*

wideotelefon *m* Videotelefon *n*

widno *adv* hell; **robi się ~** es wird hell

widny *adj* hell

widocznie *adv* offensichtlich, offenbar

widoczność *f sing* Sicht *f*; **dobra <zła> ~** gute <schlechte> Sicht

widoczn|y *adj* ersichtlich, erkennbar, sichtbar; **w ~y sposób** offensichtlich; **bez ~ego powodu** ohne ersichtlichen Grund; **~e miejsce** eine sichtbare Stelle; **~y gołym okiem** mit bloßem Auge sichtbar

widok *m* (*czegoś*) Ansicht *f*; *przen.* (*perspektywy*) **~i** Aussichten *pl*, *pot.* **mieć coś na ~u** etw. in Aussicht haben

widokówka *f* Ansichtskarte *f*

widowisko *n* Show *f*; **~ telewizyjne** Fernsehshow *f*

widownia *f* (*sala*) Zuschauerraum *m*; (*publiczność*) Publikum *n*, Zuschauer *pl*

widz *m* Zuschauer *m*

widzeni|e *n* (*wzrok*) Sehkraft *f*; *lit.* Augenlicht *n*; (*odwiedziny*) Besuch *m*; *rel.* Vision *f*; **do ~a!** auf Wiedersehen! **punkt ~a** Gesichtspunkt *m*; **znać kogoś z ~a** jmdn vom Sehen kennen

widzieć *imperf vt* sehen; **miło cię ~** (es ist) angenehm dich zu sehen; **widziałam się z nim wczoraj** ich habe ihn gestern gesehen

wiec *m* Meeting *n*; **~ protestacyjny** Protestkundgebung *f*

wieczność *f* Ewigkeit *f*

wieczn|y *adj* ewig; **~y odpoczynek** ewige Ruhe; **~e nieporozumienia** fortwährende Missverständnisse

wieczorow|y *adj* Abend-; **suknia ~a** Abendkleid *n*

wiecz|ór *m* Abend *m*; **~orem** am Abend, abends

wiedza *f sing* Wissen *n*, Kenntnisse *pl*; (*fachowa*) Fachwissen *n*, Fachkenntnisse *pl*

wiedzieć *imperf vt* wissen; **chciałbym ~, czy...** ich möchte wissen, ob...; **o ile wiem...** soviel ich weiß...

wiek *m* Alter *n*; (*stulecie*) Jahrhundert *n*; **w ~u szkolnym** im Schulalter; **w sile ~u** in den besten Jahren; **na przełomie ~ów** an der Jahrhundertwende

wielbłąd *m* Kamel *n*

wiel|e *adv*, *num* viel; **~e czytać <pracować>** viel lesen <arbeiten>; **~e ludzi** viele Menschen; **on mówi ~oma językami** er spricht viele Sprachen

Wielkanoc *f* Ostern *n*

wielki *adj* groß; **Wielki Piątek** Karfreitag *m*; **Wielki Tydzień** Karwoche *f*

wielkomiejski *adj* Großstadt-, großstädtisch; **~e życie** Großstadtleben *n*

wielkoś|ć *f sing* Größe *f*; **średniej ~ci** mittelgroß, mittlerer Größe

wielokrotny *adj* mehrfach, mehrmalig; **~ mistrz olimpijski** mehrfacher Olympiasieger

wieloryb *m zool.* Wal *m*; *pot.* Walfisch *m*

wieniec *m* Kranz *m*

wieprzowina *f* Schweinefleisch *n*

wiernoś|ć *f sing* Treue *f*; **dochować ~ci** treu bleiben; **~ć ideałom** seinen Idealen treu bleiben

wiern|y *adj* treu, getreu; **~y przekład** eine treue Übersetzung *f*; **~a kopia** eine originalgetreue Kopie

wiersz *n* Gedicht *n*; (*linijka*) Vers *m*; **pisać ~e** Gedichte schreiben, dichten; **pisać od nowego ~a** einen neuen Absatz machen

wiertarka *f* Bohrmaschine *f*, (*udarowa*) Schlagbohrmaschine *f*

wiertło *n* Bohrer *m*; **~ widiowe** Widiabohrer *m*

wierzący *adj* gläubig

wierzący *m* Gläubige *m*

wierzba *f* Weide *f*

wierzch *m* Oberteil *m*, Oberfläche *f*

wierzchołek *m* Spitze *f*, Gipfel *m*; (*drzewa*) Baumspitze *f*, Wipfel *m*

wierzenia *pl* (*ludowe*) Volksglaube *m*; (*przesądy*) Aberglaube *m*

wierzyciel *m* Gläubiger *m*

wierzyć *imperf vi* glauben; **~ w Boga** an Gott glauben; **~ komuś na słowo** es jmdm aufs Wort glauben

wieszać *imperf vt* hängen; **~ płaszcz w szafie** den Mantel in den Schrank hängen; **~ się** (*odebrać sobie życie*) sich aufhängen

wieszak *m* (*na ubiory*) Kleiderbügel *m*; (*stojak*) Kleiderständer *m*; **~ na ścianie** Garderobenhaken *m*;

(*przy ubraniu*) Aufhänger *m*

wieś *f* Dorf *n*; (*tereny pozamiejskie*) Land *n*; **pochodzić ze wsi** vom Land kommen; **mieszkać na wsi** auf dem Lande wohnen; **mieszkać we wsi X** im Dort X wohnen

wietrzyć *imperf vt* lüften; **~ mieszkanie** die Wohnung lüften

wiewiórka *f* Eichhörnchen *n*

wieźć *imperf vt* fahren, befördern, transportieren; *por.* **wozić**

wieża *f* Turm *m*

wieżowiec *m* Hochhaus *n*: (*drapacz chmur*) Wolkenkratzer *m*

więc *conj adv* also, somit, folglich

więcej *adv* mehr; **mniej lub ~** mehr oder weniger; **mniej ~** ungefähr, zirka; **jak naj~** möglichst viel

większoś|ć *f* Mehrheit *f*, Mehrzahl *f*; **w ~ci wypadków** in den meisten Fällen; (*przeważnie*) meistens; **~ć gości** die meisten Gäste

większy *adj comp* größer; *por.* **duży, wielki**

więzieni|e *n* Gefängnis *n*; **kara ~a** Gefängnisstrafe *f*

więzień *m* Häftling *m*

wigilia *f* (*kolacja*) Weihnachtsmahl *n*; **Wigilia** (*święto*) Heiligabend *m*, der Heilige Abend

wilczur *m pot.* (*pies*) Wolfshund *m*

wilgotny *adj* feucht

wilk *m* Wolf *m*

willa *f* Villa *f*

win|a *f* Schuld *f*; **poczuwać się do ~y** sich der Schuld bewusst sein; *prawn.* **przyznać się do ~y** sich schuldig bekennen; **to nie moja ~a** das ist nicht meine Schuld, ich bin nicht schuld daran

winda *f* Fahrstuhl *m*; Aufzug *m*

winiarnia *f* Weinstube *f*, Weinkeller *m*, Weinrestaurant *n*; (*wytwórnia win*) Weinkellerei *f*

win|ien, win|ny *adj* schuldig; **jestem ci ~ien pieniądze** ich bin dir Geld schuldig, ich schulde dir Geld; **czuł się wobec nas ~ny** er fühlte sich uns gegenüber schuldig; **był ~ny nieszczęścia** er war an dem Unglück schuld

wino *n* Wein *m*

winogrono *n* Weintraube *f*, *pot. t.* Wein *m*

wiolonczela *f* Violoncello *n*, *pot.* Cello *n*

wiosłować *imperf vi* rudern

wiosn|a *f* Frühling *m*; **na ~ę, ~ą** im Frühling

wiraż *m* Kurve *f*

wirus *m* Virus *n*, *pot. m*; *inform.* **~ komputerowy** Computervirus *m*

wisieć *imperf vi* hängen; **obraz krzywo wisiał na ścianie** das Bild hing schief an der Wand

wisiorek *m* Anhänger *m*, Anhängsel *n*

wiśnia *f* Sauerkirsche *f*; (*drzewo*) Kirschbaum *m*

witać *imperf vt* begrüßen, willkommen heißen

witamina *f* Vitamin *n*

wiza *f* Visum *n*; **~ wjazdowa <wyjazdowa, tranzytowa, pobytowa>** Einreise- <Ausreise-, Transit-, Aufenthalts->visum *n*

wizyt|a *f* Besuch *m*; (*lekarska, protokolarna*) *rów.* Visite *f*; **złożyć ~ę** einen Besuch abstatten

wizytow|y *adj*: **~a suknia** Festkleid *n*, ein festliches Kleid; **ubranie ~e** Festkleidung *f*, festliche Kleidung

wizytówka *f* Visitenkarte *f*

wje|chać *perf vi*, **wjeżdżać** *imperf vi* einfahren, einreisen; **~chać na drzewo** einen Baum anfahren, gegen einen Baum stoßen, gegen einen Baum prallen

wklęsły *adj* hohl, hohlgewölbt; *techn.* konkav; **druk ~** Tiefdruck *m*

wkład *m rów. bank.* Einlage *f*; (*depozyt*) Depot *n*; (*przyczynek, składka*) Beitrag *m*; (*do długopisu*) Mine *f*

wkładać *imperf vt*; **~ buty** Schuhe anziehen; **~ pieniądze do banku** das

Geld auf dem Konto anlegen; **~ pieniądze do kieszeni** das Geld in die Tasche stecken

wkładka *f* Einlage *f*; (*do butów*) Schuheinlage *f*

wlot *m* (*np. tunelu*) Tunneleingang *m*, Tunneleinfahrt *f*; **~ paliwa** Brennstoffeinlass *m*

władz|a *f* (*rządzenie*) Macht *f*; **~a państwowa** Staatsmacht *f*; **organy ~y** Machtorgane *pl*; **~a rodzicielska** die elterliche Gewalt; **nie mieć ~y w członkach** die Gewalt über seine Glieder verlieren, (*być sparaliżowanym*) gelähmt sein; **~e umysłowe** Zurechnungsfähigkeit *f*

włamać się *imperf vr* einbrechen

włamanie *n* Einbruch *m*

własność *f* Eigentum *n*; **~ osobista <prywatna>** Privateigentum *n*; **mieć <posiadać> coś na ~** etw. als sein Eigentum besitzen; *lit.* etw. zu eigen haben

własn|y *adj* eigen; **miłość ~a** Eigenliebe *f*; **oddać do rąk ~ych** zu eigenen Händen (ab)geben; **o ~ych siłach** aus eigener Kraft; **mieć ~y kąt** ein Zuhause haben

właściciel *m* Eigentümer *m*, Besitzer *m*

właściwy *adj* eigentlich, geeignet

właśnie *adv* eben, gerade; (*dopiero co*) soeben, vorhin

włączać *imperf vt*, **włączyć** *perf vt* einschalten, anschalten; (*pstryknąć*) anknipsen; **~ światło** Licht einschalten; **~ radio** Radioapparat einschalten; (*w samochodzie*) **~ bieg** den Gang einschalten

Włoch *m* Italiener *m*

włos *m* Haar *n*; **~y** Haar *n*, Haare *pl*; **jasne ~y** helles Haar; **ostrzyc ~y** (*u fryzjera*) sich die Haare schneiden lassen

włoski *adj* italienisch; (*język*) Italienisch *n*

włoszczyzna *f* Suppenkraut *n*

Włoszka *f* Italienerin *f*

włożyć *perf vt zob.* **wkładać** *imperf vt*
włóczęga[1] *f* (*wędrówka*) Landstreicherei *f*
włóczęga[2] *m* (*osoba*) Landstreicher *m*, Strolch *m*, Tramp *m*
włóczka *f* Strickwolle *f*
wnętrze *n* Innenraum *m*
wnios|ek *m* Antrag *m*, (*konkluzja*) Schluss *m*, Schlussfolgerung *f*; **dojść do ~ku** zum Schluss kommen; **przyjąć <odrzucić> ~ek** einen Antrag annehmen <ablehnen>
wnuczka *f* Enkelin *f*, Enkeltochter *f*
wnuk *m* Enkel *m*, Enkelsohn *m*
wobec *praep* angesichts; **~ tego, że...** angesichts dessen, dass...
woda *f* Wasser *n*; **~ zdatna do picia** Trinkwasser *n*; **~ na herbatę** Teewasser *n*; **~ sodowa** Sodawasser *n*
wodn|y *adj* Wasser-; **para ~a** Wasserdampf *m*; **znak ~y** Wasserzeichen *n*; *sport.* **narty ~e** Wasserschier *pl*
wodociąg *m* Wasserleitung *f*, Tragflügelboot *n*, Gleitboot *n*
wodolot *m* Tragflächenboot *n*
wodorow|y *adj* Wasserstoff-; **bomba ~a** Wasserstoffbombe *f*, H-Bombe *f*
wodospad *m* Wasserfall *m*
wodoszczelny *adj* wasserdicht
wodór *m* Wasserstoff *m*
województwo *n* Woiwodschaft *f*
wojn|a *f* Krieg *m*; **~a domowa** Bürgerkrieg *m*; **prowadzić ~ę** einen Krieg führen; **wypowiedzieć ~ę** den Krieg erklären
wojsk|o *n* Militär *n*, Heer *n*, Armee *f*; **zaciągnąć się do ~a** zum Militär einrücken; **służyć w ~u** beim Militär sein
wojskowy[1] *adj* militärisch
wojskowy[2] *m* Soldat *m*; (*wysoki stopniem*) *rów.* Militär *m*

wokalista *m* Sänger *m*, Vokalist *m*
wokalistka *f* Sängerin *f*, Vokalistin *f*
wol|a *f* Wille *m*; **siła ~i** Willensstärke *f*; **do ~i** zur Genüge, nach Belieben; **z własnej ~i** aus freiem Willen
wol|eć *imperf vt* vorziehen, lieber haben; **~ę tańczyć niż siedzieć** ich mag lieber tanzen als sitzen; **~ę kawę niż herbatę** ich ziehe Kaffee dem Tee vor
wolno[1] *adv* (*powoli*) langsam
wolno[2] *nieosob.* es ist erlaubt, man darf; **nie ~** es ist nicht erlaubt, man darf nicht
wolność *f* Freiheit *f*; **~ sumienia** Gewissensfreiheit *f*; **~ słowa** Redefreiheit *f*; **wypuścić na ~** freilassen
woln|y *adj* frei; **dzień ~y od pracy** ein arbeitsfreier Tag; **~y czas** Freizeit *f*; **~y zawód** ein freier Beruf; **~y rynek** die freie Marktwirtschaft; **~y słuchacz** Gasthörer *m*, Hospitant *m*; **wstęp ~y** Eintritt frei; **~y pokój (w hotelu)** freies Zimmer (im Hotel); **stanu ~ego** ledig; **czy to miejsce jest ~e?** ist dieser Platz frei?
wolontariusz *m* Volontär *m*
wołać *imperf vt* rufen
wołowina *f* Rindfleisch *n*
worek *m* Sack *m*
wosk *m* Wachs *n*
wotum *n* Votum *n*; **~ nieufności** Misstrauensvotum *n*
wozić *imperf vt* fahren, befördern
wódka *f* Wodka *m*; *pot.* Schnaps *m*
wówczas *adv* damals
wóz *m* (*furmanka*) Fuhrwerk *n*; *pot.* (*samochód*) Wagen *m*; **~ ciężarowy** Lastwagen *m*; **~ strażacki** Feuerwehrauto *n*; **~ meblowy** Möbelwagen *m*
wózek *m* (*dziecięcy*) Kinderwagen *m*
wpaść *perf vi* hineinfallen; **~ do wody** ins Wasser fallen; **~ w długi** in Schulden geraten; **~ w**

gniew in Zorn geraten; **~ na pomysł** auf den Gedanken <auf die Idee> kommen

wpisać *perf vt* einschreiben, eintragen; **~ się na listę** sich in die Liste eintragen <einschreiben>

wpłacić *perf vt* einzahlen; **~ pieniądze** Geld einzahlen

wpłat|a *f* Einzahlung *f*; **dowód ~y** Einzahlungsbeleg *m*

wpłynąć *perf vi* (*o statku*) einlaufen; (*o korespondencji*) *rów.* eingehen; **~ do portu** den Hafen anlaufen; (*wywrzeć wpływ*) **~ na kogoś** jmdn beeinflussen

wpływ *m* Einfluss *m* (**na kogoś** auf jmdn)

wpływy *pl* (*dochody*) Einkünfte *pl*

wpół *adv* halb, zur Hälfte; **jest ~ do drugiej** es ist halb zwei

wpraw|a *f* Übung *f*, Geschick *n*; **nabrać ~y** Fertigkeit erlangen

wprost *adv* (*bez ogródek*) unverblümt, (*bezpośrednio*) direkt; (*wręcz*) geradezu, gar

wprowadzać *imperf vt*, **wprowadzić** *perf vt* einführen; (*do komputera*) **~ dane** Daten eingeben; **~ się do mieszkania** in eine Wohnung einziehen, eine Wohnung beziehen

wraca|ć *vi imperf* zurückkehren; **~ć do zdrowia** wieder gesund werden; **~jmy do domu** kehren wir heim, kommen wir zurück nach Hause; **~ć do normy** in den Normalzustand zurückkehren

wrażenie *n* Eindruck *m*; **robić ~ (na kimś)** Eindruck machen (auf jmdn); **odnieść ~, że...** den Eindruck haben <gewinnen>, dass...

wrażliwy *adj* empfindlich; (*czułostkowy*) empfindsam

wreszcie *adv* endlich

wręczać *imperf vt*, **wręczyć** *perf vt* einhändigen, aushändigen

wrodzon|y *adj* angeboren; **wada ~a** Geburtsfehler *m*
wrona *f* Krähe *f*
wrotki *pl* Rollschuhe *pl*
wróbel *m* Sperling *m*, Spatz *m*
wrócić *perf vi zob.* **wracać** *imperf vi*
wróg *m* Feind *m*
wróżba *f* Wahrsagung *f*; (*znak*) Omen *n*, Vorzeichen *n*
wróżka *f* Wahrsagerin *f*
wróżyć *imperf vt* wahrsagen
wrzątek *m* siedendes Wasser
wrzesień *m* September *m*
wrzos *m* Heidekraut *n*, Erika *f*
wrzód *m* Geschwür *n*
wsadzić *perf vt* (*wetknąć*) (hin)einstecken; *pot.* (*uwięzić*) einsperren; **~ ręce do kieszeni** die Hände in die Taschen stecken; **~ kogoś do więzienia** jmdn mit Gefängnis bestrafen
wschodni *adj* östlich
wschód *m* Osten *m*; **na ~ od...** östlich von...; **~ słońca** Sonnenaufgang *m*
wsiadać *imperf vi*, **wsiąść** *perf vi* einsteigen; **~ do pociągu** in den Zug einsteigen; **~ na rower** sich aufs Fahrrad setzen; **~ na okręt** sich einschiffen
wskazówka *f* (*zegara*) Zeiger *m*; (*rada*) Hinweis *m*; (*pouczenie*) Anleitung *f*
wskazywać *imperf vt* hinweisen; (*o zegarze*) zeigen; **~ na coś** auf etw. hinweisen
wskaźnik *m* Anzeiger *m*; **~ zużycia paliwa** Kraftstoffanzeiger *m*
wskutek *praep* zufolge, infolge
wspaniały *adj* prächtig, herrlich; (*hojny*) großzügig
wspierać *imperf vt* unterstützen; (*np. dom*) stützen
wspinać się klettern, hinaufsteigen
wspominać *imperf vt*, **wspomnieć** *perf vt* sich erinnern; **~ kogoś <coś>** jmds <einer Sache> gedenken
wspomnieni|e *n* Erinnerung *f*; (*dzieło literackie*)

~a Memoiren *pl*, Erinnerungen *pl*
wspólnik *m* Gesellschafter *m*; (*współpracownik*) Mitarbeiter *m*; (*zbrodni, złego uczynku*) Helfershelfer *m*, Komplize *m*, Mittäter *m*
wspólnota *f* Gemeinschaft *f*; *prawn.* **~ majątkowa** Gütergemeinschaft *f*
wspólny *adj* gemeinsam; **mieć z kimś ~ język** mit jmdm gut auskommen
współczesny *adj* gegenwärtig, zeitgenössisch
współczucie *n sing* Mitleid *n*
współczuć *imperf vi* Mitleid haben (**komuś** mit jmdm)
współdziałać *imperf vi* mitwirken, mitarbeiten
współdziałanie *n* Mitwirkung *f*, Mitarbeit *f*
współpraca *f* Mitarbeit *f*, Zusammenarbeit *f*
współpracować *imperf vi* mitarbeiten, mitwirken
współpracownik *m* Mitarbeiter *m*
współudział *m* Mitwirkung *f*, Mitarbeit *f*
współzawodnictwo *n* Wettbewerb *m*
wstać *perf vi*, **wstawać** *imperf vi* aufstehen
wstąpić *perf vi* (ein)treten; (*mimochodem*) vorbeikommen; **~ do znajomych** bei Bekannten vorbeikommen; **~ do partii** in die Partei eintreten
wstążka *f* Band *n*, Schleife *f*
wstecz *adv* rückwärts
wstęp *m* (*wejście*) Eintritt *m*; (*przedmowa*) Einleitung *f*; **~ wolny** Eintritt frei; **bilet ~u** Eintrittskarte *f*; **~ wzbroniony** Eintritt verboten; **na ~ie** am Anfang, zu Beginn
wstępn|y *adj* Eintritts-, Eingangs-; **warunki ~e** Ausgangsbedingungen *pl*; **mowa ~a** Eröffungsrede *f*; **egzamin ~y** Aufnahmeprüfung *f*; **słowo ~e** Vorwort *n*
wstępować *imperf vi zob.* **wstąpić** *perf vi*
wstrętny *adj* abscheulich, scheußlich, widerlich

wstrząs *m* Erschütterung *f*; *med.* ~ **mózgu** Gehirnerschütterung *f*
wstrzymać *perf vt*, **wstrzymywać** *imperf vt* aufhalten, anhalten; ~ **ruch** den Verkehr stoppen; ~ **się od głosu** sich der Stimme enthalten
wstyd *m* Scham *f*; *przen.* **najeść się ~u** sich schämen müssen
wstydzić się *imper f vr* sich schämen
wszechstronny *adj* allseitig, universal
wszechświat *m* Weltall *n*, Universum *n*
wszerz *adv* in die Breite; **wzdłuż i ~** kreuz und quer
wszędzie *adv* überall
wszyscy *s pl* alle *pl*
wszystk|o *n* alles; *pot.* **~o jedno** ganz egal; **przede ~im** vor allem
wściekły *adj* tollwütig
wśród *praep* unter; *lit. rów.* inmitten
wtedy *adv* damals; **gdy <jeśli>... ~** wenn... dann
wtorek *m* Dienstag *m*
wtyczka *f elektr.* Stecker *m*
wuj *m* Onkel *m*
wulgarny *adj* vulgär
wulkan *m* Vulkan *m*
wulkanizacja *f* Vulkanisation *f*
wwóz *m* Einfuhr *f*
wy *pron* ihr
wybacz|ać *imperf vi*, **wybaczyć** *vi perf* entschuldigen, verzeihen; **proszę ~yć!** entschuldigen Sie, bitte!
wybieg *m* (*dla zwierząt*) Auslauf *m*; (*wykręt*) Ausflüchte *pl*; (*wymówka*) Ausrede *f*; (*fortel*) Trick *m*
wybierać *imperf vt* auswählen; ~ **zawód** einen Beruf wählen; ~ **przewodniczącego** den Vorsitzenden wählen; ~ **się na wycieczkę** sich auf einen Ausflug machen
wybitny *adj* hervorragend
wyborca *m* Wähler *m*
wyborcz|y *adj* Wahl-; **lista ~a** Wählerliste *f*; **urna ~a** Wahlurne *f*; **prawo ~e** Wahlrecht *n*
wybory *s pl* Wahl *f*, Wahlen *pl*; ~ **do parlamen-**

tu Parlamentswahlen *f*; **~ do Sejmu <Senatu>** Sejmwahlen *pl* <Senatswahlen *pl*>

wyb|ór *m* Wahl *f*; **nie mieć ~oru** keine Wahl haben

wybrać *perf vt zob.* **wybierać** *imperf vt*

wybrzeże *n* Küste *f*; (*plaża*) Strand *m*

wybuch *m* Explosion *f*; **~ wulkanu <wojny>** der Ausbruch des Vulkans <des Krieges>

wybuchnąć *perf vi* explodieren; (*o wojnie*) ausbrechen; **~ płaczem** in Tränen ausbrechen

wybulić *perf vt pot.* herausrücken, blechen

wycena *f* Abschätzung *f*

wychodzić *imperf vi* ausgehen; **~ na ulicę** auf die Straße (aus)gehen; **~ za mąż** heiraten; **~ na spacer** spazierengehen; **~ z mody** aus der Mode kommen; **~ z domu** weggehen

wychować *perf vt zob.* **wychowywać** *imperf vt*

wychowanie *n* Erziehung *f*; **~ fizyczne** Körpererziehung *f*; **dobre ~** gute Kinderstube <Umgangsformen>

wychowywać *imperf vt* erziehen, aufziehen, großziehen

wyciąg *m* Auszug *m*; *techn.* Aufzug *m*, ein Aufzug für Skiläufer; **~ narciarski** Skilift *m*; **~ z konta bankowego** Kontoauszug *m*

wyciągać *imperf vt*, **wyciągnąć** *perf vt* (*wyjmować*) ausziehen; **~ wniosek** eine Schlussfolgerung <einen Schluss> ziehen; **~ się** sich ausstrecken

wycieczk|a *f* Ausflug *m*; **pójść na ~ę** einen Ausflug machen

wycieraczka *f* (*do butów*) Abtreter *m*, Fußmatte *f*; (*do szyb*) Scheibenwischer *m*

wycierać *imperf vt* abwischen; **~ buty** die Füße abtreten

wyciskać *imperf vt*, **wycisnąć** *perf vt* auspressen, ausdrücken; **~ sok z owoców** Saft auspressen; **~ pastę z tubki** Paste aus der Tube ausdrücken

wycofać *perf vt* zurückziehen; **~ się** sich zurückziehen; **~ się z interesów** sich von den Geschäften zurückziehen

wyczerpa|ć *perf vt* ausschöpfen; (*zwł. przen.*) erschöpfen; **~ć zapasy** die Vorräte erschöpfen <aufbrauchen>; **~ć się** sich erschöpfen; **cierpliwość się ~ła** die Geduld ist erschöpft

wydać *perf vt zob.* **wydawać**

wydajność *f sing* Leistung *f*

wydanie *n* (*książki*) Ausgabe *f*; (*ekstradycja*) Auslieferung *f*

wydarzenie *n* Ereignis *n*

wydarzyć się *perf vr* geschehen, passieren

wydatek *m* Ausgabe *f*

wydawać *imperf vt* ausgeben; **~ pieniądze** Geld ausgeben; (*książki*) herausbringen, herausgeben; **~ zaświadczenie** eine Bescheinigung ausstellen; **~ przyjęcie** einen Empfang veranstalten; **~ córkę za mąż za kogoś** die Tochter mit jmdm <an jmdn> verheiraten

wydawca *m* Verleger *m*

wydawnictwo *n* Verlag *m*; (*publikacja*) Veröffentlichung *f*

wydawnicz|y *adj* Verlags-; **seria ~a** Verlagsserie *f*

wydruk *m* Ausdruck *m*; **~ komputerowy** Computerausdruck *m*

wydział *m* Abteilung *f*; (*uniwersytecki*) Fakultät *f*

wyemitować *imperf vt bank.* emittieren; *fiz. rów.* ausstrahlen; (*o programie RTV*) (aus)senden

wygasać *imperf vi*, **wygasnąć** *perf vi* auslöschen, verlöschen; (*o terminie*) erlöschen

wygląd *m* Aussehen *n*

wyglądać *imperf vi* ausschauen; **~ przez okno** aus dem Fenster schauen, zum Fenster hinausblicken <hinausschau-

en>; **dobrze ~** gut aussehen

wygłupiać się *imperf* sich austoben, sich austollen

wygoda *f* Bequemlichkeit *f*, Komfort *m*

wygodny *adj* bequem, komfortabel

wygrać *perf vt vi*, **wygrywać** *imperf vt vi* gewinnen; **~ na loterii** in der Lotterie gewinnen; **~ wojnę** einen Krieg gewinnen

wyjaśniać *imperf vt*, **wyjaśnić** *perf vt* erklären, aufklären; **~ się** sich aufklären

wyjaśnienie *n* Erklärung *f*, Aufklärung *f*

wyjazd *m* Reise *f*, Ausreise *f*; **~ służbowy** Dienstreise *f*

wyjąć *perf vt zob.* **wyjmować** *imperf vt*

wyjąt|ek *m* Ausnahme *f*; **z ~kiem kogoś <czegoś>** mit Ausnahme von jmdm <von etwas>

wyjechać *perf vi*, **wyjeżdżać** *imperf vi* wegfahren, verreisen; **~ do Warszawy** nach Warschau fahren

wyjmować *imperf vt* herausnehmen

wyjrzeć *perf vi zob.* **wyglądać** *imperf vi*

wyjści|e *n* Ausgang *m*; (*rozwiązanie*) Ausweg *m*; **~e zapasowe** Notausgang *m*; **szukać ~a z trudnej sytuacji** einen Ausweg aus einer schwierigen Lage suchen

wyjść *perf vi zob.* **wychodzić** *imperf vi*

wykałaczka *f* Zahnstocher *m*

wykaz *m* Verzeichnis *n*

wykluczać *imperf vt*, **wykluczyć** *perf vt* ausschließen

wykład *m* Vorlesung *f*; (*referat*) Vortrag *m*, Referat *n*; (*wykładnia*) Auslegung *f*; **chodzić <zapisać się> na ~y** Vorlesungen besuchen <belegen>; **prowadzić ~y** Vorlesungen halten, (über) etwas lesen

wykładzina *f* Auskleidung *f*, Ausfütterung *f*; (*na podłogę*) Fußbodenbelag *m*

wykonać *perf vt zob.* **wykonywać** *imperf vt*

wykonalny *adj* ausführbar, durchführbar

wykonanie *n* Ausführung *f*; (*skonstruowanie*) *rów.* Anfertigung *f*

wykonywać *imperf vt* ausführen, (*funkcję*) ausüben

wykorzystać *perf vt* ausnutzen; ~ **okazję** die Gelegenheit nutzen

wykres *m* Diagramm *n*, Schaubild *n*

wykręcić *perf vt* herausdrehen; ~ **śrubę** eine Schraube ausdrehen; ~ **żarówkę** eine Glühbirne herausdrehen

wykrzyknik *m* Ausrufezeichen *n*

wykształcenie *n sing* Ausbildung *f*; ~ **podstawowe** Hauptschulabschluss *m*; ~ **średnie** Mittelschulbildung *f*; ~ **wyższe** Hochschulbildung *f*

wykwalifikowany *adj* qualifiziert; ~ **pracownik** Facharbeiter *m*

wylać *perf vt zob.* **wylewać** *imperf vt*

wylądować *perf vi* landen

wyleczyć *perf vt* heilen, auskurieren; ~ **kogoś z czegoś** jmdn von etwas heilen; ~ **się** sich auskurieren, sich ausheilen

wylew *m med.* Bluterguss *m*

wylewać *imperf vt* ausgießen, ausschütten; (*o rzece*) über die Ufer treten

wyliczać *imperf vt*, **wyliczyć** *perf vt* aufzählen; (*robić rachunek*) ausrechnen

wylot *m* (*odlot*) Abflug *m*; (*otwór*) Öffnung *f*; **na ~** durch und durch

wyłączać *imperf vt*, **wyłączyć** *perf vt* ausschließen; (*z kontaktu*) ausschalten

wyłącznik *m elektr.* Schalter *m*

wyłączny *adj* ausschließlich

wymagający *adj* anspruchsvoll; (*surowy*) streng

wymawiać *imperf vt* (*wypowiadać*) aussprechen; (*wypominać*) vorhalten; ~ **mieszkanie** die Wohnung kündigen; **~ się** sich herausreden

wymeldować *perf vt* abmelden; **~ się** sich abmelden

wymiana *f* Austausch *m*; **~ handlowa** Handelsaustausch *m*

wymiar *m* Ausmaß *n*; **~ sprawiedliwości** Rechtsprechung *f*; Rechtspflege *f*

wymieni|ać *imperf vt*, **wymienić** *perf vt* austauschen, auswechseln; **~ coś na coś** etw. gegen etw. austauschen; **~ pieniądze** Geld wechseln; **wyżej ~ony** der Obengenannte

wymienialn|y *adj* auswechselbar, austauschbar; **waluty ~e** konvertierbare Währung

wymienny *adj* auswechselbar, austauschbar; **handel ~** Tauschhandel *m*

wymijać *imperf vt*, **wyminąć** *perf vt* (*schodzić z drogi*) ausweichen (**kogoś** jmdm)

wymiotować *imperf vi* (sich) erbrechen, sich übergeben

wymowa *f sing* Aussprache *f*

wymówić *perf vt zob.* **wymawiać** *imperf vt*

wymówienie *n* Aussprechen *n*; (*zerwanie umowy*) Kündigung *f*

wymówka *f* Ausrede *f*; (*zarzut*) Vorwurf *m*; (*pretekst*) Vorwand *m*

wymyślać *imperf vi* schelten, schimpfen; **~ komuś** auf jmdn schimpfen

wymyślić *perf vt* (*wpaść na pomysł*) ausdenken, erdenken, sich etw. einfallen lassen

wynagrodzenie *n* (*gratyfikacja*) Belohnung *f*; (*pensja*) Gehalt *n*; (*odszkodowanie*) Entschädigung *f*

wynająć *perf vt*, **wynajmować** *imperf vt* (*od kogoś*) mieten; (*komuś*) vermieten; **~ robotników** Arbeiter bestellen; **~ (komuś) mieszkanie** eine Wohnung vermieten

wynalazek *m* Erfindung *f*

wynieść *perf vt zob.* **wynosić** *imperf vt*

wynik *m* Ergebnis *n*, Resultat *n*; **w ~u czegoś** infolge einer Sache

wynosić *imperf vi vt* hinaustragen; (*w kierunku do mówiącego*) heraustragen; (*o rachunku*) betragen, ausmachen; **~ się** wegmüssen; *pot.* abhauen

wyobrazić sobie *perf vi zob.* **wyobrażać sobie** *imperf vi*

wyobraźnia *f* Einbildungskraft *f*, Vorstellungskraft *f*

wyobrażać sobie *imperf vt* sich vorstellen; (*uroić sobie*) sich einbilden

wyobrażenie *n* Vorstellung *f*; (*urojenie*) Einbildung *f*

wypada: (*należy*) **nie ~, żebyś się spóźniał** es schickt sich nicht <es gehört sich nicht>, dass du dich verspätest

wypadać *imperf vi* (*z pomieszczenia*) herausfallen; (*o włosach*) ausfallen

wypad|ek *m* (*zdarzenie*) Ereignis *n*; **nieszczęśliwy ~ek** Un(glücks)fall *m*; **w każdym ~ku** in jedem Fall; **w żadnym ~ku** auf keinen Fall; **na wszelki ~ek** auf alle Fälle; **zdarzył się tragiczny ~ek** es ereignete sich ein tragischer Unfall; **ulec ~kowi** einen Unfall erleiden

wypa|ść *perf vi*: **~ść przez okno** aus dem Fenster fallen; **~dło mi coś ważnego** es ist mir etw. dazwischengekommen

wypełniać *imperf vt*, **wypełnić** *perf vt* (*napełniać*) füllen; (*polecenie, rozkaz*) ausführen; (*spełniać*) erfüllen; (*formularz*) ausfüllen

wypis *m* Auszug *m*; (*podręcznik*) **~y** Lesebuch *n*

wypisa|ć *perf vt*: **~ć pacjenta ze szpitala** den Patienten aus dem Krankenhaus entlassen; **wkład mojego długopisu ~ł się** die Mine meines Kugelschreibers ist aus; **~ć się z organiza-**

cji aus einer Organisation austreten

wypluć *perf vt* ausspucken

wypłacić *perf vt* auszahlen; ~ **pensję pracownikom** den Mitarbeitern das Gehalt auszahlen

wypłat|a *f* Auszahlung *f*; **dzień ~y** Zahltag *m*

wypocząć *perf vi*, **wypoczywać** *imperf vi* (sich) ausruhen; (*przez dłuższy okres*) sich erholen

wypoczynek *m sing* Erholung *f*

wypogadzać się *imperf vr*, **wypogodzić się** *perf vr* sich aufheitern, sich aufklären

wyposażenie *n* Ausstattung *f*, Ausrüstung *f*

wypowiedzenie *n prawn.* Kündigung *f*

wypożyczalnia *f* Ausleihstelle *f*; ~ **książek** Bücherausleihe *f*; (*odpłatna*) Leihbücherei *f*; ~ **samochodów** Autoverleih *m*; ~ **kaset wideo** Videofilmausleihe *f*

wypracowanie *n* (*szkolne*) Aufsatz *m*

wyprawa *f* Expedition *f*; (*ślubna*) Aussteuer *f*

wyprowadzać *imperf vt*, **wyprowadzić** *perf vt* hinausführen; ~ **kogoś z równowagi** jmdn aus der Fassung bringen; ~ **się** ausziehen

wypróżnić się *perf vr* sich entleeren, auf die Toilette gehen

wyprzedaż *f* Ausverkauf *m*

wyprzedzać *imperf vt*, **wyprzedzić** *perf vt* überholen (**kogoś** jmdn)

wypukły *adj* nach außen gewölbt; erhaben, konvex

wypuścić *perf vt*, **wypuszczać** *imperf vt*; ~ **kogoś na wolność** jmdn freilassen; ~ **z rąk** aus den Händen loslassen; ~ **na rynek** auf den Markt bringen; ~ **powietrze** Luft ablassen

wyrabia|ć *imperf vt* (*wytwarzać*) erzeugen; (*np. ciasto*) durchkneten; *pot.* **co ty ~sz?** was stellst du an?

wyraz *m* Wort *n*; ~ **rodzimy** ein einheimisches

Wort; **~ obcy** Fremdwort *n*; **z ~ami szacunku** hochachtungsvoll; **coś jest bez ~u** etw. ist ausdruckslos <fade>

wyrazić *perf vt zob.* **wyrażać** *imperf vt*

wyraźny *adj* deutlich

wyrażać *imperf vt* ausdrücken; **~ gniew <niezadowolenie>** Wut <Unzufriedenheit> ausdrücken; **~ się** sich ausdrücken, sich äußern

wyrażenie *n* Ausdruck *m*, Äußerung *f*

wyrejestrować *imperf vt* abmelden

wyrobić *perf vt zob.* **wyrabiać** *imperf vt*

wyrok *m* Urteil *n*; **wydać ~** ein Urteil fällen

wyrostek *m* ein halbwüchsiger Junge; *anat.* **~ robaczkowy** Wurmfortsatz *m*; *pot.* Blinddarm *m*

wyr|ób *m* Erzeugnis *n*; **~oby cukiernicze** Zuckerbackwerk *n; (słodycze)* Süßigkeiten *pl*

wyróżniać *imperf vt*, **wyróżnić** *perf vt* unterscheiden; *(nagradzać)* auszeichnen; **~ się** sich auszeichnen

wyróżnienie *n* Auszeichnung *f*

wyruszać *imperf vi*, **wyruszyć** *perf vi* aufbrechen; **~ w drogę** sich auf den Weg machen

wyrzucać *imperf vt*, **wyrzucić** *perf vt* hinauswerfen; **~ śmieci** Müll wegschaffen; *(wysypać)* ausschütten; **~ kogoś za drzwi** jmdn vor die Tür setzen; *(zarzucać)* **~ komuś coś** jmdm etw. vorwerfen

wysi|adać *imperf vi*, **wysiąść** *perf vi* aussteigen; *pot.* **samochód ~adł** der Wagen versagte <setzte aus>

wysięgnik *m* Kranausleger *m*

wysił|ek *m* Anstrengung *f*; **zrobić coś bez ~ku** etw. ohne Anstrengung machen

wysłać *perf vt* schicken, wegschicken; **~ list** einen Brief absenden, abschicken; **~ kogoś po zaku-**

py jmdn einkaufen schicken

wysmażony *adj* durchgebraten; **dobrze ~ kotlet** ein gut durchgebratenes Schnitzel

wysok|i *adj* hoch; (*o wzroście*) groß; **~ie ceny** hohe Preise; **~i połysk** Hochglanz *m*; **~a gorączka** hohes Fieber; **~ie napięcie** Hochspannung *f*

wysoko *adv* hoch; **~ kwalifikowany pracownik** ein hochqualifizierter Arbeiter; **~ postawiona osoba** eine hochgestellte Person

wysokość *f* Höhe *f*; (*ilość*) Größe *f*

wyspa *f* Insel *f*

wystarcz|ać *imperf vi*, **wystarczyć** *perf vi* genügen, ausreichen; **pieniędzy ~y tylko na zakupy** das Geld reicht nur für die Einkäufe (aus); **dla wszystkich nie ~y** nicht alle kommen dran; **~y nacisnąć przycisk, a...** es genügt, den Knopf zu drücken und...

wystawa *f* Ausstellung *f*; (*sklepowa*) Schaufenster *n*

wystawiać *imperf vt*, **wystawić** *perf vt* (*na zewnątrz*) herausstellen; (*na wystawie*) auslegen; (*w teatrze*) aufführen; (*dokument*) ausstellen

wystąpić *perf vi* (*spod*) hervortreten; **~ publicznie** öffentlich auftreten; **~ w telewizji** im Fernsehen auftreten; **~ ze spółki <z organizacji>** aus einer Gesellschaft <Organisation> austreten

występ *m* (*wystająca część*) Vorsprung *m*; **~y estradowe** Bühnenauftritt *m*; **gościnny ~** Gastspiel *n*

występować *vi imperf zob.* **wystąpić** *perf vi*

wystrzał *m* Schuss *m*

wysyłać *imperf vt zob.* **wysłać** *perf vt*

wysypka *f* Ausschlag *m*

wyścig *m* (*zawody*) Wettlauf *m*; **~i konne** Pferderennen *n*; **~i samochodowe** Autorennen *n*

wytłumaczyć *perf vt* erklären; **~ się** sich rechtfertigen <verantworten>

wytrwać *perf vi* ausdauern

wytrwały *adj* ausdauernd, beharrlich

wytrzeć *perf vt zob.* **wycierać** *imperf vt*

wytrzymać *perf vt vi* (*wytrwać, przetrzymać*) aushalten; **~ ból** Schmerz aushalten; **nie mógł ~ w domu** er konnte es zu Hause nicht aushalten

wytrzymałość *f* Haltbarkeit *f*; *psych.* Ausdauer *f*

wytwarzać *imperf vt* bilden; (*produkować*) erzeugen, herstellen

wytwórnia *f* Herstellungsfirma *f*

wywabiacz *m* Fleck(en)entferner *m*

wywar *m* Absud *m*

wywiad *m* (*dziennikarski*) Interview *n*; *polit. wojsk.* (*tajne służby; agencje informacyjne*) Nachrichtendienst *m*; **(prze)prowadzić z kimś ~** mit jmdm ein Interview (durch)führen, jmdn interviewen

wywoływać *imperf vt* (*spowodować*) hervorrufen; **~ wzruszenie** Erregung hervorrufen; *fot.* **~ film** den Film entwickeln

wywóz *m* Ausfuhr *f*; **~ śmieci** Müllabfuhr *f*

wyzdrowieć *perf vi* gesund werden; *lit.* genesen

wyznaczać *imperf vt*, **wyznaczyć** *perf vt* (*wytyczyć*) abstecken; (*wskazać, określić*) bestimmen, festsetzen; **~ dzień <termin> spotkania** den Tag <den Termin> des Treffens festlegen

wyznani|e *n* (*wyjawienie*) Bekenntnis *n*; (*religia*) Konfession *f*; **~e miłosne** Liebeserklärung *f*; **~e rzymskokatolickie <protestanckie>** römisch-katholische <protestantische> Konfession; **wolność ~a** Glaubensfreiheit *f*

wyzwolenie *n* Befreiung *f*

wyzwolić *perf vt* befreien; **~ się** sich befreien

wyż *m* Höhe *f*; ~ **baryczny** barometrisches Hoch; ~ **demograficzny** demographisches Hoch

wyżej *adv* höher

wyższ|y *adj* höher; (*o istotach żywych*) größer; **~e wykształcenie** Hochschulbildung *f*, Hochschulabschluss *m*; **szkoła ~a** Hochschule *f*

wyżyna *f* (An)höhe *f*

wyżywienie *n* Nahrung *f*, Verpflegung *f*

wzajemny *adj* gegenseitig

w zamian *adv* dafür

wzbudzać *imperf vt*, **wzbudzić** *perf vt* erwecken, erregen

wzdłuż *praep* längs, entlang; ~ **ulicy** die Straße entlany; ~ **i wszerz** kreuz und quer

wzgl|ąd *m* Rücksicht *f*; (*punkt widzenia*) Hinsicht *f*; **pod tym ~ędem** in der Hinsicht; **przez ~ąd na...** aus Rücksicht auf...; **ze ~ędu na kogoś <na coś>** mit Rücksicht auf jmdn <auf etw.>

względny *adj* verhältnismäßig, relativ

wzgórze *n* Hügel *m*, Anhöhe *f*

wziąć *perf vt* nehmen; ~ **kogoś pod rękę** jmdn unter den Arm nehmen; ~ **pensję** sein Gehalt nehmen; ~ **aspirynę** Aspirin einnehmen; ~ **prysznic** Dusche nehmen; ~ **ślub** sich trauen lassen; ~ **rozwód** sich scheiden lassen; ~ **udział** teilnehmen (**w czymś** an etw.)

wzmacniacz *m* Verstärker *m*

wzmacniać *imperf vt*, **wzmocnić** *perf vt* verstärken; ~ **się** sich stärken

wzmianka *f* Erwähnung *f*

wznak *adv*: **na ~** rücklings

wznieść *perf vt*, **wznosić** *imperf vt* erheben; ~ **toast** einen Toast ausbringen; ~ **się** sich erheben

wzorow|y *adj* Muster-, musterhaft; **~y porządek** musterhafte Ordnung; **~e przedsiębiorstwo** Musterbetrieb *m*

wzorzyst|y *adj* gemustert; **~a tkanina** Mustergewebe *n*

wzór *m* (*do naśladowania*) Vorbild *n*, (*rów. na tkaninie itp.*) Muster *n*; **~ chemiczny** eine chemische Formel

wzrok *m sing* Sehkraft *f*; (*spojrzenie*) Blick *m*

wzrost *m* (*wzrastanie*) Wachstum *n*; (*wysokość*) Wuchs *m*; (*powiększanie się*) Zuwachs *m*; **człowiek średniego ~u** ein Mensch von mittelgroßem Wuchs; **~ dochodów** Einkommenszuwachs *m*; **~ cen** Preissteigerung *f*

wzruszać się *imperf vr*, **wzruszyć się** *perf vr* gerührt sein (**czymś** über etw.)

wzruszenie *n* Rührung *f*

wzywać *imperf vt* rufen; **~ lekarza** den Arzt holen; **~ pomocy** um Hilfe rufen

wzwyż *adv* nach oben, hinauf

Z

z, ze *praep* mit; *adv* (*około*) etwa, ungefähr; **razem z kimś** zusammen mit jmdm; **jeden z wielu** einer von vielen; **ze szkoły** aus der Schule; **ze strachu** vor Angst; **zdjąć obraz ze ściany** das Bild von der Wand nehmen; **to uprzejmie z twojej strony** es ist freundlich von dir; **wiadomość z ostatniej chwili** die neueste Nachricht; **z wyjątkiem** mit Ausnahme; **zjadł ze trzy talerze zupy** er hat etwa <an die> drei Teller Suppe gegessen

za *praep* hinter; **trzymać kogoś za rękę** jmdn an <bei> der Hand halten; **dzień za dniem** Tag für Tag; **za dnia** bei Tage; **za godzinę** in einer Stunde; **kupić za gotówkę** gegen bar kaufen; **wyjść za mąż** heiraten; **przebra-**

ła się za mężczyznę sie hat sich als Mann verkleidet

zaawansowan|y *adj* fortgeschritten; **~y w nauce angielskiego** fortgeschritten im Englischen; **w ~ej ciąży** in hoher Schwangerschaft

zabawa *f* Vergnügen *n*, Unterhaltung *f*; **~ taneczna** Tanzfest *n*

zabawiać *imperf vt* unterhalten; **~ się** sich unterhalten, sich amüsieren

zabawka *f* Spielzeug *n*

zabezpieczyć *perf vt* schützen, sichern; **~ rodzinę** die Familie absichern; **~ się** sich absichern

zabić *perf vt zob.* **zabijać** *imperf vt*

zabieg *m* (*chirurgiczny*) ein chirurgischer Eingriff

zabiegi *spl* Bestrebungen *pl*; **czynić ~** bestrebt sein

zabierać *imperf vt* wegnehmen; **~ dużo czasu** viel Zeit in Anspruch nehmen, zeitraubend sein; **~ się** (*do czegoś*) sich anschicken; **~ się do roboty** sich an die Arbeit machen

zabijać *imperf vt* (*uśmiercać*) töten; *przen.* **~ czas** die Zeit totschlagen

zabłądzić *perf vi* sich verirren, sich verlaufen

zabójstwo *n* Totschlag *m*, Tötung *f*

zabrać *perf vt zob.* **zabierać** *imperf vt*

zabraniać *imperf vt* **zabronić** *perf vt* verbieten, untersagen

zabudowa *f* Bebauung *f*

zabudowania *spl* Baulichkeiten *pl*, Gebäude *pl*

zaburzenia *pl* Störungen *pl*; **~ żołądkowe** Verdaungsstörungen *pl*; **~ atmosferyczne** atmosphärische Störungen

zabytek *m* Baudekmal *n*; (*przyrody*) Naturdenkmal *n*

zabytkowy *adj* antik, altertümlich

zachęcać *imperf vt*, **zachęcić** *perf vt* ermuntern, ermutigen

zachęta *f* Ermunterung *f*, Ermutigung *f*

zachmurzenie *n* Bewölkung *f*

zachodni *adj* westlich; **półkula ~a** die westliche Halbkugel; **~a moda <kultura>** die westliche Mode <Kultur>

zachodzić *imperf vi* (*o słońcu*) untergehen; *por.* **zajść**

zachomikować *perf vt pot.* hamstern

zachorować *perf vi* erkranken, krank werden; **~ na coś** an etw. erkranken

zachowywać się *imperf vr* sich verhalten; (*o ludziach*) sich benehmen; **~ się nieodpowiednio <nieprzyzwoicie>** sich unangemessen <unanständig> benehmen

zachowanie *n* Verhalten *n*, Benehmen *n*

zachód *m* Westen *m*; **~ słońca** Sonnenuntergang *m*; **na ~ od Poznania** westlich von Poznań

zachrypły, zachrypnięty *adj* heiser

zachwycać się *perf vr* entzückt sein (**czymś** von etw.); sich begeistern (**czymś** für etw.)

zaciąļć się *perf vr* **zaciļnać się** *imperf* (*skaleczyć się*) sich schneiden; (*o mechanizmach*) klemmen, stocken; (*jąkać się*) stottern; **zamek się ~ł** das Schloss klemmt fest

zacofany *adj* rückständig; **kraj ~ gospodarczo** ein wirtschaftlich rückständiges Land

zacząć *perf vt*, **zaczynać** *imperf vt* anfangen, beginnen; **~ się** anfangen, beginnen; **zaczęło się lato** der Sommer begann

zaćmienie *n* Verfinsterung *f*; **~ Słońca <Księżyca>** Sonnenfinsternis <Mondfinsternis> *f*

zadanie *n* Aufgabe *f*; **~ szkolne** Schulaufgabe *f*; **~ domowe** Hausaufgabe *f*

zadatek *m* Anzahlung *f*

zadłużenie *n* Verschuldung *f*

zadowolony *adj* zufrieden, vergnügt, befriedigt

zaduch *m* Stickluft *f*, Muff *m*
zadymka *f* Schneegestöber *n*, Schneesturm *m*
zadyszka *f* Atemnot *f*, Atemlosigkeit *f*
zagadka *f* Rätsel *n*
zagadnienie *n* Problem *n*, Frage *f*
zagapić się *perf vr* unaufmerksam sein, nicht aufpassen
zagęszczać *imperf vt*, **zagęścić** *perf vt* verdichten, konzentrieren
zagład|a *f* Vernichtung *f*, **broń masowej ~y** Vernichtungswaffen *pl*
zagłębie *n* Lagerstätte *f*, Abbaufeld *n*; **~ węglowe** Kohlenrevier *n*
zagłówek *m* Kopfstütze *f*
zagranica *f sing* Ausland *n*
zagraniczn|y *adj* ausländisch; **handel ~y** Außenhandel *m*; **podróże ~e** Auslandsreisen *pl*
zagrożenie *n* Bedrohung *f*
zahamować *perf vt* bremsen, hemmen
zaimek *m gram.* Pronomen *n*
zainteresowani|e *n* Interesse *n*; **wszechstronne ~a** vielseitiges Interesse
zajazd *m* Gasthof *m*, (*przydrożny*) Raststätte *f*
zając *m* Hase *m*
zająć *perf vt zob.* **zajmować** *imperf vt*
zajezdnia *f* Depot *n*, Sammelstelle *f*
zajęci|e *n* (*terenu*) Besetzung *f*; (*np. mienia*) Beschlagnahme *f*; (*bezprawne zagarnięcie*) Unterschlagung *f*; (*w szkole*) **~a** Unterricht *m*
zajmować *imperf vt* einnehmen; **~ miejsce** Platz nehmen; *sport* einen Platz einnehmen **~ stanowisko** Stellung nehmen; **~ się** sich beschäftigen (**czymś** mit etw.)
zajść *perf vi*; *por.* **zachodzić** *imperf vi*; **słońce zaszło** die Sonne ist untergegangen; **~ daleko <wysoko>** es weit bringen; **tu zaszła pomyłka** hier liegt ein Irrtum vor
zakaz *m* Verbot *n*
zakazać *perf vt*, **zakazy-**

wać *imperf vt* verbieten; (**czegoś** etw.)
zakaźn|y *adj* ansteckend; **choroba ~a** Infektionskrankheit *f*
zakażenie *n* Ansteckung *f*, Infektion *f*
zakąsk|a *f* Imbiss *m*; (*przystawka*) Vorspeise *f*; **zimne ~i** kalte Platte
zakład *m* (*instytucja*) Betrieb *m*; (*założenie się o coś*) Wette *f*; **~ przemysłowy** Industriebetrieb *m*; **~ ubezpieczeń** Versicherungsanstalt *f*; **iść o ~, że...** wetten, dass...
zakładać *imperf vt*: **~ rodzinę** eine Familie gründen; **~ okulary** die Brille aufsetzen; **~ się o coś** um etw. wetten
zakłócenia *pl* Störungen *pl*; **~ w odbiorze** Empfangsstörungen *pl*
zakochać się *perf vt* sich verlieben; *pot.* sich vernarren; **~ w kimś** sich in jmdn verlieben <*pot.* vernarren>
zakodować *perf vt* kodieren
zakon *m* Orden *m*
zakonnica *f* Nonne *f*
zakonnik *m* Mönch *m*
zakończenie *n* Beendigung *f*, Schluss *m*; (*koniec*) Ende *n*
zakres *m* Bereich *m*
zakręci|ć *perf vt* zudrehen; **~ło mi się w głowie** der Kopf schwindelt mir
zakręt *m* Biegung *f*, Kurve *f*
zakrętka *f* Schraubverschluss *m*
zakryć *perf vt*, **zakrywać** *imperf vt* zudecken; (*ukryć*) verdecken
zakup *m* Einkauf *m*; **robić <iść po> ~y** einkaufen, einkaufen gehen
zalecać *imperf vt* empfehlen; **~ się** umwerben (**do kogoś** jmdn)
zalece|nie *n* Empfehlung *f*; (*nakaz*) Anordnung *f*; **stosować się do ~ń lekarza** die Anordnungen des Arztes befolgen
zaledwie *adv* kaum
zalegać *imperf vi* (*gromadzić się*) sich stauen
zaległoś|ć *f* Rückstand *m*; **mieć ~ci** Rückstände

haben; **odrabiać ~ci** den Rückstand aufholen

zaległ|y *adj* ausstehend; **~e opłaty** ausstehende Zahlungen; **~a pensja** das ausstehende Gehalt

zalew *m* Stausee *m*

zależ|eć *imperf vi* abhängen; **~eć od kogoś** von jmdm abhängen; **~y mi na tym** mir liegt es daran

zaliczenie *n* Anrechnung *f*; (*wpis w indeksie studenta*) Testat *n*; **za ~m** per Nachnahme

zaliczka *f* (*przy zakupie*) Anzahlung *f*; (*na poczet wynagrodzenia*) Vorschuss *m*

zaliczyć *perf vt* zählen (**do kogoś <czegoś>** zu jmdm <etw.>); **~ semestr** ein Semester angerechnet bekommen <(*dokonać wpisu*) anrechnen>

załamać się *perf vr* zusammenbrechen

załamanie *n* Zusammenbruch *m*

załatwiać *imperf vt*, **załatwić** *perf vt* erledigen, besorgen; **~ formalności** Formalitäten erledigen; **~ interesy** seinen Geschäften nachgehen; **~ klientów** Kunden bedienen; (*wypróżniać się*) **~ się** seine Notdurft verrichten

załącznik *m* Anlage *f*, Beilage *f*

załoga *f* Belegschaft *f*; (*wojsk.*) Besatzung *f*

założyć *perf vt zob.* **zakładać** *imperf vt*

zamach *m* Anschlag *m*, Attentat *n*; **~ stanu** Staatsstreich *m*; **~ bombowy** Bombenanschlag *m*

zamachowiec *m* Attentäter *m*

zamarznąć *perf vi* einfrieren; (*o organizmach żywych*) erfrieren

zamawiać *imperf vt zob.* **zamówić** *perf vt*

zamek *m* (*budowla*) Schloss *n*; (*u drzwi*) Türschloss *n*; **~ błyskawiczny** Reißverschluss *m*

zameldować *perf vt* anmelden; **~ się** sich anmelden

zamężna *adj* verheiratet; Verheiratete *f*
zamiana *f* Austausch *m*, Wechsel *m*; (*handel wymienny*) Tausch *m*
zamiar *m* Absicht *f*; **mieć ~** beabsichtigen, vorhaben, die Absicht haben
zamiast *conj* anstatt, statt; *praep rów.* anstelle
zamiatać *imperf vt* (*szczególnie na południu Niemiec*) (aus)kehren; (*szczególnie na północy*) fegen
zamieć *f* (*śnieżna*) Schneesturm *m*, Schneegestöber *n*
zamieniać *imperf vt*, **zamienić** *perf vt* austauschen; (*przez pomyłkę*) vertauschen; **~ coś na coś** etw. gegen etw. austauschen
zamienn|y *adj* austauschbar; **część ~a** Ersatzteil *n*
zamierzać *imperf vt* beabsichtigen, vorhaben, die Absicht haben
zamieszanie *n* Verwirrung *f*, Durcheinander *n*
zamieszki *s pl* Unruhen *pl*
zamieść *perf vt zob.* **zamiatać** *imperf vt*
zamiłowanie *n* Vorliebe *f* (**do czegoś** zu etw.)
zamknąć *perf vt*, **zamykać** *imperf vt* zuschließen, zumachen; (*umrzeć*) **~ oczy** die Augen (im Tod) schließen
zamożny *adj* vermögend, wohlhabend
zamówić *perf vt* bestellen; **~ obiad** ein Mittagessen bestellen
zamówienie *n* Bestellung *f*
zamrażać *imperf vt*, **zamrozić** *perf vt* einfrieren
zamrażarka *f* Gefrierschrank *m*
zamsz *m* Sämischleder *n*
zamyślić się *perf vr* nachdenklich werden
zaniedbać *perf vt*, **zaniedbywać** *imperf vt* vernachlässigen; **~ się** sich gehen lassen
zanieść *perf vt*, **zanosić** *imperf vt* (hin)bringen, (hin)schaffen
zanik *m*: *med.* **~ mięśnia** Muskelschwund *m*; **~i**

pamięci Gedächtnisschwäche *f*

zanikać *imperf vi*, **zaniknąć** *perf vi* (*znikać*) verschwinden; (*o intensywności, sile np. głosu*) schwinden; (*zmniejszać się*) abnehmen

zanim *conj* bevor, ehe

zaoczn|y *adj* Fern-; **studia ~e** Fernstudium *n*; *prawn.* **wyrok ~y** Kontumazialurteil *n*

zaopatrywać *imperf vt*, **zaopatrzyć** *perf vt* versorgen, beliefern; **~ się** sich versorgen

zaopatrzenie *n* Versorgung *f*; **~ emerytalne** Altersversorgung *f*

zapalenie *n med.* Entzündung *f*; **~ płuc** Lungenentzündung *f*

zapalać *imperf vt*, **zapalić** *perf vt*: **~ światło** Licht anzünden <(*elektryczne*) *rów.* anmachen, (*pstryknąć*) anknipsen>; **~ papierosa** eine Zigarette anzünden

zapalniczka *f* Feuerzeug *n*

zapał *m* Begeisterung *f*

zapałka *f* Streichholz *n*

zaparzać *imperf vt*, **zaparzyć** *perf vt* aufbrühen, aufgießen; **~ kawę** Kaffee aufbrühen <aufgießen>; **~ herbatę** Tee aufbrühen <aufgießen>

zapas *m* Vorrat *m*

zapasow|y *adj* vorrätig, **~e części** Ersatzteile *pl*; **~e wyjście** Notausgang *m*; **~e koło** Ersatzrad *n*

zapewniać *imperf vt*, **zapewnić** *perf vt* versichern, (*zabezpieczyć*) sichern, sicherstellen; **~ komuś bezpieczeństwo** jmdm Sicherheit gewährleisten

zapiąć *perf vt*, **zapinać** *imperf vt* zumachen; (*guziki*) zuknöpfen

zapiekanka *f* (*ragout*) Auflauf *m*; (*szybkie danie*) Ragout fin *n*

zapisy *spl* Einschreibung *f*

zapisać *perf vt*, **zapisywać** *imprf vt* einschreiben, eintragen; (*lekarstwo*) verschreiben; **~ majątek dzieciom** das Vermögen den Kindern verschreiben <vermachen>

zaplombować *perf vt* plombieren; **~ ząb** den Zahn füllen

zapłata *f* Entgelt *n*

zapłon *m mot.* Zündung *f*

zapobiec *perf vi*, **zapobiegać** *imperf vi* vorbeugen; **~ wypadkowi <chorobie>** einem Unfall <einer Krankheit> vorbeugen

zapom|inać *imperf vt*, **zapomnieć** *perf vt* vergessen; **nie ~nę o tobie** ich vergesse dich nicht; **~niałem parasola** ich habe den Regenschirm vergessen

zapomog|a *f* Unterstützung *f*, eine finazielle Beihilfe; **udzielić ~i** eine Unterstützung gewähren

zapora *f* (*wodna*) Stauanlage *f*, Stauwerk *n*

zapowie|dź *f* Ansage *f*; (*informacja z wyprzedzeniem*) Vorankündingung *f*, Ankündigung *f*; **zgodnie z ~dzią** der Ankündigung gemäß

zapoznać *perf vt*, **zapoznawać** *imperf vt* bekanntmachen; **~ się** kennenlernen (**z kimś <z czymś>** jmdn <etw.>); *rów.* sich vertraut machen (mit etw.)

zapraszać *imperf vt*, **zaprosić** *perf vt* einladen; **~ na imieniny** zur Namenstagsfeier einladen; (*zachęcić*) **~ do jedzenia** zum Essen einladen

zaprawa *f* (*do zup*) Zutat *f*, Würze *f*; (*murarska*) Mörtel *m*; *sport.* Training *n*, Übung *f*

zaprogramować *perf vt* programmieren

zaproszenie *n* Einladung *f*; (*na piśmie*) Einladungsschreiben *n*

zaprzeczać *imperf vt*, **zaprzeczyć** *perf vt* verneinen; **~ czemuś** etw. verneinen

zaprzeczenie *n* Verneinung *f*

zaprzyjaźnić się *perf vr* sich befreunden (**z kimś** mit jmdm)

zapytać *perf vt*, **zapytywać** *imperf vt* fragen; **~ o godzinę** nach der Uhrzeit fragen; **~ o dro-**

gę nach dem Weg fragen, sich nach dem Weg erkundigen

zapytani|e *n* Frage *f*, Anfrage *f*; **znak ~a** Fragezeichen *n*

zarabiać *imperf vt* verdienen

zaraz *adv* gleich

zarażać *imperf vt,* **zarazić** *perf vt* anstecken; **~ się** sich anstecken

zaraźliwy *adj* ansteckend

zarejestrować *perf vt* in Register eintragen, registrieren (lassen)

zareklamować *perf vt* (*złożyć reklamację*) reklamieren, beanstanden; (*robić reklamę*) werben (**coś** für etw.); **~ się** für sich Reklame machen, sich anpreisen

zarezerwować *perf vt* reservieren, vormerken; (*prosić o zarezerwowanie*) reservieren <vormerken> lassen

zaręczyć się *perf vr* sich verloben

zarobek *m* Verdienst *m*; (*dochód*) Einkommen *n*

zarod|ek *m* Embryo *m*; *przen.* **stłumić coś w ~ku** etw. im Keim ersticken

zarost *m* Bartwuchs *m*; (*owłosienie*) Haarwuchs *m*

zarośla *spl* Gebüsch *n*, Gesträuch *n*; (*nieprzebyte*) Gestrüpp *n*

zarozumiały *adj* eingebildet, überheblich

zarówno *conj*: **~..., jak i...** sowohl... als auch...

zarys *m* Umriss *m*; **~ historii** ein Abriss der Geschichte

zarząd *m* Verwaltung *f*, Vorstand *m*

zarządzać *imperf vt,* **zarządzić** *perf vt* (*nakazać*) anordnen; (*urzędowo*) *rów*. verfügen; (*o funkcji zarządzania*) verwalten

zarządzenie *n* Anordnung *f*, (*urzędowe*) *rów*. Verfügung *f*

zarzucać *imperf vt,* **zarzucić** *perf vt* (*zaniechać*) aufgeben, werwerfen; (*coś na siebie*) umwerfen, etwas über sich werfen; **~ coś komuś** jmdm etw. vorwerfen <vorhalten>

zarzut *m* Vorwurf *m*; **bez ~u** tadellos, einwandfrei; **czynić komuś ~y** jmdm Vorwürfe machen

zasad|a *f* Grundsatz *m*, Prinzip *n*; *chem.* Base *f*, Lauge *f*; **z ~y** im Prinzip, in der Regel, grundsätzlich; **~y** Grundsätze *pl*; Prinzipien *pl*; **przestrzegać ~ dobrego wychowania** Grundsätze der Wohlerzogenheit beachten

zasadzk|a *f* Hinterhalt *m*; (*pułapka*) Falle *f*; **wpaść w ~ę** in einen Hinterhalt <eine Falle> geraten

zasięg *m* Reichweite *f*; **w ~u wzroku** im Gesichtskreis, im Sehkreis

zasilacz *m elektr.* Speiseleitung *f*

zasiłek *m* Beihilfe *f*, Unterstützung *f*; **~ dla bezrobotnych** Arbeitslosenunterstützung *f*; **~ chorobowy** Krankengeld *n*; **~ rodzinny** Familienzulage *f*, Familienbeihilfe *f*

zaskoczyć *perf vt*, **zaskakiwać** *imperf vt* überraschen; (*zadziwić*) verblüffen, stutzig machen

zasłabnąć *perf vi* ohnmächtig werden

zasłaniać *imperf vt*, **zasłonić** *perf vt* verhüllen, verdecken, zudecken

zasłona *f* Vorhang *m*

zasług|a *f* Verdienst *n*; **krzyż ~i** Verdienstkreuz *n*

zasłużony *adj* verdient

zasnąć *perf vi*, **zasypiać** *imperf vi* einschlafen

zasobnik *m* Vorratsbehälter *m*

zasób *m* Vorrat *m*; **~ słów** Wortschatz *m*

zaspa *f* Schneewehe *f*

zaspać *perf vi* verschlafen

zaspokoić *perf vt* befriedigen; **~ głód** den Hunger stillen; **~ czyjąś ciekawość** jmds Neugierde befriedigen

zastać *perf vt* vorfinden, antreffen; **nie ~ nikogo w domu** niemanden zu Hause antreffen

zastanawiać się *imperf vr*, **zastanowić się** *perf vr* überlegen (**nad czymś** etw.); nachdenken (**nad czymś** über etw.)

zastanowieni|e *n* Überlegung *f*; **bez ~a** unüberlegt; **mówić bez ~a** unüberlegt <unreflektiert> sprechen

zastaw *m* Pfand *n*; **dać w ~** verpfänden

zastawka *f anat.* Herzklappe *f*

zastąpić *perf vt* ersetzen; (*kogoś*) vertreten; **~ komuś drogę** jmdm in den Weg treten

zastęp *m* Reihe *f*, Schar *f*

zastępca *m* Stellvertreter *m*

zastępczo *adv* ersatzweise; (*w stosunku do osób*) vertretungsweise, stellvertretend

zastępować *imperf vt zob.* **zastąpić** *perf vt*

zastępstwo *n* Vertretung *f*, Stellvertretung *f*

zastosować *perf vt* anwenden; **~ się do czegoś** etw. befolgen, sich nach etw. (aus)richten

zastój *m* Stockung *f*, Stillstand *m*

zastrzeżenie *n* Vorbehalt *m*; **dodatkowe ~** Zusatzbedingung *f*, Klausel *f*

zastrzyk *m* Spritze *f*, Injektion *f*; **~ dożylny** eine intravenöse Spritze; **~ domięśniowy** eine intramuskuläre Spritze

zasuwka *f* Riegel *m*

zaszczepić *perf vt* (*przeszczepić, wszczepić*) einpflanzen; (*wstrzyknąć*) einimpfen; **~ kogoś przeciw ospie** jmdn gegen Pocken impfen; **~ dziecko przeciw odrze** ein Kind gegen Masern impfen

zaszczyt *m* Ehre *f*; **przynosić ~** Ehre machen

zaświadczenie *n* Bescheinigung *f*

zatankować *perf vt* tanken, auftanken

zatarg *m* Streitigkeit *f* Streit *m*; (*kłótnia*) Zank *m*

zatoka *f* Bucht *f*; *med.* Nasenhöhle *f*; **~ niskiego ciśnienia** Tiefdruckgebiet *n*

zatrucie *n* Vergiftung *f*

zatrudniać *imperf vt*, **zatrudnić** *perf vt* beschäftigen, einstellen, anstellen

zatrudnienie *n* Beschäftigung *f*, Einstellung *f*, Anstellung *f*

zatrzask *m* (*zapinka*)

Druckknopf *m;* **zamknąć na ~** auf Schnappschloss schliessen

zatrzymać *perf vt,* **zatrzymywać** *imperf vt* aufhalten, stoppen

zatwardzenie *n med.* Verstopfung *f*

zatwierdzać *imperf vt,* **zatwierdzić** *perf vt* genehmigen, bestätigen

zatyczka *f* Stöpsel *m*

zaufani|e *n* Vertrauen *n*; **godny ~a** vertrauenswürdig; **wotum ~a** Vertrauensvotum *n*; **darzyć kogoś ~em** jmdm Vertrauen schenken

zauważać *imperf vt,* **zauważyć** *perf vt* (*zrobić uwagę*) anmerken, bemerken; (*spostrzec*) bemerken; wahrnehmen, erblicken

zawał *m med.* Infarkt *m*

zawartość *f* Gehalt *m*, Inhalt *m*

zawiadamiać *imperf vt,* **zawiadomić** *perf vt* benachrichtigen

zawiadomienie *n* Benachrichtigung *f*

zawieja *f* Gestöber *n*; **~ śnieżna** Schneegestöber *n*, Schneesturm *m*

zawierać *imperf vt* (*mieścić w sobie*) enthalten; **~ znajomość** Bekanntschaft machen; **~ małżeństwo** eine Ehe schließen; **~ pokój** Frieden schließen

zawi|eść *perf vt* (*sprawić zawód*) enttäuschen; **~eść się** sich enttäuschen; (*łudzić się*) sich täuschen; **~odłem się na nim** er hat mich enttäuscht

zawieźć *perf vt* (hin)fahren, bringen; **~ chorego do szpitala** den Kranken ins Krankenhaus bringen

zawijać *imperf vt,* **zawinąć** *perf vt* einwickeln; **~ do portu** einen Hafen anlaufen; **~ rękawy** die Ärmel aufstreifen <hochkrempeln>

zawinić *perf vi* verschulden (**w czymś** etw.), schuld sein (**w czymś** an etw.)

zawodnik *m* Wettkämpfer *m*

zawodowiec *m* Profi *m*

zawodowy *adj* beruflich

zawodówka *f pot.* (*szkoła*) Berufsschule *f*

zawody *s pl* Wettkampf *m*, Wettbewerb *m*

zaw|ód *m* (*fach*) Beruf *m*; (*rozczarowanie*) Enttäuschung *f*; **sprawić komuś ~ód** jmdn enttäuschen; **doznać ~odu** enttäuscht werden

zawór *m* Ventil *n*, Klappe *f*

zawrócić *perf vi* zurückkehren; *pot.* **~ komuś w głowie** jmdn den Kopf verdrehen

zawrót *m*: **~ głowy** Schwindel *m*, Schwindelanfall *m*

zawrzeć *perf vt zob.* **zawierać** *imperf vt*

zawsze *adv* immer; **na ~** für immer; **raz na ~** ein für allemal

zazdrosny *adj* neidisch; (**o coś** um etw.); eifersüchtig (**o kogoś** auf jmdn)

zazdrościć *imperf vi* beneiden (**komuś czegoś** jmdn um etw.)

zazdrość *f* Neid *m*, Eifersucht *f*

zaziębić się *perf* sich erkälten

zaziębienie *n* Erkältung *f*

zaznaczyć *perf vt* vermerken; (*podkreślić*) betonen; (*oznaczyć*) kenntlich machen

zazwyczaj *adv* gewöhnlich

ząb *m* Zahn *m*; **~ mleczny** Milchzahn *m*; **~ mądrości** Weisheitszahn *m*

zbankrutować *perf vt* Bankrott <Konkurs> machen

zbędny *adj* überflüssig

zbić *perf vt* zerschlagen; **~ się** entzweigehen, zerbrechen

zbieg *m* Flüchtling *m*; **~ okoliczności** Zufall *m*

zbieracz *m* Sammler *m*

zbierać *imperf vt* sammeln

zbiornik *m* Behälter *m*; (*szczególnie na paliwo płynne*) Tank *m*

zbiornikowiec *m* Tanker *m*, Tankschiff *n*

zbiorow|y *adj* gemeinschaftlich, gemeinsam

umowa ~a Kollektivvertrag *m*
zbi|ór *m* Sammlung *f*; **~ory** (*żniwo*) Ernte *f*
zbiórk|a *f* (*spotkanie*) Treff *m*; (*pieniędzy, darów*) Sammelaktion *f*, Sammlung *f*; **miejsce ~i** Sammelstelle *f*
zbliżać *imperf vt*, **zbliżyć** *perf vt* annähern; **~ się** sich nähern
zbocze *n* Hang *m*, Berghang *m*, Abhang *m*
zboże *n* Getreide *n*
zbrodni|a *f* Verbrechen *n*; **~e wojenne** Kriegsverbrechen *pl*; **~a ludobójstwa** Völkermord *m*
zbrodniarz *m* Verbrecher *m*
zbroić *imperf vt* bewaffnen; **~ się** aufrüsten
zbroje|nia *s pl* Rüstung *f*; **redukcja ~ń** Rüstungsbeschränkung *f*, Rüstungsreduktion *f*; **wyścig ~ń** Rüstungswettlauf *m*
zbrojn|y *adj* bewaffnet; **siły ~e** Streitkräfte *pl*
zbyt[1] *adv* zu, allzu; **~ wiele** zuviel
zbyt[2] *m* Absatz *m*
zbyteczny *adj* überflüssig; **być ~m** sich erübrigen
zdać *perf vt* (*oddać*) abgeben, zurückgeben; **~ egzamin** eine Prüfung bestehen
zdaln|y *adj* Fern-; **~e sterowanie** Fernsteuerung *f*, Fernbedienung *f*
zdanie *n gram.* Satz *m*; **różnica zdań** Meinungsverschiedenheit *f*
zdarzać się *imperf vr*, **zdarzyć się** sich ereignen, geschehen
zdarzenie *n* Ereignis *n*, Vorfall *m*
zdatn|y *adj* tauglich, brauchbar; **woda ~a do picia** Trinkwasser *n*
zdawać *imperf vt* (*egzamin*) eine Prüfung ablegen
zdążyć *perf vi* es schaffen; **~ coś zrobić** es schaffen, etw. zu tun; **<nie> ~ na pociąg** den Zug erreichen <verpassen>
zdechły *adj* krepiert, tot
zdecydowanie[1] *adv* entschlossen, entschieden
zdecydowanie[2] *n* Entschlossenheit *f*

zdecydowany *adj* (*stanowczy*) entschlossen
zdejmować *imperf vt* abnehmen; (*np. płaszcz*) ablegen; **~ kogoś ze stanowiska** jmdn seines Amtes entheben
zdenerwowany *adj* nervös, aufgeregt
zdeponować *perf vt* hinterlegen, deponieren
zderzak *m kol.* Puffer *m*; (*samochodowy*) Stoßstange *f*
zderzyć się *perf vr* zusammenstoßen
zdjąć *perf vt zob.* **zdejmować** *imperf vt*; **~ okrycie wierzchnie** ablegen
zdjęcie *n* Aufnahme *f*, Foto *n*, Bild *n*; (*zdejmowanie*) Ablegen *n*, Abnahme *f*
zdobyć *perf vt*, **zdobywać** *imperf vt* erobern; **~ pieniądze** Geld auftreiben; *sport.* **~ bramkę** ein Tor schießen
zdolnoś|ć *f* Begabung *f*, Fähigkeit *f*; **~ci artystyczne** künstlerische Veranlagung
zdolny *adj* begabt, talentiert; **~ uczeń** ein begabter Schüler
zdrad|a *f* Verrat *m*; **dopuścić się ~y** einen Verrat begehen
zdradzać *imperf vt*, **zdradzić** *perf vt* verraten
zdrajca *m* Verräter *m*
zdrowi|e *n* Gesundheit *f*; **dbać o ~e** für die Gesundheit sorgen; **służba ~a** Gesundheitswesen *n*, Gesundheitsdienst *m*; **na ~e!** prosit! zum Wohl!; **wracać do ~a** wieder gesund werden, genesen
zdrowy *adj* gesund; **~ jak ryba** kerngesund; (*służący zdrowiu*) gesund, der Gesundheit zuträglich; (*o żywności*) *rów.* bekömmlich; **~ klimat** ein gesundes Klima; **bywaj zdrów!** lebe wohl!
zdrzemnąć się *perf vr* einschlummern, einnicken, eindämmern, eindösen
zdumiewający *adj* erstaunlich
zdumiony *adj* erstaunt (**czymś** über etw.)
zdziwienie *n* Verwunderung *f*

zdziwiony *adj* verwundert
ze *praep zob.* **z**
zebrać *perf vt zob.* **zbierać** *imperf vt*
zebranie *n* Versammlung *f*
zegar *m* Uhr *f*; (*ścienny*) Wanduhr *f*
zegarek *m* Uhr *f*; (*na rękę*) Armbanduhr *f*
zegarmistrz *m* Uhrmacher *m*
zegarynka *f* Zeitansage *f*
zejście *n* Abstieg *m*; Absteigen *n*
zejść *perf vi*: **~ komuś z drogi** jmdm ausweichen <aus dem Weg gehen>; **~ komuś z oczu** jmdm aus den Augen gehen; **~ w dół** hinuntersteigen; (*ustępować*) (aus)weichen; **~ z roweru** vom Fahrrad steigen
zelówka *f* Sohle *f*
zemdleć *perf vi* ohnmächtig werden
zemsta *f* Rache *f*
zemścić się *perf vr* Rache nehmen (**na kimś** an jmdm); *rów. przen.* sich rächen
zepsuć *perf vt* kaputtmachen; **~ się** kaputtgehen
zepsuty *adj* kaputt, beschädigt; (*o substancjach organicznych*) verdorben (*rów. przen.*)
zer|o *n* Null *f*; **~o stopni** null Grad; *przen.* **zaczynać wszystko od ~a** alles vom Anfang an beginnen
zerówka *f* (*klasa*) Vorschule *f*
zerwać *perf vt*, (ab)reißen; **~ z narzeczonym <z narzeczoną>** sich entloben, die Verlobung lösen; **~ z nałogiem picia** mit der Trunksucht brechen; **~ znajomość** die Bekanntschaft abbrechen
zespołow|y *adj* gemeinschaftlich, kollektiv, Kollektiv-, Gruppen-; **praca ~a** Gruppenarbeit *f*, Kollektivarbeit *f*
zespół *m* Kollektiv *n*, Team *n*, Gemeinschaft *f*
zestaw *m* Satz *m*, Set *n*; (*zestawienie*) Zusammenstellung *f*
zeszł|y *adj* vergangen, vorig; **w ~ym roku <tygodniu>** voriges Jahr <vorige Woche>; **~ej nie-**

dzieli (am) vergangenen Sonntag

zetknąć się *perf vr* in Berührung kommen; *przen.* **on dotychczas się z tym nie ~ł** er ist damit bisher nicht in Berührung gekommen

zewnątrz *adv* außerhalb; **z ~** von außen; **na ~** (*miejsce*) draußen; (*kierunek*) nach außen hin

zewnętrzny *adj* äußerlich; **wygląd ~y** das Äußere, äußeres Aussehen; **warunki ~e** äußere Umstände

zeznawać *imperf vt* aussagen; **~ przed sądem** vor Gericht aussagen

zezować *imperf vi* schielen

zezwalać *imperf vi*, **zezwolić** *perf vi* einwilligen, bewilligen; **~ na coś** in etw. einwilligen, etw. bewilligen

zgadywać *imperf vt* rätseln (**coś** über etw.) **zgadnąć** *perf vt* raten, erraten

zgadzać się *imperf* stimmen; einverstanden sein (**na coś** mit etw.)

zgaga *f med.* Sodbrennen *n*

zginać *imperf vt* (*o częściach ciała*) beugen; (*o głowie, o tułowiu*) *rów.* neigen; (*wygiąć*) biegen

zginąć *perf vi* (*stracić życie*) umkommen; (*zniknąć*) verschwinden; (*zapodziać się*) weg sein, abhanden kommen

zgłaszać *imperf vt*, **zgłosić** *perf vt* melden, anmelden; (*przedłożyć*) vorlegen; **~ się do lekarza** sich beim Arzt melden, beim Arzt vorsprechen

zgłodnieć *perf vi* hungrig werden

zgłoszenie *n* (An)meldung *f*

zgniły *adj* faul, verfault; verdorben; (*o zapachu*) moderig, faulig, muffig

zgoda *f* Eintracht *f*; (*aprobata*) Einwilligung *f*, Zustimmung *f*; **za ~ą** mit Erlaubnis, mit Einwilligung; **żyć w ~zie** in Eintracht leben, in gutem Einvernehmen leben (**z kimś** mit jmdm);

~a! einverstanden!, abgemacht!
zgodnie *adv* gemäß, zufolge; **~ z planem** dem Plan gemäß <zufolge>, planmäßig
zgrabny *adj* (*o postaci*) gutaussehend; *lit.* wohlgestalt(et); (*o częściach ciała, o rzeczach*) wohlgeformt; (*zręczny*) geschickt
zgromadzenie *n* (*spotkanie*) Versammlung *f*; (*zbiór*) Sammlung *f*, Anhäufung *f*; **walne ~** Vollversammlung *f*
zgromadzić *perf vt* (an)sammeln; **~ się** sich versammeln
zguba *f* Verlust *m*
ziarno *n* Korn *n*
zielarstwo *n sing* Kräutersammeln *n*
zieleń *f sing* Grün *n*; (*zieleniec*) Grünanlage *f*
ziemia *f* Erde *f* (*rów. planeta*); (*gleba*) Ackerboden *m*; **~ rodzinna** Heimat *f*
ziemniak *m* Kartoffel *f*
ziewać *imperf vi*, **ziewnąć** *perf vi* gähnen
zięć *m* Schwiegersohn *m*
zima *f* Winter *m*
zimn|o *n* Kälte *f*; **przenikliwe ~o** schneidende Kälte; **drżeć z ~a** vor Kälte zittern
zimno *adv* kalt; **jest ~** es ist kalt; **jest mi ~** es ist mir kalt, mir ist (es) kalt
zimn|y *adj* kalt; *przen.* **z ~ą krwią** kaltblütig; **~e kolory** kühle Farben; **~y bufet** kaltes Büfett; **~e ognie** bengalisches Feuer
ziołow|y *adj* Kräuter-; **herbata ~a** Kräutertee *m*; **przyprawy ~e** Kräutergewürze *pl*
zjawić się *perf vr* erscheinen
zjawisko *n* Erscheinung *f*
zjazd *m* Kongress *m*; (*zlot, zbiórka*) Treff *m*, Treffen *n*, Versammlung *f*; (*w dół*) Abfahrt *f*
zjechać *perf vi*, **zjeżdżać** *imperf vi* abwärts fahren; hinabfahren; herabfahren; **~ z drogi** aus dem Weg fahren; **~ się** zusammenkommen
zjednoczenie *n* Vereinigung *f*, Verband *m*

zjednoczony *adj* vereint; **Organizacja Narodów Zjednoczonych (ONZ)** die Organisation der Vereinten Nationen (die UNO)

zjeżdżalnia *f* Rutschbahn *f*

zlecenie *n* Auftrag *m*

zlew *m* Waschbecken *n*

zlewozmywak *m* (*w kuchni*) Spülbecken *n*

zlokalizować *perf vt* lokalisieren, orten

zlot *m* Treffen *n*

złamać *perf vt* (zer)brechen; **~ sobie rekę <nogę>** sich den Arm <das Bein> brechen

złapa|ć *perf vt* packen, greifen; *pot.* **~ć gumę** Reifenpanne haben; *pot.* einen Platten haben; *pot.* **~ć katar** sich den <einen> Schnupfen holen; **~ł mnie kurcz** ich bekam <habe> einen Krampf

zł|o *n* Übel *n*; **namawiać do ~ego** zum Bösen überreden; **nic ~ego się nie stało** es ist nichts Böses passiert

złodziej *m* Dieb *m*; **~ kieszonkowy** Taschendieb *m*

złom *m* Schrott *m*

złościć *imperf vt* ärgern; **~ się** sich ärgern; **~ się na kogoś <na coś>** sich über jmdn <über etw.> ärgern

złość *f* Wut *f*, Ärger *m*, Zorn *m*; **robić komuś na ~** jmdm etw. zum Trotz machen

złośliwy *adj* böswillig, bösartig; *med.* **~ nowotwór** ein bösartiger Tumor

złoto *n* Gold *n*

złotówka *f* (*polska waluta*) Zloty *m*; (*moneta*) Einzlotystück *n* <1-Zl-Stück *n*>

złot|y *adj* golden; **~y medal** Goldmedaille *f*; **~e wesele** goldene Hochzeit

zł|y *adj* böse, schlecht, böswillig; (*gniewny*) böse, zornig; **być ~ym na kogoś** auf jmdn zornig sein, jmdm zürnen; **~a skłonność** eine schlechte Neigung; **~y wpływ** ein schlechter Einfluss; **~y humor** schlechte Laune; **~y znak** ein schlimmes Zeichen <Vorzeichen>; **~y sen** Alptraum *m*

zmarły[1] *adj* verstorben

zmarły[2] *m* Verstorbene *m*, Tote *m*

zmarszczka *f* Runzel *f*, Falte *f*

zmartwienie *n* Kummer *m*, Sorge *f*

zmartwychwstanie *n* Auferstehung *f*

zmęczony *adj* müde, ermüdet

zmęczyć *perf vt*, müde machen, ermüden; **~ się** müde werden, ermüden

zmian|a *f* Änderung *f*; (*pracy*) Schicht *f*; (*o barometrze*) **wskazywać na ~ę** auf veränderlich zeigen; **~a bielizny** Wäschewechsel *m*; **pracować na ~ę** Schicht <in Schichten> arbeiten

zmieniać *imperf vt*, **zmienić** *perf vt* ändern, verändern; (*wymienić*) (aus)-wechseln, austauschen; **~ poglądy** Ansichten ändern; **~ pieniądze** Geld wechseln; **~ się** sich ändern, sich verändern

zmienn|y *adj* veränderlich; **~a pogoda** veränderliches <wechselhaftes> Wetter; **~y prąd** Wechselstrom *m*; **~y los** wechselndes Schicksal; **~y humor** launischer <wetterwendischer> Humor

zmierzch *m* Abenddämmerung *f*; *przen.* Ausklang *m*

zmieścić *perf vt* unterbringen; **~ się** (he)reingehen

zmniejszać *imperf vt*, **zmniejszyć** *perf vt* verringen; (*o rzeczach*) verkleinern; **~ prędkość** die Geschwindigkeit herabsetzen; **~ zużycie paliwa** Brennstoffverbrauch reduzieren

zmusić *perf vt*, **zmuszać** *imperf vt* zwingen

zmyć *perf vt zob.* **zmywać** *imperf vt*

zmysł *m* Sinn *m*; (*przytomność*) **~y** Besinnung *f*; **być przy zdrowych ~ach** bei Sinnen sein

zmyślać *imperf vt* ausdenken, erfinden, erdichten

zmywać *imperf vt* abwaschen; **~ naczynia** das Geschirr (ab)spülen <abwaschen>

zmywarka *f* Geschirrspülmaschine *f*

znaczek *m*: **~ pocztowy** Briefmarke *f*; **~ pamiątkowy** (*pocztowy*) Gedenkmarke *f*; (*odznaka*) Gedenkabzeichen *n*

znaczeni|e *n* Bedeutung *f*; (*wartość*) *rów*. Geltung *f*; **nabierać ~a** an Bedeutung gewinnen; **stracić ~e** an Bedeutung verlieren

znaczy|ć *imperf vi* bedeuten; **co to ~?** was bedeutet das?; **to ~** das heißt

znać *imperf vt* kennen; **~ kogoś z nazwiska** jmdn dem Namen nach kennen; **dać komuś o czymś ~** jmdn etw. wissen lassen; **~ się z kimś** jmdn kennen; **~ się na czymś** sich in etw. auskennen, sich auf etw. verstehen

znajdować się *imperf* sich befinden

znajomość *f* Bekanntschaft *f*; **zawrzeć ~** Bekanntschaft schließen

znajomy *adj* bekannt; *m* Bekannte *m*

znak *m* Zeichen *n*; **~ fabryczny** Fabrikmarke *f*; **~i drogowe** Verkehrszeichen *pl*; **~i zodiaku** Sternzeichen *pl*, Tierkreiszeichen *pl*; **~ zapytania** Fragezeichen *n*; **zły ~** ein schlechtes Zeichen

znaleźć *perf vt* finden; **~ się** sich finden; **~ zgubę** das Verlorene finden; **~ pracę** Arbeit finden; **~ czas** Zeit finden; **~ się na liście** auf der Liste sein; **~ się w trudnej sytuacji** sich in einer schwierigen Lage befinden

znany *adj* bekannt

znawca *m* Kenner *m*

zniecierpliwienie *n* Ungeduld *f*

znieczulać *imperf vt*, **znieczulić** *perf vt med.* betäuben

znieczulenie *n med.* Betäubung *f*
znieść *perf vt zob.* **znosić** *imperf vt*
znieważać *imperf vt*, **znieważyć** *perf vt* beleidigen
znikać *imperf vi*, **zniknąć** *perf vi* verschwinden
zniszczeni|e *n* Zerstörung *f*, Vernichtung *f*; **~a wojenne** Kriegszerstörungen *pl*
zniżać *imperf vt*, **zniżyć** *perf vt* senken; **~ się** sich senken; (*bezwładnościowo*) sinken
zniżka *f* (*ulga*) Ermäßigung *f*; (*cen*) Preissenkung *f*, Sonderpreis *m*
znosić *imperf vt* heruntertragen; (*o odzieży, butach*) abtragen; (*unieważniać*) aufheben, abschaffen; **nie ~ brudu <hałasu>** Schmutz <Lärm> nicht vertragen können
znowu *adv* wieder
znudzony *adj* gelangweilt
znużony *adj* ermüdet, schlapp
zobaczyć *perf vt* erblicken, sehen; **~ się z kimś** jmdn sehen
zobowiązanie *f* Verpflichtung *f*; **złożyć ~** eine Verpflichtung eingehen
zobowiązywać *imperf vt* verpflichten; **~ się** sich verpflichten
zodiak *m* Tierkreis *m*; **znaki ~u** Sternzeichen *pl*, Tierkreiszeichen *pl*
zoo *n nieodm.* Zoo *m*
zorganizować *perf vt* organisieren, veranstalten, ausrichten; *przen.* (*zdobyć*) auftreiben
zostać *perf vi* bleiben; **~ na drugi rok** (*w szkole*) sitzenbleiben; **~ w tyle** zurückbleiben; **~ lekarzem** Arzt werden
zostaw|ić *perf vt*: **~ić żonę** seine Frau verlassen; **~ mnie w spokoju!** lass mich in Ruhe!
zraz *m*: *kulin.* **~ wieprzowy** Schweinefilet *n*
zrelaksowany *adj* entspannt
zręczny *adj* geschickt; (*sprytny*) schlau; **~ polityk** ein gewandter Politiker

zrobi|ć *perf vt* machen; (*wyprodukować*) produzieren, herstellen; **~ć obiad** das Mittagessen zubereiten; **~ć interes** ein Geschäft machen; **~ć dyplom** ein Diplom erlangen; **~ć prawo jazdy** den Führerschein erlangen <*pot.* machen>; **~ło mi się niedobrze** es wurde mir übel; **~ło się zimno** es wurde kalt

zrywać *imperf vt* reißen; (*owoce, kwiaty*) pflücken; (*o wietrze*) **~ się** sich erheben; **~ stosunki z kimś** die Beziehungen zu jmdm abbrechen; **~ z nałogiem** mit einer Sucht brechen; **~ się z łóżka** aus dem Bett springen

zrzec się *perf*, **zrzekać się** *imperf* verzichten (**czegoś** auf etw.)

zrzeszenie *n* Vereinigung *f*

zsiadać *imperf vi*, **zsiąść** *perf vi* absteigen; (*o mleku*) **~ się** sauer werden; (*o galarecie*) gerinnen

zsyp *m* Müllschlucker *m*

zupa *f* Suppe *f*

zupełny *adj* völlig, vollkommen, total

zużycie *n* Verbrauch *m*

zużyć *perf vt* verbrauchen; **~ się** sich abnutzen

zużyty *adj* abgenutzt, verbraucht; (*o urządzeniu*) *rów.* ausgedient

zużywać *imperf vt zob.* **zużyć** *perf vt*

zwa|ć *imperf vt* benennen; **tak ~ny** sogenannt

zwalniać *imperf vt*, **zwolnić** *perf vt* (*uwalniać*) befreien; (*o tempie*) verlangsamen; **~ kroku** die Schritte verlangsamen; (*o pracowniku*) entlassen; **~ się z pracy** kündigen

zwarcie *n* Kurzschluss *m*

zwariowany *adj* verrückt

zważać *imperf vi* achten, achtgeben (**na coś** auf etw.); (*uwzględniać*) berücksichtigen; **<nie> ~ na coś** auf etw. Rücksicht nehmen <etw. außer Acht lassen>

zważyć[1] *perf vi*; *zob.* **zważać** *imperf vi*

zważyć[2] *perf vt* (*na wadze*) wiegen
związać *perf vt zob.* **wiązać** *imperf vt*
związ|ek *m* (*powiązanie, zrzeszenie*) Verband *m*; *chem.* Verbindung *f*; **~ek zawodowy** Gewerkschaft *f*; **~ek małżeński** Ehebund *m*, Ehe *f*; **w ~ku z tym** im Zusammenhang damit
zwichnąć *perf vt*: **~ sobie nogę** sich den Fuß verrenken <verstauchen>
zwiedzać *imperf vt*, **zwiedzić** *perf vt* besichtigen, besuchen
zwierzchnik *m* Vorgesetzte *m*
zwierzę *n* Tier *n*; **dzikie ~** ein wildes Tier; **~ domowe** Haustier *n*
zwiększać *imperf vt*, **zwiększyć** *perf vt* erhöhen; (*o rzeczach*) vergrößern
zwięzły *adj* bündig
zwięźle *adv* kurz und bündig
zwlekać *imperf vt* zögern (**z czymś** mit etw.)
zwłaszcza *adv* besonders; **~ że...** umso mehr, als..., zumal, als...
zwłok|a *f* Aufschub *m*, Verzögerung *f*; **bez ~i** ohne Aufschub, unverzüglich; **rzecz niecierpiąca ~i** eine unaufschiebbare Sache
zwłok|i *spl* Leiche *f*; **sekcja ~** Leichenöffnung *f*, Obduktion *f*
zwolennik *m* Anhänger *m*
zwolnienie *n* (*lekarskie*) Krankenschein *m*; *(z pracy)* Entlassung *f*
zwracać *imperf vt* abgeben, zurückgeben; **~ uwagę na coś** auf etw. aufmerksam werden; (*komuś na coś*) (jmdn) auf etw. aufmerksam machen; **~ czyjąś uwagę na coś** jmds Aufmerksamkeit auf etw. lenken; **~ się do kogoś** sich an jmdn wenden
zwrot *m* (*zmiana*) Wende *f*; (*zwrócenie*) Rückgabe *f*; (*wyrażenie*) Redewendung *f*; **~ kosztów** Kostenerstattung *f*
zwrotka *f* Strophe *f*
zwrotnik *m* Wendekreis

m; ~ **Raka <Koziorożca>** Wendekreis des Krebses <Steinbocks>

zwrotn|y *adj* wendig; *gram.* reflexiv; **punkt ~y** Wendepunkt *m*; *mot.* **~y samochód** ein wendiger Wagen; **pożyczka ~a** eine abzahlbare Anleihe

zwrócić *perf vt zob.* **zwracać** *imperf vt*

zwycięstwo *n* Sieg *m*

zwyciężać *imperf vt vi*, **zwyciężyć** *perf vt vi* siegen; (*wygrać*) *rów.* gewinnen

zwyczaj *m* (*obyczaj*) Sitte *f*, Brauch *m*; **mieć ~** eine Gewohnheit haben

zwyczajny *adj* gewöhnlich; **~ człowiek** ein gewöhnlicher <durchschnittlicher> Mensch

zwykle *adv* gewöhnlich, in der Regel; **jak ~** wie gewohnt, wie üblich

zwykł|y *adj* gewöhnlich, üblich; (*prosty*) einfach; **~a sprawa** eine gewöhnliche Sache; **~y dzień** ein gewöhnlicher Tag

zwyżka *f* Steigerung *f*, Erhöhung *f*; **~ cen** Preissteigerung *f*; **~ kursu** Kursanstieg *m*

zysk *m* Profit *m*, Gewinn *m*; **mieć udział w ~u** am Gewinn Anteil haben; **czysty ~** Reingewinn *m*

zyskać *perf vt* gewinnen; **~ na wartości** an Wert gewinnen; **~ w kimś przyjaciela** jmdn zum Freund gewinnen

zza *praep*: **~ chmur** hinter den Wolken hervor; **~ zakrętu wyjechał samochód** hinter der Kurve kam ein Wagen hervor

Ź

źle *adv* schlecht; **~ ubrany** schlecht angezogen; **~ wychowany** ungezogen; **~ wyglądać** schlecht aussehen; **~ się czuć** sich unwohl fühlen; **~ mi się powodzi** mir geht es schlecht; **~ na czymś**

wyjść schlecht bei etw. wegkommen
źrenica *f* Pupille *f*
źródł|o *n* Quelle *f*; **u ~a** an der Quelle; **~a naukowe** wissenschaftliche Quellen

Ż

żaba *f* Frosch *m*
żad|en *pron* kein, kein einziger; **~en z nich nie przyszedł** keiner von ihnen ist gekommen, kein einziger ist gekommen; **za ~ną cenę** um keinen Preis; **w ~nym wypadku** auf keinen Fall
żag|iel *m* Segel *n*; **rozwinąć <zwinąć> ~le** die Segel setzen <streichen>
żaglówka *f* Segelboot *n*
żakiet *m* Jackett *n*
żal *m* Bedauern *n*, Leid *n*; **~ mi go** er tut mir leid; **czuję <mam> do niego ~** ich bin ihm böse
żaluzja *f* Rollladen *m*, Jalousie *f*
żałoba *f sing* Trauer *f*; (*ubiór*) Trauerkleidung *f*
żał|ować *imperf vt* (*odczuwać żal*) bedauern; (*być skąpym*) geizen; **~uję, że nie widziałem tego filmu** ich bedaure, dass ich diesen Film nicht gesehen habe; **~ował, że się tak uniósł** er bedauerte, dass er in Zorn geraten war; **~ował sobie jedzenia** er knauserte am Essen
żargon *m* Jargon *m*
żarłok *m* Nimmersatt *m*
żarówka *f* Glühbirne *f*
żart *m* Scherz *m*, Witz *m*; **~em** im Scherz; *pot.* **głupie ~y** alberne Scherze; **znać się na ~ach** *pot.* Spaß verstehen
żartować *imperf vi* scherzen; **~ z kogoś** jmdn verulken, sich über jmdn lustig machen
żądać *imperf vt* fordern, verlangen
żądanie *n* Forderung *f*, Verlangen *n*; **na ~** auf

Verlangen; **przystanek na ~** Bedarfshaltestelle *f*
żądza *f* Begierde *f*, Gelüst *n*; **~ przygód** Abenteuerlust *f*; (*pożądanie*) Begehren *n*
że *conj* dass; *part* denn; **dlatego że...** deswegen <deshalb>, weil...; **mimo że...** obwohl
żebrak *m* Bettler *m*
żebro *n* Rippe *f*
żeby *conj* dass; (*cel*) damit, um..., zu...
żeglarstwo *n sing* Segelsport *m*
żeglarz *m* Segler *m*
żeglować *imperf vi* segeln
żegluga *f sing* Schifffahrt *f*
żegnać *imperf vt* verabschieden; **~ się** sich verabschieden, Abschied nehmen (**z kimś** von jmdm); *rel.* **~ się** sich bekreuzigen <bekreuzen>; *por.* **pożegnać**
żelazko *n* Bügeleisen *n*
żelazn|y *adj* eisern; **~e zdrowie** eine eiserne Gesundheit; **~e nerwy** eiserne <stählerne> Nerven
żelaz|o *n* Eisen *n*; **ruda ~a** Eisenerz *n*
żenić się *imperf*: **~ z kimś** sich mit jmdm verheiraten, jmdn heiraten
żeński *adj* weiblich; *gram.* **rodzaj ~** Femininum *n*
żeton *m* Jeton *m*; (*do gry*) *rów.* Spielmarke *f*; **~ telefoniczny** Telefonmarke *f*
żłobek *m* Säuglingskrippe *f*
żmija *f zool.* Otter *f*; **~ zygzakowata** Kreuzotter *f*
żniwa *spl* Ernte *f*
żołąd|ek *m* Magen *m*; **rozstrój ~ka** Magenverstimmung *f*
żołądź *m* Eichel *f*
żołnierz *m* Soldat *m*
żona *f* (Ehe)frau *f*; *lit.* Gattin *f*
żonaty *adj* verheiratet
żółć *f sing* Galle *f*
żółtaczka *f sing med.* Gelbsucht *f*, Hepatitis *f*
żółtko *n* Eigelb *n*
żółty *adj* gelb
żółw *m* Schildkröte *f*; **~ morski** Meerschildkröte *f*
żubr *m* Wisent *m*
żuć *imperf vt* kauen; **~ gumę** (Kau)gummi kauen

żuk *m* Mistkäfer *m*
żuraw *m zool.* Kranich *m*; (*dźwig*) Kran *m*
żwir *m* Kies *m*
życi|e *n* Leben *n*; (*utrzymanie*) Lebensunterhalt *m*; **zarabiać na ~e** seinen Lebensunterhalt verdienen; **~e osobiste** Privatleben *n*; **odebrać sobie ~e** sich das Leben nehmen; **~e codzienne** alltägliches Leben; **tryb ~a** Lebensweise *f*, Lebenswandel *m*
życiorys *m* Lebenslauf *m*
życiow|y *adj* Lebens-; **stopa ~a** Lebensstandard *m*
życzeni|e *n* Wunsch *m*; **na ~e** auf Wunsch; *przen.* **pobożne ~e** Wunschdenken *n*; **serdeczne ~a** herzliche Wünsche
życzliwość *f* Wohlwollen *n*, Entgegenkommen *n*
życzliwy *adj* wohlwollend; **być komuś ~m** jmdm (gegenüber) wohlwollend sein
życzy|ć *imperf vi* wünschen; **~ć sobie** sich wünschen; **~ć komuś Wesołych Świąt** jmdm frohes Fest wünschen; **czego pan <pani> sobie ~?** was wünschen Sie?
żyć *imperf vi* leben; **niech żyje!** (*w stosunku do mężczyzny*) er lebe hoch!; **~ z własnej pracy** von der eigenen Arbeit leben; **~ dobrze z kimś** mit jmdm gut auskommen
Żyd *m* Jude *m*
żydowski *adj* jüdisch
Żydówka *f* Jüdin *f*
żylak *m med.* Krampfader *f*, Venenknoten *m*
żyletka *f* Rasierklinge *f*
żyła *f* Ader *f*, Vene *f*; (*o minerale*) Erzader *f*
żyłk|a *f* (*wędkarska*) Angelschnur *f*; **mieć ~ę do czegoś** einen Hang zu etw. haben
żyrandol *m* Kronleuchter *m*
żyrować *imperf vt ekon.* girieren
żyto *n* Roggen *m*
żywić *imperf vt* ernähren; **~ się czymś** sich von etw. nähren
żywienie *n* Ernährung *f*; (*pokarm*) Nahrung *f*

żywność *f sing* Lebensmittel *pl*
żywopłot *m* Hecke *f*
żywotn|y *adj* vital; lebenskräftig; **siły ~e** Lebenskräfte *pl*
żywo *adv*: **na ~** direkt, live
żyw|y *adj* lebendig; (*ruchliwy*) lebhaft; **~a istota** Lebewesen *n*; **~y umysł** ein wacher Verstand; **~e wspomnienie** eine lebendige Erinnerung; **~a fabuła** ein lebendige Fabel

NAZWY GEOGRAFICZNE GEOGRAPHISHE NAMEN

Adriatyk Adriatisches Meer, die Adria
Adyga die Etsch
Afganistan Afghanistan
Afryka Afrika
Afryka Południowa Südafrika
Akwizgran Aachen
Albania Albanien
Alaska Alaska
Algieria Algerien
Alpy die Alpen
Alzacja das Elsass
Ameryka Amerika
Andy die Anden
Andaluzja Andalusien
Anglia England
Ankara Ankara
Antarktyda die Antarktis
Antwerpia Antwerpen
Apeniny die Apenninen
Arabia Arabien
Arabia Saudyjska Saudi-Arabien
Argentyna Argentinien
Arktyka die Arktis
Armenia Armenien
Australia Australien
Austria Österreich
Azerbejdżan Aserbaidschan
Azja Asien

Badenia-Wirtembergia Baden-Württemberg
Bałkany Balkan
Bałtyk die Ostsee
Bangladesz Bangladesch
Bawaria Bayern
Bazylea Basel
Berlin Berlin
Belgia Belgien
Beskid die Beskiden
Białoruś Weißrussland
Bliski Wschód der Nahe Osten
Boliwia Bolivien
Bolonia Bologna
Bonn Bonn
Bosfor der Bosporus
Bośnia Bosnien

Brazylia (*państwo*) Brasilien; (*miasto*) Brasilia
Bruksela Brüsssel
Budapeszt Budapest
Bukareszt Bukarest
Bułgaria Bulgarien

Capri Capri
Chile Chile
Chiny China
Chorwacja Kroatien
Cypr Zypern
Czechy Tschechien

Daleki Wschód der Ferne Osten
Damaszek Damaskus
Dania Dänemark
Dardanele die Dardanellen
Dolna Saksonia Niedersachsen
Dunaj die Donau

Egipt Ägypten
Ekwador Ecuador
Estonia Estland
Etiopia Äthiopien
Europa Europa

Filipiny die Philippinen
Finlandia Finnland
Flandria Flandern
Francja Frankreich
Frankonia Franken
Fryzja Friesland

Ghana Ghana
Grecja Griechenland
Grenlandia Grönland
Gruzja Georgien
Gwatemala Guatemala
Gwinea Guinea

Haga Den Haag
Haiti Haiti
Hamburg Hamburg
Hawaje Hawaii
Hawana Havanna
Helsinki Helsinki
Hesja Hessen
Himalaje der Himalaja
Hiszpania Spanien
Holandia Holland

Indie Indien
Indonezja Indonesien
Irak der Irak
Iran der Iran
Irlandia Irland
Islandia Island
Izrael Israel

Japonia Japan
Jerozolima Jerusalem
Jordania Jordanien
Jugosławia Jugoslawien

Kair Kairo
Kambodża Kambodscha
Kanada Kanada
Karpaty die Karpaten
Kastylia Kastilien
Kaszuby die Kaschubei
Katalonia Katalonien
Kazachstan Kasachstan
Kenia Kenia
Kijów Kiew
Kirgizja Kirgisien
Kolonia Köln
Kolumbia Kolumbien
Kongo (der) Kongo
Kopenhaga Kopenhagen
Korea Korea
Korea Północna Nordkorea
Korsyka Korsika
Kraków Krakau
Kreta Kreta
Krym die Krim
Kuba Kuba
Kuwejt Kuwait

Liban (der) Libanon
Libia Libyen
Liechtenstein Liechtenstein
Litwa Litauen
Lizbona Lissabon
Lombardia die Lombardei
Londyn London
Lotaryngia Lothringen
Luksemburg Luxemburg

Łotwa Lettland

Macedonia Mazedonien
Madagaskar Madagaskar
Madryt Madrid
Malta Malta
Małopolska Kleinpolen
Maroko Marokko
Marsylia Marseille
Mazowsze Masovien
Mazury die Masuren
Mołdawia Moldawien
Mediolan Mailand
Meksyk Mexiko
Melbourne Melbourne
Mińsk Minsk
Monachium München
Mongolia die Mongolei
Morze Czarne das Schwarze Meer
Morze Czerwone das Rote Meer
Morze Kaspijskie das Kaspische Meer
Morze Martwe das Tote Meer
Morze Północne die Nordsee

Morze Śródziemne das Mittelmeer
Morze Żółte das Gelbe Meer
Moskwa Moskau
Mozambik Mosambik

Nadrenia Rheinland
Neapol Neapel
Nicea Nizza
Niderlandy die Niederlande
Niemcy Deutschland
Nil der Nil
Normandia die Normandie
Norwegia Norwegen
Nowa Zelandia Neuseeland
Nowy Jork New York

Ocean Atlantycki der Atlantische Ozean
Ocean Indyjski der Indische Ozean
Ocean Spokojny der Stille Ozean
Oslo Oslo

Pakistan Pakistan
Palatynat Pfalz
Paryż Paris
Pekin Peking
Peru Peru
Pireneje die Pyrenäen
Polska Polen
Pomorze Pommern
Portugalia Portugal
Praga Prag
Prusy Preußen

Ren der Rhein
Rodezja Rhodesien
Rosja Russland
Rumunia Rumänien
Ryga Riga
Rzym Rom

Sahara die Sahara
Saksonia Sachsen
Sankt Petersburg Sankt Petersburg
Sardynia Sardinien
Sekwana die Seine
Serbia Serbien
Skandynawia Skandinavien
Słowacja die Slowakei
Słowenia Slowenien
Sofia Sofia
Stambuł Istanbul
Stany Zjednoczone Ameryki die Vereinigten Staaten von Amerika
Sudan Sudan

Sudety die Sudeten
Syberia Sibirien
Sycylia Sizilien
Syria Syrien
Szkocja Schọttland
Szwabia Schwaben
Szwajcaria die Schweiz
Szwecja Schweden
Śląsk Schlesien

Tatry die Tatra
Tokio Tokio
Tunezja Tunesien
Turcja die Türkei
Turyngia Thüringen
Tybet Tibet
Tyrol Tirol

Ukraina die Ukraine
Urugwaj Uruguay
Ural der Ural

Walia Wales
Warszawa Warschau
Waszyngton Washington
Wenecja Venedig
Wenezuela Venezuela
Westfalia Westfalen
Węgry Ungarn
Wiedeń Wien
Wielka Brytania Großbritannien
Wielkopolska Großpolen
Wietnam Vietnam
Wisła die Weichsel
Włochy Italien
Wołga die Wolga
Wrocław Breslau
Wspólnota Niepodległych Państw die Gemeinschaft Unäbhangiger Staaten
Wyspy Kanaryjskie die Kanarischen Inseln

Zurych Zürich

Uwaga: Nazwy bez rodzajnika są rodzaju nijakiego. Rodzajnika **das** używa się tu tylko w wypadku przydawki (*np*. **piękna Polska** das schöne Polen).

PRZEWODNIK KULINARNY
KULINARISCHER WORTSCHATZ

Przystawki	**Vorspeisen**
awokado	Avocado
befsztyk tatarski	Tatarbeefsteak (kurz: Tatar)
grzyby	Pilze
jajka	Eier
karp	Karpfen
kawior	Kaviar
krewetki	Krevetten
łosoś wędzony	geräucherter Lachs
małże	Muscheln
ostrygi	Austern
pasztet z zająca	Hasenpastete
polędwica	Lendenstück; (*wędlina*) Lachsschinken *m*
półmisek szwedzki	schwedische Platte
salami	Salami
sałatka z drobiu	Hühnersalat
sardynki w oliwie	Sardinen in Öl
szynka	Schinken
śledź w oliwie	Hering in Öl

ślimaki	Schnecken
tuńczyk	Thunfisch

Zupy — Suppen

barszcz	Borschtsch
bulion	Fleischbrühe
cebulowa	Zwiebelsuppe
chłodnik	Kaltschale
grochówka	Erbsensuppe
grzybowa	Pilzsuppe
jarzynowa	Gemüsesuppe
kapuśniak	Sauerkrautsuppe
krupnik	Graupensuppe
ogórkowa	Gurkensuppe
owocowa	Obstsuppe
pomidorowa	Tomatensuppe

Ryby i owoce morza — Fisch und Meeresfrüchte

dorsz	Dorsch
homar	Hummer
karp	Karpfen
kraby	Krabben
langusta	Languste
makrela	Makrele
okoń	Barsch
płastuga	Flunder, Plattfisch
pstrąg	Forelle
szczupak	Hecht
węgorz	Aal

Mięso i drób	Fleisch und Geflügel
baranina	Hammelfleisch
bażant	Fasan
cielęcina	Kalbfleisch
dziczyzna	Wildfleisch
dzik	Wildschwein
gęś pieczona	gebratene Gans
indyk	Pute
kaczka	Ente
klopsy	Fleischklöße
kotlet schabowy	Schweinekotelett
kotlet z baraniny	Hammelsteak
królik	Kaninchen
kurczak	Hähnchen
kuropatwa	Rebhuhn
polędwica	Lende
stek	Steak
wątróbka	Leber
wieprzowina	Schweinefleisch
wołowina	Rindfleisch
zając	Hase

Sposób przygotowania	Art der Zubereitung
dobrze wypieczony	gut durchgebraten
duszony	gedünstet, geschmort, Schmorbraten
gotowany	gekocht
lekko wypieczony	leicht durchgebraten
nadziewany	gefüllt

pieczony	gebraten
pieczony na ruszcie	gegrillt
smażony	gebraten
suszony	getrocknet
wędzony	geräuchert

Jarzyny	**Gemüse**
brukselka	Rosenkohl
buraczki	rote Bete
cebula	Zwiebel
cykoria	Chicoree
czosnek	Knoblauch
dynia	Kürbis
fasola	Bohnen
fasola szparagowa	grüne Bohnen
groch	Erbsen
groszek zielony	grüne Erbsen
grzyby	Pilze
kalafior	Blumenkohl
kapusta	Kohl
kapusta biała	Weißkohl
kapusta czerwona	Rotkohl
karczochy	Artischocken
kukurydza	Mais
marchew	Möhren
ogórek	Gurke
oliwki	Oliven
papryka	Paprika
pomidor	Tomate
por	Porree
sałata	Salat

seler	Sellerie
soczewica	Linsen
szparagi	Spargel
szpinak	Spinat
trufle	Trüffeln
ziemniaki	Kartoffeln

Potrawy — Speisen

frytki	Pommes frites
gołąbki	Krautrouladen
kanapka	belegtes Brot, belegtes Brötchen
kasza gryczana	Buchweizengrütze
kluski	Klöße; *zob.* **makaron**
kluski na parze	Dampfnudeln
knedle ze śliwkami	Knödel mit Pflaumen
kopytka	Kartoffelklöße
makaron	Nudeln
naleśniki	Eierkuchen
omlet	Omelett(e)
pierogi	Taschen, Maultaschen
płatki owsiane	Haferflocken
płatki zbożowe	Flocken
ryż	Reis
sos do sałaty	Salatsoße
ziemniaki	Kartoffeln

Napoje	Getränke
aperitif	Aperitif
herbata	Tee
kakao	Kakao
kawa	Kaffee
koniak	Kognak
likier	Likör
mleko	Milch
piwo	Bier
sok	Saft
szampan	Champagner, Sekt
whisky	Whisky
wino	Wein
woda mineralna	Mineralwasser
wódka	Wodka

Przyprawy	Gewürze
musztarda	Senf
ocet	Essig
oliwa	Öl
pieprz	Pfeffer
sól	Salz

Desery	Nachtisch
budyń	Pudding
cukierki	Bonbons
czekolada	Schokolade
galaretka	Gelee

herbatniki	Teegebäck
kompot	Kompott
krem	Creme
lody	Eis

Owoce — Obst

ananas	Ananas (*pl* -)
arbuz	Melone (*pl* -n)
banan	Banane (*pl* -n)
brzoskwinia	Pfirsich (*pl* -e)
cytryna	Zitrone (*pl* -n)
daktyl	Dattel (*pl* -n)
figa	Feige (*pl* -n)
grejpfrut	Grapefruit (*pl* -s)
gruszka	Birne (*pl* -n)
jabłko	Apfel (*pl* Äpfel)
jagoda	Blaubeere (*pl* -n)
kokos	Kokosnuss (*pl* -nüsse)
malina	Himbeere (*pl* -n)
mandarynka	Mandarine (*pl* -n)
migdały	Mandeln
morela	Aprikose (*pl* -n)
orzech	Nuss (*pl* Nüsse)
orzech laskowy	Haselnuss (*pl* -nüsse)
orzech włoski	Walnuss (*pl* -nüsse)
pomarańcza	Orange (*pl* -n)
porzeczka czarna	schwarze Johannisbeere (*pl* -n)
porzeczka czerwona	rote Johannisbeere (*pl* -n)
rabarbar	Rhabarber
rodzynki	Rosinen, Sultaninen

śliwka	Pflaume (*pl* -n)
śliwki suszone	getrocknete Pflaumen
truskawka	Erdbeere (*pl* -n)
winogrona	Weintrauben
wiśnia	Sauerkirsche (*pl* -n)
żurawina	Moosbeerkonfitüre

NOTATKI

NOTATKI

NOTATKI

Przedmioty • Gegenstände

krzesło
der Stuhl

filiżanka
die Tasse

miska
die Schüssel

żarówka
die Glühlampe

młotek
der Hammer

kombinerki
die Kombizange

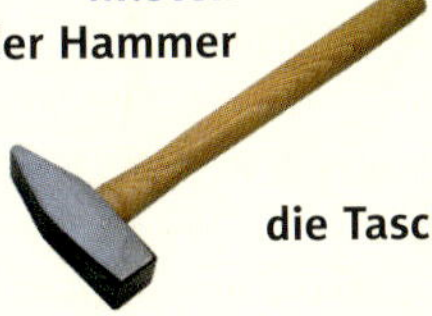

latarka
die Taschenlampe

siekiera
die Axt

Figury • Figuren

kwadrat
das Quadrat

trójkąt
das Dreieck

prostokąt
das Rechteck

sześciokąt
das Sechseck

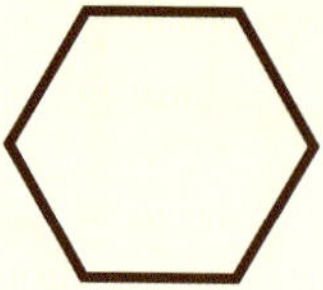

ostrosłup
die Pyramide

sześcian
der Würfel

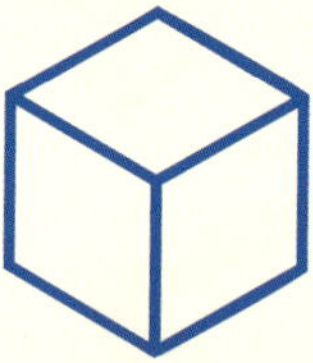

walec
die Walze

graniastosłup
das Prisma

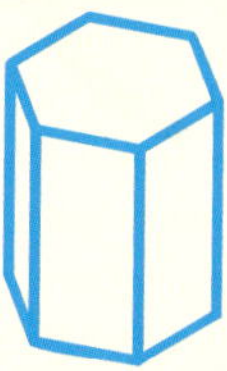

czerwony
rot

żółty
gelb

zielony
grün

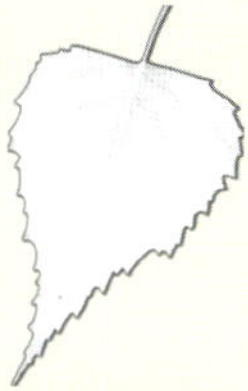

biały
weiß

fioletowy
violett

pomarańczowy
orange

niebieski
blau

czarny
schwarz

Sport • Sport

siatkówka
der Volleyball

hokej
das Hockey

wioślarstwo
der Rudersport

koszykówka
der Basketball

piłka nożna
der Fußball

tenis
das Tennis

biegi
der Laufsport

szaszłyk
das Schaschlik

ciastko
der Kuchen

napój
das Getränk

ser
der Käse

sałatka
der Salat

lody
das Eis

mięso
das Fleisch

pieczywo
die Backwaren

Warzywa • Gemüse

oliwka
die Olive

bakłażan
die Aubergine

brokuł
die Brokkoli (*pl*)

papryka
der Paprika

cebula
die Zwiebel

szparag
der Spargel

pomidor
die Tomate

ziemniak
die Kartoffel

Owoce • Obst

gruszka
die Birne

jabłko
der Apfel

kiwi
die Kiwi

truskawka
die Erdbeere

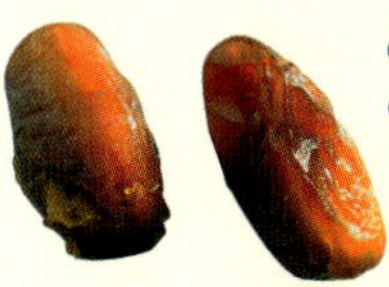

daktyl
die Dattel

pomarańcza
die Orange

banan
ie Banane

brzoskwinia
der Pfirsich

Zwierzęta • Tiere

żyrafa
die Giraffe

słoń
der Elefant

lew
der Löwe

tygrys
der Tiger

żółw
die Schildkröte

motyl
der Schmetterling

ryba
der Fisch

orzeł
der Adler